네트워크 지식국가

네트워크 지식국가

21세기 세계정치의 변환

하영선 · 김상배 엮음

을유문화사

필자 (가나다 순)

강상규 · 서울대학교 국제문제연구소 선임연구원
김상배 · 서울대학교 외교학과 교수
김현철 · 동북아역사재단 책임연구원
민병원 · 서울산업대학교 IT정책대학원 교수
배영자 · 건국대학교 정치외교학과 교수
손　열 · 연세대학교 국제학대학원 교수
신성호 · 서울대학교 국제대학원 교수
이상현 · 세종연구소 안보연구실장
이왕휘 · 아주대학교 정치외교학과 교수
전재성 · 서울대학교 외교학과 교수
조현석 · 서울산업대학교 행정학과 교수
조화순 · 연세대학교 정치외교학과 교수
최정운 · 서울대학교 외교학과 교수
하영선 · 서울대학교 외교학과 교수

네트워크 지식국가
21세기 세계정치의 변환

초판 제1쇄 인쇄 2006년 12월 20일
초판 제1쇄 발행 2006년 12월 31일

엮은이 하영선 · 김상배
펴낸이 정낙영
펴낸곳 (주)을유문화사

기획 권오상 | 편집 김성천 · 이남숙 | 저작권 문혜정 | 마케팅 지은영
영업 허삼택 · 강정우 · 윤석진 | 관리 김기완 · 김덕만 | 디자인 디자인 붐
인쇄 백왕인쇄 | 제본 정민문화사

창립 1945년 12월 1일 | 등록 1950년 11월 1일(1-292)
주소 서울특별시 종로구 수송동 46-1
전화 734-3515, 733-8153 | 팩스 732-9154 | 이메일 eulyoo@chol.com

ISBN 89-324-7112-6 93340
값 18,000원

| 서문 |

공부모임을 시작한 지 7년 만에 첫 연구논문집을 선보인다. 2000년 봄 어느 날 우리 모임은 시작되었다. 1980년대 관악산에서 국제정치학을 배우고 외국에서 그리고 국내에서 박사학위를 취득하고 21세기 또는 19세기 연구의 선두주자로 나서려는 제자들과 함께 21세기를 본격적으로 공부하자고 모인 것이다. 우리가 선택한 주제는 '사이버공간의 세계정치'였다. 당시로서는 위험한 선택이었다. 사이버공간이 1990년대 중반부터 대중화되기 시작해서 아직 걸음마 단계를 벗어나지 못하고 있었기 때문이다. 국내외 국제정치학계는 따라서 본격적 관심을 보이고 있지 않았다. 그러나 우리는 인류의 시공간 역사를 되돌아보면서 사이버공간의 본격적 등장은 불가피하다고 판단했다. 사이버공간의 역사, 철학, 사회과학에 대한 기초문헌을 함께 읽으면서 생소한 주제에 관한 토론으로 많은 시간을 보냈다.

2001년에는 독회모임과 병행하여 소규모 공동작업을 했다. 편자가 서울대학교 외교학과 대학원생들과 함께 초벌구이한 『사이버공간의 세계정치: 베스트 사이트 1000해제』를 넘겨받아 모임의 가족들은 10장으로 나누어져 있는 1,000개의 사이트를 일일이 재점검해서 최종적으로 한 권의 책으로 완성했다. 공부모임도 조금씩 궤도에 올라서서 '사이버세계정치연구회' 라는 모임이름도 대중성을 생각해서 '정보세계 정치연구회'로 바꾸고 기술 · 정보 · 지식의 국제정치학에 대한 본격적 독회와 토론을 시작했다.

2004년에는 『21세기 한반도 백년대계: 부강국가를 넘어서 지식국가로』를 출판했다. 전혀 의도하지 않았던 소품이었다. 편자가 『주간조선』과 북핵 문제에 관한 대담을 마치면서 21세기 초 한반도 최대의 문제는 19세기 국망(國亡)의 잘못을 반복하지 않고 21세기 국흥(國興)의 길을 제대로 내다보는 것이라는 지적이 빌미가 되어 우리 모임은 조금은 엉뚱하게 『주간조선』에 '19세기의 국망과 21세기의 국흥'을 주제로 11주에 걸쳐 이례적인 연재를 하게 되었다. 이 글들을 묶어서 소품집을 내면서 머리말에서 "우리들은 가까운 시일 내에 이 책에서 다룬 내용들을 본격적으로 학술연구서로 발전시키는 계획을 추진하고 있다. 보다 치밀한 논리전개와 완벽한 검증을 기대하는 연구자들과 독자들은 출산의 고통을 함께 했으면 싶다"라는 약속을 했다.

약속했던 가까운 시일이 생각보다 오래 걸려서 결국 거의 3년 만에 『네트워크 지식국가: 21세기 세계정치의 변환』이라는 이름으로 한 권의 연구논문집을 마련했다. 시간이 걸린 데에는 나름의 이유가 있다. 21세기 세계무대에서 일어나고 있는 변환의 역사를 어떤 개념으로 잡아야 할 것인가에 많은 시간이 걸렸다. 그 과정에서 우리는 네트워크 국가와 지식국가의 의미를 조심스럽게 공부했다. 좀 더 신경 쓰인 것은 천하예의지방에서 국민부강국가로의 역사적 변환이 생각보다 훨씬 힘들게 진행되었던 것처럼 국민부강국가에서 네트워크 지식국가로의 변환은 어떻게 진행되고 있고 또 진행될 것인가를 공부하느라고 많은 시간을 보냈다. 완전한 해답을 얻은 것은 아니다. 가까운 시일이라는 약속을 지키기 위해 모임은 우리의 고민과 논의가 어디까지 와 있는가를 중간보고하는 것이다. 동시에 관심있는 분들과 함께 생각을 키워나가고 싶어서이다.

지난 7년간의 모임은 작은 행복이었다. 자발적 연구모임이 자생적 연구주제에 대해서 비교적 시간 제약 없이 지난 7년 동안 계속해서 서로 생각을 나누고 또 지적 자극과 격려를 할 수 있었으니까 말이다. 우리의 다음 이야기는 매력국가로서의 한국형 네트워크 지식국가로 서서히 방향을 잡아가고 있다. 보다 구체적으로 모습이 드러나면 언젠가 인사드리도록 하겠다.

이 책은 정보세계정치연구회 가족들이 지난 7년 동안 보여준 노력의 작은 열매다. 모두들 바쁜 강의와 연구 속에서도 모임의 불씨를 아끼고 키워온 덕택이다. 고맙게 생각한다. 이 책이 준비되는 과정에서 두 차례의 공개발표회가 있었다. 먼저 21세기 네트워크 지식국가의 사례로서 「정보화시대의 제국」이라는 큰 제목 아래 몇 편의 논문이 발표되었다. 당시 바쁜 시간을 쪼개어 기꺼이 토론해준 한림대학교 이삼성 교수, 경성대학교 권용립 교수, 서강대학교 유석진 교수, 이화여대 이성형 교수에게 감사한다. 원고의 마무리 단계에서 「네트워크 지식국가」라는 주제 하에 그동안의 작업들을 조율하여 최종발표회를 가졌다. 많은 관심과 함께 귀중한 코멘트를 해준 미국 스탠퍼드대학교 문유미 교수, 가톨릭대학교 마상윤 교수, 중앙대학교 이승주 교수, 연세대학교 김명섭 교수에게도 고맙다는 인사를 하고 싶다. 지난 수년 동안 연구의 원활한 진행을 위해서 노력을 아끼지 않았던 서울대학교 외교학과 박사과정의 양종민 석사, 서울대학교 외교학과 석사과정의 이지선 학사와 이원경 학사에게도 고마움을 전한다. 익숙하지 않은 주제임에도 불구하고 출판을 맡아준 을유문화사에게도 감사한다. 마지막으로 책이 오늘의 모습으로 햇볕을 볼 수 있었던 것은 공동편집자인 김상배 교수의 헌신적인 노력 덕분이다.

2006년 10월 26일

관악산에서

하영선

| 차 례 |

서문 ······5

1 네트워크 지식국가: 늑대거미의 다보탑 쌓기 | 하영선

1. 천하예의지방에서 국민부강국가로 ······13
2. 주인공의 변환: 네트워크국가/늑대거미 ······18
3. 무대의 변환: 지식국가/다보탑 ······25
4. 연기의 변환: 늑대거미 다보탑 쌓기 ······36
5. 『네트워크 지식국가』의 주요 내용 ······38
6. 21세기 한반도의 선택: 매력국가 ······51

제1부 국민부강국가의 전파와 변환

2 천하예의지방과 국민부강국가 | 강상규

1. 머리말: 한반도의 지정학적 위상과 전환기의 역사적 경험 ······65
2. 중화질서와 국가'간' 관계의 새로운 패러다임의 도래 ······67
3. 예의지방(禮義之邦)과 부강국가(富强國家)의 아득한 심상거리 ······76
4. 패러다임의 충돌과 문명표준의 역전 ······83
5. 맺음말: 과거로의 추체험과 미래의 길 찾기 ······97

3 근대 군사국가의 전파와 변환 | 김현철

1. 머리말 ······102
2. 서구 근대 군사국가의 등장과 근대적 군사혁신 ······103
3. 동아시아의 서구 근대 군사국가상의 수용과 국가전략의 전환 모색 ······105
4. 동아시아의 근대군사지식, 기술, 제도의 수용 ······110
5. 맺음말 ······115

4 근대 경제국가의 전파와 변환 | 손 열

1. 머리말 ······ 120
2. 서양의 경제국가 ······ 123
3. 전파와 적응: 일본의 경제국가 ······ 127
4. 전파와 적응: 한국의 경제국가 ······ 134
5. 맺음말을 대신하여: 동아시아 발전국가의 성립 ······ 139

제2부 21세기 군사국가의 변환

5 정보화시대의 군사변환 | 이상현

1. 머리말 ······ 147
2. 정보화와 국제안보환경의 변화 ······ 148
3. 미국의 군사변환 전략 ······ 153
4. 한미동맹에 대한 함의 ······ 166
5. 맺음말 ······ 170

6 정보혁명과 지구테러 네트워크 | 신성호

1. 머리말 ······ 176
2. 근대 테러리즘: 동기의 세속성과 테러활동의 지역적, 기술적 한계 ······ 178
3. 정보혁명과 21세기 테러의 네트워크화 ······ 182
4. 맺음말 ······ 201

7 21세기 미국의 변환외교 | 전재성

1. 머리말 ······ 207
2. 변환외교의 첫 번째 축: 제국 지향성 ······ 209
3. 변환외교의 두 번째 축: 정보화시대의 지식외교 ······ 219
4. 미국 변환외교의 전략과 자원 ······ 226
5. 맺음말 ······ 238

제3부 21세기 경제국가의 변환

8 정보화시대의 지구무역 네트워크 | 조화순

1. 머리말 ··· 247
2. 이론적 논의: 정보화시대의 무역과 초국가 네트워크의 발달 ··· 251
3. 전자상거래의 발달과 초국가 네트워크의 형성 ··· 256
4. 전자상거래 초국가네트워크의 성격 ··· 265
5. 맺음말 ··· 272

9 세계금융 중심도시 네트워크 | 이왕휘

1. 머리말 ··· 278
2. 국제금융질서에서 세계금융질서로 ··· 281
3. 세계금융 중심도시 네트워크 ··· 286
4. 동북아 금융허브로서의 서울 ··· 296
5. 맺음말 ··· 303

10 정보혁명과 지구생산 네트워크 | 배영자

1. 머리말 ··· 312
2. 논의의 틀 ··· 314
3. 정보혁명과 해외직접투자 ··· 315
4. 정보혁명과 기업의 e-변환: 전자산업의 사례 ··· 318
5. 정보혁명과 지구생산 네트워크: 컴퓨터, 신발, 항공산업 사례 ··· 326
6. 정보혁명, 지구생산 네트워크, 세계정치경제질서 ··· 340

제4부 네트워크 지식국가의 부상

11 근대 지식국가이론 | 최정운

1. 지식국가의 사상: 과학적 지식과 사회 통제 ··· 349
2. 20세기 전반의 지식국가 형성: 합리적 계급정치 ··· 353
3. 제2차세계대전 이후 지식국가의 세계화 ··· 362
4. 맺음말: 현대 지식국가와 지구적 헤게모니 ··· 366

12 생명공학과 네트워크 지식국가 | 조현석

1. 머리말 ··· 370
2. 분석틀: 생명공학 거버넌스와 네트워크 지식국가 ··· 373
3. 생명공학의 글로벌 전개 ··· 381

4. 생명공학과 글로벌 거버넌스의 형성 ··· 391
5. 맺음말 ··· 404

13 문화제국과 네트워크 지식국가 | 김상배

1. 머리말 ··· 409
2. 정보화시대 실리우드의 부상 ··· 413
3. 실리우드와 미국형 네트워크 지식국가 ··· 417
4. 실리우드의 글로벌 문화패권 ··· 422
5. 실리우드의 세계정치적 동학 ··· 427
6. 21세기 문화제국의 정치질서 ··· 431
7. 맺음말 ··· 435

14 네트워크시대의 문화세계정치 | 민병원

1. 머리말 ··· 442
2. 문화, 국제관계, 정치 ··· 444
3. 세계화시대의 문화: 흐름과 섞임의 역학 ··· 454
4. 문화의 네트워크적 이해 ··· 463
5. 문화정책과 문화유전자 ··· 471
6. 맺음말 ··· 474

15 세계화시대의 네트워크 국가 | 민병원

1. 머리말 ··· 480
2. 세계화시대의 국제관계와 국민국가 ··· 482
3. 네트워크 국가의 등장 ··· 491
4. 유럽연합에서의 실험과 네트워크 국가 ··· 506
5. 맺음말 ··· 511

16 결론: 네트워크 지식국가론의 모색 | 김상배

1. 머리말 ··· 519
2. 정보화시대 국가변환의 분석틀 ··· 524
3. 지식국가의 부상과 네트워크 변수 ··· 528
4. 네트워크 국가의 부상과 지식변수 ··· 534
5. 네트워크 지식국가의 매력정치 ··· 539
6. 맺음말 ··· 544

필자 소개 ··· 550

1

네트워크 지식국가 : 늑대거미의 다보탑 쌓기

하영선_서울대학교

21세기는 복합화로 향하는 변환의 세기다. 문명사의 주인공, 무대, 그리고 연기가 모두 바뀌고 있다. 더구나 오늘의 변화는 단순히 양적 수준이 아닌 질적 수준에서 진행되는 변환의 모습을 보여주고 있다. 따라서 21세기 복합화를 제대로 이해하기 위해서는 문명의 변환사라는 시각에서 오늘의 변화를 제대로 자리매김하고 그에 상응하는 개념화를 모색해야 한다(하영선 2004).

1. 천하예의지방에서 국민부강국가로

한반도를 포함하는 동아시아는 역사적으로 오랫동안 천하예의지방(天下禮儀之邦)이라는 문명표준에 익숙해 살아왔다(이용희 1972; 김용구 1997; 김한규 2005; 溝口雄三 · 丸山松辛 · 池田知久 編, 2001; 白川靜 2003;

安部健夫 1956; 小倉芳彦 1987; 李无未 2005; 叶自成 2003; 赵汀阳 2005; Fairbank ed. 1968; Yun 1998; Hui 2005). 우선 천하부터 검토하기로 하자. 천(天)이라는 글자는 원래 갑골문에서 보면 손발을 넓게 벌린 모습의 대(大)라는 글자 위에 커다란 머리를 얹은 형태로 하늘을 의미했다. 그러나 천이 본격적으로 정치적 의미를 가지고 사용되기 시작한 것은 기원전 1088년 은왕조에 이은 주왕조의 등장과 함께였다. 주나라 초기 대표적 금문인 『대우정(大盂鼎)』의 명문(銘文)은 위대한 문왕은 천명(天命)을 받았으며 무왕은 사방(四方)을 보유했다고 적고 있다.[1)] 주나라 문왕이 새로운 왕조의 출발을 하늘의 명이라는 명분을 들어 정당화하고 천명을 받은 자로서의 천자라는 칭호를 쓰기 시작했고 무왕은 천명이 미치는 범위로서 사방을 보유함으로써 천하의 모습을 갖추었다는 것이다. 따라서 천자가 다스리는 천하가 있고 그 속에 제후의 나라인 국이 품어져 있으며 동시에 변방의 오랑캐들도 이러한 위계질서의 일부를 이루게 되었다. 천하질서의 이러한 주인공 모습은 그 이후 3000년 가까운 기간 동안 동아시아 무대의 중앙을 떠나지 않았다.

천하국가의 중심무대는 예(禮)의 무대였다. 예라는 글자의 풍(豊)이 본래 제기(祭器)를 나타내는 것처럼 예의 기원은 하늘이나 귀신들에 대한 제사에서 시작해서 나중에 춘추전국시대에 이르면 인간관계 전체를 규율하는 것으로 의미가 확대되었다. 천자와 제후 간에는 책봉(冊封)과 조공(朝貢)의 예를 교환하는 군신관계를 맺었으며 권외의 야만인 오랑캐와의 관계에도 이 예를 준용했다. 따라서 천하질서의 무대는 구미의 근대국제질서 무대가 군사와 경제무대중심으로 펼쳐졌던 것과 대조적으로 예를 강하게 명분화하고 있었다.

---

1) 偉大英明的 文王承受了上天佑助的重大使命 到了武王 繼承文王建立了周國 排除了那个奸惡普遍地保有了 四方土地(大盂鼎 http://bbs.guoxue.com/archive/o_t/t_117089/117089.html).

천하예의지방의 기본 행동원칙은 큰 나라는 작은 나라를 사랑하고 작은 나라는 큰 나라를 섬긴다는 자소사대(字小事大)였다. 『춘추좌전(春秋左傳)』 소공(昭公) 30년조에서 "예란 작은 나라가 큰 나라를 섬기고 큰 나라가 작은 나라를 아끼는 것을 말하는데, 사대는 대국의 명령을 때에 맞추어 명을 함께하는 데 있고, 자소는 작은 나라가 없는 것을 구제"하는 데 있다고 했다.[2] 『맹자』 양혜왕 하편 3장에서 맹자는 "대국이면서 소국을 섬긴 자는 천을 기쁘게 한 자이고 소국으로서 대국을 섬긴 자는 천을 두려워 한 자다. 천을 기쁘게 하는 자는 천하를 지키고 천을 두려워하는 자는 그 국을 지킨다"고 말한다.[3] 자소사대는 어지러웠던 춘추전국시대 국가들의 행동규범으로 등장했던 것이다.

그러나 천하예의지방을 오랫동안 문명표준으로 삼고 살아왔던 동아시아에 19세기 중반 뒤늦게 역사의 태풍이 불어닥쳤다. 중국 중심의 전통 천하질서가 구미중심의 근대 국제질서로 탈바꿈하는 문명사적 대변환을 맞이하게 된 것이다. 주인공은 천하국가에서 국민국가로, 중심무대는 예(禮)에서 부국강병으로, 연기원칙은 자소사대에서 자강균세(自强均勢)로 바뀌게 된다.

서세동점의 태풍 속에서 동아시아의 한국, 중국 및 일본이 살아남아서 새로운 역사의 주인공이 되기 위해서는 태풍의 방향과 속도를 제대로 읽어내고 자기 나름의 대변환을 모색해야 했다. 그러나 이 변환은 쉽지 않았다. 3중의 싸움이 복합적으로 전개되었기 때문이다. 천하예의지방과 국민부강국가라는 문명표준의 경쟁, 국민제국들의 약육강식, 국내정치 사회세력의 권력투쟁의 치열한 각축 속에서 일본은 새로운 세계사 무대

2) 禮也者 小事大 大字小之謂 事大在共其時命 字小在恤其所無, 『春秋左傳』 昭公 30年(http://-k.domaindix.com/homesir/tsotsuan/in_tso.htm).

3) 以大事小者 樂天者也 以小事大者 畏天者也 樂天者保天者 畏天者保其國, 『孟子』 梁惠王 下 3章(http://www.dubset.net/men/1B03.html).

의 중심에 섰으며, 중국은 무대의 주변으로 밀려났으며, 조선은 무대에 설 자리를 잃어버려야 하는 비극을 맞이했다.

1840년의 아편전쟁 이후 1910년 조선이 망할 때까지 조선의 근대국제정치는 위정척사(衛正斥邪)의 현실적 한계를 뒤늦게 깨닫고 해방(海防), 원용부회(援用附會), 양절체제(兩截體制), 자강균세(自强均勢), 그리고 국권회복(國權回復)의 모색을 차례로 시도한다(하영선 근간). 구미의 국민국가라는 주인공들은 부국강병의 무대에서 자강균세를 넘어서서 아시아를 포함하는 전 세계에서 다른 국가들에게 압도적 영향력을 행사하려는 제국적 경쟁을 벌였다. 새로운 근대국제질서와의 본격적 첫 만남에서 동아시아의 중국이나 일본과 마찬가지로 조선은 전통적인 척사론의 시각을 넘어서서 새로운 외적에 대한 정보수집과 방어책을 고민하는 해방론이 등장하게 된다. 그러나 서양세력의 동아시아 진출이 해방론의 차원을 넘어서게 됨에 따라, 서양 근대국제질서의 작동원리인 만국공법과 균세지법을 활용하여 서양세력을 다루되, 이러한 서양국제사회의 작동원리를 새로운 문명표준으로 받아들이지 않고 중국 고대의 춘추전국시대에 이미 존재했다는 원용부회론이 활발하게 전개된다.

조선은 임오군란(1882)과 갑신정변(1884)을 거치면서 천하국가에서 근대국가로 변모하고 있는 중국의 감국(監國)정치를 감내하면서 다른 한편으로는 일본을 포함한 구미 열강들과의 근대적 국제관계를 추진해야 하는 어려움에 직면한다. 유길준의 양절체제론은 이러한 어려움의 구체적 표현이다. 청일전쟁(1894~1895)에서 중국의 패배는 단순한 패배가 아니었다. 동아시아에서 오랜 세월 문명표준으로 작동해왔던 천하질서의 퇴장을 의미하는 것이었다. 중국은 근대국제질서를 새로운 문명표준으로서 받아들여야 했다. 무술정변(1898)의 실패 이후 일본으로 망명한 량치차오(梁啓超)는 일본을 징검다리로 해서 폭포수같이 근대국제정치의 기본 작동원리를 소개하는 글들을 쏟아놓는다. 조선도 갑신정변 이후 잃어버린 10년을 넘어서서 본격적으로 새로운 문명무대에서 활약하기 위한 자강균세론을 활발하게 펼친다. 1896년 창간한 독립신문은 새로운 국제정치론의 모습을 보여주고 있다.

그러나 기대는 오래가지 못했다. 조선이나 중국에 비해서 근대 국민부강국가라는 새로운 문명표준을 과감하고 재빠르게 받아들인 일본은 청일전쟁의 승리 이후 겪은 삼국간섭의 수모를 와신상담 외교로 극복하고 러일전쟁(1904~1905)을 승리로 이끈다. 러일전쟁에서 일본의 승리는 조선이 희망하는 자강균세의 좌절을 의미하는 것이었으며 동시에 일본이 주도하는 지역제국질서를 예고하는 것이었다. 일본은 새로운 지역질서 개편을 위한 명분으로서 일본 주도의 아시아 연대에 기반을 둔 동양평화론을 본격적으로 주장했다. 조선은 국권회복을 위한 투쟁론과 준비론의 갈등 속에서 일본형 동양평화론의 허구성을 일사분란하게 드러내고, 조선형 동양평화론을 본격적으로 실천에 옮기지 못하고 1910년 무대에서 일단 사라지게 된다. 문명표준경쟁, 국제적 약육강식, 국내적 권력투쟁의 3중적인 중압 속에서 조선은 국권회복의 돌파구를 마련하지 못하고 국망의 비극을 맞이한다.

국권회복의 숙제는 조선식민지 국제정치로 넘어갔다. 준비론, 외교론, 무장투쟁론의 힘겨운 노력에도 불구하고 칠흑 같은 어두움 속에서 광복의 불빛은 쉽사리 찾아지지 않았다. 조선의 국제정치무대로의 재등장은 일본이 제2차세계대전에서 패망함에 따라 기적같이 찾아왔다. 그러나 한반도가 전후 세계냉전질서의 주전장이 됨에 따라 한반도의 현대국제정치는 남북으로 나누어져 전형적인 냉전국제정치의 모습으로 전개되었다. 21세기를 앞두고 소련의 해체에 따른 지구적 탈냉전과 한국의 민주화라는 새로운 변화 속에 남북한 냉전분단체제의 어려움을 아직 벗어나고 있지 못한 한국은 탈냉전국제정치의 실험을 시도하고 있다.

그러나 21세기 세계질서의 변화는 한국 현대국제정치의 힘겨운 변화를 훨씬 앞서가고 있다. 21세기 세계질서의 주인공, 무대, 연기의 변화는 거의 19세기 조선이 겪은 문명사적 변환을 방불케 하고 있다. 국민부강국가가 그물망 지식국가로 탈바꿈하기 시작하고 있다. 그러면서도 국민부강국가들의 생존경쟁은 여전히 치열하다. 동시에 국내정치사회의 민주화도 역동적으로 진행되고 있다. 또한 한반도 냉전분단체제의 풀지 못한 숙제는 여전히 남아 있다. 21세기 한국은 복합적 변환의 세계질서를 맞이하고 있다.

2. 주인공의 변환: 네트워크국가/늑대거미

21세기 세계질서의 변화를 제대로 읽기 위해서는 주인공, 무대, 연기의 변화에 주목해야 한다. 우선 변환무대에서 화려한 연기를 펼치고 있는 주인공들이 겪고 있는 변화부터 검토하기로 하자. 가장 눈에 띄는 것은 초국가 주인공들의 부상이다. 2001년 9·11테러는 알 카에다(al-Qaeda)라는 테러조직을 이끄는 오사마 빈 라덴을 일약 세계적인 스타로 만들었다. 탈냉전 이후 군사차원에서 압도적인 우세의 위치를 즐기고 있던 미국은 예상과는 달리 지구 차원의 테러조직을 21세기 미국안보의 새로운 위협대상으로 맞이하게 되었다(U.S. State Department, Office of the Coordinator for Counterterrorism 2006; MIPT 2005·2006; Lal 2002). 미 국무부는 현재 알 카에다, 하마스(HAMAS), 히즈발라(Hizballah)를 비롯한 42개의 외국테러조직들을 9·11테러 이후 전 세계적으로 전개하고 있는 반테러전의 주목표로 선정하고 있다. 무대 위의 지구 테러조직은 기존의 주인공인 근대국가와는 전혀 다른 모습을 하고 있다. 테러조직들은 알 카에다 조직이 아프가니스탄의 탈레반 정권 같은 후원국가를 일종의 숙주처럼 활용하지만 보다 중요한 것은 전 세계의 거점을 거미줄처럼 연결하는 네트워크를 끊임없이 짜고 또 관리하는 것이다. 국민국가라는 주인공의 정치공간을 기반으로 해서 다른 국민국가와의 국제관계를 엮어 나가는 공간구성전략과는 다른 새로운 방법으로 정치공간을 짜나가는 것이다. 주인공의 몸집이 왜소하더라도 정보혁명의 도움을 얻어 21세기의 신출귀몰하는 홍길동처럼 지구 그물망 도처에 수시로 모습을 드러낼 수 있다면 상대방에게 예상 외로 거인의 몸집으로 다가갈 수 있다. 천하무적 미국의 부시 행정부가 9 · 11테러 이후 지난 5년 동안 전력투구해서 반테러전을 수행했음에도 불구하고 지구테러 네트워크를 깨끗하게 걷어내지 못하고 있는 것은 그만큼 네트워크의 효율성을 쉽사리 극복하기 어렵기 때문이다.

무대 위의 초국가 네트워크라는 새로운 주인공의 모습은 테러와 같이 폭력적인 공간에서만 눈에 띄는 것이 아니다. 테러보다 훨씬 먼저 주목을 받아온 세계경제의 생산, 교환, 금융 초국가 네트워크의 활동도 계속해서 활발한 모습을 보여주고 있다. 세계 경제무대에서는 현재 6만 이상의 지구기업들이 전 세계 70만 협업기업과 네트워크를 형성하고 있으며, 그중 200대 지구기업들은 세계경제활동의 25%를 차지하고 있다. 세계경제무대의 100대 주인공 중에 51개는 기업이고 49개는 국가이다. 세계 12위의 대기업인 월마트(Walmart)가 이스라엘, 폴란드, 그리스 등을 포함한 161개국보다 경제규모면에서 크다(CorpWatch 2001; Anderson 2000). 이러한 지구기업들은 1990년대 이래 빠르게 진행되고 있는 정보혁명의 변화와 함께 생산, 교환, 금융의 전 영역에서 일국중심의 안과 밖으로 닫힌 국민경제 공간을 보다 적극적으로 넘나들면서 새로운 그물망을 본격적으로 치고 있다.

다음으로 국민국가의 안과 밖에서 시민사회조직의 자율적인 활동이 눈에 띄게 늘어나고 있다. 세계 정치무대의 무시할 수 없는 주인공으로 활약하고 있는 것이다. 지구 시민사회조직 중에 가장 대표적인 국제비정부기구(INGO)의 경우를 보면 1839년 영국 및 외국 반노예사회의 모습으로 처음 등장한 국제비정부기구는 1874년에는 32개로 늘어났고 1914년에는 1,083개로 커진 다음 2000년대 초반에는 1만 3000개에 이르렀다. 그중에도 1990년대에 늘어난 것이 현재 전체 수의 약 25%를 차지하고 있다. 같은 시기 국가나 국제기구의 양적 증가와 비교하면 특히 최근의 증가 추세는 폭발적이라고 할 수 있다(Anheier, et al. eds. 2001 Ch.1). 1990년대 이래 세계 시민사회조직의 변화는 단순한 양적 증가에만 있지 않았다. 이들은 정보혁명에 힘입어 대단히 빠른 속도로 지구 시민사회조직 간에 그물망을 넓혀 나갔고, 기존의 국민국가와 국제지구들과도 네트워크를 마련하고 있다. 이러한 변화는 세계정치무대의 정책논의, 결정, 실천의 주인공 층을 훨씬 두껍게 만들고 있다.

세계질서무대에는 1990년대 초반 이래 사이버 네트워크라는 새로운 주인공이 본격적으로 등장했다. 군사적 목적으로 1960년대 말에 처음 모습을 드러낸 인터넷이 1990년대 초 월드와이드웹(www)의 개발과 함께 폭발적인 속도로 대중화되었다. 인터넷 사용자 수가 2000년에 5억 명을 돌파한 후 2006년 현재 11억 명에 육박하고 있으며 2010년에는 18억 명에 이를 것으로 전망되고 있다. 전 세계 65억 인구 중에 20% 가까운 사람들이 현재 인터넷을 활용하고 있으며 그 증가추세는 예상을 훨씬 넘어서서 진행되고 있다. 보다 자세하게 상위 10개국을 훑어보면 보면 미국 2.1억 명(19.1%), 중국 1.2억 명(11.3%), 일본 8600만 명(7.9%), 인도 6000만 명(5.5%), 독일 5100만 명(4.7%), 영국 3800만 명(3.5%), 한국 3400만 명(3.1%), 프랑스 3000만 명(2.7%), 이탈리아 2900만 명(2.7%), 브라질 2600만 명(2.4%)의 순서로 되어 있다. 인터넷 사용자 수의 폭발적 증가와 함께 사이버공간의 웹사이트 수도 비슷한 증가추세를 보여주고 있다. 1990년대 중반부터 모습을 드러낸 웹사이트는 2001년에는 3000만 개를 넘어섰으며, 2004년에는 5000만 개에 이르렀으며, 2006년에는 불록과 무료 홈사이트 개설 서비스 등에 힘입어 1억 개를 넘어섰다(Internet World Stats 2006a · 2006b; Internet Systems Consortium 2006).

이와 같이 예측하기 어려울 정도로 빠르게 확장되고 있는 사이버공간의 새로운 주인공들은 기존 공간의 주인공들과는 다른 모습을 드러내고 있다. 근대무대의 국민국가라는 주인공은 주권이라는 배타적 명분체제 위에 일국중심의 부강국가 공간을 확보 내지 확장해왔다면 사이버무대의 주인공은 그물코(node)의 복합적 연결(link)로 짜지는 그물망(network)의 모습으로서 공간활용의 극대화를 보여주고 있다. 사이버공간에 흩어져 있는 수많은 주인공들은 근대 국민국가라는 주인공과 달리 한 그물코에 머무르지 않고 연결그물을 타고 끊임없이 돌아다녀서 그물망 전체에 두루 존재하는 통공성(通空性)의 특성을 보여주고 있다. 더구나 사이버 주인공들은 정보혁명에 힘입어 모든 공간에 같은 시간에 존재하는 공시성(共時性)의 특성을 함께 보여주고 있다. 이러한 통공성과 공시성의 결합은 어느 때나 어디서나 존재한다는 편재성(遍在性)의 특성을 낳는다. 마지막으로 사이버 주인공들은 상호배타적이 아니라 상호포함적이기 때문에 복합정체성의 가능성을 보여주고 있다.

테러 네트워크, 지구기업 네트워크, 시민사회 네트워크, 사이버 네트워크라는 새로운 주인공의 등장으로 세계무대는 훨씬 화려해졌다. 그러나 잊지 말아야 할 것은 무대의 주연급 주인공들은 여전히 국민국가 또는 국민제국들이다. 21세기 세계질서의 국민국가들은 여전히 생존을 스스로 일차적으로 책임져야 하는 구조 속에서 국가간에 치열한 생존경쟁 또는 우위경쟁을 계속하고 있다. 그 결과 나타나고 있는 현재의 배역을 간단히 정리하면 첫 번째로 눈에 띄는 것은 미국의 지속적 주연 역할이다. 먼저 군사비를 기준으로 보면 미국은 전 세계 2005년 군사비 1조 달러 중에 4800억 달러를 차지하고 있어 압도적인 우위를 유지하고 있다. 그 다음 국가군들로서는 영국 · 프랑스 · 일본 · 중국 · 독일이 400~500

억 달러를 지출하고 있으며, 그 뒤를 잇는 국가군들로서는 이탈리아 · 사우디아라비아 · 한국 · 러시아 · 인도가 200~300억 달러를 군사비로 쓰고 있다. 결국 미국의 군사비는 미국을 제외한 상위 10개국의 총군사비를 훨씬 상회하고 있다(*SIPRI Yearbook* 2006). 그리고 미국은 핵력, 재래식 군사력, 첨단군사력의 모든 영역에서 압도적 우세를 보이고 있다. 다음으로 국내총생산(GDP)을 기준으로 보면 미국은 전 세계 GDP 44.4조 달러 중에 12.5조 달러(28.1%)를 차지하고 있고, 이어서 일본이 4.6조 달러를 점하고 있다. 그 다음으로는 독일 2.8조 달러, 중국 2.2조 달러, 영국 2.2조 달러, 프랑스 2.1조 달러, 이탈리아 1.7조 달러, 캐나다 1.1조 달러, 스페인 1.1조 달러의 순서다. 그리고 한국 · 브라질 · 인도 · 멕시코 · 러시아가 0.8조 달러 수준이다(IMF 2006). 미국의 이러한 경제력 우위는 근대 이래 제2차세계대전 직후의 경우를 제외하고는 가장 높은 수준을 보여주고 있다. 21세기 국력의 가장 중요한 요소로 부상하고 있는 기술력의 경우에도, 미국의 연구개발비가 미국 다음의 7대 부국 연구개발비 총합계와 맞먹는다. 종합하면 강대국 역사상 오늘의 미국만큼 국력의 모든 요소에서 우위를 점한 경우는 없었다. 그리고 당분간 미국에 대항할 만한 세력의 등장을 예상하기 어렵고, 반미 역량결집도 어렵다(Wohlforth 1999; Brooks and Wohlforth 2002).

그러나 미국이 주연으로 장기공연하리라는 전망에 모두 동의하고 있는 것은 아니다. 세계체제론의 대부인 이매뉴얼 월러스틴(Immanuel Wallerstein)은 이라크전이 시작되기 전에 쓴 글에서 미국이란 독수리가 불시착할 수밖에 없는 이유를 군사 · 경제 · 이념적인 면에서 설명하고 있다. 우선, 군사적인 면에서 미국이 전 세계에서 가장 강한 군사력을 보유하고 있지만, 1960년대의 월남전과 같이, 부시 행정부는 이라크를 공격하거나 신속하게 승리하거나 우호적이고 안정적인 정권을 수립하기 어려울 것으로 전망했다. 다음으로, 경제적인 면에서 1980년대에 경제기적을 이루었던 일본이 오늘의 어려움을 겪고 있는 것처럼, 오늘의 미국 경제도 보장된 것이 아니라는 것이다. 특히, 역사적으로 군사에 주력한 패권국들이 경제에 주력한 도전국에 의해 교체되었다는 것을 강조하고 있다. 마지막으로, 이념적으로 부시 행정부의 오만한 강경론은 국내외적으로 설득력이 없고, 호응이 약하다는 것이다(Wallerstein 2004).

보다 더 주목할 만한 것은 1980년대 미국의 상대적 쇠퇴론에 대해 반론을 제기했던 조지프 나이(Joseph S. Nye Jr.)의 신중론이다. 그는 21세기 세계질서를 복합 3차원 서양장기에 비유하고 있다. 맨 위의 군사 장기판에서는, 핵력과 재래식 군사력에서 압도적 우위에 있는 미국이 단극적 위치를 차지하고 있다. 중간의 경제 장기판에서는 미국이 유럽 · 일본과 함께 세계생산의 약 70%를 차지하면서, 다극의 모습을 보여주고 있다. 두 장기판만 들여다보면 세계는 단다극질서로 보일 것이다. 그러나 세계는 훨씬 더 복잡해지고 있다. 맨 밑의 장기판에서는, 테러나 지구금융거래와 같이 정부통제 밖에서 국경을 넘어서는 초국가관계가 활발하게 진행되고 있다. 이 장기판에서는 힘이 단극이나 다극을 넘어서서 훨씬 넓게 퍼져 있다. 따라서 미국이 21세기 세계질서를 계속 주도하기 위해서는 세 개의 장기판을 동시에 잘 두어야 한다. 특히, 그는 군사력과 경제력에 못지않게 상대방이 자진해서 따르도록 만드는 매력의 중요성을 강조하고 있다. 따라서 군사와 경제 초강대국인 미국은 오만과 일방주의의 위험을 벗어나서 상대방들의 도움과 존경을 얻을 수 있어야 한다는 것이다(Nye 2002 · 2004).

이러한 나이의 논의를 보다 심화시키면 새로운 문명표준으로서 주인공 모습의 논의에 이르게 된다(Ansell and Weber 1999; Ansell 2000; Carnoy and Castells 2001; Kahler 2000; Sassen 2006; Slaughter 2005; *Journal of World-Systems Research* Special Issue 2005). 21세기 무대의 주연급 주인공은 여전히 국민국가형태의 모습으로 국가간의 치열한 생존과 우위

의 경쟁에서 두각을 나타내야 하는 것은 필수적이다. 그러나 그것만으로는 불충분하다. 19세기 동아시아에서 천하와 국제의 만남이 상당한 시간과 우여곡절을 겪으면서 근대 국제관계로 모습을 갖추어나갔다면 21세기는 국민국가와 네트워크의 만남이 일단 네트워크 국가를 만들어가고 있다. 국민국가가 무대 위에서 국가라는 응축된 공간활용방식보다 네트워크라는 퍼진 공간활용방식의 효과를 극대화하려는 테러조직, 지구기업, 시민사회조직, 사이버 주인공들과 함께 공연하면서 중앙무대의 자리를 계속 유지하려면 전통적인 국제관계의 구축만으로는 부족하며 불가피하게 네트워크를 쳐나갈 수밖에 없다. 테러전이 네트워크전화하면 할수록 미국이 주도하는 반테러전도 성공적으로 대응하기 위해서 네트워크전의 모습을 갖추어나가고 있다. 주인공의 새로운 문명표준이 국민국가에서 네트워크 국가로 변환하고 있는 것이다. 국가는 21세기에도 여전히 무대의 주인공으로 활약하게 될 것이다. 그러나 안과 밖으로 닫힌 국가로서가 아니라 안과 밖을 동시에 품기 위한 네트워크를 끊임없이 짜나가는 국가로서 살아남게 될 것이다.

21세기 세계질서의 새로운 주인공 모습으로 등장하고 있는 네트워크 국가를 보다 쉽게 이해하기 위해서는 늑대거미를 비유적으로 생각해볼 필요가 있다.[4] 늑대거미는 보통 거미와 달리 대부분 먹이사냥을 위해서 거미줄을 치지 않는다. 그중 일부는 바위틈 사이에 거처를 마련해서 살며, 다른 일부는 고정적인 거처 없이 한평생 돌아다닌다. 많은 다른 거미들과는 달리 늑대거미는 비교적 좋은 시력을 가지고 먹이를 쫓아가서 잡아먹는다. 따라서 상징적으로 늑대거미는 늑대와 거미의 속성을 함께 보여주는 것이다. 실제 속성과는 관계없이 늑대가 무차별하고 악명 높은

4) Wikipedia The Free Encyclopedia 'Wolf spider' (http://en.wikipedia.org/wiki/-wolf_spider).

약육강식의 상징으로서 널리 불려지게 된 데에는 토머스 홉스(Thomas Hobbes)의 영향이 크다. 자기이익의 보존 및 확대를 위해 치열한 싸움을 벌이는 인간관계를 늑대에 처음 비유한 것은 로마시대의 희극 시인이었던 플라우투스(Titus Maccius Plautus, 기원전 250~184)였다. 그 이후 홉스가 자신의 정치사상을 잘 보여주는 주저 중의 하나인 『시민론(*De Cive*)』의 헌사(獻詞)에서 플라우투스의 비유를 빌어 "인간은 인간에 대해서 신이며, 또한 인간은 인간에 대해서 늑대다(Homo homini deus.....Homo homini lupus)"라는 표현을 씀에 따라 늑대의 비유는 오늘날까지 생명력을 가지게 되었다. 그는 시민관계를 신의 관계로 비유할 수 있다면 도시국가관계를 늑대관계로 비유할 수 있다고 설명하고 있다(Hobbes 1651: Dedication and Preface).

근대 국민국가의 속성과 변환기의 네트워크의 속성을 함께 상징적으로 표현하고 있는 늑대거미는 21세기 변환기의 대표적 주인공으로서, 한편으로는 늑대처럼 먹이사냥을 하고 있으며 다른 한편으로는 거미처럼 거미줄을 치고 있다.

3. 무대의 변환: 지식국가/다보탑

21세기 세계의 무대도 바뀌고 있다. 오랜 역사 동안 한국과 중국, 일본을 포함하는 동아시아의 중심무대는 사대교린의 틀에 따라 생각하고 행동하는 예(禮)의 무대였다. 19세기 중반에 영국을 비롯한 구미열강들이 동아시아 무대에 새로운 주인공으로 등장함과 함께 중심무대도 부국과 강병으로 바뀌었다. 부국과 강병무대에서 벌어진 일국중심의 치열한 경쟁은 두 차례의 세계대전과 그 뒤를 이은 냉전의 비극을 가져왔다. 한반도를 제외한 전 세계의 냉전이 막을 내리고 21세기를 맞이하면서 무대의 내용은 서서히 변환하고 있다.

국제정치무대의 중심을 이루어왔던 전쟁과 평화의 무대는 탈냉전과 함께 새로운 변화를 겪고 있다. 탈냉전의 기대는 일국중심의 생존극대화를 모색하는 군사무대가 초래하는 공멸이라는 안보의 자기모순을 극복하기 위해 지구 및 지역의 안보와 사회 및 개인의 안보를 함께 고려하는 안보무대의 등장을 기다렸다. 그러나 기대와는 달리 세계안보질서를 주도하는 미국이 9 · 11테러를 겪게 됨에 따라 21세기 세계안보질서의 최우선적 성격을 반테러전 질서로 규정하고, 새로운 질서구축에 나섰다. 미국은 지구적으로 그물망화되고, 대량살상무기 사용의 위험성이 높은 21세기 테러조직과 싸우기 위해 테러조직을 파괴하고, 테러지원국을 제거하며, 테러발생의 잠재적 조건을 약화시키고, 마지막으로 국내외의 미국인과 미국의 이익을 방어한다는 전략을 추진하고 있다. 보다 구체적으로, 세계를 대량살상무기 테러조직과 지원국가라는 악의 축과 반대량살상무기 테러국가와 지원국가라는 선의 축으로 양분했다. 그리고 악의 축 세력에 대해, 군사전 · 정치전 · 외교전 · 경제전 · 법치전 · 정보전의 6면전을 시도하고 있다. 군사전은 대량살상무기 테러세력과 지원국가에 대한 공격과 미국본토를 테러에서부터 보호하려는 국토방위전을 수행하고, 정치전은 대량살상무기 테러세력과 지원국가들의 정치세력들의 변화를 추진한다. 한편, 외교전은 반테러전의 정보, 병참, 군사지원을 확보하기 위한 국제협력을 도모하며, 경제전은 테러조직의 자산을 동결하고, 테러리스트의 금융지원을 차단하려는 표적금융제재(targeted financial sanction)를 추진하며, 법치전은 테러용의자를 찾아내고 체포하며, 그리고 정보전은 테러의 단서들을 찾아내고, 위협을 분석하고 있다. 미국은 6자회담 같은 외교적 수단과 경제제재, 육상, 해상, 공중의 정지 및 나포, 군사적 선택으로 구성되어 있는 대량살상무기 확산방지구상(Proliferation Security Initiative)의 비외교적 수단을 동시에 채택하고 있다. 부시 2기 행정부는 국내외적 명분을 확고하게 마련하기 위해서 6자회담과 대량살상무기 확산방지구상을 경직화된 2단계로 설정하는 대신 북한이 리비아식 핵폐기를 거부하는 경우에 북한과 같은 '폭정의 전초기지'에 자유를 확산하는 정책을 추진하고 있다.[5)]

21세기 안보무대의 성격을 제대로 이해하기 위해서는 대량살상무기 테러문제와 함께 중장기적으로 당면할 수 있는 불확실하고 다양한 위험에 효과적으로 대비하기 위해 미국이 추진하고 있는 새로운 군사변환(transformation) 전략의 검토가 필요하다. 군사변환의 핵심은 탈냉전 9 · 11테러 이후 21세기 군사질서가 산업화시대에서 정보화시대로의 변환을 겪고 있는 것으로 파악하는 것이다. 전쟁무대에 산업화시대의 주인공이었던 국가뿐 아니라 정보화시대의 새로운 주인공들인 비국가조직들이 지구 그물망화해 등장한 것이다. 동시에 산업혁명에 힘입은 대량살상무기보다 정보혁명에 힘입은 정보무기의 중요성이 빠르게 증가하고 있다. 새로운 안보환경의 변화에 직면해 부시 행정부는 본격적 군사변환의 지구 조종을 시도하고 있다.

군사변환의 첫 번째 특징은 주둔군의 유동군으로의 전환이다. 미 국방부는 현재 유럽과 동북아의 해외주둔병력을 냉전의 역사적 유물로 보고, 유사시 보다 광범위한 지역에 보다 신속하게 투입할 수 있는 유동군으로 바꾸려는 작업에 들어갔다. 정보기술혁명의 도움으로 근대적 시간과 공간의 제약을 넘어서는 21세기 신출귀몰군을 창설하기 시작한 것이다. 이에 따라 미국은 냉전시대 군사동맹체제의 변환을 추진하고 있다. 냉전시대의 소련과 같은 확실한 가상 적이 사라지고, 대량살상무기 테러, 지역분쟁, 장기적 갈등 등과 같은 불확실한 위협에 직면해서, 미국은 지구 그

---

5) Teaching Terror: Recommended Publications for the Study of Terrorism(http://teaching-terror.com/pubs.htm); Whitehouse 2006a.

물망의 새로운 군사동맹질서를 짜나가고 있다. 미국은 새로운 동맹국들에게 최소한의 병력을 배치하고, 유사시 추가배치를 위한 기반시설과 물자를 마련한 다음, 위기 상황에 따라서 동맹국들과 함께 국제안보지원군을 동원하도록 계획하고 있다. 군사변환의 두 번째 특징은 수가 아니라 능력의 강조이다. 산업화시대에는 상상을 초월하는 대규모 병력이 대량살상무기로 전면전을 수행했다면, 정보화시대에는 상대적으로 소수의 병력이 첨단정보무기로 정보전을 시작하고 있다(U.S. Department of Defense 2003 · 2004 · 2005; Office of Transformation 2003: Feith 2003).

국제정치무대 중에 강병의 군사무대 다음으로 주목을 받아온 부국의 경제무대도 21세기를 맞이하면서 일국중심의 번영극대화가 가져오는 공빈(共貧)의 위험을 피하기 위해 지구 및 지역의 번영과 국내복지를 함께 추구하는 번영무대를 마련해야 하는 어려운 과제를 안고 있다.

연 국내총생산 44.4조 달러 규모의 세계경제는 12.5조 달러의 미국, 13.4조 달러의 유럽연합, 8.5조 달러의 동아시아(4.6조 달러의 일본, 2.2조 달러의 중국, 0.9조 달러의 아시아, 0.8조 달러의 한국) 경제지역이 각 국가간 그리고 지역간 치열한 경쟁을 진행하면서도 세계경제의 지속적 성장을 위한 투자, 세계금융질서의 안정, 그리고 세계무역질서의 균형확대를 쌍무협상, 다자적 접근, 그리고 국제통화기금(International Monetary Fund), 세계은행(World Bank), 세계무역기구(World Trade Organization) 등과 같은 지구조직을 활용하여 추진하고 있다.[6)]

21세기 세계자본주의 경제질서 무대에서 벌어지고 있는 전통적 경쟁과 협조를 넘어서서 새롭게 주목해야 할 것은 지식기반경제 또는 지식경제다. 이 용어는 피터 드러커(Peter Drucker)가 1967년 『효과적 경영자

6) Institute for Policy Analysis, University of Toronto, Project LINK Research Centre World and Regional Economic Situation and Outlooks: Web Sources(http://www.chass.-utoronto.ca/link/outlooksource.htm); White House 2006b, VI

(*The Effective Executive*)』에서 수공노동자와 지식노동자를 구분하면서부터 사용되기 시작했다. 드러커는 지식노동자를 기계 대신 상징을 다루는 상징분석가라고 규정하고 구체적 예로서 건축가, 은행원, 약품연구원, 교사, 정책연구자 등을 들고 있다. 미국과 같은 선진자본국의 경우 전체 노동자 가운데 60% 이상이 지식노동자로 분류되고 있다. 이 시각에서는 지식을 노동, 자본과 함께 생산의 3대 요소로 파악하고 있다. 20세기 후반 이래 정보컴퓨터기술(ICT)의 혁명적 발전과 함께 첨단과학기술과 같은 지적 자본이 건물이나 시설 같은 물적 자본보다 훨씬 중요해지기 시작한 것이다. 따라서 정보/지식의 경제는 21세기 경제무대의 중심이 되어가고 있다. 주요 OECD 회원국들의 총 국내생산의 50% 이상이 지식의 생산, 분배, 소비에 기반하고 있다. 특히 핀란드, 싱가포르, 뉴질랜드 등은 상품경제로부터 지식경제로의 변환을 본격적으로 시도하고 있다(Drucker 1967 · 1993; Stewart 1997; Levdesdorff 2006; OECD 1996; Ernst and Young 1999; APEC Economic Committee 2003).

21세기 세계질서의 새로운 무대로서 동시에 주목해야 할 것은 문화무대다. 탈냉전과 함께 그동안 군사와 경제에 밀려 있었던 문화무대가 부상하기 시작했고, 9 · 11테러 이후 중요성을 더해가고 있다. 인간들이 자신의 행복한 삶을 위해 다른 집단과 차별되게 자연을 가꾸는 생각, 활동, 그리고 제도형성의 무대가 주목을 받게 된 것이다. 인간은 폭력과 금력의 영향으로 상대방을 따르기도 하지만, 동시에 문화력의 영향으로 머리와 가슴이 움직여서 상대방을 따르기도 하고 멀어지기도 하기 때문이다(Chay ed., 1990; Reeves ed., 2004; Huntington 1996; Cox and Schechter 2002; Liu 2004; Said 2001). 이러한 21세기 세계문화무대에서 미국은 세계질서 운영비용을 상대적으로 줄이기 위해서 미국적 가치와 행동양식을 전 세계적으로 전파하는 노력을 하고 있다. 부시 행정부는 이라크전에서 후세인 제거를 위한 군사전에서는 기대 이상의 성과를 거두었음에도 불구하고, 전후질서 재건전에서는 예상치 못한 고전을 하고 있다. 따라서 미국은 테러전의 공격과 방어의 군사적 측면에 못지않게 사상적 측면을 강조하기 시작하고 있다. 미국은 테러리즘을 노예제도, 해적행위, 대량학살 등과 마찬가지로 보도록 만들 수 있는 사상전을 전개하면서, 이슬람세계를 비롯한 비구미 지역에 구미 유형의 근대 민주복지제도를 전파하려는 노력을 강화하고 있다. 미국은 장기적으로 구미 유형의 민주제도를 전 세계적으로 확대하기 위하여 개별, 다자, 그리고 지구적 노력들을 복합 조종하고 있다(White House 2006b, II).

문화무대에서 새롭게 주목해야 할 것은 정보컴퓨터기술의 발달이 만들어낸 사이버문화다. 윌리엄 깁슨(William Gibson)이 1984년 인터넷을 통해서 새롭게 만들어지는 공간을 사이버공간이라고 이름할 때만 하더라도 사이버공동체문화는 문화의 중심무대에서는 이색적 존재였다. 그러나 1990년대 중반 이래 인터넷 인구의 폭발적 성장과 함께 사이버문화는 더 이상 무대의 주변에서 외롭게 자신들만의 차별화를 즐기는 것이 아니라 빠른 속도로 무대의 중심으로 이동하고 있다. 이에 따라서 사이버문화산업이 본격적으로 성장하기 시작하고 동시에 문화권력의 문제가 가시화되고 있다. 21세기 문화무대에서 벌어지는 지식 · 기업 · 권력의 새로운 복합이 21세기의 새로운 삶에 본격적인 영향을 미치기 시작한 것이다(Montecino 2004).

21세기 세계질서무대 중에 또 하나 중요한 새로운 무대는 생태균형무대다. 생태균형무대는 인간과 자연을 이분법으로 구분하는 근대인들이 경제성장을 위해 무리하게 파괴한 자연환경이 역설적으로 인간을 파괴하기 시작하면서 주목을 받기 시작했다. 더구나 이 문제를 풀기 위해서는 국가뿐만 아니라 국가 안과 밖의 다양한 주인공들이 함께 노력해야 하는 현실 때문에 뒤늦게 세계정치적으로도 주목을 받게 되었다. 지구적 차원에서 보면 1980년대의 오존층 보호를 위한 몬트리올의정서 체결이나, 1990년대의 기후변화협약의 교토의정서 체결 등이 대표적이다. 동아시아 지역 차원에서 보면 산성비, 황사현상, 해양오염 등의 문제가 등장하고 있다. 따라서 생태균형문제는 단순히 세대를 걸친 장기적 삶과 죽음의 문제가 아니라 현안 경제문제로서 우리에게 다가와 있다(U.S. Environment Protection Agency 2006; UNEP 2006; Haas 1989; Hurrell 1995; Paterson 1996; Litfin ed. 1998).

생태균형무대는 다른 어느 무대보다도 자연과학적 지식을 기반으로 하고 있다. 21세기 최대 현안인 기후변화문제도 예외는 아니다. 세계기상기구(World Meteorological Organization)와 유엔환경프로그램(United Nations Environment Programme)이 1988년 공동으로 설립한 정부간 기후변화패널(Intergovernmental Panel on Climate Change)는 기후변화협약의 체결과 이행과정에서 관련 과학지식의 객관적 평가를 통해서 핵심적 역할을 수행하고 있다(IPCC 2006).

21세기 세계정치무대 가운데 특히 중요한 무대는 군사, 경제, 지식, 문화, 생태균형무대에서 벌어지는 다양한 이해갈등을 최종적으로 조종하는 정치무대다. 동아시아의 전통질서가 예를 기반으로 한 사대교린질서였다고 하면, 구미 주도의 근대국제정치는 일국중심의 부국강병을 기반으로 한 국가이익의 추구였다. 21세기 세계정치는 그물망국가들이 복합무대에서 벌어지고 있는 다양한 이해의 갈등을 복합적으로 조종하기 시작하고 있다. 21세기 복합조종무대에서도 여전히 주연을 맡고 있는 미국은 일차적으로 반대량살상무기 테러외교를 진행하고 있다. 동과 서의 이분법이었던 냉전외교가 반테러 적극동참세력, 비동참세력, 동참주저세력의 삼분법에 기반을 둔 반테러 세계정치로 바뀐 것이다. 다음으로는 21세기 세계질서의 정치적 주도권을 유지 · 강화하기 위한 지정학 외교를 벌이고 있다. 유럽에서는 북대서양조약기구(NATO)가 21세기 미국의 변환에 걸맞게 새로운 모습을 갖추고, 미국과 공동보조를 취해 주기를 바라고 있으며, 그 한계 내에서 유럽연합과의 협력관계를 모색하고 있다. 동아시아에서는 일본을 중심으로 하여 한국, 오스트레일리아, 동남아 국가들과 전통적 우호관계를 유지하면서, 동시에 21세기의 새로운 변화를 유연하게 공동 대응할 수 있는 새로운 관계를 정립하고 있다. 그리고 마지막으로, 잠재적 강대국인 러시아 · 인도 · 중국과의 관계를 건설적으로 구축해 나가려고 노력하고 있다. 그리고 미국은 세계자본주의 질서의 지속 성장을 위해 유럽경제권과 아시아경제권을 선도해 가려는 지경학(地經學) 외교를 추진하고 있다. 그리고 9 · 11테러 이후 미국은 세계문화질서에서도 자유와 민주주의라는 가치체계의 지구적 확산을 통한 문화무대의 이해갈등을 해소하려는 노력을 하고 있다. 새롭게 부상하고 있는 생태균형무대의 다양한 이해갈등도 중요한 복합조종의 대상이 되고 있다. 마지막으로 복합조종의 정치무대는 정보컴퓨터기술혁명으로 비중이 급격하게 커지고 있는 지식무대를 최대한 활용하여 21세기 4대 무대를 조종하려고 시도하고 있으며, 동시에 지식무대 자체를 조종하려는 신중한 움직임을 보여주고 있다. 따라서 근대의 군사권력과 경제권력에 더해서 21세기 변환기의 지식권력이 새롭게 부각되고 있다 (Commission on Global Governance 1995 · 1999; White House 2006; Held and McGrew 2002; Barnett and Duvall 2005).

21세기 세계무대의 기본 구조를 보면 안보, 경제, 문화, 생태균형의 네 무대의 중앙 상부에 정치무대가 자리잡고 네 무대를 조종하는 모습을 하고 있다. 21세기에 정보기술혁명은 새롭게 네 무대와 중앙 상부 정치무대의 기반무대로서 지식무대를 선보이고 있다. 19세기 산업혁명이 경제력의 비중을 기하급수적으로 높였다면, 21세기 정보기술혁명은 지식력의 중요성을 예측하기 어려울 정도로 높이고 있다. 따라서 지식무대의 경연은 전쟁을 방불케 하고 있다. 그리고 지식무대가 다른 무대들에게 3중적으로 영향을 미치고 있다. 우선 안보, 번영, 문화, 생태균형무대가 지식을 기반으로 한 무대로 변환되는데 직접적 영향을 미치고 있다. 군사적으로 핵무기 대신에 정보무기가 중요해지고 있으며, 경제적으로 지식기반경제의 중요성이 빠르게 증가하고 있으며, 지구첨단기업이 되려면 지식경영은 필수적이다. 문화무대에서도 사이버문화가 화려하게 개화하고 있으며, 생태균형무대는 지식기반 없이는 무대 자체가 마련되기 어렵다. 다음으로는 중앙 상부의 정치무대가 네 개의 무대를 조종하는 과정에서 과거처럼 폭력이나 금력 대신에 지식력을 활용하여 구조적인 영향력을 발휘하고 있다. 마지막으로는 도구적 · 구조적 지식을 넘어서서 구성적 지식을 어떻게 짜나가느냐에 따라서 영향력을 행사하고 있다(Larner 2004; Mattern 2005; *Millenium* Special Issue 2005; Guzzini and Leander eds. 2006; Pouliot 2004; Guzzini 2006; Leander 2006; Barkin 2003; Jackson ed., 2004; Bollier 2003).

21세기 세계질서무대의 3중복합화를 보다 가시적으로 쉽게 이해하려면 경주 불국사 다보탑의 비밀을 주목할 필요가 있다(고유섭 1948; 김희경 1982; 박경식 2003; 대구MBC 편 2004). 다보탑은 보통 탑이 아니다. 부처님의 진신사리(眞身舍利)를 모시기 위해 인도에 처음 탑이 세워진 이후 지난 2500년 동안 지구상에 건축된 수많은 탑 가운데 다보탑은 가장 완벽하고 가장 아름다운 작품이다. 탑을 바라다보고 있으면 4각, 8각, 원의 모습들이 절묘하게 얽혀서 만들어내는 복합공간 속으로 자기도 모르게 빠져들어가게 된다. 8세기 후반 통일신라의 장인들은 부처님의 나라인 불국사를 토함산 서편에 지으면서 법화경에 따라 석가여래의 탑인 석가탑과 다보여래의 탑인 다보탑을 쌓았다. 법화경 제11장 견보탑품(見寶塔品)에서는 다보탑의 모습을 이렇게 묘사하고 있다.

> 그때 부처님 앞에 7보로 된 탑이 있으니, 높이가 500유순(由旬: 고대 인도의 이수단위로 1유순은 달구지소가 하루에 가는 거리)이요, 가로와 세로는 250

유순인데, 땅에서 솟아올라 공중에 머물러 있었다. 갖가지 보물로 장식했는데, 난간이 5000이요, 감실(龕室)이 1000만이며, 무수한 당(幢)으로 꾸미었고, 보배 목걸이를 드리웠고, 보배방울 억만 개를 그 위에 달았다. 사면에서는 다마라발(多摩羅跋)과 목단(檀)의 향기가 나와서 세계에 충만했다. 모든 개(蓋)들은 금, 은, 유리, 자거, 마노, 진주, 매괴의 칠보(七寶)로 만든 것으로, 높이가 사천왕궁(四天王宮)까지 이르렀다.[7]

신라의 장인들은 법화경의 다보탑을 재현하기 위해서 인간이 상상할 수 있는 최고 경지의 복잡하고 아름다운 공간구성의 탑을 쌓은 것이다. 그 결과 8세기 통일신라인들의 복합공간 상상력의 꽃인 다보탑은 전 세계에서 가장 아름다운 탑으로 평가받고 있을 뿐만 아니라 세월을 넘어서서 21세기 세계무대의 3중 복합성을 형상화하는 데도 도움을 준다.

다보탑은 기단부 · 탑신부 · 상륜부로 나누어져 있다. 탑 전체를 든든하게 받치고 있는 기단부는 석가탑의 낮은 단층 모습과 대조적으로 높은 2층의 모습을 하고 있다. 상층 기단의 중앙과 네 귀퉁이에는 모두 5개의 장방형 석주(石柱)가 서 있다. 중앙의 석주는 목조건물의 심주(心柱)처럼 탑의 심장부인 탑신, 그리고 상륜과 직접 연결된다. 한편 네 귀퉁이의 네 석주 위에는 널찍한 방형의 갑석이 올려져 있다. 갑석 위에는 인간이 빚을 수 있는 아름다움의 절정을 보여주는 3층 탑신부가 자리잡고 있다. 탑신의 맨 위층 옥개석 위에는 불가에서 신성한 공간을 나타내는 상륜부가 올려져 있다.

다보탑의 모습을 이렇게 자세히 그리는 데에는 이유가 있다. 21세기 3중복합무대의 구조와 역학을 다보탑을 통해서 선명하게 형상화할 수 있기 때문이다. 3중무대 가운데 맨 밑에 놓여 있는 지식기반무대는 다보탑

7) 법화경 제11장 "見寶塔品"(http://www.sejon.or.kr/main/main_bub.htm).

〈그림 1-1〉 다보탑

의 기단부에 해당한다. 다음으로 안보, 번영, 문화, 생태균형의 네 무대는 다보탑의 네 석주 위에 놓여 있는 직사각형의 네 귀퉁이와 맞추어볼 수 있다. 그리고 중앙 상부의 복합조종을 위한 정치무대는 다보탑의 중앙 석주와 연결된 탑신부 및 상륜부와 짝지울 수 있다. 그리고 나면 다보탑의 기단부 · 탑신부 · 상륜부가 서로 3중적으로 복잡하게 얽혀 있는 모습에서 지식기반 3중복합무대를 보다 구체적으로 형상화해볼 수 있다.

4. 연기의 변환: 늑대거미 다보탑 쌓기

주인공과 무대의 변환과 함께 연기의 내용도 바뀌고 있다. 21세기에도 여전히 주역의 위치를 유지하고 있는 국가는 과거와는 달리 안과 밖의 다양한 주인공들을 그물망으로 입체적으로 엮은 그물망국가의 모습으로 과거의 예(禮)의 무대나, 부국강병의 무대보다 훨씬 복잡해진 지식기반의 안보, 번영, 문화, 생태균형 그리고 정치의 복합무대에서 변환의 연기를 보여주고 있다.

21세기 변환 연기의 핵심은 국가활동과 그물망활동의 복합적 성격이다. 그물망활동의 특징은 거미의 움직임을 유심히 관찰하면 쉽게 알 수 있다. 거미는 단중심, 다중심 또는 거의 무중심으로 보일 만큼 수많은 그물코들을 입체적으로 연결하여 그물을 친 다음에, 완성한 그물망을 흐르는 물처럼 끊임없이 유동하면서, 그물망 모든 곳에 거의 동시에 존재하는 모습으로 움직인다(〈그림 1-2〉 참조). 21세기 정보기술혁명은 현실적으로 시간과 공간의 엄청난 축약을 가져다줌으로써, 무대의 주인공이 거의 완벽한 거미 연기를 할 수 있도록 도와주고 있다. 한편 명실상부한 세

〈그림 1-2〉 단중심, 다중심, 무중심의 그물망

계정부가 없는 지구공간의 국가활동은 여전히 늑대의 움직임을 크게 벗어나기 어렵다. 국가는 일국중심으로 생존과 번영을 추구할 수밖에 없으며, 그러고도 부족하면 외세를 다양하게 활용하려는 노력을 하게 된다. 21세기 변환연기는 늑대와 거미의 움직임을 동시에 품고 있다.

따라서 21세기 세계역사무대의 주인공들이 보여주고 있는 가장 대표적 연기인 세계화도 이러한 양면성을 잘 보여주고 있다. 21세기 인간의 삶의 공간이 확대되는 것을 바라보면서, 지구화론자는 인간의 삶의 기반이 비로소 국가중심에서 지구중심으로 확대되고 있다고 주장한다. 한편, 반지구화론자는 인간의 삶의 기반은 여전히 국가이며, 19세기의 국제화와 마찬가지로 현재의 공간확대현상은 단순히 국가활동의 지구적 확대를 의미한다고 주장한다. 또 하나의 반지구화론자는 인간의 삶의 기반은 계급이며, 현재의 지구화론은 세계자본주의체제의 명분론에 불과하다고 말한다. 따라서 하나같이 보이는 지구는 사실상 계급으로 나누어져 있다는 것이다.

지구화론과 반지구화론의 이분법적 경직성을 극복할 것을 주장하는 복합론자는 21세기 인간의 삶의 공간을 전통적인 국가, 계급과 미래적인 지구의 복합공간이라고 주장한다. 그러므로 정말 중요한 것은 국가냐 지구냐 또는 계급이냐 지구냐가 아니라 국가 · 계급 · 지구가 어떤 모습으로 다양한 무대에서 복합화되는가를 밝히는 것이라고 지적하고 있다. 비유적으로 말하면, 늑대냐 거미냐가 중요한 것이 아니라 늑대와 거미를 복합화한 늑대거미의 연기원칙을 찾아내는 것이다.

늑대거미의 복합연기내용은 결국 늑대연기와 거미연기의 복합비율에 의해 좌우된다. 미국형 늑대거미는 50개주의 연방국가로서 지식기반 복합무대에서 세계질서 주도국의 위상을 유지 또는 강화하기 위한 늑대의 연기를 계속하면서도 무대에서 지구차원의 그물망치기를 본격적으로 진행하고 있다(White House 2006). 한편 유럽형 늑대거미는 국민국가들간의 늑대연기와 유럽연합이라는 지역국가의 그물망치기를 함께 시도하고 있다.[8] 한국 · 중국 · 일본 등의 동아시아 국가형 늑대거미는 구미에 비해서 뒤늦게 받아들인 늑대연기를 본격적으로 시작하면서 지역 및 지구 차원의 그물망치기는 상대적으로 뒤늦다(하영선 2006).

늑대거미는 늑대와 거미의 연기를 복합화하여 지식기반 3중복합무대에서 다보탑 쌓기를 시도하게 된다. 미국형 늑대거미는 안보, 번영, 문화, 생태균형의 4각 상판무대에서 주도권 경쟁을 계속하지만, 과거에 비해서 중앙 상부의 탑신과 상륜부에서 복합조종을 하는 정치무대를 중요시하고 있으며, 특히 모든 무대들의 기반무대로 부상한 지식무대에 가장 공을 들이고 있다. 한편 첨단기술보유국이기는 하나 4각 상판무대에서의 상대적 위상은 소국인 핀란드, 싱가포르 및 뉴질랜드 등은 지식기반무대 최우선의 다보탑 쌓기를 시도해서 복합조종의 정치무대에서 자신의 역할을 확보하려는 노력을 하고 있다.

5. 『네트워크 지식국가』의 주요 내용

이 책에서는 네트워크 지식국가의 형성과 전개과정을 검토하기 위하여 국민부강국가의 전파와 변환, 21세기 군사국가의 변환, 21세기 경제국가의 변환, 21세기 문화국가의 변환, 네트워크 지식국가의 부상을 다음과 같이 검토했다.

8) Europa: Gateway to the European Union(http://eu/europa/index_en.htm).

(1) 제1부 국민부강국가의 전파와 변환

제2장 「천하예의지방과 국민부강국가」(강상규)는 19세기 한반도의 지식인과 위정자들이 당대의 거대한 변화의 징후를 어떻게 수용하고 해석했으며, 20세기로 접어들면서 유럽 국제사회의 문명표준이 어떻게 우리의 문명표준으로 전면적으로 받아들여졌는지를 고찰하고 있다. 19세기 동아시아 국제관계 패러다임의 변환이란 동아시아 전통국가들의 무대가 예의 관계에 입각한 천하질서에서 상위의 질서를 인정하지 않는 주권국가간의 관계, 즉 근대국제질서로 변화해갔던 것을 가리킨다. 무정부적 속성을 지닌 새로운 무대환경에서는 덕치(德治)나 예치(禮治), 왕도정치(王道政治), 사대자소(事大字小)와 같은 기존의 '연기'와는 다른 부국과 강병, 균세(均勢=세력균형)와 자강(自强)의 능력이 보다 중시되었고 이에 적응하지 못한 배우들은 무대 밖으로 밀려났다. 이것은 중화문명권의 관점에서 보면 문명표준이 완전히 역전되는 것을 의미하는 것이었다. 예의 국가를 꿈꾸며 살아가던 유자들에게 생존을 위해 부국강병으로 매진하라는 것은 '문명세계에서 걸어 나와 금수의 세계로 들어가는 것' 만큼이나 수용하기 어려운 변화였다. 패러다임 변환에 적응하려는 노력들이 '밖'에서 한창 진행 중에 있을 때, 조선 정계에서도 부국강병에 대한 기존의 비판일변도의 부정적 태도와는 다른 시각들이 등장하게 된다. 하지만 이처럼 세계의 변화상에 주목하고 달라진 무대에 새롭게 적응하려는 모습은 국내외의 다양한 비판과 견제에 부딪혀 좌초되고 말았다.

제3장 「근대 군사국가의 전파와 변환」(김현철)은 19세기 서구근대 군사국가 모델이 동아시아에 전파되는 과정의 특성을 살펴보고 있다. 19세기 중반 이후 중국, 일본 및 한국에서는 서구의 군사적 충격에 대응하며 근대화를 추구하는 과정에서 '이념 · 가치'의 측면에서 서구식 군대육성의 필요성을 인식하고 구체적인 강병모델에 대한 논의가 전개되었다. 중

국의 양무운동과 한국의 개화운동이 일반적으로 동도서기(東道西器) 구상 하에 서구 군사국가의 선별적 수용양상을 띠었다면, 상대적으로 메이지 유신 시기 일본은 좀 더 본격적인 부국강병정책과 대륙진출을 위한 군비 증강의 필요성과 방안들을 논의했다. 일본과 중국이 해외에 유학생을 파견하고 서구 군사교관들을 초청하여 군사학교를 설립하고 근대적 군사교육 · 훈련을 실시했던 데 비해, 한국에서는 청 · 일 · 미 · 러 등 주요 국가에 군사교관의 파견을 요청하거나 일부 외국 군인들에 의한 제한된 교육에 그쳤다. 개화기 조선에서 군사국가 형성시도가 좌절된 주요 원인으로서, 근대 일본의 군비확장과 비교해볼 때, 전통적 군사(武) 관념의 영향, 국력의 미비, 외세 간섭의 국제정치적 제약, 국내정치적 이해관계에 따른 운용의 부작용 및 강병추진세력의 분화와 제거 등을 지적할 수 있다.

제4장 「근대 경제국가의 전파와 변환」(손열)은 동아시아 근대국가의 한 모습으로서 경제국가의 등장과정을 분석한다. 동아시아가 근대세계로 진입하기 시작한 19세기 후반 한국은 전통적 예의국가로부터 근대적 부강국가로의 변환을 요구받는다. 동아시아 전통국가는 조공과 책봉의 예를 행하고 경제적 측면에서는 일상의 생산과 소비활동에 도덕적 규범으로 일정한 제약(검약)을 가하는 역할을 담당했다. 반면 서양 국제사회의 구성원으로서 국가는 무정부상태에서 생존을 위해 물질적 자원을 효율적으로 동원해야 했고, 부의 증식을 위해 경제행위자의 생산행위를 장려하되 이것이 국민국가의 틀 속에서 이루어질 수 있도록 유도하고 제약하는 노력을 기울였다. 동아시아와 한국의 근대는 일차적으로 국가의 역할을 재조정하는 과정이었다. 구체적으로는 경제의 핵심주체로서 국가가 "세상을 다스리고 백성을 구한다(經世濟民)"라는 전통적 정치윤리와 통치술의 의미를 담고 있는 '경제'를 '부의 체계적 생산'과 관련된 근대적 의미의 '경제'로 전환을 모색하는 과정이었다. 19세기 중후반 동아시아가 국제체제 및 세계자본주의체제의 압력과 국내정치과정의 어려움이라는 이중도

전 속에서 일본의 리더십은 부국강병의 경제개념(중상주의)을 도입하여 이를 바탕으로 국가 주도로 산업과 무역에 관한 중상주의적 제도를 만든 반면 조선의 리더십은 부국의 요체가 생산의 확대에 있다는 새로운 문명 표준을 제대로 이해하지 못했고, 결국 제도화에 실패했다. 이는 산업이 부국의 기초이며 따라서 강병의 핵심임을 인식하는 데 실패했음을 의미한다. 이 차이는 궁극적으로 기왕의 보수질서를 깬 메이지유신이라는 혁명적 상황에서 새로운 정치경제질서의 구축에 상대적으로 용이했던 일본과 기존의 보수질서 속에서 근대경제를 건설하는 데 걸맞은 정치경제체제를 짤 만한 환경을 가질 수 없었던 조선의 차이로 귀결된다.

(2) 제2부 21세기 군사국가의 변환

제5장 「정보화시대의 군사변환」(이상현)은 21세기 정보화와 세계화시대의 군사변환을 다룬다. 정보화와 세계화의 결과 세계는 점점 더 개방적인 네트워크를 지향하는 변화의 와중에 있다. 이러한 변화는 국제안보 환경의 변화로 이어지고 대응전략의 변화를 요구한다. 특히 정보기술은 현대국가가 당면하고 있는 안보문제의 성격을 기존에 예상할 수 없었던 방식으로 변화시키고 있다. 이러한 변화의 흐름은 군사분야혁명(Revolution in Military Affairs) 혹은 군사혁신이라는 새로운 안보담론을 생산하고 있으며, 21세기 안보환경은 지구화, 정보혁명, 그리고 군사혁신으로 이어지는 큰 틀에 대한 총체적 이해를 요구하고 있다. 이 장에서는 정보화시대 군사변환의 특성을 이해하기 위해 우선 정보화시대 군사력의 네트워크적 속성을 분석하고, 이어서 미국의 군사전략을 전쟁수행방식의 네트워크화, 동맹국 정책의 변화, 그리고 글로벌 질서관리의 네트워크화로 나누어 살펴보았다. 이러한 미국의 군사변환은 한미동맹에도 중요한 영향을 미치고 있다. 한국도 나름대로의 국가전략과 동맹정책

을 확립하고 미국의 네트워크를 우리의 국익에 맞게 활용하는 지혜를 발휘해야 한다. 한미동맹이라는 큰 그물망 속에서 우리는 어떤 그물망을 쳐야 앞으로의 안보환경에서 우리의 생존을 확보하고 평화번영을 이룩할 수 있는지에 대한 진지한 고민과 연구가 필요하다.

제6장 「정보혁명과 지구테러 네트워크」(신성호)는 21세기 정보화시대의 테러를 분석한다. 9 · 11테러는 동기와 수단에서 과거와는 다른 새로운 테러조직의 등장을 알리는 신호탄이었다. 신흥테러세력은 21세기의 정보혁명과 세계화에 반대하면서도 첨단정보기술을 적극 활용하는 이중적인 모습을 보인다. 21세기 정보혁명은 활동범위와 파괴력에서 극히 제한된 모습을 보이던 테러리즘을 지구적 네트워크를 통해 세계 최강대국에 심각한 타격을 가할 수 있는 위력을 가진 세력으로 변모시키고 있다. 또한 이들의 종교적 성향은 테러리즘을 전에 비해 훨씬 더 공격적이고 위협적으로 만들고 있다. 급진적 테러리즘이 21세기 정보혁명과 결합하면서 위협의 정도와 범위가 지구 차원에서 이해되어야 할 정도로 심각하게 변화되고 있다. 21세기 급진 테러리즘은 비국가적, 비대칭적 위협의 전면 부상이라는 탈근대적 폭력일 뿐 아니라 근대 테러리즘을 벗어난 탈근대 테러리즘이라는 이중의 성격을 가진다. 네트워크적 특성이 지니는 한계를 지적하며 새로운 테러의 위협이 과장되어 부풀려져 있다는 주장이 있으나, 바라바시의 '척도와 무관한 네트워크적' 특성을 지닌 21세기 테러리즘은 대량살상무기의 확산과 함께 미국 같은 패권국가에게 냉전시기 미소간의 핵대결에 못지않은 안보위협을 야기한다. 미국을 비롯한 각 국가들은 새로운 테러위협에 직면해서 근대적 안보위협 대처방안을 넘어서서 새로운 대안을 찾아야 하는 어려움을 겪고 있다.

제7장 「21세기 미국의 변환외교」(전재성)는 21세기 정보화의 발전으로 인한 외교분야의 변환의 모습을 분석하기 위하여, 미국 부시 2기 행정부의 변환외교(transformational diplomacy)를 분석한다. 정보화의 발전은

외교의 과정, 다루는 내용, 그리고 외교의 주체를 혁신적으로 변화시키고 있다. 과거의 외교관의 역할이 통신, 운송수단의 발전으로 약화된 것은 물론이고, 이제는 순간적이고 다차원적이며 양면적인 의사소통이 가능해졌다. 막대한 양의 정보의 전달로 인하여 개인도 정부만큼의 외교정보를 습득할 수 있게 되었고, 자신의 의견을 전 세계로 확산시키는 일이 가능해졌다. 이러한 상황에 처하여 각 정부는 다양한 수단과 주체를 동원하여 외교목적을 달성하고자 노력하고 있다. 그러나 정보화 외교가 단순히 정보를 전달하는 데 그치는 것은 아니다. 외교는 정보보다 한 단계 더 나아간 지식영역을 다룸으로써, 상대국의 지도자와 여론에 대해 구성적 영향력을 발휘하여, 이는 타국민의 인식과 태도, 이익관, 가치관과 세계관을 바꿈으로써 자국의 견해와 가치를 공유하도록 하는 보다 근본적인 지식외교의 차원으로 나가게 된 것이다. 이는 외교를 통하여 연성권력을 극대화하는 전략으로, 마음과 인식의 공간에 외교가 침투함을 의미하는 것이다. 미국은 21세기를 자신의 세기로 만들기 위하여 정보화시대에 걸맞은 제국 지향적 지식외교를 추진하고 있다. 9 · 11테러 이후 "왜 미국을 싫어하는가?" 하는 물음에 대답하기 위하여 미국은 다시 공공외교에 대한 관심을 기울였고, 이를 뒷받침하기 위한 방법과 조직, 예산에 노력을 기울이기 시작했다. 또한 미국은 군사적 일방주의와 제국론의 비난에 대응하는 과정에서 외교의 중요성을 부각시켰다. 외교는 테러집단이 조직적으로 생산해내고 있는 반미이념에 효과적으로 대응하고, 반테러 군사전에 대한 국제사회의 비판을 누그러뜨리는 이중적 효과를 낳는다는 점에서 새로운 역할을 부여받은 셈이다.

(3) 제3부 21세기 경제국가의 변환

제8장 「정보화시대의 지구무역 네트워크」(조화순)는 정보기술혁명이

국제정치경제질서의 구조와 전개양상에 어떠한 영향을 미치고 있는지 전자상거래라는 새로운 형태의 국제무역을 통해 살펴보고 있다. 상품의 판매 · 광고 · 분배가 글로벌 네트워크를 통해 이루어지는 국가간의 전자상거래는 영토에 기초한 전통적 국제무역의 형태와 양상을 변화시키고 있다. 그렇다면 전자상거래를 관할하는 세계무역질서는 어떻게 형성되고 있으며, 이러한 무역질서의 성격은 어떠한가? 본 연구는 21세기 국제무역구조의 변화를 전자상거래를 둘러싼 세계경제질서의 제도와 이익의 변화 및 이들 간의 상호작용 속에서 파악하고 있다. 본 연구는 전자상거래 세계무역질서가 보다 분권화되고 다변화된 기업, 국제기구, 국가가 참여하는 초국적 네트워크를 통해 이루어지고 있음을 주장하고, 이러한 네트워크의 성격을 분석하고 있다.

제9장 「세계금융 중심도시 네트워크」(이왕휘)는 지구화와 디지털화가 세계금융질서에 어떠한 영향을 주는가를 국제정치경제학적 시각에서 분석한다. 주권원칙 하에 영토적으로 분절된 민족국가체제에 바탕을 둔 국제금융질서는 세계적 차원에서 디지털 지식으로 그물망처럼 연결되어 있는 세계금융 중심도시 네트워크로 변모하고 있다. 물론 이러한 변화가 세계금융질서에서 민족국가의 기능과 역할이 소멸되었다는 것을 의미하지 않는다. 국제금융질서에서 세계금융질서로의 이행은 민족국가가 가지고 있는 금융에 대한 독점권이 더 이상 유지되고 있지 않다는 것을 시사한다. 이러한 변환이 우리에게 주는 함의를 도출해내기 위해 이 글은 참여정부가 추진하고 있는 '동북아 금융허브 추진전략'을 검토한다. '추진 전략'의 근본적인 문제는 금융의 지구화와 디지털화라는 세계금융질서의 구조적 변화에 대한 피상적인 이해에 있다. 민족국가체제 하에 적합한 부국강병론의 관점에 입각해 있는 '추진 전략'에는 금융의 지구화 시대에 민족국가의 역할을 어떻게 재조정할 것에 대한 인식이 결여되어 있다. 또한 '추진 전략'은 이미 다른 국가들에서 추진했던 외국인 투자

확대를 위한 제도 개선정책들을 단순히 나열하는 수준에서 그치고 있다. 불평등 또는 불균등한 구조를 가진 세계금융 중심도시 네트워크에 참여하기 위해서는 국제금융질서에서 통용되던 발전전략이 아니라 세계금융질서에서 더욱 중요해지고 있는 지식과 정보를 어떻게 발전시킬 것인가에 대한 대안이 필요하다.

제10장 「정보혁명과 지구생산 네트워크」(배영자)는 정보혁명이 가속화된 1990년대 이후 지구생산 네트워크에서 어떤 변화들이 진행되고 있는지를 경험적으로 고찰하고 있다. 먼저 정보혁명이 본격화된 1995년 이후 해외직접투자패턴에 눈에 띄는 변화가 발견되는지를 해외직접투자 거시통계자료에 기반을 두어 살피고 있다. 이후 정보혁명은 초국적 기업의 조직, 운영방식 등 미시적 관점의 변화인 소위 e-변환(e-transformation)을 사례 중심으로 밝힌다. 이러한 변화에 기반을 두어 실제로 각 산업의 지구생산 네트워크가 어떻게 재조정되고 있는지를 컴퓨터, 섬유, 항공산업의 사례를 통해 분석한다. 연구결과는 정보기술의 발전으로 해외직접투자의 거래비용(transaction cost)이 줄고 해외직접투자가 보다 용이해지면서 해외직접투자의 양이 지속적으로 증대하고 있음을 확인하고 있다. 아울러 정보기술의 발전과 함께 기업간 전자상거래가 빠르게 성장하면서 기업간 협업체제가 구축되고 있으며 연구개발, 생산 및 제조과정에서 디지털 기술을 활용한 시뮬레이션, 유연하고 자동화된 생산시스템이 활용되고 있음을 드러낸다. 또 기업조직 측면에서도 각 기능의 모듈화가 진행되면서 기업조직의 내외부가 유연한 네트워크 형태로 연결되고 있고, 기능별 특화 기업들을 중심으로 분업구조가 형성되고 있으며, 이 안에서 기업간 경쟁과 협력이 동시에 강화되고 있다고 주장한다. 이러한 변화 속에서 각 산업의 지구생산 네트워크에서 다양한 형태의 모방하기 어려운 지식을 창출하고 이를 지켜갈 수 있는 능력-표준설정능력, 브랜드, 마케팅 능력, 연구개발능력 등이 부가가치의 핵심적 토대로

부상되고 있음을 강조한다.

(4) 제4부 네트워크 지식국가의 부상

제11장 「근대 지식국가이론」(최정운)은 근대지식국가의 등장과 전개를 이론적으로 조망한다. 근대서구는 17세기에 근대국가와 자본주의의 형성으로 출발했다. 이에 못지않게 중요한 것은 이성의 개념정립에 이은 과학적 지식의 형성이었다. 정치와 사회분야에서도 근대언론의 등장에 이은 여론개념의 등장은 타당한 지식의 생산을 제도화하게 되었다. 프랑스혁명 이후 19세기에 이르면 사회를 과학적 지식으로 합리적으로 통제해야 한다는 사상이 등장하게 되었다. 19세기 후반 이러한 사상은 과학적 통계지식의 체계적 생산, 예를 들어 노동통계의 확산으로 현실화되기 시작했다. 그리고 20세기 초반에 이른바 '지식국가'라는 정치형태가 이루어지게 되었다. 통계지식을 중심으로 이루어지는 지식국가는 종전의 부르주아 국가를 중심으로 하는 정치체제에 중대한 변화를 가져왔다. 우선 지식의 지형에 따라서 사회 · 정치적인 행위자들이 형성되었고, 이들은 통계지식이 근거하고 있는 이념을 수용하여 정치적인 장(場)에 흡수되어 정치행위에 임하게 되었다. 따라서 그들의 조직은 전문가들을 포함한 관료주의적 구조를 띠게 되었고, 무엇보다도 이들 계급 행위자들은 개혁주의적 이념을 받아들이게 되어 종전의 과격한 혁명주의로부터 서서히 탈피했다. 나아가 국가도 그 모습을 달리했다. 국가는 적극적으로 경제적 · 사회적 정책을 주도하는 기관에서 지식을 생산하는 계급행위자들이 새로운 정치에 임하도록 관리하는 피동적인 위치에 머무르게 되었다. 계급갈등의 목표는 이제 과학적 지식에 의해 하루하루 재구성되는 '경제'가 되었고 국가는 계급투쟁의 목표에서 탈락되었다. 20세기 초 서구에서 형성된 지식국가에서 계급투쟁은 경제 · 사회정책을 전문적으로

논의하는 새로운 장으로 변환되었다. 20세기 후반 지식국가는 전 세계적으로 확산되어 지구 헤게모니체제로 재편되었다. 전지구적 지식국가에서는 모든 국가들은 전 세계적으로 생산되는 과학적 지식에 따라 경제적 정체성을 받아들이고 경제적인 경쟁체제로 흡수되었고, 이러한 지식국가는 20세기 후반 세계정치의 근간을 이루게 되었다.

제12장 「생명공학과 네트워크 지식국가」(조현석)는 생명공학의 발전과 글로벌 거버넌스에서 나타나는 국가의 역할과 그 변화를 네트워크 지식국가 개념을 도입하여 분석하고 있다. 네트워크 지식국가의 관점에서 보면 미국의 경우 국가가 세 차원의 지식을 동원하여 생명공학 거버넌스를 주도하고 있다. 도구적 차원에서는 국가재정을 투자하여 기초과학의 생산을 촉진하는 역할을 담당했으며 또 기업과 지역 등 사회부문에 기술확산을 촉진하는 제도를 형성하고 발전시키는 기능을 담당했다. 구조적 차원에서는 국내적으로는 다양한 제도 형성을 통해서 기술혁신과 상업화의 촉진을 위한 게임규칙을 만들고 적용했다. 여기에는 지적 재산권, 보건, 환경, 의약품 승인에 관련된 규제와 제도가 포함된다. 이 장에서는 지적 재산권 제도를 대표적인 예로 분석했다. 지구 수준에서는 지구 지적 재산권 레짐을 미국의 표준에 맞추어 구축하고 확산시키는 노력을 기울여왔다. 또한 구성적 차원에서는 생명공학 연구에서 안전성, 윤리성의 가치보다 경쟁력 가치를 우선하는 담론을 정책담론과 제도에 반영함으로써 특정 이해를 우선하는 정책을 지지하는 노력을 보였다. 이와 같이 생명공학의 발전과 함께 형성되고 있는 글로벌 생명공학 거버넌스는 도구적 차원, 구조적 차원, 구성적 차원의 지식과 권력의 집중과 분산을 바탕으로 그 성격이 규정되어가고 있다. 한편으로는 집중의 논리가 작용하면서 다른 한편으로는 탈집중의 논리도 경시할 수 없는 힘으로 작용하고 있다. 물질적 능력의 측면에서는 기초과학에 대한 막대한 투자로 미국의 주도권이 확립되어 나가면서 집중의 논리가 강화되는 양상을 보이며, 구

조적 및 구성적 차원에서도 어느 정도 집중의 논리가 나타나고 있다. 그러나 미국 국제 지적 재산권 제도의 관철을 저지할 수도 있는 생명공학의 오픈 소스 운동이 제기되고 있는 구조적 차원과 미국-유럽 간의 갈등, 국내 및 글로벌 시민사회의 반발 등 GMO 이슈에 관련된 구성적 차원에서는 탈집중의 힘이 상당히 작용하고 있다.

제13장 「문화제국과 네트워크 지식국가」(김상배)는 실리우드(Siliwood)의 사례를 통해서 IT변수를 매개로 하여 집중과 탈집중의 네트워크모델이 국가의 안과 밖에서 만들어가고 있는 21세기 문화세계정치의 동학을 살피고 있다. 실리우드는 지난 한 세기 동안 글로벌 영화산업의 종주로 군림해왔던 할리우드(Hollywood)의 스튜디오들이 정보화시대를 맞이하여 첨단 IT분야 실리콘 밸리(Silicon Valley)의 기업들과 제휴하는 현상을 지칭한다. 그러나 실리우드는 할리우드와 IT산업의 단순한 기술적 결합의 수준을 넘어서는 좀 더 복합적인 정치경제적 의미를 갖는다. 실리우드는 정보화시대의 새로운 영화산업 패러다임의 부상을 지칭하는 동시에 할리우드와 군산복합체의 결합과정에서 드러난 미국의 기술혁신모델, 즉 소위 미국형 네트워크 지식국가의 모습을 엿보게 한다. 또한 실리우드는 정보화시대를 맞이하여 확대재생산되고 있는 미국 세계패권의 문화적 측면을 반영하며, 더 나아가 새로운 권력개념을 바탕으로 부상하는 21세기 문화제국의 정치질서를 극명하게 대변한다. 21세기 문화전략의 대계를 고민하는 첫걸음은 정교하게 확대재생산되고 있는 글로벌 문화권력의 실체를 제대로 읽으려는 노력에서부터 시작되어야 한다.

제14장 「네트워크시대의 문화세계정치」(민병원)는 21세기 네트워크시대의 문화를 다룬다. 탈냉전시대에 들어와 '문화' 또는 '문명'에 대한 관심이 증가하고 있지만, 이러한 담론의 구조를 좀 더 자세하게 들여다보면 여러 가지 문제점들이 발견된다. 그중에서도 서구중심주의를 기반으

로 하는 정치적 연계성이 가장 주목할 만한 이슈가 되고 있다. 서구중심주의적인 문화담론은 냉전시대의 루스 베네딕트와 1990년대 이후의 새뮤얼 헌팅턴의 경우에 공통적으로 정치적인 속성으로 나타나고 있다. 이 장에서는 문화가 고정된 것이 아니라 접촉과 확산효과를 통해 끊임없이 변화하는 '흐름'과 '섞임'의 과정이라고 본다. 문화는 이러한 만남에 의해 상호구성되어가는 '낙지'와도 같은 것이며, 이러한 동역학의 메커니즘을 이해해야만 문화의 진정한 속성을 이해할 수 있다. 다시 말해 자기중심적인 문명관, 문화관으로는 결코 오늘날의 국제관계를 올바로 파악할 수 없다. 문화는 항상 '타자(他者)'가 있기에 가능하며, 이러한 타자와의 만남을 통해 지속적으로 변해가는 공동체적 속성을 지닌다. 즉 문화는 항상 '혼성(hybrid)'일 수밖에 없다. 문화인류학에서 말하는 피진문화와 크레올화 현상은 모두 이러한 흐름과 섞임의 속성을 반영하는 개념이다. 특히 오늘날 세계화의 추세는 모든 문화와 문명들을 네트워크로 묶어내고 있으며, 이러한 그물망 안에서 변환을 거듭하는 문화의 다양한 모습을 읽어내기 위해서는 문화를 하나의 '네트워크'로 파악할 필요가 있다는 것이 본 논문의 주장이다. 아울러 이와 같은 이해를 바탕으로 하여 앞으로의 문화정책 역시 타자와의 유사성과 차이를 적절하게 판별해내고 이를 적절한 방식으로 섞어 보다 매력적인 문화정책과 문화상품을 재구성해내는 '문화유전자' 접근방법을 제안하고 있다.

제15장 「세계화시대의 네트워크 국가」(민병원)는 세계화시대의 도전을 받아 권한과 기능이 상대적으로 약화된 국민국가가 스스로를 변환시키면서 생존해 나가려는 현상을 '네트워크 국가(network state)'라는 개념을 통해 이해하고자 한다. 네트워크 국가는 위계질서를 근간으로 하는 전통적인 국가와 달리 다층질서(heterarchy)를 구조적인 특징으로 하며, 국가 내부의 다양한 단위체들과 초국가 단위체들을 포함하는 다양한 행위자들을 한데 묶어 운용하는 '메타 거버넌스(meta-governance)'로서의

역할을 동시에 수행한다. 대외적으로도 네트워크 국가는 정부기구들이 기능적으로 분산되어 다른 국가의 유사기구들과 연대를 형성해나가는 '분산형(disaggregated)' 거버넌스 및 '초정부주의(transgovernmentalism)'을 특징으로 한다. 이러한 새로운 유형의 국가에 대한 고찰을 통하여 우리는 더욱 복잡해져가는 세계정치 속에서 보다 효율적이면서 유연한 형태의 거버넌스가 어떤 방식으로 이루어질 것인지를 가늠할 수 있다. 특히 유럽연합에서 진행되고 있는 다양한 실험들, 예를 들어 개방형 정책조정방식과 다층질서의 구조는 네트워크 국가의 현실적인 구현이라고 보기에 무리가 없다. 이와 같은 이론적 · 현실적 고찰을 통하여 본 논문에서는 네트워크 국가라는 새로운 국가변환의 모습을 짚어보고자 한다.

제16장 「결론: 네트워크 지식국가론의 모색」(김상배)은 최근 국민국가(nation-state)의 쇠퇴론을 넘어서 활성화되고 있는 국가의 변환에 대한 논의를 요약하고 있다. 21세기를 맞이하는 국가는 그냥 쇠퇴하는 것이 아니라 그 역할과 위상의 재조정을 통해서 새로운 형태로 변환되고 있다. 그러나 최근 변환론의 한계는 어떠한 모습으로 현재의 변환이 귀결될 것이냐에 대한 분석적 논의가 부족하다는 것이다. 이러한 맥락에서 이 글은 네트워크 지식국가(network knowledge state)의 개념으로 21세기 국가변환의 미래를 분석하고 있다. 네트워크 지식국가의 개념은 세 가지 키워드를 중심으로 요약된다. 첫 번째 키워드는 '지식'이다. 네트워크 지식국가는 그 수단과 목표로서 지식자원에 크게 의존하고, 그 조직과 작동에 있어서도 지식변수가 핵심적인 역할을 담당하는 국가이다. 두 번째 키워드는 '네트워크'이다. 네트워크 지식국가는 국민국가의 양대 축인 국민/민족(nation)과 국가(state)의 이완을 배경으로 하여 영토적 경계의 안과 밖에서 출현하는 개방형 복합 네트워크의 형태로 부상하는 국가이다. 마지막 키워드는 '국가'이다. 네트워크 지식국가는 변화하는 세계정

치환경에 대응하여 그 기능적 성격과 존재적 형태 및 권력 메커니즘을 교묘히 변형시키고 있는 국가이다. 요컨대, 네트워크 지식국가는 지식과 네트워크의 복합적 부상에 대응하여 자기조직(self-organizing)의 과정을 추구하고 있는 21세기 국가의 미래적 모습이라고 할 수 있다.

6. 21세기 한반도의 선택: 매력국가[9)]

21세기 세계의 주인공, 무대, 연기가 새로운 변환의 역사를 겪고 있다. 한반도가 뒤늦은 역사의 선택이라는 잘못을 반복한다면 한반도는 다시 한 번 21세기 세계무대에서 변방으로 밀려날 것이다. 복합화라는 변환의 세기에 중요한 주인공의 역할을 담당하려면 한국형 늑대거미 다보탑 쌓기에 성공해서 전 세계가 부러워하는 매력국가를 건설해야 한다.

(1) 늑대거미의 네트워크국가 건설

중국 중심의 천하공간에서 우리 나름의 삶의 공간을 만들어 살아왔던 한국은 19세기 중반 구미 중심의 근대국제질서와 만나면서 국민국가라는 새로운 삶의 공간을 마련해야 했다. 새로운 공간마련에 실패한 한국은 결국 식민지 생활의 아픔을 겪어야 했다. 제2차세계대전에 힘입어 한국은 부활의 해방공간을 다시 맞이할 수 있는 기쁨을 누렸다. 그러나 해방의 기쁨은 잠시였고 국제 역량의 냉전화와 국내 역량의 분열갈등 때문에 분단국가라는 현실에 머물러야 했다. 근대적인 의미에서 보자면 불구

9) 본 절은 하영선(2006)의 결론 부분을 늑대거미 다보탑 쌓기의 시각에서 입체적 · 복합적으로 재구성한 것이다.

국가인 분단국가는 20세기 중반 이래 지난 반세기 동안 부국강병무대에서 치열한 국제경쟁을 한 결과 규모로 보자면 세계 10위권에 진입했다. 그러나 복합화의 변환을 겪고 있는 21세기 세계질서에서 한국이 지구적 위상을 유지하고 또 격상시키려면 네트워크 국가의 새로운 모습을 갖추어야 한다. 그러자면 한국형 늑대거미는 늑대처럼 다른 동물들과의 치열한 싸움 속에서 자기 생명과 먹이를 스스로 확보해야 하며 동시에 다음과 같은 5중 거미줄을 쳐야 한다.

21세기 매력국가건설을 위해 한국형 늑대거미는 한반도 통일의 그물망을 짜야 한다. 분단국가의 극복은 사실 21세기가 아닌 19세기 삶의 공간 확보를 위한 노력이다. 그러나 19세기의 뒤늦은 숙제를 풀지 않고 바로 21세기의 숙제를 풀 수 있는 역사의 지름길을 찾기는 어렵다. 그러나 21세기의 통일론은 더 이상 19세기의 통일론이 되어서는 안 된다. 19세기가 닫힌 통일론의 세기였다면 21세기는 열린 통일론의 세기다. 남과 북이 하나 되는 것(一統)은 안과 밖의 주인공과 모두 통하기 위한 것(全統)이라야 한다. 21세기의 시각에서 보면 닫힌 통일은 차라리 열린 분단보다도 못하다.

한반도 통일의 그물망과 함께 21세기 네트워크 국가를 건설하기 위해서는 동아시아의 그물망을 제대로 짜야 한다. 21세기 동아시아 무대의 주연급 주인공과 떠오르는 새로운 주인공인 중국의 두 개의 커다란 그물망 사이에서 한반도는 미 · 일 관계를 상대적으로 중시하되 중국을 동시에 품는 작은 그물망을 정교하게 쳐야 한다. 그 위에 동아시아 그물망을 조심스럽게 구상해야 한다. 유럽이 근대의 노년기를 맞이해서 비로소 유럽연합을 건설하고 있으나, 아직까지 근대의 청춘기를 겪고 있는 동아시아는 상당한 기간 동안 협력과 함께 갈등의 만남을 벗어나기 어렵다. 따라서 닫힌 동아시아 중심보다는 열린 동아시아 그물망 짜기에 노력을 기울여야 한다.

21세기 네트워크 국가 한국의 다음 과제는 세계화의 그물망 짜기다. 문제는 세계화냐 반세계화냐가 아니라 어떤 세계화냐 하는 것이다. 그것은 구미 일부에서 논의되는 소박한 의미의 지구화가 되어서는 안 된다. 동시에 단순한 국가이익의 지구적 확대라는 국제화나 세계자본주의의 명분론이 되어서도 안 된다. 그것은 한반도 이익과 지구 이익을 동시에 충족시킬 수 있는 한국적 세계화의 모습을 갖추어야 한다.

다음으로 사이버공간의 그물망 짜기에 주목해야 한다. 인터넷이 1990년대에 접어들면서 본격적으로 대중화의 길에 들어서게 됨에 따라 사이버공간은 폭발적 성장을 거듭하고 있다. 현실공간에서 보자면 네 국민제국에 갇혀 있는 한반도가 현실 지정학적 제약을 해소하려면 사이버공간을 활용해야 한다.

마지막으로 나라 밖의 공간에 못지않게 나라 안의 공간 그물망 짜기가 중요하다. 21세기는 국가공간의 전성기에서 국가 · 사회 · 개인 공간의 복합적 공존기로 변모를 겪고 있다. 따라서 21세기 한반도 통일국가는 국내의 다양한 정치 · 사회세력들과 개인까지도 그물망을 짜서 상이한 이해를 정책결정 이후가 아닌 이전에 조종함으로써 다양한 세력들의 갈등을 최소화해야 한다. 동시에 국가 밖의 중요 국제 역량, 지역 그물망, 지구 그물망들을 촘촘하게 연결해서 그물망 국가를 완성해야 한다. 19세기가 일통(一統)의 시대라면 21세기는 전통(全統)의 시대다.

(2) 지식기반 복합국가의 다보탑 쌓기

예(禮)의 무대에 오랫동안 익숙했던 한국은 19세기 중반 강병과 부국이라는 새로운 무대에 올라가야 했다. 그러나 새로운 변신에 재빨리 성공하지 못하고, 결국 무대에서 내려와야 했다. 한반도의 남과 북은 20세기 중반 뒤늦게 19세기의 밀린 숙제인 부국강병의 길을 걷기 시작했다.

지난 반세기의 노력은 한반도의 남북에 각기 다른 결과를 선물했다. 북한은 근대국가건설의 발판을 마련하지 못하고 고난의 행군을 계속하고 있다. 21세기에 들어서서도 강성대국이라는 미완의 숙제 풀기에 어려움을 겪고 있다. 한국은 우여곡절을 겪으면서도 근대국가건설에 일정한 성과를 거두었다. 21세기에 들어서서는 국민소득 2만 달러의 꿈을 키우고 있다.

21세기를 맞이하면서 문제는 더욱 복잡해지고 있다. 근대문명의 상징이었던 부국강병의 무대가 새로운 변모를 겪고 있다. 부국강병의 무대는 새로운 치장을 하고 있고, 지식, 문화, 생태균형의 무대가 새롭게 등장하고 있다. 21세기 힘의 내용이 바뀌고 있는 것이다. 21세기에는 군사력과 경제력이 여전히 중요하지만 문화력, 그리고 생태균형력이 새로운 힘의 구성요소가 되고 있다. 이 네 힘을 정치력이 위에서 조종하는 한편 지식력이 모든 힘의 기반을 이루고 있다. 따라서 21세기 무대에서 제대로 살아남기 위해서는 군사경제대국에서 지식기반 다보탑 복합국가로 새롭게 태어나야 한다.

한반도에 21세기 다보탑형 지식기반 복합국가를 건설하기 위해서는 우선 21세기 한반도와 동아시아, 그리고 세계질서에 걸맞은 안보번영국가를 건설해야 한다. 한반도가 뒤늦게 통일의 숙제를 풀더라도 21세기 동아시아와 세계질서에 적절하게 대응하기 위해서는 소박한 평화국가를 넘어선 방어적 안보국가를 구축해야 한다. 방어적 안보국가는 국가안보뿐만 아니라 지역 및 지구안보와 개인, 그리고 사회안보를 동시에 품을 수 있어야 한다. 따라서 21세기 안보국가건설은 19세기형 자주국방이나 20세기형 협력적 자주국방의 발상으로는 불가능하다. 21세기에도 최소한의 자기보존능력은 여전히 필요하지만, 보다 중요한 것은 빠른 속도로 신용사회화되고 있는 세계군사무대를 최대한 활용할 수 있어야 한다. 21세기 한미군사동맹도 이러한 새로운 안목에서 평가해야 한다. 이러한 탄

탄한 안보국가 위에 지구번영이나 국내복지와 상충되지 않게 국민경제를 향상시킬 수 있는 번영국가를 건설해야 한다. 특히, 국민소득을 선진국의 3만 달러 수준으로 높이려면, 현재의 노사관계와 국제경쟁력을 전면적으로 개선해야 한다.

다음으로, 문화국가건설이다. 지구문화와 전통문화를 성공적으로 통합하고, 우리의 행복한 삶을 위한 한반도 특유의 생각과 행동을 창조해서, 남들이 표준을 삼을 수밖에 없는 국가를 건설하는 것이다. 최근 관심을 끌기 시작한 동아시아의 '한류 현상'은 21세기 아시아적 공감(共感)을 선도하는 수준의 초보적 훌리기 단계를 크게 벗어나고 있지 못하다. 이 훌리기를 보다 영구적이고 심층적인 수준으로 끌어올리려면 21세기 정보컴퓨터 기술혁명의 장점을 최대한 활용한 공지(共知)와 공감의 세계적 기반 위에서 한반도가 동아시아와 세계적 문제를 선도적으로 풀어나갈 수 있어야 한다. 이런 노력이 국가 차원에서 마련되지 않는 한, 현재의 초보적 한국매력론은 한 번 지나쳐가는 물거품에 그치게 될 것이다.

다보탑 복합국가의 네 번째 무대는 생태균형국가이다. 한반도가 당면하고 있는 환경위험으로는 지구차원의 기후변화, 종 다양성의 보존, 오존층의 파괴, 지역차원의 산성비, 해양오염, 황사현상, 국내차원의 대기 및 수질오염 등을 대표적으로 들 수 있다. 이러한 환경위험을 지구환경기구, 지역환경조직, 관련 당사국 행정부처, 시민환경단체의 복합적 노력으로 모범적으로 풀어나갈 수 있는 선진생태균형국가로 발돋움해야 한다.

다음으로 21세기 한반도 복합국가는 복합조종국가이어야 한다. 미국 · 중국 · 일본 · 러시아라는 제국에 둘러싸인 비제국으로서의 분단한국은 상대적으로 열세인 물리력을 극복하고 자신의 생존번영을 입체적으로 추진할 수 있는 그물망 지식정치능력을 키워야 한다. 이를 위해서는 냉전시대의 유물인 친외세와 반외세, 협력과 자주의 구시대적 이분법

발상을 하루빨리 청산하고, 21세기 세계무대의 주인공들을 촘촘하게 엮어낼 수 있는 작은 그물망을 제대로 치고 첨단지식기반 정치를 국내외로 펴야 한다. 한국형 다보탑 쌓기는 중앙상부의 정치무대를 한국이 상대적으로 우위에 있는 지식기반무대와 중앙의 심주로 연결하여 4각 상판무대의 이해관계를 조종해야 한다.

한반도 복합국가는 마지막으로 지식국가의 본격적 구축이 시급하다. 4각 상판무대에서 한국의 상대적 위상과 한국의 첨단정보기술 수준을 고려하면 한국형 다보탑 쌓기는 지식기반무대에 최우선적인 정성을 기울여야 한다. 이를 위해서는 첨단정보기술의 전사회적 기반구축만으로는 부족하다. 이러한 기반 위에서 정부 · 학계 · 기업이 삼위일체가 되어 세계지식질서의 첨단을 집요하게 추적하고 주도해보려는 지식전쟁을 본격적으로 시작해야 한다. 이 전쟁의 성패가 21세기 한반도의 운명을 좌우할 것이다. 현재와 같이 대학의 세계경쟁력보다는 국내평준화가 우선하고 있는 교육 및 연구제도로 세계지식강국을 꿈꾼다는 것은 허망한 기대다. 이러한 한계를 극복해서 전 세계의 새로운 표준으로 받아들여질 만큼 지식기반무대를 제대로 꾸밀 수 있다면 다음 단계로서 다보탑 4각 상판의 네 무대를 남들보다 앞서서 지식기반화해야 하며 마지막으로는 지식기반무대와 지식화된 4각 상판무대의 힘을 활용하여 중앙 상단에 있는 정치무대에서 새로운 자기 배역을 확보해야 한다.

끝으로 한국형 네트워크 지식국가 구상이 한반도에서 구체적으로 현실화되기 위해서는 구상만으로는 부족하다. 이러한 구상을 현실화하려는 정치주도세력이 등장하여 국내정치와 사회역량을 결집하고, 국외역량을 최대한 활용하면서, 구상을 현실의 풍토 위에 뿌리 내리게 할 때, 한국은 세계가 부러워하는 매력국가로 새로 태어날 수 있을 것이다.

| 참고문헌 |

고유섭, 1948, 『朝鮮塔婆의 硏究』, 서울: 을유문화사.

김용구, 1997, 『세계관 충돌의 국제정치학: 동양 禮와 서양 공법』, 서울: 나남.

김한규, 2005, 『天下國家』, 서울: 소나무.

김희경, 1982, 『한국의 탑』, 서울: 열화당.

대구MBC 편, 2004, 『다보탑』, 이른아침.

박경식, 2003, 『석조미술의 꽃 석가탑과 다보탑』, 서울: 한길아트.

이용희, 1972, 「대담: 事大主義」, 『知性』.

하영선, 근간, 『한국근대국제정치론연구』.

———, 2004, 「변화하는 세계와 개념사」, 『세계정치』 25(2), 서울대학교 국제문제연구소.

———, 김영작(편), 2006, 「변화하는 세계와 한반도의 선택」, 『한국 내셔널리즘의 전개와 글로벌리즘』, 백산서당.

溝口雄三 丸山松辛 池田知久 編, 2001, '天下', '華夷', 『中國思想文化事典』, 東京: 東京大學出版會.

白川靜, 2003, '天' '禮', 『常用字解』, 東京: 平凡社.

小倉芳彦, 1987, 『中國古代政治思想硏究』, 東京: 青木書店.

安部健夫, 1956, "中國人の天下觀念", 『元代史の硏究』, 東京: 創文社.

李无未, 2005, 『周代朝聘制度硏究』, 吉林: 吉林人民出版社.

叶自成, 2003, 『春秋戰國時期的中國外交思想』, 香港: 香港社會科學出版社.

赵汀阳, 2005, 『天下體系』, 南京: 江蘇教育出版社.

『孟子』, 梁惠王 下 3章(http://www.dubset.net/men/1B03.html).

『春秋左傳』, 昭公 30年(http://k.domaindix.com/homesir/tsotsuan/in_tso.htm).

『大盂鼎』(http://bbs.guoxue.com/archive/o_t/t_117089/117089.html).

『法華經』 第11章 "見寶塔品"(http://www.sejon.or.kr/main/main_bub.htm).

Anderson, Sarah, 2000, "Top 200:The Rise of Global Corporate Power"(http://www.ips-dc.org/reports/top200text.htm).

Anheier, Helmut, Marlies Glasius and Mary Kaldor, eds., 2001, *Global Civil Society*, Oxford: Oxford University Press.

Ansell, Chris, 2000, "The Networked Polity: Regional Development in Western Europe," *Governance: An International Journal of Policy and Administration* vol.13. no.3.

Ansell, Christopher K., and Steven Weber, 1999, "Organizing International Politics: Sovereignty and Open Systems," *International Political Science Review* vol.20 no.1.

APEC Economic Committee, 2003, *The Drivers of New Economy in APEC: Innovation and*

Organization Practices(http://www.apec.org).
Barkin, J. Samuel, 2003, "Realist Constructivism," *International Studies Review* 5.
Barnett, Michael, and Raymond Duvall, 2005, *Power in Global Governance*, Cambridge: Cambridge University Press.
Bollier, David, 2003, *The Rise of Netpolitik: How the Internet is Changing International Diplomacy*, Washington DC: The Aspen Institute.
Brooks, Stephen G., & William C. Wohlforth, 2002, "American Primacy in Perspective," *Foreign Affairs*(July/August).
Carnoy, Martin, and Manuel Castells, 2001, "Globalization, the Knowledge Society and the Network State: Poulantzas at the Millenium," *Global Networks* vol.1 no.1.
Chay, Jongsuk, ed., 1990, *Culture and International Relations*, New York:Greenwood.
Commission on Global Governance, 1995, *Our Global Neighbourhood*, The Commission on Global Governance, *The Millennium Year and the Reform Process*.
CorpWatch, 2001, "Corporate Globalization Fact Sheet"(http://corpwatch.org).
Cox, Robert W., and Michael G. Schechter, 2002, *Plural World: Critical Reflections on Power, Morals and Civilizations*, London:Routledge.
Drucker, Peter, 1967, *Effective Executive*, New York: HarperCollins.
———, Peter, 1993, *Post-Capitalist State*, New York: HarperCollins.
Ernst & Young, 1999, "What is the Knowledge Economy?"(http://www. med.govt.nz/-templates/MultipageDocumentPage_____1726).
Europa, Gateway to the European Union(http://eu/europa/index_en.htm).
Fairbank, John K. ed., 1968, *The Chinese World Order: Traditional China's Foreign Relations*, Cambridge, Mass.: Harvard University Press.
Feith, Douglas, " Transforming the U.S. Global Defense Posture," 2003/12/3 (http://www.defenselink.mil/speeches/2003/sp20031203-0722.html).
Guzzini, Stefanno, and Anna Leander eds., 2006, *Constructivism and International Relations: Alexander Wendt and his Critics*, London: Routledge.
Guzzini, Stefano, 2006, "Applying Bourdieu' s Framework of Power Analysis to IR: Opportunities and Limits," Paper prepared for the 47th Annual Convention of the International Studies Association in San Diego(22~25 March).
Haas, Peter M., 1989, "Do Regimes Matter? Epistemic Communities and Mediterranean Pollution Control," *International Organization*, 43(3), Summer.
Held, David, and Anthony G. McGrew, 2002, *Governing Globalization: Power, Authority and Global Governance*, Cambridge: Polity Press.
Hobbes, Thomas, *De Cive Philosophical Rudiments Concerning Government and Sociery*(Latin: Paris, 1642/English: London, 1651) (http://www.constitution.org/

th/decive.htm) Dedication and Preface.

Hui, Victoria Tin-bor, 2005, *War and State Formation in Ancient China and Early Modern Europe*, Cambridge:Cambridge University Press.

Huntington, Samuel, 1996, *The Clash of Civilizations and the Remaking of World Order*, New York:Touchstone.

Hurrell, Andrew, 1995, "International Political Theory and the Global Environment," in Ken Booth and Steve Smith, eds., *International Relations Theory Today*, Cambridge: Cambridge University Press.

Institute for Policy Analysis, University of Toronto, Project LINK Research Centre World and Regional Economic Situation and Outlooks: Web Sources(http://www.chass.-utoronto.ca/link/outlooksource.htm).

International Monetary Fund *World Economic Outlook Database* April 2006.

Internet Systems Consortium, 2006, "ISC Internet Domain Survey"(http://www.isc.org/-ops/ds/).

Internet World Stats, 2006a, "Internet Usage Statistics-The Big Picture: World Internet Users and Population Stats"(http://www.internetworldstats.com/stats.htm).

Internet World Stats, 2006b, "Top 20 Countries with the Highest Number of Internet Users"(http://www.internetworldststs.com/top20.htm).

IPCC, 2006, "Intergovernmental Panel on Climate Change"(http://www.ipcc.ch/-index.htm).

Jackson, Patrick Thaddeus, ed., 2004, "Bridging the Gap: Toward A Realist-Constructivist Dialogue," *International Studies Review* 6.

Journal of World-Systems Research Special Issue: Globalizations from 'Above' and 'Below' The Future of World Society vol.XI no.2(December 2005).

Kahler, Miles, "Information Networks and Global Politics," in Christoph Engel and Kenneth H. Keller, eds., *Understanding the the Impact of Global Network on Local, Social, Political and Cultural Values*(Baden-Baden:Nomos, 2000).

Lal, Vinay, 2002, "Terror and Its Networks: Disappearing Trails in Cyberspace(Draft)(http://www.nautilus.org/archives/virtual-diasporas/paper/Lal.html).

Larner, Wendy, 2004, *Global Governability*, New York: Routledge.

Leander, Anna, 2006, "The 'Realpolitik of Reason' : Thinking International Relations through Fields, Habitus and Practice," Paper presented at the International Studies Association Annual Convention in San Diego(22~25 March).

Levdesdorff, Loet, 2006, *The Knowledge-based Economy*, Universal Publishers.

Litfin, Karen T., ed., 1998, *The Greening of Sovereignty in World Politics*, Cambridge: The MIT Press.

Liu, Lydia H., 2004, *The Clash of Empires: The Invention of China in Modern World Making*, Cambridge, Mass.: Harvard University Press.

Mattern, Janice Bially, 2005, *Ordering International Politics: Identity, Crisis, and Representational Force*, New York: Routledge.

Millenium: Journal of International Studies vol.33 no.3(2005), Special Issue: Facts of Power in International Relations.

MIPT(National Memorial Institute for the Prevention of Terrorism), 2005, *The MIPT Terrorism Annual 2004*, Oklahoma: MIPT.

MIPT(National Memorial Institute for the Prevention of Terrorism), 2006, "Terrorism Knowledge Base" (http://www.tkb.org/Home.jsp).

Montecino, Virginia, 2004, "Bibliography of Cyber Culture Books/Texts/Theory(February) (http://mason.gmu.edu/~montecin/cyberbiblio.htm).

Nye, Jr., Joseph S., 2002, *The Paradox of American Power*, New York: Oxford University Press.

———, 2004, *Soft Power: The Means to Success in World Politics*, New York: Public Affairs.

OECD, 1996, "The Knowledge-based Economy" (http://www.oecd.org/dataoecd/51/8/1913021.pdf).

Office of Transformation, *Military Transformation: A Strategic Approach*, Fall 2003 (http://www.oft.osd.mil).

Paterson, Matthew, "IR theory: neorealism, neoinstitutionalism and the Climate Change Convention," John Vogler and Mark F. Imber, eds., 1996, *The Environment & International Relations*, London: Routledge.

Pouliot, Vincent, 2004, "Toward a Bourdieusian Constructivism in IR: Outline of a Theory of Practice of Security Communities," Fifth pan-European Conference Standing Group on International Relations The Hague, Netherlands(9~11 September).

Reeves, Julie, ed., 2004, *Culture and International Relations: Narratives, Natives and Tourists*, Oxford: Taylor &Francis.

Said, Edward, 2001, "The Clash of Ignorance," *The Nation*(October 22), (http://www.thenation.com).

Sassen, Sakia, 2006, *Territory, Authority, Rights: From Medieval to Global Assemblages*, Princeton: Princeton University Press.

Slaughter, Anne-Marie, 2005, *A New World Order*, Princeton: Princeton University Press.

Stewart, Thomas A., 1997, *Intellectual Capital: The New Wealth of Organizations*, New York:Doubleday.

Stockholm International Peace Research Institute *SIPRI Yearbook 2006*, Oxford:Oxford University Press.

Teaching Terror: Recommended Publications for the Study of Terrorism(http://teachingterror.com/pubs.htm).
U.S. Department of Defense, 2003, *Transformation Planning Guidance*, April (http://www.oft.osd.mil).
U.S. Department of Defense, 2004, "Defense Department Background Briefing on U.S. Global Defense Posture," 2004/6/9(http://www.defenselink.mil/transcripts/2004/-tr20040609-0843.html).
U.S. Department of Defense, 2005, *Facing the Future: Meeting the Threats and Challenges of the 21st Century*, February(http://www.defenselink.mil/transformation/features/-Facing_the_Future).
U.S. Environment Protection Agency 2006, Climate Change(http://www.epa.gov/climatechange/index.html).
U.S. State Department, 2006, "Office of the Coordinator for Counterterrorism," *Country Reports on Terrorism*.
UNEP, 2006, GEO Yearbook 2006(http://www.unep.org/geo/yearbook/yb2006).
Wallerstein, Immanuel, 2004, *The Decline of American Power: The U.S. in a Chaotic World*, New York: The New Press.
White House, 2006a, 9/11 Five Years Later: Successes and Challenges, September(http://www.whitehouse.gov/nsc/waronterror/2006/).
——, 2006b, *National Security Strategy of the United States 2006*(http://www.whitehouse.gov/nsc/nss/2006).
Wikipedia, The Free Encyclopedia, "Wolf spider"(http://en.wikipedia.org/wiki/wolf_spider).
Wohlforth, William F., 1999, "The Stability of a Unipolar World," *International Security* 24, no.1(summer).
Yun, Peter I., *Rethinking the Tribute System: Korean States and Northeast Asian Interstate Relations, 600-1600* Ph.D. Dissertation of UCLA(UMI Microfilm 9905587, 1998).

제1부

국민부강국가의 전파와 변환

2

천하예의지방과 국민부강국가

강상규_서울대학교

1. 머리말: 한반도의 지정학적 위상과 전환기의 역사적 경험

한반도는 독특한 지정학적 위치로 인해 전환기적 상황마다 국제정치적으로 대단히 민감한 의미를 부여받곤 했다. 19세기에 기록된 다음의 두 문건은 국제정치의 장에서 한반도의 지정학적 위상이 얼마나 민감하게 받아들여졌는가를 명확하게 보여주는 실례이다.

> 본인은 조선을 식민지로 하거나 아니면 단순히 (프랑스) 황제의 보호령으로 함으로써 조선이 (프랑스에) 어떠한 이익을 제공할 수 있는지에 관해서 길게 설명하지 않겠습니다. 이 나라(조선)에 군대를 주둔시킨다는 것이 장차 중국과 일본에서 발생할 분쟁에 있어서 얼마나 유용할지는 지도를 한 번 보시는 것으로 충분할 것입니다.[1)]

조선이라는 땅은 실로 아시아의 요충을 차지하고 있어 형세가 반드시 다투게 마련이며, 조선이 위태로우면 중국과 일본의 형세도 날로 위급해질 것이다. 따라서 러시아가 강토를 공략하려 할진대, 반드시 조선으로부터 시작할 것이다.[2)]

첫 번째 글은 조선에서 프랑스 선교사 처형(병인박해, 1866) 소식을 전해들은 베이징 주재 프랑스 공사 벨로네(Claude M. Henri de Bellone, 伯洛內, ?~1881)가 본국의 외무장관에게 보낸 보고서 내용이며, 두 번째 글은 일본 주재 중국 참찬관 황준헌(1842~1905)이 제2차 수신사 김홍집(1842~1896)에게 써서 건네준 『조선책략』 서두에 등장하는 내용이다. 동아시아에서 한반도의 지정학적 위상을 극명하게 드러내주는 사례라고 할 수 있다.

실제로 우리의 역사적인 경험을 이해하기 위해 한반도가 속해 있던 국제정치지형의 변동기를 잠시 거슬러 올라갈 필요가 있다. 20세기 '냉전'이 시작되면서 한반도에서는 한국전쟁이 발발했고, 19세기 '서세동점'이 진행되는 상황에서는 일본에서 정한론(征韓論), 청에서 조선 속국화 시도가 진행되어, 이것은 결국 청일전쟁과 러일전쟁으로 비화되었다. 좀 더 거슬러가보면, 17세기 중화문명의 패권이 한족(漢族)에서 만주족으로 교체되던 '명청교체기'의 와중에서 두 차례의 호란(정묘호란, 병자호란)이 발발했고, 16세기 말 일본의 전국시대(戰國時代)가 정리되어가던 격변기 속에서 조선은 두 차례의 왜란(임진왜란, 정유재란)을 치러야 했다. 조선왕조 이전의 경우에도 이러한 상황은 마찬가지였다.

그런데 이러한 긴밀한 상관관계에 주목하지 않고 한반도가 단지 '많은

1) *Correspondance politique*. Chine. no. 41. 1865-1866, folio. 296; Kim Yongkoo 2001, p. 31.
2) 황준헌, 조일문 역주, 1977, 『조선책략』, p. 10.

외침을 겪어왔다' 는 식으로 막연하고 평면적으로 기술하는 것은 문제가 있다. 거대한 전환기마다 거의 예외 없이 한반도에서 반복되어 나타났던 국제정치적 사건들의 현재적 함의가 구체적이고 연속적인 맥락에서 논의되지 않은 채, 우연적 혹은 일회적 '과거완료형' 의 사건으로 이해될 위험이 있기 때문이다.

그러므로 21세기 한반도의 변화를 논의하기에 앞서, 19세기 전환기의 우리의 경험을 성찰해보는 작업은 매우 중요한 의의를 갖는다. 19세기에 동아시아 국가 '간' 관계에서는 어떠한 패러다임의 전환이 있었을까?[3] 그 변환과정에 본격적이고 적극적인 자세로 대응하지 못했던 우리(조선)의 '안과 밖' 의 정치적 · 사상적 배경은 무엇이었을까? 이 글에서는 이러한 포괄적인 질문에서부터 시작하여, 19세기 한반도의 지식인과 위정자들이 당대의 거대한 변화의 징후를 어떻게 수용하고 해석했으며, 20세기로 접어들면서 유럽 국제사회의 문명표준(standard of civilization)이 어떻게 우리의 문명표준으로 수용되었는지를 고찰하고자 한다.

2. 중화질서와 국가 '간' 관계의 새로운 패러다임의 도래

(1) 동아시아 전통에서의 '국가' 와 예의에 근거한 국가 '간' 관계

동아시아 지역을 구성해온 천하질서(중국적 세계질서, 중화질서, 화이질

3) 여기에서 '국제' 라는 용어를 사용하지 않고 국가 '간' 이라는 표현을 쓴 데는 이유가 있다. 전통적으로 한자문명권에서는 '국제' 라는 단어가 사용되지 않았다. '국제' 라는 용어가 한자문명권에 처음 사용되기 시작한 것은 뒤에서 다루는 것처럼 일본에서 1970년대 'international' 이라는 단어를 '번역' 하는 과정에서였다. 즉 국제라는 용어는 근대국제질서라는 구미의 새로운 패러다임과 만나면서 새롭게 등장한 번역어로서 그 자체가 근대국가 '간' 의 독립적이고 상호병렬적인 성격을 내포하고 있다고 말할 수 있다. 따라서 본고는 전통적인 의미의 국가 '간' 관계가 동요, 변용되면서 근대 '국제' 관계로 편입되는 과정을 다룬다는 점에서 이를 의식적으로 구별하여 사용할 것이다.

서)는 서구의 근대적 국제관계와 아주 다른 성격을 갖고 있었다. 따라서 국가가 행위주체로서 갖는 의미도, 개인이 국가를 바라보는 시각도 근대 국제질서의 그것과는 차이가 있을 수밖에 없었다.[4)]

이를테면 유교적 사유체계에서 '국가'란 개인의 정체성을 형성하는 절대적인 의미를 가지기 어렵다. 즉 국가중심적 사유체계란 배태되기 어려웠다. 왜냐하면 『대학』의 「팔조목」, 즉 격물치지 성의정심 수신제가 치국평천하(格物-致知-誠意-正心-修身-齊家-治國-平天下)가 상징하는 바와 같이, 유교는 기본적으로 개인과 다양한 공동체 사이의 상호간 균형적이고 순환적인 조화를 강조하여, 극단적인 개인주의나 가족주의, 국가주의, 세계주의가 용납되기 어려운 사유체계를 보여주고 있기 때문이다.[5)]

유교는 기본적으로 현세 중시적이며, 인간이 만들어가는 현실세계의 여러 관계와 그 관계 속에서의 인간에 관심의 초점을 맞춘다. 따라서 유교는 안으로 자기완성을 지향하는 수기지학(修己之學)이면서, 밖으로는 타인과의 관계에서 질서를 도모하려는 치인지학(治人之學)으로서의 성격을 갖게 되며, 수기(修己)와 치인(治人) 양자간에 조화로운 통일 곧 '정치의 윤리적 승화'를 현실세계에 구현하는 것은 유교적 사유체계의 근본적인 문제의식을 이루게 된다.[6)]

---

4) 이에 관해서는 이용희 저, 노재봉 편, 1977; 浜下武志 1933 참조.

5) 물론 중국에 국가 중심의 사고가 존재하지 않았던 것은 아니다. 실제로 유교적 세계관이 아닌 법가(法家)에서는 국가라는 단위를 중심으로 사유가 전개되고 있었다. 하지만 법가의 부국강병론에서 거론되는 국가가, 이념적으로 절대적 배타성을 가진 근대국가와는 달리, 천자가 다스리는 천하의 하위개념이자 전국시대 제후의 통치영역으로서의 국(國)이었음은 주목할 필요가 있을 것이다. 전국시대에 유교는 물정에 어둡고 유치한 수준의 논의이자 비현실적이라는 평가를 받으며 일반적으로 제후들에게 받아들여지지 않고 있었다. 그런데 법가를 수용한 진(秦)이 천하를 통일한 후 진시황 일대를 넘기지 못하고 무너진 후, 한대(漢代)에 접어들어 유교가 점차 정통사상으로서 자리잡아가게 된다. 竹內照夫 1965: 제8장; 戶川芳郎, 溝口雄三, 蜂屋邦夫 1987: 제1장 참조.

6) 이러한 유교적 사유체계에 의하면, 모든 학문은 궁극적으로 수기=윤리학과 치인=정치학적

이러한 인식론적 기반에 근거하는 '천하질서' 란 기본적으로 개인간의 관계를 규율하는 예에 기반한 위계적 원리를, 천하를 구성하는 복합적 행위주체 간의 관계로까지 확대하여 적용한 일종의 '이념적으로 상상되어진 하나의 세계' 라고 할 수 있다.[7] 이러한 이념체계로서의 중화주의는 춘추전국시대에 성립된 이래 각 지역의 국가들에 의해 편의적으로 활용되기도 했으나,[8] 보다 구체적으로는 오랜 이민족의 지배를 탈피하고 한족에 의해 명이 성립된(1368) 이후 더욱 체계적으로 확립되어가는 양상을 보이게 되며, 막강한 중국의 정치적 문화적 권위와 군사력에 의해 보호되고 유지 · 지속되어 나가게 된다.[9]

문맥으로 귀결되는 경향을 보이게 된다. 다만 수기와 치인의 어디에 상대적인 비중을 두며, 양자간의 긴장을 어떻게 통일적으로 조화시키려 하는가를 둘러싼 견해는 구체적인 역사적 상황과 사상가들의 개인적 문제의식의 차이에 따라 다양한 입장 차이를 드러내게 되는데, 유교적인 사유체계 내부의 다양성은 기본적으로 여기에서 파생되어 나왔다고 할 수 있을 것이다. 예컨대 이상적인 통치를 둘러싼 공자(기원전 552~479)와 맹자(기원전 370~305), 순자(기원전 330~236), 한비자(기원전 280~233)의 견해 차이는 이러한 상징적인 예라고 할 수 있을 것이다.

7) 김용구 교수는 예(禮)에 관해 다음과 같이 설명하고 있다. "예는 사람이 반드시 지켜야 할 행동규범이라는 좁은 의미에서 시작하여 귀천이나 상하의 구별, 나라의 법제, 나라간의 관계, 모든 사물의 통일된 법칙 등을 지칭하는 매우 넓은 의미를 함축하는 개념이다. 다시 말하면 개인, 가(家), 제후간의 관계, 주실(周室)과 제후간의 관계를 규율하는 광범위한 규범이었다. 서양의 용어를 빌려 표현한다면 자연법(*jus naturale*)에 해당된다. 예에 해당되는 여러 형식 · 절차 · 규범 등이 이미 선진시대(先秦時代)에 형성되었다. 그리고 예의 법제(法制)들은 명청시대의 여러 회전(會典)에 자세히 규정되어 있다. 이렇게 볼 때 '예' 는 나라간의 규범을 지칭하는 서양의 공법보다는 광범위한 개념이지만 국제정치학의 입장에서 보면 서로 대칭되는 용어로 사용할 수 있다." 김용구 2001: 66-67.

8) 이에 관해서는 J.K. Fairbank, ed., 1968; 小蒼芳彦 1970; 김한규 1982; 이성규 1992; 酒寄雅志 1993; 김한규 1999; 민두기 2001 등을 참고할 수 있다.

9) 중국적인 세계질서관이 뚜렷한 형태로 대외적으로 선전되고 체계화된 것은 명의 성립 이후라고 해야 할 것이다. 명에 이르러서는 조공국과 조공횟수, 조공절차 및 규정 등이 확립되어, 『대명회전(大明會典)』이라 부르는 『명회전(明會典)』에 의하여 법제화된다(1502). 명대에 확립된 조공질서는 청에 이르러 다섯 차례에 걸친 『대청회전(大淸會典)』의 중수(重修), 즉 『강희회전(康熙會典)』(1690), 『옹정회전(雍正會典)』(1732), 『건륭회전(乾隆會典)』(1764), 『가경회전(嘉慶會典)』(1818), 『광서회전(光緒會典)』(1899)을 거치면서 완비되었다. 이에 관해서는 김용구 1997에서 상세하게 논의된 바 있다.

명나라의 태조인 주원장(재위 1368~1398)이 즉위 원년에 고려, 일본, 유구, 안남 등에 사신을 파견하여 전달한 조서(詔書)에는 중국 측의 중화주의적 인식이 다음과 같이 반영되어 나타나고 있다.

옛날, 황제가 천하를 다스렸을 때에는 태양이나 달빛이 비추는 곳은 모두 멀고 가까움에 관계없이, 한결같은 어진 마음으로 바라보았다. 그 결과 중국이 안정되고, 사이(四夷＝東夷, 西戎, 南蠻, 北狄) 역시 얻는 바가 있었다.[10]

여기서도 알 수 있는 바와 같이, 삼대(三代) 이후 줄곧 문명과 문화의 중심인 천자의 나라로부터 덕과 예가 주변으로 퍼져나가는 것은 마치 태양의 은혜가 사방으로 확산되어가는 것처럼 자연스러운 것이라고 간주되고 있는데, 이른바 '사대자소(事大字小: 큰 것을 섬기고 작은 것을 품어준다)'로 요약되는 천하의 중심과 주변과의 예에 입각한 소통이 강조될 수 있었던 근거는 이러한 의식과 맞물려 있었다.

다음에 소개하는 맹자의 논의와 그에 대한 주자(朱子, 1130~1200)의 주석은 '사대자소'의 이념적인 의미를 상징적으로 전해준다.

(가) 제선왕이 묻기를, 이웃나라와 사귐에 도가 있습니까? 맹자가 대답하길, 있습니다. (…)대국으로서 소국을 섬기는 것은 하늘의 뜻을 즐기는 것(樂天者)이고, 소국으로서 대국을 섬기는 것은 하늘의 뜻을 두려워하는 것(畏天者)이니, 천리(天理)를 즐거워하는 사람은 온 천하를 보전하고, 천리

10) 『명태조실록』 권37; 浜下武志 1993: 30에서 재인용. 이러한 중화주의적 레토릭은 이후 거의 그대로 정형화되어 사용되었던 것으로 보인다. 예컨대 1450년 명의 사신이 조선에 가지고 온 칙서는 다음과 같이 시작된다. "짐(朕)이 삼가 천명을 공손히 받아 중화와 이적의 군주가 되어, 멀고 가까움에 관계없이 한결같은 어진 마음으로 바라보았다.(朕祗膺天命君主華夷一視同仁靡間遐邇)," 『문종실록』 즉위년 8월 3일(甲戌條).

를 두려워하는 사람은 그 나라를 보전합니다.[11)]

(나) 하늘(天)은 이치(理)이니, 대국이 소국을 어엿비 여기고 소국이 대국을 섬기는 것은 모두 당연한 이치라 할 것이다. 자연스럽게 이치에 맞는지라 낙천(樂天)이라 말하고, 감히 이치를 어기지 못하는지라 외천(畏天)이라 말한 것이다. 널리 포함하고 두루 덮어주어 두루 하지 않음이 없는 것은 천하의 기상을 보전하는 것이요, 예절을 따르고 법도를 삼가하여 감히 방종하고 안일하지 못함은 일국의 규모를 보전하는 것이라.[12)]

따라서 천하질서에서 국가라고 하는 것은 현실적으로는 주요한 행위자(actor)로서 용인되면서도 '이념적'으로는 근대 국제질서의 행위주체인 주권국가(sovereign state)처럼 강고한 배타적 실재(exclusive entity)로서 인식될 수 없었다. 이것은 조선의 경우에도 그대로 적용되는 것으로 조선은 기본적으로 중국에 대해 전통적인 '이념'과 '예의'에 근거해서 상호관계를 맺으려는 입장을 견지하게 된다.

(2) 중화질서의 문화주의적 성향

중화질서의 이념은 현실정치공간에서 군사적 기반에 의해 지탱될 수 있었던 것임에도 불구하고 기본적으로는 문화주의적 성격이 강한 것이었다. 거기에는 예치(禮治)나 덕치(德治)라고 불리는 보편적인 통치이념이 추구되고 있었고, 이러한 통치이념에 기초한 천하관념이 중화 이외 세계의 이질적 요소를 포섭하고 있었다.

중화질서가 위계적 질서로 구성되어 있어 거기에 상응하는 위계제도

11) 『맹자』 梁惠王(下).
12) 주자, 『사서집주』.

가 엄격히 갖추어져 있었음은 늘 지적되어왔지만, 천하질서공간의 다이내미즘을 이해하기 위해 간과되어서는 안 될 사실은 적어도 '이념공간' 내에서는 화(華=文明)가 결코 독점될 수 없다는 점일 것이다. 왜냐하면 화이질서의 이념공간 내에서는 화(華)를 화(華)되게 하는 것이란 덕치와 예치를 현실정치세계에서 구현하는 능력이라고 믿어졌기 때문이다. 즉 정치를 윤리적 차원으로까지 승화시키는 능력 여부가 행위주체의 문명의 상태를 판가름하는 기준이 된다는 믿음이 공유되고 있었던 것이다. 그것은 화(華)에 대한 접근 가능성이 각각의 행위주체에게 맡겨져 있다는 것을 의미하며, 화(華)가 공유될 수 있는 것임을 시사하는 것이기도 했다. 청의 옹정제(雍正帝, 재위 1722~1735)의 명령에 의해 편찬된 『대의각미록』에는 이러한 내용이 다음과 같이 명료하게 표현되어 있다.

> '이적'과 '중국'을 나누는 기준은, 보편적인 윤리를 아는가 그렇지 않은가 여부에 있다. 공자가 『춘추(春秋)』에서 화이의 구분을 강조한 것은, 예의(禮義)의 있고 없음을 준별하려는 것이었지, 땅의 위치를 구별하려는 것이 아니었다.[13)]

바로 이처럼 화이질서의 이념 안에는 "화(華)라고 하는 것이 국가의 대소(大小)나 강약(强弱)에 의해 결정되는 것이 아니며, 모두에게 공유되어야 할 이념"이라고 인식될 소지가 열려 있었던 것이다(浜下武志 1993: 31).

이러한 이념 체계는 마치 유교적 사유체계가 개인에게 교화(教化) 혹은 덕화(德化)의 가능성을 열어놓은 것과 기본적으로 동일한 논리적 구

13) 清雍正帝撰, 『大義覺迷錄』, 近代中國史料叢刊, 제36집(文海出版社)에 수록, 岸本美緒 1998: 48-49에서 재인용.

조라고 할 수 있으며, 이러한 이념적 개방성이야말로 중화질서의 생명력이 지속될 수 있는 근원이 될 수 있었다. 따라서 적어도 '이념상'으로 화이질서 내부에는 많은 '화(華)'가 병존할 수 있었고, 어떠한 국가도 스스로를 '중화(中華)'라고 자부할 수 있는 가능성이 열려 있었다. 그리고 이러한 자부심이 중화세계를 지탱하는 위계제도와 격식을 존중하는 한 중국으로서도 현실적으로 크게 문제시하지 않았다. 물론 그런 만큼 중화질서 내부에는 주변부의 인식과 현실 간에 불가피하게 괴리가 발생할 소지가 항상 존재하고 있었고, 그러한 긴장적 요소가 실제로 여러 차례에 걸쳐 물리적인 충돌로 표출되기도 했지만 장기적으로는 예적(禮的)인 질서 이념 아래 끊임없이 해소될 수 있었던 것이다.[14]

흔히 천하질서와 근대적 국제질서는 '위계적'인 질서공간과 '수평적'인 질서공간이라고 대비되어 표현된다. 그러나 사실 이러한 표현은, 동일한 권력적 차원에서 '차별' 공간과 '평등' 공간이라는 식으로 평면적으로 비교되기 쉽다는 점에서 주의할 필요가 있다. 왜냐하면 두 개의 질서가 근거하는 우주관이나 가치체계가 다르기 때문에 이러한 전체적 맥락을 무시한 채 비교해서 논의하게 되면, 오히려 당시 상황에 대한 정치(精緻)한 논의가 어려워지기 때문이다. 예의에 기반한 위계적 질서공간이든, 민주나 국가평등 관념에 기반한 수평적 질서공간이든 모두 권력적 측면이 내재되어 있었다. 두 개의 질서공간 모두 지식과 권력에 긴밀하

14) 이러한 사실을 고려해볼 때 조선 이데올로그의 '의식' 속에서 중화질서에 사대라는 형태로 참여한다고 하는 문제는, 중국 중심의 강력한 위계적 세계질서 안에 편입됨으로써 대외적인 안보와 대내적인 안정을 구가한다는 현실정치적 의미를 지닐 뿐만 아니라, 스스로가 중화질서를 문명의 기준으로 삼아 보편적인 문명국가, 문화국가를 실현하려는 정치적 의지의 표현이자 '예(禮)에 입각한 질서공간'의 운행(運行)에 능동적으로 동참한다는 이념적 의미를 동시에 지니고 있었다. 이른바 '소중화주의'라고 일컬어지는, 중화질서의 문화적 중심을 지향하는 조선 측의 인식이나 태도가 조선왕조 내내 다소 뉘앙스의 차이는 있지만 줄곧 지속될 수 있었던 것은 이러한 화이질서의 문화주의적 성격 때문에 가능한 것이었다. 이에 관해서는 강상규 2003을 참고할 것.

게 결합되어 있어, 상대적인 차이는 있겠지만 권력장치의 폭력성이 잘 드러나 보이지 않는다는 공통성을 갖고 있다고 해야 할 것이다.

(3) 서세동점(西勢東漸)과 동아시아 국가 '간' 관계의 새로운 패러다임의 출현

19세기 천하질서는 근대국제질서라는 상이한 대외질서관념과 마주하게 된다. 흔히 서세동점으로 집약되는 거대한 전환(great transformation) 과정은 그동안 오랫동안 지속되어오던 천하질서가 동아시아 지역에서 현실적으로 붕괴되고, 서구의 근대국제질서로 재편되어가는 과정이었다. 한 · 중 · 일 동아시아 3국은 이 과정에서 이른바 '예의 관념'에 기반한 천하질서로부터 '국가평등관념'에 근거한 근대 '국제' 질서로 동아시아 세계를 구성하는 패러다임의 전환(paradigm shift)을 겪어야 했다.

이것은 동아시아 국가 '간' 관계의 패러다임 전환이 천하질서 하의 '조공책봉관계'에서 근대국제질서의 수평적이고 독립적이며 그런 만큼 '무정부적인 관계'로 변환하는 것을 의미했고, 이러한 국가 '간' 관계의 새로운 패러다임으로 번역되어 등장한 것이 바로 만국공법이었다.[15] 주지하는 것처럼, 19세기 동서문명이 대면하는 현장은 물리적 폭력과 갈등을 수반하고 있었고 그 어지러운 현장의 한복판에는 서양국가와의 '조약' 체결이라는 문제가 어김없이 얽혀 있었다. 만국공법은 이처럼 서구와의

15) '만국공법' 이란 미국의 국제법학자 헨리 휘턴(Henry Wheaton, 1785~1848)의 『국제법 서적(*The Elements of International Law*)』이 마틴(William Alexander Parsons Martin, 丁韙良, 1827~1916)에 의해 한역(漢譯)되어 『만국공법』이라는 제명으로 출간(1864)되는 과정에서 처음 등장한 용어이다. 이후 동아시아 지역에서 반세기 남짓 생명력을 유지하고 사용되었던 용어이다. 반면 만국공법 대신 '국제법' 이라는 용어를 가장 먼저 사용한 것은 1873년 일본의 미즈쿠리 린쇼(箕作麟祥, 1846~1897)였다. 이후 국제법이라는 용어는 1881년 동경대학에서 국제법학과를 설치한 후 서서히 정착되는 과정을 밟아가게 된다. 강상규 1999: 41-42.

대규모 물리적 충돌과 그에 따른 불평등조약의 체결이라는 새로운 위기 상황의 접점에 놓여 있었다.

주지하는 바와 같이, 대외적인 '독립(Independence)' 을 가장 중요한 특징의 하나로 간주하는 근대적 의미의 '주권(sovereignty, *Souveränität*, *Soveraineté*)' 이라는 개념은 유럽이라는 기독교 문명권에서 중세질서가 해체되는 과정에서 생겨나기 시작한 독특한 국가'간' 관계를 배경으로 17세기 전후에 비로소 등장한 개념이다. 그런데 한자문명권에서 오늘날 사용하는 의미의 주권이라는 신생어는 휘턴의 『만국공법』을 통해 최초로 사용되기 시작한다. 이 점은 『만국공법』, 곧 국제법 서적이 근대적인 서구국제질서의 행위주체인 주권국가의 권리와 규범 등을 다루는 책이라는 사실을 상기해보면 쉽게 이해될 수 있을 것이다.[16] 이처럼 만국공법은 주권국가라는 '새로운 국가형식' 과 함께 조약체제(treaty system)라는 '새로운 국가간의 교제 및 교섭방식' 등을 다루고 있다는 점에서 동아시아에 대두하게 될 새로운 문명의 문법을 표상하는 것이기도 했다.

개화기 일본 최고의 베스트셀러가 후쿠자와 유키치(福澤諭吉, 1834~1901)의 『서양사정』과 함께 휘턴의 『만국공법』이 되었던 것도, 중국의 정관응(1842~1922)이 국가경영에 관한 양무 지침서로 『이언(易言)』

16) 휘턴의 원저와 마틴의 『만국공법』을 대조해보면, 'Sovereignty' 라는 용어가 『만국공법』에서 主權, 自治自主之權, 自主之權, 管轄之權, 國權 등 문맥에 따라 다양하게 한역되었다는 것을 알 수 있다. 이러한 사실은 'Sovereignty' 라는 개념이 '주권' 이라는 용어로 확고하게 정착되어 사용되기 전에는 동아시아 문명권에서 다양한 용어로 불렸음을 시사해준다. 공법질서 하에서의 국가의 권리는 '주권' 이라는 생소한 용어보다 당대 독자들에게 훨씬 익숙한 '자치자주지권' 혹은 '자주지권' 이라는 용어를 통해 이해되었던 것으로 보인다. 유명한 조일수호조규의 제1조에서 '조선은 자주국이며 일본과 평등한 권리를 보유한다(朝鮮國自主之邦保有與日本國平等之權)' 고 되어 있었음을 상기해볼 필요가 있다. 실제 이 시기에 사용되었던 용어로 자주지권, 자치지권 등의 용어는 많이 눈에 띄지만 조선 측 자료에서 주권이라는 용어가 등장하기 시작한 것은, 管見에 의하면, 『한성순보』, 『한성주보』 정도이고, 본격적으로 사용되는 것은, 박영효의 『내정개혁을 위한 건백서』(1888), 유길준의 『서유견문』(1895)에서 정도이다. 강상규 2006b: 317.

(1880-36편본, 1882-20편본)을 쓰면서 제1편을 「논공법(論公法)」으로 구성한 것도, 조선의 승려 이동인(1849?~1881?)이 김옥균, 박영효의 후원과 일본 동본원사(東本願寺) 부산별원의 협력을 받아 일본에 밀입국한 이유가 다름아닌 만국공법을 배우기 위해서였던 것도 모두 이러한 국가 '간' 관계의 패러다임의 전환을 이해하려는 치열한 노력의 일환이었다.[17)]

3. 예의지방(禮義之邦)과 부강국가(富强國家)의 아득한 심상거리

(1) 에피소드: 조선 수신사의 눈에 비친 일본 '부국강병'의 현장

1876년 조일수호조규를 체결한 후, 일본과의 우의를 다진다는 명분 아래 메이지 유신을 전후로 변화한 일본을 처음으로 직접 견문하고 돌아온 수신사 김기수(1832~1894)는 국왕에게 보고서를 올린다. 다음은 그중 일부이다.

> 곳곳마다 화륜선, 화륜차를 만들고 또 사람을 시켜 먼 곳에서 상업을 경영케 했으니, 요는 온 힘을 다해 재화를 모으기 위함입니다. 군신상하가 부지런히 이로움을 취하고 부국강병을 급선무로 삼고 있었으니〔以富國强兵爲急先務〕, (…) 지금은 경전문자(經典文字)는 무용지물로서 서고에 넣어두고 다만 공리(功利)의 서(書)만을 매일 부지런히 읽기 때문에 그중에서 유식한 사람들은 또한 매우 개탄하는 이들도 있었습니다. 저들 기술의 기교는

17) 이에 관해서는 丸山眞男, 加藤周一 1998: 119; 鄭觀應, 『易言』, 第1篇, 「論公法」; 趙東杰 1985: 270; 萩原延壽 2001: 82-83 참조.

눈으로 보아도 능히 다 볼 수 없으며 입으로 전하려 해도 자세히 알기 어렵습니다. (…) 곳곳마다 정조국(精造局)을 설치하고 사람마다 이기술(利器術)을 익히고 있으니 아무리 헤아려 봐도 실상 그 방법을 다 알 수는 없었습니다. 한 나라의 도회지가 한 둘이 아니었는데, (…) 이를 여러 차례 본 중국인들도 또한 말하기를 '중국보다도 더욱 크고 풍부하다'고 했습니다. (…) 평소에 양성한 군대는 에도성(江戶城) 안에 봉급을 주어 양성한 사람만 7, 8만 명이나 되었고 그 밖에 육군성, 해군성에서도 날마다 군사를 뽑기를 쉬지 않았는데, 모두 기계에 정통하고 군율에 숙련되어 있었습니다. (…) 배 위에서도 대포를 사용하고 차에서도 또한 대포를 사용하는데 대포를 사용하는 방법도 또한 전적으로 기계를 사용하여 조금도 틀리지 않았습니다. 이러한 강병(强兵)과 이기(利器)를 갖추고도 오히려 부지런히 일하여 쉴 틈이 없었습니다. (…) 교묘하지 않은 기술이 없고 정교하지 않은 기예가 없어 (…) 외견상으로는 이보다 더 부강할 수 없으나, 곰곰이 그 기세를 생각해보면(부국강병책에 입각한 일본의 방책이—필자) 장구한 계책이라고는 할 수 없습니다.[18]

당시의 긴박한 시대 상황과 아울러 대외정세에 깊은 관심을 기울이고 있던 국왕 고종(재위 1864~1907)과 박규수(1807~1876)의 수신사에 대한 각별한 기대 등을 고려해볼 때,[19] 막중한 임무를 부여받은 김기수의 보

18) 김기수 1971, 『일동기유(日東記游)』, 권4, 『수신사기록(修信使記錄)』, 국사편찬위원회, pp. 107-110; 『동문휘고(同文彙考)』 4, pp. 4178-4179.

19) 수신사 김기수를 일본에 보내면서 고종이나 박규수가 보인 관심과 기대는 각별한 것이었다. 고종은 "처음으로 가는 길인 만큼 모든 일을 반드시 잘 처리해야 하며 그곳 사정에 대해서 자세히 정탐해 가지고 오는 것이 좋겠다. 보고할 일에 관해서는 하나하나 빠짐없이 기록해 가지고 오라"고 간곡히 당부하고 있으며, 박규수는 김기수에게 별도로 서한을 보내, "내 나이와 지위가 헛되이 이에 이르러 이번 사행(使行)을 나의 벗에게 마침내 양보하게 된 것이 한스럽다"고 하면서 독려했다. 이에 관해서는, 『고종실록』 13년 4월 4일; 김기수, 앞의 책, 권1, 「差遣二則」, p. 2.

고 내용은 의외로 구체적이거나 적극적이지 못하다. 하지만 19세기의 시점에서 수신사 김기수의 보고서는 기존의 중국이라는 필터를 통해서 걸러진 일본에 대한 보고와는 달리 직접 일본을 견문한 기록이라는 점에서 중요한 의미를 가진다. 더욱이 21세기의 시점에서 보면, 위의 보고서는 메이지 일본의 발전상을 바라보는 조선 지식인의 눈, 즉 19세기 조선 유자(儒者)의 일반적인 가치와 정서를 가감 없이 읽어낼 수 있다는 점에서 흥미롭다. 수신사의 눈에 비친 일본은 불철주야 부국강병에 주력하는 모습이었으며, 이미 그 수준은 중국을 넘어설 정도로 경이로운 경지에 올라 있는 것처럼 보였다. 하지만 김기수는 한편으로는 그토록 감탄하면서도 경서를 외면한 채 실용서적만을 탐독하고 부국강병에 매달리는 일본이 미래의 장구한 대책을 마련할 수 있을까에 대해서는 강한 회의감을 피력하고 있다. 김기수는 일본의 부국강병전략이 왜 조선이 지향해야 할 모델이 될 수 없다고 생각했던 것일까?

(2) 조선 지식인들의 문화적 자부심과 '부국강병'에 대한 인식

『경국대전』의 완성(1485) 등을 통해 '신유학(Neo-Confucianism)'에 기반한 정치적 제도적 기틀이 대체로 마련되자, 조선의 유자들은 점차 '유교질서의 사회적 정착과 일상적 실천'을 구현하는 데 매진하기 시작한다. 성리학의 사회적 내면화가 진행되어가는 가운데, '중화질서의 문화적 중심을 지향'하는 조선의 이른바 '소중화(小中華)' 의식이 성리학적 소양을 갖춘 사람들의 일상 속에 파고 들어가게 된다. 조선의 유자들의 자존의식을 반영하는 '소중화'의 레토릭이 어떻게 구성되어 있었는지, 중종 때 편찬되어 아이들의 한문학습의 기본적인 텍스트로 가장 널리 사용되었던 『동몽선습(童蒙先習)』을 통해 살펴보자.[20)]

동방에 (…) 나라 사람들이 임금을 세웠는데, 요(堯)임금과 병립하여 국호를 조선이라 했으니, 이가 곧 단군이다. 주(周)의 무왕(武王)이 기자(箕子)를 조선에 봉하여 백성들에게 예의를 가르쳐서 팔조의 교법을 세웠으니 어질고 현명한 교화가 있게 되었도다. (…) 아! 우리나라가 비록 바다 모퉁이에 치우쳐 땅은 좁고 작으나, 예악 법도와 의관 문물은 실로 중화의 제도를 준수하여 인륜이 위에서 밝고 교화가 아래에서 행하여 풍속의 아름다움이 중화와 같으니, 중국인이 이를 가리켜 '소중화'라 칭한다. 이것이 어찌 기자가 남긴 교화의 덕이 아니겠느냐! 아, 너희 아이들은 마땅히 이를 보고 떨쳐 일어나야 할 것이라."[21]

위의 내용을 분석해보면, 단군조선에 대한 기억은 기본적으로 중화 문명과의 '비교' 위에서 자신의 뿌리에 대한 역사적 시원을 찾으려는 노력이라고 여겨진다. 반면 기자조선에 대한 서술은 한반도 '문명'의 기원을 당대에 '문명표준'이라고 간주되던 중화 문명질서와의 '관계' 속에서 탐구하려는 의식의 소산이라고 할 수 있다. 왜냐하면, 단군조선이 천신(天神)인 환인(桓因)의 후손으로서 중국의 성왕(聖王) 요와 동일한 시기에 개국한 이래 3700여 년의 '한반도 역사의 유구함'을 상징하고 있다면, 기자조선은 중국의 가장 문명화된 이상국가로 간주되는 주나라 무왕대의 문화를 자기화시켜 계승·전파한 '한반도 문명화의 역사'를 상징한다는 의미로 해석되어지기 때문이다(강상규 2003).

따라서 자국의 역사에 관한 이와 같은 압축적인 서술이 당대의 가장

20) 『동몽선습』은 조선 중종 때 박세무(1487~1554)가 아동에게 기본적인 유교적 윤리와 역사를 가르치기 위한 목적으로 저술한 작은 분량의 책이다. 『동몽선습』은 이후 한글본으로 간행되기도 했으며, 21대 영조는 여기에 직접 서문을 써서 발간하기도 했다.『영조실록』 18년 6월 28일(乙卯條).

21) 『동몽선습』「사부(史部)」.

기초적인 어린이용 텍스트에 수록되어 있었다고 하는 사실은, 한편으로는 단군조선과 기자조선을 통해 '한반도의 유구한 역사'와 '한반도 문명화의 역사'를 각각 강조하고, 다른 한편으로는 예의와 풍속이 지극히 아름다운 경지에 이른 문명국가로서의 포부를 펼쳐보려 했던 태도가 조선에 널리 정착되어 확산되고 있음을 보여준다고 할 수 있을 것이다.

조광조(1482~1519)의 다음 발언은 성리학이 내면화되고 문화적 자부심이 고양되어가는 상황에서 조선의 유자들이 '부국강병'에 대해 어떠한 인식을 하고 있었는지를 명료하게 전해주고 있다.

> 왕안석 같은 이는 학술이 정밀치 못하여 제왕의 대도를 알지 못하고 도리어 부국강병의 패술(覇術)을 본받고자 했으니, 학자가 단순히 부국강병으로 계책을 삼는다면 이를 어찌 유자라 할 수 있겠습니까?[22]

즉 '정치의 윤리적 승화'를 꿈꾸며 강렬한 문화적 자존의식을 견지하던 조선 유자들의 시각에서 볼 때, 부국강병이란 기본적으로 예치와 덕치에 의한 왕도정치에 대비되는 패도정치에 가까운 개념으로서 난세(亂世)의 국면에 부상하게 되는, 가능한 지양해야만 될 가치이자 태도였던 것이다.

조선 후기 조선이 중화문명의 유일한 정통임을 상징하는 만동묘(萬東廟)에 새겨진 글귀가 '비례부동(非禮不動: 禮가 아니면 움직이지 않는다. 곧, 禮에 부합하지 않으면 행동으로 옮기지 않는다)'이었던 것이나,[23] 흥선

---

22) 『중종실록』 13년 4월 28일(丁酉條).

23) 만동묘는 왜란 때 조선을 도운 명의 황제 신종(神宗)과 마지막 황제인 의종(毅宗)을 조선이 제사지낼 수 있도록 해야 한다는 송시열(1607~1689)의 유지를 받들어 그의 제자인 권상하(1641~1721)가 1703년에 충청도 화양리에 세운 사당이다. 여기에는 '非禮不動'이라는 명의 마지막 황제 의종의 어필이 보관되어 있다. '萬東'이란 용어는 선조(宣祖)의 어필인 '萬折必東(물이 만 구비를 꺾어 흘러 결국에는 동해로 들어간다)'에서 취한 것으로서, 조선 후기

대원군이 프랑스 함대와의 전투(병인양요, 1866)를 앞두고 의정부에 보낸 서한을 통해 최후까지 요행을 바라거나 타협하려 하지 말고 서양 오랑캐에 맞서 일치단결된 모습으로 결사 항전할 것을 촉구하면서, '저들이 조선에 와서 이곳에 예의가 있다는 것을 알게 될 것이고, 모든 이들의 마음이 하나로 뭉쳐 있음을 믿게 될 것〔到此之地, 所知者禮義也, 所恃者衆心成城也〕'[24]이라고 독려한 것도 우연이 아니라 모두 이러한 사정에서 기인한 것이었다.

다음에 소개하는 내용은 미국함대와의 전투(신미양요, 1871)가 끝난 후 고종과 우의정 홍순목(1816~1884)의 대화 중의 일부이다.

> 고종: 서양 오랑캐들이 우리의 영역을 침범한 것은 매우 통분할 노릇이다. (…)이 오랑캐들이 화친하려고 하는 것이 무엇 때문인지는 알 수 없으나 수천 년 동안 '예의의 나라〔禮義之邦〕'로 이름난 우리가 어찌 금수의 무리와 더불어 화친할 수 있겠는가. 설사 몇 해 동안을 버티더라도 끝까지 거절하고 말 것이니, 만일 화친하자고 말하는 자가 있으면 나라를 팔았다는 법조문을 적용하여 처단할 것이다.
>
> 홍순목: 우리나라가 '예의의 나라'라는 데 대해서는 온 세상이 다 알고 있는 바입니다. 지금 일종의 불순한 기운이 온 세상에 해독을 끼치고 있으나 오직 우리나라만이 유독 순결성을 보존하는 것은 바로 예의를 지켜왔기 때문입니다. 병인년(1866) 이후로부터 서양 놈들을 배척한 것은 세상에 자랑할 만한 일입니다. 지금 오랑캐들이 이처럼 침범하고 있지만 화친에 대해서는 절대로 논의할 수 없습니다. 만약 억지로 그들의 요구를 들어준다면 나라가 어찌 하루인들 나라 구실을 하며 사람이 어찌 하루인들 사람

의 문화적 자존의식을 상징한다.

24) 『고종실록』 3년 9월 11일(丁卯條).

구실을 하겠습니까.[25]

위의 대화에서 알 수 있는 바와 같이, 이 무렵 고종을 비롯한 동시대를 살았던 조선의 유자들은 서양세계를 자기들이 수호해 나가야 할 문명세계에 대한 역상(inverse image), 곧 '야만' 혹은 '금수'의 세계라고 바라보고 있었다.[26] 이러한 이해방식은 화이관념에 입각한 것으로 병인양요를 비롯하여, 오페르트 도굴사건(1868), 신미양요 등 서양과의 폭력적이고 적대적인 만남과 충돌 과정 속에서 확산된 것이었다.[27] 서양의 '야만성'을 확인할수록 '예의지방(禮義之邦)으로서 조선'이라는 자기에 대한 확고한 믿음은 오히려 강고해졌다. '예가 아니면 움직이지 않는다(非禮不動)'는 의식을 가지고 거기에서 스스로의 정체성과 가치를 확인하는 '예의의 나라(禮義之邦)'에게 하필 부국강병을 급선무로 삼게 하는 것(以富國强兵爲急先務)은 문명의 세계를 걸어 나와 금수의 세계로 들어가는 행위에 다름 아니었고, 그런 만큼 어떤 중대한 '계기' 없이는 도저히 건널 엄두가 나지 않는 깊고 창창한 혼돈의 강이었다. 적어도 이러한 인식론적 상황에 있어서, 현실의 실재하는 서양세계는 중요하지 않았다. 상상 속

---

25) 『고종실록』 8년 4월 25일(甲申條).

26) 전통적인 화이관념에 입각한 고종의 대외인식은 이후 중요한 정보들을 구체적으로 접해가는 과정을 통해 빠르게 변화해 나간다. 청년기 고종의 대외인식의 전환에 관해서는 강상규 2006: 34-39를 참고할 것.

27) 오페르트 도굴사건이란 1868년 4월 18일 독일인 오페르트(Ernst Jacob Oppert, 吳拜, 1832~1903)가 대원군의 선친인 남연군(1788~1836)의 묘를 도굴하려다 발각되자 도주한 사건이었다. 이 사건은 서양 오랑캐의 야만성을 여지없이 확인시켜주었다. 오페르트 도굴사건의 충격을 일찍이 그리피스(William Elliot Griffis, 1843~1928)는 다음과 같이 묘사하고 있다. "이번 사건으로 인해 조선인들은 무덤이 파헤쳐지지나 않을까 하는 두려움에 싸이게 된 것이 분명하다. 외국인들이 입국하는 주된 목적은 시체를 파헤치고 인간의 가장 성스러운 본능을 훼손하는 것이라는 의혹이 엄연한 사실로 입증되었음을 그들은 목격한 것이다. 의심할 나위도 없이 서양인들은 야만족이며, 그들의 대부분은 도둑이라고 조선 사람들은 확신하게 되었다. 1871년 미국의 선박이 나타났을 때 그들은 그와 같은 눈길로 함대와 성조기를 바라보고 있었다." Griffis, 신복룡 역, 1985, pp. 511-512.

의 서양인들은 문명국가가 견지하지 않으면 안 될 윤리적 가치를 알지 못하며 그것을 폭력적으로 해체시키는 '야만'의 표상이었던 것이다.

4. 패러다임의 충돌과 문명표준의 역전

(1) 동아시아 국가'간' 관계의 패러다임 변환의 징후들

일본의 메이지 정부는 1871년 후반 구미지역에 이와쿠라 도모미(岩倉具視, 1825~1883)를 특명전권대사로 한 구미사절단을 파견한다.[28] 국제 정세와 각국의 사정을 조사하던 사절단 수뇌부는 자국과의 공통된 사정 등으로 인해 서구제국 중에서 특히 프러시아의 정치체제에 주목하게 된다. 더욱이 프러시아의 재상 비스마르크(Otto von Bismarck, 1815~1898)나 몰트케 장군(Helmuth Moltke, 1800~1891)으로부터 듣게 된 정치외교의 철학은 수뇌부에게 매우 중요한 의미를 지니는 것이었다.

> 오늘날 세계 각국은 모두 친목과 예의로써 서로 사귄다고 하지만, 이는 완전히 표면상의 명분이며, 은밀한 곳에서는 강약이 서로 업신여기고, 대소가 서로 경시하는 실정이다. (…) 소위 (만국)공법이라는 것이 열국의 권리를 보전하는 법이라지만, 대국이 이익을 다투는 데 있어 이미 이로움이 있으면 (만국)공법을 붙들어 움직이지 못하게 하고, 만일 불리할 경우

28) 이와쿠라 사절단의 목적은 크게 조약개정교섭, 서구의 제도 및 문물의 시찰의 2가지로 요약할 수 있을 것이다. 그러나 최초로 방문한 미국에서 조약개정교섭이 현실적으로 불가능하다는 것을 깨닫고, 구미제국의 시찰에 전념하게 된다. 사절단에는 이와쿠라 도모미를 비롯하여, 오오쿠보 도시미치(大久保利通, 1830~1878), 기도 타카요시(木戸孝允, 1833~1877), 이토 히로부미(伊藤博文, 1841~1909) 등 메이지 거물들이 대거 참여하고 있었다. 이와쿠라 사절단에 대해서는 田中彰 1984 참조.

에는 군대의 위협으로 이를 뒤집는다. 애초에 상수(常數)란 없는 것이다.[29)]

법률, 정의, 자유의 이치는 국내를 보호할 수는 있지만, 경외(境外)를 보호하는 것은 병력이 아니면 불가하다. 만국공법이란 단지 국력의 강약에 관련될 뿐으로, 국외중립해서 공법만을 의지하는 것은 소국이 하는 바이고, 대국에 이르러서는 국력으로써 그 권리를 충족시켜야 한다.[30)]

조약개정교섭에 실패한 사절단 일행은 제국주의 전야의 유럽의 국제정치를 견문하고 서양문명의 양면성에 대한 확고한 인식을 갖게 된다. 이들의 눈에 비친 근대서구의 국제질서란 요컨대 '열국평등(列國平等)' 보다는 오히려 '약육강식(弱肉强食)', '만국대치(萬國對峙)'의 상황에 가까운 것이었으며, 이는 일본 무사사회의 전통적 관념인 '실력상응원리'에 따라 해석, 수용되어졌다(坂本多加雄 1994). 이와쿠라 사절단은 만국공법이 약소국에게는 어떠한 역할도 할 수 없으며, 국가의 자주적 권리를 잃지 않으려면 애국심을 고양시키고 국력을 진흥시켜 실력으로서 국권을 보전하지 않으면 안 된다는 인식과 아울러, '소국이라는 관념에서 대국지향으로' 근대일본의 지향할 방향을 바꾸어 설정하는 데 중요한 역할을 하게 되었다. 이러한 과정을 겪으면서 일본의 위정자들은 일본이 만국공법으로 상징되는 새로운 국제질서 '밖'에 놓여 있는 나라가 아니라 명실공히 새로운 국제질서의 행위주체가 되는 것을 확고한 국가목표로 인식하게 된다.

반면 중국은 서구국제사회의 문명표준을 적극적으로 수용하기 어려운

29) 비스마르크, 久米邦武 編, 1992, 『特命全權大使 米歐回覽實記』 3권, p. 329.
30) 몰트케, 久米邦武 編, 같은 책, p. 340.

근본적인 한계를 안고 있었다. 이를테면, 대내적인 최고성과 배타적인 독립성을 기본적인 특징으로 하는 주권이라는 개념을 청(淸)이 천하질서 내의 예외적인 일부로서 그저 포용하는 형태로서가 아니라 있는 그대로 수용한다는 것은 정치적 관점에서 보면 기왕의 중화질서의 '해체' 를 의미하는 사태에 다름 아니라는 데에 중국의 근본적인 딜레마가 놓여 있었다.

게다가 만국공법으로 표상되는 서구의 문명표준을 전면적으로 수용한다는 것을 '화이관념' 에 입각해보면, 중국인들은 지금까지 중화문명권에서 문명표준을 제공하던 입장에서 유럽 기독교문명에 의해 스스로를 재편해야만 하는 입장으로 전락하는 것을 말하며, 중화문명권의 문명표준이 역전됨을 의미하는 것이었다. 이민족들에 의해 수차례 정복당하는 와중에서도 수천 년간 문명의 중심을 견지하던 '중' 국인(中國人)들로서 이러한 사태는 유례를 찾아볼 수 없는 '역사적 단절' 이자 스스로의 아이덴티티의 근간을 흔들어 놓는 상황이 아닐 수 없었다. 따라서 청이 스스로가 세계의 중심이라는 의식을 버리고 만국(萬國) 중의 일국(一國)이라는 인식의 전환을 갖기 전에는, 청이 『만국공법』으로 대변되는 근대국제질서에 적극적으로 동참하기는 어려웠고, 결국 청의 만국공법 활용이란 어떤 식으로든 '현상유지책' 의 차원에서 이루어질 수밖에 없는 상황에 놓여 있었던 것이다(강상규 2006c).

메이지 정부는 조선과의 강화조약체결을 얼마 앞두고 청과의 사전 조정을 위하여 급히 모리 아리노리(森有禮, 1847~1889)를 주청공사로 임명한다. 다음의 내용은 모리와 이홍장(李鴻章, 1823~1901)의 회담기록 중의 일부이다. 여기에는 패러다임의 전환기에 자국의 이해관계에 따라 만국공법을 편의적으로 해석하고 활용하는 중 · 일 양국의 입장이 잘 나타날 뿐만 아니라, 향후 동아시아 국가 '간' 관계가 심상치 않은 갈등과 대결 국면으로 치달을 가능성이 잠복하고 있음이 극명하게 드러나고 있다.

이홍장: 우리 동방의 여러 나라들 중 청이 가장 크고 일본이 그 다음이지만 그 외의 소국들도 한결같이 마음을 합쳐나간다면 국면을 만회하여 서양에 대항하는 것이 가능할 것이오.

모리 아리노리: 저의 생각으로는, 수호조약 등은 아무런 도움도 되지 않을 것입니다.

이홍장: 양국 간의 우호와 평화(和好)는 조약에 의존하는 것인데, 어떻게 그것들을 믿지 못한다고 말할 수 있습니까?

모리 아리노리: 통상과 같은 분야는 조약에 비추어서 행해진다고도 할 수 있겠습니다만, 국가 대사에 관한 일은 다만 누가 얼마나 힘이 강한가에 의해 결정된다고 해야 할 것입니다. 따라서 반드시 조약 등에 의거할 필요는 없을 것입니다.

이홍장: 그것은 잘못된 말씀이오. 무력에 의지하여 조약을 위반하는 것은 만국공법도 이를 용납하지 않을 것이오.

모리 아리노리: 만국공법 또한 무용한 것입니다.

이홍장: 약조를 어기고, 만국공법을 저버리는 일은 세계 각국이 용납하지 않을 것입니다. (포도주를 가리키며) 화친은 하나의 시대정신이며, 조약은 사람의 마음을 구속하여 그것을 지탱하게 하는 것입니다. 인간의 마음은 이 포도주와 같을 것입니다. 그리고 이 술잔은 그것들을 제한된 범위 내에 담아둡니다.

모리 아리노리: 이러한 화친의 정신은 여러 가지 틈새와 구석으로 들어왔다가 쏟아져 나가버립니다. 하나의 술잔이 어떻게 그것을 막을 수 있겠습니까?[31)]

---

31) 이에 관해서는 王芸生, 長野勳 외 日譯, 1933: 138-139; T.F. Tsiang 1933: 59; 芝原拓自 1988: 476 등을 참조할 것.

회담이 끝난 지 얼마 후 이홍장은 조선의 이유원(1814~1891)에게 서한을 여러 차례 보내, 조선의 배외정책이 일본 및 서양열강과의 대립을 격화시킬 수 있음을 경고하고, 조선이 새롭게 대외관계를 정립해 나갈 것을 권고하게 된다.[32] 그중에서도 일본의 유구병합(1879년 4월) 직후 이홍장이 보내온 서신은 동아시아 질서가 급격하게 변용되고 있다는 것과 아울러 조선이 취해야 할 방책을 제시하고 있다. 그것은 요컨대 "조선이 오늘과 같은 역사상 초유의 위기상황에서 살아남으려면 부국강병을 추구할 필요가 있다. 하지만 문화를 숭상하는 대신 재력이 부족한 조선으로서는 우선 황급히 구미제국과의 조약을 맺어 만국공법과 외세를 활용해야만 한다. 그런 다음 통상도 하고 군사력도 정비해가면서 일본이나 러시아의 위협으로부터 안전을 도모해야 한다"는 내용을 담고 있었다.

1880년 2차 수신사로 김홍집이 일본을 방문했을 때, 황준헌이 작성해서 건네준 『조선책략』 역시 이홍장의 서한과 구체적인 내용에 있어서는 다소 차이가 있지만 기본적인 문제의식과 해법은 동일한 맥락에 서 있는 것이었다. 주지하는 것처럼, 이 책 역시 대단히 논쟁적인 내용을 담고 있었는데, 그 요지는 대체로 다음과 같은 것이었다. "세계의 형세는 과거 전국시대의 군웅할거의 상황으로도 견줄 수 없을 만큼 불안하다. 그런데 이러한 상황에서 동양에 가장 직접적인 위협이 되고 있는 것은 다름 아닌, 조선도 근래에 영토를 마주하게 된 러시아의 남진이라는 사태이다. 게다가 조선이 지정학적으로 전략적 요충지여서 '조선을 소유하면 아시아의 전형세가 자기 손아귀에 들어가기' 때문에 조선은 열강들의 관심의

32) 두 사람의 서신교환은 조일간의 수호조규에 관한 협상이 한창 진행되는 과정에서 시작되어 1881년 2월까지 17회에 걸쳐 이루어졌다. 사실상 조선정부와 청의 실력자 이홍장이 이처럼 사적인 서신교환이라는 비공식적인 형식과 루트를 통해 조선의 대외정책에 관해 의견을 교환한 것은 기존의 조청관계에 있어서 조선의 내외정에 간섭하지 않았던 관례 때문이었다. 두 사람의 서신교환에 관해서는 原田環 1981 참조.

초점이 되지 않을 수 없다. 따라서 조선으로서는 마땅히 시세에 따라 친(親)중국, 결(結)일본, 연(聯)미국이라는 기본 전략 아래 자강(自强)의 방도를 찾아야 한다"는 것이었다.

중국의 이러한 내용의 권고들은 중화질서의 중심에 있던 중국이 '예의'에 입각한 처방이 아닌 '만국공법'과 '부강'에 기초한 해법을 조선에 제안하고 있다는 점에서 기존의 중화질서 패러다임이 근간에서부터 동요되고 있음을 역설적으로 드러낸다고 할 것이다. 그리고 조선이야말로 동아시아 국가'간' 패러다임 변환의 바로미터가 될 것임을 암시해주는 것이기도 했다.

(2) 예의와 부강 패러다임의 충돌

패러다임 변환에 적응하려는 노력들이 '밖'에서 한창 진행 중에 있을 때, 조선 정계 '안'에서도 '부강'에 대한 기존의 비판 일변도의 부정적 태도와는 다른 시각들이 등장하기 시작한다. 1881년 일본시찰단(이른바 신사유람단)에 참여했던 인물들의 귀국보고시의 대화 내용은 이런 변화된 분위기를 실감나게 들려준다.

> (가) 고종: 우리나라와 수호관계를 맺은 뒤 대개 일본의 겉모습과 속마음이 과연 어떤 것 같던가?
>
> 조준영(1833~1886, 문부성 시찰 책임자): 신(臣)들을 대하는 예절은 매우 융숭하고 간곡했지만 저희들을 대하는 것만으로 어찌 그 나라의 속마음을 알 수 있겠습니까? 대체로 요사이 각국은 오직 강약(强弱)으로만 서로 겨눌 뿐 인의(仁義)로서 문제를 보지 않습니다. 설령 선의의 마음이 있다 하더라도 약함을 보면 도리어 나쁜 뜻을 품으며, 비록 악의를 품었다고 하더라도 강함을 보면 반드시 수호하려 합니다. 현재의 상황에서는

우선 자수자강(自修自强)에 힘써야 할 것입니다.[33]

(나) 고종: 일본의 세력이 어떠하던가?

박정양(1841~1904, 내무성 시찰 책임자): 일본의 외형을 보면 대단히 부강한 것처럼 보입니다. 땅이 넓지 않은 것도 아니며 군대가 강하지 않은 것도 아니고 건물과 기계도 화려합니다. 그러나 그 속을 자세히 살펴보면 실은 그렇지 않은 바가 있습니다. 일단 서양과 통교한 후로는 단지 교묘한 것을 따를 줄만 알아서 (…) 오로지 서양의 제도를 좇으려다 보니 위로는 정법(政法)과 풍속으로부터 아래로는 의복과 음식에 이르기까지 이제 변하지 않은 것이 없었습니다.

고종: 저들이 타국의 법이 좋아져서 다분 절충하지 않았기 때문에 의복까지도 그런 식으로 되었을 것이다. 이것은 저들이 잃은 바일 것이다.[34]

(다) 고종: 일본의 제도가 장대하고 정치가 부강하다고 하는데 살펴보니 실제로 그렇던가.

홍영식(1855~1884, 육군성 시찰 책임자): 일본의 제도가 비록 장대하오나 모두 모이고 쌓여서 이루어진 것입니다. 재력에 있어서는 여러 가지 사업을 추진하는 것이 매우 많으므로 항상 부족함을 근심합니다. 그 군정(軍政)은 강하다고 하지 않을 수 없습니다. 그러나 이는 모두 밤낮을 가리지 않고 부지런히 마음과 힘을 하나로 모아 이룩한 것입니다. 일본의 노력과 현재 이룩한 것을 참고로 삼으면 (우리도) 반드시 어려운 일은 아닙니다.[35]

---

33) 『승정원일기』 고종 18년 8월 30일조; 「東萊暗行御史入侍時 筵說」 『박정양 전집』 4권, pp. 330-331.

34) 『승정원일기』 고종 18년 8월 30일조; 「東萊暗行御史入侍時 筵說」 『박정양 전집』 4권, p. 332.

35) 『승정원일기』 고종 18년 9월 1일조.

(라) 고종: 오로지 '부강'을 도모하려는 모습이 전국시대와 동일하다고 할 만하던가.

어윤중(1848~1896, 대장성 시찰 책임자): 진실로 그러하옵니다. 춘추전국은 바로 소전국(小戰國)이며 오늘날은 바로 대전국(大戰國)이라고 할 만해서 모든 나라가 오직 지식과 힘으로 경쟁할 뿐입니다. (…) 현재 형세를 돌아보건대 부강하지 않으면 국가를 지키지 못하므로 모두가 한뜻으로 바로 이 한 가지 일에 매달려야 할 것입니다.[36]

각각의 귀국보고내용을 살펴보면, 일본시찰단에 참여한 인물들이 일본에 대해 갖는 견해에는 미묘한 차이가 있었음에도 불구하고, '세계의 대세가 분명히 힘에 의한 경쟁의 국면으로 변화하고 있으므로 일본 등의 경험을 타산지석으로 삼아 조선도 자수자강(自修自强)과 부강(富强)을 추구하는 데 매진하지 않으면 안 된다'는 점에 관해서는 거의 일치된 모습을 보여주고 있음을 알 수 있다.

1882년 8월 고종이 내린 교서는 이처럼 세계의 달라진 변화상에 주목하고 달라진 무대에 새롭게 적응하겠다는 조선 정부의 국정운영의 청사진을 명확하게 밝히고 있다는 점에서 주목할 만하다. 그 내용은 다음과 같이 요약해볼 수 있을 것이다. "① 조선은 외국과 교섭을 하지 않아 해외사정에 어두운데, 작금의 세계의 대세는 춘추열국시대를 방불케 하는 만국병립(萬國並立)의 시대로서, 일본은 물론 중국까지도 만국공법 질서에 따라 평등한 입장에서 조약을 맺고 있다. ② 이번에 조선이 영국 · 미국 · 독일 등과 평등의 원리 아래 조약을 맺은 것은 이러한 대세에 따른 것으로 걱정할 문제가 아니다. ③ 그런데 이를 반대하는 세력들은 오로지 척화론(斥和論)으로 일관함으로써 조선이 고립무원의 지경에 빠지고 있

36) 『승정원일기』 고종 18년 12월 14일조; 어윤중, 『종정연표』 2권, p. 122.

는 현실을 외면하고 있다. ④ 또한 서양과 공법에 입각해 조약을 맺는 것과 사교(邪敎, 여기서는 천주교)의 확산은 별개의 문제로써 조선이 이룩한 문명의 성취는 앞으로도 지켜갈 예정이다. ⑤ 사교는 배척하되 서양의 발달된 기는 이용후생(利用厚生)의 차원에서 받아들여야 하며, 그렇지 않고 서양의 기까지 배척하게 되면 외국에 비해 현저하게 약한 조선이 살아남을 방법이 없다. ⑥ 얼마 전의 양이(攘夷) 사건(壬午軍亂)으로 인해 나라는 위기에 노출되고, 막대한 배상금을 지불하게 되는 등 우리만 더욱 어려운 형국에 놓이게 되었음을 직시해야 한다. ⑦ 최근 맺은 외국과의 조약은 세계의 대세에 동참하는 것이니 외국인에게 친절할 것이며, 만일 외국 측이 문제를 일으키면 조약에 근거하여 내가 문제를 풀어갈 것이다. ⑧ 이제 외국과 선린관계에 들어감으로 전국의 모든 척화비를 없애니, 이러한 의도를 깊이 헤아리고 협력해 달라"는 것이었다[37](①②③구분은 필자).

이것은 만국병립의 상황이 바로 세계적 대세이며, 종래의 배외정책이나 양이적(攘夷的) 관념은 조선을 세계 속에서 고립시켜 위태롭게 할 뿐이므로, 조선의 '문명국가로서의 자부심'과 '이용후생의 원칙에 입각한 부강책'을 절충하여 개혁해 나가겠으며, 또한 '국가평등' 관념에 입각한 새로운 만국공법적 질서에 근거해 조선의 대외관계를 전면적으로 재정립해 나갈 것임을 조선의 국왕이 공개적으로 천명한 것이라고 할 수 있을 것이다.

하지만 이처럼 세계의 변화상에 주목하고 달라진 무대에 새롭게 적응하려는 모습은 국내외의 다양한 비판과 견제에 부딪치게 된다. 그 와중에서 나타난 임오군란이 주로 외래와 고유의 제요소, 새로운 것과 낡은

37) 『고종실록』 19년 8월 5일(戊午條); 『승정원일기』 「同日條」; 김윤식, 『운양집』 권5, 綸音布諭, 「曉諭國內大小民人 壬午」.

것을 둘러싼 갈등 속에서 전통주의자들이 주도하여 일으킨 사건이었다고 한다면, 갑신정변(1884년 10월)은 당시 조선의 협소한 정치공간에서 급진적인 방식으로 보다 철저하게 개혁을 추진하고 싶어하는 진보주의자들이 주도한 사건이었다.

이 두 개의 사건은 동아시아의 패러다임이 전환하는 시점에서 국왕이 주도하던 개화자강정책의 속도와 변화의 폭을 너무도 과격한 것으로 받아들이는 층과 너무도 온건한 것으로 받아들이는 층이 동시에 존재하고 있었음을 극명하게 보여준다. 객관적인 '속도'와 사람들이 주관적으로 느끼는 '속도감'이 대단히 다른 차원의 것임을 고려해볼 때, 문제는 당시의 개혁속도의 완급(緩急) 여부라기보다는 오히려 그동안 축적되어온 조선의 사상적 경직성과 무책임한 정치적 관행, 그리고 그것을 자각적으로 인식하고 대처하지 못한 정치 엘리트와 지식인들의 의식과 태도에 있다고 해야 할 것이다.

이 두 개의 사건은 서로 정반대되는 방향을 지향하는 세력들이 주도한 사건들이었지만, 타협과 조정 능력을 보여주지 못한 채 급격한 방식으로 일어났다는 그 과정상의 특징이나, 동아시아 질서가 변동하면서 '조선문제'가 첨예한 국제정치적 이슈로 부상하던 와중에서 발생함으로써 주도세력의 주관적인 의도와는 달리 결과적으로 공히 외세의 간섭을 불러들이고 그 간섭을 질적으로 심화시켜놓았다는 점에서 유사한 경향을 띠고 있었다.

이러한 사태의 전개양상은 문명사적 전환기의 조선이 주권국가 간의 근대국제질서라는 새로운 패러다임에 적극적으로 참여할 수 있는 선택의 여지가 급격하게 봉쇄되어가는 사정을 보여준다고 할 수 있다. 이후 갑신정변의 여파로 인한 강렬한 보수회귀의 분위기 속에서 친청세력의 득세와 청의 종주권 획책, 왕권에 대한 견제가 더욱 강화되었고, 이러한 사태의 전개는 주지하는 바와 같이 동학 농민봉기라는 아래로부터의 개혁요구와 외세의 개입에 의한 무자비한 탄압, 그리고 조선을 둘러싼 외세간의 전쟁으로 귀결되어지게 된다.

(3) 문명표준의 역전과 우승열패의 시대인식

서구 근대국제체제의 원리가 적용되는 지리적 공간은 원래 유럽에 국한되어 있었다. 유럽 기독교문명의 소산으로서 기독교문명권 내의 국가 '간' 관계를 규율하려는 의도에서 형성되어가던 국제법이 다른 문명권의 국가들과 접촉하는 과정에서 처음에 유럽문명국만을 국제법의 주체로서 상정하고 있었던 것은 주지하는 것처럼 '유럽문명의 세계지배' 라는 역사적 상황에서 빚어진 것이었다. 유럽의 국제법이 비유럽문명권으로 확대되는 과정에서 미합중국의 탄생은 유럽 기독교문명의 계승자로서 특별히 유럽국가의 지리적 확대로 간주되었으며, 형식적으로는 기독교라는 종교적인 요소가 분리되어 나가고 대신에 국제사회(Family of Nations)의 일원—국제법적으로는 국제법적 주체—이 될 수 있는 요건으로서 '문명' 이라는 자격요건이 요구되었다.

여기서 이른바 '국제표준' 혹은 '문명국 표준주의' 라는 문제가 자연스럽게 대두되게 되는데, 이 과정에서 비서구권 국가들은 서구의 문명기준에서 요구하는 여러 조건을 갖추었다고 판단되기 전에는 국제법의 영역 '밖' 에 놓이게 되었고, '문명의 신성한 의무(sacred trust of civilization)' 라는 미명 하에 서구문명국가의 '보호' 대상으로 전락하기 십상이었다. 왜냐하면 이질적인 문명이란 하나의 문명기준에 의거해서 보면 대개 '야만' 에 다름 아니었기 때문이다. 동아시아 국가들이 구미국가와 맺은 조약이 한결같이 일방적인 불평등조약이었던 것은 기본적으로 이러한 문명적 요소의 미비라는 명분에 의한 것이었다. 이러한 의미에서 기독교문명국가의 비서구권에 대한 포섭과정은 스스로를 '보편' 이자 '문명표준' 으로 인식해가는 과정인 동시에 그것을 비서구권에게 인식시켜가는 과정이기도 했다.[38] 그리고 이것은 중화문명권의 관점에서 보면 '문명표준' 이 완전히 역전되는 것을 의미하는 것이었다.

19세기 후반 동아시아 삼국에 핵심 화두로 등장한 '문명개화' 와 '자주독립국가' 는 이처럼 구미의 근대국제질서와 충돌하는 과정에서 새롭게 부상한 일종의 '시대정신(*Zeitgeist*)' 이었다. 이러한 시대적 흐름을 일찍이 간파한 후쿠자와 유키치는 『문명론의 개략』에서 "문명을 아무리 고차원적인 것으로 발전시킨다 하더라도 전국의 국민에게 한조각의 독립심이 없다면 문명 역시 일본에는 소용이 없으며 그것을 일본의 문명이라고 이름 지을 수 없다" 고 설파하게 된다(福澤諭吉 1875: 292). 그러나 다음에 소개하는 것처럼 후쿠자와의 통찰력은 이후 '부국' 과 '강병' 으로 지나치게 경도되면서 일본을 침략적인 '제국' 으로 질주하게 만든 사상적 기반을 제공하기에 이른다.

(가) 결국 지금의 금수와 같은 세계에서 최후에 호소해야 할 길은 필사적인 수력(獸力)이 있을 뿐이다. 말하자면, 두 가지 길이 있는데, 죽이는 것과 죽음을 당하는 것이다. 일신처세(一身處世)의 길 역시 이와 같다. 그렇다면 만국교제의 길도 또한 이와 다르지 않다. 화친조약이나 만국공법은 대단히 우아하게 보이지만 그것은 오직 명목상 그런 것이며, 교제의 실제는 권위를 다투고 이익을 탐하는 것에 불과한 것이다. 세계고금(世界古今)의 사실을 보라. 빈약무지(貧弱無智)의 소국이 조약과 만국공법에 잘 의뢰하여 독립의 체면을 다한 사례가 없는 것은 모든 사람이 아는 바이다. 오직 소국뿐 아니라 대국 사이에서도 바로 대립하여 서로가 그 틈

38) 국제법의 이른바 문명적 편견에 대해서는 Georg Schwarzenberger 1955; 筒井若水 1967; Gerrit W. Gong 1984; 김용구 1997; 강상규 1999 등을 참조할 것.

을 엿보며 파고들어갈 틈이 있으면 그것을 간과하는 나라는 없다. 이것을 엿보고 이것을 살피며 아직 발하지 않는 것은 병력강약(兵力强弱)의 한 가지에 달려 있을 뿐이며 그다지 의뢰할 수 있는 방편이 없다. 100권의 만국공법은 여러 대의 대포만 못한 것이며, 여러 화친조약은 한 상자의 탄약만 못한 것이다. 대포와 탄약은 있을 수 있는 도리를 주장하는 준비가 아니라 없는 도리를 만들어내는 기계이다. 각국 교제의 도(道)는 죽느냐 죽이느냐에 있을 뿐이다.[39]

(나) 오늘날 세계에서 만국공법 혹은 국제의 예의라고도 불리는 법례(法禮)는 오로지 표면을 가꾸는 허례허문에 불과하다. 실제 있는 그대로를 살펴보면, 이른바 약육강식 이것이야말로 국제관계의 진면목이며, 기댈 수 있는 것은 오로지 무력뿐이다.[40]

동아시아의 패러다임 변환과정에서 나타난 문명표준의 역전은 후쿠자와에게서 나타나는 것처럼, 힘에 대한 숭배와 약육강식, 우승열패적 세계관으로 이어졌으며 자기 전통에 대한 부정과 멸시의 자세로 나타나게 된다. 미국 유학 시절(1888년 11월~1893년 10월) 윤치호(1865~1945)가 남긴 일기에는 좌절한 조선 지식인의 '철저한 자기 부정'과 '힘의 논리에 대한 강한 긍정'이 다음과 같이 짙게 묻어 있다.

(가) 하나의 민족이 스스로 통치할 능력이 없을 때, 독립할 수 있을 때까지 더 개화되고 더 강한 인민에게 통치받고, 보호받으며 가르침을 받는 것이 더 좋다.[41]

39) 『通俗國權論』(1878), 慶應義塾 編, 『福澤諭吉全集』 4권, pp. 636-637.
40) 「對外の進退」 1897. 11. 28, 『福澤諭吉全集』 16권, pp. 163-165.
41) 『윤치호일기』 1889년 12월 24일.

(나) 나는 조선 독립문제에 관심이 없습니다. 현재와 같은 정부를 두고는 독립해도 민족에게 아무런 희망을 주지 못할 것입니다. 반대로 애족적이고 인민의 복지에 호의적인 관심을 가진 더 나은 정부를 가지면 다른 나라에 종속되었다 하더라도 실제로는 재앙이 아닙니다.[42)]

(다) 실제로 이 세계를 지배하는 원리는 정의가 아니고 사실상 힘이다. 힘이 정의라는 것이 이 세상의 유일한 신이다.[43)]

(라) 인종 전체의 궁극적인 향상이 하나님의 섭리가 지향하는 목표이다. 강한 인종이 약한 인종을 자치할 수 있도록 교육하는 가운데 범한 모든 어리석은 행위와 범죄는 인간의 본성을 고려하면 이러한 큰일을 하는데 불가피한 필요악으로 보아야 한다.[44)]

(마) 적자생존(適者生存)의 원리는 같은 인종이나 민족의 구성원들 사이에 결코 유효할 수가 없다. 그러나 다른 인종이나 민족 사이에서는 이 원리가 확실히 진리이다. 민족에게 약함보다 더 큰 범죄는 없다. 민족 사이에는 힘이 정의이다.[45)]

한국인들이 나라를 잃은 후 근대 민족주의 사학의 선구적 존재인 신채호(1880~1936), 박은식(1859~1925) 등은 유교를 망국(亡國)의 주범으로 지목했다.[46)] '예의지방'을 지향하던 의식은 '사대주의'로 이해되거나

42) 『윤치호일기』 1889년 12월 28일.
43) 『윤치호일기』 1890년 2월 14일.
44) 『윤치호일기』 1891년 5월 12일.
45) 『윤치호 일기』 1891년 11월 27일.
46) 신채호 1925; 박은식 1911.

'노예적 사상'으로 간주되었고, 이른바 '문약(文弱)'은 개혁되어야 할 낡은 전통으로 자리매김되었다. 힘에 대한 선망과 공포 사이에서 '우승열패의 세계관과 자기 전통에 대한 부정'으로 나아간 윤치호의 슬픈 독백은 '일제강점기'와 '분단시대'를 거치면서 한국인들이 압축적으로 근대를 살아오는 동안 유령처럼 한반도를 배회하게 되었다.

5. 맺음말: 과거로의 추체험과 미래의 길 찾기

춘추전국시대 초(楚)나라 사람이 검을 품고 양쯔강을 건너다 그만 강에 검을 빠뜨리고 말았다. 그는 나중에 찾기 위해 검을 떨어뜨린 곳에다 주머니칼로 표시를 해두었다. 배가 목적지에 도착한 후 그는 표시해둔 곳으로 내려가 검을 찾으려 했지만 검은 눈에 띄지 않았다. 요컨대 강물이 흐른다는 것을 의식하지 못했던 것이다.[47] 각주구검(刻舟求劍)이라는 유명한 고사성어에 얽힌 이야기다. 누구나 들으면 실소를 금하기 어려운 바보 시리즈처럼 들리지만, 곰곰이 생각해보면 우리 주변에서 심심치 않게 접하는 문제의 본질을 꿰뚫는 날카로운 통찰력이 담겨 있다.

각주구검이라는 고사성어는 정치학적 관점에서 보면 패러다임의 변환이 이루어지는 전환기를 이해하는 데 특히 유용하다. 기왕의 패러다임에서 현실적으로 가장 적절하다고 간주되던 방식이 전환기의 상황, 즉 새롭게 부상한 패러다임에서는 이미 전혀 '비'현실적인 해법이 될 수 있음을 시사해주기 때문이다.

하지만 이러한 패러다임의 변환을 감지하는 것은 말처럼 쉬운 것이 아니다. 19세기 전통주의자들이 화이관념의 연장선상에서 눈앞에서 전개

47) 『여씨춘추』.

되는 대외정세를 양이(洋夷)라는 새로운 위협적 요소의 '양적' 증가라는 일종의 '현상적' 차원의 변화로만 해석함으로써, 조선이 속해 있는 동아시아 질서 자체가 근저에서부터 '질적'으로 변화하고 있음을 전혀 예측하지 못하고 구태의연하고 소극적인 대응으로 일관했던 것은 실제로 패러다임의 변환을 예측하는 것이 얼마나 어려운 것인지를 잘 드러내준다.

19세기 전환기의 사례에서 두 번째로 지적해두고 싶은 것은, 설령 패러다임의 변환을 예측한다 하더라도, 현실정치공간에서 새로운 비전을 만들어내고 국가의 '안과 밖'으로 광범위한 동의를 끌어낸다는 것은 훨씬 더 난해한 작업임을 절감할 수 있다는 사실이다. 더욱이 19세기에 나타난 이질적인 문명 간의 만남과 문명표준의 역전이라는 사태는 '문명의 세계가 야만으로 전락하고 금수들의 세계가 문명세계로 둔갑하는' 것이었다는 점에서 '하늘이 무너져 내리고 땅이 뒤집어지는〔天崩地壞〕' 혼돈의 상황이었다. '살고 싶다. 의롭고 싶다. 그러나 둘 다 가질 수 없다면, 삶을 버리고 의를 택하겠다(『맹자』)'는 신념을 가지고 살아가던 유자들에게 자신의 생존을 위해 '부국강병'으로 매진하라고 하는 것은 '문명세계에서 걸어나와 금수의 세계로 들어가는 것' 만큼이나 수용하기 어려운 변화였던 것이다.

19세기 동아시아 국가 '간' 관계의 패러다임의 변환이란 동아시아 전통국가들의 '무대'가 예의 관계에 입각한 '천하질서'에서 상위의 질서를 인정하지 않는 주권국가간의 관계, 즉 '근대국제질서'로 변화해갔던 것을 지칭한다. 무정부적 속성을 지닌 새로운 무대환경에서는 덕치(德治)나 예치(禮治), 왕도정치(王道政治), 사대자소(事大字小)와 같은 기존의 '연기'와는 다른 부국과 강병, 균세(均勢=세력균형)와 자강(自强)의 능력이 보다 중시되었고 이에 적응하지 못한 '배우'들은 무대 밖으로 밀려났다. 우리는 연기력 부족으로 19세기 변화된 새로운 무대에서 퇴출당했고 다른 배우들의 연기를 바라보고 있어야만 했다. 지혜로운 자는 실패에서 배운다고 한다. 새롭게 다가오는 전환기, 우리는 19세기 거대한 전환기의 역사적 경험에서 무엇을 배울 것인가!

| 참고문헌 |

『고종실록(高宗實錄)』.

『동몽선습(童蒙先習)』.

『맹자(孟子)』.

『문종실록(文宗實錄)』.

『승정원일기(承政院日記)』「高宗朝」.

『영조실록(英祖實錄)』.

『정조실록(正祖實錄)』.

『중종실록(中宗實錄)』.

『한성순보(漢城旬報)』.

『한성주보(漢城周報)』.

김윤식, 『운양집(雲養集)』 5권.

박은식, 1911, 『몽배 김태조(夢拜金太祖)』, 『박은식 전집(朴殷植全集)』 中卷, 건국대학교 동양학연구소, 1975에 수록.

박정양, 1984, 『박정양 전집(朴定陽全集)』 4卷, 아세아문화사.

신채호, 1925, 「朝鮮歷史上一千年來第一大事件」, 『단재 신채호 전집(丹齋申采浩全集)』 下卷, 서울: 을유문화사 1972에 수록.

어윤중, 『종정연표(從政年表)』 2권.

윤치호, 『윤치호일기(尹致昊日記)』.

정관응, 『이언(易言)』.

慶應義塾 編, 『福澤諭吉全集』, 東京:岩波書店.

朱子, 『四書集註』.

淸雍正帝撰, 『大義覺迷錄』 近代中國史料叢刊 제36집, 文海出版社.

黃遵憲, 趙一文 역주, 1997, 『조선책략(朝鮮策略)』(1880), 건국대학교 출판부.

福澤諭吉, 1995, 『文明論の槪略』(1875), 東京:岩波文庫.

강상규, 1999, 「근대일본의 만국공법 수용에 관한 연구」, 『진단학보』 87호, 진단학회.
———, 2003, 「조선왕권의 공간과 유교적 정치지형의 탄생」, 『애산학보』 29호, 애산학회.
———, 2006a, 「명성왕후와 대원군의 정치적 관계 연구: 왕실 내 정치적 긴장관계의 구조와 과정」, 『한국정치학회보』 40집 2호.
———, 2006b, 「고종의 대내외 정세인식과 대한제국 외교의 배경」, 『대한제국은 근대국가인가』, 서울: 푸른역사.
———, 2006c, 「중국의 만국공법 수용에 관한 연구」 『동양철학』 25집, 한국동양철학회.
김용구, 1997, 『세계관 충돌의 국제정치학: 동양 예와 서양 공법』, 서울: 나남출판.
———, 2001, 『세계관 충돌과 한말 외교사, 1866~1882』, 서울: 문학과 지성사.
김한규, 1982, 『고대중국적 세계질서연구』, 서울: 일조각.
———, 1999, 「7~8세기 동아시아 세계질서의 구조적 특성과 그 운영체제의 기능」, 『진단학보』 88호, 진단학회.
민두기, 2001, 「동아시아의 실체와 그 전망: 역사적 접근」, 『시간과의 경쟁』, 연세대학교 출판부.
이성규, 1992, 「중화사상과 민족주의」, 『철학』 37집.
이용희 저, 노재봉 편, 1977, 『한국민족주의』, 서문당.
조동걸, 1985, 「奧村의 朝鮮國布敎日誌」, 『한국학논총』 7, 국민대학.

浜下武志, 1993, 「東アジア史に見る華夷秩序」, 『國際交流』 62호, 東京: 國際交流基金.
———, 1993, 「日本研究とアジア・アイデンティティ」, 『思想』 830호.
小蒼芳彦, 1970, 『中國古代政治思想研究』, 青木書店.
岸本美緖, 1998, 「東アジア・東南アジア傳統社會の形成」, 『岩波世界歷史13:東アジア・東南アジア傳統社會の形成』, 東京: 岩波書店.
王芸生, 長野勳 外 日譯, 1933, 『日支外交六十年史』 1권, 東京: 建設社.
原田環, 1997 「朝・中 '兩截體制' 成立前史: 李裕元と李鴻章の書簡を通して」(1981), 『朝鮮の開國と近代化』, 廣島: 溪水社.
田中彰, 1984, 『「脫亞」の明治維新: 岩倉具視を追う旅から』, NHKブックス.
酒寄雅志, 1993, 「華夷思想の諸相」, 『自意識と相互理解 = アジアのなかの日本史(V)』, 東京: 東京大學.
竹內照夫, 1965, 『四書五經入門 : 中國思想の形成と展開』, 東京: 平凡社.
芝原拓自, 1988, 「對外觀とナショナリズム」, 『對外觀:日本近代思想大系』, 東京: 岩波書店.
萩原延壽, 2001, 『遠い崖 : アーネスト・サトウ日記抄, 14卷 = 離日』, 東京: 岩波書店.
筒井若水, 1967, 「現代國際法における文明の地位」, 『國際法外交雜誌』 66권.
坂本多加雄, 1994, 「萬國公法と文明世界」, 『日本は自らの來歷を語りうるか』, 筑摩書房.
戶川芳郎, 溝口雄三, 蜂屋邦夫, 1987, 『儒敎史: 世界宗敎史叢書 10』, 東京: 山川出版社.
丸山眞男, 加藤周一, 1998, 『翻譯と日本の近代』, 東京: 岩波書店.

Fairbank, J.K., eds., 1968, *The Chinese World Order: The Traditional China's Foreign Relations*, Harvard Univ. Press.

Gong, Gerrit, W., 1984, *The Standard of "Civilization" in International Society*, Oxford: Clarendon Press.

Griffis, W.E., 1882, *Corea: The Hermit Nation*, London: Alles, 신복룡 역, 1985, 『은둔의 나라, 한국』, 평민사.

Hobsbawm, Eric, 1994, *Age of Extremes: The Short Twentieth Century 1914-1991*, London: Michael Joseph.

Kim Yongkoo, 2001, *The Five Year's Crisis, 1866-1871:Korea in the Maelstrom of Western Imperialism*, Seoul:Circle.

Schwarzenberger, Georg, 1955, "The Standard of Civilization in International Law," *Current Legal Problems*, Vol. 8, London: Stevens & Sons Limited.

Tsiang, T.F., 1933, "Sino-Japanese Diplomatic Relations 1870~1894," *The Chinese Social & Political Science Review*, Vol. XVII(April).

3

근대 군사국가의 전파와 변환

김현철_동북아역사재단

1. 머리말

본 논문에서는 19세기 전 세계적 차원에서 '군사국가'의 형성과 특성을 이해하며, 서구근대 군사지식 및 제도가 동아시아에 전파되는 과정의 특성을 살펴보고자 한다.

이를 위해 19세기 중반 이후 중국 · 일본 및 한국에서 서구의 군사적 충격에 대응하며 근대화를 추구하는 과정에서 '이념 · 가치'의 측면에서 서구식 군대육성의 필요성을 인식하고 구체적인 군사개혁(강병)의 모델에 대한 논의가 전개되는 과정을 개괄하고자 한다. 그리고 서구식 군사국가의 건설 구상 하에 한 · 중 · 일 3국에서 소총, 군함 등 서구무기(기술 포함)의 수용과 근대적 군사교육의 실시 및 전략 · 전술의 도입 사례를 살펴보게 된다.

맺음말에서는 개화기 조선에서 강병노력이 실패로 귀결된 역사에 비추어볼 때, 전통적 군사분야에서 근대군사국가로의 변모를 위한 강병 시도의 구상, 제약성 및 한계 등을 살펴보고자 한다.

2. 서구 근대 군사국가의 등장과 근대적 군사혁신

16세기 이후 국민국가의 발전과정에서 영토 내에 집중화된 물리적 강제수단의 독점을 통해 자신의 요구사항을 관철시켜나갔다. 근대국가에 있어 군대건설 및 전쟁준비는 유럽 각국의 강한 국가건설에 있어 커다란 역할을 행사했다. 최근에 이르기까지 유럽 각국의 정부예산, 국가부채, 그리고 고용인 수의 대폭적인 증가는 거의 대부분 전쟁준비의 결과로서 발생한 것으로서, 이같은 전쟁준비는 커다란 국가건설 활동이었다(Tilly 1975: 27, 73-74).

근대국가는 발달과정에서 군사국가(軍事國家)와 경제국가(經濟國家)의 성격을 강하게 띠었으며, 소위 부국강병(富國强兵)을 국가적 목표로서 추구했다. 먼저 서구근대국가의 발달과정에서 군사국가적 성격을 살펴보면 다음과 같다. 군사국가를 "군사적 목적과 필요를 구현하기 위한 군사정책이 다른 것에 우선되어 있으며, 이에 따라 사회구조 · 국가재정 · 국가정책에 이러한 목적과 필요가 반영되어 있는 국가"라고 정의할 때, 근대국가는 무엇보다도 군사국가로서 성립 · 발전되었던 것으로 파악된다(이용희 1962: 116-117).

근대국가가 군사국가임을 보여주는 가장 중요한 양상은 방대한 상비군의 보유이며, 소위 '국가이익을 유지하는 최후 이성(理性)'으로서 군사력에 호소한다는 정책에 있었다.[1] 유럽 군사사에 있어서 군대의 성격은 다

1) 서유럽 근대국가 형성과정에 있어서 군사력의 역할 및 전쟁양식의 변화에 대한 설명은 Finer

음과 같이 발전했다. 첫 번째, 샤를 7세 때 상비군이 설치되었다. 이들 병력은 청부적인 용병대장에 직속된 용병상비군이었으며, 군주로서는 이에 필요한 금전의 확보가 가장 중요하면서도 시급한 문제였다. 두 번째, 18세기 루이 14세를 전후한 시기에 전개된 현상으로서, 상비군이 국왕에 직속하며 국가의 현물보급에 의존하는 나라의 군대로 등장했다. 세 번째, 프랑스 대혁명을 전후한 시기에 기존의 귀족장교, 지원병, 그리고 용병의 인부대가 혼성으로 편성된 군대인 왕군(王軍)의 성격에서 벗어나서, 같은 민족으로 구성된 국민병이 출현했다. 또한 유럽의 근대국가의 형성과정은 먼저 군사적 경쟁이라는 역사적 환경 속에서 발달하게 되었다. 이에 따라 근대 전기로부터 군사력의 증강이 군주, 국민 및 국가의 강대함과 위신을 높이고 유지하는 직접적 목표가 되었다(이용희 1962: 128-135).

이 시기 서구국가들은 중상주의적 접근을 통해 강한 군대건설과 국가생존을 추구했으며, 민간경제의 발전과 군수생산으로의 전환과정에서 '부국'과 '강병'의 우선순위 및 그 방향에 대한 정책적 고려가 뒤따랐다.

병력의 증강과 군비의 경제에는 반드시 재정력과 경제력이 수반되었으므로, 국부는 단순한 국가의 부(富)가 아니라 반드시 강병의 기반으로 이해되었다. 근대 초기 용병에게 지불할 수 있는 금전(금은 화폐)의 보유 여부가 곧 전쟁능력으로 해석되었던 까닭에 금은 화폐 형태의 부력(富力)의 중요성이 더욱 절실하게 인식되었다. 이러한 금전력에 대한 군사적 평가로 인하여 금납제(金納制) 하에 있어서의 조세수입, 그리고 중상주의적 해외무역에 의한 금은의 국내 도입 등이 직접적인 국부의 요소로 간주되었다(이용희 1962: 166-178).

그리고 영국, 프랑스, 독일, 러시아 등 유럽 강대국들의 '군사국가'로의 변모 양상이 동북아를 포함한 비서구세계에 하나의 모델로 간주되면

1975 참조.

서, 근대적 군사에 관한 이념, 가치, 제도, 규범 및 권력, 이익 등이 전 세계에 전파되었다.[2] 그 과정에서 개별근대국가의 군사력(military power)은 국력의 주요 지표로서 중시되었으며, 각국간 군비증강과 무력사용을 통한 식민지 개척 양상이 하나의 유형이 되었다.

3. 동아시아의 서구 근대 군사국가상의 수용과 국가전략의 전환 모색

(1) 19세기 중국(청)의 서구 군사국가상의 수용과 양무론의 대두

전통적 유교사상 하에서 국가의 주된 목적은 사회적 평화와 조화를 이루는 도덕적 · 사회적 · 문화적 질서를 유지 및 지원하는 것으로 간주되었다. 다른 한편으로는, 국가가 상대적으로 검약하고, 대외정책상의 야심적인 팽창주의를 억제하며, 그리고 백성들에게 전쟁동원 등 커다란 부담을 주는 일을 삼감으로써, 지배계급은 백성들이 평화롭고 조화로운 환경 속에서 자신들의 기본적인 경제적 필요를 돌보는 것이 가능하다고 보았다. 국가는 단지 달력 제작, 관개 사업 및 기타 유용한 공공사업 등을 실행하는 관리자적 역할을 하면 충분하다고 여겨졌다.

이러한 유가(儒家)의 구상과는 대조적으로 법가(法家)들은 국가의 목표는 국내외적으로 자국의 힘을 증대시키는 것이라고 보았다. 『상군서(商君書)』의 저자인 한비자(韓非子)와 관자(官子)의 경우, 부국강병이 가장 우선적으로 추구되는 정치적 구호가 되었다. 이들의 주장에 따르면, 국가의 첫 번째 목표인 부국(富國)은 두 번째 목표인 강병(强兵)의

2) 서구 군사기술 및 무기가 전파된 과정에 관한 설명은 Ralston 1990 참조.

달성을 위한 도구적인 것이며, 힘의 원동력은 국가의 수입이었다. 그리하여 한비자는 "계몽된 지배자는 부와 권력의 기술을 반드시 완전히 습득해야 한다"고 주장했다. 이에 따르면 국가는 그 수입을 증대시키는 방법에 관심을 가져야만 했다(Schwartz 1983: 10-12).

19세기에 이르러 동양의 지식인들이 서구 근대 군사국가 관념을 접할 때, 이를 이해할 수 있었던 것은 동양에서도 법가의 패도주의적 전통이 존재했기 때문에 가능했던 것으로 보인다. 특히 법가의 정치사상이 군사력의 강화를 주장하고 상공업을 중시하는 입장을 보여주었기 때문이다.

아편전쟁 이후 태평천국의 난과 애로호사건을 계기로 하여, 중국의 일부 지식인들 사이에 비록 그 수적인 측면은 한정되어 있었지만, 서양의 무력적 우위가 절실히 인식되었다. 그리하여 서양의 무력에 대응하기 위해 기기(機器)와 기술(技術)을 채용할 것을 언급하는 담론으로서 양무론(洋務論)이 대두되었다(小野川秀美 1961: 1-8).

아편전쟁에서 중국이 패배하여, 영국과 청나라 사이의 난징조약이 체결된 직후인 1842년 12월에 위원(魏源)은 『해국도지(海國圖志)』를 출판했다. 위원은 이 책에서 당시 세계 각국의 지리와 역사지식을 전반적으로 소개했다. 그는 서양국가들이 전함과 화기, 군대를 키우고 있는 사실과 병사를 훈련시키는 법을 포함하여 군사기술 등을 소개했다(王余光 主編 1989: 312-315).

양무론에 의하면, 서양이 그 우세함을 자랑하는 것〔長技〕은 '선견포리(船堅砲利)', '견갑이병(堅甲利兵)'에 있으며, 청이 이에 대항하기 위해서는 군사력 강화, 특히 해안 방어〔海防〕가 중심이 되었다. 이와 관련하여 설복성(薛福成)은 『응소진언소』를 통해 양무의 근간은 해안 방어로서, 이것을 달성하기 위해서는 '선견포리'를 견제하고 서양서적의 번역과 양무를 추진할 인재를 양성해야 한다고 주장했다. 그는 군사력 증강을 위한 재원 마련 수단으로서 다정(茶政), 개광(開鑛) 및 상인의 보호

등을 지적했다. 설복성에 따르면 부국을 한다는 것은 강병을 위한 보조적인 수단이었다(坂野正高 1973: 297).

(2) 19세기 일본(메이지 일본)의 서구 군사국가상의 수용과 징병제 구상

막말 및 메이지유신 초기에 일본 내에서는 중국이 경험한 실패를 답습하지 않아야 된다는 인식이 대두되었다. 그리고 서구열강을 일본이 배워야 할 선진국으로 봄에 따라 군사제도, 무기를 비롯한 서구문명의 도입이 적극 추진되었다. 특히 1854년 3월에 페리 제독과 내항 사이에 체결된 미 · 일 간 개항조약에 대해 그 불평등성이 지적되었으며, 서구의 위협에 대한 두려움이 화산되면서 '부국강병'이 새로운 구호로 등장했다.[3)]

메이지유신 초기 일본의 강병구상의 몇 가지 사례를 들면 다음과 같다. 메이지유신 성립 초기에 중앙정부는 직속 하에 고유의 군사력을 지니지 못했다. 대정봉환(大政奉還) 후에도 존속하는 번체제(藩體制)를 해체하고 중앙집권적 군사기구를 신설하기 위해서는 각 번벌세력이 보유한 군사력을 해체하고 중앙정부 휘하의 군사력을 창출하는 일이 성공적으로 진행되어야 했다(由井正臣 1989: 423).

그리하여 1868년 윤4월 19일에 '육군편제법(陸軍編制法)'을 포고했다. 그리고 같은 달 24일에는 이 법의 시행세칙으로서 '제번징병세목(諸藩徵兵細目)'을 규정했다. 이에 따르면, ① 복역연한은 3년이며, ② 연령은 17~18세에서부터 35세까지의 건장한 자로서, ③ 각자 총기(銃器)와 포단(蒲團) 등을 지참하며, 군복 · 월급 · 식량 등은 정부가 지급하도록 한다는 것이었다. 당시 효고현 지사였던 이토 히로부미(伊藤博文)는 정

3) 서양의 과학기술에 대한 관심은 도쿠가와 막부시대에 난학(蘭學) 형태로 존재했지만, 이때부터 구체적인 국방의 관점에서 서양의 병기와 전법 등 군사기술에 대한 강한 관심이 표명되었다.

부에 각 번 병사들을 정부상비군으로 사는 '신병창설론'을 건의했다. 그 내용은 봉건적 영주지배를 폐기할 것을 지적했으며, 중앙정부의 강화를 위해 전쟁에 출병한 군대들을 조정 직할의 군대로 재편성할 것을 건의했다(由井正臣 1989: 425-426).

일본 근대육군 창설의 아버지라고 불리는 야마가타 아리토모(山縣有朋)는 「논주일부병(論主一賦兵)」에서 민병(民兵)의 두 가지 종류로서 부병(賦兵)과 장병(壯兵)을 언급했다. 그에 의하면 첫째, 장병(지원병)을 폐기하고, 둘째, 부병(징병)의 제도를 설립할 것을 주장했다. 셋째, 남자 20세에 상비군으로 입대한 후 2년이 지난 후에는 예비역으로 전역되며, 이후 4년간 병역의무를 수행하면서 그 사이 1년에 봄 가을 2회의 군사연습을 실시함으로써 6년간 병역근무한다는 구상이었다.[4)]

(3) 19세기 한국(조선)의 서구 군사국가상의 수용과 동도서기론의 대두

19세기 후반 조선의 일부 지식인들은 외적의 침입에 대항하기 위한 방법의 하나로서, 청나라의 양무론을 그 모델로 삼고자 했다. (주로 양반과 중인층에 의해) 서적을 통해 양무론을 수용했으며, 그결과 서양의 앞선 기술을 직접 수용하는 발상을 갖게 되었다는 측면에서 효과가 컸다. 그 예로서 역관 오경석(吳慶錫)이 청에서 가져온 『영환지략(瀛環志略)』 등 많은 서적은 서구의 발달된 과학기술을 소개했다. 또한 이들 서적은 서양인의 침략에 대비하기 위한 방안으로서 대원군 정권 하에 어양론(禦洋論)적인 사고를 갖게 하는 데 영향을 끼쳤다.

황준헌의 『조선책략(朝鮮策略)』의 전래로 '자강', 즉 조선도 스스로 지

4) 야마가타 아리토모 1989, 「논주일부병」, 由井正臣 1989: 49-50. 여기서 부병은 징병과 국민병을, 장병은 지원병(실질적으로는 士族兵이 해당됨)을 지칭한다.

킬 수 있기 위해서는 부국강병을 추구해야 된다는 논의가 1880년대 초반 조선의 지식인층과 정부관료들에게 커다란 반향을 초래했다. 『조선책략』에 의하면, 조선이 군사력 증강을 위하여 중국과 협조함은 물론, 일본의 조선소, 총포국, 군영에 요원을 파견하여 배우고 서양의 교사를 초빙하여 교습하라고 권장했다.[5)]

서구군사기술의 수용과 관련, 위정척사파의 반대입장은 1881년 음력 3월 23일 홍시중(洪時中)이 올린 상소문에 잘 나타나 있다. 당시 청의 군사과학기술을 배우기 위해 영선사를 파견한 것과 관련, 외국에 가서 무기제조기술을 배워야 한다는 주장에 대하여, 적이 알 수 있는 곳에서 병법을 배우는 것의 위험성을 지적하면서 반박하고 있다.[6)]

이와 같은 찬반양론의 격돌상황 하에서 1882년 음력 8월 5일 고종이 교서의 형태를 통해서 서양문물의 수용을 통해 부국강병을 추구해나가겠다는 의사를 명백히 밝힌 것을 계기로, 전국의 많은 유학자들이 서양문물을 수용할 것을 주장했다. 그 예로서, 변옥(卞鋈)은 1882년 음력 10월 7일 상소문을 올려서, 『해국도지』, 『이언』, 『해외신서』 등을 통해서 서양 각국의 발전된 기술과 문물을 수용할 것을 주장했다.[7)]

개화파들이 부국강병정책을 추진하는 과정에 있어 강병과 부국 중 어디에 우선순위를 두었는가를 시사하는 것으로서, 『한성순보』에 실린 기사에서는 서구의 부국과 강병이 상호보완적으로 발전되었던 것으로 파악되고 있다.[8)]

---

5) 黃遵憲, 1977, 조일문 역, p. 28.

6) 『고종실록』 고종 18년 3월 23일조.

7) "군사를 훈련시키는 문제는 일본식이니 중국식이니 따질 것 없이 그저 가장 우수한 것만을 취해 가지고 배워야 합니다. 화륜선, 대포, 전선도 다른 나라를 본받아서 설치해야 할 것입니다." 『고종실록』 고종 19년 10월 7일조.

8) "대체로 富란 强에서 나온 것이요 强도 또한 富를 이루는 것으로, 富와 强이 서로 因緣하고 强과 富가 서로 도와서 다시 一國의 부강으로 말미암아 천하의 부강을 겸병하고, 천하의 부강을

4. 동아시아의 근대군사지식, 기술, 제도의 수용

(1) 19세기 청의 근대군사지식, 기술, 제도의 수용양상

1860년대부터 중국 내에서는 증국번(曾國藩), 이홍장(李鴻章), 좌종당(左宗棠) 등을 중심으로 '스스로 강해져야 한다〔自强〕', 또는 '잘살아 보자〔求富〕'의 구호 아래 서양을 배우려는 양무운동이 전개되었다. 양무운동의 전개과정을 보면, 외국제 무기의 구입으로부터 시작되었다. 그후 스스로 무기를 제작하기 위하여 무기제조에 필요한 공작기계를 수입했으며, 나아가 공작기계 자체를 중국에서 제작하는 것을 시도했다.

양무운동의 실천은 관의 감독 하에 경영되는 군수공업의 건설로부터 시작되어 점차 일반적인 식산흥업으로 발전되었다. 양무운동의 선구적인 업적으로서 아편전쟁 당시 광둥(廣東)지역에서 임칙서(林則徐)가 서양식 무기와 선박의 시험제조, 외국의 정치지리에 대한 연구를 시도한 점을 들 수 있다. 그리고 1862년에 베이징(北京)에 신기영(神機營)으로 불리는 군대가 새롭게 편성되었다. 이 군대는 당시 러시아가 제공한 무기로 무장했으며, 청의 전통적 군대인 팔기(八旗)의 하사관 중에서 선발된 병사들이 교대로 톈진(天津)에 주둔하고 있던 영국 장교로부터 훈련을 받았다. 이들 병사들이 중심이 되어 편성된 군대가 바로 신기영으로 병력 수는 약 2만 명에 이르렀다(坂野正高 1973: 299-300).[9]

일국의 부강으로 돌렸으니, 이것이 바로 泰西의 부강이 드디어 천하에 으뜸이 되고, 천하의 부강이 모두 泰西에 손색을 보이게 된 것이다."『漢城旬報』 번역판, p. 137. 『中西時勢論』. 한편, 『漢城旬報』, 번역판, 22호, p. 432, "富國說 上"(『萬國公報』에 실린 것 번역)에서는 강병보다 먼저 富를 쌓을 것을 주장하면서, 그 방법으로서 통상이 가장 중요함을 강조하고 있다.

9) 청말 중국군은 서구열강의 근대적인 군사훈련방식을 도입하여 강병을 추진했으며, 그 과정은 다음 네 시기, 첫째, 기존의 전통적인 방식에 의한 군사훈련시기, 둘째, 영국식 훈련방식의 적용시기, 셋째, 프러시아식 훈련방식의 적용시기, 그리고 넷째, 일본식 훈련방식의 적용시기로 구분해볼 수 있다. 김순규 1987: 165-166.

양무운동을 주도한 지방의 독무(督撫: 지방장관) 중 증국번, 이홍장 및 좌종당은 태평천국의 난을 토벌하는 군대를 지휘하는 과정에서, 서양식 무기의 위력을 절감했다. 그 이후 서구열강으로부터 무기를 구입하고, 나아가 이를 모방·제조하는 것에 주력했다. 이홍장의 경우, 상하이(上海) 및 톈진 등에 대규모 무기제조공장을 건설했으며, 가장 중점을 두어 북양해군(北洋海軍)의 건설을 추진했다. 이를 위해 강남제조총국(江南製造總局), 금릉기기국(金陵機器局), 푸저우선정국(福州船政局) 등이 차례로 설립되면서, 양무운동은 서방의 선박과 대포 등 서구의 군사기술을 학습하고 도입하는 데 중점을 두었다(王爾敏 1963: 148). 그러나 청조 말기 중국은 병기 공장의 설립에 많은 노력을 기울였으나, 커다란 성과는 거두지 못했다. 효율성의 측면에서 볼 때, 생산된 무기의 질은 형편없었으며, 구경도 통일되지 않아 사용시 혼란만 초래했다. 이러한 결과는 청조가 국가재정의 결핍으로 인해 거시적이며 총괄적인 계획을 수립하지 못한 상태에서 병기공장의 설립이 추진되었기 때문이었다.

(2) 19세기 메이지 일본의 근대군사지식, 기술, 제도의 수용양상

메이지 일본정부 내에서 군사제도 창출의 중심적 역할을 담당했던 사람은 오무라 마쓰지로(大村益次郎)로서, 농민징병에 기반한 중앙군의 창출을 주장했다. 반면, 오쿠보 도시미치(大久保利通) 등 사쓰마번(薩摩藩) 세력들은 사쓰마, 죠슈(長州), 토사(土仕)번의 군대를 정부의 상비군으로 삼는다는 내용의 의견을 주장했다(由井正臣 1989: 427-428). 그리하여 메이지유신 초기 일본정부 내에서는 병제와 관련, 기도 다카요시(木戸孝允), 오무라 마쓰지로 등이 주장한, 농민을 중심으로 하는 징병제론(徵兵制論)과 오쿠보 도시미치, 이와쿠라 도모미(岩倉具祖)등의 번병징집(藩兵徵集)에 기초한 정부직할군의 창설론으로 의견이 나누어졌다.

그후 오무라 마쓰지로는 자신의 의견을 구체화시키기 위하여 사관양성기관의 정비에 착수했다. 막부가 창설한 요코하마어학소(横浜語學所: 프랑스어를 가르침)를 1869년 5월에 개성소(開成所)의 관할로부터 군무국(軍務局)의 관할로 이전시켜, 사관 후보자의 어학교육을 담당하도록 했다. 그리고 1869년 8월에 교토(京都)지역에 군사조련소를 설치했다. 오무라 마쓰지로는 죠슈, 오카야마(岡山)번을 중심으로 하사관후보 약 100명을 선발하여, 군사조련소에서 조련시켰다. 1869년 9월 오사카(大阪)성의 일부 지역에 육군군사학교(陸軍兵學寮)를 설립했으며, 그후 오사카를 중심으로 대포제조소(大砲製造所), 군의학교(軍醫學校), 화약제조소(火藥製造所) 등의 시설을 설치했다. 이를 통해 오무라 마쓰지로는 징병제의 중요 조건인 간부양성에 힘을 기울였다(由井正臣 1989: 429-430).

메이지정부의 강병정책은 이와쿠라 구미사절단의 파견을 전후한 1~2년 사이에 시작되어, 오쿠보 정권에 의하여 의욕적으로 추진되었다. 야마가타 아리토모는 징병령 실시, 참모본부 설치, 군인칙령 제정 등 일련의 군사제도의 확립을 주도했다. 그리하여 1873년 1월에 징병령을 공포함으로써 직업군인인 무사(武士, 舊藩士) 계급이 독점하던 군대를 일반국민에 대한 군대조직으로 바꾸었다. 야마가타 아리토모는 죠슈번 출신 무사로서 수차례에 걸친 막부군대와의 전투 경험(상급무사보다 일반농민이 전투에서 약하지 않다는 경험)과 1871년에 국민개병적 군대를 지닌 프러시아가 보불전쟁에서 프랑스에 승리한 경우을 거울삼아 프러시아식 군대조직을 모방했다.[10)]

그리하여 1882년 11월에 일본정부는 지방장관을 소집하여 조칙을 내려서, 육해군의 정비, 확충을 위한 조세의 필요성을 강조했다. 그 자리에

10) 당시 군제개혁은 예산의 30%를 차지하던 봉록을 받고 있던 구무사 계급의 존재이유를 근본적으로 부정하는 조치가 되었으며, 이어서 추진된 봉록 처리와 1876년의 폐도령에 의해 무사계급은 몰락하게 되었다.

서 야마가타 아리토모는 국민의 생명, 재산의 보장, 권리, 이익의 확장을 위한 부국정책이 강병과 상관관계에 있음을 인식시키면서, 이웃 나라의 군사적 위협을 구실로 군비확장을 정당화시켜나갔다.

(3) 19세기 조선의 근대군사지식, 기술, 제도의 수용양상

1881년 영선사의 인솔자로서 청에 파견되었던 김윤식(金允植)은 군계학조사(軍械學造事), 설국사(設局事: 근대병기공장의 설치)의 임무를 수행하면서, 당시 청나라의 많은 정치인 및 기술자들과 접촉했다. 그리고 귀국하면서, 근대병기공장 설립에 필요했던 근대과학서적들을 구입하여 가져왔다.[11)]

1882년 음력 1월부터 5~9개월 동안 화북지방의 풍토병과 '2만 8250양(兩)' 이라는 빚더미 속에서도 당시 이들이 받은 교육내용은 주로 서양의 언어와 문장, 탄피제조, 탄알제조, 화약제조, 제도, 제본, 전기, 소총수리 등이었다. 그러나 근대병기공장 건설에 가장 중요한 부분 중의 하나인 '소총제조기술' 은 청의 거부로 교육내용에서 빠져 있어 배우지 못했다.[12)]

그후 조선에서의 병기공장의 창설은 청나라의 권유 아래 영선사 김윤식의 요청에 의해 구체화되었다. 영선사 일행이었던 김명균(金明均)이 1883년 6월 원영걸(袁榮燦) 등 4명의 중국인 공장(工匠)을 데리고 와서 서울 삼청동 북창에 기기국(機器局)을 창설했다. 그러나 당시 조선정부의 무문별한 무기도입, 청 정부의 정책변화, 즉 지원의 대폭축소와 위안스카이(袁世凱)의 기기국 유지에 대한 반대 등으로 무기제조공장으로서

11) 영선사행에 대한 좀 더 자세한 설명은 권석봉 1993: 147-188, 「第5章 領選使行考 - 軍械學造事를 중심으로」 참조.

12) 유학생들의 교육내용에 대한 자세한 설명은 권석봉 1962 참조.

기기창은 기기국이 창설된 지 약 4년 2개월이 지난 1887년 12월에 가서야 준공되었다. 그러나 준공된 후에도 병기공장으로서의 기능은 쇠퇴했다(김정기 1978).

개항 이후 조선은 다음과 같은 여러 단계를 거쳐 외국 군사교관 및 고문을 초청하여 군제를 개편하거나 군사훈련을 시켰다. 첫 번째, 일본 군사교관의 지도로서, 1881년 4월 별기군(교련병대)을 편성하고 일본인 호리모토(堀本禮造)가 군사교관으로 초빙되어 1882년 7월까지 조선군대의 훈련을 담당했다. 두 번째, 청국 군사교관의 지도로서, 1882년 7월 임오군란의 결과로 교련병대가 해체되고, 위안스카이 주도 하에 친군영(親軍營)이 설립되고 왕득공(王得功), 주선민(朱先民), 하증주(何增珠) 등 청나라 교관이 1884년 말까지 조선군대의 훈련을 담당했다. 세 번째, 미국 군사교관의 지도로서, 갑신정변 후 청 · 일 간의 톈진조약으로 제3국 군사교관이 조선군의 훈련을 맡게 되어 1888년에 초빙된 미국인 4명이 연무공원에서 1894년 8월까지 사관생도들의 훈련을 담당했다. 네 번째, 다시 일본 군사고문의 지도로서, 청일전쟁 개전 후인 1894년 8월에 조인된 한일잠정합동조관(韓日暫定合同條款)에 의해 일본군이 조선군대의 훈련을 담당하게 되었다. 그리하여 그 다음 해(1895년) 훈련대(訓練隊)가 창설되고 1896년 무관학교가 신설되어 일본 교관들이 고빙되어 1895년 8월까지 훈련을 담당했다. 다섯 번째, 러시아 군사고문의 지도로서, 1896년 아관파천을 계기로 러시아의 영향이 강화되어 러시아 군사고문단이 고빙되어 1898년 4월까지 궁궐수비대의 훈련을 담당했다. 여섯 번째, 고문정치 하의 일본인 군사고문의 지도(1904년 2월까지)로서, 1904년 러일전쟁 발발 후 체결된 제1차 한일협약으로 일본인 군사고문이 고빙되어 조선의 군사권을 장악하고 있다가 1907년 8월 군대해산을 강행했다(이원순 1993: 278-279).

조선에서 근대식 군사교육기관의 설치와 관련, 최초의 초급장교 양성은 1881년 5월 교련병대에 사관생도대를 설치함으로써 이루어졌다. 그러나 1882년 6월 임오군란으로 교련병대가 해체되면서 우리 역사상 최초의 근대적인 장교 양성도 중단되었다.[13)]

그후 1888년(고종 25) 중앙에 연무공원(鍊武公院)이 설치되었다. 이곳에서는 '미국인 군사교관' 들을 초빙하여 장교양성을 위한 신식군사훈련을 실시했다. 이들은 서양제복을 입고 신식무기를 가지고 교육받았으며, 일정 교육기간이 지나면 과거에 응시하거나 6품직에 임명되었다. 그러나 연무공원은 그후 재정의 부족과 정치적 혼란으로 제대로 교육이 실시되지 못하다가 1894년에 폐지되었다.[14)]

지방에서도 초급장교가 양성된 시도로서 1883년 덕원부(德源府), 원산에서는 원산학사(元山學舍)가 설립되었다. 당시 덕원부사(德源府使) 정현석(鄭顯奭), 서북경략사(西北經略使) 어윤중(魚允中)과 덕원부민 110여 명이 원산학사를 설립했으며, 원산학사의 인원은 문예반 50명, 무예반 50명으로 구성되었다. 특히 무예반은 무과 출신과 한량 가운데서 선발하여 이들에게 병서 · 산수 · 지리 등을 가르치고 훈련시켜서 별사관(別事官, 下士)에 임명했다. 이와 같이 원산학사의 무예반은 국가차원에서 설치한 사관양성소라기보다는 국가의 공인 아래 지방에 설립된 일종의 근대식 사설 무관양성소의 성격을 띠었다.[15)]

5. 맺음말

이상 본문에서 살펴본 바와 같이 중국(청)의 양무운동과 한국(조선)의

---

13) 교련병대에 관한 자세한 설명은 최병옥 1989 참조.
14) 연무공원에 대한 자세한 설명은 이광린 1965 참조.
15) 원산학사에 관한 자세한 설명은 신용하 1980 참조.

개화운동이 일반적으로 '동도서기(東道西器)' 구상 아래 서구군사국가의 선별적 수용양상을 띠었다. 이와 대조적으로 상대적으로 메이지유신 시기 일본의 경우에는 좀 더 본격적인 부국강병정책과 대륙진출을 위한 군비증강의 필요성과 방안들이 논의되었다.

일본과 중국이 해외에 유학생을 파견하고 서구 군사교관들을 초청하여 군사학교를 설립하고 근대적 군사교육과 훈련을 적극 실시했다. 반면 한국(조선)에서는 청 · 일 · 미 · 러 등 주요 국가에 군사교관의 파견을 요청하거나 일부 외국 군인들에 의한 제한된 교육에 그치는 양상을 띠었다.

개화기 조선에서 서구의 근대 군사국가를 지향하는 강병 형성 시도가 좌절된 주요 원인으로서 관념, 제도, 기술, 전략 및 군병력 등의 변천시도의 한계를 지적할 수 있다. 근대 일본의 군비확장과 비교해볼 때, 조선의 경우에는 전통적 군사(武) 관념의 영향, 국력의 미비, 국제정치적 제약(외세의 간섭), 국내정치적 이해관계에 따른 운용의 부작용, 그리고 강병추진세력의 분화와 제거 등의 요소를 지적할 수 있다.

| 참고문헌 |

『金玉均全集』, 한국학문헌연구소, 1979, 아세아문화사.

『萬機要覽: 軍政篇』, 민속문화추진회, 1982, 『국역 만기요람 II - 군정편』, 서울: 민족문화연구회.

『明治天皇御傳記史料 明治軍事史 (上,下)』, 陸軍省 編, 東京: 原書房.

『民堡議, 民堡輯說(附 漁樵問答)』, 1989, 국방부전사편찬위원회.

『風泉遺響: 朝鮮後期 軍事實學思想』, 송규민, 1990, 국방부 전사편찬위원회 편역.

兪吉濬, 『西遊見聞』.

博文局, 『漢城旬報 · 漢城週報』, 원문과 번역문 3권, 서울: 寬勳클럽 신영연구기금, 1983.

黃遵憲, 조일문 역, 1977, 『朝鮮策略』, 건국대출판부.

국방군사연구소, 1993, 『한국군사사논저목록』, 서울: 현음사.
———, 1994, 『한국무기발달사』.
권석봉, 1962, 「領選使에 대한 일고찰-軍械學造事를 중심으로」, 『역사학보』 17 · 18합본.
———, 1993, 『淸末 對朝鮮政策史研究』, 서울: 일조각.
김기동, 1993,『중국병법의 지혜』, 서울: 서광사.
김세은, 1990, 「대원군 집권기 군사제도의 정비」, 서울대 국사학과, 『한국사론』 23집.
김순규, 1987, 「晩淸 陸軍現代化의 問題性」, 육군사관학교, 『육사논문집』 제32집.
김재근, 1993, 『조선왕조군선연구』, 서울: 일조각.
김정기, 1978, 「1880년대 기기국, 기기창의 설치」, 『한국학보』 10집.
박상섭, 1996, 『근대국가와 전쟁: 근대국가의 군사적 기초, 1500-1900』, 서울: 나남출판.
박영준, 1997, 『명치시대 일본육군의 형성과 팽창』, 서울: 국방군사연구소.
백기인, 1996, 『중국군사사상사』, 서울: 국방군사연구소.
서인한, 2000, 『대한제국의 군사제도』, 서울: 혜안.
신용하, 1980, 「우리나라 최초의 근대학교」, 『한국근대사와 사회변동』.
엄영식, 1975, 「양무사상과 근대병공업의 홍기」, 경희대 문학박사논문.
육군사관학교 한국군사연구실, 1977, 『한국군제사-근대조선후기편』, 육군본부.
이광린, 1965, 「미국군사교관의 초빙과 연무공원」, 『한국개화사연구』, 서울: 일조각
이용희, 1962, 『일반국제정치학(상)』, 서울: 박영사.
이원순, 1993, 『조선시대사론집 - 안(한국)과 밖(세계)의 만남의 역사』, 서울: 느티나무.
임재찬, 1992, 『구한말 육군무관학교 연구』, 서울: 제일문화사.
장학근, 1986, 「구한말 해양방위정책-해군창설과 군함도입을 중심으로」, 단국대학교 사학회, 『사학지』 19집.
———, 1987, 『조선시대 해양방위사연구』, 해군사관학교.
정경현, 1989, 『한국병역제도발전사』, 서울: 병무청.
정하명 · 이충진, 1981, 「정약용의 군사방위체제관과 民堡議」, 국방부 전사편찬위원회, 『군사』 3호.
차문섭, 1973, 『조선시대군제연구』, 단대출판부.
최병옥, 1989, 「교련병대연구」, 『군사』 18.
최효식, 1995, 『조선후기군제사연구』, 서울: 신서원.

吉野作造 外 編,『明治文化全集, 第23卷, 軍事篇 · 交通篇』, 東京: 日本評論社, 昭和 5年.
藤原彰, 1987, 『日本軍事史 (上,下)』, 東京: 日本評論社. 엄수현 역, 1994, 『日本軍事史』, 서울: 시사일본어사.
幕末 · 明治初期における西洋文明の導入に關する研究會 編, 1993, 『洋學事始 - 幕末 · 維新期西洋文明の導入』, 東京: 文化書房博文社.
小野川秀美, 1961, 『淸末政治思想史』, 京都 : 東洋史研究會.
室山義正, 1994, 『近代日本の軍事と財政』, 東京: 東京大學出版會.

由井正臣, 1989, 「一 明治初期の建軍 構想」, 由井正臣 · 藤原彰 · 吉全裕, 『軍隊 · 兵士』, 東京: 岩波書店.

伊豆公夫 · 松下芳男, 1939, 『日本軍事發達史』, 東京: 三笠書房.

坂野潤治, 1971, 『明治憲法體制の確立: 富國强兵と民力休養』, 東京: 東京大學出版會.

王余光 主編, 1989, 『影響中國歷史的30本書』, 武昌: 武漢大學出版社, 한인희 · 이동철 역, 1993, 『중국을 움직인 30권의 책』, 서울: 지영사.

王爾敏, 1963, 『清系兵工業的興起』, 臺北: 中央研究院 近代史研究所.

中國軍事史 編寫組 編, 1988, 『中國軍事史』, 北京: 解放軍出版社.

Black, Jeremy, 1991, *A Military Revolution?: Military Change and European Society 1550-1800*, Atlantic Highlands, NJ: Humanities Press International, Inc.

———, 1994, *European warfare 1660-1815*, London: UCL Press Limited.

Buck, James H., ed., 1975, *The Modern Japanese Military System*, London: Sage Publications.

Earle, Edward Mead, ed., 1966, *Makers of Modern Strategy: Military Thought from Machiavelli to Hitler*, New York: Atheneum.

Feuerwecker, Albert, 1958, *China's Early Industrialization: Seng Hsüan-huai(1844-1916) and Mandarin Enterprise*, Cambridge: Harvard University Press.

Finer, E. Samuel, 1975, "State- and Nation-Building in Europe: The Role of the Military", Tilly, Charles, ed., *The Formation of National States in Western Europe*, New Jersey: Princeton University Press.

Kuo, Ting-Yee & Kwang-Ching Liu, 1978, "Self-strengthening: the Pursuit of Western technology," in D. Twitchett & J.K. Fairbank. ed., *The Cambridge History of China. Vol. 10. Late Ch'ing, 1800-1911, Part I*, London: Cambridge Univ. Press.

Lider, Julian, 1983, *Military Theory: Concepts, Structure, Problems*, New York: St. Martin's Press.

Parker, Geoffrey, 1988, *The Military revolution: Military innovation and the rise of the West, 1500-1800*, New York: Cambridge Univ. Press.

Ralston, David B., 1990, *Importing the European Army: Military Techniques and Extra-European World, 1600-1914*, Chicago: The University of Chicago Press.

Rawlinson, John L., 1967, *China's Struggle for Naval Development, 1839-1895*, Harvard University Press.

Samuels, Richard J., 1974, *Rich Nations, Strong Army: National Security and the Technological Transformation of Japan*, Ithaca: Cornell Univ. Press.

Schwartz, Benjamin, 1983, *In Search of Wealth and Power: Yen Fu and the West*, Cambridge: The Belknap Press of Harvard University Press.

Spector, Stanley, 1964, *Li Hung-Chang and the Huai Army: A Study in Nineteenth-Century*

Chinese Regionalism, Seattle: University of Washington Press.
Tilly, Charles, 1975, "Reflections on the History of European State-Making", Tilly, Charles, ed., *The Formation of National States in Western Europe*, New Jersey: Princeton University Press.

4

근대 경제국가의 전파와 변환

손 열_연세대학교

1. 머리말

경제의 세계에서 정보사회의 도래와 이에 따른 새로운 통치의 요구는 개별국가에게 서로 다른 압력으로 다가오고 있으며 그 대응 역시 서로 다른 방식과 성과를 드러내고 있다(Berger and Dore 1996; Kitschelt et al. 1999; Iversen, Pontusson, and Soskice 2000; Quack et al. 2000; DiMaggio 2001; Hall and Soskice 2001). 그 차이는 정보화라는 시대적 대세(megatrend)에 맞추어 특정 기술이 잘 개발될 수 있는 조직유형과 조직의 혁신역량을 높일 수 있는 제도의 차이에서 비롯된다. 그런데 이러한 조직과 제도능력은 산업사회의 과거가 내장되어 있다. 정보사회란 산업사회를 뛰어넘는 완전히 새로운 세계의 도래라기보다는 산업사회의 정치적 · 사회적 맥락 속에서 진전되는 것이고, 산업사회의 자본주의는 서로 다른 제도적 장치를 지니고 있기 때문이다. 산업사회가 서로 다른 관념과 제도를 갖고 있고 또 특정 산업부문이 서로 다른 경제적 · 사회적 능력을 보유하고 있다면, 그 속에서 오늘의 신산업, 예컨대 IT산업의 성장은 적자(fittest) 선택 메커니즘으로서 시장의 궁극적 작동의 결과가 아니라 정치적 · 사회적 · 경제적 고려와 제약이 복합적으로 작용한 결과가 된다(Quack 2000: 17).

그렇다면 정보화시대 한국의 경제적 적응과 성과를 가늠하고 평가하기 위해서는 산업사회 시절의 정치경제에 대한 이해가 선행되어야 한다. 이는 근본적으로 한국이 근대세계로 진입하기 시작한 19세기 후반의 과거로부터 시작되는 일이다. 과거의 관념과 제도는 경로의존성을 갖고 오늘의 전략과 실적에 영향을 미치게 마련이다. 19세기 말 한국은 동아시아 전통사회의 일원으로서 서양으로부터 수렴의 압력에 직면한다. 전통적 예의국가로부터 근대적 부강국가로의 변환을 요구받은 것이다. 한자를 의사소통의 수단으로 삼고 유학을 규범적 기초로 하여 조공과 책봉을 국가간 관계를 규율하는 제도로 삼은 동아시아 전통사회는 무정부상태라는 이질적인 서양적 국제질서가 물리적 힘을 배경으로 들어오면서 충격과 붕괴의 길을 걷게 된다. 그 일차적 대상은 국가였다. 전통질서 속에서의 국가는 예의를 실천하고 조공과 책봉의 주체로서 경제적 측면에서는 일상적 경제활동을 도덕적 규범으로 규율하는 행위자였다. 유학은 기본적으로 물질적 재화에 대한 욕망을 억제하고 부(富)에 대한 부정적 태도를 견지하는, 즉 인간의 욕망을 제약하고 하늘의 이치(天理)로 돌아가는 수양법이라 할 수 있으므로 이를 체현하고자 하는 국가는 일상의 생산과 소비활동에 일정한 제약(검약)을 가하는 역할을 담당했다.

반면 서양국제사회의 구성원으로서 국가는 대조적인 역할을 부여받았다. 무정부상태란 세상 속에서 국가는 타 국가와의 경쟁에서 우위를 점하기 위해 군사력을 길러야 했고 그 핵심기반은 경제적 자원이었다. 이 자원의 효율적 동원을 위해 국가는 경제자원의 증식, 즉 '경제' 개념을

'주어진 자원의 효과적 활용 및 관리'[1]라는 전통적 의미로부터 '부의 체계적 생산'과 관련된 근대적 의미의 '경제'로 전환하여 부의 증식을 돕는 역할을 수행하고자 했다. 이 역할은 경제행위자의 생산행위를 장려하되, 이것이 국민국가란 경계 내에서 이루어질 수 있도록 유도하고 제약하는(국민경제를 구성하는) 것이었다.

이렇게 볼 때, 동아시아와 한국의 근대는 일차적으로 국가의 역할을 재정의 · 재조정하는 과정이다. 이는 구체적으로 경제의 핵심주체로서 국가가 전통적 경제관, 즉 '세상을 다스리고 백성을 구한다(經世濟民)'는 일종의 정치윤리와 통치술의 의미를 담고 있는 전통적 언어로서의 '경제'를 '부의 체계적 생산'과 관련된 근대적 의미의 '경제'로의 전환을 모색하는 과정이고, 이 인식론적 전환작업은 다양한 제도적 형태로 드러난다. 이 글의 과제는 경제의 차원에서 전통적 질서 속의 국가가 근대질서 속의 국가로 전환되는 과정을 분석하는 것이다. 그 대상은 동아시아 국가 중 일본과 한국이 주로 다루어진다. 이 글은 두 국가를 주요 사례로 하여 *근대 경제국가의 등장은 밖(국제체제 및 세계자본주의체제의 압력)과 안(국내정치과정)의 양면적 조건 아래에서 국가가 사회(기업)의 자원을 동원하기 위해 다양한 제도를 구성해내는 과정*으로 이해한다. 이 작업은 첫째, 서양의 근대경제관념과 제도의 형성 둘째, 서양의 전파와 동아시아의 수용 셋째, 동아시아적 창조의 과정을 분석하는 것으로 구성된다.

---

1) 경제(economy)란 그리스어로 '집' 혹은 '가정(oikos)'과 '규율(nomis)'의 합성어에서 비롯된 것으로, '집안일'에서부터 발전하여 '부와 성공, 번영' 등으로 확장되었다. 루소(Rousseau)의 정치경제론에서 경제란 가족의 공동이익을 추구하는 가정(家政)에서 국가라는 대가족의 관리로 의미의 확장되었다. ① 통치, 정부정책의 의미: 공재정은 혈액, 현명한 경제는 심장의 역할을 하는 것, ② 정치체 내부의 토대로서 경제: 재산과 소유, 교환과 분업의 뜻이 있다.

2. 서양의 경제국가

서양의 국가는 중세세계에서 근대세계로 넘어오면서 안(국내사회)과 밖(국제체계)과의 관계에 있어 근본적 변환을 경험하게 된다. 국제상황의 변화는 국가와 국내사회 및 경제와의 관계변화를 추동하는 것이다. 서양의 중세는 르네상스와 근대과학의 등장에 의해 그리고 종교개혁을 거치면서 근본적 변환을 맞이하여 쇠퇴하게 되고, 이러한 문화적 · 종교적 변화와 함께 군주의 힘의 강화를 통해 국민국가가 등장한다. 15세기 이래 교황과 황제의 권위의 쇠퇴, 군사력과 정치력을 독점한 군주의 등장, 그리고 지리적으로 한정된 영토 내에 단일한 국민적 정체성을 지닌 백성의 등장에 의해 몇몇 강력한 국민국가가 출현했고 이런 변화는 전 유럽으로 확산되었다. 군주 그리고 국가간의 끝없는 경쟁상황(무정부상태), 기술진보, 국가 규모의 확대와 전쟁 규모의 확대 속에서 국가는 더 많은 물질적 자원을 필요로 하게 되었다. 즉 군주들이 군사를 동원하고 해군을 유지하기 위해서는 국내자원의 동원이 요구되었는데, 당시 이들의 행정체계와 세수능력은 취약할 수밖에 없었다. 영구적인 국민군, 즉 상비군을 유지하는 것은 당시 군주의 경제적 능력을 뛰어넘는 일이었기 때문에, 군주들은 만성적인 재정적자에 시달려야만 했다. 따라서 국가의 재정을 확충하는 일은 단순히 군주의 복지를 넘어 국가안보와 직결되는 문제가 된 것이다. 국가는 사회로부터 물질적 자원을 동원해야 했고 조세와 재정의 합리화를 통해 이를 실현하고자 했다. 이 과정은 결국 국가건설의 과정이었다(Tilly). 이는 또한 국가와 사회와의 새로운 관계 설정을 모색하는 작업을 수반했다. 타국과의 경쟁이나 전쟁을 겪으면서 국가는 자의적으로 백성을 착취하기도 했고, 다른 한편으로는 사회에 침투하여 사회관계를 조직화하는 이른바 '인프라적 능력'을 발휘하기도 했다.[2)]

무엇보다도 국가의 근본적인 고민은 사회 내 자본가의 자원을 동원하는 일인데 자본은 기본적으로 유동적(mobile)이고 탈국경적(transnational)이라는 데 있었다. 다시 말해 자본가는 영토국가에 대한 일종의 퇴각(exit) 옵션을 갖고 있는 것이다. 이런 점에서 국가의 일은 탈영토적 자본을 영토 내에 한정시키는 능력을 보유하는 것이 된다. 그러나 자본가는 그들의 재산과 자산을 보호받아야 했으며, 국가는 이를 제공해줄 수 있었다. 국제경쟁 속에서의 국가는 자본가의 자원을 동원해야 했고, 자본가는 국가의 보호가 필요했으므로 국가는 재산권을 확립해줌으로써 자본가로 하여금 생산활동을 자신의 영토 내에서 영위하도록 했다(North and Thomas). 결국 국가간 경쟁에서 성공적인 국가는 전쟁수행, 국가건설, 자본축적을 효과적으로 연계하는 능력을 갖춘 국가였다.

근대 서양에서 국가의 역할은 재산권의 보호를 넘는 것이었다. 국가는 부의 체계적 증진을 위해 다양한 관념과 제도를 구성했다. 그 하나가 바로 중상주의이다. 고전적 중상주의란 수출을 많이 하고 수입을 적게 하여 무역흑자를 확대하려는 정책관념이다(Magnussen 1997). 루이 14세의 재상이었던 콜베르(Jean Baptiste Colbert)가 보여주듯이 국가정책의 핵심은 국력(보다 정확하게는 군주의 힘)의 증대이며, 이는 곧 부의 증대이고 이를 위해서 국가의 체계적 경제 개입이 요구된다. 여기서 세상에 돈으로 바꿀 수 있는 귀금속(금, 은 등)과 같이 귀한 재화는 제한되어 있으며, 경제력으로 직결되는 이것을 확보하는 일은 제로섬 게임의 성격을 띤다. 일국의 이득은 타국의 손실로 연결되며, 그렇기 때문에 경제적 이득의 추구는 국가간 경쟁의 핵심이 된다.

중상주의 경제학이 고대나 중세의 경제학과 다른 점은 일차적으로 국민국가를 토대로 하고 있다는 데 있다. 중상주의정책은 관세 설정을 통한

---

2) 이는 마이클 만(Michael Mann)의 'despotic state' 와 'infrastructural power' 의 구분이다. Michael Mann, *The Sources of Social Power*(two vols).

국가통합, 특정산업의 육성을 통한 국가재정의 충실화, 무역확대를 통한 고용증대, 통상정책을 통한 귀금속 및 부의 축적 등 서로 다른 목표를 추구하기 위해 실천되어졌다. 그러나 이들이 공유하고 있는 것은 바로 국민국가를 단위로 한 경제관념이었고, 이는 부국강병이란 보다 포괄적인 국가목표를 성취하기 위한 정책수단으로서 고려되어왔다는 점이다.

경제행위가 강병을 위한 부국책으로 관념된다면, 이는 곧 '강병화' 될 수 있는 재화의 증식을 의미하는 것이고, 따라서 그 수단으로서 국제교역의 관리를 통한 상대이득의 획득 이전에, 혹은 이와 동시에 필요한 재화의 생산증대가 일차적으로 대단히 중요한 정책적 과제가 된다. 즉 상업을 넘어 산업생산의 체계적 확대가 국가정책의 중심에 자리하게 되는 것이다. 리스트(Georg Friedrich List)를 비롯한 19세기 독일 역사학파의 중상주의(혹은 신중상주의)는 바로 이 점을 강조했다(List 1885). 부의 핵심은 재화의 생산에 있으며 이를 확보하는 방식은 보편적으로 존재하는 것이 아니라 그 나라의 역사적 맥락(즉 시간적 · 장소적 맥락)에 달려 있다. 독일의 경우, 부는 전략적 유치산업의 보호 · 육성으로 성취된다.

중상주의란 언어를 비판하기 위해 본격적으로 사용 · 보급한 스미스(Adam Smith)는 국가개입의 경제관념 대신 사회의 지배적 조직원리로서 시장을 전면에 내걸었지만 그 역시 경제의 목적은 국부의 증진에 있으며, 부의 핵심을 재화의 생산으로 인식했다(Smith 1976). 그는 인간의 교환(truck, barter, trade) 본성에서 발산되는 생산 에너지는 전문화(specialization)와 분업의 과정으로 표출되며, 이는 시장의 규모, 즉 그 팽창능력에 달려 있다고 보았다. 여기서 정치적 개입 등은 시장의 작동과 확장을 저해하는 비경제적 요소이며, 자유로운 교환의 체제가 가장 효율적으로 생산을 향상시키는 길이며 따라서 국부를 증진시키는 길이다.

또한 스미스는 『국부론』이라는 그의 책제목에서 보여주듯이 경제란 위정자 혹은 입법가의 학문의 한 분야로서 이들에게 경제의 대목적은 국가의 부와 힘을 더하게 함에 있는 것으로 인식했다. 부국의 방법에 있어 중상주의자와 차이가 있을 뿐 그 목적은 동일한 것이었다. 다시 말해 스미스에게 국부의 증진이 분업과 전문화 그리고 인간 본성에 근거한 자유로운 교역에 달려 있다면, 중상주의자에게 국부는 민간교역에 대한 국가의 의도적 관여의 결과라는 점에서 차이가 있을 뿐이다.

요컨대, 19세기 서양에 있어서 경제의 의미는 다음과 같이 요약될 수 있다. 세계자본주의는 국민국가를 경계로 나누어져 있으며(국민경제), 국부는 국민경제에 있어서 재화의 생산증대에 의해 얻어진다. 즉 근대적 의미의 경제란 분배와 검약, 조세의 체계란 차원을 넘어 생산의 확대에 의한 전체 파이(pie)의 증대로 개념화되어지는 것이었다. 여기서 국가는 이러한 경제관념을 실천하는 주요 행위자이다. 국가는 타국과의 경쟁에서 승리하기 위해 황금(경제자원)이 필요했고 따라서 국내적으로 황금알을 낳는 거위가 필요했으며 거위가 알을 보다 잘 낳을 수 있도록 후원해주고 이를 가능한 많이 동원(착출)하고자 했으며 그런 속에서 동시에 거위의 생산능력을 저해하지 말아야 하는 과제에 직면했던 것이다. 국가의 능력이란 바로 이러한 과제를 효과적으로 수행하는 능력인 것이다.

그런데, 국가능력의 발휘를 위해서는 이상과 같은 지식체계 혹은 관념이 필요한 동시에 이를 실천할 조직체계가 요구된다. 베버가 말하는 합리적-법적 관료제(rational-legal bureaucracy)가 그것이다. 과학성과 합리성에 대한 믿음, 즉 개인의 욕망/이해를 집단적 욕망/이해의 시스템으로 조직화하는 데 있어서 과학적 관찰과 지식, 규칙의 적용이 핵심이라는, 요컨대 기술관료의 전문성(expertise)과 중립성(impartiality)이 통치의 근간이 되는 것이다.

3. 전파와 적응: 일본의 경제국가

동아시아 전통사회는 유교질서 하에 있었고, 경제행위 역시 유학(주자학)으로 구속되어 있었다. 유학은 대체로 물질적 재화에 대한 욕망을 억제하고 부에 대한 부정적 태도를 견지하는 것이었다. 인간의 욕망을 제거하고 하늘의 이치(天理)로 돌아가는 수양법으로서의 유학체계 속에서 부유(富有)의 문제는 그야말로 주변적인 일이었다. 유학질서에서 경제란 경세제민(經世濟民)의 약어로서 '어떻게 정부와 제도가 목적(濟民)과 결과(經世)에 있어서 윤리성을 확보할 것인가?' 하는 문제를 다루는 일이었다. 즉 이 언어는 정치윤리와 통치술의 영역에 있는 것이었다.

예의의 담론에 대한 저항은 일본의 경우 18세기 도쿠가와 시대에서 비롯된다. 카이호 세이류(海保青陵), 혼다 토시아키(本多利明) 등은 부유를 긍정하는, 즉 욕망(利)의 추구를 정당한 것으로 인정하고 그 방법론을 본격적으로 고민했다(杉原四郎 外 1990: 134-135). 이들은 부국을 억제의 체제로부터 교환(무역)의 체제로 전환시켜 국가 제일의 정무(政務)로 "만국(万國)에 교역(交易)을 내어 금은동(金銀銅)을 획득하여 자국을 풍요(豊饒)의 부국으로 만드는 것"을 꼽았던 것이다(本壓榮治郎 1931; 『日本思想大系: 本多利明 · 海保青陵』 1970: 456). 그러나 이러한 고전적 중상주의 관념은 도쿠가와 체제 속에서 주변적 지위를 점하는 것이었고, 서양경제지식이 본격적으로 국론의 중심에 위치하게 된 시점은 도쿠가와 봉건제가 무너지고 그 뒤를 이은 메이지 초기였다.[3)]

---

3) 마루야마(丸山)는 혼다 토시아키가 서양의 사례 속에서 공업생산이 부유의 근본임을 인식하면서도 그 자체를 오로지 '신기한 기구'로 인식할 뿐, 당시 일본이 이를 아직 일상적인 생활수단으로까지 끌어올리지 못했던 점에서 근대적 의식(즉 '작위' 논리)의 진전이 저지되어 있음을 지적하고 있다(마루야마 1995: 443). 따라서 중상주의는 메이지유신 후 작위 논리의 압도적인 범람 속에서 자리를 잡게 된다.

1854년 미국과 화친조약을 맺으면서 개국한 일본은 무역과 국제법 지식이 긴요해지면서 네덜란드와 미국 등지에 유학생을 파견, 서양문명을 본격적으로 도입하게 된다. 당시 서양의 경제서(주로 자유주의 경제학 계열)가 수입, 번역되면서 근대적 경제개념이 전파되기 시작했다.[4] 물론 이는 경세제민의 경제에서 근대적 의미의 경제로의 인식 전환이 이루어짐을 의미하는 것이었다(손열 2004). 이는 일차적으로 한(藩)이 아닌 국민국가를 단위로 한 경제체제(국민경제)가 관념되는 것이고, 또 근대국가의 체제적 속성으로부터 도출되는 조건, 즉 제국주의적 식민지화의 위협에서 벗어나는 방편으로 관념되는 것이었다. 존왕양이(尊王攘夷) 운동을 통해 유신(維新)으로 새롭게 등장한 메이지 지배층에게 강병의 문제는 보다 넓은 견지에서, 즉 '국력'의 견지에서 파악되었다. 그들은 당시 국제관계(서양과의 관계)를 '총성 없는 전쟁', '경제전쟁', '생존경쟁', '평시전쟁' 등으로 인식했다. 국제정치는 군사적 · 산업적으로 강력한 국가에 의해 좌우되고 있으며, 이들은 더 큰 국력을 위해 지속적으로 투쟁하고 있고, 투쟁은 무력투쟁이 아닌 다른 방식, 즉 경제적 경쟁이라는 것이다. 열강간의 군사적 충돌이 거의 존재하지 않은 이유는 여기에 있으며 그들은 육군과 해군의 힘을 키우는 것보다는 국가의 전체자원을 증대시키는 싸움을 벌이고 있다는 것이다(Iriye 1995: 297). 오늘날의 전쟁은 "병사의 전쟁이 아니라 기계의 전쟁"이라 보면서, 전쟁의 승패는 "기계의 기교(奇巧)와 그 운용의 묘"에 있으며, 이는 그 나라의 "재화의 다소"에 달려 있다는 후쿠자와의 글은 이러한 인식을 잘 대변한다(『近代日本思想大系 8: 經濟構想』 1988: 257-258).

4) 예컨대, 쯔다(津田眞道)와 니시(西周助) 등은 네덜란드로 파견되어 라이덴대학의 비세링(Simon Vissering)에게서 性法學(자연법), 萬國公法學(국제법), 國法學(국가법), 制産學(경제학), 政表學(통계학) 등 '오과(五科)'를 공부하고, 이를 체계적으로 일본에 전파하는 역할을 담당했다.

유신의 주역인 오쿠보 도시미치(大久保利通)는 이를 날카롭게 인식했다. 그는 정한론(征韓論)으로 대표되는 대외팽창론을 반대하고 국내적 역량의 제고(즉 국내개혁)에 정책적 초점을 두어야 한다고 주장했다(坂野潤治 1988: 65-86). 오쿠보 도시미치는 전략적으로 부국을 강병에 우선하고, 부국을 위한 방책을 모색했다. 그는 이와쿠라 사절단(岩倉具視使節團)의 일원으로 파견(1872~1873)되어 문명개화의 구미를 순회하면서 서양의 힘은 바로 민간경제의 활력에서 비롯된다고 인식했다. 일본의 길은 서양자본주의의 길이라 믿었던 것이다. 그러나 국가에게 부의 추구는 양날의 칼과 같은 과제였다. 전쟁의 위협에서 벗어나기 위해 부의 축적을 이루어야 하고 따라서 자본가의 생산활동을 도와야 하는 과제가 하나라면, 부의 축적이 정권과 사회의 안정을 저해하지 않도록 해야 하는 과제가 다른 하나였다. 다시 말해서 국제적 효율(국가간 경쟁)과 국내적 효율(정권유지)을 조화시킬 수 있는 전략이 요구되는 것이었다. 이런 속에서 메이지 과두지배층에게는 두 가지 선택지가 놓여 있었다. 앞서 언급한 스미스식 자유주의와 리스트식 중상주의였다.

자유주의적 부국강병론은 메이지 지배층에게 정치적으로 수용하기 쉽지 않은 이론이었다. 이들에게 자유방임과 자유무역은 서양제국주의의 은유일 뿐, 일본의 후진적 상황에 적용할 수 없는 것이었다. 이와쿠라 사절단 파견이 서양의 문물을 배우고 오는 서양화의 길이었지만 사실 그 실제적 임무는 불평등조약의 개정이었음을 상기해보면 자유무역에 대한 이들의 거부감을 짐작할 수 있다. 이와 더불어 개인의 자유를 근본으로 삼는 경제적 자유주의는 정치적으로 위험한 사상이었다. 공익의 정의와 실행을 관(官)이 독점하는 권위주의적 정부를 지향하는 당시 지배층에게 개인적 자유의 관념은 표현의 자유, 나아가 의회민주주의 등 정치적으로 대단히 민감한 사항으로 연결될 소지가 다분한 이론체계였다(손열 2003).

이들은 중상주의를 선택했다. 수출입의 불균형으로 인한 정화(正貨)의 유출, 그리고 이에 따른 정치적 불안정에 고심하고 있었던 신정부 과두지배층에게 상품의 교역을 통제하고 민간 경제활동에 체계적으로 개입함으로써 국부와 독립, 중앙집중을 꾀한다는 중상주의의 언어는 상대적으로 매력적인 것이었다. 자본주의적 시장 기초가 워낙 초보적인 조건하에서 자유방임의 효용에 대한 의문이 존재했지만 정치적 입장에서도 중상주의는 매력적이었다. 슈몰러의 주장처럼 중상주의가 정부(즉 프러시아 정부)에 의한 "통일과 중앙 집중의 정책"이며(Schmoller 1892: 50-61), 따라서 중상주의 정책이 스미스의 비판처럼 "강력한 이익집단의 이익을 추구하기 위한 음모(Smith 1971: 661)"가 아니라 국가 전체의 경제적 이익을 대변하는 것이 된다면, 이는 경제적 공익을 독점하려는 메이지 과두지배층에게 유용한 관념이었다. 즉 메이지의 정치 이데올로기와 중상주의 간에는 '선택적 친화성(elective affinity)'이 성립되는 것이었다. 말하자면, 메이지 지배층은 서양으로부터 전파된 다수의 경제지식 속에서 메이지 이데올로기(즉 공익은 최대다수의 최대행복을 줄 수 있는 전문지식을 가진 제한된 소수에 의해 가장 잘 성취된다는 관념)와 '친화성'을 갖는 중상주의적 관념(즉 경제영역에 있어 국가 관료에의 권력집중)을 '선택'한 것이다.

정치경제질서(중상주의질서)를 국가가 주도적으로 조직화하기 위해서는 그 행위에 대한 권위와 정당성을 확보해야 했다. 경제영역에서 국가 통치력의 근거는 단순히 폭압으로 구성되는 것이 아니기 때문이다. 서양 제국주의의 침략적 위협으로 벗어나겠다는 명분(존왕양이)으로 정권을 장악한 메이지 과두지배층은 강병의 확보를 위해 부국을 성취해야 했고 부국실천자는 사회의 행위자들이기에 이들의 물질적 자원을 동원하기 위한 고급의 방안, 즉 폭압과 착취를 넘는 전략을 마련해야 했다. 다시 말해서 사회의 동원을 위해 국가의 권위와 정당성을 확보하는 문제였다.

이들에게 정책결정의 권위와 정당성을 확보하는 방법은 두 가지였다. 하나는 선거과정을 통해 개인의 주관적 선호를 집합하여 통치하는 체제이고, 또 다른 선택지는 객관적 합리성에 근거하여 개인 혹은 사회 전체의 이익을 결정하고 조직화하는 과학적인 방식의 체제이다. 전자가 선거와 정당정치의 과정이라면 후자는 전문성과 중립성을 독점하는 위계조직에 의한 법치(rule of law)의 과정이 된다(Silberman 1982: 235).

메이지 리더들은 후자를 선택했다. 바쿠한 체제를 해체한 후 1880년대 중반까지 강력하고 중앙집권적 국가관료제를 설립했고, 1889년 제국헌법을 통해 헌정주의를 제시하고 국가관료에게 중립성과 독립성(자율성)의 지위를 부여했다. 한편 도쿄제국대학을 정점으로 하는 피라미드형 교육체제를 정비하고, 최고 전문인력(도쿄대 법학부 졸업생)을 관료기구로 집중시켜 관료가 사회의 전문성과 중립성을 독점하는 체계를 만들어냈다. 이들을 관료조직으로 충원하는 유인은 위신(prestige)과 더불어 장기고용과 연공서열이란 현실적 조건이었다. 전문관료는 일찍부터 관료기구로 진출할 수 있는 대학을 가기 위해 준비해야 했고, 보편적 교육을 받은 후 관료조직에 입성하여 전문적 훈련을 받았다. 장기고용이 보장된 속에서 그리고 승진이 연공서열로 이루어지는 위계질서 속에서 이들은 안정적으로 전문성을 갖추어나갈 수 있었고, 사회로부터 상대적으로 격리된 가운데 공리주의적 정책을 추진할 수 있었던 것이다. 이런 점에서 일본에 있어서 공리주의적 전문 관료제는 유교문화적 영향의 산물이 아니라 근대화과정에서 집권세력에 의한 정치적 산물인 것이다(Silberman 1992).

전문관료에게 일본의 모델은 당시 세계 최강 영국이었다. 영국을 따라가기 위해서 다양한 정책적 고민이 이루어졌다. 유신관료의 핵심인물인 오쿠보 도시미치는 영국의 사례를 거론하며 영국이 세계 제일의 강대국으로 등장한 이유는 항해법(Navigation Acts)으로 대표되는 중상주의 정책을 효과적으로 추진했기 때문이었다고 보았다. 영국은 이 법을 통해 세계 상권을 장악함으로써 무역을 통제할 수 있었고, 그 결과 국제분업상 지배적인 위치에 이른 후 자유무역으로 전환했다는 것이었다(大久保利通文書 제5권, 563-564). 나아가 후쿠자와는 부국을 위해서는 "외국무역을 성(盛)"하게 하는 길 이외에는 없다는 논리를 전개한다(『近代日本思想大系 8, 經濟構想』 1988: 257-258). 무역은 전쟁이며 전쟁에 있어서 이기는 쪽이 있으면 지는 쪽이 있듯이, 무역 역시 "우리가 잃는 만큼 상대국이 얻게 되며, 따라서 외국인들은 무역에서 그들의 목적(즉 이윤확보)을 성취했고, 일본은 그들이 얻는 만큼 잃어왔다"고 보면서 무역에서의 승리가 부국의 핵심임을 강조했다(『福澤諭吉全集』 제19권, 519). 이는 전형적인 중상주의자, 무역차액주의자, 즉 상대적 이득론자(relative gain seeker)의 언어이다.

그러나 모델로서 영국의 현재는 일본의 미래가 될 수 없었다. 자유주의 영국이 아닌 중상주의적 방법론이 필요했고 이런 점에서 영국을 추격하는 독일(프러시아)이 현재적 모델로 비추어졌다. 즉 영국이 되기 위해 독일의 방식을 모델로 고려한 것이다. 독일 모델은 거센크론의 후발산업화론에 의해 잘 설명된다(Gerschenkron 1962). 후발국에 있어서 산업화는 시장의 발전, 즉 가격기구의 자유로운 작동에 의한 생산력 증대의 결과가 아니라 정치의 결과가 되며, 정치의 올바른 수행이란 변화하는 국제 효율의 기준에 맞추어 후발국의 입장에서 적절한 제도를 만들어 운영함을 뜻한다. 여기서 '시간'은 대단히 중요한 제약인 동시에 기회이다. 독일은 치열한 국제경쟁의 조건 하에서 시간이 제공하는 기회, 즉 후진성의 이득(advantage of backwardness)을 살려 당시 세계시장에 존재했던 가장 선진적인 기술을 도입했고, 대공장/대기업을 건설했으며, 끝으로 독특한 금융 시스템, 즉 선진국 영국의 상업은행과 프랑스의 투자은행의 장점을 결합한 은행제도(universal bank)를 발전시켜 산업화에 필요한 장기투자자금을 공급할 수 있었다.

19세기 일본의 경험은 거센크론 모델 혹은 독일 모델에 대단히 잘 부합되는 것처럼 보였다. 19세기 중반 서양제국주의 침략의 위기라는 국제경쟁적 환경 하에서 일본의 새로운 지도자들은 당시 세계표준에 걸맞는 국가(즉 근대국가)를 건설하려 했고, 그 핵심 구성요소로서 국민경제를 확립하기 위해 근대적 경제개념을 도입하여 이를 바탕으로 산업과 무역에 관한 중상주의 담론을 만들어냈다. 그 요체는 국가의 적극적 역할이었다. 국가는 식산흥업(殖産興業)의 주체로서 국내산업보호와 육성을 위해 다양한 정책수단을 강구했다. 경제영역에 있어서 관료의 정책의 핵심은 식산흥업이었다.[5] 그리고 그 중심 행위자는 국가였다.[6] 국가관료는 당시 세계시장이 요구하는 효율성의 기준을 파악하고 이에 대응해가는 데 있어서 시간이 제공하는 기회, 즉 후진성의 이득을 살려나갔다. 관료는 기업과 협조하여 당시 세계시장에 존재했던 가장 선진적인 기술을 도입했고, 표준적 기업유형, 즉 대공장/대기업을 건설했으며, 특정한 금융 시스템을 고안하여 산업화에 필요한 장기투자자금을 공급할 수 있었다.

요컨대, 일본의 성공적 적응을 가능케 했던 상황적 요인은 일본이 근대의 추구과정에서 마주친 식민지화의 위기만은 아니다. 19세기 당시 많은 후발국들은 거센크론적 국제상황에 처해 있었지만 정작 성공의 길에 들어선 사례는 독일(프러시아)처럼 극히 제한되어 있었다. 내부적 적응의 관건은 적절한 국가의 역할을 가능케 하는 정치적 리더십과 제도적 능력이었고, 메이지 지배층은 이를 적절히 갖추어 수행했다.

---

5) 오쿠보 도시미치는 "獨立의 權을 갖고 自主의 休를 備하여(…) 帝國으로 称"하기 위해서는 "實力을 養"함이 급선무이며, 실력양성의 요체는 "民業을 勸勵하고 物産을 開殖"함에 있다고 주장했다.『大久保利通文書』제7권, pp. 75-82.

6) 그는 "政府政官들은 實際上의 問題에 主意를 기울여 工業을 奬勵하고 物産을 增殖시켜 富强의 基礎를 다져야 한다"는 식산흥업정책을 주창한다.『大久保利通文書』제5권, p. 561.

4. 전파와 적응: 한국의 경제국가

일본에 있어서 전통적 경제개념(경세제민)은 19세기 중엽 개항과 유신의 정치적 소용돌이를 거치면서 서양적 개념으로 전환되었다. 앞서 언급했듯이 이는 백성의 복지, 구휼, 절검(節儉), 조세 및 재정의 합리화로서의 경제로부터 국가의 부강, 생산, 식산흥업으로서의 경제로의 인식론적 전환이었다. 19세기 중반 일본이 식민지화의 위기(外壓) 그리고 국내세력으로부터의 점증하는 도전(內壓) 속에서 인식의 변화와 제도의 변화를 통해 부국강병이란 슬로건을 국가정책의 전면에 내걸고 이를 위해 식산흥업의 정책을 성공적으로 추구해갔다면 조선 역시 대단히 유사한 상황적 맥락에 위치되어 있었을 것이다. 전통적 국제질서의 해체과정에서 조선은 제국주의적 압력에 직면하게 되었고 이런 속에서 새로운 질서를 고민했다(유길준 379). 그런데 일본의 경우 새로운 질서는 압도적으로 서양과의 관계 속에서 모색되어지는 과제였던 반면 조선의 경우는 서양과 함께 전통적 질서의 일원이던 일본과 청과의 관계도 재정립하는 과제에 봉착했다.[7] 새 질서의 모색은 일본보다 복잡한 상황 속에서 전개될 수밖에 없었던 것이다.

개항과 더불어 근대화의 길에 오르게 된 조선은 서양의 지식을 주로 일본을 통해 흡수했다. 서양을 주로 일본의 번역으로 수용했다면, 번역이 무색투명하고 중립적인 작업이 아닌 한 일정하게 일본의 영향은 불가피한 것이었다. 이는 구체적으로 부국강병의 일본적 버전에 영향을 받는 것이 된다. 다시 말해서 부국은 중상주의적인 관념으로 인식하는 것이었다. 근대지식을 나름대로 소화, 전파하려 한 유길준은 그의 스승 후쿠자와의 경제관을 답습한다.[8] “상매(商賈)는 또한 국가(國家)의 대본(大本)

7) 이러한 이중적 상황에서 전통과 근대를 복합하려는 시도가 유길준의 양절체제이다.

이라 그 관계의 중대함이 농작(農作)에 뒤지지 않는다"고 하여 국가와 국민의 번영에 상업이 핵심임을 강조했다.[9] 동시에, 그는 상업의 국가경쟁적 본질을 지적한다(같은 책 383). "전쟁(戰爭)은 전시(戰時)의 상매(商賣)이며 상매는 평시(平時)의 전쟁이니, 상매는 물질(物質)로 하고 전쟁은 병기(兵器)로 하니, 승부(勝負)를 내어 이해(利害)를 쟁(爭)하기는 동일한 것"이라고 하여 상업의 제로섬 게임적 성격을 강조하고 있다(같은 책 384). 이런 점에서 상권(商權)을 잃으면 다시 회복할 수 없으므로, 상업을 자기 개인의 사사로운 사업으로 생각지 말고 국가적 책무로 받아들여야 한다고 주장한다(같은 책 387).[10]

유길준의 상업론은 후쿠자와의 중상주의적 상업관(무역입국론)을 반영하는 언어이다. 그러나 후쿠자와가 상업의 중요성을 강조하면서 면직물과 같은 제조품의 수출에 힘을 경주해야 한다고 역설하여 '교환 체계'에서 '생산 체계'로 전략적 지평을 확대한 반면, 유길준은 여기까지 이르지 못하고 상업의 중요성을 강조하는데 그치고 있다(『福澤諭吉全集』 제16권, 1971: 257-258). 그는 문명개화론이란 보편적 범주에서 상업을 언급하면서 상권의 확보 혹은 회복에 초점을 맞추고 있을 뿐, 부의 체계적 창출로서 상업을 관념하는 데까지는 미치지 못하고 있다. 여전히 그의 경제구상에 있어 논의의 중심은 전통적인 조세와 재정책이었다. 즉 국가적으

---

8) 앞서 언급했듯이 후쿠자와는 무역은 전쟁이며 전쟁에 있어서 이기는 쪽이 있으면 지는 쪽이 있듯이, 무역 역시 잃는 만큼 상대국이 얻게 되는 것으로서 무역에서의 승리가 부국의 핵심임을 강조한 바 있다.

9) 사실 상업/통상의 중요성은 『서유견문』 이전의 『조선책략』에서도 지적된다. 하여장(何如章)은 "자강(自强)의 터전"으로 통상을 언급하면서 "(통상)을 잘 경영하면 백성에게도 이익이 돌아갈 듯하고 관세수입도 국용(國用)에 조금 보탬이 될 것"이며 이는 "국가의 부에도 이득이 된다"고 지적하고 있다. 황준헌, 조일문 역주, 『조선책략』, pp. 34-35. 황준헌과 하여장은 김홍집과의 필담에서 통상조약에 관한 문답을 통해 통상의 중요성과 교섭관계에 대해 많은 시간을 할애하고 있다.

10) 상권의 보호는 당시 일본에 있어서도 중심적 정책담론이었다.

로 주어진 재원을 합리적으로 활용한다는 차원에 머물러 있었던 것이다.

동시대인 박영효 역시 유사한 수준의 기술을 보여준다. 박영효는 "국가의 재화(財貨)는 사람에 있어 몸속의 진액(津液)과 같아 사람이 혈(血)과 기(氣)를 보호하고 길러 그것들이 전신을 흘러 통하고 막혀 흐르지 않는 일이 없으면 건강해진다"고 기술하여 경제를 서로 다른 재화를 생산하는 개개인들이 그 산물을 막힘없이 유통하는 체계로 인식하는 근대성을 보여주고 있다. 그러나 그 역시 전통적 치부(致富) 개념, 즉 "치부의 근본은 씀씀이를 줄이고 힘써 일하는 것이며, 한 나라의 치부의 근본은 곧 백성을 보호하고 (불필요한) 재화를 모으지 않는 것이다"라는 인식 하에서 세금을 제대로 걷고 잘 쓰는 방법과 가렴주구를 막는 방편 등에 정책의 초점을 맞추고 있다(박영효 建白書 263).

서양의 근대국가가 강병을 위한 부국의 수단으로 사회의 물질적 자원을 동원하기 위해 조세와 재정의 합리화를 꾀했던 것이 초기적 단계이고 사회의 생산력 확충을 위한 인프라와 서비스의 제공이 본격적 단계의 일이었음을 상기해보면, 1880년대 조선의 엘리트들의 경제 관념은 서양 근대의 초기적 수준을 넘지 못한 것이라 볼 수 있다. 다시 말해서 이들의 경제는 백성의 복지, 구휼, 절검, 조세 및 재정의 합리화로서의 경제로부터 국가의 부강, 생산, 식산흥업으로서의 경제로의 전환이 본격화되지 못한 것으로 보인다.

이런 개념적 이해는 대체로 1890년대와 1900년대 초반까지 지속되어진다. 이 시기는 국제정치의 압력이 증대되는, 다시 말해서 외세의 압력이 강하게 들어오면서 균세의 측면과 자강의 측면이 공존하되, 독립신문의 경우처럼 균세로 조선의 문제를 상당부분 해결할 수 있다는 다소 순진한 국제정치인식이 전개되는 상황이었다. 다시 말해서 진보적 정치개혁을 적극 추진할 수 없는 국내 정치상황 속에서 외교로 균세하는 데 상대적인 비중을 둔 시기였다. 이는 결국 근대경제에 걸맞는 '정치경제' 체제를 본격적으로 세울 의지와 능력이 결여되었음을 반증하는 것이다. 왜냐하면 근대경제란 새로운 질서로의 변환은 필수적으로 새로운 정치질서 하에서 성립될 수 있는 것이기 때문이다. 이 시기 경제관의 정체는 보수적인 국내정치적 조건과 맞물려 있었던 것이다. 관념은 현실과 유리되어 힘을 가질 수 없다. 이런 상황은 1868년 쿠데타를 통해 정치적 세력교체를 이룬 일본의 새 정권이 처한 조건과 극명한 대조를 이루는 것이었다. 유신(維新), 즉 바로 전의 과거(도쿠가와 봉건질서)와의 절연, 그리고 먼 과거(천황 중심의 중앙집권화된 일본)와의 '새로운 연결'을 시도한 새 정권은 새 정치경제체제를 실험할 수 있는 정치적 공간을 열 수 있었다. 특정 지역 하급 사무라이를 중심으로 권력을 장악한 새 집권세력은 기성질서 속에서의 이해당사자의 영향을 적절히 통제하면서 서양을 자강의 모델로 긍정, 흡수했다. 오쿠보 도시미치에서 보이는 식산흥업의 경제구상은 단순히 서양의 경제지식을 흡수한 결과가 아니라 새 지식을 적용할 정치적 토양이 구비되었음을, 따라서 서양의 것을 자신의 '정치경제'로 제도화할 수 있는 정치적 리더십이 갖추어져 있음을 반증하는 것이다.

나아가 제국주의시대에 있어서 후발국의 외교에 의한 생존전략은 내정(內政)과 외정(外政)의 연계에 대한 전략적 민감성 속에서 추진되어야 하는 일이었다(Iriye 1995: 280). 비스마르크가 외정과 내정의 연계를 유효적절하게 활용하여 프러시아를 열강의 길로 인도했던 것처럼 메이지 지배층도 외정에 대한 통제를 내정, 즉 권력의 공고화의 핵심조건으로 생각했다. 그들은 외교문제가 국내정치적 긴장을 가져오지 않도록 노력했고, 또한 외교문제를 사용하여 국내질서를 안정화할 수 있었다. 예컨대, 그들은 불평등조약의 개정, 즉 국제적 평등을 이루기 위해서 근대적 사법제도의 도입과 같은 내정개혁이 필수적이라는 논리로 정치, 사법개혁을 추진해나갔고, 정한론(征韓論)과 같은 대규모 대외확장에는 반대하되 상대적으로 용이한 대만출병을 감행함으로써 국내 반대세력의 저항을 누그러뜨리는 효과를 기하기도 했다. 1876년 조선과 수교조약은 일본에게 외교적 성공으로서 국내정치기반의 강화에 기여한 것이었고, 1884년 갑신정변은 가상적국으로서 중국(청국)의 이미지를 강화시키는 한편 애국주의의 고양으로 일본으로 하여금 국방, 특히 해군력 증강에 대한 국내적 컨센서스 달성을 용이하게 만들었다(같은 책 275). 반면 조선의 지배층은 양자간의 연계를 부국강병의 수단으로 활용하기보다는 국내적 권력싸움의 수단으로 이용했다. 외교가 개혁의 촉매제로 작용하지 못했던 것이다.

외교에 의한 생존전략이 사실상 좌절되는 러일전쟁 이후에야 조선에게 본격적인 자강의 전략이 부상하게 된다. 생산확대에 의한 부국전략이 본격적으로 등장하게 된 것이다. 일본적 식산흥업 구상은 김수철, 이종일, 윤치호, 김성희(金成喜) 등에 의해 제시된다(이기준 1985). 대표적으로 김성희는 조선의 농, 공, 상의 폐단을 지적한 다음 공업이 국가의 독립과 부강을 위해 선행되어야 한다고 주장한다. 독일 · 프랑스 · 영국 · 미국의 산업구조를 들어 국가의 필수품(예컨대 기계 · 총포)을 외국으로부터 구입한 나라가 승리한 적이 없다고 지적하면서, 아무리 천연자원이 풍부해도 제조업을 갖지 못하면 그 부가가치의 반을 잃게 되고 원료를 수출하면 원료를 가공한 제품을 수입하게 되며, 이것이 조선의 현실임을 개탄했다. 제조업의 발전을 언급함에 있어 그는 분업의 이점을 강조한다. 전문화에 따른 기술개발의 중요성을 강조하면서 그는 국가가 전문생산물에 집중해야 하며, 이를 위해 국가는 공(工)을 천시하는 일 없이 만민에게 평등하게 기회를 부여하고 공업에 전문적으로 종사하게 하여 그 전매를 보호하고 공학을 장려해야 한다고 주장했다(이기준 1985: 164-168).

그러나 보호국으로 전락한 조선의 식산흥업론은 국민경제의 틀이란 당시 문명표준에서 보면 때늦은 모색이었다. '민족경제', 즉 국가의 보호하에 경제를 발전시킬 수 없고 불가피하게 민족의 단합으로 산업을 발전시키지 않으면 안 된다는 최석하의 언어는 이를 표상하는 것이었다. 그는 민족경제란 "국가보호(國家保護)에 의뢰(依賴)치 안코 자동력(自動力)으로 능(能)히 생산(生産)하며 능히 분배하여 내국(內國)에 농상공업(農商工業)을 확장개량(擴張改良)하야 부원(富源)을 발작(發作)하며 외국(外國)에 통상무역(通商貿易)을 경영계획(經營計劃)하야 실력(實力)을 배양(培養)함을 위(謂)함"이며, 이를 확립하기 위해 민족식산회사를 창설하여 민족재산의 산업을 개량·육성하고, 실업교육을 강화해야 한다고 제언하고 있다(이기준 1985: 160-161). 결국, 독립의 실패 혹은 근대의 실패가 균세와 자강의 실패였다면, 그리고 자강의 핵심이 부국의 방책이라면 이는 궁극적으로 근대적 경제개념으로의 전환의 실패에 기인한다. 자강이 부국과 강병의 상호작용임을(부국을 위해 강병이 요구되고 강병을 위해 부국이 요구되는 것임을), 그리고 부국의 요체가 생산확대에 있다는 당시 문명표준을 본격적으로 인식하기까지 조선은 개국 이래 거의 30년을 기다려야 했고, 이는 일본에 비하면 40여 년 뒤진 상황이었다. 그 뒤늦음의 결과는 식민지 경제, 즉 근대경제의 왜곡된 형태로의 추락인 것이다.

5. 맺음말을 대신하여: 동아시아 발전국가의 성립

인류가 농경사회에서 산업사회로 이동하면서 등장한 세계사의 두 주역은 바로 기업과 국가였다. 산업화가 당시로서는 상상하지 못할 정도의 경제적 부가가치를 창출함에 따라 산업화의 경쟁(산업경쟁)이 바로 국가 간 경쟁의 모습을 띠게 되었고, 타국과의 경쟁에서 승리하기 위해 산업을 구성하는 기업의 활동에 국가가 개입하게 되었다. 머리말에서 언급했듯이 국가는 황금알을 낳는 거위가 필요했으며 거위가 알을 보다 잘 낳을 수 있도록 후원해주고 그 생산능력을 저해하지 않는 범위 내에서 알을 가능한 많이 동원(착출)하고자 했다. 또한 이는 국민 개개인의 복지/후생과 관련되는 일이었다. 국민의 후생이 국부에 달려 있고, 국부는 기업의 이윤에 달려 있는 상황이 된 것이다. 20세기는 산업화의 전 세계적 확산 속에서 전례 없이 치열한 기업간 경쟁의 장이 되었다. 경쟁 속에서 이윤이 체감하게 되고 이에 대응하여 다양한 전략적 모색이 이루어졌다. 특정기업을 집중 육성하거나 기업들을 합병하여 대규모화함으로써 국내시장에서 경쟁을 줄이고 대량생산을 성취하는 전략이 유력한 대안으로 부상했다. 20세기 산업사회는 이른바 '산업합리화'를 통해 기업에게 독점적 지위를 부여하는데, 이를 인정하는 정책논리의 기저는 이들 대규모 기업조직이 나라/국민의 경제적 이익을 위한 대행기관 역할을 한다는 것이다. 대기업의 일은 대량생산을 계획 · 시행하여 국부를 증진하는 것이었고, 국가의 일은 핵심 대기업들이 지속적으로 이익을 내도록, 즉 지속적으로 국민경제에 기여하도록 정책금융을 제공하고, 대량소비 촉진책을 마련하기도 하고, 재정금융정책을 통해 경기변동의 폭을 줄여 대량생산기업이 급격한 수요변동에 우려하지 않고 생산계획을 추진하도록 하고, 노조를 설득하여 지나친 임금인상을 막기도 하고, 외국기업과의 유리한 경쟁을 보장하기 위해 각종 관세 · 비관세 장벽을 설치하기도 하는 등 다양한 시장개입책을 제공하는 것이었다. 이는 라이히(Robert Reich)의 표현에 의하면 국가와 기업 양자간에 일종의 국가적 타협(national bargain)을 의미하는 것이었다(Reich 1991).

20세기 일본은 메이지의 정치경제를 더욱 강력한 생산의 정치경제체제로 전환시켰다. 보다 집중화된 국가와 보다 집중화된 산업간의 긴밀한 협조체제가 등장한 것이다. 이는 1929년 세계대공황과 뒤따르는 장기불황이란 상황적 맥락에서 형성되었다. 일본은 금본위제에서 이탈하여 보다 정교한 산업정책체계를 수립했으며 자율적이며 강력한 파시즘적 국가관료체제를 구축했다. 그리고 이를 통해 산업의 합리화, 즉 특정기업을 중심으로 한 독과점구조를 조직하여 여타 서양의 선진국들에 비해 신속하게 불황을 극복하고 성장의 길에 접어들어 세계의 이목을 집중시켰다. '일본주식회사(Japan Incorporated)' 란 단어가 회자되기 시작한 것도 이때이다(小林英夫 外 1995: 3-6). 이 제도는 보다 학술적으로 발전국가(developmental state)로 불린다(Johnson 1982).[11] 이는 사회로부터 상대적으로 자율적인 관료가 발전지향적 시장개입을 행하는 국가로서 그 주요 수단은 산업합리화정책 등 산업정책이며 국가-기업간 협력적 신뢰관계가 이를 지탱하는 기반이라는 것이다.[12]

이 발전국가는 전시통제의 상황, 즉 황금알을 낳는 거위를 양육하여 전쟁에 동원하려는 동원체제의 성격을 강하게 띠고 있었고, 동원의 필요성이 증대되면서 동원의 범위 역시 일본본토를 넘어 식민지제국으로 확장되어갔다. 역으로 이는 식민지에 발전국가제도가 이식되는 계기가 되는 것이었다. 조선의 경우, 이러한 국가지식은 1930년대 후반 조선경제가 동원체제에 밀접하게 연계되면서 고려되기 시작한다(엑커트 2005). 발전국가관념은 외부적으로 주입되는 것이었다. 그러나 이는 중심(metropole)을 받드는 주변의 동원이란 식민지의 조건이었고, 따라서 국민경제를 단위로 한 전체적 작동 시스템은 결코 아니었다. 근대적 경제개념으로의 불완전한 전환, 식민국가(총독부)에 의한 외생적 제도의 이

11) 존슨(Chalmers Johnson)은 일본의 경험을 영미의 규제국가(regulatory state), 소련 등 사회주의권의 '계획-이념적 국가(plan-ideological state)' 와 대별하여 발전국가개념을 회자시켰다. 그는 이 모델의 구성요소로서 다음을 꼽고 있다. ① 강한 국가, 즉 시장개입의 중심으로서 관료는 사회의 간섭으로부터 독립적으로 통치(rule)하며, ② 이런 관료는 발전지향적(developmental)이며, ③ 정책수단은 시장순응적(market-conforming)이고, ④ 개입 정점에는 통상산업성과 같은 지도기관(pilot agency)이 존재한다.

12) 에번스에 따르면 이른바 '내장된 자율성(embedded autonomy)' 을 갖고 있는 국가의 대표적 사례가 일본이다. Evans 1995.

식이라는 모순적 상황은 해방 이후 한국의 국민경제 만들기가 본격적으로 출발하면서 비로소 해소될 수 있었다. 국민경제 만들기는 1945년 다시 시작되었고, 특정한 형태의 국민경제, 즉 발전국가형 국민경제 만들기의 본격화는 1960년대 박정희 정권에 의한 것이었다. 그리고 한국의 성공은 일본의 발전국가모델을 보편화의 길로 이끄는 계기가 되었다.[13] 일본의 발전국가는 후발국의 모델이고 모방의 대상이 된 것이다.

| 참고문헌 |

「박영효 건백서: 내정개혁에 대한 1888년의 상소문」, 1990, 『한국정치연구』 2호.

손열, 2003, 『일본-성장과 위기의 정치경제』, 서울: 나남출판.

———, 2004, 「근대한국의 경제개념」, 『세계정치』.

『유길준 전서 I: 서유견문』, 서울: 일조각.

이기준, 1985, 『한말서구경제학 도입사연구』, 서울: 일조각.

황준헌, 조일문 역주, 『조선책략(朝鮮策略)』.

마루야마 마사오, 김석근 역, 1995, 『일본정치사상사연구』, 서울: 통나무.

日本史籍協會 編, 1968, 『大久保利通文書 第5卷』, 東京大學出版會.

———, 1968, 『大久保利通文書 第7卷』, 東京大學出版會.

『近代日本思想大系 8: 經濟構想』, 岩波書店(1988).

小林英夫 外, 1995, 『日本株式會社の昭和史』, 創元社.

坂野潤治, "明治國家の成立" 梅村又次, 山本有造 編, 1988, 『日本經濟史 3: 開港と維新』, 東京: 岩波書店.

『福澤諭吉全集 第19卷』, 岩波書店(1968).

本壓榮治郎, 1931, 『近世の經濟思想』, 東京: 日本評論社.

『日本思想大系: 本多利明 · 海保青陵』, 岩波書店(1970).

杉原四郎 外(編), 1990, 『日本の經濟思想四百年』, 東京: 日本經濟評論社.

13) 예컨대, Bruce Cumings 1985; Chalmers Johnson 1985; Alice Amsden 1989; Robert Wade 1990; Jung-En Woo 1991.

Amsden, Alice, 1989, *Asia' s Next Giant*, Oxford: Oxford University Press.

Cumings, Bruce, 1985, "The Origins and Development of the Northeast Asian Political Economy," In Fred Deyo, ed., *The Political Economy of the New East Asian Industrialism*, Ithaca: Cornell University Press.

Evans, Peter, 1995, *Embedded Autonomy*, Princeton: Princeton University Press.

Gerschenkron, Alexander, 1962, *Economic Backwardness in Historical Perspective*, NY: Belknap.

Hall, 2001, Peter and David Soskice, eds., *Varieties of Capitalism*, Cambridge: Cambridge University Press.

Hollingsworth, J. R., and Robert Boyer, eds., 1997, *Contemporary Capitalism*, Cambridge: Cambridge University Press.

Iriye, Akira, 1995, "Japan' s Drive to Great Power Status," in Marius Jansen, ed., *The Emergence of Meiji Japan*, Cambridge: Cambridge University Press.

Johnson, Chalmers, 1982, *MITI and the Japanese Miracle*, Stanford: Stanford Univeristy Press.

———, 1985, "Political Institutions and Economic Performance," In Fred Deyo, ed., *The Political Economy of the New East Asian Industrialism,* Ithaca: Cornell University Press.

List, Firedrich, 1885, *The National System of Political Economy*, London: Longmans.

Magnussen, Lars, 1997, *Mercantilism*, London: Routledge.

Mann, Michael, *The Sources of Social Power* (two vols).

Quack, Sigrid, 2000, Glenn Morgan and Richard Whitley, *National Capitalisms, Global Competition, and Economic Performance*, Oxford: Oxford University Press.

Reich, Robert, 1991, *The Work of Nations.*

Silberman, Bernard, 1982, "The Bureaucratic State in Japan," Tetsuo Najita and Victor Koschman, eds., *Conflict in Modern Japanese History,* Princeton: Princeton University Press.

———, 1992, *Cages of Reason*, Chicago: University of Chicago Press.

Smith, Adam, 1976, *The Wealth of Nations*, Oxford: Clarendon.

Wade, Robert, 1990, *Governing the Market*, Princeton: Princeton University Press.

Woo, Jung-En, 1991, *Race to the Swift*, NY: Columbia.

Whitley, Richard, 1999, *Divergent Capitalism*, Oxford: Oxford University Press.

Whitley, Richard and P. H. Kristensen, 1996, eds., *The Changing European Firm*, London: Routledge.

———, 1997, *Governance at Work*, Oxford: Oxford University Press.

제2부

21세기 군사국가의 변환

5

정보화시대의 군사변환

이상현_세종연구소

1. 머리말

21세기의 군사안보질서는 정보혁명이라는 새로운 안보환경에 상당한 영향을 받으면서 유례없는 변화와 이에 대한 심도 있는 대응을 요구하고 있다. 오늘날 전지구적으로 진행되고 있는 정보혁명은 개인과 국가, 그리고 국가와 국가간의 관계에 근본적인 변화를 초래하고 있다. 전통적으로 국가의 영역이라고 인식되어온 군사안보영역도 이러한 추세에서 예외는 아니다. 정보기술은 현대국가가 당면하고 있는 안보문제의 성격을 기존에 예상할 수 없었던 방식으로 변화시키고 있다. 이러한 변화의 흐름은 군사분야혁명(Revolution in Military Affairs) 혹은 군사혁신이라는 새로운 안보담론으로 귀착되고 있으며, 21세기 안보환경은 지구화, 정보혁명, 그리고 군사혁신으로 이어지는 큰 틀에 대한 총체적 이해를 요구하고 있다.

이러한 글로벌 차원의 변화를 바탕으로 21세기 군사문제의 특징은 네트워크 중심의 군사력 건설과 운용이 중심이 될 것으로 예상된다. 미국은 탈냉전 이후 세계 유일의 초강대국으로서 타의 추종을 불허하는 제국적 지위를 누리고 있다. 오늘날 미국은 세계사에서 유례없는 단극의 순간(unipolar moment)을 맞고 있다. 미국은 군사력 측면에서 핵전력과 재래식 군사력 양면에서 전 세계를 도모할 수 있는 유일한 국가이다. 과거에도 여러 제국이 있었지만 현재의 미국은 어떠한 국력 평가의 기준에서도 경쟁자가 없고, 유일하게 모든 국제적 쟁점에 있어서 자신이 원하는 결과를 독자적으로 획득할 수 있는 능력을 갖추고 있다.

이 글에서는 정보화시대 군사변환의 특성을 이해하기 위해 우선 정보화시대 군사력의 네트워크적 속성을 분석하고, 이어서 미국의 군사전략을 전쟁수행방식의 네트워크화, 동맹국 정책의 변화, 그리고 제국관리의 네트워크화로 나누어 살펴보고자 한다. 이를 바탕으로 미국의 군사변환전략이 한미동맹관계에 미치는 영향을 살펴봄으로써 결론을 맺기로 한다.

2. 정보화와 국제안보환경의 변화

21세기는 정보화와 세계화의 시대이다. 정보화와 세계화의 결과 세계는 점점 더 개방적인 네트워크를 지향하는 변화의 와중에 있다. 이러한 변화는 국제안보환경의 변화로 이어지고 대응전략의 변화를 요구한다. 새로운 세계질서는 정보혁명이 초래한 국제질서의 네트워크화를 바탕으로 한다. 실상 세계화 자체가 정보혁명과 그에 기반한 세계적 네트워크 형성과 불가분의 관계에 있다. 마누엘 카스텔스(Manuel Castells)는 그의 역작 『네트워크 사회의 도래』에서 20세기의 마지막 20년 동안 인류의 삶을 바꿔놓을 만한 많은 기술적 도약이 있었지만, 그중에서도 특히 정보기술혁명은 18세기의 산업혁명에 필적할 만한 중요한 역사적 사건이라고 규정했다. 현재의 기술변화과정은 정보를 생산하고 저장하고 검색하고 처리하고 전달하는 공통의 디지털 언어를 기반으로 기술분야 사이에서 공유영역을 만드는 능력으로 인해 기하급수적으로 확장되고 있다. 다른 혁명과 달리 우리가 현재의 혁명에서 경험하고 있는 변형의 핵심에는 정보처리 및 커뮤니케이션 기술이 있다. 다시 말해, 현 기술혁명의 특징은 지식과 정보가 중심이 된다는 점이 아니라, 이런 지식과 정보를 혁신과 혁신의 이용 사이에 누적되어 있는 피드백 루프를 통해 지식창출과 정보처리, 커뮤니케이션 기기에 적용한다는 점에 있다(Castells 2003: 56-58). 1980년대 이래 진행 중인 자본주의 재구조화과정은 정보기술 패러다임을 형성시키고 그 방향을 결정하고 가속화하며 그와 연관된 사회형태를 유도한 가장 결정적 역사적 요인이었다. 그래서 카스텔스는 새로운 기술-경제체제를 적절히 정보화 자본주의(informational capitalism)라고 부른다(Castells 2003: 42-45). 정보화 자본주의 사회에서는 지식창출과 경제생산성뿐만 아니라 정치 · 군사적 권력 및 미디어 커뮤니케이션 등의 핵심적인 과정들이 이미 정보화 패러다임으로 철저히 변화되었고, 이러한 논리 아래 작동하는 부와 권력, 상징의 지구적 네트워크가 등장했다.

우리가 목도하는 이러한 변화는 20세기 말부터 시작된 지구화와 정보혁명이라는 커다란 흐름과 밀접히 얽혀 있다. 지구화는 일반적으로 냉전의 종식과 더불어 자유민주주의와 시장자본주의가 공산체제의 붕괴와 함께 전지구적 차원으로 확산된 현상을 지칭하는 용어로 이해된다. 지구화의 물결은 근대국가체제의 형성 이래 국제관계 논의의 중앙에 위치해 온 영토 단위의 국가개념을 약화시키는 동시에 과학기술의 급격한 발달로 초래된 정보혁명과 더불어 인간의 삶을 근본적으로 변화시키고 있다. 이러한 지구화 현상은 시장 메커니즘을 변화시켜 운송과 통신의 발달을 통해 국제교역과 투자가 더욱 유기적으로 연계되고, 그 결과 국제적으로 분산되어 있던 활동들이 이전보다 더욱 기능적으로 통합되는 현상을 초래했다. 또한 지구 온난화나 열대림 훼손과 같은 외부 효과(externalities)를 통해 비시장적 요인들이 국경을 넘어 파급되는 직접 지구화(direct globalization) 현상을 초래했다. 그러나 무엇보다도 지구화시대를 특징짓는 가장 뚜렷한 특성으로서 통신지구화(communication globalization)를 들 수 있는데, 이는 정보통신기술의 비약적 발전(예를 들면 위성방송, 광케이블, 인터넷 등을 통한 통신비용의 급감)에 힘입어 시장 지구화와 직접 지구화를 촉진하는 기능을 한다(Kudrle 1999: 3-4).

정보혁명은 일반적으로 컴퓨터의 성능향상과 네트워크의 발달에 힘입어 정보를 저장하고 전달하는 수단, 정보를 사용하고 획득하고 배포하는 속도 및 규모가 과거에 비해 폭발적으로 증가한 현상을 지칭한다(Schwartzstein 1996: xv). 국제 군사안보질서와 연관시켜볼 때 정보혁명이 함축하는 바는 단순히 정보의 양이 아니라 정보의 질과 차별성이 미래에는 더욱 중요해지리라는 점이다. 코헤인과 나이는 향후의 국제관계에서 정보가 차지하는 중요성을 강조하기 위해 정보의 종류를 세 가지로 구분한다(Keohane and Nye 1998). 첫째는 무료정보(free information)로, 이는 개인 행위자들이 아무런 대가없이 임의로 창조하고 배포하는 정보이다. 인터넷에 유포되는 대부분의 정보가 이러한 유형이다. 둘째는 상용정보(commercial information)로, 일정한 대가를 받고 배포되는 정보이다. 전자상거래의 영역이 이에 해당한다. 셋째는 전략정보(strategic information)로서, 이는 경쟁자가 동일한 정보를 공유하지 못할 경우에 극도의 효용을 지니는 정보이다. 제2차세계대전 당시 미국이 일본에 비해 압도적 이점을 지닐 수 있었던 이유는 바로 미국이 일본의 군용 암호코드를 해독했기 때문이었다. 군사분야에서 정보혁명은 군사적 세력균형의 속성을 변화시킨다. 새로운 기술의 발달은 군사력 균형의 기준으로서 더 이상 단순한 양이나 크기의 비교를 무의미하게 만든다. 걸프전과 아프간전쟁, 그리고 최근의 이라크전쟁에서 극명하게 드러났듯이 정밀유도무기와 스텔스 무기의 위력은 정보력 위주의 전쟁양상이 미래의 전장을 지배할 것임을 예측하게 해준다. 정보화가 전쟁수행방식에 미치는 영향은 기존의 군사력 운용체계의 수정을 불가피하게 할 것으로 예상된다. 이 점에 주목하여 나이와 오언스는 과거에 핵우위가 중요했던 것처럼 미래에는 정보우위가 똑같은 역할을 할 것이라고 지적한다(Nye and Owens 1996:27).

정보화시대의 국제질서는 국민국가라는 분리된 단위에서 연결로, 고립에서 상호작용으로, 그리고 자유방임의 영역에서 제도로 바뀌어감으로써 과거와 같은 '자주권으로서의 주권(sovereignty-as-autonomy)' 관념은 상당부분 그 의미를 상실해가고 있다. 이에 따라 두 부류의 논의가 전개되고 있는데, 하나는 네트워크 국가와 관련된 논의이고, 다른 하나는 새로운 제국론이다.

네트워크 국가론 시각에 따르면 오늘날의 국제체제는 더 이상 단일국가들의 체제로 간주될 수 없는데, 이는 국가 자체가 분산됨으로써 다양한 행위자들을 고려해야 하기 때문이다. 국가는 이제 분산된 국가(disaggregated states)가 되고 말았으며, 다양한 행위자들을 포함하는 네트워크 속에서 생존해나가게 되었다. 오늘날 지구촌의 문제는 점점 복잡해지면서 새로운 거버넌스 양식을 요구하고 있다. 그와 동시에 우리는 새로운 세계정부(world government)를 원하지도 않는다. 그 어떤 기관에 정책결정의 권한을 몰아주려고도 하지 않으며, 강압적인 권위를 부여하려 하지도 않는다. 그러면서도 우리는 책임 있는 정부기구를 원하고 있다. 이와 같은 거버넌스의 딜레마를 해결하기 위한 방법으로 등장한 것이 정부간 네트워크로서, 정보화시대 새로운 세계질서의 가장 핵심적인 요소가 되리라는 주장에 주목할 필요가 있다(Slaughter 2004: 8-18). 정부를 통한 거버넌스가 작동하는 네트워크 메커니즘을 실험 중에 있는 대표적인 사례로는 유럽연합(EU)을 들 수 있다.

네그리와 하트의 제국론에서 비롯된 새로운 제국론은 제국과 제국주의에 대한 새로운 시각을 제시한다. 그들은 제국이란 용어를 현재의 전 지구적 질서를 지칭하기 위해 제국주의라는 용어와 대비하여 사용한다. 그들에 의하면 지구화(globalization)가 진행되면서 '전지구적 시장 및 전지구적 생산회로와 더불어 전지구적 질서, 새로운 지배 논리, 즉 새로운 주권 형태가 등장했다. 제국은 이러한 전지구적 교환을 효과적으로 규제하는 정치적 주체, 즉 세계를 통치하는 '주권권력(sovereign power)' 이다(Negri · Hardt 2001: 15). 이들이 상정하는 제국은 탈영토적이고 탈중심적이며 외부 경계를 갖지 않는 새로운 세계질서를 의미한다. 이들 주장의 핵심은 주권국가가 종말을 맞았다는 것이 아니고 주권국가조차 국제기구, 다국적 기업 등과 함께 새로운 제국의 논리의 일부로 작동한다는 것이다. 즉 이들은 미국이 제국이라고 주장하는 것이 아니라 21세기의 지구적 작동원리 자체가 제국이라고 말하는 것이다. 따라서 네그리와 하트가 상정하는 제국은 국민국가를 넘어서는 지구적 질서를 의미하며, 그런 점에서 일반적으로 사용되는 제국 개념이나 미제국론과 구별된다.

이러한 주장들이 함의하는 바는 정보화와 세계화가 국제정치 · 군사질서의 네트워크화를 가속화했고, 21세기 제국은 이러한 네트워크를 바탕으로 작동할 것을 시사한다는 점이다. 미국의 제국적 속성에 주목하는 최근의 상당수 저작들은 미국이 이미 제국주의적 성향을 보이기 시작했다는 점을 지적하고 있다(Bacevich 2002; Cox 2004; Balakrishinan 2003; Callinicos 2003; Barber 2003). 고전적 제국주의론과 새로운 제국론의 차이점에도 불구하고 제국적 특성의 필수 부분 중 하나는 압도적 우위의 군사력이다. 고대 로마의 군사력, 몽골제국, 대영제국의 해군력, 그리고 오늘날 미국의 막강한 군사력과 동맹 네트워크는 제국의 작동을 원활하게 하는 필수적인 요소이다. 특히 16세기 이후 근대 국가체제가 성립된 이래 세계를 제패하여 패권국의 지위에 도달한 강대국들은 예외 없이 모두 해양을 제패함으로써 글로벌 리치(global reach)를 달성한 강대국들이었다. 포르투갈, 네덜란드, 영국, 그리고 미국으로 이어지는 지난 5세기 동안 지구 패권국의 역사는 명실공히 해양 강대국의 역사라 해도 과언이 아니다(이춘근 2004).

이처럼 과거의 제국들이 글로벌 리치로 표현되는 군사력에 근거했다면 정보화시대 제국은 탈영토적이고 무중심적인 네트워크를 통해 작동할 것으로 전망된다. 그러한 변화는 미국의 경우 네트워크 전쟁을 지향하는 군사전략의 변화와 동맹국 관리의 네트워크를 통해 구체화되고 있다. 미국은 군사력으로 대표되는 하드파워뿐만 아니라 글로벌 정치 · 경제 · 문화 · 지식 등 국제관계의 거의 전 차원에서 압도적 우위를 차지하고 있어 과거의 제국들과는 비교가 안 되는 우위를 향유하고 있다. 이러한 기준에서 본다면 미국은 이미 명실상부한 제국이다.

3. 미국의 군사변환 전략

이 장에서는 최근 전개되고 있는 미국의 군변환전략을 통해 네트워크 중심의 군사안보전략이 작동되는 방식을 집중 분석하기로 한다(〈그림 5-1〉 참조). 이를 위해서는 우선 미국의 군사안보전략에 대한 포괄적 이해가 선행되어야 한다. 미국은 탈냉전 이후 군사전략을 근본적으로 전환하고 있다. 특히 9 · 11테러 이후 확실해진 '불확실한 위협'에 대처하기 위해 '위협 위주'의 전략개념에서 '능력 위주'의 전략개념을 채택하고 전쟁양상의 변화, 동맹개념의 변화, 제국관리의 네트워크화를 지향하는 총체적 변화를 모색하고 있다.

〈그림 5-1〉 정보혁명과 미 군사변환의 세계전략

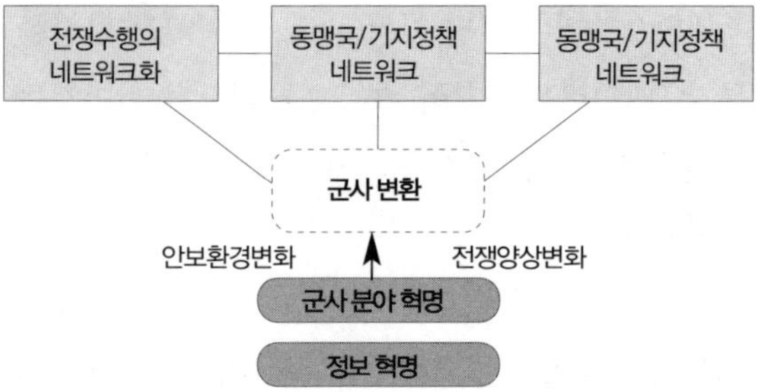

(1) 정보화시대 전쟁양상의 변화와 미 군사전략 변화

일반적으로 인류역사를 통하여 하나의 전환점이 될 만한 신기술이 도입되면 이에 따라 그 시대의 전반적인 삶의 양식과 문화가 변화하는 것이 통례였고, 군사안보분야 역시 이러한 추세에서 예외는 아니었다. 정보화사회의 삶의 양식이 산업사회와는 다르듯이 정보혁명이 초래하는 군사안보상의 변화는 전쟁의 양상, 즉 전쟁의 내용과 수행방식을 산업사회와는 근본적으로 다르게 변화시킨다는 점에 있다. 그래서 일부 연구자는 정보혁명이 그 파급효과와 파장의 범위에 있어서 인류역사상 경험한 두 차례의 산업혁명과 맞먹는 광범위한 변화를 초래했다고 지적한다(Eriksson 1999). 정보혁명의 결과 형성되는 사회유형은 네트워크 사회로서, 여기서는 사람들의 일상생활이 정보기술 및 네트워크와 관련된 신기술들에 크게 영향을 받는다. 〈표 5-1〉에서 보듯이 군사안보 측면에서 네트워크 사회가 산업사회와 가장 크게 다른 점은 새로운 유형의 갈등행위자들이 등장하고 전쟁의 핵심수단이 바뀌며 갈등의 대상이 지식 및 정보자산으로 변한다는 점이다.

〈표 5-1〉 산업기술 발달과 국가안보의 연계성

	제1차 산업혁명	제2차 산업혁명	네트워크 혁명
주요 테크놀로지	증기기관, 철도, 전신 등	전기, 유기화학, 자동차, 비행기, 전화, 라디오 등	반도체, 컴퓨터, 디지털 네트워크(인터넷), 표준화에 의한 호환성, 생명공학 등
갈등의 주요 요인	민족주의 대중운동, 식민지	전체주의 정치운동	전지구적 어젠다, 불량국가(rogue states), 극단주의
전쟁의 수단/양상	대규모 징병, 대량생산된 소화기(firearms), 철도 중심의 병참지원	기계화, 공군력, 무선통신 레이더, 대량파괴무기(WMD)	고효율 특수전, 정밀무기 사이버무기
취약지/공격대상	인구 중심지	인프라	지식 및 정보 자산

출처: Eriksson(1999), p. 59의 표에 근거하여 정리.

산업사회에서는 징병을 위한 기반으로서의 인구 규모, 영토와 병참지원에서 통제의 필요성 등을 종합적으로 고려한 결과 군사력의 강약이 병사의 숫자에 크게 의존했지만, 네트워크 사회에서 중요시되는 군사자산은 보다 적은 인원으로 고도의 지식과 정보를 활용하는 형태를 띤다. 즉 네트워크 사회의 군사력은 산업사회에 비해 물리적 자원에 의존하는 정도가 덜하고 강대국들만의 전유물일 필요는 없다는 특징을 지닌다. 이러한 변화의 결과 네트워크 사회에서는 지식 및 정보자산이 군사력의 구성요소인 동시에 공격의 일차적 대상이 된다. 이는 산업사회에서 주방어의 대상이 인구 중심지와 산업 인프라였던 것과 좋은 대조를 이룬다. 이와 유사한 맥락에서 리비키(Libiki 1998)는 정보화가 군사안보질서에 미치는 영향을 정보화로 인해 군대가 어떻게 임무를 수행하는가 하는 방식의 문제뿐만 아니라 군사력이 무엇을 하는가 하는 내용의 문제까지 포함한다고 지적한다. 즉 정보혁명은 군사안보의 형식과 내용에 걸쳐 중요한 변화를 주도하고 있는 것이다.

21세기 군사안보의 특징에서 주목해야 할 사실은 앞으로 군사안보가 정보화 기반 네트워크를 중심으로 이루어질 가능성이 크다는 점이다. 전쟁양상의 네트워크화는 정보화시대에 들어와 비로소 가능해진 변화이다. 미국 랜드연구소의 아퀼라와 론펠트(Arquilla and Ronfeldt 2000)는 인류역사를 통하여 전쟁수행양상이 몇 가지 단계를 밟아 변화해왔다고 지적했는데, 그 양상을 결정짓는 가장 중요한 요인 중의 하나가 바로 전쟁수행 단위들 간에 정보가 교환되고 소통되는 방식이다. 정보화시대 전쟁의 양상은 흔히 전 채널 네트워크(all-channel network)에 의해 가능해진 스워밍(swarming)으로서 아직 가설적이긴 하지만 정보혁명으로 인해 비로소 가능해진 형태의 전쟁수행방식이다. 스워밍은 다수(흔히 다섯 혹은 그 이상)의 독립적 혹은 준독립적인 전투단위들이 일정한 형태 없이 산개하여 포진하다가 일단 공격목표가 정해지면 전 방향에서 일제히 목표물을 공격해 들어가는 방식이다. 그리고 공격이 완료되면 전투단위들은 다시 분산함으로써 적의 반격을 피한다. 스워밍은 마치 자연상태에서 벌떼나 개미, 혹은 늑대나 하이에나가 무질서한 듯이 흩어져 있다가도 일단 공격대상이 정해지면 전체가 사방에서 달려드는 것과 유사한 전투양식이다.[1)] 스워밍의 전제가 되는 것은 전투단위들 간의 고도의 연결성으로서, 이는 일종의 네트워크 전쟁이라 할 수 있다.

미국은 21세기 안보환경의 변화에 부응하고 새롭게 사용할 수 있는 첨단기술을 활용하여 군사전략의 근본적 변화를 모색하고 있다. 미 군사전략 변화의 핵심은 군 변환(Transformation)이라 할 수 있다. 군 변환은 탈냉전 이후 변화하는 국제안보 현실에 부응하여 미국군대의 체질을 바꾸는 과정으로서 두 가지 의미를 지닌다. 첫째는 첨단 정보과학기술을 응용하여 산업사회 군사력을 정보화시대 군사력으로 전환하는 것으로, 첨단 지휘 자동화체제인 C^4ISR, 원거리 정밀타격, 네트워크, 유연성, 파괴

1) 스워밍은 번역하기에 적절한 용어를 쉽게 찾을 수 없는 단어이다. 굳이 가장 가까운 개념을 찾자면 '벌떼전' 정도가 근사한 용어가 될 것이다.

력 향상 구현에 중점을 둔다. 둘째는 냉전기 군사태세를 탈냉전기 군사태세로 전환하는 것으로, 탈냉전기의 새로운 위협요인인 테러, 대량살상무기 확산 등에 대처하여 미군의 군사태세를 바꾸되, 전진배치 위주의 고정된 군사력 운용에서 기동 위주로 전환하며, 그 일환으로 동맹국 관계와 해외주둔정책을 변화시킨다(Feith 2003; Connetta 2003, 5/9-6/9; U.S. DoD 2003; U.S. DoD 2001). 군 변환의 이론적 근거는 미 국방부가 오래전부터 연구해온 군사혁신(RMA: Revolution in Military Affairs) 개념이다. 군사혁신은 급속도로 발전하는 첨단과학기술을 바탕으로, 정보 · 감시 · 정찰(ISR)과 정밀타격무기(PGM: Precision Guided Munitions)를 첨단 전투지휘 자동화체계(Advanced C^4I)로 연결하면 새로운 하나의 복합체계가 탄생되고, 이들은 전투력의 승수효과를 창출한다는 개념이다. 더 나아가 군사혁신은 첨단정보기술을 군사력에 응용할 뿐 아니라 군사력의 조직과 교리까지도 바꿈으로써 전쟁방식을 근본적으로 바꾼다는 의미를 지닌다.

전쟁양상의 네트워크화에 주목하는 또다른 논의는 네트워크 중심전쟁(network-centric warfare) 개념이다. 네트워크 중심전쟁은 네트워크 컴퓨팅 개념과 유사하다. 네트워크 컴퓨팅은 전송 데이터를 디지털화하여 표준화된 패킷으로 나누어 전송함으로써 통신 노드 중 일부가 파괴되더라도 연결 가능한 모든 회선을 활용하여 데이터의 전송률을 높이고 네트워크의 효율을 극대화하는 방식이다. 마찬가지로 네트워크 중심전쟁은 전지구를 엮는 통신 네트워크를 구축하여 여하한 플랫폼이라도(전함, 비행기, 육상전투 차량, 혹은 심지어 말단 보병에 이르기까지) 언제든지 네트워크에 로그인하여 데이터의 업로드와 다운로드를 자유로 구사하게 한다는 개념이다(Berkowitz 2003: 113). 이러한 네트워크가 구축되면 무기체계들이 전장 공간 내 어느 곳에 위치하든지 네트워크상에 존재하기만 하면 신속하게 효과 위주의 집중공격에 참가할 수 있을 뿐만 아니라 이동과 수송 소요도 대폭 줄일 수 있으며 전투참여요원들이 공통으로 보유하는 지식이 많아진다는 장점이 있다. 그렇게 되면 각 플랫폼이 무엇이냐 하는 것보다는 그것들이 어떻게 합동작전을 할 수 있느냐 하는 것이 더욱 중요해진다. 정보화시대의 전쟁은 특히 네트워크를 중심으로 이루어지고 네트워크를 잘 활용하는 측에 유리한 특징을 지니고 있다(노훈 · 손태종 2005).

더 나아가 최근의 미 군사교리는 신속결전작전(RDO: Rapid Decisive Operations)의 중요성을 강조하는 경향이 있다. 신속결전작전에서는 입체성 · 통합성 · 정확성 · 기민성 등이 강조되며, 미래전의 양상은 순차적이 아닌 동시병렬적 공지합동작전으로 치러지게 된다. 미 합참자료에 의하면 신속결전작전은 미래전을 위한 합동작전개념이다. 신속결전작전은 지식, 지휘통제, 효과기반작전(EBO: Effect-Based Operations)을 결합하여 원하는 정치 · 군사적 결과를 얻기 위한 것이다. 신속결전작전에 의해 미국과 동맹국들은 네트워크로 연결되어 적이 저항할 수 없는 방향과 차원에 걸쳐 비대칭적 공세를 펼쳐 작전의 조건과 템포를 주도하게 된다(U.S. JFC 2001).

네트워크 중심전쟁 개념과 신속결전작전은 이미 아프간전쟁과 이라크전쟁을 통해 그 위력을 검증받은 바 있다. 1991년 걸프전 당시의 양상과 아프간전쟁, 이라크전쟁의 두 전쟁을 비교해볼 경우 전쟁수행방식의 혁신적 변화가 이루어지고 있음을 알 수 있다. 새로운 전쟁의 특징은 이라크전쟁에서 미 중부군 사령관이 무인항공기 프레데터(Predator)가 보내는 실시간 동영상을 미국 플로리다에 앉아 받아보면서 지휘한 데서 잘 드러난다. 미국의 아프간전쟁은 미래지향적인 첨단무기의 시연장과도 같았다. 아프간전쟁에서 특히 위력을 발휘한 것은 1995년 발칸전쟁 때 첫선을 보인 무인정찰기 프레데터로서, 이 무인항공기는 1.6 고도에서 TV와 적외선, 전자, 광학 카메라를 통해 지상의 사람 얼굴을 식별할 만큼 정확한 영상을 전송한다. 이러한 첨단기술 덕분에 미국의 전쟁 지도부는 플로리다에 앉아서 전쟁의 경과를 손바닥처럼 볼 수 있었고 미군 병사들이 추락한 헬기에서 하나씩 끌려나와 적에게 사살당하는 장면까지도 지켜보아야 했다. 아프간전쟁의 양상은 1991년 걸프전 당시 야전 사령부를 사우디아라비아로 옮기기 위해 많은 애로를 겪었던 것과 좋은 대조를 이룬다. 이러한 새로운 전쟁양상은 정보화시대 전쟁의 특징을 잘 보여준다.

(2) 동맹정책의 네트워크화

미국의 군사안보전략이 추구하는 변화는 하드웨어적 측면에서는 첨단 IT기술에 기반한 군사혁신과 군 변환으로 나타나고, 소프트웨어적 측면에서는 동맹국/기지정책의 네트워크화로 나타나고 있다. 21세기 제국의 군사원리는 네트워크 중심의 전쟁양상에 기반을 두면서 단순히 군사 하드웨어뿐만 아니라 동맹정책과 해외기지를 네트워크로 연결하는 특징을 갖게 될 것으로 전망된다. 앞에서 논의한 첨단군사력 건설과 관련된 논의들은 비록 강조점은 다르지만 21세기 전쟁에서 네트워크의 중요성을 강조한다는 점에서 동맹정책의 네트워크화와 동일한 중요한 의의를 지닌다.

새로운 안보환경에 대처하는 미 군사력 변환은 동맹 네트워크 재편, 군사역량 강화, 그리고 글로벌 방위태세 조정 등 세 가지 차원에서 진행되고 있다. 글로벌 방위태세 재편은 'GPR(Global Defense Posture Review)'로도 알려져 있다. 특히 우리의 입장에서 눈여겨보아야 할 부분은 미국이 추진하는 동맹 네트워크 재편과 이에 따른 글로벌 방위태세 조정이다. 이러한 변화는 미국이 9·11테러 이후 새롭게 규정한 동맹의 개념을 반영하고 있다. 새로운 동맹 개념의 핵심은 과거와 같이 상호방위조약에 근거한 고정된 지역적 동맹이 아니라 임무에 따른 유연한 연합과 연합국들을 엮는 다차원 네트워크이다.

글로벌 방위태세 조정의 핵심은 미군의 해외배치를 새로운 안보환경의 실정을 정확히 반영하도록 조정하는 것이다. 냉전기 동안 미국은 적과 대치한 최전선에 요새화된 대규모 병력을 주둔시켜 적을 억제하고 동맹국 방어의 의지를 과시하며 적대행위 발생시 현장에서 즉시 대응하는 전략을 유지해왔다. 그래서 1990년대를 통해 미국의 주력부대는 냉전의 최전선이었던 서유럽과 동북아에 집중 배치되어 있었다. 이들 주력부대는 배치된 장소에서 싸울 것을 전제로 주둔하는 부대였다. 그러나 오늘날 미군이 배치된 장소에서 싸울 가능성은 거의 없어졌다. 그래서 새로운 국방전략 하에서는 미군의 해외주둔정책이 전면 재검토되는 것이다.

냉전이 끝난 지금 미군은 다양한 불확실성에 대처해야 한다. 그러기 위해서 미군은 무엇보다도 변화하는 상황에 대응하여 신속한 전개가 가능해야 하고 숫자보다는 능력에 기반한 우위를 가져야 한다. 이를 위해 미군은 해외의 대규모 영구기지에 덜 의존하는 대신 소규모 시설을 순환하는 배치방식을 택했다. 새로운 글로벌 방위태세의 핵심은 반테러전쟁과 미래의 위협에 보다 효율적이고 유연하게 대처하기 위해 미군을 필요한 곳에, 그리고 미군의 주둔에 우호적인 곳에 주둔시킨다는 것이다. 이를 위해 기존의 동맹관계 네트워크를 강화하고, 새로운 동맹관계를 창출하고, 과거의 비우호적 국가들에게도 손을 내미는 융통성이 필요하다 (U.S. DoD 2005a: 65-67).

특별히 미국의 새로운 글로벌 방위태세가 중점을 두는 목표는 다음과 같다. 첫째, 기존 동맹국의 역할을 확대하고 새로운 안보 파트너십을 개발한다. 둘째, 군사력을 한곳에 과도하게 배치하는 것을 지양하고 불확실성에 대처하기 위해 유연성과 기민성을 강화한다. 셋째, 지역의 필요에 따른 맞춤형 군사력 배치에 중점을 둠으로써 글로벌 차원의 군사 수요에 신속히 대처하는 능력을 강화한다. 넷째, 미 군사력이 현재 있는 곳에서 싸우지 않으리라는 것을 전제하고 신속한 기동역량을 개발하는 데 중점을 둔다. 다섯째, 임무를 효과적으로 수행할 수 있도록 플랫폼이나 병력의 수보다는 능력에 중점을 두고 방위태세를 정비한다(U.S. DoD 2005b: 18).

특히 새로운 안보협력관계의 창출은 위협에 대한 공통의 인식과 전략에 기반하고 있다. 이를 위해 동맹국들과의 관계를 강화하고 공통의 전략적 이익을 갖는 새로운 안보 파트너십 관계를 창출하는 데 주력한다. 현재 진행 중인 GPR은 미국이 추구하는 동맹 네트워크화의 표현으로서, 이는 곧 새로운 전략적 공통이익에 동참하는 국가들을 엮는 그물망 작업인 것이다.

미 국방부가 2005년에 발간한 새 국방전략보고서에 의하면 향후 미국의 군사전략은 능력위주계획에 입각해서 이루어질 것이다. 능력위주계획은 적의 능력에 대비하여 필요한 역량에 우선적으로 국방재원을 배분하는 방식이다. 새로운 국방전략계획은 미국이 대비해야 할 네 가지 위험요소를 상정하고 있다. 첫째, 테러리즘, 반란, 내전, '무제한전' 등 비정규적 위협, 둘째, 재래식 지상, 공군, 해군력 및 핵전력을 사용한 전통적 위협, 셋째, 미 본토 미사일 공격, 국가로부터 비국가 행위자로의 WMD 확산, 동맹국에 대한 WMD 공격 등을 포함하는 대재앙적 위협, 넷째, 센서, 정보전, 사이버전, 극소형 무기, 우주전, 지향성 에너지 무기 등을 동반한 파괴적 위협이다. 이들 중 가장 가능성이 높고 미국이 취약점을 지니는 것은 바로 테러집단과 불량국가들이 대량살상무기를 사용한 공격을 가해오는 대재앙의 경우로서 동맹 네트워크 없이는 대비에 어려움이 클 수밖에 없다. 가장 위험한 상황은 복합적 위협의 경우이다. 예를 들면 이라크와 아프가니스탄은 전통적 위협이면서 비정규적 위협을 야기한다. 북한은 전통적, 비정규적, 대재앙적 위협 모두에 해당한다(U.S. DoD 2005b: 2).

이러한 논의에서 알 수 있는 바는 21세기 군사안보환경에서 갈수록 네트워크의 중요성이 증대되리라는 것과 미국의 군사전략이 그에 부응하는 방향으로 변하고 있다는 점이다. 국가 대 국가의 전쟁양상에서 21세기의 군사안보는 국가 대 네트워크의 전쟁양상으로 변화할 것이며, 전쟁의 지배적인 양상은 여전히 국가 차원에서 이루어지지만 갈수록 전쟁에서 네트워크가 차지하는 비중이 중요해질 것으로 예상된다.

동맹 네트워크를 중요시하는 입장은 미국식 전쟁방식(American Way of War)에 관한 논의에서도 유추할 수 있다. 냉전 이후 미국이 치른 몇 개의 주요 전쟁—파나마(1989), 사막의 폭풍(1990), 소말리아(1992), 아이티(1993), 보스니아(1995), 사막의 여우(1998), 코소보(1989), 아프간(2001), 이라크(2003)—을 분석해보면 다음과 같은 특징이 있음을 알 수 있다. 첫째, 미국의 군사작전은 압도적으로 합동작전(joint and combined)이라는 점이다. 파나마 사태가 육군 위주로 진행되었던 것을 제외하고는 최근 미국의 군사작전은 압도적 무력을 동원한 육 · 해 · 공 합동작전이다. 둘째, 냉전 이후의 가장 두드러진 특징은 공군력을 동원한 타격으로 주로 시작된다는 점이다. 공군력의 사용은 인명피해를 줄이고 부수적 손실을 통제하기 위한 효과적인 방법이 되고 있다. 셋째, 주요 지상전투단계는 과거에 비해 기간이 단축되는 추세이다. 지상작전이 가장 길었던 코소보의 경우도 78일에 불과하다. 반면 주요 전투행위 종료 이후 평화유지는 더욱 길고 어려워지고 있다. 넷째, 공군력만으로 전쟁을 종결짓기는 불충분하다는 사실이 드러나고 있다. 1990년대 이후의 경험은 비록 공군력이 중요하긴 하지만 전쟁은 결국 지상군이나 외교에 의해 종결된다는 사실을 잘 보여준다. 다섯째, 전쟁 자체보다는 전후처리가 갈수록 어려운 임무가 되고 있다. 이라크, 보스니아, 코소보, 아프간 전쟁 등은 전후처리의 중요성을 보여주는 대표적 사례들이다(Gaffney 2004: 1-3).

미국이 치른 이러한 전쟁의 특징은 이미 미국과 연합군 간에 모종의 역할분담이 이루어지고, 네트워크가 구축되고 있음을 시사한다. 좀 더 크게 보면 최상위의 네트워크는 목적과 가치관이 다른 국가들 간의 목표 지향적 연합(coalition) 형성이라 할 수 있다. 동맹이 아니라 연합이 국가 간 보편적 네트워크가 될지도 모른다는 전망은 이미 냉전 이후의 상황에서 단초가 보이기 시작했다. 국가간 연합이 가능하려면 상호운용성이 전제되어야 한다. 상호운용성이란 간단히 말해 다양한 조직 혹은 개인들이 공통의 임무를 수행하기 위해 서로 합동작전이 가능한 정도를 지칭한다. 지휘의 관점에서 보면 상호운용성은 표준화, 통합, 협력 및 시너지를 함축하는 바람직한 개념이다. 그러나 좀 더 구체적으로 보면 상호운용성은 전략적(strategic), 운용적(operational), 전술적(tactical), 기술적(technical) 차원 등 다양한 차원에서 여러 가지 의미로 사용된다. 전략적 차원에서 상호운용성은 동맹이나 연합군 형성과 같은 가장 포괄적 의미에서의 협력을 의미하며, 아군과 연합군 사이에 세계관, 전략, 교리 및 전력구조를 조화시키는 문제에 집중된다(Hura 2000: 7-15). 그러한 최상위 개념으로서의 상호운용성은 동맹 네트워크를 통해 가장 잘 구현될 수 있다.

2006년 2월에 발표된 미 국방부의 4년 주기 국방전략보고서(Quadrennial Defense Review)에서는 향후 미 군사력 운용의 원칙이 지리적 개념을 벗어나 해외주둔 미군의 활동영역을 특정지역에서 전 세계로 확장하여 미국을 중심으로 동맹국과 미국 및 동맹국들 간의 협력관계를 엮는 거미줄과 같은 망(네트워크)을 구축하게 될 것임을 시사하고 있다. 이러한 망 구축을 통해 해외주둔 미군의 역할과 활동영역이 특정지역에 국한되는 것이 아니라 위협이나 도전이 발생할 경우 세계 어느 곳에서나 임무를 수행할 수 있는 구조, 능력과 체계를 보유하게 된다는 것을 의미한다. 더 나아가 미국이 추구하는 것은 단순한 동맹국 간 군사작전 차원 수준의 협력을 넘어서 미국을 정점으로 하는 일종의 세계적 군사복합체계

혹은 네트워크라는 것을 의미한다. 이러한 네트워크 내에서 각국의 위상과 중요성을 결정하는 것은 단순한 지리적 중요성보다는 얼마만큼 미국과 연합합동작전을 수행할 수 있는 능력과 체계를 갖추는가이다(최강 2006: 5-6).

(3) 글로벌 질서관리의 네트워크화

미국이 21세기의 새로운 군사제국으로 정착되려면 지구적 차원에서 제국을 관리하는 메커니즘이 구명되어야 한다. 아직까지 미국이 제국적 견지에서 글로벌 질서를 관리한다는 증거는 많지 않다. 그런데도 미국의 군사전략을 비판적 시각에서 보는 논객들은 미국이 군사적 측면에서 제국관리의 네트워크화를 지향한다고 주장한다. 앞으로도 상당 기간 미국은 역사상 유례를 찾아볼 수 없는 압도적 힘을 바탕으로 세계질서를 이끌 것이다. 미국은 군사력, 경제력 등 하드파워에서뿐만 아니라 소프트파워 면에서도 동급의 경쟁자를 찾아보기 어렵다. 이러한 이유로 미국을 새로운 성격의 제국으로 보는 많은 논쟁이 전개되고 있는 것이다. 그러나 세계화와 정보혁명, 탈냉전, 9·11테러 이후 국제안보환경의 변화 등 제반 여건은 미국이 압도적인 힘에도 불구하고 역설적으로 미국 혼자 힘으로 모든 것을 완수하기는 갈수록 어려워지는 추세에 있다. 때문에 미국이 제국운영의 원리로서 우호적 네트워크를 건설해야 할 필요성은 갈수록 커질 것으로 예상된다. 미국은 이미 확산방지구상(PSI), 해외주둔 정책 변화, 동맹국 정책의 변화, 대테러·반확산 연대의 구축 등 초강대국의 압도적 힘으로도 풀 수 없는 한계를 극복하기 위한 대안으로서 군사안보전략의 네트워크화를 모색하고 있다.

정보화시대 세계질서는 압도적 군사력만으로는 해결할 수 없는 복합적인 문제들을 내포하고 있다. 21세기 안보위협은 네트워크화되기 때문에 이에 대한 대응도 네트워크화되어야 한다(Slaughter 2004: 2). 그러한 상황은 정보화시대 제국관리에 있어서 과거와는 다른 새로운 접근방법을 불가피하게 만든다. 정보화시대의 새로운 세계질서는 가능하고 또 효율적이기만 해서는 곤란하다. 그것은 동시에 공정한(just) 세계질서이어야 한다. 정부간 네트워크가 글로벌 거버넌스로 자리잡기 위해서는 국가적, 초국가적 영역을 포괄하는 이중적인 기능을 담당해야 할 필요가 있다. 특히 정부간 네트워크의 활동은 투명하게 이루어져야 하는데, 이를 위해서는 우선 존 롤스가 말하는 공적 이성(public reason)이 실현되어야 하고, 무엇보다도 공적 영역(public sphere)이 마련되어야 한다. 요컨대 정부간 네트워크가 자발적인 글로벌 네트워크가 되기 위해서는 국가규범뿐 아니라 글로벌 규범도 준수해야 한다(Slaughter 2004:Ch. 6).

9 · 11테러 이후 미국이 반테러 · 반확산의 이름으로 수행한 일련의 전쟁들은 오늘날 지구사회의 광범위한 비판에 직면해 있다. 그것은 곧 미국의 전쟁이 제국의 위상이 요구하는 정당성을 획득하는데 적어도 지금까지는 실패했다는 것을 의미한다. 미국의 군사적 개입이 정당화되지 않는 한 미국을 과거와 같은 의미에서 제국이라 부르기는 어려울 것이다. 그런 의미에서 미국은 아직 '미완의 제국'이라 할 수 있다. 미국이 압도적 군사력에 상응하는 정당성을 어떻게 확보하느냐가 향후 미국이 참된 제국이 되느냐의 관건이 될 것이다. 즉 미국이 경성권력뿐 아니라 연성권력에 입각한 제국의 능력과 의도, 그리고 전략을 구비할 뿐만 아니라 미국을 바라보는 세계의 눈과 마음을 중시해야 제국으로서의 면모를 갖추게 될 것이다(이수형 2005: 88-89).

미국의 제국적 행태에 대한 무수한 문헌들은 미국의 제국적 위상을 학문적으로 검토해야 할 필요성을 잘 지적해준다. 그것은 21세기 국제질서의 근본적 성격을 탐구하는 작업이기도 하다. 현재의 국제질서에서 압도적 위상을 지닌 미국이 제국의 길로 갈지, 아니면 단순히 패권적 강대국으로 남을지 눈여겨볼 필요가 있다. 그것은 또한 한미동맹과의 연관성을 통해 우리에게 직접적인 영향을 미치는 중요한 사안이기도 하다.

4. 한미동맹에 대한 함의

제국을 하나의 국제질서로 볼 때 그 질서를 유지하는 가장 중요한 변수는 과거나 현재나 모두 압도적 군사력이라는 점에서 일치한다. 유례가 없는 압도적 군사력을 바탕으로 21세기의 유동적 안보위협에 대처한다는 미국의 변환전략은 세계를 미국의 의지대로 바꾸겠다는 발상을 바탕에 깔고 있다. 미국은 9 · 11테러 이후 반테러 · 반확산을 전략 기조로 채택하고, 그에 따라 미군의 태세를 붙박이형 군대에서 신속기동대응군 형태로 바꾸는 군 변환을 적극 추진 중이다.

미국의 변환전략은 두 가지 차원에서 진행되고 있다. 하나는 군사태세의 변환이고, 다른 하나는 외교태세의 변환이다. 위에서도 지적했듯이 미국의 군사력 변환은 동맹 네트워크, 군사역량, 그리고 글로벌 방위태세 조정 등을 포함하고 있다. 새로운 방위태세는 전략적 유연성을 바탕으로 시간과 공간의 제약을 넘어서는 홍길동식 군대를 지향하고 있다.

군사차원의 변환과 더불어 콘돌리자 라이스 미 국무장관은 2006년 1월 조지타운대에서 행한 연설에서 미국이 지향할 21세기 외교로 변환외교(Transformational diplomacy)를 강조했다. 변환외교란 외교를 통해 세계를 변화시킨다는 취지로 미 국무부가 추진해온 공공외교(public diplomacy)가 더욱 확대 · 발전된 개념이다. 라이스 장관은 오늘날 국제사회가 직면한 최대의 위협은 국가들 사이에서보다는 국가들 내부로부터 비롯된다고 지적한다. 즉 정권 자체의 근본 성격이 국제관계에서 힘의 분배보다 더욱 중요해진 것이다. 이러한 변화로 인해 미국의 안보이익과 타국의 안보이익을 명확히 구분하기가 갈수록 어려워지고 있으며, 미국과 타국의 이익을 포괄하는 외교전략이 필요하다. 변환외교의 목표는 될수록 많은 국가들과 파트너십 관계를 강화함으로써 민주주의와 법치의 확장을 도모하는 그물망 지식외교이다. 21세기의 새로운 안보환경에서 미국의 국익을 실현하기 위해서는 외교분야에서도 군 변환에 필적하는 외교태세의 변환이 필요하다. 구체적으로는 전 세계에 배치되어 있는 외교인력을 21세기적 수요에 따라 재배치하겠다는 것이다. 일례로 인구 8000만 명의 독일과 10억 명이 넘는 인도에 같은 수의 외교관이 배치되어 있는 유럽우선주의를 과감하게 재조정하고, 동시에 외교관들을 각국의 수도에 중점적으로 배치하는 대신 여러 국가를 동시에 관장하는 지역 공공외교센터를 본격적으로 확충하며, 군사와 외교의 합동성을 강화한다는 것이다. 또한 혁명적으로 발전하고 있는 정보기술의 도움을 얻어 외교관 일인 포스트와 가상 포스트(Virtual Presence Post)를 많이 만들어 세계 시민들에게 직접적으로 미국식 자유를 전파하기 위한 현장외교를 본격적으로 전개하겠다는 것이다(Rice 2006).

요약하자면, 부시 2기 행정부에 들어와 부시 1기 행정부의 반테러 · 반확산 중점에 민주주의와 인권 확산이 추가되면서, 이를 군 변환과 변환외교로 뒷받침한다는 것이 현 부시 행정부의 큰 구상인 것이다(이상현 2006a: 10-11). 군 변환은 주한미군의 조정과 직결되고, 변환외교는 한미동맹의 미래비전 및 정치적 신뢰와 연결되는 문제이다.

한국은 미국과 군사동맹으로 연결되어 있다. 때문에 미국 군사전략의 변화는 한국의 안보에도 중요한 함의를 가진다. 새로운 군사전략의 핵심은 네트워크 중심의 군사안보전략이다. 그런 이유로 미국 군사전략의 특성을 올바로 이해하고 대처하는 것은 현실적으로 매우 중요한 의미를 지닌다. 미국 또한 해외주둔정책 변화, 동맹국 정책의 변화, 대테러 · 반확산 연대의 구축 등 초강대국의 압도적 힘으로도 풀 수 없는 한계를 극복하기 위한 대안으로서 군사안보전략의 네트워크화를 모색하고 있다. 달리 표현하면 부시 행정부의 동맹국 정책은 미국의 압도적 힘을 글로벌 차원으로 투사하기 위한 투사형 개입(projection engagement)으로의 변환을 지향하고 있다. 클린턴 행정부는 탈냉전시대의 도래와 함께 미국의 가치와 힘이 반영되는 단극체제로의 연착륙을 위해 변화의 관성을 그대로 다져나가는 다지기형 개입 혹은 포용 및 확대전략(engagement and enlargement)을 사용했다. 단극체제가 어느 정도 확립되었다고 판단한 부시 행정부 아래에서는 체제를 관리하는 관리전략으로 전환하게 된다. 이러한 상황에서 미국이 요구하는 동맹은 미국이 정점에 있는 동맹 네트워크 안에서 기존의 동맹국과 새로운 동맹국이 신속한 미군의 투사를 위한 분업을 수행하는 형태의 동맹이 된다. 그 구체적인 표현이 바로 GPR로 대표되는 해외기지 네트워크의 대대적인 조정인 것이다(이근 2005: 15-17).

미국의 동맹국 정책이 네트워크화된다는 의미는 미국과 동맹관계를 맺고 있는 각각의 국가들이 미국이 글로벌 차원에 펼쳐놓은 거미줄 망 내에서 어떠한 위치에 놓이느냐에 따라 미국의 지원과 협력의 수준이 결정된다는 것을 의미한다. 또한 동맹이나 우방국과의 협조를 위해서는 과거보다 더 높은 수준의 정보자산 및 체계의 공유가 필요하다는 점에서 해당국들의 전력발전과의 연계성이 증가한다는 것을 의미한다. 반대로 요구 수준의 상호운용성을 충족하지 못할 경우에는 특정 임무만을 수행하는 하부구조로 전락할 가능성이 증가하는 한편, 결과적으로 동맹으로서의 효용성 및 중요성 저하로 나타나고 동맹관계 이완도 발생할 수 있음을 암시한다. 특히 2006 QDR은 동맹 · 우방국과의 군사협력적 통합(integration)을 강조하고 있다는 면에서 과거보다 더 긴밀하고 광범위한 협력을 추구할 것으로 예상된다. 또한 상호운용성이 더욱 강조될 것으로 전망되며, 이는 궁극적으로 한미 양국이 구상하는 새로운 형태의 안보협력체제에도 영향을 미칠 것으로 예상된다(최강 2006: 12-13).

한미동맹은 이미 그러한 방향으로 향해가고 있다. 현재 진행 중인 주한미군의 조정이 바로 그것이다. 주한미군은 이미 2사단을 미래형 사단인 UEx(Unit of Employment X)로 개편을 완료한 것으로 알려져 있다. 미 2사단 개편의 핵심은 지상부대 중 제1여단을 중무장 전투여단(HBCT: Heavy Brigade Combat Team)으로 재편하고 항공부대로는 해체되는 항공여단 부대들을 통합하여 새로운 다기능 항공여단(MFAB: Multi-Functional Aviation Brigade)을 창설하는 것이다.[2] 이에 따라 주한미군이 보유했던 포병, 전차부대는 각각 2개 대대에서 1개 대대씩으로 줄었다. 아파치 대대도 3개에서 2개로 축소되었다. 그러나 북한군 재래식 전력에 대응하는 에이브럼스 전차, 아파치 헬기 부대가 미 지상군의 핵심으로 유지되고 중무장 전투여단에는 전차, 기계화 보병, 포병, 정보 부대가 모두 통합되면서 이 여단이 기존 사단급 작전을 수행할 수 있는 화력을 갖춘 것으로 평가된다. 70여 대에서 48대 안팎으로 줄어드는 아파치 헬기도 모두 신형(아파치 롱보)으로 교체된다. 전체적으로 보면 미8군은 제8인사행정사령부와 제17항공여단의 해체로 슬림화되었다. 또한 과거 사단 중심의 전투수행체계가 여단 중심으로 변화하면서 2~3개 대대로 구성되던 1개 여단이 5~7개 대대로 증편되고 한반도 안팎으로 전개되는 부대를 지원하는 501 증원지원여단(Sustainment Brigade)이 창설될 예정이다(*Stars and Stripes*, Feb. 14, 2006).

이와 같은 주한미군의 개편 흐름은 미군의 전반적인 변환추세에 부합하여 전략적 유연성을 구현하기 위한 것이라는 관측이 지배적이다. 즉 전투여단이 5~7개 대대로 증편되는 것은 한반도 이외 지역에서 벌어지

---

2) 미8군 보도자료, "미8군 변환계획(재배치) 예정대로 진행," 미8군 공보관실(http://8tharmy-korea.army.mil) 2005년 6월 27일.

는 분쟁 유형에 따라 여단 또는 대대 병력을 골라 맞춤형으로 내보내 전투임무를 수행하겠다는 의미인 것이다. 주한미군 관계자는 "1개 여단을 5~7개 대대로 확대한다는 것은 상황에 따라 전투부대를 다르게 파견한다는 의미"라며 "전투부대가 경량화할수록 신속기동이 가능하다"고 말했다. 국내 전문가들도 주한미군이 전투여단 예하대대 수를 늘리겠다는 것은 소규모 국지전과 대테러전 등에 효과적으로 신속하게 대응하겠다는 뜻으로 해석한다(『중앙일보』, 2006년 2월 14일). 2008년 이후 주한미군은 오산 · 평택과 부산 · 대구의 두 거점을 중심으로 재배치된다. 이들 지역은 모두 항구와 비행장을 끼고 있어 한반도 전출입에 유리하다. 이는 곧 주한미군 재배치가 미군의 원활한 이동을 상정하는 전략적 유연성을 이미 염두에 두고 이루어지고 있다는 의미로 볼 수 있다.[3] 2006 QDR은 주한미군뿐 아니라 전 세계 미군의 신속기동군으로 개편이 지속적으로 추진될 것임을 예고한다.

5. 맺음말

본 연구는 21세기 군사변환의 특성을 정보사회의 네트워크 측면에 초점을 맞추어 이해하려고 시도했다. 이를 위해 우선 21세기 군사안보환경의 특성을 개관하고, 이어서 21세기 군사력의 특성을 네트워크, 군사혁신, 군 변환 등 현재 진행중인 군사력 구성, 전략, 개념 변화를 중심으로 살펴보았다. 특히 21세기 제국의 작동양식으로서 군사부문의 네트워크 속성이 구현되는 양식을 고찰함으로써 앞으로 세계질서에 미치는 영향

3) "주한미군 2사단 미래형 사단 개편(…) '몸집' 줄였지만 전력은 그대로," 『중앙일보』, 2005년 7월 6일.

과 파급효과를 진단했다. 21세기 제국의 작동방식에 대해서는 여러 가지 접근방식이 있을 수 있다. 본 연구에서는 향후 미국의 군사전략이 과거와는 다른 방식으로 시행될 가능성에 초점을 두고 네트워크 중심의 군사안보전략이 작동되는 방식을 집중 분석했다.

이러한 변화가 우리에게 시사하는 바는 이제 한국도 나름대로의 국가전략과 동맹정책을 확립하고 미국의 네트워크를 우리의 국익에 맞게 활용하는 지혜를 발휘해야 한다는 점이다. 한미동맹이라는 큰 그물망 속에서 우리는 어떤 그물망을 쳐야 앞으로의 안보환경에서 우리의 생존을 확보하고 평화와 번영을 이룩할 수 있는지에 대한 진지한 고민과 연구가 필요하다. 북핵문제의 해결도 우리가 속한 네트워크를 잘만 활용하면 해결의 실마리를 찾을 수 있을 것이다. 크게 보면 동아시아는 이미 오래전부터 미국의 그물망 속에 들어와 있다. 문제는 세계의 안보환경이 네트워크를 중심으로 이루어지고 미국의 군사전략이 그에 부응하는 방향으로 바뀌는 상황인데, 한국은 여전히 자주를 강조하고 있다는 점이다.

다른 한편, 미국 주도의 그물망에 들어가는 것에 대한 우려가 있는 것도 사실이다. 즉 한미동맹을 강화할 경우 한국이 원하지 않는 분쟁에 휘말릴 위험이 있다는 것이다. 즉 한국이 단순히 미 군사전략의 부품 중 하나로 전락할 위험은 경계해야 한다. 우리가 더불어 살아가야 할 네트워크는 앞으로도 상당 기간 미국 중심의 네트워크가 될 것이다. 그러나 그것이 미국을 제외한 국가들과의 네트워크를 경시한다는 의미는 아니다. 한국이 살아갈 미래환경은 국내와 한반도, 동북아, 글로벌 차원에서 얽히고 설킨 복합적 그물망의 시대이다. 우선은 미국이 쳐놓은 그물망을 잘 활용하고, 한반도 주변에 우리가 할 수 있는 능력대로 독자적인 그물망을 치도록 노력해야 한다. 동북아에서는 당분간 점차 가시화되는 중국과 러시아의 군사안보협력 강화에 미 · 일동맹이 맞서는 구조가 추세이겠지만, 복합적 그물망시대에 그것을 양자택일의 구조로 규정하여 우리

스스로 운신의 폭을 제한할 필요는 없다(이상현 2006c: 75-76). 우리 스스로 남을 얽어매는 거미줄을 칠 능력이 안 된다면 남이 쳐놓은 그물망을 잘 활용하는 것이 한국처럼 강대국들에 둘러싸인 국가의 생존을 위한 지혜가 될 것이다.

| 참고문헌 |

김상배, 2005, 「정보화시대의 제국: 지식/네트워크 세계정치론의 시각」, 『세계정치』, 서울대 국제문제연구소, 제26집 1호.

노훈 · 손태종, 2005, 「NCW: 선진국 동향과 우리 군의 과제」, 『주간 국방논단』 제1046호.

류재갑, 2005, 「21세기 미국의 신국가 안보정책과 군사전략: 선제공격 독트린의 역사적 · 전략적 함의」, 『국가전략』 제11권 3호.

마누엘 카스텔스, 김묵한 외 역, 2003, 『네트워크 사회의 도래』, 서울: 한울 아카데미.

박지향, 2005, 「왜 지금 제국인가」, 『세계정치』, 서울대 국제문제연구소, 제26집 1호.

안병진, 2005, 「네그리와 하트의 제국론: 제국론에서의 미국의 위상에 대한 논의를 중심으로」, 『세계정치』, 서울대 국제문제연구소, 제26집 1호.

안토니오 네그리, 마이클 하트, 윤수종 역, 2001, 『제국(*Empire*)』, 서울: 이학사.

알렉스 캘리니코스, 김용욱 역, 2003, 『미국의 세계 제패 전략』, 서울: 책갈피.

이근, 2005, 「해외주둔 미군재배치계획(GPR: Global Defense Posture Review)과 한미동맹의 미래」, 『국가전략』 제11권 2호.

이상현, 2001, 『정보화사회의 국가안보: 안보개념의 변화와 대응』, 성남: 세종연구소.

———, 2004, 「1945년 이후 미국의 세계 군사전략과 주한미군 정책의 변화」, 한용섭 편, 『자주냐 동맹이냐: 21세기 한국 안보외교의 진로』, 서울: 오름.

———, 2006a, 「주한미군 전략적 유연성 합의」, 『정세와 정책』 2월호.

———, 2006b, 「2006 QDR과 한미동맹」, 『정세와 정책』 3월호.

———, 2006c, 「미 군사변환의 세계전략과 동맹 네트워크」, 하영선 편, 『21세기 한국외교 대전략: 그물망국가 건설』, 서울: 동아시아연구원.

이수형, 2005, 「제국의 관점에서 바라본 미국의 군사안보전략과 21세기 국제정치」, 『세계정치』, 서울대 국제문제연구소, 제26집 1호.

이춘근, 2004, 「미국 해군력 발달의 역사적 궤적」, 한국해양전략연구소 학술회의(2004. 9. 24, 서울 힐튼호텔) 발표논문.

최강, 2006,「2006 '4년 주기 국방전략보고서(QDR)의 주요 내용 분석과 외교안보적 함의」, 외교안보연구원 주요국제문제분석(2006. 2. 16).

Alsace, Juan A., 2003., "In Search of Monsters to Destroy: American Empire in the New Millennium," *Parameters*, Autumn.

Arquilla, John and David Ronfeldt, 2000, *Swarming and the Future of Conflict*, Santa Monica, CA: RAND(http://www.rand.org/publications/DB/DB311/ DB311.pdf).

Bacevich, Andrew J., 2002, *American Empire: The Realities and Consequences of U.S. Diplomacy*, Cambridge: Harvard University Press.

Balakrishinan, Gopal, ed., 2003, *Debating Empire*, New York: Verso.

Barber, Benjamin R., 2003, *Fear's Empire: War, Terrorism, and Democracy*, New York: W. W. Norton and Company.

Barnett, Thomas P. M., 2004, *The Pentagon's New Map: War and Peace in the Twenty-first Century*, New York: G. P. Putnam's Sons.

Berkowitz, Bruce, 2003, *The New Face of War: How War Will Fought in the 21st Century*, New York: The Free Press.

Boswell, Terry, 2004, "American World Empire or Declining Hegemony," *Journal of World-Systems Research*, X:2, Summer.

Brzezinski, Zbigniew, 2004, *The Choice: Global Domination or Global Partnership*, New York: Basic Books.

Conetta, Carl, 2003, "9 · 11 and the Meanings of Military Transformation," Project on Defense Alternatives, 6 February(http://www.comw.org/pda/0302conetta.html, 검색일: 2003년 11월 26일).

Cox, Michael, 2004, "Empire, imperialism and the Bush Doctrine," *Review of International Studies*, 30.

Eriksson, Anders E., 1999, "Information Warfare: Hype or Reality?" *The Nonproliferation Review*, Spring-Summer.

Feith, Douglas J., 2003, "Transforming the U.S. Global Defense Posture," remarks at the Center for Strategic and International Studies, Washington DC, Wednesday, December 3.

Ferguson, Niall, 2003, "Hegemony or Empire?"(Review Essay), *Foreign Affairs*, 82:5, September/October.

———, 2005, "Sinking Globalization," *Foreign Affairs*, 84: 2, March/April.

Fukuyama, Francis, 2005, "Re-Envisioning Asia," *Foreign Affairs*, 84: 1, January/February.

Gaddis, John Lewis, 2004, *Surprise, Security, and the American Experience*, Cambridge: Harvard University Press.

———, 2005, "Grand Strategy in the Second Term," *Foreign Affairs*, 84:1, January/February.

Gaffney, H. H., 2004, "The American Way of War through 2020," Paper presented at the National Intelligence Council 2020 Project Workshop, "*Changing Nature of Warfare*," 25 May.

Haas, Richard N., 2002, "From Reluctant to Resolute: American Foreign Policy after September 11," Remarks to the Chicago Council on Foreign Relations, Chicago, Illinois, June 26.

Heisbourg, François, "A Work in Progress: The Bush Doctrine and Its Consequences," *The Washington Quarterly*, 26:2.

Hura, Myron and others, 2000, *Interoperability: A Continuing Challenge in Coalition Air Operations*, Santa Monica, CA: RAND.

Ikenberry, G. John, ed., 2002, *American Unrivaled: The Future of Balance of Power*, Ithaca: Cornell University Press.

———, 2004, "Illusions of Empire: Defining the New American Order," *Foreign Affairs*, 83:2, March/April.

Keohane, Robert O. and Joseph S. Nye, Jr. 1998, "Power and Interdependence in the Information Age," *Foreign Affairs*, 77:5.

Kudrle, Robert T., 1999, "Three Types of Globalization: Communication, Market and Direct," in Raimo Vayrynen, ed., *Globalization and Global Governance*, New York: Rowman & Littlefield Publishers, Inc.

LaFeber, Walter, 2002, "The Bush Doctrine," *Diplomatic History*, 26:4, Fall.

Libicki, Martin C., 1998, "Information War, Information Peace," *Journal of International Affairs*, 51:2.

Mead, Walter Russell, 2004, *Power, Terror, Peace, and War: America' s Grand Strategy in a World at Risk.*, New York: Alfred A. Knopf.

Nye, Joseph S. Jr., 2002, *The Paradox of American Power: Why the World' s Only Superpower Can' t Go It Alone*, New York: Oxford University Press.

Nye, Joseph S., Jr. and Willam A. Owens, 1996, "America' s Information Edge," *Foreign Affairs*, 75:2.

Pew Global Attitudes Project, 2005, "American Character Gets Mixed Reviews: U.S. Image Up Slightly, But Still Negative," Released June 23(http://pewglobal.org/reports/pdf/247.pdf, 검색일: 2005년 10월 3일).

Posen, Barry R. and Andrew L. Ross, 2000, "Competing Visions for U.S. Grand Strategy," in Michael E. Brown, et. al. eds., *America' s Strategic Choices: An International Security Reader*, Cambridge: The MIT Press.

Rice, Condoleezza, 2006, "Transformational Diplomacy: Remarks at Georgetown School of Foreign Service" (http://www.state.gov/secretary/rm/2006/59306.htm, 검색일: 2006년 1월 21일).

Slaughter, Anne-Marie, 2004, *A New World Order*, Princeton: Princeton University Press.

Swartzstein, Stuart J., ed., 1996, *The Information Revolution and National Security: Dimensions and Directions*, Washington DC: The Center for Strategic and International Studies.

U.S. Department of Defense, 2001, *Transformation Study Report,* April 27(http://www.-defenselink.mil/news/Jun2001/d20010621transrep.pdf, 검색일: 2004년 5월 11일).

———, 2003, *Transformation Planning Guidance*, April(http://www.afei.org/transformation/-pdf/TransPlanningGuidance_April2003.pdf, 검색일: May 7, 2004).

———, 2005a, *Facing the Future: Meeting the Threats and Challenges of the 21st Century*, February2005(http://www.defenselink.mil/pubs/facing_the_future/facing_the_-future_-cOL.pdf, 검색일: 2005년 5월 14일).

———, 2005b, *The National Defense Strategy of the United States of America*, March.

———, 2006, *Quadrennial Defense Review Report*, February(http://www.defenselink.mil/-qdr/-report/Report20060203.pdf, 검색일: 2006년 2월 4일).

U.S. Joint Forces Command, 2001, *A Concept for Rapid Decisive Operations*, RDO White Paper Version 2.0.

6

정보혁명과 지구테러 네트워크

신성호_서울대학교

1. 머리말

탈냉전과 탈근대로 상징되는 21세기 국제정치의 안보는 그 위협의 종류와 분쟁의 성격에 있어서 근본적인 변화를 보여주고 있다. 2001년 9월 11일 미국 뉴욕과 워싱턴을 강타한 테러는 비국가행위자가 국제정치 안보의 새로운 핵으로 등장하는 결정적인 사건이었다. 20세기 냉전 중 국제안보의 핵심이 핵무기로 무장한 미소 양국간의 대결이었다면, 21세기는 인터넷을 활용한 테러집단과 초강대국 미국의 사활을 건 투쟁이 새로이 전개되고 있다. 미국의 조지 부시 대통령은 대량살상무기와 테러를 미국의 생존을 위협하는 근본적 위협으로 정의하고 전면적인 테러와의 전쟁을 선포했다.[1] 이후 미국은 9 · 11테러의 주범인 오사마 빈 라덴

1) George Bush 2006.

(Usama bin Laden)과 알 카에다(Al-Qaeda) 테러조직의 색출에 총력을 기울이는 한편, 아프가니스탄과 이라크에 대한 침공을 감행했다. 혹자는 미국의 이러한 반응이 오히려 테러의 위협을 가중시키고 있다고 비판한다. 부시 행정부의 일방주의 및 선제공격 독트린을 비난하는 외국뿐 아니라 미국 내에서도 테러 위협이 과연 과거 소련에 버금가는 위협에 해당하는지에 대한 회의와 더불어 오히려 부시 행정부의 과도한 대응이 미국에 대한 전 세계적 반감과 테러의 위협을 가중시킨다는 비판적인 시각이 상당수 존재한다.[2)]

이와 관련하여 매슈와 샴보는 최근의 논문에서 21세기 테러리즘의 네트워크적 특성에 주의하면서도, 네트워크가 지니는 고유한 한계로 인해 현재의 극단적 테러리즘이 제도권으로 흡수되거나 고립, 소멸될 것이라고 주장한다. 본 논문은 이들의 주장에 대한 비판적 고찰을 통해 21세기 테러리즘이 가지는 네트워크적 특징과 위험성을 조명해보고자 한다. 이를 위해 먼저, 2절에서 근대 테러리즘의 전반적 개괄을 통해 21세기 테러가 지니는 특성을 살펴보고자 한다. 3절에서는 정보혁명이 구체적으로 알 케에다 조직의 테러활동에 어떠한 변화를 가져왔는가를 고찰하고, 이어서 정보혁명과 테러조직의 네트워크화에 관한 이론을 소개할 것이다. 마지막으로 매슈와 샴보의 '척도 없는 네트워크' 테러의 한계에 대한 비판적 고찰을 통해 정보혁명에 의해 가속화된 테러 네트워크가 가지는 생명력과 동기의 종교성, 폭력의 신성화 등에 의해 야기되는 새로운 위협과 도전을 제시할 것이다.

---

2) 보수층을 기반으로 한 조지 부시에 비판적인 민주당 및 진보 진영뿐 아니라 최근에는 보수진영의 대표적인 논객인 프랜시스 후쿠야마도 부시 대통령의 일방주의 정책과 선제공격을 국제사회에서 미국의 지도력을 훼손하고 고립시키는 위험한 정책으로 비판하고 있다. Francis Fukuyama 2004: 57-68, 부시 행정부 외교정책에 대한 국내외 여론 변화와 관련해서는 김성한 · 정한울 2006: 189-212.

2. 근대 테러리즘: 동기의 세속성과 테러활동의 지역적, 기술적 한계

9 · 11테러 이후 등장한 급진 테러리즘의 특성을 이해하기 위해, 먼저 테러리즘의 일반적인 정의와 성격을 알아볼 필요가 있다. 테러행위 및 테러리즘은 "비국가단체나 비밀요원들이 자신들의 정치적 목표를 달성하기 위하여 비전투원을 대상으로 저지르는 의도된 폭력"으로 정의된다.[3] 모든 테러리즘은 특정한 목표를 추구한다는 점에서 정치적 성향을 가진다. 그들이 불특정 민간인들을 공격대상으로 삼는 것도 파괴 자체가 목표라기보다는 이를 통해 목표로 하는 정부나 사회에 공포와 혼란을 야기함으로써 자신들의 의지를 전달하고 지속적인 공포의 경고를 통해 원하는 정치적 목표를 달성하기 위한 것이다. 이는 테러의 중요한 특징인 비국가행위자적 요소에 기인한다. 테러는 개인이나 특정한 단체로 구성된 비국가행위자(non-state/sub-national actor)들이 국가에 대항하여 비정규적인 폭력의 수단을 사용하여 전투원이 아닌 비전투원을 대상으로 행하는 무차별적인 폭력행위라는 점에서 비국가 저강도분쟁(low-intensity conflict)의 전형적인 한 유형에 속한다.[4] 흔히들 테러리즘은 약자의 무기로 이해되기도 하는데, 객관적으로 강자의 폭력에 대항할 수 없는 소수집단이 자신들의 절박한 상황을 극복하기 위해 저지르는 최후의 수단으로 여겨진다. 이러한 점에서 피해자의 입장에서는 극악무도한 테러분자

---

3) US Department of State 2005.

4) 탈냉전 이후 국제안보에서 두드러지게 나타나기 시작한 저강도분쟁은 국가간 전쟁과 같은 고강도분쟁과는 전혀 다른 모습을 보인다. 탱크나 전투기 및 대규모 군대를 동원하는 대신 소총이나 몽둥이 칼과 같은 단순한 무기에 의해 폭력이 행해지는 저강도분쟁은 그 방법과 대상에 대한 잔혹성이 증가하고 분쟁의 기간이 길어지는 특징을 보임에 따라 결과적으로 국가간 전쟁에 비해 더 많은 파괴와 희생을 초래하는 경향이 있다. Martin van Creveld 1991 · 2003; Robert Cooper 2003.

가 이들의 취지를 지지하는 다른 이들에게는 영웅으로 여겨지기도 한다. 그러나 이들의 폭력이 의도적으로 무고한 일반시민을 주 대상으로 삼고, 이를 통해 그야말로 공포를 조장하는 것을 주 목적으로 삼는다는 점에서 테러는 다른 형태의 정치적 폭력에 비해 야만적이고 비도덕적인 행위로 치부된다.[5] 물론 국가가 지원하는 테러행위가 있을 수 있지만 그 경우에도 국가 자체를 테러범으로 지칭하지는 않는다.

테러리즘은 탈냉전 이후 갑자기 등장한 개념이 아니다. 기록에 전하는 테러의 가장 오래된 사례 중의 하나로 기원전 1세기 로마의 지배에 항거한 유대인 테러주의자들이 예루살렘의 한복판에서 백주 대낮에 단검을 이용, 로마관리를 살해함으로써 군중에게 공포를 조장하고 이후 대중봉기로 이어진 사건이 있었다. 그 외에도 초기의 기록에는 힌두교의 폭력배나 무슬림 암살자들에 대한 기록도 나온다. 그러나 테러라는 표현이 공식적으로 사용된 것은 1795년 로베스피에르의 프랑스 공화정이 반혁명에 대항하기 위해 시행한 공포정치(Reign of Terror)에서 비롯된다.[6] 이후 본격적인 근대의 테러리즘은 세 시기를 거쳐 변모를 거듭한다. 먼저 19세기에 러시아의 차르 체제 하에서 생겨난 계몽적 테러리즘을 들 수 있다. 러시아의 전제정치에 반하여 보다 민주적인 정치개혁과 경제개혁을 추구한 일부 세력은 당시 대중의 반항운동을 선동하기 위해 차르 정권의 상징적 목표에 대한 테러를 감행했다. 19세기와 20세기 초에 걸쳐 일어난 전제정부의 붕괴와 새로운 정치권력의 확보를 위한 노력은 이러한 테러가 본격적으로 유럽 각지에 확산되는 계기가 되었고, 이후 제1차세계대전을 촉발한 세르비아 황태자의 암살사건에 이르러 그 절정에 이른다. 근대 테러의 두 번째 시기는 제1차세계대전 이후 성립되기 시작한

5) Audrey Kurth Cronin 2002 · 2006: 30-58.
6) Walter Laqueur 1977: 7-8.

민족자결주의에 힘입은 식민지 독립운동과 함께 시작되었다. 이후 20세기 중반에 걸쳐 활발하게 전개된 테러의 주류는 대부분 과거 식민지로부터 정치적 자주나 독립을 얻기 위한 목적을 가지고 있었으며, 이는 알제리나 이스라엘, 남아프리카, 베트남 등의 독립운동과 깊은 연관을 가지게 된다. 특히 베트남에서 미국의 굴욕적 패배는 전 세계 민족해방운동에 커다란 반향을 일으키면서 제3의 테러물결을 1970년대와 80년대에 일으키는 계기가 되었다. 그리하여 이 시기 테러운동은 보다 국제적으로 조직화되는 모습을 보이는 가운데, 한편으로는 북한이나 이란, 리비아 그리고 구 소련연방의 국가들이 좌파 민족주의 테러운동을 지원하는 양상을 보이게 된다.[7]

위와 같은 근대 테러리즘은 그 동기에 따라 크게 세 가지로 구분된다. 먼저 공산주의운동과 연관된 좌파 테러리즘이 있는데, 20세기 서유럽의 좌파 테러리즘은 잔인한 방법을 사용했지만 비교적 그 시기가 짧게 존재했다. 둘째는 파시즘과 같은 우파에서 생겨난 우파 테러리즘이 있다. 종종 인종적 편견이나 종교 및 이민자 문제에 기초한 우파 테러리즘은 좌파 테러에 비해 느슨한 모습을 보인다. 셋째는 분리주의 테러리즘으로 제2차세계대전 이후 세계 각국에서 소수 민족이나 종족들이 자신들의 분리 독립을 위해 투쟁하는 형태로 나타났다. 이러한 세 가지 근대 테러리즘의 공통점은 모두 세속적인 정치적 목표를 추구했다는 것이다. 이들이 사용한 테러의 구체적 행위나 정도에 있어서 차이는 있지만 기본적으로 이들 모두는 자신들의 특정한 정치적 목적을 달성하기 위한 도구로서 테러를 사용했다. 이러한 근대 테러리즘이 가지는 동기의 세속성은 이들이 폭력을 행사함에 있어 그 수단과 정도에 있어서 나름의 자제와 절제를 부여했다. 근대 초기 테러주의자들의 경우 자신들의 테러 목표가 가족과

7) David C. Rapoport 2001: 419-424 참조.

함께 있거나 목표로 삼은 대상 외에도 무고한 시민이 함께 희생될 가능성이 있는 경우 종종 양심에 의해 테러를 포기하곤 했다. 이후 정치적 목표를 위해서는 무고한 인명이 희생될 수도 있다는 논리가 보다 널리 퍼짐에도 불구하고 과도한 테러행위는 오히려 자신들의 정치적 입지를 약화시킬 수 있다는 실질적 고려는 여전히 무차별적이고 잔인한 테러행위에 대한 근본적인 제약으로 작용했다.[8)]

근대 테러리즘은 동기의 세속성과 함께 테러활동에 있어서 지리적 · 기술적 제약을 가졌다. 근대 테러리즘의 활동영역은 대부분이 자신들이 위치한 지역의 국가의 영역을 벗어나지 못했다. 이들이 추구한 목적이 대부분 특정 지역의 국가나 정부를 상대로 정치적 양보 혹은 독립을 얻어내는 것이었기에, 이들의 활동영역이나 대상도 특정한 국가나 지역을 벗어나는 경우가 드물었다. 1972년 이스라엘에 대항한 팔레스타인해방기구(PLO)가 독일의 뮌헨올림픽에서 테러를 일으킨 경우에도 그 대상이 이스라엘 선수단에 한정된 사실은 이들 활동의 지역적 한계성을 드러낸다. 이러한 테러활동영역의 지역적 한계는 테러집단이 주 저항대상인 국가에 대항해 투쟁함에 있어 지닌 기술적 한계에 의해 더욱 심화되었다. 소수의 정예요원과 한정된 재원을 가지고 활동을 해야 했던 이들이 주로 채택한 수단은 요인 암살이나 납치, 폭발물을 이용한 테러가 주를 이루었다. 그 중에서도 국제적인 관심을 끈 방법으로 여객기 납치의 사례가 있었는데, 이 경우에도 대부분 테러범들은 승객들을 인질로 협상을 요구하거나 그 과정에서 진압되는 등 실제로 많은 인명피해를 초래한 사례는 드물었다. 근대 테러리즘의 테러행위는 상대에 대한 직접적인 공격과 파괴를 목표로 하기보다는 정치적 의사전달의 수단으로 사용되었다. 민간목표에 대한 공격이나 파괴는 사회에 공포를 조장함으로써 자신들의 요구에 대한

8) Walter Laqueur 2003: 452 참조.

정치적 관심을 일깨우거나 정부와의 협상을 유리하게 이끌기 위한 수단으로 사용되었다. 근대 테러리즘에 있어서 폭력과 파괴 자체가 목적이 되는 경우는 드물었으며, 이들의 테러행위가 대상 국가의 안보나 사회체제를 직접적으로 위협하는 수준으로 발전하지는 못했다. 근대 테러리즘의 지리적 · 기술적 한계는 이들의 투쟁 상대인 국가가 테러집단을 색출, 제거함에 있어 상대적 이점으로 작용했다. 지역조직에 근거를 둔 테러집단의 구성원과 활동은 국가의 감시망에 쉽게 포착되는 취약성을 가지고 있었다. 국가는 우월한 정보력과 무력을 바탕으로 테러집단의 활동을 비교적 쉽게 파악하고 테러행위를 미연에 방지하거나 테러 이후 비교적 신속하게 이들 조직을 체포, 제거할 수 있었다.

3. 정보혁명과 21세기 테러의 네트워크화

(1) 정보혁명과 알 카에다

이전의 테러리즘과 다른 21세기 테러리즘의 가장 큰 특징은 이들의 활동과 그 영향력이 특정 지역이나 국가에 한정되지 않고 전 세계에 걸쳐 확산되고 있다는 점이다. 이는 인터넷과 같은 21세기 정보혁명을 이용한 전 세계적 네트워크의 구축을 통해 이루어진다. 앞에서 살펴보았듯이 탈냉전 이전까지의 근대 테러는 동기와 종류에 상관없이 지리적인 측면에서 극히 제한적인 모습을 보였다. 대부분의 분리주의나 우파 테러조직의 활동은 자신들이 대항하는 국가를 중심으로 이루어졌다. 냉전기 좌파 테러주의자들의 경우에도 국제적인 연대를 주장하면서도 실제 활동에 있어서는 자신들이 조직이 설립되거나 위치한 국가나 지역을 중심 활동영역으로 삼았다. 그러나 알 카에다 테러조직은 이슬람 종교를 믿는 세계 각국에서 모여든 조직원들이 특정한 지역이나 국가에 얽매이지 않고 중동 지역의 국가뿐 아니라 미국이나 유럽, 심지어 아프리카와 아시아의 다양한 지역에서 범세계적인 테러 네트워크를 구성하여 활동을 벌이고 있다.[9)]

이러한 21세기 테러리즘의 범세계화는 21세기 정보혁명과 밀접한 관계를 가진다. 알 카에다가 주도하는 과격 이슬람 테러리즘은 인터넷과 정보혁명에 의한 서구 자유주의 정치체제와 시장경제의 확산으로 상징되는 21세기 세계화를 근본적으로 반대한다. 동시에 이들은 자신의 목표를 추구하기 위해 21세기 세계화의 가장 특징적 수단인 정보혁명을 가장 적극적으로 활용하는 역설적인 모습을 보인다. 이들에게 있어서 세계화는 민주화, 소비주의, 시장 자본주의 등 미국을 필두로 한 서구의 가치와 생활방식이 전 세계로 전파되는 것으로 이해되며, 특히 이슬람 종교와 이에 기초한 중동사회의 고유한 전통과 풍습을 파괴하는 현상으로 여겨진다. 따라서 이들은 서구문명이나 사상 및 정치 경제체제의 범지구적 확산으로 정의되는 세계화를 근본적으로 반대한다.[10)] 이들에게 인터넷이나 위성 TV를 통해 할리우드나 서구의 외설적인 문화가 이슬람 가정의 안방을 파고드는 것은 세계화의 가장 위험스러운 해악을 그대로 보여준다. 알 카에다 조직을 비호했던 아프가니스탄의 탈레반 정권의 경우 이슬람 종교에 반하는 서구적 문화의 침투를 막기 위해 텔레비전 시청은 물론 심지어 칫솔의 사용도 금지했다.

그러나 철저한 이슬람 근본주의를 숭상하는 알 카에다 테러조직의 활동에 있어 가장 중요한 무기와 수단은 노트북 컴퓨터와 인터넷이다.

9) 알 카에다(al-Qaeda)는 아랍어로 기지('the base')를 의미한다. 이들 조직의 구성원은 수백 명에서 수천 명까지로 추산되며, 전 세계 약 60여 개국에 걸쳐 조직원이 활동하고 있는 것으로 파악된다. David Kamien 2005: 125 참조.

10) Cronin 45-51 참조.

2001년 11월 미국의 아프간 침공으로 탈레반 정권이 무너지고 오사마 빈 라덴과 그의 알 카에다 조직이 아프간의 깊은 산중으로 뿔뿔이 흩어질 때 이들 테러 조직원들은 무엇보다도 러시아제 칼리니시코프 소총과 함께 9 · 11테러의 주역이었던 모하마드 아타(Mohammad Atah)의 사진을 배경화면으로 한 노트북 컴퓨터를 챙겼다. 빈 라덴의 경우 상업용 위성 전화와 소형 비디오카메라를 가장 적극적으로 활용한 최초의 인물 중의 하나였으며, 이를 통해 도주생활 속에서도 자신의 메시지를 전 세계에 전파함으로써 미국에 대항하는 가장 중요한 무기로 정보통신과 인터넷을 활용하고 있다. 탈레반 정권이 무너지고 5년이 지난 지금 알 카에다 조직은 사상 처음으로 그들의 주 활동무대를 현실세계에서 가상세계로 옮긴 테러조직이 되었다. 21세기 정보혁명의 총아인 인터넷은 21세기 급진 이슬람 테러주의자들이 지역적 한계를 극복하고 전 세계적인 테러 네트워크를 구축함은 물론 이를 통한 테러활동에 혁명적인 이점을 제공한다. 인터넷은 이들이 이념을 전파하고, 새로운 대원을 모집하며, 이들을 훈련함과 동시에 새로운 테러를 기획, 시행하는 데 중요한 도구로 이용된다.[11)]

첫 번째로 인터넷은 21세기 테러주의자들이 자신들의 이념을 전 세계에 전파하고 동조자들을 모으는 데 가장 효과적인 수단을 제공한다. 오사마 빈 라덴이 아프가니스탄의 근거지를 잃어버리고 도주 중에 있음에도 불구하고 오히려 그를 따르는 추종자가 늘고 있는 현상은 그가 TV나 인터넷을 통해 그의 메시지를 이슬람 대중에게 효과적으로 전달할 수 있다는 점에 기인한다. 이슬람 사회 개개인에게 여과 없이 전달되는 빈 라덴의 소식과 호소는 전 세계 각지의 동조세력을 규합하고 새로운 테러자원자를 모집하는 데 가장 효과적인 방법이 되고 있다. 이들은 초강대국

11) Michele Zanini and Sean J.A. Edwards 2001: 29-60 참조.

미국에 맞서는 자신들의 영웅을 인터넷을 통해 언제든지 만날 수 있으며, 인터넷은 언제 어디서든지 국경을 초월하여 그러한 정보를 서로 공유하고 동기를 나눌 수 있는 가장 효과적인 장을 제공한다. 특히, 국경이나 인종적 차이를 초월하는 인터넷의 특징은 빈 라덴이 '무슬림 움마(Muslim ummah)', 즉 무슬림 신앙공동체를 통한 범세계적 투쟁을 선도하기 위해 창시한 알 카에다의 원래 취지에 완벽하게 부합한다. 빈 라덴이 아랍 사회에서 인기를 끌 수 있었던 가장 큰 비결은 많은 이들이 아랍 사회를 분열시킨 주 요인으로 삼는 국적이나 그들간의 오래된 편견을 배제하고 다양한 인종과 민족의 추종자들을 모두 포용하는, 여타의 아랍 지도자에서는 볼 수 없는 특수한 지도력 때문이다. 그의 이러한 이상주의적 야망을 달성함에 있어 인터넷은 온갖 종류의 지하드(성전) 극단주의자들이 결집할 수 있는 완벽한 장을 제공해주었다. 즉 인터넷은 이들 알 카에다 추종세력에게 가상의 성역을 제공함으로써 피난처임과 동시에 안식처가 된 것이다.[12]

두 번째로, 알 카에다와 그 추종 조직들은 인터넷을 테러활동에 필요한 정보를 수집, 대원들을 훈련시키거나 테러활동을 계획하고 준비하는 도구로 활용한다. 먼저 이들은 인터넷상에 테러활동에 필요한 방대한 자료를 모은 온라인 도서관을 구축하기 시작했다. 이 인터넷 훈련장은 테러의 각종 전문가들이 게시판이나 채팅을 통해 조언을 하거나 원하는 이들이 자유롭게 정보를 교환하고 전문지식을 습득하는 장소를 제공함으로써 이들의 활동에 있어 가장 중요한 역할을 한다. 이를 통해 테러범들은 리신과 같은 독극물을 섞는 방법, 상용 화학물질을 이용한 폭탄제조 기술, 어부로 가장하여 시리아를 거쳐 이라크로 잠입하는 법, 미군을 저격하는 방법, 밤에 사막을 이동할 때 별을 이용하여 방향을 찾는 법 등

12) Steve Coll and Susan B. Glasser 2005: A01 참조.

그야말로 테러활동에 필요한 모든 지식과 정보를 습득하게 된다. 이들 정보는 아랍어, 우루두어, 파슈토어 등 지하드의 자원자들이 쉽게 알아볼 수 있는 그들의 언어로 번역되어 웹상에 퍼져 있다. 알 카에다 인터넷 조직의 하나인 세계 이슬람 미디어 전선(the Global Islamic Media Front)이 제공하는 여러 훈련 자료 중 하나는 미사일이나 지뢰에서 폭발물을 추출하는 방법과 함께 프랑스, 독일, 이탈리아, 일본, 전 소련 연방국과 영국 등 서구의 각 국가의 일반 시장에서 구할 수 있는 폭발물 재료를 국가별로 분류해놓기도 했다. 또 다른 테러 사이트는 '생물학 무기'라는 제목의 아랍어 문건을 통해 쥐와 같은 동물을 이용하여 적은 양의 페렴 바이러스를 주입한 후 다시 이를 추출, 건조시킨 후 공기를 통해 전염시키는 방법을 상세히 설명하고 있다.

세 번째로, 인터넷은 테러조직의 활동에 있어 유용한 수송수단을 제공한다. 이는 알 카에다나 여타 테러조직이 날로 심해지는 국가에 의한 감시와 추적 속에 물리적 공간에서 군대나 경찰력을 상대할 때 가질 수밖에 없는 취약점을 가상공간을 통해 극복하려는 시도로 해석된다. 예를 들면, 테러공격을 감행함에 있어 전통적인 방법으로 이들이 사원에 모이거나 위조 서류를 가지고 국경을 넘을 때, 이들의 활동이 노출되기가 가장 쉽다. 그러나 물리적 이동이 필요 없는 인터넷을 통한 통신과 정보전달은 이러한 취약점을 극복할 수 있는 새로운 수단을 제공한다. 이들은 시간과 공간의 제약을 인터넷을 통해 뛰어넘을 수 있다는 것을 정확히 이해하고 있는 것이다. 결과적으로 상대방의 입장에서는 이들 테러조직이 움직이거나 가장 취약할 때 타격할 수 있는 기회를 상실하게 된다. 이전에는 이들이 훈련이나 모의를 하기 위해 수단이나 예멘, 아프가니스탄으로 가야 했지만 더 이상 그럴 필요가 없어졌다. 더구나 이들이 설사 테러활동을 위해 이동하더라도 의심을 살 만한 문건이나 정보를 지니고 다닐 필요가 없다. 대신 필요한 정보를 인터넷상에 올리고 나중에 목적지

로 이동해서 그것을 다시 활용하면 되는 것이다.[13)]

네 번째로, 인터넷의 익명성과 어디에서나 접근할 수 있는 편리성은 21세기 테러리즘 활동영역의 범지구적-네트워크 구축에 이상적인 수단을 제공한다. 서구의 정보기관과 테러 전문가들에 의하면 최근 몇 년 사이에 나타나기 시작한 새로운 현상 중의 하나로 비슷한 동기를 가진 생면부지의 이방인들이 온라인 접촉을 통해 자발적으로 지하의 테러 세포조직들을 구성하는 사례가 생겨나기 시작했다는 점을 지적한다.[14)] 또한 현실세계에서 형성된 테러 조직원들 간의 유대가 인터넷을 통해 지속되거나 양성되는 현상이 늘고 있다. 2004년 3월 캐나다 경찰은 오타와 소재의 민가에서 24세의 컴퓨터 프로그래머로 캐나다 외무부의 계약직 직원인 모하메드 콰와자를 테러공모 혐의로 체포한다. 영국경찰과의 합동조사 결과 당시 런던과 캐나다에 폭탄테러를 계획하고 있던 범인은 온라인을 통해 영국에 있는 공모자를 알게 된 것으로 밝혀졌다. 당시 범인이 잡힌 유일한 계기는 그가 영국으로 건너가 현지 특수경찰이 미리 감시하고 있던 현장에 나타남으로써 가능했다는 것이다. 영국 당국의 설명에 의하면 범인은 런던의 한 인터넷 카페에서 인터넷을 통해 알게 된 공모자와 처음으로 만나 웹사이트에서 찾아낸 폭발물 정보와 핸드폰을 이용, 이를 폭발시키는 법을 알려주려 했다는 것이다.[15)] 실제로 1년 후인 2005년 7월 7일 일어난 런던 지하철 폭탄테러의 경우 서로 전혀 모르는 사람들이 인터넷을 통해 사건을 공모하고 실행한 것으로 드러났다.[16)] 알 카에다가 심혈을 기

13) 사우디아라비아에 소재한 알 카에다 분파에 의해 만들어진 한 온라인 사이트는 테러 자원자들에게 보내는 메시지에서 "무자히딘 형제들이여, 그대들은 테러의 위대한 훈련장에 함께하기 위해 먼 나라로 여행할 필요가 없습니다. 대신 여러분의 집에서 혼자나 혹은 여러분의 형제들과 함께 훈련 프로그램을 실행하면 됩니다"라고 선전한다. Gabriel Weimann 2006: 105 참조.

14) US Department of State 2006:11.

15) Coll and Glasser 2005.

울여 추진하고 있는 인터넷을 이용한 전문테러범 및 시가전 전문가들의 양성이 현실화되고 있는 것이다.

그동안 테러조직과 관련된 인터넷 사이트가 폭발적으로 증가한 사실은 인터넷이 이들 테러활동에 차지하는 중요성을 보여준다. 한 조사에 의하면 8년 전 확인된 테러 관련 사이트는 12개였던 반면, 현재는 4,500여 개가 활동하고 있으며, 이들 중 수백 개의 사이트가 알 카에다와 그들의 이념을 공개적으로 지지하고 있다. 물론 사이버 공간에서만 테러활동이 행해지는 것은 아니다. 알 카에다와 연관된 최근의 중요한 테러공격은 여전히 이라크의 수니지역, 파키스탄의 무법지대, 필리핀, 아프리카, 유럽 등 전 세계 각지에 퍼져 있는 비밀훈련소나 이슬람 사원에서 훈련된 자원자들을 통해 이루어지고 있다. 그럼에도 불구하고 알 카에다와 연관된 테러활동에서 인터넷이 차지하는 중요성이 나날이 커짐에 따라 오늘날 테러활동의 주동력은 '이념과 인터넷'에 의해 주도되고 있다고 해도 과언이 아니다. 미국 국무부의 테러 보고서에 의하면, 현재 지구상에 파악된 공식/비공식 테러조직은 약 80여 개가 넘는다. 이중 중동 혹은 이슬람 종교와 연관된 테러조직이 압도적인 대부분을 차지하고 있다.[17)]

(2) '척도 없는 네트워크' 테러리즘

정보기술을 활용한 범지구적 테러 네트워크의 출범에 대한 논의는 1990년대 초반부터 미국 정부와 연구소를 중심으로 이루어지기 시작했다. 그중에서도 RAND연구소의 아퀼라와 론펠트는 일찌감치 네트워크

16) 당시 55명의 사망자와 700여 명의 사상자를 낸 폭탄테러의 공범들은 4명 중에 3명이 영국 현지에서 생활하던 아랍계 청년들로 그 가족들조차 이들이 과격 테러단체에 가입한 것을 몰랐던 것으로 드러나 영국사회에 큰 충격을 던져주었다. Alaine Sciolino 2005 참조

17) US Department of State 2001.

테러의 등장에 주의하고 새로운 국가 안보위협으로 강조했다.[18] 특히, 9·11테러 직전에 발표된 연구에서 두 저자는 네트워크에 기반한 분쟁과 범죄의 등장을 경고하면서, 테러조직뿐 아니라 범죄조직 및 다양한 비정부조직들이 국가를 상대로 자신들의 목적을 달성하기 위해 비대칭적인 전술·전략에 기초한 활동을 벌일 것이라고 예견했다. 이들에 의하면 테러조직과 같은 비정규조직들은 인터넷과 같은 정보통신기술을 이용하여 전방위적인 네트워크(All-channel Network)를 구성하게 되며, 이는 중앙의 위계적인 단일한 지도부 대신 각 지역의 독립성이 보장됨과 동시에 분산되고 수평적인 다양한 단위체로 구성되는 특성을 지닌다.[19] 9·11테러 직후 데버트와 스타인은 바란(Paul Baran), 카스텔스(Manuel Castells) 등에 의해 후기산업사회의 사회조직을 설명하는 모델로서 제시된 네트워크 이론을 이용, 테러조직을 분석한다. 이들에 의하면 여러 개의 점과 단위체가 연결되어 집합을 이룬 네트워크는 과잉성과 대리가능성(redundancy)을 통해 근대의 수직적 국가조직에 가장 효과적으로 대항할 수 있는 탄력(resiliency)을 테러조직에 부여한다. 그리고 더욱 많은 단위체가 네트워크에 생길수록 네트워크 전체의 생명력은 더욱 강화된다. 이러한 특성을 지닌 알 카에다 조직은 독립된 단위조직들이 중앙과의 제한적인 의사소통과 지원을 통해 독자적인 활동을 벌이는 전형적인 비밀 네트워크의 특징을 가진다. 의사결정의 권한이 최하수준의 단위에 주어지는 알 카에다는 다른 지역이나 다른 단위의 네트워크를 연결하는 네트워크의 네트워크로 작용함으로써 조직의 유연성, 안정성 및 중복성을 최대로 확보한다.[20] 한편, 일군의 학자들은 앞서 살펴본 바와 같이 인터넷이 이들 테러 네트워크의 선전, 선동, 모금, 회원모집, 훈련과 교육 등의

---

18) John Arquilla and David Ronfeldt 1993: 207-300; 1996 · 2000.

19) Arquilla and Ronfeldt 2001: 1-25.

20) Ronald J. Deibert and Janice Gross Stein 2002: 1-14.

조직활동에 가장 효과적이고 치명적인 도구로 사용되고 있는 점에 주목한다.[21)]

이러한 가운데 최근에 발표된 매슈와 샴보의 논문은 바라바시의 네트워크 이론에 착안하여[22)] 네트워크의 두 가지 유형 중 '척도 없는 네트워크(Scale-free Network)'가 '무작위 네트워크(Random Network)'에 비해 현재 활동 중인 테러조직의 모습을 보다 정확히 반영한다고 설명한다. 척도 없는 네트워크는 몇 개의 단위체(nods)가 다수의 링크를 독점하면서 다른 수많은 단위체를 연결하는 소수의 허브(hubs)로 작용하는 특징을 가진다. 이 경우 허브의 존재는 수많은 단위체들 간에 연결 · 조절 · 통신의 역할을 함으로써 거래비용을 줄이고 전체 네트워크의 통행에 있어 효율성과 수월성을 높여준다. 이러한 척도 없는 네트워크는 위계 없는 힘의 분산을 통해 보다 역동적인 성장과 변화의 가능성을 가지며, 일련의 도전에 강력하게 대응할 수 있는 능력을 지닌다. 특히, 이들 단위체 간의 특정 통로가 막힐 경우 다른 우회로를 찾음으로써 조직 내의 거리를 줄이는 장점을 갖는다. 더욱 중요한 것은 비록 일개나 부분의 단위체가 파악되거나 제거되더라도 네트워크 조직 전체의 체제를 파악하거나 제거하기가 쉽지 않다는 특징을 가진다.[23)] 〈그림 6-1〉의 A와 B는 바라바시에 의해 제시된 무작위 네트워크와 척도 없는 네트워크의 개념적 모습을 보여준다.

미 국무부의 테러보고서에 따르면 현재 전 세계에 파악된 테러조직 및 관련 의심조직은 86여 개에 달하며, 이중 50여 개 이상이 급진주의 이슬람 종파 및 중동사회에 기반을 두고 있는 것으로 파악된다. 중동뿐 아니라 유럽, 아프리카, 아시아 등에 산재한 이들 테러조직은 알 카에다가 주

21) Michele Zanini and Sean J.A. Edwards 2001: 29-60 참조.
22) Albert-Laszlo Barabási 2002; 민병원 2005: 96-119.
23) Richard Matthew and George Shambaugh 2005: 618-619.

〈그림 6-1〉 바라바시의 두 가지 네트워크 유형

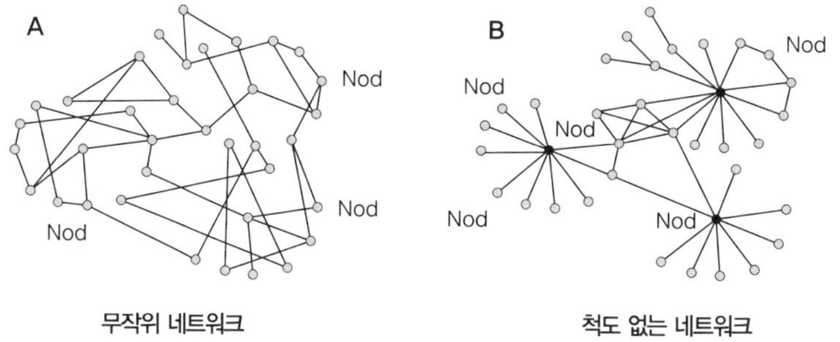

〈그림 6-2〉 알 카에다 범지구테러 네트워크

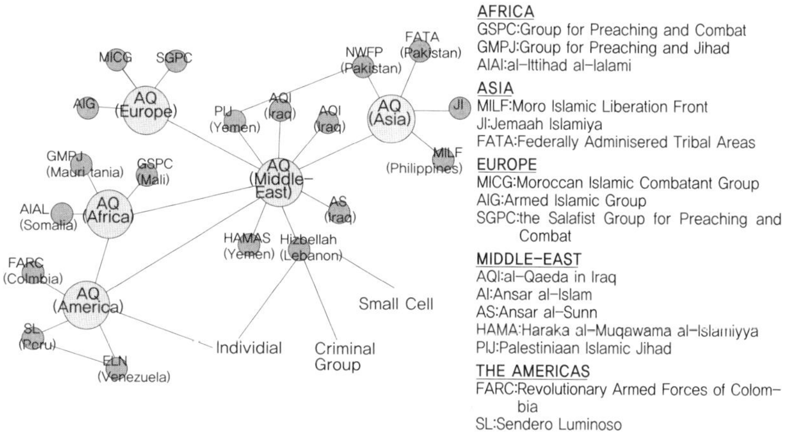

출처: 미 국무부 테러보고서(2003, 2004, 2005년).

요 거점으로 작용하면서 서로 연결되는 지구적 네트워크를 구축하고 있는 것으로 파악된다.[24] 〈그림 6-2〉는 테러 네트워크 이론과 미 국무부의 연례보고서를 바탕으로 그려본 알 카에다 테러 네트워크이다.

〈그림 6-2〉는 그 지역적 분포와 형태에서 알 카에다가 허브로 작용하는

24) US Department of State 2006 참조.

범지구적 차원의 척도 없는 네트워크적 특성을 보여준다. 더욱이 여기에 자발적으로 동조하는 개인이나 각종 점조직, 그리고 국제 범죄조직 등이 연계할 경우 실로 무소불위의 지구적 네트워크가 가능해진다. 〈그림 6-2〉에 나타난 바와 같이 알 카에다 중심의 테러 네트워크가 공식적으로 확인된 바는 없다. 그럼에도 불구하고 미국 정부나 서방의 테러 전문가들은 각자 이슬람 종교에 대한 신봉과 서구문명에 강한 반감을 공통분모로 가진 이들 테러조직들이 인터넷이나 다른 통신수단을 이용하여 공식·비공식으로 공모할 가능성에 주의한다.[25] 또한 이들 조직이나 개인이 알 카에다의 직접적인 지령을 받지 않더라도 알 카에다의 이념과 목표를 자발적으로 추종하거나 행동에 옮길 가능성 또한 충분하다. 실제 2004년 스페인의 열차 폭탄테러나 2005년 인도네시아의 발리 휴양지와 영국 런던의 폭발테러, 그리고 2006년에 시도된 런던발 미국행 비행기 테러음모 모두가 알 카에다와 직접적인 연관이 있거나 이에 동조하는 현지의 이슬람 테러조직에 의해 행해진 것으로 드러났다.

(3) 네트워크 테러의 한계?

그런데 기존의 많은 네트워크 테러 논의가 21세기 테러 위협의 새로운 위험성과 지속성을 강조한 데 비해 매슈와 샤보는 이들 네트워크가 지니는 문제점으로 인해 21세기 테러리즘이 고립, 소멸될 가능성을 제기한다. 이들 스스로가 인정한 '척도 없는 네트워크' 테러가 가지는 여러 가지 장점에도 불구하고 네트워크 고유의 취약성으로 인해 테러조직의 활동과 위협에 근본적인 제약을 초래한다는 것이다. 우선 이들은 수평적 성격의 네트워크 조직은 비록 조직의 연속성과 적응성, 유연성을 담보하

25) Bruce Hoffman 2006 참조.

기는 하지만 중앙집중적 명령체계의 부재로 인하여 투쟁의 대상인 국가 체제를 흔들 만한 총체적 위협을 창출해내지는 못한다고 주장한다. 척도 없는 네트워크의 허브로 작용하는 알 카에다와 같은 테러조직의 경우 여러 다양한 의도와 이해를 가진 단체와 개인을 일사불란하게 체계적으로 움직일 수 없다. 이는 이들 테러집단의 활동이 특정한 사회나 국가에 속한 개인적 차원의 안보에는 커다란 위협을 가할 수 있지만, 미국의 중동 정책을 바꾼다든지 과거 소련이나 장차 부상하는 중국과 같이 미국의 존재 자체를 위협하는 수준으로까지 발전할 수는 없게 만든다.[26] 따라서 이들 테러조직이 전 세계적으로 분산되어 있는 네트워크를 통합 · 운영하여 보다 강력한 지구적 차원의 위협세력으로 성장하기 위해서는 이들 네트워크를 위계적으로 통솔할 수 있는 통합적인 조직체계가 필요하다. 그런데 이와 연관하여 두 번째 문제로서 이들이 중앙집중적 지휘체계를 구축하는 과정에서 다양한 단위체와 이해를 가진 세력으로 구성된 '네트워크의 집단행동이 초래하는 부작용(the collective action problem of networks)'을 겪게 된다는 것이다. 즉 네트워크 안의 단위체가 증가하고 그들이 추구하는 목표가 다양해짐에 따라 이들을 통합적으로 묶을 수 있는 목표와 전략을 수립하기가 점차로 힘들어진다는 것이다.[27] 세 번째로 네트워크의 효율적인 운영을 위한 집중화는 이들의 조직과 활동이 상대방의 공격과 억제에 취약하게 노출되는 결과를 초래한다. 특히, 9 · 11 테러 이후 미국의 신속한 보복과 대테러전 노력은 이들 테러의 동조자들에게 테러로 인해 얻는 효과보다 오히려 그에 대한 대가를 걱정하게 하는 억제로서 작용할 수 있다. 즉 비록 네트워크 자체는 여전히 회복력이 강하여 손상되기 쉽지 않더라도 각 개개인은 네트워크에 대한 공격에 민

26) 후쿠야마 역시 그의 글에서 오사마 빈 라덴이나 알 카에다가 과거 소련이 미국에 초래했던 국가적 차원의 '사활적 위협'을 가하는 것은 아니라고 주장한다. Fukuyama 2004: 58-59.

27) Matthew and Shambaugh 2005: 620-625.

감하게 작용한다. 따라서 테러 네트워크 전체에 대한 억제는 힘들더라도 그에 속한 개인 단위체에 대한 억제가 가능하며 이들 개개인은 심각한 안보 딜레마를 겪게 된다. 네 번째로 이러한 취약성은 결국 테러주의자들로 하여금 보다 정상적인 활동으로의 변신을 통해 제도권으로 흡수되거나 증가하는 비용의 딜레마로 인해 지지층이 이탈하여 고립, 소멸되는 경향을 보인다.[28)]

그러나 이러한 주장은 21세기 네트워크 테러의 특수성을 간과한다. 먼저, 이들이 주장하듯 이들 테러주의자들이 위협에 의해 미국이 중동에서 철수하거나, 대규모 핵전쟁에 의해 미국의 존재 자체가 하루아침에 없어질 가능성은 적다 하더라도, 이들이 사용할 수 있는 대량살상무기의 파괴력은 수십만, 수백만의 인명과 재산을 한순간에 손상할 수 있다는 점에서 실로 심각한 국가적 차원의 안보 위협이 아닐 수 없다.[29)] 탈냉전 국제안보의 중요한 과제로 떠오른 대량살상무기의 확산은 정보혁명과 함께 이들 테러조직에게 가공할 폭력의 수단을 제공한다. 특히, 소비에트 연방 해체 이후 곳곳에 남아 있는 구소련의 수천 기의 핵무기와 그에 연관된 시설에 대한 관리 부실은 이들 물질이 언제든지 테러조직의 손에 넘어갈 가능성을 제공한다. 또한 미국에 적대적인 북한이나 이란과 같은 불량국가가 핵무기를 개발함에 따라 이들이 테러조직과 협력할 가능성도 제기된다. 최근 가장 심각한 핵무기의 전파자로 미국의 대테러전쟁에 있어 가장 중요한 동맹국인 파키스탄의 핵과학자가 지목되기도 했다.[30)] 국제원자력기구(IAEA)의 자료에 의하면 지금까지 농축우라늄과 플루토늄을 몰래 유출하려던 사건이 2005년 현재 공식적으로 확인된 것만 18건

28) Matthew and shambauqh 2005: 620-625
29) 매슈와 샴보 역시 대량살상무기를 이용한 테러의 위험성에 대해서는 그 심각성을 인정한다.
30) 최근 미국 정부는 파키스탄의 핵무기 개발을 주도한 A. Q. Kahn 박사를 핵 확산의 주범으로 주목하고 있다. Jonathan Medalia 2004.

이 적발되었다. 또한 정보혁명과 기술의 발전은 이들 테러조직이 최소한 조악한 수준의 핵폭탄 제조를 가능하게 해주었다. 미국 상원 외교위원회의 조지프 바이든(Joseph Biden) 위원이 최근 핵과학자들에게 테러조직의 핵무기 제조가능성을 문의한 결과 합법적으로 획득가능한 일반 시장의 재료들만 가지고 수주 안에 충분히 작동가능한 핵폭탄을 만들 수 있음이 증명되었다.[31] 21세기 테러가 이전에 비해 심각한 위협이 되는 중요한 이유의 하나로 과학기술문명의 발달로 인한 현대 인간사회생활의 통합과 중앙집중화를 들 수 있다. 즉 이전시대에 비해 인간생활에 필요한 기본 서비스가 하나의 체계로 통합됨에 따라 이중 일부에 대한 공격이 전체에 심각한 상황을 초래할 수 있는 취약성이 증가한 점을 들 수 있다. 2001년 미국에서 우편물을 통해 배달된 안트락스(Antrax) 세균이 몇 주간 수도 워싱턴의 행정과 정치를 마비시킨 것은 좋은 사례이다. 테러 전문가들에 의하면, 생활용수에 뿌려지는 소량의 생화학무기나, 핵발전소의 파괴, 혹은 공공기관이나 사설기관의 컴퓨터를 이용한 중앙 전산시스템의 침투나 해킹만으로도 사회 전체에 커다란 혼란과 실질적 피해를 줄 가능성이 날로 높아지고 있다고 한다.

두 번째, 네트워크 테러가 보다 심각한 지구적 차원의 위협을 초래하기 위해서 중앙집권적인 통합체계의 구축이 필요하다는 주장은 21세기 급진 테러리즘의 자발성과 익명성을 간과한다. 미국 정부는 최근 알려지지 않은 소규모 조직이나 개인이 인터넷이나 위성통신, 국제통상 등의 발달된 기술을 이용하여 자발적으로 테러에 동참하는 경향이 증가하는 것에 주목한다.[32] 이는 이들 테러 네트워크가 조직적 계획에 의한 테러

31) 이들이 시중에서 구하지 못한 단 한 가지가 플루토늄과 같은 핵물질이었다. Matthew Bunn and Anthony Wier 2005: 154-156.

32) 2005년 런던의 7·7 지하철 테러는 외국세력과 연계된 국내 테러조직의 활동력이 점차 강화되고 있음을 보여준다. US Department of State 2006: 11-12.

보다 우발적, 혹은 충동적 테러의 가능성을 높여주고 있는 것으로 해석된다. 이 경우 중앙의 통제와는 직접적 연계 없이 전혀 알려지지 않은 개인이나 소수 집단이 대량살상무기를 이용하여 예측 불가능한 자발적 테러를 일으킬 가능성이 농후하다. 불특정한 개인에 의한 대량살상무기 공격은 네트워크 전체 공동의 목표나 전선에 상관없이 그 행위 자체로써 엄청난 파괴를 불러올 수 있다. 실제로 최근 이라크에서 자행되고 있는 자살폭탄과 기습공격의 대부분이 인터넷의 익명성과 유연성을 백분 활용한 웹상에서의 훈련과 기술적 지원에 의해 이루어지고 있는 것으로 분석된다. 또한 카타르나 이집트, 그리고 유럽 등지에서 알 카에다 조직과 연계되어 행해지거나 계획된 테러행위들도 인터넷에 상당부분 의존하여 이루어진 것으로 판명되고 있다. 서방의 테러 전문가들은 알 카에다에 의해 시작된 '지구적 지하드 운동(global jihad movement)'이 점차로 다양한 그룹이나 임시 조직에 의해 이끌어지고 있으며, 이것의 배경에는 웹에 의해 주도되는 테러라는 새로운 현상이 있다고 분석한다. 이와 관련하여 최근 알 카에다의 활동은 직접적인 테러활동보다 자신들의 취지를 널리 전파하기 위한 이념 선전에 강조를 두고 있는 것으로 파악된다. 이는 얼마 전까지 알 자르카위(Abu Musab al-Zarqawi)에 의해 주도된 이라크의 저항테러세력이나, 새로운 세대의 이슬람 수니 극단주의자와 함께 전 세계의 알 카에다 동조세력에 커다란 영향을 미친 것으로 분석된다. 9 · 11테러 이후 오사마 빈 라덴과 그의 핵심 동조세력에 대한 국제사회의 적극적 대응은 알 카에다의 핵심 지도부의 직접적인 테러활동을 약화시킨 측면이 있지만, 이들과 동조세력의 정치적 의지는 여전히 손상되지 않은 것으로 파악된다.[33]

세 번째로, 9 · 11테러가 이후 미국의 전면적인 대테러 전쟁이나 이라

33) US Department of State 2006: 12-14.

크 침공 등으로 인해 자신들의 테러가 오히려 역작용을 불러일으켰다는 점에서 일부 테러주의자들이 손실을 따져 더 이상 과격한 테러를 자제할 수도 있다는 식의 억제 가능론은 21세기 네트워크 테러의 주요한 특징인 동기의 종교화를 간과하는 오류를 범한다. 즉 이들 테러주의자들의 동기와 목표는 속세의 이익이나 손실이 아닌 종교적 신념에 의해 크게 좌우된다는 점에서 이들이 자신들이 행동에 따른 손실을 이성적으로 저울질하여 신중하게 대처할 것이라는 가정은 기본적인 결함을 가진다. 과격 근본주의에 기초한 종교적 테러리즘으로 분류되는 21세기 테러리즘의 가장 큰 특징은 그들이 추구하는 목표와 이념이 보다 광범위하고 근본적인 인간의 문제에 기반을 두고 있다는 점이다. 2절에서 살펴보았듯이 근대 테러리즘은 상징적 테러행위를 통해 특정 국가나 사회의 국내 정치적 상황과 관련된 세속적이고 국지적인 정치적 목표를 추구했다. 그에 반해 알 카에다 테러는 이슬람 종교에 바탕을 두고 국가를 초월한 범문명 차원의 목표를 추구한다. 빈 라덴이 이끄는 테러세력은 중동지역에 이슬람 율법에 따라 통치되는 범이슬람 제국의 건설에 그 궁극적인 목표를 둔다.

현재 알 카에다를 비롯한 이슬람 테러세력은 이슬람 종교의 여러 분파 가운데에서도 급진적 이슬람 근본주의를 따르는 와하브 종파를 추종한다.[34] 이들은 단지 중동에서 미국의 정치 · 군사 · 경제적 영향력을 몰아내고자 할 뿐 아니라, 미국이 대표하는 서구적 자유민주주의 이념과 제도, 자본주의 경제체제제도, 그리고 그에 수반되는 각종 문화적 산물 자체를 이슬람의 종교와 문화에 반하는 것으로 배격한다. 서구적 가치와 제도의 가장 중요한 전도자로 여겨지는 미국이 이들 종교적 투쟁의 가장

34) 18세기 말 중앙 아라비아의 무하마드 이븐 아브 알 와하브가 창시한 와하브 종파는 이후 사우디가에 의해 신봉되면서 세력을 얻게 된다. 이들은 이슬람의 순수성을 강조하여 다른 종교나 신앙행위를 절대적으로 배격하며 오직 이슬람 율법에 기초한 무슬림 국가의 설립을 추구한다.

직접적이고 우선적인 대상임은 물론이다. 그러나 궁극적으로 이들의 전선은 미국이라는 구체적 국가뿐 아니라 이에 동조하는 모든 지구상의 여타 국가나 사회 그리고 개인에까지 확대되고 그들의 사상과 이념을 타도의 대상으로 삼게 된다. 이들에게 자유민주주의와 아울러 타락한 성생활, 물질만능의 소비문화로 상징되는 서구문명은 이슬람의 성스러운 정신을 타락시키는 악의 세력으로 이해된다. 특히 예루살렘 성지를 둘러싼 기독교와의 오랜 투쟁의 역사적 맥락에서 미국의 아프가니스탄에 이은 이라크 침공은 기독교도에 의한 제2의 십자군전쟁으로 치부된다. 이러한 미국에 맞선 오사마 빈 라덴은 이슬람의 숭고한 정신을 지키고, 과거의 위대했던 아랍제국을 재건하려는 영웅으로 여겨지며, 많은 이슬람의 젊은이들이 악에 대항하는 거룩한 성전(지하드)에 기꺼이 목숨을 바쳐 참여하고 있다.[35] 이와 관련하여 최근 주목할 것은 자살폭탄테러의 증가이다. 2005년 런던 지하철 테러는 유럽에서 처음으로 행해진 자살공격이었으며, 아프가니스탄과 이라크에서도 자살폭탄테러가 최근 눈에 띄게 증가했다. 이들에게 있어 궁극적 보상은 현세에서 주어지는 것이 아니다. 성전에서 싸우다 전사했을 때 이 세상 무엇과도 바꿀 수 없는 알라신의 축복과 보상이 천국에서 기다리고 있다. 자살공격은 약자로서 어쩔 수 없이 선택한 최후의 수단이 아니라 가장 확실하고 의미 있는 투쟁의 우선적인 수단인 것이다.

마지막으로, 테러 네트워크 속의 개별단위가 국가의 공격에 노출되면서 생기는 위기의식과 딜레마로 인해 테러조직이 정상적인 정치활동으로 전환을 시도하거나 급진 테러리즘이 고립, 소멸할 것이라는 매슈와 샴보의 주장은 동기의 종교성으로 인해 생기는 테러리즘의 과격성과 폭력의 신성화라는 측면을 간과한다. 테러리스트를 섬멸하기 위한 미국의

35) Brian Michael Jenkins 2006: 64-69.

대테러전쟁은 오히려 이들의 종교적 신념을 더욱 강화시키거나 복수에 대한 결의를 다지는 계기가 된다. 특히 이들의 동기가 정치적 독립이나 개인적 야망 등의 세속적 목표에서 비롯된 것이 아니라 이슬람이라는 특정 종교적 신념에 기반하고 있다는 점은 이들의 성격이나 행위를 이전에 비해 훨씬 과격하고 위험하게 만든다.[36] 중동지역에 오로지 알라의 뜻을 충실히 받드는 범이슬람 신정제국을 건설하기 위해 오사마 빈 라덴과 그의 추종세력은 어떠한 수단과 방법을 가리지 않을 각오가 되어 있다. 즉 자신들의 목표에 방해가 되는 어떠한 세력도 무자비하게 제거할 준비가 되어 있기에 설령 민간인들에게 대량살상무기를 사용하는 것도 서슴지 않는 것이다. 이전의 테러조직도 약자의 무기로써 공포를 조장하여 정치적 목적을 달성하기 위해 민간인들에 대한 무차별 살상을 시도 했다. 그러나 그 범위는 비교적 한정되어 있었고 특히 너무 과도한 사상자를 낼 경우 오히려 자신들의 정치적 입지를 좁힐 수도 있다는 고려 하에 목표와 방법을 설정함에 있어 상당히 신중한 모습을 보였다. 그러나 급진 이슬람 테러주의자들은 이러한 세속적인 요소를 걱정할 필요를 느끼지 못한다. 그들에게 있어서 가장 중요한 기준은 그들이 믿는 알라신이며 신의 사명을 따르는 이들에게 세상의 기준은 판단의 준거가 되지 않는다. 이들에게 서구의 정전론에 기초한 자위에 의한 정당한 전쟁론이나 전쟁을 수행함에 있어 민간인과 전투원의 구분, 포로에 대한 인도적 처우 등의 국제규범은 의미가 없다. 이러한 규범은 모두가 서구의 문명과 가치의 산물로 이슬람의 규범과는 전혀 상관이 없는 개념인 것이다. 오히려

36) 이러한 과격한 종교적 입장이나 종파가 이슬람에게만 나타나는 것은 아니다. 기독교에도 새천년주의를 신봉하는 과격단체들이 존재하며, 유대교의 경우에도 선과 악의 최후의 결전을 주장하는 극단주의자들이 존재한다. 따라서 이슬람주의자들만 과격한 종교적 테러를 일으킨다고 일반화하는 것은 오류이다. 그러나 한편 냉전 이후 나타난 테러의 사례들을 볼 때 무슬림 종교를 신봉하는 소수파에 의한 테러가 중동에서 필리핀에 이르는 전 세계 모든 비극가 테러의 90%를 차지하는 것 또한 사실이다. Laqueur 2003: 452-453.

알라신을 믿지 않는 불순종자들은 전투원이든 민간인이든 상관없이 똑같은 제거의 대상이 된다. 여기에는 남녀노소의 구분도 필요가 없다. 오직 이슬람 종교를 믿느냐 아니냐가 중요한 것이다.[37]

그들은 자신들의 테러행위를 선악의 싸움으로 규정한다. 악의 세력인 수백, 수천만의 불신자를 제거하는 것은 성스러운 신의 임무를 수행하는 것이 된다. 테러가 특정한 정치적 목적을 달성하기 위한 상징적 폭력의 수단의 범위를 넘어서 테러의 폭력 자체가 신성화된 것이다. 또한 이들 종교적 테러리즘은 종종 기존의 사회체제에 대한 완전한 소외감과 괴리감을 표출한다. 이들은 기존의 사회체제와 타협하여 공존을 시도하거나 이를 보다 평등하고 정의롭게 개선하기보다 아예 그 자체를 없애고 새로이 대체하는 것을 추구한다. 따라서 극단적인 경우 종말론적 세상의 파괴를 필요불가결한 것으로 보는 경향이 있다.[38] 이러한 이념과 대량살상무기라는 수단이 결합할 때, 이를 따르는 추종자들은 그 어떤 위협보다도 무서운 가공할 위험성을 가진 테러범들로 변신하게 된다. 이들에게 대량살상무기는 '최후의 수단(weapon of last resort)'이 아니라 '선호하는 무기(weapon of choice)'가 되는 것이다.[39] 2003년 5월 사우디아라비아의 한 유력한 이슬람 성직자는 그가 내린 종교적 교리문서를 통해 생화학무기 및 핵무기의 민간인에 대한 사용을 금하는 서구의 규범은 이단자들에 의한 법으로 이슬람법에는 적용되지 않는다고 주장했다. 그는 더 나아가 미국의 폭격이 무슬림의 땅을 손상시킨 이상 여자와 아이들에 대한 살상을 금지한 지하드 율법에 예외가 있음을 주장하고 대량살상무기의 사용을 정당화했다.[40] 오사마 빈 라덴은 1998년에 이미 종교적 교시

37) Hoffman 2006: 5-12.
38) Cronin 41-42.
39) George W. Bush 2002.
40) Nasir Bin Hamd Al-Fahd 2003.

(fatwah)에서 알라신과 예언자 마호메트를 믿는 모든 이는 어디서든지 미국인을 찾는 대로 살해할 것을 촉구했다.[41] 미국의 부시 행정부가 급진 이슬람 테러리즘을 인류의 적으로 규정하는 것도 여기에 근거를 둔다. 오사마 빈 라덴과 알 카에다로 대변되는 이슬람 테러리즘은 냉전 당시 공산주의의 위협에 버금가는 지구적 차원의 새로운 위협으로 이해된다.[42]

4. 맺음말

미국의 부시 행정부는 알 카에다 테러주의자와 그들의 위협을 탈냉전 이후 미국이 직면한 가장 근본적인 위협으로 정의한다. 이들이 추구하는 것은 이슬람 근본주의와 급진주의에 기초한 신정제국건설이며, 이 과정에서 미국의 가치와 체제를 근본적으로 부인하고 타도의 대상으로 삼는다. 더욱 큰 문제는 이들이 비록 거대한 영토나 인구를 가진 국가가 아님에도 불구하고 정보기술의 발달과 세계화로 인해 그들이 추구하는 파괴를 실행에 옮길 수 있는 수단을 확보하기가 용이해졌다는 것이다. 특히 인터넷으로 상징되는 21세기 정보혁명은 테러조직의 네트워크화를 통해 실로 테러범들에게 무한한 새로운 가능성을 열어주고 있다. 평소에는 서로 전혀 모르는 사람들이 인터넷을 이용하여 지하드에 동참하게 되고, 인터넷을 통해 공모되는 지령을 통해 지구상에 조용히 퍼져 있던 현지의 자원자들이 언제 어디서나 원하는 공격을 개시하는 그야말로 불특정다수에 의한 범지구적 테러조직의 네트워크가 가능해진 것이다. 인터넷의

41) Raphael Perl 2005.
42) Charles Krauthammer 2004: 17-19.

익명성과 무소불위한 특성을 활용한 알 카에다 테러조직의 이러한 수법은 이들을 추적하고 범죄를 미연에 방지해야 할 관계당국에 실로 힘든 새로운 과제를 안겨주고 있다.

이에 대해 미국이 택한 전략은 기존의 전통적 고강도 전쟁에 대비한 접근에서 완전히 탈피하여 혁명적 사고를 할 것을 요구한다. 군사적으로 소규모 군대의 신속한 기동성과 유연성이 강조되는 군사변환이 진행되는 가운데 냉전 중의 억제전략에 대비되는 선제공격 내지는 예방공격의 개념이 새로이 부각되고 있다. 그리고 소극적 봉쇄에서 탈피하여 보다 적극적으로 민주주의를 전 세계에 확산하는 야심에 찬 새로운 계획이 추진 중이다. 특히 종교적 테러의 온상이 되고 있는 아랍지역을 근본적으로 변화시켜 민주주의를 정착시키고자 하는 노력이 이라크를 중심으로 추진되고 있다. 이를 위해 외교정책도 테러의 배후지역의 정치 · 경제적 상황을 근본적으로 변화시킬 것을 목표로 하는 '변환외교'로 전환하고 있다.[43]

그러나 과연 미국의 이러한 전략이 얼마나 성공할지는 미지수이다. 9 · 11테러의 주범인 오사마 빈 라덴의 행방은 여전히 모호한 가운데 비디오와 인터넷을 통해 여전히 미국과 서구에 대한 성전을 독려하며 건재를 과시하고 있다. 이라크에서의 미국의 민주국가 건설 노력은 이 지역의 뿌리 깊은 인종간, 종파간 갈등 속에 난항을 겪으면서 이를 방해하려는 반란군과 테러집단의 공격과 희생자 수는 여전히 수그러들 기미를 보이지 않고 있다. 혹자는 미국의 이라크 침공이 오히려 아랍 민중의 미국과 서방에 대한 반감을 증가시켜, 테러지원자를 양산하는 결과를 가져오고 있다고 비판한다. 아랍세계의 민주화가 테러세력의 근원을 제거할지

43) 미국의 대테러전과 관련한 외교 전략의 변화와 관련해서는 John Lewis Gaddis 2004; Walter Russell Mead 2004 참조.

에도 의문이 제기된다. 많은 이들이 9 · 11테러 및 최근 유럽에서의 테러의 주범들이 가난하고 억압적인 아랍국가뿐 아니라 민주주의 서구사회 내에서 자라나고 교육받은 젊은 이슬람교도들이었음을 주목한다. 또한 나날이 증가 · 발전하는 교통과 통신수단의 발달 및 정보혁명으로 상징되는 21세기 세계화는 규제 완화, 국경 개방, 무역의 확장을 가속화함에 따라 테러주의자들이 활동할 수 있는 공간과 영역을 날로 확장시키고 있다. 그 속에서 이질적인 목표와 동기를 가진 다양한 테러조직 및 개인 혹은 범죄조직이 서로의 편의와 이익에 의해 국경을 초월하여 협력하는 조짐도 보인다. 최근에는 테러조직이 법망을 피하고, 기동성을 높이기 위해 초국가적인 범죄조직의 네트워크를 이용하는 사례도 보고되었다.[44]

이러한 테러리즘을 상대해야 하는 근대국가는 새로운 비대칭적 위협에 대해 혼돈과 불확실성의 도전을 받고 있다. 과거의 적들은 미국을 위협하기 위해 엄청난 군대와 이에 못지않은 산업시설을 필요로 했다. 그러나 9 · 11테러범들은 겨우 19명의 인원과 탱크 한 대 값에도 못 미치는 비용을 가지고 그 어떤 강대국도 미국에게 입히지 못한 파괴와 혼란을 이미 초래했다. 이것은 실로 이전의 그 어떤 위협과도 다른 새로운 종류의 것으로, 이러한 위협의 주 목표가 된 미국의 정책은 새로운 접근을 필요로 한다. 이들에게는 대량의 보복을 경고하는 억제가 통할 수 없다. 보호할 국가나 국민 없이 성전을 수행하는 개인을 무슨 경고로 억제한단 말인가? 마찬가지로 영토나 군대 없이 아무런 실체가 없는 그림자를 봉쇄할 수도 없다.[45] 21세기 정보혁명과 대량살상무기의 확산 속에 범지구

44) 미 정부의 한 관계자는 이들 범죄조직은 전 세계적인 조직 네트워크를 이용, CIA 내부에서 움직이는 것보다 더 빠르고 효율적으로 인력, 돈, 무기 등을 지구적 차원에서 이동할 수 있다고 토로했다. Moses Naim 2003: 29-37.

45) George W. Bush, "Remarks by the President at 2002 Graduation Exercise of the United States Military Academy, West Point, New York" White House, Office of the Press Secretary, June 1, 2002.

적 네트워크를 활용한 테러리즘은 초강대국 미국을 포함하여 테러의 대상이 되는 근대국가에 새로운 심각한 위협과 도전을 제시한다.

| 참고문헌 |

김성한 · 정한울, 2006, 「부시 2기 외교정책의 딜레마: 미국 및 세계 여론의 제약요인」, 『국제정치논총』 46집 1호.

민병원, 2005, 『복잡계로 풀어내는 국제정치』, 서울: 삼성경제연구소.

Al-Fahd, Nasir Bin Hamd, 2003, "A Treatise on The Legal Status of Using Weapons of Mass Destruction Against Infidels" (May, http://www.carnegiendowment.org/static/nnp/fatwa.pdf, 검색일: 2006년 7월 4일).

Arquilla, John and David Ronfeldt, 1993, "Cyberwar Is Coming!" *Comparative Strategy*, Vol. 12, No. 2.

———, 1996, *The Advent of Netwar*, Santa Monica, CA: RAND.

———, 2000, *Swarming and the Future of Conflict*, Santa Monica, CA: RAND.

———, 2001, *Networks and Netwars: The Future of Terror, Crime, and Militancy*, Santa Monica, CA: RAND.

Barabási, Albert-Laszlo, 2002, *Linked: The New Science of Networks*, Cambridge: Perseus.

Bunn, Matthew and Anthony Wier, 2005, "The Seven Myths of Nuclear Terrorism," *Current History*, April.

Bush, George W., 2002, "Remarks by the President at 2002 Graduation Exercise of the United States Military Academy, West Point, New York," White House, Office of the Press Secretary, June 1.

______, 2002, *The National Security Strategy of the United States of America*, White House, Office of the Press Secretary, September.

______, 2002, *National Strategy to Combat Weapons of Mass Destruction*, White House, Office of Press Secretary, December.

———, 2006, *The National Security Strategy of the United States of America*, White House, Office of the Press Secretary.

Coll, Steve and Susan B. Glasser, 2005, "Terrorists Turn to the Web as Base of Operations," *The Washington Post*, Sunday August 7.

Cooper, Robert, 2003, *The Breaking of Nations*, New York: Atlantic Monthly Press.

Creveld, Martin van, 1991, *The Transformation of War*, New York: Free Press.

———, 2003, "The Fate of the State," Richard W. Mansbach and E. Edward Rhodes, *Global Politics in a Changing World*, New York: Houghton Mifflin Company.

Cronin, Audrey Kurth, 2002/03, "Behind the Curve: Globalization and International Terrorism," International Security, Vol. 27, No. 3.

Deibert, Ronald J. and Janice Gross Stein, 2002, "Hacking Networks of Terror," Dialog-IO, Spring.

Friedman, Thomas, 2004, "War of Idea," *New York Times*, January 11th.

Fukuyama, Francis, 2004, "The Neoconservative Moment," *The National Interest*, Summer.

Gaddis, John Lewis, 2004, *Surprise, Security, and the American Experience*, Cambridge: Harvard University Press.

Haqqani, Husain, 2002, "Islam' s Medieval Outposts," *Foreign Policy*, November/December.

Hoffman, Bruce, 2006, "The Use of the Internet By Islamic Extremists," Testimony Presented to the House Permanent Select Committee on Intelligence, May 4.

Huntington, Samuel P., 1996, *The Clash of Civilizations and the Remaking of World Order*, New York: Simon & Schuster.

Jenkins, Brian Michael, 2006, *Unconquerable Nation: Knowing Our Enemy, Strengthening Ourselves*, Santa Monica, CA: RAND.

Kamien, David, 2005, *The McGraw-Hill Homeland Security Handbook*, McGraw-Hill.

Krauthammer, Charles, 2004, "In Defense of Democratic Realism," *The National Interest*, Fall.

Laqueur, Walter, 1977, *Terrorism*, London: Weidenfeld and Nicolson.

———, 2003, "The Changing Face of Terror," Robert J. Art and Kenneth N. Waltz, eds., *The Use of Force: Military Power and International Politics*, New York: Rowman & Littlefield Publishers, Inc.

Matthew, Richard and George Shambaugh, 2005, "The Limits of Terrorism: A Network Perspective," *International Studies Review*.

Mead, Walter Russell, 2004, *Power, Terror, Peace, and War: America' s Grand Strategy in A World At Risk*, New York: Vintage Books.

Medalia, Jonathan, 2004, "Nuclear Terrorism: A Brief Review of Threats and Responses," *CRS Report for Congress*, September 22.

Naim, Moses, 2003, "The Five Wars of Globalization," *Foreign Policy*, January/February.

Perl, Raphael, 2005, "Terrorism and National Security: Issues and Trends," *CRS Issue Brief for Congress*, September 8.

Rapoport, David C., 2001, "The Fourth Wave: September 11 in the History of Terrorism," *Current History*, December.

Sciolino, Alaine, 2005, "Europe Meets the New Face of Terrorism," *The New York Times*, August 1.

US Department of State, Office of the Coordinator for Counterterrorism, 2001, *Patterns of Global Terrorism 2000*, April.

———, 2004, *Country Reports on Terrorism 2003*, April.

———, 2005, *Country Reports on Terrorism 2004*, April.

———, 2006, *Country Reports on Terrorism 2005*, April.

Weimann, Gabriel, 2006, *Terror on the Internet: The New Arena, the New Challenges*, Washington DC: US Institute of Peace.

Zanini, Michele, and Sean J.A. Edwards, 2001, "The Networking of Terror in the Information Age," in John Arquilla and David Ronfeldt, *Networks and Netwars: The Future of Terror, Crime, and Militancy*, Santa Monica, CA: RAND.

7
21세기 미국의 변환외교

전재성_서울대학교

1. 머리말

이 글은 21세기 외교분야의 변환 모습을 분석하기 위하여, 하나의 사례로 외교변환의 선구적 한 형태를 보여주고 있는 미국의 부시 2기 행정부의 변환외교(transformational diplomacy)를 분석한다. 부시 행정부는 9 · 11테러 이후, 1기 집권기간 동안 반테러전의 일환으로 아프간전쟁과 이라크전쟁을 수행한 바 있다. 이라크전은 정당방위나 국제연합의 동의와 같은 정당한 전쟁 구성원인을 충족시키지 못함으로써 국제사회의 비난을 받았다. 미국은 테러와 같은 탈집중화, 탈영토화된 적에 대한 선제공격의 불가피성을 논함으로써 이에 대응하고자 했다. 그러나 시간이 흐를수록 미국이 상정하고 있는 군사공간이 근대 국제정치의 주권국가의 통치공간과 일치하지 않는다는 시각이 대두했다. 의도적이든, 비의도적이든 21세기 국제정치 군사관계에서 '제국적' 군사공간의 출현이 불가피하다는 것이다. 지난 수년간 진행된 미국제국론을 둘러싼 활발한 논쟁이 이러한 현실을 반영하고 있다.[1)]

미국은 군사적 일방주의와 제국론의 비난에 대응하는 과정에서 외교의 중요성을 부각시켰다. 외교는 테러집단이 조직적으로 생산해내고 있는 반미이념에 효과적으로 대응하고, 반테러 군사전에 대한 국제사회의 비판을 누그러뜨리는 이중적 효과를 낳는다는 점에서 새로운 역할을 부여받은 셈이다.[2)] 문제는 부시 2기 행정부의 외교가 이전의 외교와는 근본적으로 다를 수 있다는 사실이다. 미국은 민주주의 이념과 지식을 전 세계 시민들에게 효과적으로 전달하고, 이들의 가치체계와 국제정치관에 영향을 미침으로써, 군사 위주의 반테러전, 패권공고화, 혹은 제국건설작업의 부작용을 상쇄하고자 한다. 외교의 목적이 근대국가 간 이익의 조정에서 세계여론에 대한 지식적 영향력 확산으로, 외교의 대상이 타국의 외교정책 결정자에서 전 세계 시민으로, 외교의 방법이 기술적 협상에서 정보화시대 다양한 매체를 타고 흐르는 공공외교적 설득으로 '변환' 되고 있는 것이다.[3)] 과연 이러한 변화는 부시 1기 행정부의 문제점을 해결하기 위해 등장한 단기적인 것인가, 혹은 이후의 미국외교에 지속적인 영향을 미치는 근본적인 것인가? 군사기술의 발전으로 인해 제국적 군사공간의 출현과 제국적 권위의 출현 기반이 마련된 것처럼, 정보화시

1) Arquilla 1999; Johnson 2004; Brzezinski 2004; Ferguson 2004; 조정환 2002 등 참조.

2) Gaddis 2005; Tucker and Hendrickson 2004 등 참조.

3) 미국의 라이스 국무장관은 현 시대가 겪고 있는 변화가 1648년 베스트팔렌조약 이후, 최대의 변화라고 언급하고 있다. 소위 탈근대 이행의 전조를 몸소 느끼고 있다는 언급이다. 그리고 그 속에서 미국의 외교가 변환적 성격을 띠는 변환외교가 되어야 한다고 강조하고 있다(Rice 2006). 이러한 언급은 단순히 반테러전에서의 대외 공공외교를 강조하는 언급으로 받아들이기에는 매우 거시적 담론이다. 차라리 미국의 국익을 위해 미국이 기존의 근대국가적 외교의 특징을 넘어, 제국적 차원에서 전 세계를 대상으로 한 공공 지식외교를 펼쳐나가야 하고, 또한 현존하는 비국가행위자들로부터의 위협 속에서 그래야 한다는 당위론을 펼친 것이라고 보아야 할 것이다.

대 의사소통기술의 발전과 세계적 민주주의 확산으로 제국적 외교공간, 혹은 마음공간의 출현과 지구적 지식 권위의 출현이 불가피한 상황이 되고 있는가?[4)]

이 글은 미국의 변환외교를 분석함으로써 21세기 외교가 향후 겪게 될 전반적인 변화의 일단을 살펴보고자 한다. 여기에서는 우선 미국외교의 변화를 국가간 외교에서 제국 지향적 외교로의 변환, 정부간 외교에서 공공외교로의 변환이라는 두 축의 각도에서 살펴보고, 이를 뒷받침하는 정보화시대의 외교환경적 중요성을 논한다. 산업화시대에서 정보화시대로 변화하면서 외교의 현안, 시행방법 등이 근본적으로 변화를 겪고 있기 때문이다. 결국 새롭게 등장하는 미국의 변환외교는 정보화시대 제국적 지식외교의 등장이라는 측면에서 조망될 수 있다. 이후 보다 구체적으로 미국이 어떠한 계획 하에서 제국적 지식외교를 추구하고 있는지, 그리고 이러한 외교전략이 어떠한 함의를 가지는지를 분석해보고자 한다.

2. 변환외교의 첫 번째 축: 제국 지향성

9 · 11테러는 미국 안보전략의 근간은 물론 세계정치의 지형을 바꾸어 놓은 사건이었다. 테러는 9 · 11테러 이전에도 존재해왔으며, 많은 사상자를 낸 익숙한 폭력이었다. 그러나 9 · 11테러는 인류역사상 패권의 최정점에 오른 미국의 본토에서 자행되었고, 미국의 대테러전이 이전과는 근본적으로 다른 양상을 띠었다는 점에서 세계정치의 큰 분기점을 이루었다. 미국의 대외전략은 테러공격의 재발을 방지한다는 새로운 목적과,

4) Arquilla and Ronfeldt 1999는 정보화시대에 새롭게 등장한 국가간 경쟁의 각축장으로서 사이버 공간을 넘어선 '마음의 공간(noos)', 그리고 이를 둘러싼 '마음의 정치(*noospolitik*)'의 중요성을 강조하고 있다.

패권경쟁국의 등장을 방지한다는 이전의 목적을 결합한, 이중예방전략(strategy of double prevention)으로 굳어졌다.

부시 1기 행정부의 안보전략은 새로운 적에 맞서 새로운 군사력과 새로운 전략으로 미 본토와 동맹국의 안전을 도모하는 전략이었다. 새로운 적은 지리적 영토성을 탈피해 있으며, 초국가적 네트워크를 가지고 있고, 미국이 주도하는 세계질서 전반에 대한 이념적 · 문명적 도전을 시도하고 있다. 국민국가를 주권 소유의 기본 단위로 하는 근대적 정치기반과 근대적 형태의 폭력 소유, 사용방법을 넘어서 있으며, 이러한 점에서 '탈근대적' 안보위협이라 볼 수도 있다. 부시 행정부는 지리적 영토성을 탈피한 적에 대해 억지효과를 가질 수 없었으므로, 군사적 선제공격전략으로 맞섰는데, 이는 근대적 관점에서 보면 선제적(preemptive)이라기보다는 예방적(preventive) 성격을 가진 공격이었다. 좁은 의미에서의 정전론 논쟁을 벗어나, 정전의 개념과 안보의 본질이 달라졌다는 광의의 논쟁이 시작되었다. 군사적 의미에서 국민국가 중심의 근대적 군사공간이 의미를 잃고 있다면, 결국 새로운 의미의 정치질서가 필요하다는 점이 부각된 것이다.[5)]

탈영토적 적의 출현에 대한 탈근대적 세력으로서의 미국의 등장이라는 논란은 최근의 미제국론 논쟁으로 이어졌다. 21세기 초에 출현한 새로운 단위들을 분석하기 위해 과거에 사용되었던 용어를 사용하는 것은 지금 단계에서는 불가피한 일로 보인다.[6)] 현재 학자들은 용어상 로마시

---

5) 새로운 군사기술과 폭력사용 양식의 출현이 정치조직, 국가의 본질과 성격을 변화시킨다는 '군사결정론' 적 시각은 유럽의 근대 이행과정에서도 이미 많이 논의된 주제이다. 21세기 초 군사혁신(RMA)에 근거한 군사기술과 대테러 선제공격 등이 새로운 정치질서를 가져올 수 있을지를 군사결정론의 시각에서 분석하는 일이 필요하다고 보여진다. Tilly 1985 · 2002; Hintze 1975 등 참조.

6) 새로운 단위들의 출현을 논할 때, 유럽연합과 같은 지역주권의 정치체, 미국과 같은 제국 지향의 정치체를 논할 수 있다. 새뮤얼 헌팅턴의 '문명충돌론' 과 같이 문명을 단위로 이야기하

대의 'imperium'의 개념을 빌려 쓰고 있으나 의미는 상당한 차이가 있다.[7] 네그리와 하트(2000)는 제국을 19세기까지의 제국주의와 엄격히 구별하면서 향후에도 적용될 수 있는 보편적인 제국의 조건을 제시하고 있는데, 시사하는 바가 크다.

첫째, 제국은 영토적 경계를 설정하지 않는다. 제국 밖이라는 지리적 개념이 성립되지 않는다는 것이다. 제국은 당시에 알려진 지리적 공간을 적어도 이론적으로 총괄하는 개념이다. 로마도 그러했고, 스페인과 영국도 실제의 힘과는 별도로 이론적으로는 전 지구를 총괄하는 개념이었다. 복수의 제국이 존재한다고 해도, 제국의 이념적 기초가 지리적 보편성인 한, 제국의 정치질서는 모든 것을 포괄할 수밖에 없다.

둘째, 제국은 역사를 효과적으로 중지시키고, 그럼으로써 현재의 상태를 고정시킨다. 제국은 자신의 지배를 역사적 운동 속에서 일시적 계기로서가 아니라, 어떠한 시간적 경계도 없는, 그러한 의미에서 역사를 벗어난 곳에 위치시킨다. 그만큼 제국의 질서는 이론적으로 영원하며 절대선이다.

그렇다면 국민국가체제 속에서 제국이 출현하기 위해 필요한 조건은 무엇인가? 미국은 어떠한 조건을 기반으로 탈근대 제국의 첫 번째 후보국가로 거론되고 있는가? 힘의 크기, 제국의 수, 제국적 전략의 존재 여

는 경우도 있으나, 정치단위로 유의미한지에 대해서는 가시적 변화를 바탕으로 한 논쟁이 필요하다고 생각된다. 경쟁하는 단위들 속에서 승리한 단위로 세계정치가 재편될 때, 거시적 이행이 일어났다. 예를 들어 유럽의 근대이행의 과정에서 제국, 제후국, 도시국가, 국민국가 등 다양한 단위들이 경쟁하다 결국 국민국가가 승리한 예를 생각해볼 수 있다.

7) 제국이라는 용어로 21세기 지구적 초강대국의 현실을 담기에 용어가 가지는 과거지향과 의미상의 함축으로 적절치 못할지도 모른다. 21세기 지구적 초강대국을 일컫는 보다 적절한 용어가 나올 때까지는 부적절한 내포와 외연을 가진 제국이라는 용어가 많은 오해와 혼란을 가중시킬 것이다. 그런데도 제국이라는 용어가 쓰이고 있는 이유는 현재 미국의 국력이 과거 제국들과 비교 가능하다는 점이다. 그러나 제국이 21세기 이후 국제정치의 보편적 단위로 설정된다 하더라도, 그것이 반드시 미국일 필요는 물론 없다.

부, 제국의 이념, 제국 중심의 마음, 그리고 제국에 복종하는 세계인의 자세 등으로 대별해볼 수 있다. 첫째, 힘의 크기를 보면 21세기 초 기술, 특히 정보기술의 발전은 전 지구를 단위로 통치할 수 있는 군사력, 경제력, 의사소통력, 정치력의 출현을 가능케 할 수 있는 상황을 창출하고 있다. 미국을 예로 보면, 미국은 전 세계라는 지리적 공간을 총괄할 수 있는 힘에 상당히 접근한 것으로 평가되고 있다. 인류역사상 최초로 자신의 정치집단의 안전을 스스로의 힘으로 감당할 수 있는 진정한 자주국방을 이룩함과 동시에, 지구적 군사공간을 최초로 장악하는 것이다.[8)] 힘을 뒷받침하는 또 하나의 조건은 국력의 양이 아니라 질이다. 1990년대부터 시작된 정보혁명은 핵으로 인한 군사격차보다 더 큰 군사격차를 불러왔다. 소위 군사혁신(RMA: Revolution in Military Affairs)과 군사변환전략(transformation)은 C^4ISR, 정밀타격, 장거리투사, 신속이동 등을 가능케 함으로써 지구군사공간을 완전히 장악할 수 있는 가능성을 더욱 앞당기고 있다. 그리고 이러한 기술은 핵기술처럼 손쉽게 취득할 수 없다. 정보기술분야에서 말하는 정보격차(digital divide)는 핵격차보다 따라잡기 어렵고, 약소국이 선진국의 군사기술을 추월할 수 있는 가능성은 더욱 줄어들었다.[9)]

8) 1990년대의 10년간 미국은 33.9%의 경제성장을 보였다. 반면 일본은 10.1%, 독일은 13.1%, 영국은 29.8% 성장하여 미국의 뒤를 이었다. 미국 캘리포니아 주의 경제규모는 프랑스의 경제규모와 맞먹는다. 중국은 124.6%로 빠르게 성장하고 있으나, 총 GDP는 2002년 기준 미국이 중국의 약 8배 이상을 기록하고 있다. 90년대 10년간 국방비 증가율도 미국이 이끄는 단극체제의 모습을 보여준다. 미국은 1985년 세계 국방비의 32.5%를 차지하고 있었다. 그러던 것이 2000년에는 36.8%, 2001년에는 38.0%, 2002년에는 39.1%, 2003년에는 50.7%를 차지하게 되었다. 현재 미국의 국방비는 미국을 제외한 다른 모든 나라의 국방비를 합친 것보다 더 많은 상황이 된 것이다. 양적 비중은 질적 중요성과 함께 더욱 두드러진다. 미국의 국방 관련 연구개발비는 세계 전체의 80%에 이른다. 다시 말해 기술혁신을 주도하고 있는 것이다. 2004년도 미국의 국방비는 4013억 달러로 책정되어 있고, 이는 미국 다음의 국가보다 10배 많은 액수이다. 이춘근 2004를 참조할 것.

9) 군사적인 측면에서 지구 전체를 관할할 수 있는 이러한 폭력 주체의 등장은 군사주권의 소재가 더 이상 개별국가가 되기 어렵다는 관측을 불러일으키고 있다. 포젠은 탈근대적 군사공간

양과 질적인 면에서, 21세기에 상상할 수 있는 지리적 공간의 단일적 점유자, 혹은 통치자로서의 제국을 상상할 수 있는 시대가 도래했다면, 다음으로 문제되는 것은 이러한 주체의 수이다. 과거의 제국들은 지배의 대상이 되는 지리적 공간으로 지구 전체를 상정할 수 있었으나, 이를 온전히 혼자서 통치할 수 있는 기술력이 부족했다. 따라서 다수의 제국 후보자들 간의 경쟁으로 지구정치를 운용했다. 이념상으로는 시공간적 전체성을 주장했으나, 이는 주장뿐이었다. 미국은 소련과 20세기의 양대 제국지향세력으로 경쟁했으나, 소련은 경쟁의 대열에서 탈락했다. 이제 제국후보의 수가 하나가 된 것이다.

셋째, 제국적 전략의 존재가 제국의 출현을 결정할 것이다. 9 · 11테러에 앞서 국제정치의 변화를 몰고온 사건은 1989년 11월 9일의 베를린 장벽의 붕괴였다. 소위 11 · 9베를린 장벽붕괴는 소련제국을 이루고 있던 진영의 해체의 출발점이었다. 1990년대의 국제정치는 소위 탈냉전의 시공간 속에서 진행되었고, 미국의 단극체제가 형성되었다. 9 · 11테러는 미국이 1990년대 건설한 단극체제에 대한 여러 도전 가운데 하나였다. 사실 1990년대 미국의 단극체제는 경제적 세계화, 정치적 민주화, 군사적 집중화 등의 축에 기초하고 있었다. 세계화는 빈국들의 반발을 가져왔고, 민주화는 미국의 패권에 대한 세계적 비판을 가속화시켰다. 군사적 단극체제에 대한 반발도 만만치 않았다. 9 · 11테러는 극적인 효과와 더불어 미국의 단극체제의 문제를 본격적으로 노정했다. 미국은 초국가

의 개념에 입각하여 미국 패권의 군사적 기초를 논하고 있다. 21세기 군사공간은 공유공간과 분쟁공간으로 대별되며, 해양 · 우주 · 상공과 같은 공유공간은 명목적으로는 국가들이 소유하고 있음에도 불구하고 군사적으로는 사실상 미국의 지배권 하에 들어가고 있다고 본다. 반면, 미국의 영향력에 저항하는 정치단위들이 점유하고 있는 군사공간이 문제인데, 여기에서는 아직 미국의 군사적 영향력이 제한될 수밖에 없다는 것이 포젠의 견해이다. 따라서 공유공간에 대한 실제적 지배를 유지하면서, 분쟁공간을 어떻게 다룰 것인지가 향후 군사전략의 핵심이라고 지적한다. Posen 2003을 참조할 것.

적이고, 탈중앙적이며 탈영토적인 아마도 탈근대적인 적의 위협에 노출되었다. 그리고 테러집단, 혹은 테러집단을 비호하는 탈법국가에 대한 예방전쟁(preventive war)을 추진함에 따라 근대국가의 폭력논리를 벗어나는 전략을 구사하기 시작했다.

넷째, 제국의 이념은 전 세계 사람들의 마음을 사로잡을 수 있는 매력적인 이념이어야 한다. 시대가 변함에 따라 힘, 특히 제국의 힘을 구성하는 구성요소는 변화할 수밖에 없다. 많은 논자들은 21세기 힘의 지표 중에서 이념, 혹은 연성권력이 중요하다고 강조한다. 이매뉴얼 토드(2003)의 경우 연성권력 등장의 인구학적 기초를 논하고 있다. 즉 피임기술이 발전하여 전 세계 인구가 줄고, 이들의 교육수준이 높아짐에 따라 제국의 이념이 정당한가를 주시하는 세계여론의 질적 수준이 높아졌다는 것이다. 이와 더불어 인터넷을 통한 초국적 시민사회 네트워크의 발전과 영어라는 공용어의 발전으로 인한 지구적 의사소통의 활성화를 꼽을 수도 있겠다. 조지프 나이(2004) 역시 미국의 연성권력이 21세기 미국제국 건설에 가장 중요한 요소들 중의 하나임을 꼽는 데 주저하지 않는다. 경성권력이 최정점에 올라 있는 미국의 제국건설 시점에서 연성권력이 확보되지 않으면 경성권력 또한 무력하며, 이에 대한 도전은 9 · 11테러의 경우와 같이 예측불가하고, 그러한 면에서 대비불가하다는 것이다.

다섯째, 제국 중심에 존재하는 제국민의 마음과 정치문화를 살펴볼 필요가 있다. 존 개디스(2003)는 미국의 제국건설이 예외적 경로를 밟아왔다고 역설한다. 개디스는 미국적 제국의 건설이 반제국주의적 제국(anti-imperialist empire)의 건설이었다고 본다. 이러한 점에서는 소련도 마찬가지라고 본다. 개디스는 20세기 국제정치의 기본 원칙이 윌슨과 레닌에 의해 만들어졌다고 보며, 그러한 제국건설의 마음의 핵심에는 민족자결주의와 반제국주의가 있다고 보았다. 그러나 소련이 전쟁 직후, 동구권 국가들에 대한 무력적 개입, 혹은 쿠데타 사주와 같은 방법을 사용했던 것에 반해, 미국은 소위 '동의에 의한 제국(consensual empire)'을 건설했다는 것이다. 그리고 건설과정에는 다른 국가들의 초대가 있었다는 점이 중요했다. 제국을 건설함에 있어 자유주의를 내세우고, 제국주의적 지배를 부정하면서 제국을 건설하는 미국의 전략이 현재까지 미국이 변화하는 국제정치 속에서 제국건설을 시도할 수 있는 제국민의 마음의 핵심적인 자산이라는 점을 지적할 수 있다.

여섯째, 제국적 질서에 포섭된 세계인의 마음을 어떻게 잡아가느냐가 21세기 제국건설의 또 하나의 핵심이다. 제국적 이념과 제국민의 마음의 상대편에 세계인의 마음이 있기 때문이다. 네그리와 하트는 21세기 제국의 개념을 논함에 있어 시공간적 전체성 이외에 하나의 조건을 추가하고 있다. 즉 제국의 지배는 사회세계의 깊숙한 곳까지 확장하는 사회질서의 모든 작동영역 위에서 작동한다는 것이다. 제국은 영토와 주민을 관리할 뿐 아니라 자신이 존재하는 세계 자체, 그리고 세계인 자체를 창조한다. 제국은 인간 상호작용을 규제할 뿐 아니라 인간본성을 직접 지배하려 한다는 것이다. 제국의 지배대상은 사회생활 전체이며, 따라서 제국은 전형적인 생체권력의 형태를 띤다. 제국은 주체성을 생산하는 포괄적 계기를 가지고 있다. 인종, 신념, 피부색, 성에 관계없이 모든 것을 경계 안에 받아들임으로써 관대하고 자유주의적인 얼굴을 드러낸다는 것이다. 제국은 차이를 수용하며 보편적 포괄성을 달성한다. 제국은 포괄적이고 중립적이며 무차별적인 법적 관념을 생산하고, 제국적 규칙 아래 모두 주체들을 평화롭게 다루어간다. 심지어 이러한 보편질서에 대한 반발, 대표적으로 테러와 같은 현상들까지 제국은 내전의 형태로, 제국질서에 대한 반발이 아닌 제국질서의 타락으로 간주한다. 이들을 말살시키는 것이 아니라 푸코적으로 감옥을 통해 처벌하고 정화시키는 것이다. 더 이상 제국이 분할하고 지배하는 것이 아니라, 차이를 인정하고 차이를 찬양하고 차이를 일반명령 안에서 관리하는 것이다. 이러한 점에서 제국의 정

치는 세계인에 대한 '마음의 정치(*noospolitik*)'라고 할 수 있다.[10)]

제국적 단위 출현의 원론적 · 현실적 기초가 마련되어가는 21세기 초 과연 미국은 성공적인 제국건설의 과제를 수행하고 있는가? 21세기형 제국을 건설하고자 했던 미국의 노력은 일차적으로 군사적 일방주의에 의한 길을 따랐다. 그러나 잘 알려진 바와 같이 많은 문제점이 노정되었다.

첫째, 대테러전을 수행할 군사력의 문제이다. 미국은 예상과는 달리 이라크전쟁을 단기간에 성공적으로 마쳤다. 그러나 부시 대통령이 공식적인 이라크전 종전을 선언한 이후에, 이라크의 저항은 지속되었고, 사상자는 전쟁기간 중의 사상자를 초월했다. 미국은 전쟁 이후 이라크 주둔을 둘러싼 군사자원의 문제로 많은 어려움을 겪었으며, 이 과정에서 동맹국들의 파병을 요청했다. 그러나 지속되는 테러사태로 스페인, 이탈리아, 필리핀 등의 동맹국들의 파병이 철회되었다. 더불어 미국은 이란과 북한 등 대량살상무기생산, 확산가능국가들과의 문제를 떠안고 있다. 그러나 현재 미국은 이라크를 제외한 다른 국가들에 대해 사용할 수 있는 군사적 자원이 제한되어 있으며, 이러한 점에서 대테러전쟁을 군사적으로 수행하는 데 일정한 한계를 가지고 있다.

둘째, 대테러전의 수행에 필요한 외교적 지지의 문제이다. 미국은 이라크전을 시작하면서 국제연합의 지지를 받지 못했다. 미국은 이라크가 대량살상무기를 생산하며, 테러집단과 연계되어 있는 증거를 가지고 있다고 주장했으나 허위로 밝혀졌고, 결국 압제의 교체만으로 이라크전쟁을 정당화할 수 있었다. 이라크전쟁을 승리로 이끈 이후에도 미국은 일방주의 외교에 대한 비판으로 여전히 동맹국 또는 국제사회의 외교적 지지를 받는 데 실패했다.

---

10) Arquilla 1999; Johnson 2004; Brzezinski 2004; Ferguson 2004; 조정환 2002 등 21세기 미국 제국론에 대한 다양한 논의를 참조할 것.

셋째, 이라크전쟁의 경우에서처럼, 전쟁에서 승리한 이후 전후처리를 수행할 수 있는 정치력의 문제이다. 미국은 이라크전을 정당화하는 데 있어 압제로부터의 해방을 중요한 요소로 꼽았다. 그러나 이라크 국민들은 후세인 정권을 몰아내는 데 있어서의 미국의 역할은 인정했으나, 이후 이라크의 정체를 결정하고 새로운 정권을 구성하는 데 있어 미국의 역할을 전적으로 인정하지 않았다. 미국은 전쟁에서는 승리했으나 전후처리에서는 성공하지 못한 것이다. 군사적 승리를 정치적 성과로 연결시키지 못한 데에는 중동지역에 대한 이해 부족, 외교적 자원의 부족, 불철저한 준비 등이 문제점으로 지적되었다.

넷째, 미국 내 대테러전쟁의 수행방식을 둘러싼 노선간의 갈등이다. 미국 외교라인은 강경파와 보수파로 갈라져 심한 갈등을 표출했다. 국방부로 대변되는 군사우선, 일방주의 안보외교노선과 국무부로 대변되는 외교우선, 다자주의 안보외교노선이 충돌했다. 그 가운데 미국의 대테러, 반확산 전략은 일관성을 상실했으며, 이는 타국의 외교적 지원을 받는데 많은 문제점으로 작용했다.

이상의 문제점을 극복하고자 새롭게 등장한 부시 2기 행정부의 안보전략은 한마디로 '자유의 확산' 전략이다. 자유의 확산 전략은 정치적 · 외교적 선제공격의 성격을 띠며, 외교적 수단을 주로 사용한다는 점에서 군사적 선제공격을 통한 1기의 제국건설 전략과 구별된다. 콘돌리자 라이스 국무장관은 이를 변환외교라 지칭했는데, 이는 부시 행정부 1기에서 강조되었던 군사변환(military transformation)과 흥미로운 대조를 이룬다.

변환외교의 핵심 중 하나는 국가간 이익 조정이라는 기존의 근대적 외교를 탈피하여, 지구인의 마음을 대상으로 하는 새로운 외교공간을 창출한다는 것이다. 국민국가적 외교라기보다는 앞에서 설명한 바와 같은 제국적 단위의 외교행태라고 볼 수 있다. 부시 2기 행정부는 테러집단, 테러

비호세력에 대한 군사적 선제공격이 국제법상 논란의 여지가 되자, 이들 세력의 생존조건을 말살시키기 위한 정치적 환경을 외교적으로 선제공격하고자 한다. 소위 '불안정의 호(arc of instability)' 지역, 특히 중동지역이 테러집단의 온상이라고 볼 때, 이들 지역의 정치적 환경을 반테러적으로 변화시키는 것이 간접적인 대테러정책이 되며, 이를 위해서는 테러집단이 발흥하는 정치적 환경을 변화시킨다는 것이다.[11] 그리고 이에 대한 국제적 지지를 얻어 군사적 차원의 제국건설의 외교적 환경을 조성한다는 것이다.

미국은 인권과 민주주의 법안을 제정하고 추진하는[12] 한편, 자국의 연성권력(soft power)을 강화하기 위한 국제적 공공외교(public diplomacy)를 강화하고 있다. 나이(2004)는 최근 일련의 저작들을 통해 군사력을 앞세운 미국의 일방주의 외교가 결국 미국의 국익을 해칠 것이라고 경고하고 있다. 미국이 냉전에서 승리할 수 있었던 것은 궁극적으로 동맹국들을 설득하고, 이들과 합의를 이끌어냈던 능력에 기인한 것이며, 이러한 사실을 잊어서는 안 된다는 주장이다.

---

11) 미국이 생각하는 바람직한 정치환경의 요체는 민주주의이다. 일반 국민의 의사가 반영되는 정치체제가 건전한 정치활동을 할 수 있을 때, 불법적이고 폭력적인 테러집단이 존재하기 어렵게 된다는 것이다. 이러한 정치적 선제공격전략은 내정간섭이라는 또다른 논란을 불러올 수 있다. 그러나 민주주의라는 이념이 보편적인 한, 국제사회의 동의를 이끌어내기가 훨씬 쉽다는 판단이 깔려 있다. 1900년에는 보편선거를 실시한 나라가 지구상에 한곳도 없었다. 그러다가 1950년에는 22개국, 2000년에는 120개국으로 전체 국가의 62.5%가 민주화되었다는 프리덤하우스의 통계가 있다. 즉 규범적으로나 현실적으로 민주화가 추세인 만큼 민주화를 내세운 정치적 선제공격, 타국의 내정에 대한 일정 정도의 개입이 정당화될 수 있다는 것이다.

12) 하나의 예로 미국은 소위 '2005 민주주의 증진법안(Advance Democracy Act)'을 추진하고 있다. 2005년 3월 3일, 존 매케인(공화), 조지프 리버맨(민주) 상원의원과 톰 랜토스(민주), 프랭크 울프(공화) 하원의원의 공동 발의로 이루어진 이 법안은 세계 민주주의 증진이 미국 안보에 필수적이라는 전제 아래 미 국무부에 법안 관련 직원을 두고 비민주국가에 주재하는 미 공관에는 인권 담당관을 파견하고 민주화운동 지원을 강화하는 것 등을 골자로 하고 있다. 이들은 민주주의 증진법안의 상하 양원 동시 제출을 공식 발표하면서, "민주주의와 자유의 증진은 미국의 안전과 분리될 수 없다"고 발의 배경을 설명했다.

요컨대, 부시 행정부는 지난 1기 행정부가 추진해온 반테러, 반확산전략을 지속적으로 추진하면서, 그 가운데 발생한 문제점을 개선하는 부분적 수정의 연장선상에서 2기 행정부의 외교전략을 추진하고 있다. 테러집단의 군사공격과 테러집단의 활동의 특수성 때문에 방어와 억지가 어려운 상황에서 미국은 군사적 선제공격을 감행했고, 이러한 노선은 일방주의 군사 위주의 미국 외교노선과 맞물려 타국의 비판에 직면했다. 군사적 선제공격 이후의 전후처리에서 문제점에 직면한 미국은 타국의 외교적 · 군사적 지원이 절실히 필요했고, 이러한 과정에서 군사적 선제공격에 따르는 문제점을 해결하고자, 정치적 · 외교적 수단을 강화하는 쪽으로 전략을 바꾸었다. 자유의 확산전략은 한편으로는 테러집단에 대해 정치적 선제공격을 가함으로써 테러집단의 발흥을 막고, 군사적 공격능력을 감소시키는 한편, 미국에 대해 타국이 보다 적극적인 외교적 · 군사적 지원을 하도록 독려하는 연성권력 차원의 외교전략이기도 하다. 전 세계를 아우르는 제국적 권력을 수립함에 있어 아무리 월등한 군사력을 가지고 있더라도, 결국에는 매력과 설득력, 연성권력이 있어야 보다 원활히 외교정책을 추진할 수 있다는 것이 1기 행정부의 결론이었다고 할 수 있다.

3. 변환외교의 두 번째 축: 정보화시대의 지식외교

외교의 본질과 양태는 시대에 따라 변화한다. 근대유럽에서 최초로 발생한 지금의 외교형식은 제1차세계대전을 겪으면서 큰 변화를 한 번 겪었고, 21세기 초 또 한 번의 변화를 겪고 있는 것으로 보인다. 현대외교의 연원은 15세기 이탈리아 도시국가 체제로 소급된다. 유럽이 중세 기독교 국가(*Republica Christiana*)의 단일성을 탈각하고, 다수의 주권적 정치집단으로 재구성되면서, 국가들 간의 이익을 조정할 새로운 의사소통의 기제가 필요하게 된 것이다(Watson 1982: 95). "협상에 의하여 국제관계를 다루는 일이며, 국제관계가 대사나 사절에 의하여 조정, 처리되는 방법이며, 외교관의 업무 또는 기술"인 근대외교가 시작된 것이다(Nicolson 1939: 21). 19세기 유럽의 근대국가체제가 제국주의를 매개로 전 세계로 확장되면서, 유럽의 근대외교형식은 다른 지역으로 전파되었고, 제2차세계대전 이후에는 전지구적 표준을 형성했다.

한편, 해럴드 니콜슨은 외교의 역사를 논하면서 1919년의 베르사유회의와 윌슨의 신외교가 과거 400여 년 간의 외교관행에 일대변혁을 일으킨 사실을 적절히 지적하고 있다. 르네상스 외교의 한 차례의 변환이다(Nicolson 2004). 무엇보다 외교에 미치는 여론의 등장이 외교의 변화를 초래했다. 제1차세계대전을 계기로 각 국가들이 민주화되고, 정치지도자들이 외교정책에 미치는 여론의 영향을 중시하게 되면서 여론이 외교정책과 외교과정에 많은 영향력을 발휘하게 된 것이다. 문제는 국제관계의 전문가들이 외교를 수행해나가는 르네상스적 관점에서 볼 때, 여론의 영향력이 증가한다는 것은 그리 바람직한 일이 아니라는 사실이다. 니콜슨 역시 여론의 영향력에 대단히 부정적이었다. 일반국민들은 국제관계에 대해 무지하거나 제한된 지식만을 가지고 있으며, 외교사안을 도덕주의적, 법제주의적으로 판단하기 때문이다. 여론의 동의를 얻기 위해 시급한 외교사안의 결정이 지연되고, 정치가들은 여론을 이용하기 위해 정확한 국가이익보다 감정에 호소하는 유혹을 끊임없이 느끼게 된다. 니콜슨의 문제의식도 단적으로 말하면, 외교전문가로서 못마땅한 여론의 영향력을 제한하고, 가능한 한도 내에서 계도하는 것이었다.

그러나 정보화, 세계화, 민주화의 시대인 21세기에 니콜슨의 관점이 지속되기는 어렵다. 비정부행위자들과 시민사회가 외교에 미치는 영향력이 엄청나게 커졌고, 유용한 정보도 넘쳐나고 있기 때문이다. 직업외교관이 전권을 가지고 국가간 관계를 조정하는 것도 불가능하다. 시시각각 텔레비전과 인터넷을 타고 협상이 중계되며, 시민들은 전문적 지식을 가지고 이를 지켜보고 있기 때문이다. 20세기의 외교는 시간이 흐르면서 여론의 영향력을 제한하기보다는 적극적으로 이용하는 방향으로 발전했다. 소위 공공외교이다. 자국은 물론 타국의 시민들에게 영향을 미침으로써 자국의 국가이익을 달성하고자 하는 보다 적극적인 신외교가 등장한 것이다.

물론 냉전기 엄청난 이념적 갈등이 존재하는 속에서 공공외교는 많은 한계를 가질 수밖에 없었다. 미국과 소련을 중심으로 한 양대 진영이 진정한 의미의 정보와 지식을 제공하기보다는 선전적 이념을 퍼뜨리고 시민들을 동원하는 데 많은 노력을 기울였기 때문이다. 그러나 냉전이 종식되고, 특히 9 · 11테러가 발생하면서 전 세계 여론 동향이 각 국가들의 이익에 얼마나 중요한가를 단적으로 보여주는 계기를 제공했다. 국제질서의 정당성에 대한 세계시민들의 비판과 항의가 무력을 통해 전달되는 시대에 외교는 이제 타국의 정부와의 교섭이라는 의미보다는 전 세계의 시민들에게 자국의 정책과 이념을 알리고, 전파하는 공공정보, 지식외교가 되어감을 보여주는 중요한 변화이다. 외교의 주체, 대상과 내용이 모두 근본적인 변화를 겪게 된 것이다.

특히, 세계 유일패권국으로서 세계질서를 주도하고, 9 · 11테러의 피해국으로 반테러전쟁을 주도하는 미국에게 전 세계적 정보, 지식 공공외교는 대단히 중요한 부문으로 등장했다. 부시 행정부 1기 군사적 대응이 가져오는 정치적 · 외교적 부작용을 겪으면서, 미국은 테러와의 전쟁이 테러집단들의 무기에 대한 싸움을 넘어, 이들의 마음, 신념, 세계관과의 싸움임을 절감하게 되었다. 일례로 부시 대통령과 휴즈 공공외교 담당 국무차관은 테러와의 싸움이 비단 군사력의 싸움이 아니며, 이념과 가치관, 지식의 싸움이라는 점을 강조하고 있다.[13] 탈집중화되고 탈영토화된 테러와 같은 적에 대항하기 위해서는 물리적 공간에서의 싸움뿐 아니라 마음의 공간, 이념의 공간, 그리고 사이버 공간에서의 싸움에서 이겨야 한다는 것이다. 이에 따라 외교의 공간 역시 매우 다른 관점에서 인식되고 있다. 미국은 필연적으로 자국의 이념의 보편적 가치를 전파해야 하고, 단순한 정보의 전달이 아닌 가치적 지식을 전달해야 하는 것이다. 정보화시대를 맞이하여 이러한 전달수단 역시 첨단화되어야 한다는 점을 보여주고 있다. 미국의 국가전략은 국무부의 웹사이트를 통해 전달되고 있으며, 이는 세계 모든 사람들에게 이르는 가장 효과적인 수단이 되고 있다.

역사상 출현했던 많은 제국 혹은 패권국은 자신의 힘을 유지시키기 위해 변화하는 시대표준에 맞는 국력기반을 갖추어야 했다. 그리고 이러한 변화에 적절히 대응했을 때, 자신의 팽창하는 힘을 유지할 수 있었다. 국제관계에서 제국의 힘의 기반을 결정하는 요소에는 많은 것이 있다. 군사력, 경제력, 내부 결속력과 같은 정치력, 그리고 외교력과 연성권력 등이 그러한 요소들이다. 21세기 세계적 차원의 민주화의 진전과 정보화 기술의 발전은 모든 국가들에서 시민사회의 영향력을 증가시켰고, 시민사회의 구성원들은 다양한 정보기술의 발전에 힘입어 초국적인 정치 커뮤니케이션의 중심에 서게 되었다. 따라서 모든 국가들은 자국의 이념과 지식을 타국의 정부와 이익집단, 국민들에게 전달함으로써 이들을 설득하고 더 나아가 자국의 입지를 강화하려는 노력을 배가해야 하는 시대적 상황에 처하게 되었다. 즉 지식을 매개로 한 국가이익의 실현이 절실한

13) President and Secretary Honor Ambassador Karen Hughes at Swearing-In Ceremony, Washington DC, September 5, 2005에서 미국의 공공외교에 대한 강조의 일면을 볼 수 있다. 또한 Remarks With Under Secretary Karen Hughes at Town Hall for Public Diplomacy, Loy Henderson Auditorium, Washington DC, September 8, 2005 역시 미국 공공외교를 담당한 휴즈 차관보의 정책방향을 알 수 있다.

지식외교의 시대에 돌입하게 된 것이다.

지식외교는 전달되는 지식의 층위와 성격에 따라 다양한 형태를 가질 수 있다. 따라서 지식을 분류하여 외교적 전달의 대상이 되는 지식을 구별하는 것이 필요하다. 김상배(2004)는 지식을 상징적 지식과 도구적 지식으로 대별하고, 전자를 구성하는 요소로 종교적 · 초월적 지식과 규범적 · 정치적 지식을, 후자를 구성하는 요소로 과학적 지식과 기술적 지식, 기능적 지식 등을 포함시키고 있다. 국제정치의 지식외교에서 주요한 대상이 되는 것은 상징적 지식으로, 이는 타국의 정부와 국민들의 정체성, 가치관, 세계관에 영향을 미치는 지식이다. 이러한 지식은 단순히 관계적 지식이라기보다는 구성적 지식으로 장기적이기는 하지만, 현실에서의 이익의 관념형성과정에 직접적인 영향을 미치는 지식이라 할 수 있다. 만약 국가가 자신의 세계관과 가치관을 전파하여 타국의 정부와 국민이 이러한 관점을 공유 · 옹호하게 하여, 자국의 이익과 공통의 이익을 재규정하게 할 수 있다면 상당한 외교적 성과를 거둘 수 있을 것이다. 실제로 미국은 공공외교를 강조함으로써 이러한 지식외교적 성과를 극대화하고자 노력하고 있다.

21세기 제국이 지식과 이념에 기반한 정당한 정치권력을 필요로 한다면, 이는 정보화시대의 도래와 정보혁명이라는 또 다른 변수에 의해 영향을 받고 있다. 정보력은 군사력 · 경제력 · 외교력과 더불어 21세기 국제정치를 좌우하는 힘이 되고 있다. 정보를 생산 · 수집 · 처리 · 전파하는 능력이 정보력이다. 그리고 외교가 기반하고 있는 힘 가운데 하나가 정보력이다. 과거 외교가 군사력과 경제력에 주로 기반하여, 소위 강압외교(coercive diplomacy), 달러외교(dollar diplomacy)로 각광받았다면, 21세기 정보력을 얼마나 잘 활용하는가 하는 것이 21세기 외교의 관건이 될 것이다. 정보화시대의 외교는 외교의 수단과 형태, 외교의 내용, 외교의 주체 면에서 많은 변화를 가져왔다. 우선 인터넷 등 정보기술의 발전으로 인하여 새로운 외교 커뮤니케이션 수단이 활성화되었으며, 이를 누가 먼저 활발히 사용하는가에 따라 외교력이 좌우되게 되었다. 둘째, 정보화와 관련된 내용을 다루는 외교가 중시되어, 인터넷 거버넌스, 지적 재산권 등이 외교의 중요한 내용이 되었다. 셋째, 외교의 주체가 행정부에 국한되지 않고, 개인, 시민사회단체, 기업, 학계 등 전문가 집단으로 확장되어 다차원적 외교가 가능한 시대가 되었다.

거시적으로 보자면 정보혁명은 국제정치에 많은 변화를 가져왔고, 앞으로도 그러할 것이다. 정보혁명은 군사력, 경제력, 이념, 외교의 영역에서 많은 변화를 불러오고 있다. 이러한 변화가 세계적 차원에서, 보다 민주적인 지구적 거버넌스(global governance)를 강화할지, 아니면 지식제국을 출현시켜 정보격차에 기반한 보다 차별적인 지구적 거버넌스를 강화할지 현재로서는 알 수 없다. 그러나 전반적인 외교양상의 변화, 혹은 외교혁명(RDA: Revolution in Diplomatic Affairs)이라 불리는 변화가 일어나고 있는 것은 틀림없는 사실이다. 소위 디지털외교(digital diplomacy), 원거리외교(tele-diplomacy), 버추얼외교(virtual diplomacy), 사이버외교(cyber diplomacy), 네트워크외교(network diplomacy), 촉매외교(catalytic diplomacy), 탈근대외교(postmodern diplomacy) 등의 모습을 띠며 변화되고 있는 외교의 형태들이다.[14]

정보화시대의 외교는 정보기술로 발전한 외교의 하부구조, 외교의 내용, 외교의 주체의 변화와 더불어 정보에서 지식 중심으로 옮겨가는 지식외교의 중요성이 강조되는 변화에 많은 영향을 받고 있다. 수집된 정보를 지식의 형태로 구성하여 자국의 외교 기반으로 삼는 한편, 대내외적 설득의 수단으로 삼는 것이 지식외교인 것이다. 외교는 다른 수단에 의한 전쟁이며, 평시에 수행된다. 그렇게 볼 때 21세기 변환된 외교를 새

14) 김상배 2003; Dizard 2001 등을 참조할 것.

롭게 정의해 보자면, "지식국가 혹은 지식제국의 대내외적 지식관리, 세계지식질서를 자국의 이익에 맞도록 생산, 변화하는 일(지식구조의 힘), 자신의 이익에 맞는 세계적 지식제도를 창출하는 일(지식제도의 힘) 및 지식에 기반한 협상행위(지식행위의 힘)"라 할 수 있다. 현대의 외교는 정보의 차원을 넘어서 지식의 차원으로 발전하고 있으며, 수집된 정보를 문제틀, 가설, 이론, 이념, 신념체계, 세계관 등으로 정리하여 이를 대내외적으로 확산시키는 지식외교의 모습이 출현하고 있는 것이다.

이상의 논의를 종합해보건대, 21세기에 출현하고 있는 외교, 특히 미국의 외교는 첫째, 근대국민국가의 외교를 넘어 보편적 질서를 지향하는 제국적 외교의 성격을 가지며, 둘째, 지식이라는 수단을 통하여 외교대상에 대해 구성적 영향력을 확보하려는 지식외교의 성격을 가지는 한편 셋째, 이를 정보화시대의 기술수준과 변화 속에서 실현해가는 정보화 외교 성격의 3중의 변화된 성격을 가지게 된 것이다. 그리고 이러한 외교는 탈냉전기의 국제정치 상황의 변화와 정보기술의 발전, 세계적 차원의 민주화의 진행과 더불어 꾸준히 변화의 모습을 보여오다가, 9 · 11테러 이후 더욱 진전되고, 보다 구체적으로는 변환외교를 주된 국가전략으로 삼은 부시 2기 행정부에 들어서서 집중적으로 발전하고 있다. 이러한 변화를 그림으로 나타내면 다음과 같다.

〈그림 7-1〉 제국외교, 지식외교, 정보화시대 외교의 중첩으로서의 미국외교

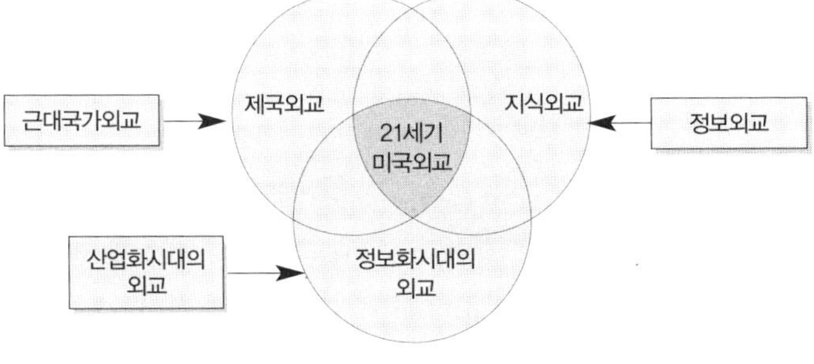

4. 미국 변환외교의 전략과 자원

(1) 전략과 목표부문

본 절에서는 앞에서 논한 미국의 정보화시대 제국지향의 지식외교가 실제에 있어서 어떠한 모습으로 실현되고 있는지를 미국의 공공외교체계를 통하여 살펴보고자 한다. 즉 미국이 새로운 외교를 위하여 목표설정을 어떻게 하고 있는지, 그리고 이러한 목표를 실현하기 위한 실행과정에서 조직과 예산 등 주요 실행수단을 어떻게 마련하고 있는지 살펴볼 필요가 있다.

미국의 공공외교는 타국 정부는 물론 타국의 국민들에게 자국의 외교정책의 이념 및 가치관과 내용을 전달하고 이해시키며, 이와 관련된 지식을 교육시켜, 이에 공감하고 옹호하여 미국의 이익을 실현하는 것을 목표로 하고 있다. 과거 1950년대 이후 냉전이 진행되면서, 미국은 자유민주주의, 시장자본주의, 다자주의 국제제도를 축으로 한 자유주의 국제정치질서를 지식과 문화, 가치관의 측면에서 강화했고, 이를 실현할 수 있는 정책적 비전을 제시하기 위해 많은 노력을 가했다. 지식의 측면에서 자유주의 국제정치이론을 생산하고, 이를 출판과 교육, 특히 사회과학 분야에서의 유학생 교육을 통해 전 세계로 전파했다. 가치관과 문화의 측면에서 미국식 민주주의와 문화를 생산하여 영화, 출판물, 방송매체 프로그램 등으로 다양하게 제작하여 전 세계에 공공외교를 축으로 선전했다.

미국은 1953년 미국공보국(US Information Agency)을 창설하여 공공외교에 주력했으며, 미국의 소리(VOA), 방송위원회 등을 통하여 미국식 이념과 가치관을 적극 확산했다(Dizard 2004). 그러나 이렇게 냉전기를 통하여 강화된 공공외교는 냉전의 종식 이후, 그 중요성이 감소되었는데,

이는 1999년 미국공보국이 국무부로 흡수 · 통합된 사례에서 가장 극명하게 드러났다. 그러나 2001년 9 · 11테러가 발발하고, 이에 대한 대처과정에서 미국에 대한 세계의 부정적 인식이 확인되고, 특히 이슬람권의 대미 혐오도가 증가된 사실에 접하면서 미국의 공공외교의 중요성이 다시 한 번 부각되었다. 부시 행정부는 테러 이후 공공외교의 중요성을 다시 부각시키며, 테러 방지와 미국적 세기의 실현에 필요한 이념과 지식의 전파를 중요한 미국 외교정책의 목표로 삼게 되었다.

대테러/비확산기에 들어 미국은 외교의 기본 목적을 첫째, 미국과 미국인의 보호, 둘째, 민주주의와 인권, 다른 지구적 이익의 증진, 셋째, 미국적 가치와 정책에 대한 국제적 이해의 증진, 넷째, 이를 실행하는 미국 외교관, 정부관료 및 다른 인력을 국내외에서 지원하는 것 등으로 설정하고 있다.[15] 미국의 세계적 위상과 미국적 이념의 지구적 실현을 강조한다는 점에서 보편주의적 외교목적을 설정해놓고 있다. 특히 테러와의 전쟁을 중요한 국무부의 외교 목적으로 삼고 있는데, 좀 더 구체적으로 ① 테러집단과 테러지원국가를 색출하고, ② 테러집단의 활동을 조사하며, ③ 테러집단의 재정 네트워크를 폐쇄하고, ④ 테러를 법의 심판 하에 두는 것을 목적으로 하고 있다.

인권과 민주주의 반테러를 통한 미국적 이념의 확산이 미제국 지향외교의 주요 지식자원의 한 축이라면, 다른 축은 시장자본주의이다. 우선 민주주의에 관하여 미국은 민주주의를 증진하여 세계적 차원에서 안보와 안정 및 번영을 증진하고, 신흥 민주국가의 설립과 유지를 도우며, 민주선거를 부정하는 정권을 밝혀내 이들을 압박하고, 보편적 인권을 지지하는 국가들을 지원하고, 고문으로부터의 자유, 표현과 출판의 자유, 여

15) 이러한 목표를 뒷받침하는 미국의 '정치문명'에 대한 포괄적 논의를 위해서는 권용립 2003; Mandelbaum 2002; Rosenberg 1982 등을 참조할 것.

성과 아동의 인권, 소수자 등을 보호하고, 매년 인권보고서를 발행하는 것을 외교의 주요 목적으로 하고 있다.

한편, 자본주의의 세계적 증진을 위하여 미국외교는 미국의 자본과 농업이 외국자본과 무역에 대하여 정당한 경쟁을 할 수 있도록 지원하고, 미국의 상품과 재화를 해외에서 판매할 수 있는 개방된 해외시장 창출을 위하여 무역협상을 진행하며, 미국 기업들의 해외판매를 지원하기 위한 해외의 문제들을 밝혀내고, 기업의 이익을 보호하기 위하여 국제기구 및 미국의 조직들과 협력 하에 일하고, 미국의 지적 재산권을 보호하는 한편, 다른 국가들이 미국의 투자 및 수출기회를 보장할 수 있도록 자유로운 시장사회를 유지하도록 돕는 것을 중요한 목적으로 삼고 있다.[16)]

특히, 이러한 외교목적을 달성할 수 있는 요체로 공공외교를 들고 있는데, 공공외교란 선전(propaganda) 혹은 광고(public relations)와는 다른 개념이다. 선전이 특정 관점과 이익을 반영하는 원칙이나 기조, 혹은 정보, 이를 옹호하는 집단의 이익을 체계적으로 알리는 행위이고, 광고가 개인이나, 기업 혹은 기구에 관해 대중이 우호적인 의견을 갖도록 하는 사업인 데 반하여, 공공외교는 한 국가가 정보, 문화, 교육 프로그램에 관하여 전략적으로 기획하고 실행하여 목표국의 여론 환경에 영향을 미쳐 정치 지도자가 자국의 외교정책 목적에 부합하는 결정을 내리도록 하는 행위라고 정의할 수 있다(McClellanm 2004). 여기서 공공외교는 정보와 교육을 주요 매개로 삼는다는 점에서 지식외교의 측면을 강조하고 있고, 상대국의 여론과 더 나아가 정책결정자의 인식과 정체성에 영향을 미친다는 점에서 지식의 구성적 차원을 강조하는 것이 공공외교가 여타 선전 및 광고행위와 다른 점이라는 것을 알 수 있다.

---

16) U.S. Department of State, Diplomacy: The U.S. *Department of State at Work*(Department of State Publication 11201, 2005)에서 상세한 내용을 볼 수 있다.

이러한 측면은 공공외교의 구성 요소를 보면 더욱 잘 드러나는데, 미국의 공공외교의 의사소통 피라미드는 다섯 부분으로 이루어져 있다. 즉 행동, 옹호, 지식, 관심, 의식으로 구성된 피라미드이다. 공공외교의 최종 목적인 행동의 단계에서 외교 대상국은 자국의 이익에 부합하도록 국제기구 등에서 무역협정 및 조약을 맺거나 법안을 통과시키고, 군사동맹에 가입하는 등의 행동을 하게 된다. 이러한 행동은 옹호단계의 결과인데, 옹호단계란 자국의 이익과 부합되는 활동이 대상국에도 이익이 된다는 인식을 형성하도록 하는 단계이다. 이는 자국의 여론 주도층, 정치 지도자, 싱크탱크 분석가 등의 활동, 그리고 다양한 학문적 · 전문적 교환 프로그램, 유학과정 등을 통해 이루어진다. 행동과 옹호가 기반이 되는 것은 지식이다. 공공외교를 실행하는 국가는 자국의 문화와 역사, 경제, 정책 등에 관한 지식을 목표국가에 전파하는 것을 주된 목적으로 삼는다. 이는 강연, 강의, 논설, 인터뷰, 도서관, 세미나, 대학의 미국학/대학자매결연/초빙교수제 등을 통한 학문 프로그램 등을 통해 실행된다. 그리고 이러한 지식단계를 뒷받침하는 것이 관심과 의식의 단계로서 대상국이 자국의 존재와 활동에 관해 의식하고 이어 관심을 갖도록 하는 것이다.

이와 같이 미국의 공공외교는 지식을 기반으로 한 공공외교의 기획과 실행의 의사소통 피라미드를 상정하고, 지식단계를 축으로 상대국의 정책과 여론에 영향을 미치도록 다양한 채널의 다양한 활동을 준비해나가고 있다. 미국적 지식의 전파를 위하여 미국의 공공외교는 자국의 이념과 정책에 관한 광범위한 폭이 정보를 제공하는 한편, 자국의 언어를 교육시키는 프로그램을 개발하고, 상대국의 언어에 맞는 정보를 생산하여 공급하는 노력을 기울이는 것이다(McClellanm 2004).

〈그림 7-2〉 미국 공공외교의 의사소통 피라미드

이러한 공공외교의 목적을 미국 국무부는 네 개의 'E'로 표현한다. 즉 관심유도(engagement), 의견교환(exchanges), 교육(education), 권능부여(empowerment)이다. 관심유도는 위의 분류에 의하면 의식과 관심의 단계이고, 의견교환과 교육은 지식단계이며, 권능부여는 옹호와 행동의 단계라고 볼 수 있다(Hughes 2005).

반테러/반확산기의 미국 공공외교의 목적과 성격은 1990년대의 공공외교에 대한 미국의 관심과 비교해보면 시사점이 많다. 클린턴 행정부는 1995년 '21세기를 위한 공공외교'라는 보고서에서 공공외교의 목적을 ① 러시아 및 다른 신흥민주국가들이 더 나은 무역상대국이 되어 전쟁과 테러에 대해 덜 관여하도록 만들고, ② 이라크, 이란, 북한 및 중동 국가들과 같은 문제 지역에서 미국의 이익을 옹호하며, ③ 미국의 상업이익을 보호하고 일자리를 창출하며 직접투자의 계기를 확장시킬 수 있는 기업환경을 확산시키고, ④ 중국이 지속적인 무역상대국이자 책임있는 강대국이 되도록 유도하는 것으로 설정하고 있다. 이러한 목적은 미국의 관점을 세계적으로 확장시키고, 소위 '자유와 민주주의의 확산'을 위한 변환외교를 통하여 보편주의적 세계관을 전파한다는 의식이 상대적으로 덜 발전되어 있다는 점을 알 수 있다. 오히려 근대국가적 차원에서 강대국과 패권국의 지위를 공고히 하기 위한 강대국 외교의 성격을 더 강하게 나타내고 있다고 볼 수 있을 것이다.

당시 미국은 이러한 목적의 실현을 위하여 정보의 양과 다양성, 속도를 증가시키고, 상호소통성을 증가시키며, 정보전파의 비용을 절감하고, NGO와 같은 다양한 행위자를 포함시키고, 단파라디오와 같은 과거의 통신수단을 새로운 매체로 대체하는 것을 주장하고 있다. 특히 1990년대 중반부터 정보화외교의 특징을 강조하기 시작했다는 점이 눈에 띈다. 이는 제국지향외교와 지식외교의 저발전 상황에 비추어볼 때, 정보화외교가 가장 먼저 미국 공공외교의 관심사로 등장했음을 보여주는 하나의 지표라고 할 수 있다. 미국은 우선 전자게시판, 인터넷 서비스, 팩스, 디지털 비디오, 화상회의 등의 시설을 통하여 정책정보를 제공하고, 미국에 관한 정보를 전파하기 위한 인터넷 사이트를 구축하며, 디지털 기술의 사용도를 높이고, 인터넷을 통하여 정보배달체계를 확립하고, 당시 존재했던 공보국의 광고물을 인터넷을 통하여 배포하는 한편, 지구적 정보 인프라를 구축하여 미국의 정보를 세계적으로 확산할 수 있는 기반 마련을 중요한 목적으로 하고 있다.[17)]

부시 행정부에 들어서 미국외교는 한마디로 변환외교의 목표와 양상을 띠고 있다. 라이스 국무장관은 부시 2기 행정부의 점진적인 외교변혁을 통해 새로운 외교의 전체 모습을 그려나가고 있다. 2006년 1월 18일에 발간된 '변환외교'는 이러한 변화를 하나로 축약한 문서이다. 여기서 라이스 장관은 변화외교의 목적을 "전 세계에 있는 우리의 많은 파트너들과 더불어 국민의 필요에 책임을 다할 뿐 아니라 국제체제에서 책임감

---

17) United States State Department Archive, *annual report*(1995) "Public Diplomacy for the 21st Century" 의 상세한 계획안 등을 참조할 것.

있게 행동하고, 민주적으로 잘 통치되는(well-governed) 국가들을 형성하고 유지하는 것"이라고 논하고 있다.

그리고 구체적으로 변환외교의 실현을 위한 다섯 가지 주요 과제를 제시하고 있다. 즉 지구적 재배치(Global Repositioning), 지역에 대한 강조(Regional Focus), 현장화(Localization), 새로운 기술로 새로운 도전에 대응하기(Meeting New Challenges with New Skills), 정부부처간 협력강화를 통한 외교력 증강(Empower Diplomats to Work Jointly with Other Federal Agencies) 등이 그것이다.

첫째, 지구적 재배치와 관련하여, 국무부는 현재 미국의 외교적 자원이 여전히 냉전의 유산을 가지고 있다고 보고 있다. 단적으로 8200만 명의 인구를 지닌 독일과 10억 명의 인구를 지닌 인도에 거의 동일한 수의 국무부 직원을 배치하고 있다는 것이다. 또한 외교관들은 일반적으로 유럽 내 대사관에 파견되고, 수도에 집중되어 있다. 따라서 미국은 지구적 차원에서 다년간에 걸친 새로운 재배치를 시작하고, 특히 아프리카, 동아시아, 중동 지역을 강조할 것이라고 논하고 있다. 보다 구체적으로 미국은 2006년을 기점으로 유럽과 워싱턴에서 현재 근무하고 있는 100개의 자리를 이동배치하고, 2007년부터 수백 개의 자리를 해외에 재배치하겠다는 계획을 밝힌 바 있다.

둘째, 지역에 대한 강조의 부분에서 미국은 오늘날 대다수의 도전들이 국가적 범위에 제한되어 있지 않고 사실상 초국가적이고 지역적이기 때문에, 새로운 사고와 정확한 대응이 필요하다는 점을 강조하고 있다. 보다 구체적으로 미국은 현재 어떠한 공식적 외교 인사도 배치하고 있지 않은, 인구 100만 명 이상의 도시가 전 세계에 200여 개가 있다는 것이다. 그러나 지역적 협력을 확립하고 외교관을 지역적으로 전진배치하는 것이 민주주의와 번영을 확립하고 인신매매, 질병 그리고 테러리즘에 대항하기 위한 좀 더 효과적인 접근을 가능하게 할 것이기 때문에, 새로운 지역적 재배치 계획이 시급하다는 것이다. 이를 위해 미국은 지역적 공공외교센터(Regional Public Diplomacy Center)의 건립, 전문적이고 경험 있는 외교관들의 전진배치(Effective Forward Deployment) 등을 계획하고 있다.

셋째, 현장화를 위해 미국은 전통적인 외교적 구조와 외국 수도에 국한된 지리적 한계를 넘어서는 변혁을 수행해야 하며, 이를 위해서 외교관들은 단순히 결과에 대한 보고를 듣는 것으로부터 벗어나 직접 현장으로 이동해야 할 것이라고 강조하고 있다. 더욱이 21세기 기술의 발전으로 외국의 대중이 좀 더 직접적으로 매체와 인터넷을 통해 미국과 접촉하게 됨으로써 현장화가 더욱 필요하다는 관점이다. 보다 구체적으로 미국은 미국활동기지(American Presence Posts), 버추얼 활동기지(Virtual Presence Posts), IT 집중화(IT Centralization), 인터넷의 창조적 사용 등을 강조하고 있다.

넷째, 새로운 도전에 대한 새로운 기술을 통한 대응을 위해 미국은 외교관들에 대한 지속적인 훈련을 강조하고 있다. 특히, 다지역 문화와 언어에 능숙한 현지적응 외교관의 양성, 그리고 공공외교에 능한 대중적 외교관의 양성을 중시하고 있다.

다섯째, 정부부처간 협력강화를 중요한 과제로 내세우고 있는데, 특히 민간인과 군 사이의 지속적인 협력을 강조하고 있다. 이라크전쟁에서 보여졌듯이 외교관들은 외교적 사안, 경제적 재건, 군사작전 등에서 좀 더 효과적으로 임무를 수행할 수 있어야 하기 때문이다. 이를 위하여 미국은 재건과 안정화를 위한 국무부 차원의 담당부서(State Office of Reconstruction and Stabilization) 강화, 군에 대한 정무조언체제의 강화 등에 초점을 맞추고 있다.

(2) 조직과 예산

이상과 같이 미국은 21세기에 들어 공공외교를 강조하고, 그 성격도 정보화시대에 걸맞는 제국지향적 지식공공외교로 상정하고 있음을 알 수 있다. 그러나 그 실행을 위한 조직과 예산의 측면에 있어서는 아직 실행초기단계로서의 많은 과제를 안고 있음을 알 수 있다.

우선 많은 연구보고서들이 미국 공공외교의 문제점을 분석하고 향후 개선방향을 제안하고 있다. 즉 2003년 미국기업연구소(the American Enterprise Institute)의 목소리를 잃어가는 미국(America Loses its Voice, 2003), 아랍 및 이슬람권에 대한 공공외교 자문그룹(the Advisory Group for Public Diplomacy for the Arab and Muslim World)의 "변화하는 마음—평화정착: 아랍과 이슬람세계에서 미국의 공공외교를 위한 새로운 전략(Changing Minds-Winning Peace: A New Strategic Direction for U.S. Public Diplomacy in the Arab and Muslim World, 2003), 외교위원회(the Council on Foreign Relations)의 "미국의 목소리 찾기: 미국 공공외교 활성화를 위한 전략(Finding America's Voice: A Strategy for Reinvigorating U.S. Public Diplomacy, 2003), 헤리티지재단의 미국의 공공외교 활성화정책(How to Reinvigorate U.S. Public Diplomacy, 2003), 정부회계처(the Government Accounting Office)의 미국의 공공외교: 국무부의 노력 확대와 주요 도전들(U.S. Public Diplomacy: State Department Expands Efforts but Faces Significant Challenges, 2003) 등의 보고서들이 미국 공공외교의 많은 문제점을 제시하고 있다.

이들을 종합해보면, 미국 공공외교의 공통된 문제점으로 공공외교 구조의 부적절성, 공공외교 예산의 부족, 그리고 이슬람 다수 국가에 대한 공공외교의 부족 등이 지적되고 있음을 알 수 있다. 그리고 이를 위하여 다음과 같은 제안이 제시되고 있다. 즉 가치에 기반한 정책을 강조할 것,

NGO 및 사적 부문과의 연대를 강화할 것, 해외의 정보제공센터에 대한 접근성을 강화할 것, 여론조사를 강화할 것, 공공외교를 모든 외교부서의 핵심으로 삼을 것, 반미주의의 근원을 조사할 것, 의회를 공공외교의 주요 행위자로 삼을 것, 각 공공외교 부서들을 조정할 수 있는 대통령 산하기구를 만들 것, 인터넷, 위성, 이동전화 등과 같은 정보화시대의 매체를 최대한 이용할 것, 문화를 통한 미국과의 연대를 강화할 것, 공공외교 국무차관의 권한을 강화할 것, 국방부의 공공외교 활동을 강화할 것, 공공외교 예산을 증가시킬 것 등으로 요약된다.

특히, 공공외교의 실행조직상의 문제와 관련하여 대통령, 국무부, 국방부, 의회 등 다양한 정부행위자들이 공공외교에 적극 참가하고, 이들을 조정, 연계시킬 수 있는 조정기구를 설치할 것을 강조하고 있고, NGO와 같은 사적 부문의 행위자들이 공공외교에서 차지하는 비중이 더욱 커져가는 만큼, 공적-사적 연계에 기반한 공공외교의 중요성을 강조하고 있다. 또한 정보화시대의 중요한 매체를 최대한 활용할 수 있는 정보 인프라의 구축과 이들을 운용할 수 있는 인력의 확보 또한 강조되고 있다. 이러한 제언을 실현하는 일환으로, 부시 대통령은 백악관의 공공외교를 강화하기 위해 2002년에 OGC(Office of Global Communications)을 창설하여 대통령의 외교정책 메시지와 공공외교 전반을 전파하고 조율하는 기구를 실현시켰다. 이 기구는 대통령과 주요 정책 결정자들이 해외 대상국 및 여론을 향해 전파하는 전략적 결정과 주제들에 관해 조언하고, 좀 더 정확하고 효과적인 커뮤니케이션을 하도록 지원하는 것을 목적으로 한다. 더불어 미국의 이익을 해치는 역선전과 부정확한 정보에 대항하는 효과적인 방안을 개발하는 것도 목적으로 한다.

이상의 내용을 기초로 하여, 공공외교위원회는 전반적인 공공외교 조직상의 문제를 해결하기 위한 국무부 내 새로운 공공외교 담당부서의 창설을 제안하고 있다.[18)]

〈그림 7-3〉 미국 공공외교 개선을 위한 국무부 공공외교국 조직개편도

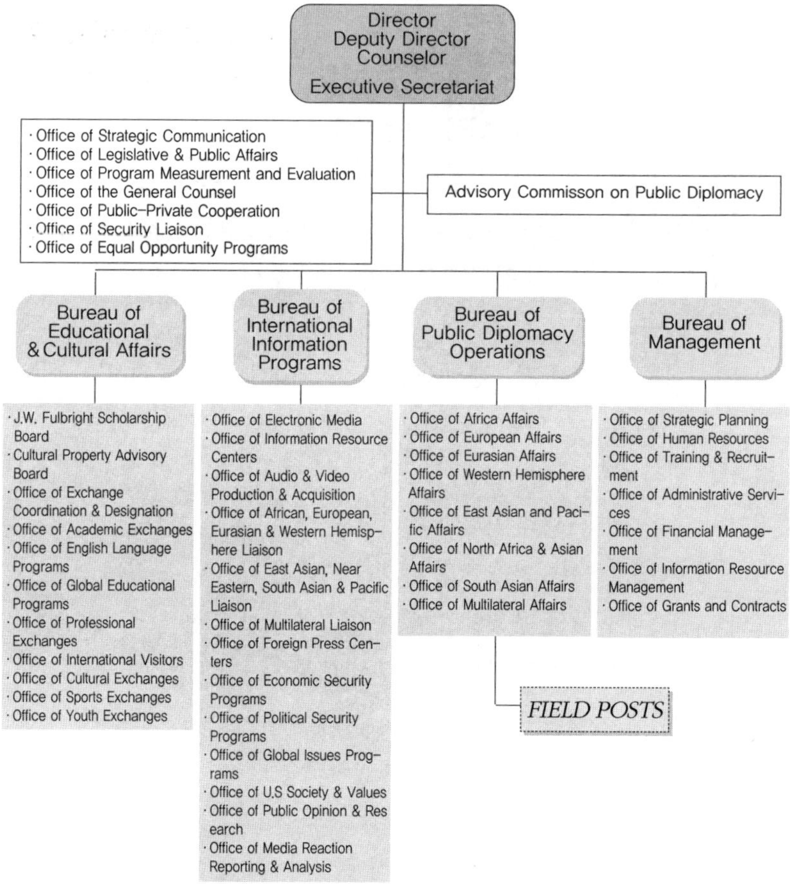

18) The Public Diplomacy Council, *A Call for Action on Public Diplomacy*(2005, Jan.), p. 12 참조. 이는 1999년 국무부로 흡수통합된 공보국(USIA)을 좀 더 확장된 형태로 되살리는 계획이라고도 볼 수 있다. 또한 United States Advisory Commission on Public Diplomacy, "Building America's public diplomacy through a reformed structure and additional resources."(September 18, 2002)도 참조할 것.

다음으로 공공외교를 둘러싼 예산상황을 지적할 수 있다. 미 국무부의 공공외교 예산은 9 · 11테러 이후 5억 4400만 달러에서 5억 9400만 달러로 약 9% 정도 증가했다. 이중 남아시아 관련 예산이 2400만 달러에서 3900만 달러로 증가하여 약 63%의 증가율을 보였고, 중동지역에 관해서는 3900만 달러에서 6200만 달러로 증가하여 약 58%의 증가율을 보였다. 그러나 미국 내에서는 이러한 증가율이 급증하는 공공외교의 수요를 볼 때, 여전히 충분하지 못하다는 의견이 힘을 얻고 있다(Amr 2004).

좀 더 구체적으로, 비어스 전 공공외교 및 공보담당 국무차관의 하원 청문회 기록을 보면, 2003년 공공외교 예산 청구액은 5억 9571만 1000 달러로, 이는 2002년 대비 5.4% 증가에 그친 것이다. 이중 2억 4706만 3000달러가 교육 및 문화교류 자금이며, 2억 8769만 3000달러가 외교영사 프로그램 관련 예산이다. 그러나 대테러전쟁의 수행에 필요한 외국 대중교육과 세계적 평화/번영을 위한 미국의 정책을 홍보하기 위한 교육 예산이 점차 증가하고 있고, 이를 수행하는 인적 자원보충을 위하여 소위 외교준비 태세구상(Diplomatic Readiness Initiative)의 인원을 지속적으로 보완하고 있는 상황에 비추어볼 때, 이와 같은 예산증액은 여전히 부족하다는 것이 공공외교 담당부서들의 한결같은 지적이다.

또한 정보화 외교를 실현하기 위하여 국무부는 530만 달러의 예산을 필요로 하고 있으며, 이를 기반으로 해외의 주요 지도자 및 대중에게 인터넷을 통한 정보제공, 인터넷과 CD-ROM을 결합하여 미국의 법, 정치, 교육, 사회에 관한 정보제공, InfoUSA와 같은 간행물 제공, 그리고 미국에 관한 해외 대중의 태도, 인식, 의견 변화를 모니터할 수 있는 여론조사 실행 등의 활동을 할 수 있다는 것이다(Beers 2002).

이상과 같이 미국은 정보화시대에 미국의 이념과 정책의 보편성을 지식의 형태로 해외의 지도자들과 대중에게 효과적으로 제공할 수 있는 매체를 찾고, 이를 지원할 수 있는 조직체계의 정비와 예산확보를 위해 다각도의 노력을 기울이고 있다. 그러나 이러한 노력은 9 · 11테러 이후 본격화된 것으로 소위 탈냉전 '10년간의 평화(1991~2001)' 기간에 약화된 미국의 공공외교 노력을 보완하기에는 아직 많은 노력이 필요한 것으로 보인다.

5. 맺음말

본 장에서는 21세기 초에 일어나고 있는 다양한 국제정치의 변화가 외교영역, 특히 미국의 외교영역에서 어떠한 변화를 불러일으키고 있는지를 살펴보았다. 외교는 다양한 요소들의 조합으로, 현대에는 정보기술, 미국의 제국적 힘의 증가, 지식을 매개로 한 구성적 외교의 중요성 증가 등의 영향을 새롭게, 그리고 압도적으로 받고 있음을 알 수 있다.

냉전의 종식과 테러시대의 개막은 미국의 국가전략이 단순히 근대국가적 강대국에 머무르게 할 수 없는 구조적 요건을 배태했다. 미국은 탈영토적, 탈집중화된 탈근대적 적에 대항하기 위하여 군사적 선제공격과 같은 근대적 군사공간의 법칙을 초월하는 군사전략을 추진할 수밖에 없게 되었고, 이의 부작용이 극대화되자 외교적 차원의 전략을 추진하여, 미국의 보편주의적 질서를 확산시켜, 자국의 안보를 추구하는 소위 변환외교를 도모하기에 이르렀다. 이러한 미국의 단위적 성격을 제국이라고 부르기에는 여전히 합당하지 않지만, 근대국가체제의 국가주권의 원칙을 근본적으로 변환시키는 측면이 있다는 점에서, 그리고 타국의 군사공간의 침해, 인권을 매개로 한 내정간섭 등의 행위를 도모한다는 점에서 근대국가주권의 원칙을 변화시키는 소위 제국적 주권의 모습을 보이고 있는 것도 사실이다.

정보화의 발전은 외교의 과정, 다루는 내용, 그리고 외교의 주체를 혁신적으로 변화시키고 있다. 과거의 외교관의 역할이 통신, 운송수단의 발전으로 약화된 것은 물론이고, 이제는 순간적이고 다차원적이며, 양면적인 의사소통이 가능해졌다. 막대한 양의 정보전달로 인하여 개인도 정부만큼의 외교정보를 습득할 수 있게 되었고, 자신의 의견을 전 세계로 확산시키는 일이 가능해졌다. 이러한 상황에 처하여 각 정부는 다양한 수단과 주체를 동원하여 외교목적을 달성하고자 노력하고 있다.

그러나 정보화외교가 단순히 정보를 전달하는 데 그치는 것은 아니다. 외교는 정보보다 한 단계 더 나아간 지식영역을 다룸으로써, 상대국의 지도자와 여론에 대해 구성적 영향력을 발휘하여, 이는 타국민의 인식과 태도, 이익관, 가치관과 세계관을 바꿈으로써 자국의 견해와 가치를 공유하도록 하는 보다 근본적인 지식외교의 차원으로 나가게 된 것이다. 이는 외교를 통하여 연성권력을 극대화하는 전략으로, 마음과 인식의 공간에 외교가 침투함을 의미하는 것이다.

미국은 21세기를 자신의 세기로 만들기 위하여 정보화시대에 걸맞는 제국지향적 지식외교를 추진하고 있다. 그러나 소위 탈냉전 10년간의 평화기 동안에 냉전기 공공외교의 변화와 재정립에 상대적으로 소홀했고, 미국 공공외교의 주축을 이루었던 공보국을 국무부에 통합시키는 한편, 새로운 통합조직을 만드는 데 그리 성공적이지 못했다. 9 · 11테러 이후, "왜 미국을 싫어하는가?" 하는 물음에 대답하기 위하여 미국은 다시 공공외교에 대한 관심을 기울였고, 이를 뒷받침하기 위한 방법과 조직, 예산에 노력을 기울이기 시작했다. 대통령 산하에 공공외교 기구가 신설되고, 국무부의 공공외교 및 공보담당 국무차관의 역할이 증가되었고, 예산이 늘어났으며, 의회와 사적 부문과의 협력을 강조하고, 정보기술의 이용을 극대화하려는 시도가 새롭게 생겨나고 있다. 그러나 목적과 필요에 대한 강조만큼, 아직 실행이 충분히 이루어지고 있지는 못하다. 군사력으로 점령한 이라크에는 여전히 이라크의 문화와 언어에 생소한 미국의 외교인력들이 어려움을 겪고 있으며, 타문화에 대한 진정한 이해에 기반한 외교인력의 확보에 여전히 많은 난관이 있다. 향후 미국이 공공외교에서 어느 정도 성공할 수 있는가 하는 것은 21세기 새로운 국력표준인 연성권력의 실현과 연관하여 미국의 미래를 결정하는 가장 중요한 요소 중의 하나가 될 것이다.

마지막으로 21세기의 국제정치는 경성권력의 세력균형뿐 아니라 연성권력의 세력균형이 중요한 힘으로 작동할 것이다. 각 국가들이 제시하는 미래에 대한 비전과 전망이 어느 정도 세계인의 마음을 사로잡을 수 있는가에 따라 그 국가 영향력의 상당부분이 좌우될 것이다. 비전과 전망의 내용이 충실하고, 이를 적절한 매체에 의해 확산시킬 수 있는 외교체제를 갖추었을 때, 국가간 경쟁에서 승리할 수 있는 것이다. 그 국가가 제국적 힘의 차원을 가지고 있을 수도 있고, 아닐 수도 있다. 그러나 정보화시대의 지식외교로의 변환의 속도, 변환외교 체제의 완결성 등의 차이에 따라 국력의 차이가 결정될 것이다. 현재 중국과 일본도 동아시아의 지역구도에서 주도권을 차지하기 위하여 다양한 지식외교, 문화외교, 연성권력외교를 추구하고 있다.[19] 한국도 변화하고 있는 외교환경 속에서 어떠한 독자적 외교변환을 실시해야 할지 고민해야 할 것이다.

| 참고문헌 |

권용립, 2003, 『미국의 정치문명』, 서울: 삼인.

김상배, 2004, 「정보화시대의 지식구조: 수전 스트레인지의 개념화를 넘어서」, 『한국정치학회보』 제38집 제3호.

19) 조영남 2006; Aso 2006 참조.

———, 2004, 「지식/네트워크의 국가전략: 외교분야를 중심으로」, 『국가전략』 제10집 제1호.
이춘근, 2004, 「미국의 제국적 위상과 한미동맹의 미래」, 성신여자대학교 동아시아연구소 운정 리숙종(雲庭李淑鍾) 학원장 탄신 100주년 기념 학술회의 발표논문.
조영남, 2006, 「중국의 연성권력론(Soft power) I : 수용과 전개」, 미래전략연구원 보고서.
———, 2006, 「중국의 연성권력론(Soft power) II: 베이징 컨센서스」, 미래전략연구원 보고서.
조정환, 2002, 『지구제국』, 서울: 갈무리.

Amr, Hady, 2004, "The Need To Communicate: How To Improve U.S. Public Diplomacy With The Islamic World," The Saban Center For Middle East Policy at The Brookings Institution.
Arquilla, John and David Ronfeldt, 1999, *The Emergence of Noopolitik: Toward an American Information Strategy*, Rand.
Aso, Taro, " 'A Networked Asia' : Conceptualizing a Future," Speech On the Occasion of the 12th Nikkei International Conference on "*The Future of Asia*", May 26, 2006.
———, "Working Together for a Stable and Prosperous East Asia: Lessons of the Past, a Vision for the Freedom to Dream," Address at the Center for Strategic and International Studies, Washington DC, On May 3rd, 2006.
Beers, Charlotte, *Funding for Public Diplomacy, Under Secretary for Public Diplomacy and Public Affairs Statement before the Subcommittee on Commerce*, Justice, and State of the House Appropriations Committee, Washington DC, April 24, 2002.
Brzezinski, Zbigniew, *The Choice: Global Domination or Global Leadership*, 김명섭 역, 2004, 『제국의 선택』, 서울: 황금가지.
Bush, George W., "President Discusses Freedom and Democracy in Kyoto, Japan," November 16, 2005.
Dizard, Wilson P. Jr., 2003, *Digital Diplomacy: US Foreign Policy in the Information Age*, Westport, Conn.: Praeger.
———, 2004, *Inventing Public Diplomacy: The Story of the U.S. Information Agency*, Boulder: Lynne Rienner Publisher.
Ferguson, Niall, 2004, *Colossus: The Price of America's Empire*, New York: Penguin Books.
Gaddis, John Lewis, *We Now Know : Rethinking Cold War History*, 박건영 역, 2003, 『새로 쓰는 냉전의 역사』, 서울: 사회평론.
———, 2005, "Grand Strategy in the Second Team," Foreign Affairs January/February.
Hardt, Michael, and Antonio Negri, 2000, *Empire*, Cambridge: Harvard University Press.
Hintze, Otto, 1975, "Military Organization and the Organization of the State," *The Historical Essays of Otto Hintze*, ed. by Felix Gilbert, New York: Oxford University Press.
Hughes, Karen, Remarks With Under Secretary Karen Hughes at Town Hall for Public Diplomacy, Loy Henderson Auditorium, Washington DC, September 8, 2005.

———, President and Secretary Honor Ambassador Karen Hughes at Swearing-In Ceremony, Washington DC, September 5, 2005.

———, *The Mission of Public Diplomacy*, Testimony at confirmation hearing before the Senate Foreign Relations Committee, Washington DC, July 22, 2005

Johnson, Chalmers, *The Sorrows of Empire : Militarism, Secrecy, and the End of the Republic*, 안병진 역, 2004, 『제국의 슬픔』, 서울: 삼우반.

Mandelbaum, Michael, 2002, *The Ideas that Conquered the World: Peace, Democracy, and Free Markets in the Twenty-First Century*, New York: Public Affairs.

McClellanm, Michael, *Public Diplomacy in the Context of Traditional Diplomacy*, US Embassy, Dublin, 14 October 2004.

Nicolson, Harold, 1939, *Diplomacy*, 신복룡 역, 2004, 『외교론』, 서울: 평민사.

Nye, Joseph S., 2004, *Soft Power: The Means to Success in World Politics*, New York: Public Affairs.

Posen, Barry R., "Command of the Commons: The Military Foundation of U.S. Hegemony," *International Security*(2003) 28-1: 4-46.

Rice, Condoleezza, "Realizing the Goals of Transformational Diplomacy: Testimony Before the Senate Foreign Relations Committee" (Washington DC, February 15, 2006).

———, 2006, "Transformational Diplomacy", Washington DC: Georgetown University.

———, "Transformational Diplomacy: Fact Sheet" (Washington DC, January 18, 2006), (http://www.state.gov/r/pa/prs/ps/2006/59339.htm, 검색일: 2006년 6월 1일).

———, "The Promise of Democratic Peace," *The Washington Post*, December 11, 2005.

Rosenberg, Emily S., 1982, *Spreading the American Dream*, New York: Farrar, Strauss and Giroux.

The Public Diplomacy Council, 2005, *A Call for Action on Public Diplomacy*.

Tilly, Charles, 1985, "War making and State making as Organized Crime," in Peter B. Evans, Dietrich Rueschemeyer, Theda Skocpol, eds., *Bringing the State Back In*, Cambridge: Cambridge University Press.

———, 1990, *Coercion, Capital, and European States, AD 990-1990*, B. Blackwell.

Todd, Emmanuel, *After the Empire: The Breakdown of the American Order*, 주경철 역, 2003, 『제국의 몰락』, 서울: 까치.

Tucker, Robert W., and David C. Hendrickson, 2004, "The Sources of American Legitimacy," *Foreign Affairs* November/December 2004.

U.S. Department of State, *Diplomacy: The U.S. Department of State at Work*(Department of State Publication 11201, 2005).

United States Advisory Commission on Public Diplomacy, "Building America' s public diplomacy through a reformed structure and additional resources" (September 18, 2002).

United States State Department Archive, *Annual Report* (1995), "Public Diplomacy for the 21st Century."

Volkman, Ernest, 2002, *Science Goes to War: The Search for the Ultimate Weapon from Greek Fire to Star Wars*, New York: Wiley.

Watson, Adam, 1984, *Diplomacy*, New York: Routledge.

제3부

21세기 경제국가의 변환

8

정보화시대의 지구무역 네트워크

조화순_연세대학교

1. 머리말

정보기술혁명은 국제정치에서 영토와 군사에 기초한 국가간의 권력경쟁이 아니라 기술, 정보, 지식과 같은 비물리적 기반에 기초한 국가이익과 국가간 경쟁의 배경이 되고 있다(Adler and Bernstein 2005; Keohane and Nye 1998; 21세기 평화재단평화연구소 2005). 산업혁명이 토지와 노동력을 기반으로 하던 농경사회의 경제활동을 자본과 기술을 기반으로 하는 산업사회로 전환시켰다면, 인터넷의 발달은 정보와 고도의 지식을 기반으로 하는 정보사회로 발전시키는 계기가 되었다. 정보사회는 정보화한 농업, 정보화한 제조업, 정보화한 서비스업과 같이 생산력의 기반이 지식기반의 정보를 효율적으로 생산 · 가공 · 적용하는 능력에 달린 사회이다(Castells 2003: 116). 정보기술을 중심으로 조직된 새로운 기술 패러다임의 출현은 인간활동의 모든 영역에 영향을 미치며 경제발전에 기술과 지식을 더 많이 적용하게 되는 네트워크화되고 상호의존도가 깊은 경제를 출현시키고 있다. 이러한 정보기술에 의해 심화되는 정보와 지식의 기반 위에서 상품의 생산과 판매가 이루어지는 핵심적인 무역의 형태가 바로 전자상거래이다.[1] 전자상거래는 정보기술의 발달과 기존 산업의 지식이 결합되어 생성된 새로운 형태의 상거래로 자원의 생산과 교환, 소비의 모든 과정에 다양한 변화를 가져오고 있다. 인터넷을 기반으로 한 신경제의 출현은 생산자와 소비자가 모두 생산자 겸 소비자의 형태를 띠는 일종의 소위 프로슈머(prosumer)로 지구적 차원의 소비 네트워크를 형성한다. 거대 다국적 기업은 세계적인 차원에서 소비자의 수요, 기술, 경쟁자에 대한 지식을 인터넷을 통해 용이하게 관리하며 새로운 업무처리 방식과 생산 · 유통구조를 발전시키고 있다.

그런데 정보기술과 지식의 생산과 활용이 경쟁에서 생존하기 위한 핵심적인 자원이 되면서 경제활동의 변화뿐만 아니라 국제정치에서 권력의 획득과 분배가 일어나는 방식이 크게 변화하고 있다(Hewson and Sinclair 1999; Reinicke 1998).[2] 국제정치에서 다양한 행위주체들과 사적 권위(private authority)가 등장하면서 권위의 소재와 성격이 변화하고 있다(Higgot et al 2000). 과거 국가가 독점하던 정책의 영역에 기업, 국제기구, 비정부 행위자 등 다양한 행위자들이 참여하여 일종의 네트워크(network)를 발전시키고 있다(Ansell 2000; Shaw 2000; 조화순 2005). 이러한 과정에서 전통적인 국제정치경제의 주요 행위자인 국가는 다양한 세

---

1) 정보기술의 발달은 과학적 지식을 상품이나 서비스로 전환시키고 있는데 무역과 관련해서 새로운 기술이 적용된 예가 바로 전자상거래라 할 수 있다. 전자상거래는 인터넷이라고 불리는 글로벌 공간에서 일어나는 거래로 정보통신 네트워크를 이용한 생산 · 광고 · 판매 · 분배의 행위를 지칭한다(Bachetta et al 1997: 5).

2) 정보기술이라는 용어는 흔히 하드웨어적인 의미에서 컴퓨터와 같이 기술이 적용된 상품을 연상시킨다. 그러나 기술은 단순히 특정의 상품이나 서비스만이 아니라 지식 전반과 과학적 지식이 사용된 상품과 서비스로 변형되는 노하우와 같은 수단을 의미한다(Frost 1998: 475).

력으로부터 그 기능과 능력을 도전받고 있다.

본 연구는 정보기술혁명이 국제정치 경제질서의 구조와 전개양상에 어떠한 영향을 미치고 있는지 정보기술의 발달이 초래한 전자상거래라는 새로운 형태의 국제무역을 통해 살펴보고자 한다. 상품의 판매·광고·분배가 글로벌 네트워크를 통해 이루어지는 국가간의 전자상거래는 영토에 기초한 전통적 국제무역의 형태와 양상을 변화시키고, 보다 복합적인 국제무역의 이슈를 창조해내고 있다. 그렇다면 전자상거래를 관할하는 세계무역질서는 어떻게 형성되고 있으며,이러한 무역질서의 성격은 어떠한가? 국가가 담당하는 역할과 국가와 기업의 관계는 어떻게 재조정되고 재결합되고 있는가?

본 연구는 21세기 국제무역구조의 변화를 전자상거래를 둘러싼 국제경제질서의 제도(institution)와 이익(interest)의 변화와 이들 간의 상호작용 속에서 파악하고자 한다. 지식정보사회의 지구적 경쟁과 다양한 이해관계를 지닌 행위자의 등장은 국제정치 경제질서의 새로운 규칙을 강요하며 새로운 조직과 제도의 재편을 요구한다. 그런데 전자상거래를 관할하는 국제제도화가 급속하게 진행되고 있는 상황에서도 국가가 가지고 있는 다양한 이해관계와 권력의 역할을 무시할 수는 없다. 지식정보사회의 도래는 특정분야에서 지식을 생산하고 전파하는 주요 행위자의 이익을 변화시키고, 이들의 분화와 행태의 변화를 요구할 것이기 때문이다. 본 연구는 먼저 제도적인 측면에서 GATT체제에서 WTO체제로 이행되는 세계무역질서 속에서 전자상거래를 관리하기 위한 초국적 거버넌스는 어떻게 발달하였는지를 고찰할 것이다. 그리고 전자상거래의 국제질서를 형성함에 있어 미국을 중심으로 한 강대국들이 그들의 이익을 어떻게 추구하였는가를 논의하고, 이를 통해 초국적인 전자상거래 네트워크의 성격을 분석할 것이다.

본 연구가 주장하는 논점은 다음의 세 가지 측면이다. 먼저 정보사회의 권력은 지식에 근거하고 있으며 지식에 근거한 지배는 공식적이고 비공식적인 제도에 의한 지배에 그 근거를 두고 있다. 탈냉전 이후 국제정치에 있어서 제도의 중요성이 강조되고 있으며 WTO와 같은 국제제도의 약진은 부인할 수 없는 현실이다. 국제무역에서 권력을 행사하는 능력은 글로벌 거버넌스를 위해 필요한 공식적 · 비공식적 제도의 발전을 통해 모색되고 있다. 둘째, 정보사회의 발달이 네트워크가 중심이 된 세계무역질서를 촉진하고 있다는 점이다. 단순한 위계(hierarchy)나 시장(market)이 아니라 보다 분권화되고 다변화된 기업과 기업, 국제기구, 기업과 국제기구의 다양한 공식적 · 비공식적 네트워크는 지식사회의 제도적인 재구조화와 기술적인 혁신을 위해 필요한 조건으로 등장하고 있다. 셋째, 초국적 네트워크의 생성 및 발전, 구체적인 디자인, 역할에 있어 국력의 배분이 미치는 영향도 부인할 수 없다는 점이다. 전자상거래를 형성하는 지구적 네트워크는 불평등한 네트워크이며, 미국은 상당한 정도의 물질적 · 이념적 자원을 가지고 전자상거래를 관장하는 국제제도의 형성에 참여함으로써 자국의 이익을 반영하고 있다.

본 연구는 21세기의 지식정보사회의 발달이 세계무역질서에 어떠한 변화를 가져왔는지를 글로벌 네트워크를 이용한 전자상거래의 발달과 그 내용에 대한 고찰을 통해 살펴보고자 한다. 먼저 지식정보사회가 국제정치경제에서 가지는 의미를 기존의 문헌에 대한 논의를 통해서 살펴보고 분석틀을 제시한다. 다음은 전자상거래를 둘러싼 새로운 무역질서는 어떤 것인가를 분석한다. 또한 전자상거래가 진행되면서 드러나는 국제무역의 성격을 전자상거래의 초국적인 쟁점을 해결해나가는 과정을 통해 분석하고자 한다.

2. 이론적 논의: 정보화시대의 무역과 초국가 네트워크의 발달

지식정보사회의 발전은 권력의 핵심적 자원으로서 정보기술의 중요성을 부각시키고 국가와 기업의 이익에 대한 인식의 변화를 가져왔다(Carlsson 2004: 253-254; Adler and Bernstein 2005). 물리적으로 측정할 수 없는 기술, 지식과 같은 소프트 자산이 국가의 생존을 위해 그 중요성을 발휘하면서 대부분의 선진국가들은 지식산업 중심으로 미래전략을 재편하고 있다. 21세기에 있어 IT기술, 생명공학기술(BT), 나노기술(NT) 등 첨단산업에서 경쟁력을 확보하기 위한 각 국가의 경쟁은 지식활동을 지원하는 제도 · 가치 · 문화의 인프라를 정비하는 계기가 되었다. 지식정보사회의 기업은 정보, 기술과 같은 지식의 집중적 활용을 통해 고부가 가치가 가능한 경제구조로 재편한다. 정보사회에서 기업은 비생산적 활동을 통해 창출되는 무형의 소유자산, 예를 들어 특허나 브랜드의 형태로 표현되는 지식에 대한 관리를 위해 더욱 초국적화하려는 성향을 보인다(Caves 2000: 146-148). 즉 지식정보사회의 자산(asset)은 주어진 가격 여건 하에서 경쟁사보다 어떻게 더 싸게 더 좋은 물건을 만드는가에 대한 '지식'이라고 할 수 있는데, 무형의 자산에 대한 기업의 관리는 초국적인 차원에서 이루어지고 있다.[3] 이러한 21세기적 초국적 기업과 무역의 발달은 국제무역질서의 구조를 변화시키는 요인이 되고 있다. 21세기 국제무역질서를 상징하는 세계무역기구(World Trade Organization, 이하 WTO)는 사실상 정보화시대의 무역을 관리하기 위한 방안으로 고안된 것이었다. WTO는 GATT의 물리적인 생산품에 대한 무역장벽의 감축과 자유무역을 넘어 정보기술, 통신과 서비스라는 무형의 재화를 관리하기

3) 기존의 다국적 기업(MNE)에 대한 논의는 주로 규모의 경제(economics of scale)의 관점에서 기업이 다른 소유주로 분산되어 있는 것보다 단일 소유 하에 있는 것이 단위당 생산비용을 줄이며 저비용, 고효율을 이룰 수 있기 때문이라고 주장되어왔다.

위한 제도였다. 즉 GATT체제가 산업사회의 경제력 게임을 관리하기 위한 것이었다면, 통신이나 지적 재산권에 대한 자유무역체제의 성립을 골자로 하는 WTO체제는 정보사회의 경제력 게임을 관리하기 위한 체제였다. WTO의 출범은 국가간의 상품무역뿐만 아니라 서비스, 지적 재산권에 대한 자유무역레짐의 발전을 통해 경제력 게임의 규칙을 변화시켰다(Frost 1998).[4)]

정보사회의 출현은 국제관계에 있어 네트워크에 기반을 둔 복합적(complex) 거버넌스를 출현시키는 배경이 되고 있다(Ansell 2000; Ansell and Weber 1999). 즉 네트워크 거버넌스의 출현은 정보화와 세계화의 진전에 대한 대응체제로서의 속성을 가진다. 21세기에 다양한 행위자들을 고려해야 하는 국제체제는 더 이상 단일국가들의 체제로 간주될 수 없을 뿐만 아니라 이제 전통적인 주권의 관념은 세계정치의 복잡성을 담아내기에 부적절하다(Strange 1996; Slaughter 2004: 12-13). 사이버공간(cyberspace)에서의 초국적인 문제의 발생은 개별국가 차원의 효율적인 대응을 어렵게 하고 있으며 국가는 영토적 차원의 통제를 강제할 수단 역시 결여하고 있다(Farrell 2003).[5)] 이러한 21세기의 초국가적인 도전은 국제관계의 다양하고 분절된 조직들을 다시 엮기 위한 조정의 능력을 요구한다.

국제정치에서 초국가적 도전에 대한 대응은 다양한 방식으로 일어나고 있는데, 크게 두 가지 축으로 나누어 생각해볼 수 있다(Carnoy and Castells 2001: 1-18). 먼저 국가들이 국제사회에서 공통으로 직면한 문제

4) WTO의 출범 이후 상품과 화폐에 대한 자유화와 더불어 해외투자에 대한 광범위한 개방이 이루어졌다. GATT의 평균 관세율이 40~50%였다면 WTO 하에서는 5% 수준으로 낮추어졌다(김석우 2006).

5) 정보사회의 발전이 국민국가의 영토적 주권에 미치는 영향에 자세한 논의는 Castells 2003; 김상배 2004 참조.

를 해결하기 위해서는 어떤 특정한 수단과 제도가 필요한데, 초국가적 제도의 구축을 통해 개별정치 단위체 간의 협력을 도모하는 것이다. 두 번째는 국가의 권력과 자원을 다른 행위자에게 분산하거나 이양함으로써 국제질서를 이루는 것이다. 정치적 권위는 초국가적인 기구뿐만 아니라 국가 하위기관, 사적 기관에까지 분산되어 국가와 공적 · 사적 행위자들의 네트워크가 형성될 수 있다. 이러한 형태의 대응은 과거 민족국가의 배타적 권력과 권위와는 달리 국가, 지역, 지구적 권위체들과의 공적 권력과 권위의 공유를 필요로 한다. 이런 점에서 베스트팔렌적인 국가는 공동의 초국가적 문제를 해결하는 데 있어 국제기구 및 비정부기구들과 상호작용하는 해체된 국가(disaggregated state)의 이미지로 대체되고 있다(Slaughter 2004: 12-15).

초국가적인 제도의 구축이나 국가권력의 이양을 통한 이해관계 조정 메커니즘은 네트워크적 문제해결방식으로 특징지워진다(Reidenberg 1997; Ansell 2000; Castells 2003). 국제무역에 있어서도 각 국가는 무역자유화를 통해 무역과 생산이 세계적 수준에서 기능적으로 통합되는 일종의 초국가적 네트워크를 형성하고 있다(Gereffi 1994). 즉 새로이 등장하는 지식정보사회의 국제질서는 다양한 행위자 간의 복잡한 네트워크적 관계로 형성되어 있다(Pollack 2005; Carnoy and Castells 2001; Borrás and Jacobsson 2004). 이러한 질서는 네트워크형 정치체(networked polity, Ansell 2000) 혹은 네트워크 국가(network state, Carnoy and Castells 2001)로 파악되는데, 네트워크는 제도를 공유하며 일련의 정책결정의 사슬(chain)로 연결되어 있다.[6] 보다 구체적으로 네트워크는 국제정치적 차원에서 국제기구, 국제레짐, 국제법 등의 제도와 초국적 시민사회로 형성되어 있으며, 국내적으로는 국가통치의 중심과 대상이 다양화되어 정

6) 네트워크형 정치체의 다양한 이론적 배경과 형태에 대한 논의는 Ansell 2000 참조.

부와 시민사회, 개인과 시민사회, 시장과 이익집단이 다양한 사슬을 통해 거버넌스를 추구한다.

이와 같이 다양한 행위자들과의 네트워크적인 문제해결방식이 등장하고 있는 이유는 먼저 세계화와 정보화 현상이 심화되면서 시장과 국가간에 복잡한 상호의존(complex interdependence)과 분합(fragmentation) 현상이 일어나고 있다는 점을 지적할 수 있다(Rosenau 2003). 상호의존과 분합은 국가와 국가, 국가와 시장 등 단위체 간의 경계를 모호하게 하며, 각 단위체는 분리될 수 없는 연속적이면서 구분된 연계(linkage)를 지니고 있다(Ansell and Weber 1999: 78-81).

이러한 단위체 간의 연속적이면서 구분된 연계는 네트워크 내의 행위자들이 상황에 따라 통합과 분합을 반복하게 하는 원인이 되며 네트워크의 복잡성을 더하는 원인이 된다(민병원 2006: 25). 둘째, 세계화와 정보화는 영토적인 경계와 기존의 정치적 관할구역을 초월하게 된 새로운 무역의 어젠다를 등장시키고 있다(Gilpin 2001: 225-230). 다시 말해 국제무역에서 전통적인 무역문제들만이 다루어지는 것이 아니라 환경, 노동자의 권리, 인권 등 새로운 문제들이 등장하고 있다. 이러한 문제에 대한 해결은 과거와 같이 외교적 방법, 강제적 수단을 통한 단독적인 해결방식을 부적절하게 하며 광범위한 지구적 · 지역적 협력을 모색하는 계기가 되었다(조화순 2006). 셋째, 지식정보사회의 등장은 국제정치의 주요 행위자들을 다양화시키고 이익과 우선순위를 평가하는 방향과 내용에 대한 이들의 영향력을 증대시켰다.

정보와 지식이라는 새로운 목표를 추구하기에 적합한 행위자는 국가보다는 다국적 기업이나 비정부기구 등과 같은 네트워크 형태의 조직들이다. 정보사회는 세계시장을 상대로 초국적인 생산과 금융의 네트워크를 수립한 다국적 기업들이나 인터넷을 기반으로 형성되는 세계시민사회 그룹의 글로벌 네트워크 등에 보다 우호적이다. 세계적인 수준에서 다국적 기업, 국제기구, 초국가행위자(NGO), 시민사회가 국제정치의 새로운 주역으로 등장하면서 과거에 국가가 독점해왔던 지식의 생산과 전파가 국가의 관할권 밖으로 벗어나는 현상이 생겨나고 있다. 예를 들어 국경 없는 국가간 경쟁의 가속화 속에서 다국적 기업은 유연성을 확보하기 위한 전략으로 조직의 탈집중화를 꾀하고 있으며, 수평적 혹은 수직적 네트워크를 통해 중앙과 지역이 연계된 경제적 네트워크를 구축하고 있다.

그런데 초국가적 네트워크의 발전이 수전 스트레인지(Susan Strange 1996)와 같은 세계화론자들이 주장하는 것처럼 주권국가가 쇠퇴하고 있다는 의미는 아니다. 기득권을 가지고 있는 국가는 국가에 유리한 방향으로 제도를 선택하고자 할 것이므로 형성된 제도는 불변하는 것이 아니라 계속적인 변화의 과정에 있는 것으로 파악해야 한다. 즉 네트워크의 발전은 구성주의에서 논의하는 것처럼 국제경제가 어떻게 작동하고 어떻게 작동해야만 하는가에 대한 이해와 신념, 가치의 조합에 의해 형성된다. 현존하는 제도는 강력한 국가의 이익을 반영하는 것이기는 하지만 이익은 국가들이 상호작용하는 방법의 결과이고 또한 재해석되고 변화하는 것이다. 즉 국가는 국가가 자신의 영토 공간'내에서 자신이 직접 통치하기 어려운 기능을 스스로 포기함으로써 주권을 진화(evolution) 혹은 변형(transformation)하고 있는 것이다. 이러한 의미에서 앤셀과 베버는 초국가적 네트워크가 완전히 탈주권적인 모습이 아니라 전통적인 국가를 배경으로 한 올드보이들의 네트워크(old boys network)라 지칭하고 있다(Ansell and Weber 1999: 85).

또한 초국적 네트워크 내에서 다양한 행위자들이 균등하게 권력을 배분하고 있는 것도 아니다. 즉 개별국가는 초국가적인 네트워크를 통해 누가 어떤 권한과 역할을 가지고 어떻게 의사결정과정에 영향을 끼치며 이익을 가질 것인가의 문제를 결정하지만 이 과정에서 동등하게 권력을 행사한다고 볼 수는 없다. 국제사회의 권력은 불평등하게 분배되어 있으며 이해관계에 따라 지구적 거버넌스를 형성하는 데 있어 의제를 특권화할 수 있다(Shaffer 2005: 133-139). 풍부한 자원을 가지고 초국적인 정책결정의 핵심에 더 쉽게 접근할 수 있는 국가는 WTO와 같은 국제기구에서의 의사결정과정에 더 많은 영향력을 행사할 수 있을 것이다(김석우 2006).

이렇게 볼 때 21세기 새로운 국제무역질서의 변화에 대한 분석은 전자상거래를 지배하는 초국가적 제도와 네트워크에 대한 분석과 아울러 이익을 중심으로 한 국제적인 전자상거래의 구조와 각 국가의 이해관계의 충돌을 관찰하는 것 역시 필요하다. 21세기의 국제무역은 WTO와 같은 국제기구 혹은 제도의 설립을 통해 추구되어왔으며 관련 국제기구, 다국적 기업, 금융기관이 포함된 다차원적인 연계를 통해 주요한 국제문제를 해결해왔다. 그런데 정보사회의 발달은 지식 · 기술 · 정보와 같은 자원의 중요성을 증가시키면서 국가이익에 대한 변화를 유발하고 국가와 시장에서 활동하는 다양한 행위자들의 상호구성원리와 역할의 변화를 통해 국제제도의 변화를 촉진할 것이다. 따라서 초국가적 전자상거래 네트워크의 성격에 대한 분석은 개별국가의 이해관계, 특히 미국의 이해관계가 국제적인 무역구조를 어떻게 구성하는지 그리고 이러한 이해관계는 전자상거래 관련 초국적 네트워크에 어떻게 반영되었는지를 통해 분석될 수 있을 것이다.

3. 전자상거래의 발달과 초국가 네트워크의 형성

정보기술을 활용한 세계정보통신기반(Global Information Infrastructure)의 형성과 정보화의 보편화는 다국적 기업이 시간과 공간의 제약을 받지 않고 세계 곳곳에 흩어져 있는 자원과 기능을 연결하여 네트워크를 형성할 수 있는 개연성을 더욱 증가시켰다. 첨단기술의 도움을 받아 적시성(timeliness)을 추구하는 다국적 기업의 유연생산(lean production) 전략은 조인트 벤처나 기업간 전략적 제휴와 동맹 등 다양한 초국적 네트워크의 형성을 촉진하고 있다(Gilpin 2001: 278-304). 정보기술은 무역의 전 과정이 가상시장(e-Marketplace)을 통해 이루어지는 것을 가능하게 하였을 뿐만 아니라 오프라인에서 이루어지는 물품의 물류, 외환결제, 통관도 인터넷을 통해 관리될 수 있게 했다. 단적으로 말해서 시장환경의 변화와 정보기술의 발전은 생산, 연구, 디자인, 유통에 있어 기업이 초국적 네트워크(global web)를 활발하게 이용하는 기업의 네트워크화를 가속화시키고 있다. 정보화시대의 21세기 발전전략에 있어 특히 주목받고 있는 것이 새로운 형태의 무역 패러다임인 전자상거래이다.[7] 전자상거래는 공장과 원자재 공급업체, 유통업체가 인터넷에 기초한 네트워크로 연결되어 외부의 고객 혹은 다른 회사, 타국의 수출입 절차와 긴밀한 관계를 가지는 형태를 취한다(김영래 외 2002: 29-32). 인터넷을 통한 경제거래는 생산 · 교환 · 소비의 행태가 영토적 거리와 영토적 국경의 제약이 없는 경제로 소비자와 생산자가 넓게 산재되어 있는 장소들 사이를 이동한다. 거래가 정보기술의 네트워크에 의해 이루어지는 만큼 전자상거래는 기업과 기업(Business-to-Business), 기업과 개인(Business-to-Customers)의 교섭방식과 거래방식에 상당한 변화를 주고 있다. 예를 들어 일반 소비자들이 해외의 쇼핑몰에서 물건을 사거나 해외의 게임 사이트에서 게임을 즐기고 해외 음악 사이트에서 음악을 다운

7) 인터넷상에서의 거래를 세 가지 유형으로 나누어 생각해볼 수 있다. 첫째 전적으로 인터넷상에서 완료되는 서비스 거래, 둘째 제품이 온라인상으로 선택되고 구매되지만, 전통적인 수단에 의하여 인도하는 거래, 셋째 인터넷 서비스를 제공하는 것과 같이 통신전송기능을 포함하는 거래로 분류할 수 있다.

받을 수 있다. 많은 기업들이 가상시장을 통해 구매와 판매를 직접 연결하거나 오프라인의 기업들이 연합하여 대규모 인터넷 시장을 형성하는 예를 볼 수 있다. 전자상거래는 개별국가와 기업에 국가경쟁력 강화를 위한 핵심적인 수단으로 인식되면서 국제무역에서 차지하는 비중이 지속적으로 증가하고 있다. 세계 전자상거래는 1997년에는 150억 달러를 차지했으나 2003년에는 1조 3170억 달러를 차지하여 900배의 빠른 성장률을 기록하고 있다.[8)]

전자상거래의 발달은 이와 관련된 이슈를 관할하는 국가의 영토적 주권에 다양한 제약을 가하고 있다(Hart and Chaitoo 1999; Kobrin 2003: 3-4). 먼저 정보기술을 이용한 전자상거래는 전통적인 시장과는 달리 상품의 거래가 이루어지는 절차와 시장의 혁명을 가져와 개별국가의 무역관할권을 변화시키고 있다.[9)] 예를 들어 전자상거래가 서비스를 공급하는 관할국의 법에 의해 규제되어야 하는지 아니면 소비자가 있는 국가의 법에 의해 규제되어야 하는가의 문제 혹은 자국의 국민이 인터넷을 통해 제3국가에서 배달되는 서비스를 소비한다면 정부가 시민에 관해 관할권을 가질 수 있는가 하는 문제는 분명한 관할영역이 정해지지 않은 초국가적인 문제이다. 즉 인터넷은 전통적으로 영토에 기반을 두어 작동하던 통제방식에서 벗어나 존재하는 '보편적 관할권(universal jurisdiction)' 이 인정되는 공간으로 주권국가들의 전통적인 주권이 미치는 데는 한계가 있다(Johnson and Post 1997: 7). 둘째, 시공간적 제약이 없는 전자상거래가 가능하기 위해서는 전자상거래 네트워크가 전 세계적으로 연결됨과 더불어 상거래의 안전성을 뒷받침할 수 있는 규제체계, 제도 및 표준화

8) 산업자원부, http://www.mocie.go.kr(검색일: 2006년 4월 15일).

9) 즉 전자상거래는 거래가 이루어지는 과정을 보다 단순화시키고 효율화하여 절차의 혁명을 가져왔을 뿐만 아니라 전자적인 형태의 상품과 서비스를 창조하여 거래비용 때문에 존재하지 못했던 새로운 시장을 창조하는 시장의 혁명을 가져왔다.

가 세계적인 수준에서 마련되어야 한다(Hart and Chaitoo 1999: 912-913; 김영래 외 2002: 117-130). 전자상거래의 발달은 국경을 초월하여 무역의 효율성을 높일 수 있는 네트워크의 구축과 더불어 법적이고 기술적인 인프라의 조화를 필요로 한다. 이러한 문제점은 인터넷을 통해 일어나는 전자상거래의 탈공간성을 극복하기 위한 국가와 국가, 국가와 기업, 기업과 기업간의 협력과 조정을 필요로 한다.

전자상거래를 관할하는 국제무역질서에서 가장 두드러지게 나타나는 것은 초국가적인 기구와 제도를 통해 대부분의 규제 메커니즘이 만들어지고 있다는 점이다(Barnett and Finnmore 2005). 현재 전자상거래를 관할하기 위한 국제적인 논의는 세계적 혹은 지역적 차원의 초국적 네트워크를 통해 이루어지고 있는데, 전자상거래 네트워크는 다층적인 구조를 가지고 있다. 첫째는 다자간 협력 네트워크인 국제기구를 통해 이루어지는 논의로서 WTO, 국제통신연맹(ITU), 유엔국제무역법위원회(UNCITRAL) 및 세계지적재산권기구(WIPO)와 같은 국제기구들은 기존 정책을 전자상거래에 조화시키기 위한 논의이다. WTO는 기본통신 및 무역과 관세 등 전자상거래 전반에 대해 다루고 있고, ITU는 표준과 보안문제, UNCITRAL은 국제무역 관련 법제의 통일과 전자서명, WIPO는 지적 재산권 및 특허를 담당한다. 각 국가는 자신들의 주권을 국제기구에 일부 양도하여 초국가적 기구의 창설을 통해 전자상거래를 관할하는 수직적인 네트워크를 구성하고 있다.

두 번째는 경제협력개발기구(OECD), 유엔무역개발회의(UNCTAD), 유럽연합(EU), 아태경제협력체(APEC) 등 지역이나 국제협력기구들에서 다양한 전자상거래 이슈를 논의하는 것이다. 이중 OECD는 전자상거래와 관련된 국제논의가 가장 활발한 국제기구로 조세, 소비자 보호, 보안 및 표준 등을 다루고 있다. 세 번째는 국제인터넷주소관리기구(ICANN), 월드와이드웹컨소시엄(W3C), 로제타넷(Rosetta Net) 등의 비정부기구가 정부와 기업 및 비영리조직과의 협력 하에 활동하는 것이다. 비정부기구는 관련 회사들이 인터넷을 통하여 전자상거래를 수행하기 위해 연합 컨소시엄을 구성하는 경우가 대부분이다. SWIFT(Society for Worldwide Inter-bank Financial Telecommunication), 볼레로(Bolero, Bill of lading Electronic Registry Organization)는 국제간의 대금결제 등에 관한 데이터통신의 네트워크를 기획하고 운영하는 것을 목적으로 하고 있다.

가장 활발하게 전자상거래를 논의하고 있는 국제적인 장은 WTO, OECD, UNCITRAL을 통한 국제협력이다. 먼저 WTO는 전자상거래 관련 제품에 대한 무관세화를 통해 자유무역체제를 형성하는 데 초점을 맞추고 있다. WTO 내에서 전자상거래 관련 본격적인 논의는 1998년 5월 제네바에서 개최된 제2차 각료회의와 1999년 12월 시애틀에서 열린 제3차 각료회의에서 시작되었다. 특히 제2차 회의는 관세부과 효과가 있는 신규조치를 시한부로 동결하는 조치를 채택하는 '범세계 전자거래에 관한 각료회의 선언(Declaration on Global Electronic Commerce)' 을 채택했

〈표 8-1〉 전자상거래 관련 초국적 네트워크

구분	무역	조세	전자서명	지적재산	표준	보안	프라이버시	소비자보호	콘텐츠	대금결제
WTO	O	O								
ITU					O	O				
UNCITRAL			O							
UNESCO						O		O		
WIPO				O						
OECD		O	O			O	O	O	O	
EU					O	O	O	O	O	
ICANN				O	O					
W3C					O					
Rosetta Net				O						
SWIFT										O
BOLERO										O

출처: Mann, Catherine L. et al 2000, *Global Electronic Commerce*(Washington DC: Institute for International Economics)에서 재구성.

다. 두 차례의 각료회의를 거치면서 전자상거래에 관한 두 가지의 합의가 이루어졌다고 볼 수 있다(Mann and Knight 2000: 256-258). 하나는 전자적 전송물품에 대해 무관세를 결정하고 이러한 제도의 영구적인 방향에 대해서는 추후에 논의한다는 것이다. 둘째는 WTO 내에 전자상거래 관련 별도의 작업반을 구성하지 않고 기존의 위원회 중심으로 논의를 진행해나간다는 것이다. 즉 일반이사회는 '전자상거래에 관한 작업 프로그램'을, 서비스무역이사회(Council for Trade in Services), 상품무역이사회(Council for Trade in Goods), TRIPs이사회(Council for Trade-Related Intellectual Property Rights)를 통해서는 조세, 전자결제상의 책임관계, 지적 소유권 보호, 개인정보 및 거래정보의 보호, 분쟁해결 및 관할권과 준거법의 문제, 전자상거래를 규율할 통일된 상거래 규칙의 제정 등이 논의된다는 것이다.

선진국으로 구성되어 있는 OECD는 선진국이 큰 이익을 가지고 있는 전자상거래에 특히 관심을 가지고 있다. OECD는 1980년대부터 산하의 위원회 및 실무작업반을 통하여 조세, 소비자 및 프라이버시 보호, 암호, 인증 및 거래 확인, 정보통신기반 및 접속 등 전자상거래의 주요 이슈에 대한 포괄적인 논의를 진행해왔다. 1997년에는 OECD 산하기업 및 산업자문위원회(BIAC)와 공동으로 '전 세계 전자상거래 확산을 위한 장애물 제거'라는 주제로 민간단체를 참여시키는 국제회의를 개최하여 전자상거래 확산을 위한 기본 틀을 논의했다.[10] OECD는 전자상거래에 대한 사생활지침(1999), 보안지침(1992), 암호화 정책지침(1997), 소비자보호지침(1999)의 네 개의 지침과 국가간 정보이동에 대한 선언(1985)을 채택했는데, 이들 지침과 선언은 각 국가가 전자상거래와 관련된 전자상거래규범을 정할 때 하나의 기준이 되고 있다.[11]

---

10) http://www.oecd.org/dataoecd 참조.

전자상거래의 범세계적인 확산을 위해서는 전자상거래의 보안이 보장되어야 하는데, 이에 대한 국가간 논의의 네트워크는 UNCITRAL을 통해 이루어지고 있다. 전자서명과 인증기관에 대한 상이한 국가의 법제를 통일하기 위해 1996년에는 전자상거래모델법(UNCITRAL Model Law on Electronic Commerce)을 채택하고 전자 메시지의 효력 및 법적 구속력, 전자서명의 인정 및 법적 효력, 전자서명 인증기관 및 배상책임, 해상운송서류의 법적 문제의 통일을 논의하고 있다. 이와 같이 국제기구를 통한 다자간 네트워크는 대화를 통해 서로간의 신뢰할 수 있는 정보를 제공하는 역할을 수행함과 동시에 아이디어를 교환하는 장으로서의 다양한 국제적 규범을 조절하는 역할을 담당한다. 전자상거래 관련 국제제도들은 물질적이고 규범적인 자원을 바탕으로 상당한 독자성을 가지고 발전하고 있으며 개별국가는 다자간 교섭에서 그들의 이해를 반영하여 영향력을 행사한다.

그런데 전자상거래 관련 국제적 협의는 국제제도에 의해서만 대표되는 것은 아니다. 기업, 금융기관과 같은 비국가 행위자들은 국제질서의 형성과정에서 국가만큼이나 중요한 역할을 수행하며 국내외적으로 그들의 이해관계를 반영하고자 한다. 특히 다국적 기업을 중심으로 한 경제적 이익집단들은 전자상거래 관련 기구에 적극적으로 참여함은 물론 그들 자신의 네트워크화를 통해 전자상거래 관련 질서의 형성과정에 영향을 미치려 한다. 현재는 국경을 초월한 전자상거래에 방해가 되는 요인들을 제거하기 위해 기업간의 다양한 네트워크가 형성되어 경쟁하고 있다. 특히 1990년대 후반부터 기업들이 가상시장, 전자조달 시스템 등 B2B 전자상거래 시스템을 본격적으로 도입해 전자상거래 시장을 주도

11) 1980년대와 1990년대 초 논의가 전자상거래시 개인정보의 보호와 정보이동의 자유 등 개인 권리의 보호 측면에 초점을 두었다면 1990년대 중반에는 전자상거래의 프라이버시 침해, 미성년자 음란물 유통과 같은 사회적 문제로 논의가 확장되었다.

하기 시작했다. 이들은 궁극적으로 전자상거래 기업이 무역을 효과적으로 관장하기 위한 법제도적 질서, 정치적 권리와 의무를 규정하고자 하고 있다. 예를 들면 볼레로는 무역서류의 전자적인 등록을 위한 무역기구로, 무역거래 당사자뿐만 아니라 은행, 운송사 등 국제무역에 관련된 모든 기업간 무역거래 네트워크의 구현을 목표로 하고 있다(김영래 외 2002: 413). 세계 189개 국가에 6,700개 금융기관이 회원으로 가입해 국제 자금결제의 90% 이상을 장악하고 있는데 영국 런던에 본사를 두고 있으며 미국(뉴욕), 일본(도쿄), 독일(프랑크푸르트), 프랑스(파리), 홍콩, 싱가포르, 한국 등에 현지법인을 지사로 운영하고 있다. 커머스넷(Commerce Net)은 컴퓨터 네트워크 관련 기업뿐만 아니라 은행 신용카드회사 등 이용자 관련 기업이 참여하여 새로운 전자지불방식을 시험하고 국제표준 제정을 주도하고자 한다.

커머스넷은 네트워크를 통하여 개별 은행이 갖고 있는 금융 서비스를 무역당사자들과 연계하여, 판매자와 구매자간의 각종 결제와 서비스를 제공해주는 허브 네트워크의 역할을 수행한다. 이러한 커머스넷은 인터넷을 통하여 전자상거래를 수행하는 관련 회사들이 연합해 컨소시엄을 형성한 것으로 1994년 4월 마스터카드, IBM, 씨티은행 등 세계 140여개 기업 및 연구기관이 공동으로 설립했다. 이 그룹은 자체적인 조직화에 그치는 것이 아니라 '인터넷거래 국제규약' 초안을 마련하여 WTO에 상정하고 그 채택을 위해 다양한 활동을 벌이고 있다. 이와 비슷한 형태로 기업이 연합하여 국가간 공통의 지불결제시스템을 갖고자 하는 것이 SWIFT이다. SWIFT는 '세계은행간 금융데이터통신협회(Society for Worldwide Inter-bank Financial Telecommunication)'를 중심으로 형성된 189개국 6,700여 개의 금융기관 간의 글로벌 네트워크 연합체로 국제간의 대금결제 등에 관한 데이터통신의 네트워크 구축을 목적으로 하고 있다.[12] 또한 기업간 글로벌 전자상거래를 위한 새로운 결제시스템의 필요가 생겨남에 따라 무역카드(Trade card)의 사용을 통한 초국적 네트워크가 등장하고 있다(http://www.tradecard.com). 무역카드는 세계무역센터협회(World Trade Center Association)가 중심이 되어 국제무역거래에서 기업간의 대금결제의 중요한 수단으로 사용되는 신용장거래의 비용과 시간을 줄이기 위해 고안된 것으로 기업간의 수출입서류의 전송과 대금결제방법, 무역서류의 전자화를 위한 기업간 네트워크 연결의 중심적인 역할을 하고 있다.[13]

전자상거래를 위해서는 기업간 공통의 표준을 장악하는 것이 중요한데 W3C는 웹 표준을 제정하기 위해 1994년에 창립된 인터넷 관련 국제컨소시엄이다. 미국의 MIT 컴퓨터과학연구소, 프랑스 INRIA(Institute National de Recherche en Informatique et en Automatique), 일본의 게이오대학과 쇼난후지사와 캠퍼스 등이 주도적으로 결성한 것으로 비영리기관, 산업기관, 정부기구 등이 참여하여 운영되고 있다. 이처럼 수많은 기업과 기관들이 W3C에 가입한 이유는 W3C에서 논의되는 다양한 분야의 기술표준에 자사의 논리와 이익을 조금이라도 반영시키기 위해서이다. 로제타넷은 개방형 전자상거래 표준 프로세스를 보급하기 위해 전 세계 전자부품, 정보기술, 그리고 반도체 제조에 종사하는 540개 이상의 기업들이 구성한 비영리 컨소시엄이다. 지역별로는 북미, 일본, 유럽, 한국, 타이완, 싱가포르, 말레이시아, 중국에 지부가 결성되어 활동 중이다.[14]

이러한 시장에 의한 자율규제적 전자상거래 네트워크는 다국적 기업

12) 보다 자세한 정보에 관해서는 http://www.swift.com/index.cfm?item_id=43232 참조.

13) 이외에도 아이덴트러스는 1997년 B2B e-Commerce를 위해 CITI, BOA, CMB, 코메르츠방크, HSBC 등의 글로벌 은행들이 참여하여 결성된 것으로 국제적인 전자인증 금융연합체이다. 아이덴트러스는 기업 등 거래당사자들의 신원·거래내용을 인증하는 최종 책임을 맡고 있는데, 현재 133개국 53개 주요 은행이 가입해 있다(한국전자거래협회 2001).

14) W3C와 Rosetta Net의 구체적인 활동 내용에 대해서는 http://www.w3.org/와 http://www.rosettanet.org 참조.

이 중심적인 역할을 수행하고 있으며 WTO와 같은 초국가적인 국제제도와 더불어 전자상거래를 관할하고 있다. 그런데 이러한 다층적인 네트워크에 의한 질서는 정부의 간섭을 최소화하고 민간의 자발적인 참여를 통해 경쟁을 활성화한다는 미국의 세계전자상거래 구축을 위한 기본정책과 무관하지 않다(Bennett 1992). 미국은 자신의 영토 내에서 상대적으로 우월한 지위와 법률을 만드는 주권적 권한을 통해 시장규제정책과 그 실행에 중심적 역할을 하고 있다. 예를 들어 코머스넷은 연방정부와 캘리포니아 주정부가 600만 달러를 투자해 설립한 것으로 주도적인 그룹은 미국의 다국적 기업들이다. 이들은 각국의 200여 개 관련기업을 회원으로 가입시키고, 한국과 일본 등에 지사까지 두면서 미국기업의 경쟁력 향상을 위해 전자상거래 국제표준을 주도하고자 한다.

4. 전자상거래 초국가네트워크의 성격

지식정보사회의 발전이 각 국가 무역정책의 본질을 변화시키는 것은 아니다. 국제사회의 공동체의 문제를 극복하기 위해 국제제도가 만들어지더라도 현실적인 면에서 국가의 권력은 여러 형태로 국제제도 내에서 작동한다. 즉 국제질서의 발전은 기존 국제질서의 불균등 권력관계를 반영하며 발전하고 있다. 오히려 21세기에 들어와 지식자원의 불균등한 배분을 둘러싼 각 국가의 이해갈등은 격화되고 있다고 평가할 수 있다. 특히 1980년대 후반 무역을 둘러싼 국가간의 분쟁이 빈번하게 발생하고 있는데, 이러한 원인은 무엇보다 미국이 대외 경쟁력 확보를 제조업 자체의 경쟁력 회복보다는 하이테크 기술, 서비스 분야에서의 수익성을 제고하는 데서 찾고 있기 때문이었다(Gilpin 2001: 252-257). 1980년대는 미국이 기술변화에 직면하여 무역의 어젠다를 조정하고 무역자원을 재배치하며 무역의 목표를 재정립하는 시기로, 미국은 시장규제의 철폐와 무제한적인 시장개방을 요구하며 개별국가와 통상교섭을 강요했다(Jho 2003). 또한 이 과정에서 미국은 자국시장의 통신과 서비스의 개방뿐만 아니라 해외통신과 서비스 시장의 자유화를 제도화하는 전 지구적 차원의 국제제도의 형성을 통해 지식의 패권국가로 등장할 수 있었다(Schiller 2000). 1995년에 설립된 WTO나 1947년에 시작된 GATT는 사실 국제정치에서 미국의 패권적 지위에 의해 만들어진 상품이라 할 수 있다(Shaffer 2005: 133-136).

특히 국가간의 경제적 거래를 관장하는 정치경제질서를 형성함에 있어 물질적인 자원을 가진 국가는 그 선호를 반영하여 네트워크 형성에 참여하면서 제도의 창설, 성격과 형태, 의사결정구조에 영향을 미칠 수 있다(Shaffer 2005; 김석우 2006). 미국은 먼저 전자상거래와 관련한 국제제도의 형태와 성격을 규정하는 데 있어서 WTO를 통해 그들의 선호를 관철시키고 있다. 사실상 WTO 내에서 전자상거래에 관한 논의도 미국의 클린턴 대통령이 전자상거래에 관한 무관세를 주장하면서 시작되었다. 미국은 1997년 7월 '지구촌 전자상거래 기본 계획(The Framework for Global Electronic Commerce)'을 발표하고 본(Bonn) 회의에서 본격적으로 추진할 것을 제안했다. 기본계획은 전자상거래에 관해 다음과 같이 적고 있다.

> 미국정부는 국가의 경계를 넘어 정보가 최대한 자유롭게 유통되는 것을 지지한다. 이는 월드 와이드 웹(world wide web)을 포함한 인터넷상에서 전송되고 얻을 수 있는 뉴스와 다른 정보 서비스, 가상 쇼핑몰, 시청각 오락 프로그램과 예술 작품 등을 의미한다. 이 원칙은 영리 기업, 학교, 도서관, 정부 및 다른 비영리 기관들이 생산한 정보에도 마찬가지로 적용된다.[15]

기본계획은 글로벌 환경에서 전자상거래가 중요한 상거래 수단의 하나로 자리잡을 것임을 예견하고 전자상거래에 관한 다섯 가지 기본원칙[16) 및 아홉 가지 권고사항을 제시하면서 전자상거래의 범세계적인 확산을 주도적으로 도모할 것을 천명했다(조남재 외 1999).[17) 그 주요 내용은 인터넷에서 이루어지는 전자상거래에 무관세를 실현하고 정부도 일체의 간섭을 하지 않는 '인터넷 자유무역지대'를 만들자는 것이었다. 즉 미국의 기본적인 입장은 국내적으로는 전자상거래에 대해 판매세 등 새로운 종류의 세금을 부과하지 않으며, 국제 전자상거래에서는 관세를 부과하지 말자는 것이었다. 그리고 관세문제를 포함한 인터넷 자유무역지대 문제를 WTO 및 관련 국제기구의 합의사항으로 추진한다는 방침이었다. 미국의 전자상거래 자유시장 건설에 대한 입장은 1998년에 WTO의 장관급 회의에서 인터넷을 통해 전달되는 상품에 대한 한시적인 관세유예화 정책을 결정함으로써 미국의 입장을 관철하는데 성공했다.

전자상거래 초국가네트워크의 성격은 국제규범을 만들어가는 국제사회의 논의를 통해 살펴볼 수 있다. 먼저 미국과 유럽을 중심으로 하여 WTO의 규범이 새로이 등장한 전자상거래 분야에 적용될 수 있는가 하는 문제에 대해 광범위한 논의가 이루어졌다. WTO규약은 디지털화된 제품에 대한 강제적이고 보편적인 규정이 없어 상품과 서비스를 구분하기가 쉽지 않고 기존의 무역 규칙이 그대로 적용되기에 문제점이 있다.[18)

---

15) 'The Framework for Global Electronic Commerce' (http://www.iitf.nist.gov/electronic_commerce.htm).

16) 다섯 가지 기본원칙은 민간부문의 주도에 의한 전자상거래, 정부 간섭의 최소화, 최소한의 일관적 법적 제도 마련에 한정된 정부 간섭, 인터넷의 특성에 대한 고려, 인터넷상의 전자상거래를 글로벌한 범위에서 간주한다는 것이다.

17) 1998년말까지 미국 정부는 인터넷 무관세에 관한 법률(Internet Tax Freedom Act) 등 전자상거래 활성화를 위한 4개 법률을 제정했으며, 1998년 11월에는 미국정부 전자상거래 실무그룹의 첫 번째 연차보고서가 발표되었다.

18) 예를 들어 인터넷에서 다운받은 음악을 상품으로 볼 것인가 아니면 서비스로 볼 것인가가 분

〈표 8-2〉 미국의 '지구촌 전자상거래 계획'의 쟁점

재정 이슈	세관 및 관세 전자결제시스템
법제 이슈	전자상거래에 관한 UCC 지적 재산권 보호 개인정보보호 보안
시장 접근 이슈	정보통신 기반과 정보기술 정보내용 기술표준

즉 WTO 내에서 다자적 무역의 규칙이 상품과 서비스에 관해 분리된 협약을 가지고 있을 뿐만 아니라 기존에 합의된 WTO 규약 역시 전자상거래를 가능하게 하는 무역과 투자의 장벽이 여전히 존재하는 것이다. 이러한 논란에 대해 디지털 방식의 제품은 서비스이며 GATS의 적용을 받아야 한다는 견해와 디지털 제품도 여전히 상품이며 관세 및 기타 GATT 협정의 적용을 받아야 한다는 견해가 대립하고 있다(Bachetta et al 1997: 50-51).[19] EU는 디지털화된 상품을 포괄적인 의미로 서비스를 구성하는 모든 전자적 거래로 규정하고 GATS 내에서 논의하기를 희망하고 있다. 이에 비해 미국은 인터넷에서 다운받는 소프트웨어에 대한 규정이 GATS에 없기 때문에, 전자상거래를 서비스로 규정하여 GATS에서 논의하는데 반대하고 있다. 또한 유럽은 WTO의 각종 위원회 내에서 전자인증,

명치 않다. 만약 다운받은 음악이 디스크가 아니라 소비자의 컴퓨터에 저장된다면 이것을 상품으로 보아야 하는가 아니면 서비스로 보아야 하는가에 따라 GATS의 규칙을 적용할 것인가 혹은 GATT의 범위 내에서 논의될 수 있는가가 국제사회에서 논란이 있다.

19) 전자적인 제품을 상품으로 간주하는 경우 무역에 관한 구체적이고 명시적인 규칙을 가진 GATT의 규칙이 적용될 수 있다. GATT는 전통적으로 재화를 물리적인 형태가 있는 것으로 파악하여 물리적인 형태가 없는 재화에 대한 규정이 없다. 반면 전자적인 제품을 서비스로 규정하는 경우 GATS의 적용을 받는데 GATS는 국가간 무역뿐 아니라 사람의 이동, 서비스 무역, 외국 관할권 내의 상업행위 등도 규정하고 있는 것으로 각 국가간의 협상의 여지가 있다(Drake and Nicolaidis 2000).

계약, 프라이버시, 소비자 보호의 문제를 포함하는 포괄적 전자상거래 논의를 주장하는 데 비해 미국은 포괄적인 논의보다는 개별 주제별로 분리해 논의하자는 입장을 보이고 있다(Mann and Knight 1999: 258-259). 전자상거래 물품에 대한 관세부과 역시 국제사회의 첨예한 의견대립이 이루어지고 있는 부분이다(Bachetta et al 1997: 39-41). 관세부과 문제는 1998년 시애틀에서 열린 제2차 WTO 각료회의의 주요 쟁점이었다. EU는 개인정보와 내국세의 이슈에 대해서 미국과 대립을 하고 있는데 미국이 사업자의 자율규제를 옹호하는 반면, EU 국가는 자율규제와 함께 정부에 의한 최소한의 법적 규제의 필요성을 강조하고 있다(Farrell 2003; Bennett 1992). 이 회의는 전자적인 전송에 추가적인 관세를 부과하지 않기로 한 미국의 입장이 관철되었다. 이것은 미국이 인터넷을 무관세지역으로 설정해야 한다는 주장을 WTO 등 무역기관을 통해 유도해온 결과가 반영된 것이다.[20)]

현재까지 WTO를 통해 논의되어온 방식은 미국의 입장이 관철되어왔다고 평가할 수 있다. WTO와 같은 국제제도는 국가간의 균등한 합의제 원칙에 근거하고 있으나 그 실제내용에 있어서는 미국 정부와 기업이 다양한 권력을 사용하여 의사결정에 영향력을 행사해왔다. 바넷과 듀발의 글로벌 거버넌스 내의 권력의 성격에 관한 분류기준을 따르면 국가는 강제적(compulsory), 제도적(institutional), 생산적(productive), 구조적(structural) 권력을 행사할 수 있다.[21)] 먼저 미국의 전자상거래 정책은 비대칭적 자원의 분포와 규칙설정에 있어 비대칭적 영향력을 사용하는 일

20) 그러나 무관세를 영구화하는 모라토리엄에 대해서는 미국과 EU 및 기타 국가들 간에 입장이 첨예하게 대립하고 있다. 미국은 전자상거래에 관세를 부과하지 않기로 한 결정을 영구적이고 구속력이 있도록 하자고 주장하는 데 비해 유럽, 캐나다, 일본, 개발도상국가는 일정 기간 동안의 관세유예를 인정하더라도 구체적으로 시기를 정해 시행할 것을 주장했다.

21) 바넷과 듀발은 권력의 형태(kinds)와 특성(specificity)에 따라 국가가 사용할 수 있는 권력을 구분하고 있다. 보다 자세한 설명은 Michael Barnett and Raymond Duvall 2005: 1-32 참조.

종의 강제적 권력(compulsory power)에 기반하고 있다. 미국이 가진 거대시장지배력(market power)은 WTO를 통해 전자상거래의 규칙과 절차를 규정해 나가는 데 있어 다른 국가에게 강력한 영향력을 행사하도록 한다. 미국은 〈표 8-3〉에서 보는 바와 같이 세계에서 가장 큰 규모의 IT 및 통신시장을 가지고 있으며 OECD 국가들 중 가장 많은 인터넷 호스트 수와 웹사이트를 보유하고 있다. 특히 미국은 기술력, 제품력, 구매력 등 모든 분야에서 시장에 대한 강력한 지배력을 발휘하고 있는데, 미국은 이미 1999년에 전자상거래 세계시장의 70% 이상을 장악했다.[22] 미국 전자상거래 규모는 1998년 280억 9000달러, 1999년 740억 5000달러로 불과 1년 사이에 258%의 거대성장을 나타냈다. 뿐만 아니라 미국은 전자상거래 관련 기술, 제품, 인터넷 인프라와 더불어 전자상거래 관련 핵심기술인 쇼핑몰 구축, 인증, 전자화폐 및 검색기술 등의 개발에 있어 절대적인 우위를 가지고 있다. 막대한 자원과 거대한 시장지배력이라는 유리한 위치와 물질적 자원을 바탕으로 한 미국의 전자상거래 정책은 시장접근 금지, 수출통제와 같은 수단을 통해 다른 국가를 압박할 수 있다 (Barnett and Duvall 2005: 133).

〈표 8-3〉 2002년 지역별 정보기술 및 통신시장 규모

순위	정보기술	통신시장	IT+통신시장
1	미국(41.7%)	미국(29.5%)	미국(33.6%)
2	유럽(23.0%)	유럽(23.6%)	기타 국가(25.6%)
3	일본(13.1%)	기타 국가(33.1%)	유럽(22.8%)
4	독일(6.2%)	일본(11.9%)	일본(12.2%)
5	기타 국가(16.0%)	독일(5.5%)	독일(5.8%)

출처: 윤창인, 2003, 『미국 전자상거래 정책 및 현황』, 서울 : 대외경제정책연구원.

22) 1999년 미국 전자상거래 거래액 740억 5000달러는 같은 해 세계 전자상거래 거래액인 233억 4000달러의 70%에 달하는 규모로써 미국의 전자상거래가 규모면에 있어서 세계의 최상위에 있음을 알 수 있다(e-Marketer 2000). 이러한 규모는 2003년에 851억 4000달러로 세계 전자상거래의 59%를 차지하는 것으로 약간 하향했으나 여전히 큰 규모이다.

둘째, 미국은 WTO 내의 관련 절차를 통해 권력을 제도화할 수 있는 제도적 권력(institutional power)을 행사하고 있다. 제도적인 권력은 국제기구를 통한 의제형성과 정책결정 과정에 참여하여 '합법화(legalization)' 혹은 '법에 의한 지배(rule of law)'를 통해 개별정부에 제약을 가하는 것이다. 실제로 미국과 EU 등 상대적으로 풍부한 물질적, 이념적 자원을 가진 국가들은 WTO 내에서 대부분의 의제형성을 주도하고 있다(Barnett and Duval 2005). 이들은 WTO 내에서 진행되는 대부분의 위원회와 포럼에 대표를 파견하여 WTO 내에서 어떤 의제가 논의되어야 하는가에 대해 주도적인 영향력을 행사하고, 게임의 규범과 규칙을 제정하는 권력을 행사한다.

셋째, 미국의 권력은 많은 정보와 과학적 지식을 보유하고 무엇이 옳고 그른가를 결정하는 데서 생성되는 생산적 권력(productive power)에 기초하고 있다. 생산적 권력은 한 국가가 다른 국가의 정체성과 역할에 영향을 끼침으로써 자국의 이익을 실현하고자 할 때 형성되는 것이다(Adler and Bernstein 2005: 301). 예를 들어 강대국은 국제기구 내에서 어떤 원칙과 규범을 받아들일 것인가에 대한 국제적인 논쟁을 주도할 수 있다. 전자상거래의 경우 주도적인 원칙은 자유무역, 저인플레이션, 탈규제, 민영화, 긴축재정을 강조하는 신자유주의적 이념이다. 미국을 비롯한 강대국은 시장주의적 이데올로기를 통한 발전전략을 채택하지 않는 국가는 경쟁에서 도태된다는 인식을 세계시장에 확산시켰다고 볼 수 있다. 즉 미국은 현재 진행되고 있는 개방된 세계경제는 모든 인류에게 자유, 민주주의와 평화, 경제적 번영을 가져다줄 것이며 자유무역이 곧 '좋은 정부(good governance)'라는 지배적인 국제규범을 형성하는 데 성공했다. 물론 자유무역의 이념적인 성향이 국제무역을 지배하는 정책으로 적용될 수 있었던 것은 미국과 같은 강대국들이 이러한 이념을 옹호하고 정책적으로 추진했기 때문이다. 예를 들어 지적 재산권에 대하여 미국과 선진국의 기업들은 그들의 이익을 효과적으로 보장하기 위한 담론을 형성하는데 성공했는데, 명확한 지적 재산권 보호정책이 없는 국가들을 '해적(pirates)'이라 지칭하는 현실은 자유시장에 대한 지배적인 인식이 생산적 권력을 행사하고 있음을 반증한다(Drake and Nocolaidis 1999).

넷째, 미국은 정보산업과 관련한 지배적인 기술표준의 장악을 통해 세계무역시장의 주요 행위자들(actors)의 운명과 성공을 결정하는 구조적 권력(structural power)을 행사하고 있다. 미국이 행사하는 구조적 권력을 가장 분명하게 보여주는 것이 컴퓨터, 이동통신, 디지털 TV 분야에서 발견되는 기술표준을 통한 세계시장의 장악이다. 첨단기술제품은 호환성과 상호작동성이 무엇보다도 중요한데, 최근의 표준설정 경향은 국가가 공식적인 표준(*de Jure*)을 정하는 형태가 아니라 시장(*de Facto*)에서 경쟁을 통해 기술표준이 정해지고 있어 시장에서 물질적이고 제도적인 권력을 가진 행위자가 구조적 권력도 행사하게 되는 경향을 증가시키고 있다. 예를 들어, 미국의 마이크로소프트사는 막대한 경제적 지배력을 바탕으로 윈도(window)를 지배적인 시장표준으로 만들었으며 컴퓨터 시장의 구조를 결정하는 권력을 행사하고 있다. 구조적 권력은 시장에 참여가 가능한 행위자를 결정할 뿐만 아니라 행위자들이 중요 정치적, 경제적 결정에 있어서 행사하는 힘(capacity)의 정도까지도 결정한다(Barnett and Duvall 2005: 18).

5. 맺음말

본 연구는 전자상거래라는 정보기술의 발달이 가능하게 한 무역의 형태를 통해 정보화시대의 국제무역질서의 특징과 그 성격을 살펴보았다. 21세기에 있어 정보의 국가독점의 상실, 통신의 발달에 따른 국가의 지식독점의 약화는 국제무역관계를 변모시키고 있다. 공간적 · 시간적 제약을 뛰어넘는 정보화의 발달은 새로운 무역 파트너십과 민간조직의 국가간 연합, 기업의 네트워크화, 도시가 중심이 된 국제무역정책을 통해 새로운 무역형태와 시공간에 대한 기업과 국가의 무역에 대한 새로운 인식을 낳고 있다. 전자상거래라는 새로운 무역형태의 발전은 가상공간을 통한 국제관계를 형성함으로써 무역의 탈영토화를 가속화하고 있다. 다국적 기업은 전통적인 국가 역할의 수정을 요구하며 베스트팔렌조약 이후 유지되어온 영토성에 기초한 고전적인 영토주권의 개념을 수정하고 있다(Comor 1999). 이러한 정보사회의 발전 속에서 국가는 영토적 주권과 공간적 주권의 불일치에서 오는 독자적인 정책결정과 정책결정 방식의 한계를 극복하기 위한 방안을 강구하게 되었다. 특히 물리적 공간이 아닌 사이버공간을 통해 무역이 이루어지는 전자상거래는 국제무역질서의 제도적인 재구조화를 가져오고 있다. 전자상거래 세계무역질서의 가장 두드러진 특징은 세계가 고도로 밀집되고 복합적인 네트워크 구조로 편성되고 있다는 점이다. 이 네트워크 구조는 국제기구, 국제 비정부기구, 기업 네트워크로 구성되는 국제 거버넌스라는 새로운 형태의 조직에 의해 관리되고 있다. 즉 초국적 전자상거래는 WTO, OECD 등의 공식적인 국제협력체를 통한 제도화와 더불어 기업과 기업 간의 비정부 네트워크로 이루어지는 상호의존적이고 복합적인 형태의 초국가적 네트워크를 통해 관할되고 있다.

그런데 전자상거래 세계무역질서를 형성하는 초국가적 네트워크는 수평적이고 평등한 국가간의 관계로 구성되어 있는 것이 아니라 여전히 권력이 작동하는 구조이다. 특히 미국의 전자상거래 관련 권력은 강제적 · 제도적 · 생산적 권력에 기초한 것으로 WTO와 비정부적 네트워크를 통한 세계무역질서 형성에 강력한 영향력을 행사하고 있다. 미국의 정책은 대내적으로는 자국 기업의 자율성을 보장할 수 있는 전자상거래 시장을 촉진하면서 대외적인 면에서는 국제기구에 영향력을 행사할 수 있는 정책 개발을 통해 세계 전자상거래시장의 패권을 장악하고 미국이 중심이 되는 다국적 기업이 국제무역을 주도하도록 유도하는 것이다.

전자상거래 시장에 있어서 미국의 이러한 패권은 국가간의 무역갈등을 격화시키는 원인이 되고 있다. 미국은 동아시아 혹은 유럽 국가와 빈번한 특허분쟁을 제기하여 고액의 로열티를 요구하고 있다. 뿐만 아니라 동일하거나 유사한 도메인 네임(Domain Name)과 상표권과 관련한 분쟁은 전자상거래를 기반으로 하는 전자무역에서 매우 중요한 국가간 갈등을 제기하고 있다. 예를 들어 2003년의 정보사회를 위한 세계정상회의(World Summit on Information Society)에서는 미국, 유럽, 중국, 개발도상국 등 국가간의 도메인 메임과 관련한 갈등이 표출되었다. 이러한 미국을 중심으로 한 전자상거래 패권에 대해 EU와 동아시아를 중심으로 새로운 무역질서를 형성하고자 하는 움직임이 일고 있다. EU는 전자상거래를 EU 회원국의 국가경쟁력 확보를 위한 전략적 기반산업으로 인식하고 미국 의도대로 끌려가지 않겠다는 입장을 보이고 있다. 이러한 입장은 인터넷을 통해 유통되는 개인정보와 관련한 미국과 EU의 갈등에서 명확하게 표출되었다(Farrell 2003). 또한 동아시아 국가도 동아시아 국가간의 가상시장을 연계하여 전자상거래에 있어서 새로운 지역경제블록을 형성하고자 시도하고 있다. 예를 들어 2000년 한국 · 일본 · 중국 · 대만 · 홍콩 · 싱가포르 · 말레이시아 7개국이 연합하여 설립된 범아시아 전자상거래연맹(PAA: Pan-Asian e-Commerce Alliance)은 동아시아 지역에서 전자문서를 교환할 수 있는 솔루션 개발과 업무 프로세스를 표준화하고자 의도하고 있다. 뿐만 아니라 전자무역에 필요한 인프라를 상호호환성 있게 제공해줄 수 있는 범아시아적 포털을 구축해 글로벌 전자무역 네트워크에 대응하는 네트워크의 구축방안을 모색하고 있다. 이러한 대응적인 지역질서의 형성은 향후 미국이 주도해가는 전자상거래 세계무역질서에 영향을 미칠 것으로 보인다.

| 참고문헌 |

김상배, 2004, 「지식/네트워크의 국가전략: 외교분야를 중심으로」, 『국가전략』 10(1).

김석우, 2006, 「WTO 거버넌스의 정치학: 의사결정과정과 구조를 중심으로」, 거버넌스연구회 발표논문.

김영래 외, 2002, 『전자무역의 이해와 전개』, 서울: Brain Korea.

민병원, 2006, 「문화의 국제관계: 네트워크 개념을 통한 이해」, 『국제정치논총』 46(1).

조남재 외, 1999, 『미국의 전자상거래 추진전략』, 서울: 소화.

조화순, 2005, 「정보화시대 국가주권과 사이버공간의 세계정치」, 『정보화정책』 제12권 4호.

———, 2006, 「사이버스페이스의 글로벌 거버넌스: EU-U.S. Safe Harbor Treaty」, 『국제정치논총』 46집 1호.

한국전자거래협회, 2001, 『전자상거래백서』, 서울: 한국전자거래협회.

http://www.mocie.go.kr.

http://www.oecd.org.

http://www.swift.com/index.cfm?item_id=43232.

http://www.tradecard.com.

http://www.iitf.nist.gov/electronic_commerce.htm.

http://www.w3.org/와 http://www.rosettanet.org.

Adler, Emanuel and Steven Bernstein, 2005, "Knowledge in Power: the epistemic construction of global governance," in Michael Barnett and Raymond Duvall, *Power in Global Governance*, Cambridge: Cambridge University Press.

Ansell, Christopher K., 2000, "The Networked Polity: Regional Development in Western Europe," *Governance* 13(3).

Ansell, Christopher K. and Steven Weber, 1999, "Organizing International Politics: Sovereignty and Open Systems," *International Political Science Review*, vol 20(1).

Bachetta, M., P. Low, A. Mattoo, L. Schuknecht, H. Wagner, and M. Wehrens, 1997, *Electronic Commerce and the Role of the WTO*, Geneva: WTO.

Barnett, Michael and Martha Finnmore, 2005, "The Power of liberal international organizations," in Michael Barnett and Raymond Duvall, *Power in Global Governance,*

Cambridge: Cambridge University Press.

Barnett, Michael and Raymond Duvall, 2005, *Power in Global Governance*, Cambridge: Cambridge University Press.

Bennett, Colin J., 1992, *Regulating Privacy: Data Protection and Public Policy in Europe and the United States*, Ithaca, N.Y.: Cornell University Press.

Borras, Susana and Jacobsson, Kerstin, 2004, "The Open Method of Co-ordination and New Governance Patterns in the EU," *Journal of European Public Policy* 11(2).

Carlsson, Bo, 2004, "The Digital Economy: what is new and what is not," *Structural Change and Economic Dynamics*.

Carnoy, Martin and Manuel Castells, 2001, "Globalization, the Knowledge Society, and the Network State: Poulantzas at the Millennium," *Global Networks* 1(1). 1-18.

Castells, M., 2003, *The Rise of the Network Society*, 3. vols., Oxford: Oxford University Press; 김묵한 · 박행웅 · 오은주 역, 서울: 한울아카데미.

Caves, Richard, 2000, "The Multinational Enterprise as an Economic Organization," in *Frieden and Lake International Political Economy: Perspectives on Global Power and Wealth*.

Comor, Edward A., 1999, "Governance and the Nation-State in a Knowledge-based Political Economy," In Martin Hewson and Timothy J. Sinclair, eds., *Approaches to Global Governance Theory*, New York: State University Press of New York Press.

Drake, William J. and Kalypso Nicolaidis, 1999, "Global Electronic Commerce and GATS: The Millennium Round and Beyond," in Pierre Sauve and Robert M. Stern, eds., *GATS 2000: New Directions in Services Trade Liberalization*, Washington DC: Brookings Institution Press.

Farrell, Henry, 2003, "Constructing the international Foundations of E-Commerce in the EU-U.S. Safe Harbor Arrangement," *International Organization* 57(Spring).

Frost, Ellen L., 1998, "Horse Trading in Cyberspace: U.S. Trade Policy in the Information Age," *Journal of International Affairs* 51(2) (Spring).

Gereffi, Gary, 1994, "The International Economy and Economic Development," in Smelser Neil J. and Richard Swedberg, ed., *The Handbook of Economic Sociology*, Princeton: Princeton University Press.

Gilpin, Robert, 2001, *Global Political Economy: Understanding the International Economic Order*, Princeton: Princeton University Press.

Hart, Michael and Ramesh Chaitoo, 1999, "Electronic Commerce and International Trade Rules," *The Journal of World Intellectual Property*(November).

Hewson, Martin and Timothy J. Sinclair, eds., 1999, *Approaches to Global Governance Theories*, New York: State University of New York Press.

Higgott, Richard, et al., 2000, *Non-state Actors and Authority in the Global System*, London: and New York: Routledge.

Jho, Whasun, 2003, "US Telecom Market Liberalization and Its Impact on Korea," *Korea Observer*, Volume 34, Number 4(Winter 2003).

Johnson, David R. and David G. Post, 1997, "The Rise of Law on the Global Network," in Brian Kahin and Charles Nesson, eds., *Borders in Cyberspace: Information Policy and the Global Information infrastructure*, Cambridge: MIT Press.

Keohane, Robert O. and Joseph S. Nye, Jr., "Power and Interdependence in the Information Age," *Foreign Affairs* 77:5(1998).

Kobrin, Stephen J., 2003, "Taxing the Net: Governing the Digital World Economy," Working Paper.

Mann, Catherine L. and Sarah Cleeland Knight, "Electronic Commerce and the WTO," in Jeffrey J. Schott, ed., *The WTO After Seattle*, Washington DC: Institute for International Economics, 2000.

Pollack, Mark A., 2005, "Theorizing the European Union: International Organization, Domestic Polity, or Experiment in New Governance?" *Annual Review of Political Science* 8.

Reidenberg, Joel R., 1997, "Governing Networks and Rule-Making in Cyberspace," in Kahin Brian and Ernest Wilson, eds. *National Information Infrastructure Initiatives: Vision and Policy Design*, Cambridge: MIT Press.

Reinicke, Wolfgang H., 1998, *Global Public Policy: Governing without Government?*, Washington DC: Brookings Institution Press.

Rosenau, James N., 2003, *Distant Proximities: Dynamics beyond Globalization,* Princeton: Princeton University Press.

Schiller, Dan, *Digital Capitalism: Networking the Global Market System*, Cambridge: MIT Press.

Shaffer, Grogory, 2005, "Power, governance, and the WTO: a comparative institutional approach," in Michael Barnett and Raymond Duvall, *Power in Global Governance*, Cambridge: Cambridge University Press.

Shaw, Martin, 2000, *Theory of the Global State: Globality as Unfinished Revolution*, Cambridge: Cambridge University Press.

Slaughter, A., 2004, *A New World Order*, Princeton: Princeton University Press.

Strange, Susan, 1996, *The Retreat of the State: The Diffusion of Power I the World Economy*, Cambridge: Cambridge University Press.

9

세계금융 중심도시 네트워크*

이왕휘_아주대학교

1. 머리말

1980년대 이후 국제금융질서의 변환에 대한 논의가 활발하게 이루어지고 있다. 한편에서는 지구화에도 불구하고 국가중심의 국제금융질서에는 근본적인 변화가 없을 것이라고 주장한다. 다른 한편에서는 지구화가 국가주권을 약화시켜 비국가적인 행위자들이 민족국가보다 더 중요한 역할을 하는 새로운 세계금융질서가 형성되고 있다고 반박한다.[1)]

이 논쟁에서 가장 중요하게 평가되는 현상은 지구화와 디지털화(digitalization)이다. 이 두 가지 현상은 권력의 원천으로서 정보와 지식의 중요성을 증가시켰을 뿐 아니라 다양한 비국가적 행위자들의 활동공간

* 이 글은 『국가전략』 12권 4호(2006)에 발표된 「세계금융중심도시 네트워크의 국제정치경제」를 수정 · 보완한 논문임.

1) 이 논쟁의 현황에 대해서는 Gritsch 2005; Mosley 2005; Lacher 2005 참조.

과 기회를 확대시킴으로써 권력이 행사되는 방식도 변화시키고 있다(Rothkopf 1998). 지구화와 디지털화된 금융질서에서는 물리적 권력자원보다는 비물리적 자원이 더 중요하며, 그 구조도 수직적이기보다는 수평적인 네트워크에 더 가깝다. 그 결과 금융거래에 필요한 자금과 서비스를 제공하는 다국적 기업들이 집중적으로 모여 있는 세계금융 중심도시(global financial centre)가 민족국가의 금융에 대한 독점적 통제권을 약화시키고 있다(Strange 1986; Solomon 1999).

참여정부는 서울을 동북아시아의 금융중심도시로 만들기 위해 '동북아 금융허브 추진 전략'(이하 '추진 전략')을 추진하고 있다. 이 계획의 근본적 문제점은 세계적 차원의 네트워크에서 발전하고 있는 금융중심도시를 국가중심적 시각에서 바라보고 있는 데 있다. 또한 '추진 전략'은 외국인 투자확대를 위한 경제정책의 자유화라는 제도적 측면에 초점을 맞춤으로써 서울이 가지고 있는 가장 큰 장점인 정보통신기술을 어떻게 활용할 것인가에 대해 고려하고 있지 않다. 홍콩 · 싱가포르에 비해 서울(한국)은 투자은행, 법률회사, 투자자문회사 등 금융서비스 측면에서 뒤처져 있지만, 인터넷 사용 등 디지털화의 측면에서 훨씬 높은 평가를 받고 있다. 서울을 단기적으로 동북아 금융허브, 장기적으로 세계금융 중심도시로 발전시키기 위해서는 세계 최고 수준의 디지털 기술을 적극적으로 활용할 필요가 있다.

세계금융 중심도시 네트워크는 국제정치경제학보다는 정보사회학, 도시사회학, 경제지리학, 지정학에서 활발하게 논의되고 있다. 이 주제에 대한 초기 연구는 국제금융질서를 중심—반주변—주변의 구조로 보는 세계체제론에 많은 영향을 받았다(Alger 1990; 이재하 2002). 세계체제론은 이행보다는 구조에 초점을 둠으로써 변화를 설명하는 데 한계가 있으며, 분석 대상도 정보와 지식과 같은 소프트웨어보다는 물질적 자원과 같은 하드웨어에 치중한다(Schott 2001; 박삼옥 2002; 김상배 2004). 한편,

세계체제론의 대안으로 등장한 네트워크 이론은 구조의 복잡성과 변화의 동인으로서 네트워크의 중요성을 지적했지만, 관계의 계량화에 초점을 둠으로써 관계의 질을 간과하고 있다. 이 분석방법에 의거한 대부분의 사례연구에는 양자 및 다자관계가 구분되어 있지 않으며, 권력관계 속에 내재되어 있는 불균형이 심각하게 고려되지 않는다(Dicken 외 2001; Brunn 외 2001; Derudder 외 2003; Alderson 외 2004; Faulconbridge 2006).

이런 문제들을 극복하기 위해, 이 글은 국제금융질서로부터 세계금융질서로의 이행을 실증적인 자료의 분석을 통해 검토해보고자 한다. 경험적인 차원에서 세계금융 중심도시 네트워크를 증명하는 데 여러 가지 난관들이 있다. 가장 근본적인 문제는 소위 '방법론적 민족주의'에 있다(Wimmer 외 2002). 금융의 지구화에 대한 도시별 통계도 많지 않지만, 정보통신기술 분야에서 도시별 통계는 거의 없다.[2] 또한 정보통신기술의 발전속도가 아주 빠르기 때문에, 디지털화의 영향에 대한 연구는 불완전할 수밖에 없다(Menou 외 2006; Derudder 외 2006). 이 글에서는 이런 실증적 문제점들을 해결하기 위해 다양한 통계자료를 활용할 것이다.

이 글의 구조는 다음과 같다. 먼저 세계금융질서의 변환이 어떤 맥락에서 일어나는지를 파악하기 위해 근대적 시공간 개념이 어떻게 변화하는가를 살펴본다. 다음으로 이러한 역사적 변환 속에서 금융의 지구화와 디지털화의 영향을 정리한다. 그러고 나서 세계금융 중심도시 네트워크의 역할과 구조를 분석하고, 국제적인 비교를 통해 네트워크 내에 내재된 불평등성을 보여준다. 마지막으로 '추진 전략'을 비판적으로 검토함으로써 이 분석이 가지는 실천적 함의를 도출해낼 것이다.

2) 인터넷 사용에 대한 도시별 통계가 있지만, 북미와 유럽 지역에 국한되어 있다(Townsend 2001; Malecki 2002). 한국의 사례로는 이희연 2002 참고.

2. 국제금융질서에서 세계금융질서로

(1) 근대적 시공간 개념의 변환

국제금융질서는 베스트팔렌조약 이후 등장한 민족국가 개념에 기반해 있다. 국가는 재무성과 중앙은행을 통해 일정한 영토 내에서 재정 · 통화 · 외환정책을 독점적으로 관리 · 통제한다. 국가의 금융주권은 '일국가 일화폐(one nation one money)' 원칙에 반영되어 있다(Cohen 1998; Helleiner 1999). 국가의 화폐독점은 정치적으로 중요한 의미를 가진다. 첫째, 일상적으로 사용되는 특정 화폐는 정치적 상징으로서 공동체 개념을 강화시킨다. 1990년대 후반 이후 유로(Euro)의 도입에 대한 영국의 거부감은 민족주의가 화폐와 연관되어 있다는 사실을 잘 보여준다. 둘째, 화폐의 명목가치에서 발행비용을 뺀 차익인 화폐발행이익(seigniorage)은 통치자에게 주요한 수입원이었다. 셋째, 국가는 거시경제관리, 즉 통화량 조절과 환율조정을 통해 경기변동에 영향을 줄 수 있다. 넷째, 국가는 화폐발행을 타국에 의존하지 않음으로써 통화정책의 자율성을 확보할 수 있다(Helleiner 2002).

1980년대 이후 심화된 화폐간의 국제경쟁 속에서 일부 국가들이 물가와 환율의 안정을 위해 '일국 일화폐' 원칙을 재고하기 시작했다. 만성적인 물가 및 환율 불안정에 시달리던 몇몇 라틴 아메리카 국가들은 통화위원회제도(currency board arrangement)나 달러화(dollarisation)를 통해 통화정책의 자율성의 일부 또는 전부를 포기했다. 1990년대 후반에는 유럽연합의 많은 국가들이 자국의 화폐를 포기하고 유로라는 공동화폐를 채택했다. 프랑스 식민지였던 일부 아프리카 지역의 신생국가들은 프랑스 프랑을 법적 통화로 인정하고 있다(Cohen 2004: Chapter 1).

금융주권의 약화에는 근대적인 시공간 개념의 변화—시공간의 압축

(time-space compression)—에 영향을 받고 있다(Harvey 1989: Chapter 17). 국경을 초월해 24시간 작동하는 세계적 금융 네트워크에서 국가가 설정한 시공간 한계(국경과 표준시)는 더 이상 결정적이지 않다(Smith 2006). 이 네트워크 내에서 정보의 생산자, 분배자 및 검열자로서 국가는 안으로는 기업 및 비정부기구, 밖으로는 국제기구 및 초국가기구에 의해 견제 또는 대체되고 있다(Carnoy 외 2001). 무수한 비국가 행위자들이 금융거래에 참여하게 됨으로써 국가의 금융에 대한 독점권은 더 이상 유지되기 어렵게 된다(Ruggie 1993; Korbin 1998).

정보통신기술 네트워크의 발전은 근대적 국제금융질서가 기초하고 있는 근대적 시공간 개념의 변화에 중요한 영향을 미쳤다(Gereffi 2001). 정보통신기술은 지식의 축적을 전제로 하고 있으며, 지식의 가치는 물리적으로 고정되어 있는 시공간보다는 유동적으로 움직일 수 있는 네트워크에서 더 크다. 따라서 정보통신기술은 어디에서나 또 누구나 접근할 수 있게 하기 위해 위계질서보다는 네트워크로 구성된 조직에서 발전한다. 이러한 조직구성 형태는 정보통신기술-네트워크-지식 복합체(ICT-network-knowledge complex)라고 한다(Thompson 2004b). 이 복합체에서 네트워크의 개념은 두 가지 측면을 가지고 있다. 정보통신기술의 네트워크 개념과 정치 · 경제 · 사회 · 문화적 관계의 네트워크 개념은 서로 다르다. 전자만을 따를 경우 네트워크는 정보통신기술혁명의 결과라고 파악하는 기술결정론의 함정에 빠질 수 있다. 이 문제를 극복하기 위해서는 사회적 네트워크(예를 들어, 유대관계)를 함께 고려해야 한다. 양자를 종합적으로 고려할 때, 네트워크는 조직구성의 원리를 묘사하는 개념인 동시에 지배구조(governance)를 설명하는 개념이기도 하다(Thompson 2004a).

세계금융질서의 디지털화는 세 가지 요인에 의해 촉진되었다. 첫째, 정교한 소프트웨어의 사용은 자금의 유동성을 획기적으로 증가시켰으며, 복잡한 금융상품의 개발을 가능하게 했다. 둘째, 자유화를 지향하는 탈규제정책은 다양한 행위자들이 참가할 수 있게 만들어 디지털 네트워크의 상호연결성을 강화시켰다. 셋째, 디지털 기술의 광범위한 사용은 금융거래의 빈도를 엄청나게 증가시켰다(Sassen 2005a).

속도, 동시성, 상호연결성을 특징으로 하는 디지털 네트워크에는 지방조직들이 더 활발하게 참여할 수 있게 하는 동시에 세계자본시장의 통합과 통제수준을 강화시키는 모순적 경향이 내재되어 있다(Sassen 1998). 국가중심성의 약화로 다원화된 이 네트워크에서 비국가 행위자인 기업과 일반 대중도 중요한 역할을 수행할 수 있다. 예를 들어, 거래자들은 블룸버그나 로이터와 같은 금융정보회사에서 제공한 모니터의 스크린에 나온 지식과 정보를 보고 매매를 한다. 스크린을 통해 보는 일종의 가상현실에 기반한 투자는 개인적으로 알지 못하는 국가의 정책에 중대한 영향을 줄 수 있다(Cetina 외 2005). 그 가능성은 미디어 네트워크, 암호학, 디지털 머니 등에서도 확인할 수 있다(Herrera 2002).

이러한 변화를 이해하기 위해서는 물리적으로 고정되어 있는 '장소의 공간(space of places)'과 물리적으로 고정되지 않은 '흐름의 공간(space of flows)'을 구분해볼 필요가 있다. 즉 전자가 장소와 위치를 의미한다면, 후자는 거래 네트워크 또는 관계망을 의미한다. 구체적으로, 흐름의 공간은 흐름을 통해 작동하는 시간을 공유하는 사회적 실천의 물질적 조직이다. 흐름이란 사회조직의 한 요소가 아니라 경제 · 정치 · 사회적 생활을 지배하는 과정 속에서 행위자들의 상호작용이나 교환의 연속이다. 흐름의 공간은 세 가지 층위를 가진다. 첫째, 물질적 토대는 전자충격회로로 구성되어 있다. 이 네트워크에서는 흐름에 의해 위치가 규정되기 때문에 독자적인 장소로서 존재하지 않는다. 둘째, 이 토대 위에 있는 네트워크에는 세계도시와 같은 결절과 허브가 존재한다. 셋째, 지배적 관리 엘리트가 존재한다. 이들은 흐름을 관리하고 통제하기 위한 정보지식을 보유하고 있다(Castells 1989: Chapter 3; Castells 2000: 440-448). 네트워크에서는 장소의 공간보다 흐름의 공간이 지배적이다. 그 이유는 상호연관된 결절의 집합인 네트워크가 의사소통할 수 있는 동일한 코드를 공유하는 한 무한히 확대될 수 있는 열린 구조를 가지고 있기 때문이다.[3)]

(2) 국가주권의 약화와 세계금융 중심도시의 부상

세계금융질서에서 국가주권의 약화는 기업, 비정부기구, 초국가기구, 국제기구의 권력의 증가로 이어졌다. 국가는 비국가적 행위자들과 수직적으로 서열화된 관계를 더 이상 유지할 수 없으며, 그 결과 국가는 이들이 구성하는 수평적 네트워크에 적응하기 위해 자신의 위상을 재조정한다. 이러한 변환은 수직적 위계질서가 내재된 민족국가들이 형성한 국제금융질서에서 비국가 행위자들의 수평적 네트워크로 구성된 세계금융질서로의 구조적 변화를 표상한다(Castells 2005).

근대 유럽에서 상업활동의 공간으로서 도시와 안보질서 유지의 공간으로서 민족국가가 대립했다(Slater 2004). 근대 국제질서가 국가간의 지속적인 전쟁을 통해서 형성되었기 때문에, 이 대립관계는 도시보다는 국가에게 유리한 방향으로 전개되었다. 그 결과 민족국가 이전에 형성된 도시 네트워크는 국가 경계의 확립으로 해체되거나 약화되었다(Taylor 2006). 그러나 20세기 말 이후 세계도시 네트워크의 영향력은 국가의 경계라는 시공간적 한계를 넘어서고 있다. 물론 국가가 중요한 행위자 중의 하나이지만, 더 이상 유일한 합법적인 행위자로서 독점적 권리, 즉 국가주권을 향유하지 못한다. 따라서 양자의 관계는 질적으로 변화한다

3) 네트워크 개념에 대한 전반적 연구동향은 Newman 외 2006, 개인이나 조직의 관계를 연구하는 사회학과 인류학에서 논의되는 네트워크 개념에 대해서는 Knox 외 2006, 국제정치학에 네트워크 개념을 도입한 사례로는 민병원 2006 참조.

(Brenner 1998; Taylor 2000; Smith 2003).

세계금융 중심도시의 권력은 세계도시 그 자체가 아니라 네트워크로부터 나온다. "어떤 세계도시라도 고립적으로 활동할 수 없다. 세계공간경제를 구성하는 이동들을 집단적으로 전환시키는 것은 바로 세계도시의 네트워크이다(Beaverstock 외 2002: 114)." 여기에서 네트워크는 두 가지 의미를 가진다. 첫째, 네트워크는 불변하는 고정된 장이 아니라 변화하는 유동적인 이동이 이루어지는 장이다. 네트워크에서 중요한 것은 고정된 물량(stock)보다는 유동적인 이동(flow)이다. 따라서 네트워크에서 권력은 자원 그 자체가 아니라 자원이 효율적으로 활용될 수 있게 하는 연결이 더 중요하다(Taylor 외 2002b). 둘째, 국가중심성의 해체로 중요해진 비국가 행위자들(기업 · 도시 · 제도 등)과 국가 및 상호작용을 통해 구성된 조직은 네트워크 형태를 가진다. 이러한 상호작용이 네트워크로 발전하기 위해서는 행위자들 사이의 경쟁보다는 협력이 필요하다. 〈그림 9-1〉은 이러한 상호작용을 통해 형성된 세계도시 네트워크 구성체를 형상화한 것이다.

〈그림 9-1〉 세계도시 네트워크 구성체

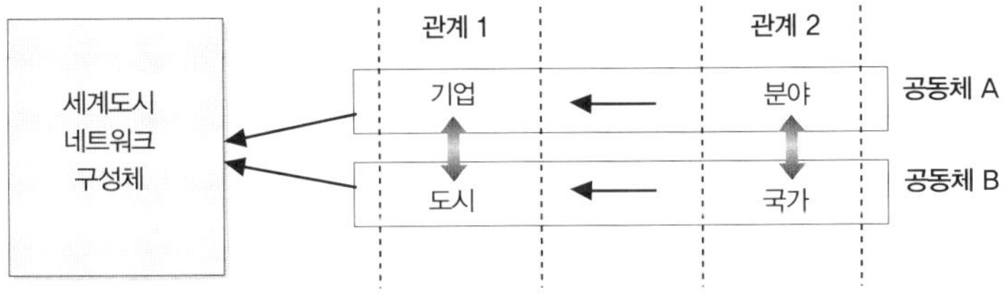

출처: Beaverstock 외 2002: 117.

3. 세계금융 중심도시 네트워크

(1) 세계금융 중심도시: 기능과 역할

지구화와 디지털화는 주권의 배타적 적용을 받는 영토개념을 점점 침식시키고 있다. 초국가적 또는 탈국가적(supra or trans-national; across or beyond states) 행위자들의 활동공간은 주권에 의해 배타적으로 규정된 영토적 경계에 제한받지 않는다. 국가의 안과 밖을 구분하는 국경개념의 약화는 초국적 행위자와 국가 내 행위자 사이의 구분을 무의미하게 만들고 있다. 물론 국경개념이 완전히 없어진 것은 아니지만, 국가와 비국가 행위자들 사이의 상호작용으로 새로운 경계의 개념이 형성되고 있다(Taylor 2000 · 2005; Taylor 외 2005; Sassen 2003 · 2005b).

지구화와 디지털화는 거래비용이 완전히 없는 거리의 종언을 의미하지 않는다. 물리적 거리와 장소의 중요성이 약화는 되지만 사라지지는 않는다(O' Brien 1992; Craft 2005). 또한 세계금융질서에는 분산을 의미하는 네트워크와 집중을 의미하는 중심도시라는 모순적 경향이 동시에 내재되어 있다. 이러한 모순을 이해하기 위해서는 물리적(지리적) 공간의 분산과 사회적(관계적) 공간의 집중을 구분하는 것이 필요하다. 세계금융 중심도시는 물리적 공간에서는 지리적으로 분산되어 있지만, 사회적 공간에서는 기능과 역할의 집중이 심화되고 있다.

지구화와 디지털화가 시장의 확대라는 분산경향 속에서도 세계금융 중심도시와 같이 집중화 경향이 강화되는 것은 바로 지식과 정보 때문이다. 도시가 발전하는 데 필요한 지식에는 과학기술, 금융 및 상업, 산업 및 생산 노하우, 행정 및 협력, 예술 문화의 창조성 등이 있다(Knight 1995). 이러한 지식을 종합적으로 보유하고 있는 도시는 많지 않으며, 규모의 경제를 실현하기 위해 소수의 장소로 더 집중되는 경향을 보여주고 있다(Budd 1995).

세계금융 중심도시에서 금융과 관련된 서비스를 제공하는 기업들이 국가보다는 더 중요한 기능과 역할을 담당하기 때문에, 그 영향력은 중심도시가 위치하는 국가의 국력과 비례하지 않는다. 따라서 세계금융 중심도시의 위상은 경제력 이외의 여러 가지 요소에 의해 결정된다. 여기에는 정보통신기술-네트워크-지식 복합체를 효율적으로 관리할 수 있는 ① 지식과 정보를 종합/분석/활용할 수 있는 고급 노동력(금융, 회계, 법, 컨설팅) ② 전자정보회사(블룸버그, 로이터) ③ 금융권 내 사회적 관계를 유지하게 만드는 제반 여건(사치품 시장, 고급문화시설, 경영대학원 등) 등이 포함되어 있다.

세계금융 중심도시 네트워크 내에 있는 도시들은 크게 중심 역할을 하는 뉴욕 · 런던 · 도쿄와 관문 역할을 하는 프랑크푸르트 · 홍콩 · 시드니 · 싱가포르로 구분할 수 있다. 뉴욕 · 런던 · 도쿄 사이에는 일종의 분업구조가 형성되어 경쟁뿐만 아니라 협력을 한다. 뉴욕은 새로운 금융상품 개발을 선도하며, 런던은 세계 최대 외환시장이 존재하며, 도쿄는 풍부한 외국 투자자들에게 유동성을 제공한다(Sassen 1999).

지식 및 네트워크 차원에서 뉴욕과 런던은 도쿄와 다르다.[4] 그 차이를 구성하는 가장 중요한 요소는 금융지식 네트워크를 운용하는 정보제공회사와 신용평가기관이다. 뉴욕과 런던은 세계적으로 금융지식의 수집, 분류 및 해석을 하는 블룸버그와 로이터라는 전자정보회사의 본사가 있다. 뿐만 아니라 각국 정부와 기업이 발행하는 채권에 등급을 매기는 3대 신용평가기관의 본사도 뉴욕(Moody's 및 Standard & Poor's)과 런던(Fitch)에 자리잡고 있다(Nikitin 2003). 신용평가기관들의 보고서를 기준

4) 이 점은 일반적인 네트워크 분석에 제대로 포착되지 않는다. 따라서 네트워크 분석으로 *Globalization and World Cities(GaWC) Research Group and Network*가 도쿄와 파리의 중요성을 간과하고 있다는 주장은 타당하지 않다(Alderson 외 2004).

으로 하는 국제결제은행(Bank for International Settlements)의 새로운 규제 기준(소위 Basel II)이 본격적으로 적용될 경우, 이 기관들의 영향력은 더욱더 커질 것이다(Sinclair 2005).

(2) 세계금융 중심도시 네트워크: 국제 비교

1) 금융서비스 지표

세계금융 중심도시 네트워크가 위계적 구조를 가지고 있다는 사실은 금융거래의 양과 질을 평가하는 여러 가지 지표에서 확인된다. 먼저 금융거래량은 자본시장, 은행자산 및 외환거래액, 다국적 기업 등을 통해 직·간접적으로 파악할 수 있다.

우선 자본시장의 규모는 주식시장의 시가총액 및 거래량에 반영되어 있다. 〈표 9-1〉에서 보이듯, 뉴욕은 런던 및 도쿄에 비해 압도적으로 큰 자본시장을 가지고 있다. 이 지표는 세계 제2위의 경제대국인 일본에 위치한 도쿄금융시장의 규모를 반영하지 못하고 있다. 그 이유는 기업들이 자본조달을 하는 방법의 차이에 있다. 미국에서는 자본(주식 및 채권) 시장의

〈표 9-1〉 세계 10대 증권시장(2005년 시장자본 및 거래량)

이름	시가총액(market capitalization)	거래량(trading volume)
New York Stock Exchange	13,311	14,125
Nasdaq	3,604	10,087
London Stock Exchange	3,058	5,678
Tokyo Stock Exchange	4,572	4,482
Euronext	2,707	2,906
Deuche Borse	1,221	1,915
BME Spanish Exchanges	960	1,566
Borsa Italiana	798	1,294
Korea Stock Exchange	718	1,207
SWX Swiss Exchange	935	974

출처: World Federation of Exchanges 2006: 43 & 45.

비중이 압도적인 반면, 일본에서는 은행대출이 훨씬 더 큰 비중을 차지한다. 이 때문에 은행의 규모를 볼 필요가 있다. 〈표 9-2〉는 『뱅커(*Banker*)』가 조사한 500대 은행들의 자본 규모를 본사 소재별로 정리한 것이다.

외환거래량은 국가의 경제규모(GDP 기준)와 일치하지 않는다. 〈표 9-3〉에서 보이듯, 영국은 미국과 일본에 비해 압도적 우위를 유지하고 있

〈표 9-2〉 뉴욕, 런던, 도쿄, 서울에 소재한 500대 은행의 자본

소재지	500대 은행 수	자본(Tier 1 Capital, US $M)
뉴욕	6	161,319
런던	5	89,186
도쿄	16	257,032
서울	7	47,060
베이징	8	115,589
홍콩	5	4,635

출처: *Banker* 2006.

〈표 9-3〉 외환시장 거래량의 지역적 분포

(4월 중 일일 평균, 10억 달러, %)

소재지	1992		1995		1998		2001		2004	
	금액	비중	금액	비중	금액	비중	금액	비중	금액	비중
영국	291	27.0	464	29.5	637	32.5	504	31.2	753	31.3
미국	167	15.5	244	15.5	351	17.9	254	15.7	461	19.2
일본	120	11.2	161	10.2	136	6.9	147	9.1	199	8.3
싱가포르	74	6.9	105	6.7	139	7.1	101	6.2	125	5.2
독일	55	5.1	76	4.8	94	4.8	88	5.5	118	4.9
홍콩	60	5.6	90	5.7	79	4.0	67	4.1	102	4.2
호주	29	2.7	40	2.5	47	2.4	52	3.2	81	3.4
스위스	66	6.1	87	5.5	82	4.2	71	4.4	79	3.3
프랑스	33	3.1	58	3.7	72	3.7	48	3.0	63	2.6
캐나다	22	2.0	30	1.9	37	1.9	42	2.6	54	2.2
덴마크	27	2.5	31	2.0	27	1.4	23	1.4	41	1.7
스웨덴	21	2.0	20	1.3	15	0.8	24	1.5	31	1.3
러시아	–	–	–	–	7	0.4	10	0.6	30	1.2
한국	–	–	–	–	4	0.2	10	0.6	20	0.8

출처: BIS 2005, 12.

으며, 한국보다 규모가 작은 싱가포르 · 홍콩 · 스위스 · 덴마크 · 스웨덴 등이 더 큰 비중을 차지하고 있다. 영국의 우위는 19세기 말 금본위제하에서 영국 중앙은행의 중심적 역할 및 1960년대 이후 유로달러 시장의 확대라는 역사적 유산과 함께, 1986년 단행된 금융자유화 정책에서 기인한다(Clark 2002; Dickson 2006).

세계금융 중심도시들은 금융자본 거래량만 많은 것은 아니다. 여기에는 다양한 종류의 다국적 기업들이 활동하고 있다. 〈표 9-4〉는 2006년도 『포춘』 500대 다국적 기업을 본사 소재지별로 분류한 자료이다. 최근 동아시아 기업의 활발한 활동의 결과로서 도쿄 · 베이징 · 서울 · 오사카 등이 높은 순위에 있다.

세계금융 중심도시에는 자본거래의 비용을 낮추는 다양한 서비스 회사들(투자자문, 법률, 정보제공, 회계, 신용평가 등)이 존재하고 있다

〈표 9-4〉 『포춘』 500대 다국적 기업

순위	도시	국가	회사 수	수익(백만 달러)
1	도쿄	일본	52	1,662,496
2	파리	프랑스	27	1,188,819
3	뉴욕	미국	24	1,040,959
4	런던	영국	23	1,054,736
5	베이징	중국	15	520,490
6	서울	한국	9	344,894
7	토론토	캐나다	8	154,836
8	마드리드	스페인	7	232,714
8	취리히	스위스	7	308,466
10	휴스턴	미국	6	326,700
10	오사카	일본	6	180,588
10	뮌헨	독일	6	375,860
10	애틀랜타	미국	6	202,706
14	로마	이탈리아	5	210,303
14	뒤셀도르프	독일	5	225,803

출처: http://money.cnn.com/magazines/fortune/global500/2006/cities/(검색일: 2006년 10월 31일).

(Beaverstock 외 1996). 이 회사들은 국가간 거래를 원활하게 도와주기 위해 각국에 설치한 지사들을 연결하는 국제적 네트워크를 건설했다.

316개 도시에서 활동하는 18개 회계회사, 23개 은행, 11개 보험회사, 16개 법률회사 및 17개 경영자문 회사들의 네트워크를 서비스 가치기준으로 분석한 결과는 〈표 9-5〉와 같다.

훨씬 더 포괄적인 *Globalization and World Cities(GaWC) Research Group and Network*의 조사결과도 이 분석과 크게 다르지 않다. 이 분석은 1997~1998년 사이에 서비스를 제공하는 5개 회계회사, 14개 광고회사, 11개 금융회사, 39개 법률회사가 네트워크를 가지고 있는 263개 도시를 분석한 것이다. 이 도시들은 세계도시(world city)와 세계도시 후보(world city formation) 두 가지 등급으로 분류되었고, 세계도시는 그 수준에 따라 알파, 베타, 감마로 구분되었다. 그 분류기준은 각 도시에 위치해 있는 기업 수와 중요성으로 구분되어 수치화되었다. 알파는 각 분야에서 평균 10점 이상, 베타는 평균 7점 이상, 감마는 4점 이상이다. 결과는 〈표 9-6〉에 요약되어 있다.

〈표 9-5〉 100대 기업의 서비스 가치로 분석한 세계 10대 도시

도시	서비스 가치총량	도시	총연결성	상대적 연결성
런던	368	런던	63399	0.01556
뉴욕	357	뉴욕	61895	0.01552
홍콩	253	홍콩	44817	0.01100
도쿄	244	파리	44323	0.01087
파리	235	도쿄	43781	0.01076
싱가포르	229	싱가포르	40909	0.01003
시카고	213	시카고	39025	0.00957
LA	201	밀라노	38265	0.00938
프랑크푸르트	193	LA	38009	0.00932
밀라노	191	마드리드	37698	0.00924

출처: Taylor 외 2002a: 2371 & 2372.

〈표 9-6〉 *GaWC* 세계도시 목록

등급	점수	도시
알파	12	런던, 파리, 뉴욕, 도쿄
	10	시카고, 프랑크푸르트, 홍콩, 로스앤젤레스, 밀라노, 싱가포르
베타	9	샌프란시스코, 시드니, 토론토, 취리히
	8	브뤼셀, 마드리드, 멕시코시티, 상파울로
	7	모스크바, 서울
감마	6	암스테르담, 보스턴, 카라카스, 달라스, 뒤셀도르프, 제네바, 휴스턴, 자카르타, 요하네스버그, 멜버른, 오사카, 프라하, 산티아고, 타이페이, 워싱턴
	5	방콕, 베이징, 로마, 스톡홀름, 바르샤바
	4	애틀랜타, 바르셀로나, 베를린, 부에노스 아이레스, 부다페스트, 코펜하겐, 함부르크, 이스탄불, 쾰라룸푸르, 마닐라, 마이애미, 미니애폴리스, 몬트리올, 뮌헨, 상하이

주: 표에서 숫자는 생산자 서비스업 가운데 회계, 광고, 금융, 법률 부문의 발달 수준을 계량화한 수치로서 최소점은 1, 최대점은 12이다.
출처: Taylor 외 2002c: 100.

2) 디지털화 지표

디지털화를 도시별로 파악하는 데는 여러 가지 문제점이 있다. 먼저 도시를 분석단위로 한 디지털화 지표는 거의 없다. 싱가포르, 홍콩과 같은 도시국가와 미국, 중국, 러시아 등과 같은 대국에 있는 도시들을 정확하게 비교할 수 없다. 그런데도, 국가별로 작성된 디지털화 지표를 통해 간접적으로 파악하는 방법 이외에 다른 대안이 없다. 또한 디지털화에 대한 국제비교의 역사도 일천하다. 공신력이 있는 국제기구에 의한 디지털화의 국제비교는 2003년 처음 이루어졌다. 따라서 디지털화에 대한 역사적 추세를 파악하는 데는 한계가 있다. 마지막으로 디지털화 정도를 측정하는 기준에 대한 합의가 존재하지 않는다. 디지털화를 추진하는데 필요한 장비에 초점을 둘 것인지, 아니면 경제적 · 제도적 요인들까지 포괄할 것인지에 대한 논란이 있다. 전자의 경우 후발산업국가가, 후자의 경우 선진산업국가가 높은 순위를 차지하고 있다.

디지털화에 대한 가장 광범위한 국제비교는 국제통신연맹(International Telecommunication Union: ITU)이 2003년 제네바에서 열린 'World

Summit on the Information Society'를 위해 만든 디지털접근지수(Digital Access Index: DAI)이다. 인터넷 사용여건을 비교한 이 지수는 인터넷의 품질(광역대 통신 가입자 수, 국제 인터넷 주파수 대역폭), 기반시설(유선전화 가입자 수, 무선전화 가입자 수), 지식(성인 문맹률, 학생 수) 및 가격부담(인테넷 사용비용)의 네 영역을 검토했다. 〈표 9-7〉에서 볼 수 있듯, 북유럽, 동북아시아, 북미 국가들이 상위에 있다.

세계경제포럼(World Economic Forum)에서 발행하는 네트워크준비지수(Networked Readiness Index: NRI)는 정보통신기술의 발전에 얼마나 쉽게 참여할 수 있도록 준비되었는가를 대상으로 비교한 것이다.[5] 이 지수는 크게 세 가지 항목으로 나누어져 있다. 환경항목에는 시장환경, 정치 및 규제환경, 시설환경이 포함되어 있다. 준비성 항목과 사용항목은 개인, 기업, 정부로 각각 구분되어 평가되었다. 그 결과는 〈표 9-8〉과 같다.

〈표 9-7〉 디지털접근지수: 11대 국가

국가	기반시설	가격부담	지식	품질	활용	디지털접근지수
스웨덴	0.94	0.99	0.99	0.64	0.67	0.847
덴마크	0.89	0.99	0.99	0.66	0.60	0.828
아이슬란드	0.89	0.99	0.96	0.50	0.76	0.820
한국	0.74	0.99	0.96	0.74	0.65	0.817
노르웨이	0.84	0.99	0.99	0.55	0.59	0.793
네덜란드	0.78	0.99	0.99	0.61	0.60	0.792
홍콩	0.93	1.00	0.83	0.68	0.51	0.790
핀란드	0.81	0.99	0.99	0.55	0.60	0.780
대만	0.98	0.99	0.95	0.56	0.45	0.786
캐나다	0.69	0.99	0.97	0.64	0.60	0.779
미국	0.74	0.99	0.97	0.54	0.65	0.778

출처: ITU 2005: Chapter 5.

5) 2001년 하버드대학에서 시작한 이 지수는 2002년부터 인시아드 경영대학원에서 작성되었다. 또한 매년 산정방식이 변화했다. 이 때문에 이 지수의 내용을 연도별로 비교하는 것은 통계적으로 의미가 없다.

〈표 9-8〉 네트워크준비지수: 20대 국가

국가	환경 (03)	용이성 (03)	활용 (03)	네트워크준비지수			
				02(84개국)	03(102개국)	04(104개국)	05(115개국)
미국	5.17	5.95	5.39	5.79(2)	5.50(1)	1.58(5)	2.20(1)
싱가포르	5.12	5.85	5.21	5.74(3)	5.40(2)	1.73(1)	1.89(2)
핀란드	4.98	6.07	4.63	5.92(1)	5.23(3)	1.62(3)	1.72(5)
스웨덴	4.72	5.95	4.94	5.58(4)	5.20(4)	1.53(6)	1.49(9)
덴마크	4.61	5.81	5.15	5.33(8)	5.19(5)	1.60(4)	1.80(3)
캐나다	4.67	5.66	4.88	5.44(6)	5.07(6)	1.27(10)	1.54(6)
스위스	4.93	5.44	4.82	5.18(13)	5.06(7)	1.30(9)	1.48(9)
노르웨이	4.45	5.71	4.94	5.00(17)	5.03(8)	1.19(13)	1.33(13)
호주	4.56	5.56	4.53	5.04(15)	4.88(9)	1.23(11)	1.28(15)
아이슬란드	4.84	5.28	4.52	5.51(5)	4.88(10)	1.66(2)	1.78(4)
독일	4.42	5.50	4.62	5.29(10)	4.85(11)	1.16(14)	1.18(17)
일본	4.34	5.51	4.56	4.95(20)	4.80(12)	1.35(8)	1.24(16)
네덜란드	4.46	5.36	4.53	5.26(11)	4.79(13)	1.08(16)	1.39(12)
룩셈부르크	4.64	4.96	4.67	4.55(27)	4.76(14)	1.04(17)	0.80(26)
영국	4.51	5.54	3.99	5.35(7)	4.68(15)	1.21(12)	1.44(10)
이스라엘	4.54	5.06	4.30	5.22(12)	4.64(16)	1.02(18)	1.16(19)
대만	4.66	5.25	3.95	5.31(9)	4.62(17)	1.12(15)	1.51(7)
홍콩	4.56	4.87	4.39	4.39(18)	4.61(18)	1.39(7)	1.44(11)
프랑스	4.27	5.66	3.87	4.97(19)	4.60(19)	0.96(20)	1.11(22)
한국	4.34	5.24	4.22	5.10(14)	4.60(20)	0.81(24)	1.31(14)

출처: World Economic Forum 2002-2005.

정보통신산업 연구 및 자문을 하는 IDC에서 작성한 정보화사회지수(Information Society Index)도 디지털화 정도에 대한 국제비교를 하는 데 도움이 된다. 이 지수는 네 가지 항목으로 구분되어 있다. 첫째는 사회적 항목으로, 중등 및 고등교육, 시민 자유, 정부 부패가 포함되어 있다. 둘째는 컴퓨터 항목으로 가구당 PC 수, GDP에서 정보기술 투자비율 및 정보기술 서비스 비율, 소프트웨어 비용으로 구성되어 있다. 셋째 인터넷 항목에는 인터넷 사용자 수, 가정 인터넷 사용자 수, 이동 인터넷 사용자 수, 전자상거래 비용이 들어 있다. 마지막으로 통신항목은 브로드밴드 설치 가구 수, 무선 전화 가입자 수, 전화기 선적 수로 평가된다. 이 결과는 〈그림 9-2〉와 같다.

결론적으로 금융 서비스 및 디지털화 지표를 종합해서 보면, 〈그림 9-3〉 처럼 세계금융 중심도시 네트워크는 지역적 중심을 가지고 있다. 미주 대륙에서는 뉴욕이, 유럽, 아프리카, 중동 지역에서는 런던이, 동북아시아에서는 홍콩이, 동남아시아에서는 싱가포르가 그 역할을 담당하고 있다.

〈그림 9-2〉 IDC 정보화사회지수

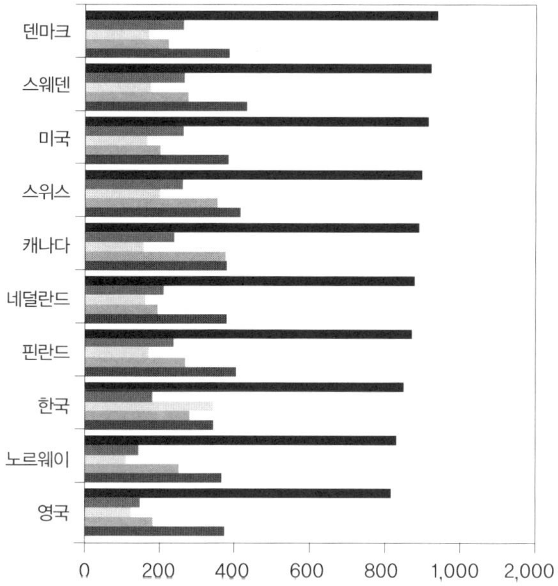

출처: http://www.idc.com/groups/isi/main.html.

〈그림 9-3〉 세계금융 중심도시의 탈집중형 구조

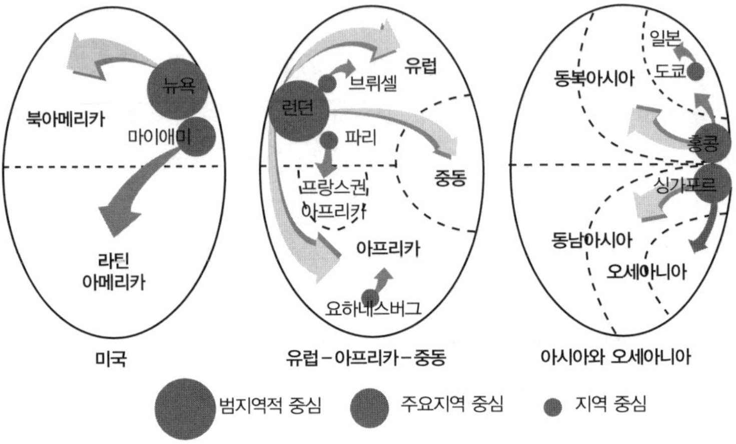

출처: Taylor 2000: 25.

4. 동북아 금융허브로서의 서울

1980년대 초반 서울을 국제금융 중심도시로 하려는 계획이 고려된 바 있었다. 당시 한국이 경제발전의 초기 단계에 있었기 때문에 정부의 목표는 세계금융 중심도시보다는 역외금융 중심도시였다. 이 계획이 추진되지 못한 가장 큰 이유는 제도적인 문제였다. 역외금융 중심도시를 유치하기 위해서는 대내외적으로 전폭적인 금융자유화를 해야 했지만, 정부는 산업정책의 추진을 위해 금융시장에 적극적으로 개입했기 때문에 이 정책을 수용하기 어려웠다(최생림 1994).

지구화와 디지털화에 대응하려는 정부의 노력은 1990년대 초반 이후 본격화되었다. 박정희 정부 이후 추진해오던 국가 주도의 산업화 전략의 한계를 인식한 김영삼 정부는 세계화라는 구호 아래 개방정책을 추진했다. 1996년 정부는 경제개발협력기구(OECD) 가입을 계기로 선진국 수준의 금융개방정책을 단계적으로 실시하려 했으나, 1997년 금융위기 이후 김대중 정부는 금융위기의 극복을 위해 외국자본을 적극적으로 유치하기 위해 금융자유화 정책을 적극적으로 추진했다.

'동북아 경제중심 국가건설' 을 12대 국정과제 중 하나로 설정한 참여정부는 동북아 경제협력 강화, 동북아 물류허브 및 금융허브, 경제자유구역의 동북아 거점 도시화정책을 추진해왔다. 2003년 3월 12일 열린 제32차 국정과제회의에서 '추진 전략' 을 확정한 정부는 2007년까지 금융허브 기반을 구축하고, 2012년에 자산운용업 중심의 '특화금융허브' 를 완성한 후, 2020년까지는 서울을 아시아 지역 3대 금융허브 중의 하나로 발전시킨다는 야심찬 계획을 발표했다(재정경제부 2005 · 2006a; International Monetary Fund 2006). 이 계획이 발전국가 모델의 연장인지 아니면 변화를 의미하는가에 대한 논란이 있지만, 서울을 세계금융 중심도시로 발전시키기 위한 정책이라는 점에는 이론이 없다(Park 2005).

'추진 전략' 의 목표는 런던 · 뉴욕 · 도쿄와 같은 글로벌 금융허브나 버뮤다나 라부안과 같은 역외금융허브가 아니라 싱가포르나 두바이 같은 특화 금융허브를 건설하는 것이다. 이를 위해 금융인프라의 개선(금융의 탈규제 및 자유화), 금융시장의 효율적 발전 기반 구축(외국 자산운용사 유치), 국제적 네트워크 강화(증권선물거래소의 국제화), 금융전문인력의 양성(금융전문대학원 설립), 금융허브 추진체계의 법적 제도화('금융허

〈그림 9-4〉 금융허브 구축 추진계획

1단계	금융허브 기반구축 (~'07)	· 자본시장통합법 제정 등 금융 인프라 구축 · KIC를 국제적인 자산운용기관으로 육성
2단계	특화금융허브 (~'10)	· 세계 50대 자산운용사 유치 · 국내기관 중 Regional champion 등장
3단계	아시아 3대 금융허브 (~'15)	· 특화허브와 글로벌허브의 중간 형태 · 홍콩 · 싱가포르와 함께 3대 금융허브 형성

출처: 재정경제부 2006b: 2.

브 조성 및 발전에 관한 법률' 제정) 등을 추진할 계획이다(이원식 2005; 이근영 외 2005).

'추진 전략'의 기본적인 동기는 새로운 성장동력으로서 금융산업을 국가전략산업으로 발전시키려고 하는 것이다. 금융위기 이후 개혁정책을 통해 금융산업의 국내총생산 기여도는 꾸준히 증가하여, 6% 내외인 영국과 일본보다 높은 미국과 유사한 7~8% 수준을 유지하고 있다. 그러나 금융연관 비율은 6배 내외로 미국(9배), 영국 및 일본(11배)에 비해 아직도 저조한 편이다(금융감독원 2006).

〈그림 9-5〉 제1차 금융허브회의('05.6.3) 이후 후속대책

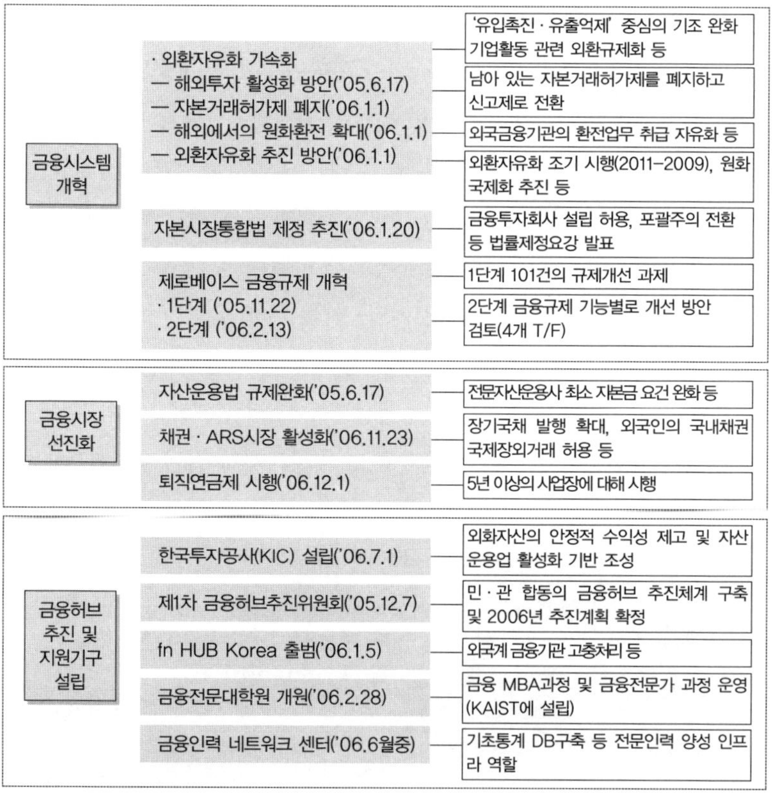

출처: 재정경제부 2006b: 4.

이 때문에 정부는 자산운용업 발전에 특별한 관심을 보이고 있다. 이를 위해 2004년 '간접투자자산운용업법' 제정 및 퇴직연금제 도입, 2005년 3개 투신사의 구조조정, 자산운용업 규제완화방안 발표, 한국투자공사 설립, 그리고 2006년 1월에는 프루덴셜 그룹의 국제투자사업부문 지역본부 유치 및 자산관리공사의 해외부실채권 인수 관련 법령 개정 등을 실시했다(박재현 2006).

이러한 동기 뒤에는 중국의 부상에 따라 제조업만으로는 더 이상 고성장을 유지할 수 없다는 위기의식이 놓여 있다.

> 1997년 외환위기 이후 한국경제는 일부 수출산업을 제외하고는 산업공동화 현상이 현실화되면서 새로운 성장동력을 첨단산업뿐 아니라 서비스산업에서 찾아야 한다는 합의가 어느 정도 이루어졌다고 볼 수 있다. 금융이 경제성장에서 차지하는 의미와 금융부문의 중요성을 고려할 때 국제금융센터는 이러한 정책목표와 잘 부합된다고 하겠다. 또한 국제금융센터 육성이 당장은 어렵더라도 이를 위한 노력은 외환위기 이후 중점을 두어 추진해온 금융산업의 구조조정과 경쟁력 제고를 가속화시킬 것이 분명하기 때문이다.[6]

'추진 전략'에서 제시된 구체적인 정책들은 다른 (도시)국가들이 이미 실시했던 정책들을 포괄적으로 정리하는 수준에서 그치고 있다(*Financial Times* 2006a). '추진 전략'의 이러한 문제는 서울이 가지고 있는 특수성을 고려하지 않은 채 다른 후발 세계금융 중심도시의 사례를 모방한 결과라고 할 수 있다. '추진 전략'이 모범사례로 간주하고 있는 싱가포르·홍콩·두바이 등은 제조업의 발전이 제한된 도시국가이기 때문에 금융 서비스업을 발전시켰다. 역사적으로 이 도시들은 서구 제국주의 국

6) 안형도 외 2003: 31.

가들의 식민지 경험을 가지고 있기 때문에, 세계금융 중심도시 네트워크로 진입이 상대적으로 용이했다(Jao 1979; Hodjera 1978; Yeung 외 2001).

'추진 전략'의 근본적 문제는 금융의 지구화 · 디지털화가 민족국가가 아니라 세계금융 중심도시 네트워크를 중심으로 이루어지고 있다는 사실에 대한 인식이 부족하다는 데 있다. 발전국가 모델의 한계는 '추진 전략'의 정책대안이 사실상 역외 금융허브를 지향하고 있다는 점에서 드러나 있다. 실현가능성에 대한 비판을 의식하여 '추진 전략'은 홍콩이나 싱가포르와 같은 수준의 세계금융 중심도시보다는 동북아시아 특화금융허브를 지향했다. 역외금융허브는 국내 금융시장에 경쟁을 가속화시키는 긍정적인 효과보다는 세금 포탈과 돈세탁이라는 부정적 효과가 더 클 가능성도 있다(McCarthy 1979; Rose 외 2006).

지구화와 디지털화에 대한 지표를 검토해보면, 서울의 위상이 '추진 전략'이 모범으로 삼고 있는 홍콩과 싱가포르에 비해서 그렇게 낮지 않다. 후발 산업화과정에서 금융부문에 대한 강력한 국가의 통제로 서울의 국제화가 지체되었지만, 1990년대 후반 금융개혁 이후 많이 해소되고 있다(Hill 외 2000).

이런 점에서 서울을 금융허브로 만들기 위해서는 근대국제질서 개념에 기반한 전략의 단순한 모방보다는 세계금융질서 개념에 기초한 네트워크의 구성전략이 요구된다고 하겠다. 즉 "기능과 제도의 물량을 증가시킴으로써 도시의 순위를 향상시키기보다는 도시의 네트워크에서 위상에 주의할 필요가 있다. 많은 네트워크의 전체적 틀 속에서 연결과 연계에 정책의 초점이 두어져야 한다(Taylor 외 2002b: 240-241)." 따라서 향후 중요한 과제는 비제도적인 요인들을 어떻게 발전시켜나갈 것인가에 초점이 두어져야 한다. 이를 위해서는 정보통신기술 측면에서 서울이 가지고 있는 장점을 효율적으로 활용하는 데 있다.

동아시아 지역 내에서 한국은 정보통신기술의 개발뿐만 아니라 사용에서도 다른 국가들에 앞서고 있다. 중국은 정치적 이유로 정보통신기술을 사용하는 데 제한이 있으며, 일본은 규제 때문에 IT 산업의 진입 장벽이 높다(Funabashi 2002). 실제로 국제통신연맹이 조사한 2005년도 디지털기회지수(Digital Opportunity Index)에서 한국(0.76)은 홍콩(0.67), 일본(0.66), 덴마크(0.65), 스웨덴(0.65), 대만(0.63), 캐나다(0.63), 싱가포르(0.63), 네덜란드(0.62), 스위스(0.61) 등을 제치고 1위를 차지했다(ITU 2005).

한국의 강점은 민간부문뿐만 아니라 정부부문에도 있다. 198개국을 대상으로 한 2005년도 전자정부 국제조사에서 한국은 100점 만점에 26.2점이라는 저조한 성적을 기록했으나, 2006년도 조사에서는 60.3점을 받아 대만(49.8점), 싱가포르(47.5점), 미국(47.4점), 캐나다(43.5점), 영국(42.6점), 아일랜드(41.9점), 독일(41.5점), 일본(41.5점), 스페인(40.6점)을 제치고 1위를 차지했다. 한국의 전자정부는 다양한 정보가 정부기관 홈페이지에 게재되어 있을 뿐만 아니라 사용자 위주의 홈페이지 구성을 위해 게시판과 포럼을 적극적으로 활용한다는 점에서 높이 평가되고 있다(West 2006).

한국의 IT기술 활용은 국내 은행 서비스에서 인터넷 뱅킹의 활용 증가에 반영되어 있다. 〈그림 9-6〉에서 볼 수 있듯, 지난 3년 사이에 인터넷 뱅킹은 은행창구 이용수준을 이미 넘어설 정도로 빠르게 증가했다. 물론 인터넷 뱅킹 이외의 증권, 채권, 어음거래 및 보험에서 디지털화의 영향은 약간 더디게 나타나고 있다. 그러나 인터넷 뱅킹의 발전속도로 볼 때 이 거래에서도 디지털화의 영향을 빠르게 확산될 가능성은 충분하다(강임호 외 2003; 김자봉 2006).

실제로 〈표 9-9〉에서 볼 수 있듯이, 한국은 거래량 측면에서 세계 최대의 선물 및 옵션 거래시장을 가지고 있다.

미국 투자은행인 골드만삭스가 발표한 성장잠재력지수(Growth En-

〈그림 9-6〉 인터넷 뱅킹의 추이

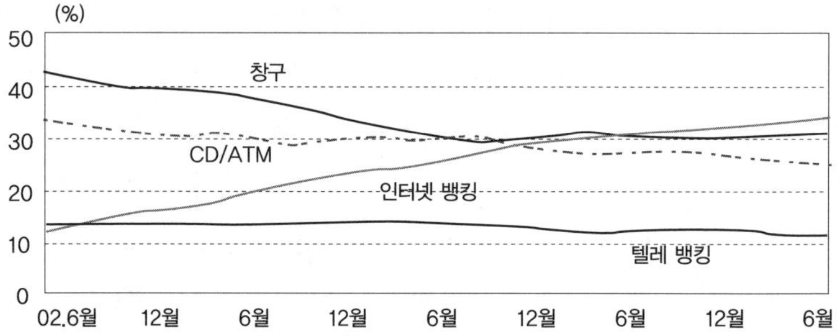

출처: 한국은행 2006: 4.

〈표 9-9〉 거래량 기준 10대 세계 선물 및 옵션 거래시장

이름	2005	2004
Korea Exchange	2,593,088,445	2,586,818,602
Eurex	1,248,748,152	1,065,639,010
Chicago Mercantile Exchange	1,090,351,711	805,341,681
Euronext.liffe	757,926,860	790,761,844
Chicago Board of Trade	674,651,393	599,994,386
Chicago Board Options Exchange	468,249,301	361,086,774
International Securities Exchange	448,695,669	360,852,519
Bovespa	268,620,460	235,349,514
New York Mercantile Exchange	204,611,537	163,157,807
American Stock Exchange	201,631,832	202,680,929

출처: Future Industry Association, http://www.futuresindustry.org/fimagazi-1929.asp?a=1100(검색일: 2006년 10월 31일).

vironment Score)에 따르면, 한국은 2050년 1인당 GDP 세계 2위의 국가가 될 것이라는 예상이 있다. 이 지표는 경제성장에 필요한 13개 요인들—인플레이션, 외채(GDP 대비), 투자율, 개방도, 전화보급률, PC 보급률, 인터넷 사용자 수, 평균 중등교육기간, 수명, 정치적 안정성, 법치, 부패—을 10점 만점으로 환산하여 각국의 잠재력을 평가한 것이다. 이에 따르면 한국의 성장 잠재력 지수는 6.9(17위)로, G7, BRICs(브라질 · 러시아 · 인도 · 중국) 가운데 이보다 높은 성장 잠재력 지수를 기록한 나라는 캐나다(7.6, 8위), 미국(7.4, 10위), 독일(7.0, 16위)밖에 없다. 한국이 높은 점수를 받은 이유는 기술능력을 측정하는 전화보급률, PC 보급률 및 인터넷 사용자 수에서 좋은 점수를 받았다는 데 있다(O' Neill 2005). 이런 점을 고려할 때, 당장 실현가능성에 집착하지 말고 세계금융질서의 구조적 변화를 어떻게 반영할 것인가를 고민해야 할 것이다.

5. 맺음말

이 글은 국제정치경제학의 시각에서 지구화와 디지털화가 국제금융질서에 어떠한 영향을 주는가를 분석했다. 이 두 가지 현상들은 민족국가 단위로 작동하는 국제금융질서를 뉴욕 · 런던 · 도쿄로 구성된 세계금융 중심도시 네트워크가 핵심적 역할을 하는 세계금융질서로 변혁시켰다. 이 네트워크에서는 물리적 권력자원보다는 정보지식과 같은 비물리적 자원이 더 중요하며, 수직적이기보다는 수평적인 네트워크에 더 가까운 형태로 이행하고 있다. 물론 이러한 변화가 민족국가의 기능과 역할이 완전히 소멸되었다는 것을 의미하지 않는다. 국제금융질서에서 세계금융질서로의 이행은 민족국가가 가지고 있는 금융에 대한 독점적 통제권이 더 이상 유지되고 있지 않다는 것을 시사한다.

이런 점에서 런던과 프랑크푸르트의 사례를 주목할 필요가 있다. 영국의 패권적 지위는 제1차세계대전 이후 급격하게 약화되었지만, 세계금융시장에서 런던의 지위는 아직도 건재하다. 제1차세계대전 이후 뉴욕에 뒤처졌던 런던은 1986년 금융서비스법 제정 후 런던주식시장에 대한 전면적 규제완화를 실시한 소위 빅뱅 이후 그 격차를 줄여나가고 있다. 런던 금융시장의 부흥은 탈규제와 자유화라는 제도 개혁뿐만 아니라 정보통신기술의 신속한 활용에서 기인했다(*Financial Times* 2006b; *International Herald Tribune* 2006). 반면, 프랑크푸르트는 유럽중앙은행(European Central Bank)을 유치하는 데 성공했으나, 제도개혁과 디지털화에 소홀히 하여 런던과 같은 위상을 확보하는 데 실패했다(Pearlstein 2004; Jenkins 2005).

세계금융 중심도시의 국제 비교에서 서울의 지위는 결코 낮지 않다. 지구화 지표에서 서울은 세계 10위권 수준에 있다. 또한 국가별로 집계된 디지털 지표에서 한국이 세계 5위권에 있다는 사실에서 서울의 디지털화 수준이 세계적 수준이라는 점을 간접적으로 확인할 수 있다. 세계금융질서에서 디지털화가 더 중요해지기 때문에, 서울의 발전가능성은 지표상에 나타난 수치보다 훨씬 더 높을 수 있다. 그러나 '추진 전략'은 국제금융질서에서 발전했던 국가들의 전략을 답습할 뿐, 현재 벌어지고 있는 세계정치경제의 구조적 변화에 대한 인식을 결여하고 있다. 특히 지구화와 디지털화로 중요해진 지식 네트워크의 접근성, 동시성, 상호연결성을 어떻게 증가시킬 것인가에 대한 고민이 결여되어 있다. 서울을 단기적으로 동북아 금융허브, 장기적으로 세계금융 중심도시로 발전시키기 위해서는 폐쇄적 금융제도를 개선하는 것은 물론 세계 최고 수준의 디지털 기술을 적극적으로 활용하기 위한 구체적인 정책이 필요하다.

또한 '추진 전략'에는 자유화와 탈규제 이후 금융주권의 약화로 정부의 정책집행 효율성이 약화되고 금융거래의 양과 속도가 비약적으로 증가하는 상황에 대한 대비책이 부족하다(Cohen 2000; Goodhart 2000; Woodford 2000; Freedman 2000; 탁승호 2001; 강임호 외 2003). 금융의 지구화·디지털화는 체제위기(systemic crisis) 위험으로부터 금융 네트워크를 안정적으로 운영하기 위한 감시감독체제의 중요성을 더욱 증가시킨다(백일 2005). 또한 디지털 금융이 증가하면서 국경을 초월하는 전자금융사기에 대한 국제적 협력체제의 필요성이 제기되고 있다(Kellermann

2005). 그러나 '추진 전략'과 이를 뒷받침하기 위해 추진되는 '외환자유화 방안'에는 자유화 및 탈규제 이후 자본이동을 어떻게 감시 · 감독할 것인지에 대한 내용이 전혀 없다. 1996년 OECD에 가입하기 위해 취해진 외환거래 자유화정책이 금융위기로 이어졌던 사실을 생각할 때, 이 문제에 대해서는 좀 더 주의할 필요가 있다.

이와 아울러, 세계금융 중심도시들에 존재하는 사회경제적 문제가 심각해지지 않도록 예방하려는 노력이 필요하다. 대부분의 세계금융 중심도시들에서 초국적 자본가들과 기존 시민들 사이에 존재하는 빈부격차가 심화되고, 이에 따라 도시가 금융중심과 빈민가로 나누어지는 문제가 발생하고 있다. 또한 세계금융 중심도시는 국내경제보다는 세계경제의 흐름에 더 민감하게 반응함으로써, 국내경제의 성장에 미치는 효과가 줄어드는 부작용을 가져오기도 한다(Savitch 2002).

| 참고문헌 |

강임호 외, 2003, 『디지털금융의 이해』, 서울: 한국금융연구원.

금융감독원, 2006, 「보도자료: 금융산업의 경제기여도 분석」(2월 27일).

김상배, 2004, 「정보화시대의 지식구조: 수전 스트레인지의 개념화를 넘어서」, 『한국정치학회보』 제38권 3호.

김자봉, 2006, 『최근 전자금융의 발전과 주요 이슈』, 서울: 한국금융연구원.

민병원, 2006, 「문화의 국제관계: 네트워크 개념을 통한 이해」, 『국제정치논총』 제46권 1호.

박삼옥, 2002, 「네트워크세계의 산업: 산업의 세계화와 국지화」, 『대한지리학회지』 제37권 2호.

박재현, 2006, 「資産運用業 중심의 특화금융허브 구축방안」, 『주간 금융브리프』(4월 29일~5월 12일).

백일, 2005, 「금융네트워크와 전자화폐 착각」, 『사회경제평론』 제25호.

안형도 · 유재원 편, 2003, 『동북아 국제금융센터의 여건과 과제: 사례연구와 시사점』, 서울: 대외정책경제연구원.

이근영 · 이대기, 2005, 「금융허브로의 발전과 금융 FDI의 역할」, 『금융경제연구』 제228호.

이원식, 2005, 「동북아 금융허브 추진 전략」, 『나라경제』 7월호.

이재하, 2002, 「세계도시지역론과 그 지역정책적 함의」, 『대한지리학회지』 제38권 4호.

이희연, 2002, 「사이버스페이스의 공간적 분석과 지도화」, 『대한지리학회지』 제37권 3호.

재정경제부, 2005, 「보도자료: 금융허브 추진체계 구축」(10월 26일).

재정경제부, 2006a, 「외환자유화 추진 방안」(5월 19일).

재정경제부, 2006b, 「제2차 금융허브추진위원회: 금융허브 추진현황 및 향후 추진계획」(6월 14일).

최생림, 1994, 「국제금융센터의 조건」, 『금융연구』 제8권.

탁승호, 2001, 「전자화폐와 통화정책의 유효성에 관한 연구」, 『경제분석』 제7권 2호.

한국은행, 2006, 「보도자료: 2005, 3월말 현재 국내 인터넷 뱅킹 서비스 이용현황」(7월31일).

Alderson, Arthur S. and Jason Beckfield, 2004, "Power and Position in the World City System," *American Journal of Sociology*, Vol. 109, No.4(January).

Alger, Chadwick F., 1990, "The World Relations of Cities: Closing the Gap between Social Science Paradigms and Everyday Human Experience," *International Studies Quarterly*, Vol.34, No.4(December).

Bank for International Settlements, 2005, *Triennial Central Bank Survey: Foreign Exchange and Derivatives Market Activity in 2004*(March).

Banker, 2005 & 2006, "Top 1000 World Banks" (July).

Beaverstock, J. V., M. A. Doel, P. J. Hubbard and P. J. Taylor, 2002, "Attending to the World: Competition, Co-operation and Connectivity in the World City Network," *Global Networks*, Vol.2, No.2.

Beaverstock, J.V., P. J. Talyor and R.G. Smith, 1996, "A Roster of World City," *Cities*, Vol.16, No.6.

Brenner, Neil, 1998, "Global Cities, Global States: Global City Formation and State Territorial Restructuring in Contemporary Europe," *Review of International Political Economy*, Vol.5, No.1(Spring).

Brunn, Stanley D. and Martin Dodge, 2001, "Mapping the 'Worlds' of the World Wide Web: (Re)Structuring Global Commerce through Hyperlinks," *American Behavioral Scientist*, Vol.44, No.10(June).

Budd, Leslie, 1995, "Globalisation, Territory and Strategic Alliances in Different Financial Centres," *Urban Studies*, Vol.32, No.2.

Carnoy, Martin and Manuel Castells, 2001, "Globalization, the Knowledge Society, and the Network State: Poulantzas at the Millennium," *Global Network*, Vol.1, No.1.

Castells, Manuel, 1989, *The Informational City: Information Technology, Economic Restructuring and the Urban-Regional Process*, Oxford: Balckwell.

———, 2000, *The Rise of the Network Society*, second edition, Oxford: Balckwell.
———, 2005, "Global Governance and Global Politics," PS(January).
Cetina, Karin Knorr and Urs Bruegger, 2005, "Inhabiting Technology: The Global Lifeform of Financial Markets," *Current Sociology*, Vol.50, No.3(May).
Clark, Gordon L., 2002, "London in the European Financial Services Industry: Locational Advantage and Product Complementarities," *Journal of Economic Geography*, Vol.2, No.4.
Cohen, Benjamin J., 1998, *The Geography of Money*, Ithaca: Cornell University Press.
———, 2000, "Electronic Money: New Day or False Dawn," *Review of International Political Economy*, Vol.8, No.2(Summer).
———, 2004, *The Future of Money*, Princeton: Princeton University Press.
Craft, Nicholas, 2005, "The 'Death of Distance' : What does It Mean for Economic Development?" *World Economics*, Vol.6, No.3(July-September).
Derudder, B., 2006, "Where We Stand: A Decade of Empirical World Cities Research," *GaWC Research Bulletin*, No.189.
Derudder, B., P. J. Taylor, F. Witlox, and G. Catalano, 2003, "Hierarchical Tendencies and Regional Patterns in the World City Network: A Global Urban Analysis of 234 Cities," *Regional Studies*, Vol.37, No.9.
Dicken, Peter, Philip F. Kelly, Kris Olds and Henry Wai-Chung Yeung, 2001, "Chains and Networks, Territories and Scales: Towards a Relational Framework for Analysing the Global Economy," *Global Networks*, Vol.1, No.2(April).
Dickson, Martin, 2006, "Capital Gain: How London is Thriving as It Takes on the Global Competition," *Financial Times*(27 March).
Faulconbridge, J. R., 2006, "Embedded Networks of Knowledge Production in Global Law Firms," *GaWC Research Bulletin*, No.189.
Financial Times, 2006a, "Special Report: Asian Financial Centres"(12 April).
———, 2006b, "Hats off: Big Bang still Bring Scale and Innovation to London Finance"(26 October).
Freedman, C., 2000, "Monetary Policy Implementation: Past, Present and Future-Will Electronic Money Lead to the Eventual Demise of Central Banking?" *International Finance*, Vol.3, No.2.
Funabashi, Yoichi, 2002, "Asia's Digital Challenge," *Survival*, Vol.44, No.1(Spring).
Gereffi, Gary, 2001, "Shifting Governance Structures in Global Commodity Chains, with Special Reference to the Internet," *American Behavioral Scientist*, Vol.44, No.10(June).
Goodhart, Charles A. E., 2000, "Can Central Banking Survive the IT Revolution," *International Finance*, Vol.3, No.2.
Gritsch, Maria, 2005, "The Nation-state and Economic Globalization: Soft Geo-Politics and Increased State Autonomy?" *Review of International Political Economy*, Vol.12,

No.1(February).

Harvey, David, 1989, *The Condition of Postmodernity: An Enquiry into the Origins of Cultural Change*, Oxford: Basil Blackwell.

Helleiner, Eric, 1998, "Electronic Money: A Challenge to the Sovereign State?" *Journal of International Affairs*, Vol.51, No.2(Spring).

———, 1999, "Historicizing Territorial Currencies: Monetary Space and the Nation-state in North America," *Political Geography*, Vol.18, No.3.

———, 2002, "Why are Territorial Currencies Becoming Unpopular?" David Andrews, Randall Henning and Louis Pauly, eds., *Governing the World Money*, Ithaca: Cornell University Press.

Herrera, Geoffrey L., 2002, "The Politics of Bandwidth: International Political Implications of a Global Digital Information Network," *Review of International Studies*, Vol.28, No.1.

Hill, Richard, 2004, "Cities and Nested Hierarchies," *International Social Science Journal*, Vol.181.

Hill, Richard and June Kim, 2002, "Global Cities and Developmental States, Urban Studies: New York, Tokyo, and Seoul," *Urban Studies*, Vol.37, No.12.

Hodjera, Zoran, 1978, "The Asian Currency Market: Singapore as Regional Financial Center," *IMF Staff Papers*, Vol.25(1978).

International Herald Tribune, 2006, "London Moving up Fast as a World Financial Capital"(28 October).

International Monetary Fund, 2006, *Republic of Korea: Selected Issues*, IMF Country Report No.06/381.

International Telecommunication Union, 2003, *World Telecommunication Development Report.*

———, 2005, *Measuring Digital Opportunity.*

Jao, Y. C., 1979, "The Rise of Hong Kong as a Financial Center," *Asian Survey*, Vol.XIX, No.7(July).

Jenkins, Patrick, 2005, "Faltering Financial Centre See Bright Lights amid Gloom," *Financial Times*(6 December).

Kellermann, Tom and Valerie McNevin, 2005, "Capital Markets and E fraud: Policy Note and Concept Paper for Future Study," *Working Paper,* No.3586(World Bank).

Kim, Yoeng-Hyun, 2004, "Seoul: Complementing Economic Success with Games," Jesef Gugler, ed., *World Cities beyond the West: Globalization, Development and Inequality*, Cambridge: Cambridge University Press.

Knight, Richard V., 1995, "Knowledge-based Development: Policy and Planning Implications for Cities," *Urban Studies*, Vol.32, No.1.

Knox, Hannah, Mike Savage and Penny Harvey, 2006, "Social Networks and the Study of Relations: Networks as Method, Metaphor and Form," *Economy and Society*, Vol.35,

No.1(February).
Korbin, Stephen J., 1998, "Back to the Future: Neomedievalism and the Postmodern Digital World Economy," *Journal of International Affairs*, Vol.51, No.2(Spring).
Lacher, Hannes, 2005, "International Transformation and the Persistence of Territoriality: Toward a New Political Geography of Capitalism," *Review of International Political Economy*, Vol.12, No.1(February).
Malecki, Edward J., 2002, "The Economic Geography of the Internet's Infrastructure," *Economic Geography*, Vol.78, No.4.
McCarthy, Ian, 1979, "Offshore Banking Centers: Benefits and Costs," *Finance and Development*(December).
Menou, Michel J. and Richard D. Taylor, 2006, "A 'Grand Challenge': Measuring Information Societies," *Information Society*, Vol.22, No.5.
Mosley, Layna, 2005, "Globalisation and the State: Still Room to Move?" *New Political Economy*, Vol.10, No.3(September).
Newman, Mark, Albert-László Barabási, and Duncan J. Watts, 2006, *The Structure and Dynamics of Networks*, Princeton: Princeton University Press.
Nikitin, L., and A. Romashov, 2003, "The Global Geography of Credit Ratings in Past and Present: Exploratory Steps," *GaWC Research Bulletin*, No.115.
O'Brien, Richard, 1992, *Global Financial Integration: The End of Geography*, London: Chatham House.
O'Neill, Jim, Dominic Wilson, Roop Purushothaman and Anna Stupnytska, 2005, "How Solid are the BRICs?" *Global Economics Paper*, No.134(Goldman Sachs).
Park, Bae-Gyoon, 2005, "Spatially Selective Liberalization and Graduated Sovereignty: Politics of Neo-liberalism and "Special Economic Zones" in South Korea," *Political Geography*, Vol.24, No.7(September).
Pearlstein, Steven, 2004, "Refusing To Compete In Frankfurt," *Washington Post* (30 July).
Pryke, Michael and John Allen, 2000, "Monetized Time-space: Derivatives Money's 'New Imaginary'?" *Economy and Society*, Vol.29, No.2(May).
Rose, Andrew K., and Mark M. Spiegel, 2006, "Offshore Financial Centers: Parasites or Symbionts?" *Working Paper*, No.12044(NBER).
Rothkopf, David J., 1998, "Cyberpolitik: The Changing Nature of Power in the Information Age," *Journal of International Affairs*, Vol.51, No.2(Spring).
Ruggie, John Gerald, 1993, "Territoriality and Beyond: Problematizing Modernity in International Relations," *International Organization*, Vol.47, No.1.
Sassen, Saskia, 1991, *The Global City: New York, London, Tokyo*, Princeton: Princeton University Press.
———, 1998, *Globalization and its Discontents: Essays on the New Mobility of People and*

Money, New York: New Press.
———, 1999, "Global Financial Centers," *Foreign Affairs*, Vol.78, No.1(January/February).
———, 2002, "Locating Cities on Global Circuits," *Environment and Urbanization*, Vol.14, No.1(April).
———, ed., 2002, *Global Networks, Linked Cities*, London: Routledge.
———, 2003, "Globalization or Denationalization?" *Review of International Political Economy*, Vol.10, No.1(February).
———, 2005a, "Electronic Market and Activist Networks: The Weight of Social Logics in Digital Formations," Robert Latham and Saskia Sassen, eds., *Digital Formation: IT and New Architectures in the Global Realm*, Princeton: Princeton University Press.
———, 2005b, "When National Territory is Home to the Global: Old Borders to Novel Borderings," *New Political Economy*, Vol.10, No.4(December).
———, 2006, *Territory, Authority, Rights: From Medieval to Global Assemblages*, Princeton: Princeton University Press.
Savitch, Hank V. and Paul Kantor, 2002, *Cities in the International Marketplace: The Political Economy of Urban Development in North America and Western Europe*, Princeton: Princeton University Press.
Schott, Thomas, "Global Web of Knowledge: Education, Science, and Technology," *American Behavioral Scientist*, Vol.44, No.10(June).
Sinclair, Timothy J., 2005, *The New Masters of Capital: American Bond Rating Agencies and the Politics of Creditworthiness*, Ithaca: Cornell University Press.
Slater, Eric, 2004, "The Flickering Global City," *Journal of World-Systems Research*, Vol.X, No.3(Fall).
Smith, David A., 2004, "Global Cities in East Asia: Empirical and Conceptual Analysis," *International Social Science Journal*, Vol.181.
Smith, David and Michael Timberlake, 2001, "World City Networks and Hierarchies, 1977-1997," *American Behavioral Scientist*, Vol.44, No.10(June).
———, 2002, "Hierarchies of Dominance among World Cities: A Network Approach," in Saskia Sassen, ed., *Global Networks, Linked Cities*, London: Routledge.
Smith, Richard G., 2003, "World City Actor-Network," *Progress in Human Geography*, Vol.27, No.1.
———, 2006, "Place as Network," *GaWC Research Bulletin*, No.117.
Solomon, Robert, 1999, *Money on the Move: The Revolution in International Finance since 1980*, Princeton: Princeton University Press.
Strange, Susan, 1986, *Casino Capitalism*, London: Basil Blackwell.
Talyor, Peter J., 2000, "World Cities and Territorial States under Conditions of Contemporary

Globalization," *Political Geography*, Vol.19, No.1.

———, 2005, "New Political Geographies: Global Civil Society and Global Governance through World City Networks," *Political Geography*, Vol.24, No.6.

———, 2006, "Problematizing City/State Relations: Towards a Geohistorical Understanding of Contemporary Globalization," *GaWC Research Bulletin*, No.197.

Talyor, Peter J. and Robert E. Lang, 2005, "US Cities in the 'World City Network'," *Brookings Institution Survey Series*.

Taylor, Peter J., G. Catalano, and D. R. F. Walker, 2002a, "Measurement of the World City Network," *Urban Studies*, Vol. 39, No.13.

Talyor, Peter J., David R.F. Walker, Gilda Catalano, and Michael Hoyler, 2002b, "Diversity and Power in the World City Network," *Cities*, Vol.19, No.4.

Talyor, Peter J., D. R. F. Walker and J. V. Beaverstock, 2002c, "Firms and their Global Service Networks," Saskia Sassen, ed., *Global Networks, Linked Cities*, London: Routledge.

Thompson, Grahame F., 2004a, "Is all the World a Complex Network," *Economy and Society*, Vol.33, No.3(August).

———, 2004b, "Getting to Know the Knowledge Economy: ICTs, Networks and Governance," *Economy and Society*, Vol.33, No.4(November).

Townsend, Anthony M., 2001, "Network Cities and the Global Structure of the Internet," *American Behavioral Scientist*, Vol. 44, No.8.

Warf, Barney, 1995, "Telecommunications and the Changing Geographies of Knowledge Transmission in the Late 20th Century," *Urban Studies*, Vol. 32, No. 2.

West, Darrell M., 2006, Global E-Government, 2006(http://www.insidepolitics.org/egovt06int.pdf : 검색일 2006년 9월 7일).

Wimmer, Andreas and Nina Glick Schiller, 2001, "Methodological Nationalism and Beyond: Nation-State Building, Migration and the Social Sciences," *Global Networks*, Vol.2, No.4(October).

Woodford, Michael, 2000, "Monetary Policy in a World without Money," *International Finance*, Vol.3, No.2.

World Economic Forum, 2002-2005, *The Networked Readiness Index*.

World Federation of Exchanges, *Annual Report and Statistics 2005*(Paris: 2006).

Yeung, Henry Wai-Chung, Jessie Poon, and Martin Perry, 2001, "Towards a Regional Strategy: The Role of Regional Headquarters of Foreign Firms in Singapore," *Urban Studies*, Vol. 38, No.1.

10

정보혁명과 지구생산 네트워크

배영자_건국대학교

1. 머리말

'정보혁명으로 인한 지식의 역할부상'은 우리시대의 대표적이고 상투적인 표현(cliche)이자 담론 가운데 하나이다. 그러나 표현의 진부함에도 불구하고, 실제로 그러한지 이 어구의 정확한 의미가 무엇인지에 대해서는 생각만큼 심도있는 논의가 이루어지지 못하고 있다. 이에 관한 논의가 보다 구체적으로 이루어지기 위해서는 정보혁명, 지식, 네트워크 등과 같은 키워드를 보다 공고히 하기 위한 작업, 즉 각 개념의 명료화, 재해석, 발전과 관련된 기초적인 연구가 진행되어야 한다. 이와 함께 현실의 다양한 영역에서 진행되고 있는 변화들을 이러한 키워드를 중심으로 잡아냈을 때 다른 관점으로는 보이지 않는, 혹은 다른 관점에서 보는 것보다 현실의 변화를 보다 깊이있게 보여주는 설득력 있는 경험적 연구들이 병행적으로 이루어져야 한다.

본 연구는 후자에 속한다. 정보혁명과 함께 진행되는 다양한 현실적 변화 가운데 지구생산체제에서 어떤 변화들이 진행되고 있는지를 고찰하고자 한다. 언제부터 생산활동이 지구적 수준에서 이루어지기 시작했는지에 대해서는 다양한 견해가 존재하지만 국경을 넘는 기업활동이 현대만의 독특한 현상이 아니라 오랜 역사를 가지고 있음은 명백하다. 근대 초기의 영국, 네덜란드 등의 동인도회사는 유럽과 아시아, 아프리카에 걸친 방대한 지역을 아우르는 기업활동을 전개했다. 그러나 향료 등 특산물 위주의 교역이나 농산물, 광산물 개발과 관련된 투자를 넘어, 많은 기업들이 비용감소나 시장개척을 위해 해외 직접투자를 통해 생산시설을 직접 건설하고 이에 기반하여 지구적 규모로 생산활동이 이루어지기 시작한 것은 20세기 후반이다. 특히 운송 및 통신기술의 비약적 발전과 함께 1970년대 후반 이후 보호무역주의가 강화되면서 보호장벽을 넘어서기 위한 방편으로 기업의 해외 직접투자전략이 많은 기업들에 의해 채택되기 시작한다. 학자들은 이러한 생산활동을 지구생산 네트워크(Global Production Network) 혹은 지구상품사슬(Global Commodity Chain) 등으로 부르며, 생산이 지구적 규모로 이루어짐에 따라 진행되는 변화들을 연구하여왔다(Borrus etc. 2000; Henderson etc. 2002; Ernst 1997; Gereffi etc. 1994 등).

20세기 후반 지구생산 네트워크 형성과 전개는 정보통신기술의 발전과 밀접한 관계를 맺고 있다. 여기서는 보다 좁은 의미에서 1990년대 이후 가속화된 인터넷을 비롯한 정보통신기술의 발전이 지구생산 네트워크에 어떤 변화를 야기하고 있는지 고찰하고자 한다. 이를 위해 먼저 일반적으로 정보혁명으로 인해 재화와 서비스의 생산을 담당하고 있는 기업들의 활동전반에 어떤 변화가 진행되고 있는지를 살펴본다. 이후 특히 지구생산 네트워크에서 두드러지는 변화의 모습을 찾아 이 변화가 실제로 지식이나 네트워크라는 키워드와 관련되고 있는지를 검토하고, 이러한 변화들이 세계정치 경제질서에 함의하는 바가 무엇인지를 살펴본다.

2. 논의의 틀

해외직접투자 및 초국적 기업활동 증대가 정보혁명과 밀접히 맞물려 진행되고 있다는 인식은 널리 받아들여지고 있으나 구체적으로 어떤 메커니즘을 통해 연결되며 결과적으로 양자가 어떻게 관련되는지에 대한 연구는 현재까지 본격화되어 있지 않다. 다만 현재까지 정보혁명이 기업조직 및 활동에 어떤 변화를 가져오고 있는지에 대한 연구가 부분적으로 이루어져왔고, 아울러 (초국적) 기업의 조직변화가 해외투자 도입국, 특히 개발도상국으로의 기술이전, 경제성장에 긍정적 혹은 부정적 영향을 미칠 것인지에 관한 논의들이 진행되고 있다(Ernst and Kim 2001; Gereffi 2001).

본 연구의 관심인 글로벌 생산 네트워크는 선진국 초국적 기업의 해외직접투자(foreign direct investment) 과정에서 형성되고 진화되어왔다. 국제정치경제 교과서들에 공통적으로 나타나고 있는 해외직접투자 논의 어젠다는 해외투자이론, 역사, 현황소개에 이어 초국적 기업 및 해외직접투자가 누구에게 이로운가(cui bono? home or host country?), 해외직접투자의 증대 및 초국적 기업의 역량 강화가 세계정치 경제질서 내에서 국민국가 위상을 변화시키고 있는가 하는 것이다(Spero and Hart 2003; Gilpin 2001; Dicken 2003 등). 전통적인 국제정치경제학의 문제의식을 적용해본다면 정보기술발전으로 지구생산 네트워크 안에서 누가 더 많은 이익을 얻고 유리해지며 반대로 누가 손해를 보고 불리한가의 문제, 정보기술의 발전이 초국적 기업 대 국민국가의 위상변화에 어떤 역할을 수행하는가의 문제 등이 주요 연구쟁점으로 제기된다.

정보혁명과 지구생산 네트워크 발전에 관한 이론적 연구가 아직 많이 축적되지 못한 상태이기 때문에 세계정치 경제질서 내에서 정보혁명의 배분적 효과나 초국적 기업의 위상변화에 대한 본격적인 논의는 어려운 실정이다. 여기서는 추후에 이러한 논의를 진행하는 데 기반이 되는 연구로서 정보혁명이 가속화된 1990년대 이후 지구생산 네트워크에서 어떤 변화들이 진행되고 있는지를 경험적으로 고찰하고자 한다. 먼저 정보혁명이 본격화된 1995년 이후 해외직접투자의 패턴에 눈에 띄는 변화가 발견되는지를 해외직접투자 거시통계자료에 기반하여 고찰하고자 한다. 이후 정보혁명은 초국적 기업의 조직, 운영방식 등 미시적 관점에서 어떤 변화를 가져오고 있는지, 소위 e-변환(e-transformation) 양상을 사례 중심으로 연구한다. 이러한 변화에 기반하여 실제로 각 산업의 지구생산 네트워크가 어떻게 재조정되고 있는지를 컴퓨터, 섬유, 항공산업의 사례를 통해 고찰한다. 이러한 변화에 기반하여 정보혁명이 해외직접투자, 개도국 발전에 어떤 함의를 주고 있는지, 정보혁명으로 초국적 기업의 세계정치 경제질서에서의 위상이 어떻게 변화할지를 조심스럽게 전망해 본다.

3. 정보혁명과 해외직접투자

해외투자 초기는 13세기 제노바 및 베네치아의 지중해 연안 상인들이 무역을 지원하기 위해 해외에 은행업을 개설한 예에서 드러나듯 무역중개업과 은행업 중심이었다(Spero and Hart 2003). 중상주의시대의 영국의 동인도회사, 허드슨만회사(Hudson' s Bay Company)도 이 범주에 속했다. 근대 초기 초국적 기업활동이 특산물을 중심으로 한 상업 위주로 이루어졌음에 반해 19세기 이후 농업 · 광업 · 제조업에서 해외직접투자가 증대되기 시작하여 19세기 말 미국의 재봉틀 제조업체 싱거(Singer Sewing Machine), 통신회사 아메리칸벨(American Bell), 석유회사 스탠더드오일(Standard Oil) 등이 해외에 생산 및 판매 법인을 설립하기 시작하면서 대규모 초국적 기업으로 부상했다(Wilkins 1970). 스트레인지는 과거 2세기 동안 생산구조에 일어난 두 가지 주요한 변화로 자본주의 생산방식의 보편화와 국내경제를 우선시했던 생산구조가 세계시장을 위한 생산구조로 변화했음을 언급하면서 특히 생산의 세계화는 미국 기업에 의해 주도되었음을 강조하고 있다(Strange 1998).

보다 본격적인 해외직접투자는 제2차세계대전 이후 미국 기업에 의해 주도된다. 제2차세계대전 이후 1970년대 초까지 초국적 기업은 대부분 미국 및 영국 기업이었다. 특히 유럽과 아시아 국가들이 제2차세계대전 이후 경제복구에 몰두하고 있는 동안 상대적으로 자본이 풍부하고 전쟁기간 동안 기술력을 축적한 미국 기업들이 석유, 화학, 금속, 펄프, 자동차 부문을 중심으로 활발한 해외직접투자 활동을 전개했다(Wilkins 1974). 미국 기업들은 초기 캐나다를 중심으로, 1957년 유럽에서 EEC(유럽경제공동체)가 성립된 이후 유럽에 진출하기 시작했다. 1960년대 중반 이후 유럽과 일본 경제가 재건되면서 독일과 일본 기업들이 해외투자에 참여하기 시작했다. 1970년대 초반 고정환율제를 주축으로 짜여진 브레튼우즈 체제가 붕괴하면서 각국의 환율이 재조정되었다. 미국 달러의 평가절하, 유럽 및 일본 화폐의 평가절상으로 미국 기업의 해외직접투자 증가가 완화되는 대신 독일과 일본의 해외직접투자가 급증하기 시작했다.

1980년대 이후 초국적 기업의 해외직접투자 양상이 변화하기 시작한다. 우선 해외직접투자 참여국가가 보다 다양화된다. 1985년 플라자합의로 엔화의 평가절상이 이루어지면서 일본 기업의 해외투자가 급증하게 된다(Yoon 1990; 윤영관 2000). 동아시아를 중심으로 하는 신흥공업국들도 1980년대에 들어 해외직접투자의 대열에 참여하기 시작했다. 1970년대 후반 이후 보호무역주의가 강화되면서 보호장벽을 넘어서기 위한 방편으로 해외직접투자 전략이 많은 기업들에 의해 채택되기 시작한다. 이와 함께 초국적 기업의 투자방식에도 변화가 진행된다. 1970년대까지는 해외법인에 대해 100%의 지분을 가지고 소유권과 통제력을 행사하는 경우가 대부분이었고, 생산방식도 본사의 국내생산 패턴을 그대로 가져오는 경우가 많았다. 그러나 1980년대 초부터는 조인트벤처나 기업간 동맹 형태가 증대되었다. 생산공정이 세분화되면서 그중 일부만을 해외생산 시설이 담당하는 형태로 변화했다. 그 결과 다국적 기업 내부의 본사와 지사, 그리고 지사와 지사간의 기업내부무역(intra-firm trade)이 급속도로 증가했다(Gilpin 2001).

투자국의 다변화와 함께 해외직접투자 규모도 꾸준히 증가했다. UN자료에 의하면 1970년대 중반 이후 1980년대 중반까지 연평균 10~20% 내외의 성장률을 지속하다가 1980년대 중반 이후 각국 해외직접투자 자유화 및 개방화 정책이 본격적으로 도입되면서 연평균 성장률 30% 내외로 급격히 성장한다(World Investment Report 각년호). 여기서 정보혁명과 관련하여 1990년대 후반 해외직접투자의 급증이 눈에 띈다. 학자들은 1990년대 후반 아시아경제가 금융위기에서 벗어나 회복되고 있었고, 미국경제가 호황을 누리고 있었으며 특히 자유화 및 개방화를 주장하는 신자유주의이념이 확산되면서 통신, 전기, 공공 인프라, 금융 서비스 산업의 민영화로 선진국 기업간 M&A가 활발하게 진행되어 해외직접투자가 급증했다고 분석하고 있다. 해외직접투자는 2000년대 초반까지 계속 증가했고, 이후 급격히 감소하다가 2004년부터 다시 증가하는 추세를 보이고 있다.

정보혁명이 장기적으로 해외직접투자의 지속적인 증대에 중요한 역할을 수행해왔다고 주장하는 데에는 무리가 없다. 정보혁명은 해외직접투

〈그림 10-1〉 해외직접투자 유입 (1980~2004)

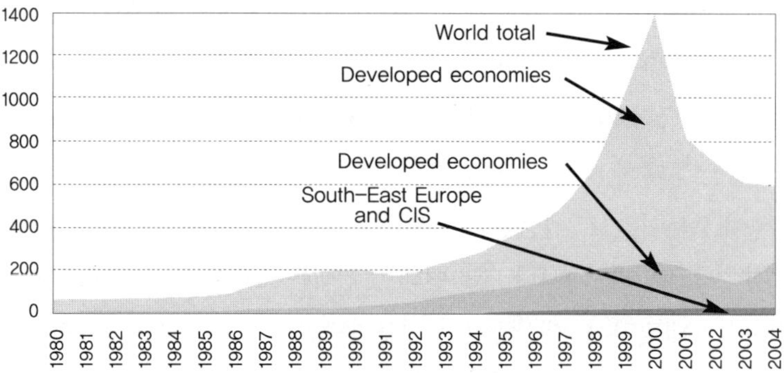

자료: World Investment Report 2005.

자의 거래비용(transaction cost)을 줄이면서 해외직접투자를 보다 용이하게 하는 역할(enabler)을 해왔다. 그러나 정보혁명은 해외직접투자 규모의 단기적 증감과 직접적으로 관련되어 있지 않고, 무엇보다도 정보혁명으로 인한 지구생산 네트워크의 변화를 거시적 통계자료로 잡는 데에는 한계가 있다. 따라서 정보혁명 속에서 진행된 미시적인 기업활동의 변화, 지구생산 네트워크의 운영방식의 변화 등을 추가적으로 검토해야 할 필요가 있다.

4. 정보혁명과 기업의 e-변환: 전자산업의 사례

(1) 네트워크 기업

정보혁명이 지구생산체제에 미친 영향은 해외직접투자 규모와 같은 거시적인 측면보다는 미시적인 개별기업 활동방식의 변화에서 좀 더 분명하게 드러난다. 1980년대 후반 세계화로 인한 경쟁의 가속화 속에서 대부분의 초국적 기업들은 더 이상 대규모생산으로 단위비용을 줄이는 규모의 경제(economics of scale)에 만족하지 않고 컴퓨터 등 하이테크의 도움을 받아 규모(scale)보다는 속도와 적시성(timeliness)이 강조되는 유연생산(lean production)이나 간반생산(just-in-time production)을 지향하게 된다. 아울러 기업들은 전통적인 기업조직방식인 수직적 통합 대신 가장 핵심적인 사업에만 집중하고 그 외의 모든 것을 외부 주문으로 조달하는 방식으로 기업활동을 조정하면서 네트워크 개념에 입각한 기업조직이 일반화된다.

네트워크를 엄밀하게 정의하기는 어렵지만 일반적으로 경제사회학이나 경영학에서 시장원리에 의한 자유경쟁적 관계와 수직적으로 통합된 위계적 관계 사이에 위치하는 기업조직의 한 유형을 네트워크(network)라 명명하면서 일반화되어 쓰이기 시작했다(Williamson 1991; Powell 1990). 네트워크 기업의 부상은 시장환경의 변화와 거래비용 감소에 의해 설명되고 있다. 표준화된 상품의 대량생산방식은 높은 고정비용을 요구할 뿐 아니라 빠른 수요변화와 시장의 불확실성에 대응하기 어렵다. 이러한 상황에서 전 세계에 흩어져 있는 생산요소들의 효과적인 이용에 기반하여 생산제품을 유연하고 신속하게 생산하는 능력이 기업에게 요구된다. 즉 대량생산의 이점인 규모의 경제보다는 각 지역에 흩어진 생산요소들을 필요에 따라 적합하게 결합하여 보다 다양한 제품을 저렴하게 그리고 신속하게 만들어내는 범위의 경제(economics of scope)가 중요한 이점으로 부각된다. 정보통신기술은 세계경제 전반에 흩어져 있는 자원 및 기능들 간의 거래비용을 대폭 낮춤으로써 기업조직이 네트워크화하는 데 결정적인 역할을 한다. 세계경제 내 경쟁환경의 변화, 통신기술의 발전에 힘입어 한 기업 내에서 수직적으로 통합되어 이루어지던 원료 및 부품 공급, 제품생산, 유통 및 판매기능이 각자 최적의 조건을 찾아 세계 각 지역으로 흩어지면서 기업 내 혹은 기업간 수평적인 네트워크 형태로 각 기능이 연결되고 그때그때 필요에 따라 재결합됨으로써 저렴한 비용으로 보다 신속하게 시장변화에 대처할 수 있는 초국적 네트워크 기업들이 증가한다. 아울러 기업간 네트워크도 보다 활성화된다. 가전이나 PC에서 경쟁양상이 제품 자체보다는 네트워크를 중심으로 이루어지는 경우가 많아 기존의 경쟁자와도 상황에 따라서는 협력관계를 수립하는 등 종래의 틀을 깨는 유연한 대응이 이루어지고 있다. 현재 인수합병(M&A), 합작투자(joint venture), 표준화를 위한 컨소시엄, 지분참여, 공동연구개발, 라이선싱, 판매협정, 공동마케팅 등 다양한 형태의 기업간 네트워크들이 활발히 구성되고 있다(배영자 2001).

위계적 통제 없이 자율적으로 협력하는 수평적 네트워크로의 변화는 기업조직의 모듈화로 표현된다. 모듈이란 독자적인 기능을 가진 교환가능한 구성요소로 정의된다. 모듈조직은 기업의 기존 가치사슬을 모듈단위로 구성하고 고객의 요구 및 사업 기회가 확인되면 조직 내 외부의 모듈을 결집 배치하여 고객의 요구에 가장 적합한 가치창출과정을 구축하는 형태의 조직을 말한다(신원무 외 2000). 실제로 현재 전자산업 내에서 기업 전체를 모듈조직으로 구성한 경우는 찾아볼 수 없지만, 시장의 특성, 고객의 요구, 기술적 자원, 자사의 핵심역량 등을 반영하여 많은 기업들이 수평적 팀이나 네트워크 지향적 조직으로 개편해 나아가는 변화를 보이고 있다. IBM, 후지쓰, 3M 등 대규모 기업의 경우 조직의 관료화 및 경직화를 지양하기 위해 사업단위별로 자율권을 갖는 소규모 조직으로 분화하여 벤처형 조직으로 운영하기도 하고, 또 창의성 및 지식창출을 촉진하기 위해 사내벤처를 활용하기도 한다. 최근 주목받는 조직의 모듈화 가운데 하나가 셰어드 서비스(shared services)이다(김기현 2001). 이는 기업의 여러 사업조직에 각각 존재하던 경영지원 부문, 즉 인사, 재무, 정보 시스템, 노무관리 등을 하나로 통합하여 별도의 핵심사업단위로 운영하는 방식을 말한다. 즉 기업의 주요 사업단위는 연구개발, 판매

등 전략적 활동에만 집중하고, 지원부문이나 비전략적 활동은 셰어드 서비스 조직에 맡기는 형태가 등장하고 있다.

새로운 조직 형태로써 네트워크 기업의 확산은 정보통신 기술발전의 자연적 결과는 아니다. 몇몇 기업조직의 변화는 사실 이미 오래전부터 진행되어왔다. 그러나 정보통신기술의 혁신으로 인한 정보통신 인프라의 확대는 전 세계에 걸쳐 정보를 생산 및 교환하는 비용을 떨어뜨림으로써 기업조직을 바꾸어나가는 데 중요한 역할을 해왔고 거꾸로 네트워크 기업발전의 요구 또한 정보통신 기술혁신을 가속화시켜왔다. 특히 1990년대 통신 네트워크의 디지털화와 컴퓨터의 고성능, 고속화로 인해 컴퓨터 시뮬레이션에 의한 디자인 및 연구개발, 가상공장(virtual factory), 유연생산, 전자상거래 등이 가능해짐으로써 기업의 핵심적인 부분(core competency)을 제외한 모든 부문이 네트워크로 연결된 아웃소싱을 통해 이루어지는 경향이 증대되어왔다.

(2) 전자상거래: 기업간 협업의 확산

인터넷의 상업적 잠재력이 인식되면서, 자사의 홈페이지나 온라인 쇼핑몰을 통한 제조업체와 소비자의 직접거래 채널 증가 등 인터넷에 의한 유통 · 판매가 확산되어왔다. 초기 전자상거래가 기업과 개별소비자거래(B2C)에 의해 활성화되었다면 현재는 기업간 거래(B2B)가 주도하고 있다. 초기 B2B는 전자문서교환(EDI: Electronic Data Interchange)을 기반으로 중개자 없이 특정 기업 차원에서 기업간 전자상거래가 이용되는 폐쇄적인 성격을 띤 반면, 인터넷을 기반으로 하는 B2B는 가상시장(e-marketplace)을 형성하여 적은 비용으로 다수의 거래자를 참여시킬 수 있는 개방적 성격을 띠는 점에서 대비된다. 기존의 가상시장은 중립적인 독립업체가 업종별로 구매자와 판매자를 연결하는 형태가 주종을 이루었다. 전자산업에서 전자부품을 중심으로 독립적인 제3자에 의해 NECX, Questlink, Netbuy 등과 같은 B2B 사이트들이 만들어져 운영되었다. 그러나 최근에는 산업 내 주요 오프라인 기업들이 직접 가상시장을 형성하는 추세가 두드러지고 있다. 즉 동일업종 내 주도적인 기업들이 컨소시엄을 형성하여 대규모의 가상시장을 구축하고 있다. 예컨대 전자산업에서 컨버즈(www.converge.com: 삼성전자를 비롯해 미국의 컴팩·휼렛패커드·퀀텀·AMD, 일본의 히타치·NEC·캐논, 대만의 타퉁 등 참여)나 e2open(www.e2open.com: 대만의 에이서, 히타치, IBM, LG전자, 루슨트, 마쯔시다, 도시바, 솔렉트론 등 참여)은 전자산업 주요 기업들이 함께 만든 대표적인 전자부품 가상시장의 예이다.

B2B가 어떤 형태를 띠든 전자상거래의 활성화를 위한 협업체계 구축이 본격적인 이슈로 부상하고 있다. 공개가상시장과 전자조달체제를 도입한 개별기업들이 전자상거래를 실질적으로 구현하기 위해서는 거래기업들끼리 동일한 환경을 구축해야 한다는 인식이 늘어나며 전자부품의 전자상거래 활성화를 위한 웹기반 표준구축을 위한 노력이 진행되고 있다. 대표적인 예가 로제타넷(Rosetta Net, www.rosettanet.org)이다. 로제타넷의 목적은 산업 내 개방적인 e-비즈니스 표준을 만들어 업체간에 거래의 편의를 증진시키는 것으로 현재 400여 개 이상의 전자, 반도체, IT 산업의 업체들이 컨소시엄을 구성하여 공통의 비즈니스 인터페이스를 구축하고자 노력하고 있으며, 이를 위해 지구거래 대상자 간의 공통의 비즈니스 언어 및 중심적인 프로세스를 개발하여 보급하고 있다(정부연, 신일순 2001).

나아가 B2B를 거래관계의 효율화와 거래비용 절감에만 초점을 맞추어보는 것이 아니라 다양한 서비스의 제공을 통하여 기업간 협업을 촉진시키는 커뮤니티의 형성이라는 측면에서 이해하고 커뮤니티 내에서의 상호작용이 개별기업의 조직 및 관행을 변화시키는 주요한 요소라고 주장하고 있다. 실제로 전자산업 내 많은 가상시장들이 현재 협업 관련 서비스의 제공을 확대해가고 있다. 즉 가상시장 안에서 기업들이 제품개발 및 디자인을 위해 부분적으로 협력하거나 공동으로 시장예측자료를 만들어가고 있다. 즉 전자상거래는 단지 부품 및 제품의 판매나 부품구매 과정을 온라인화하여 보다 효율적으로 판매 및 구매가 이루어지도록 하는 것에만 그치지 않고 이를 기반으로 기업의 조달과정 자체를 재구성하게 하고 기업간 관계도 바꾸어가고 있음을 알 수 있다.

(3) 연구개발 및 생산과정 디지털화: 버추얼 파트너, 전문기업의 등장

이미 인터넷이 등장하기 이전부터 정보통신기술은 연구개발과 생산과정에 광범위하게 활용되어왔다. 즉 컴퓨터기반 디자인(CAD: Computer Aided Design), 컴퓨터기반 제조(CAM: Computer Aided Manufacturing), 컴퓨터기반 통합제조(CIM: Computer Integrated Manufacturing) 등 컴퓨터를 이용한 디자인이나 제조 등은 전자산업을 비롯한 다양한 분야에서 이용되어왔다. 그러나 컴퓨터 네트워크와 가상현실기술의 발전이 급속화되면서 최적화(optimization), 시뮬레이션, 시스템 통합(system integration) 등을 통한 연구개발 및 제조과정의 디지털 전환이 활발히 이루어지고 있다. 전자산업에서 다양한 이용자의 요구사항에 대응하여 제품사양을 빠른 시간에 저렴한 비용으로 변경할 수 있는 능력이 관건으로 부상함에 따라 모듈화 기술의 중요성이 급속도로 부각되고 자유롭게 결합될 수 있는 모듈형 부품의 가치가 급증하고 있다. 업계 표준의 위치를 장악한 핵심모듈 및 부품은 전형적인 수확체증적 성장을 구가하고 있는 현실이다(김학상 2001). 디지털기술이 발전하면서 광범위하게 활용되고 있는 것 중의 하나가 시뮬레이션 기술이다. 시뮬레이션은 막대한 양의 데이터를 빠르게 처리할 뿐 아니라 3차원 CAD, 가상현실기술 등을 도입하여 이를 알아보기 쉬운 형태로 재생산해낼 수 있는 컴퓨터 기능의 향상 없이는 발전될 수 없었다. 즉 컴퓨터가 기존의 연구개발과정 중의 노동집약적인 부문들을 전산화시켜 빠르고 정확하게 처리해낼 수 있게 됨에 따라 소위 e-factory를 구축하여 실험비용의 감소, 불확실성의 감소, 창의성 증대 등의 결과를 가져오고 있다. 실제로 가전기업들은 Digital Mock Up(DMU) 전략을 채택하여 새로운 제품을 개발할 때 제품의 특성과 생산과징, 이를 뒷받침하는 조직편성과정을 시뮬레이션으로 처리하고 있다. 이 과정에서 디지털 모델은 연구개발 및 생산과정에서 유연성을 가지는(digital flexibility) 표준적인 기제(standardizing device)의 역할을 한다. 즉 디지털 모델은 지식창고(knowledge repositories)나 중계(intermediaries)의 역할을 하게 되며 결국 디지털 모델을 중심으로 인식공동체(epistemic communities)나 실행공동체(communities of practice)가 형성되고 있다(D' Adderio 2000). 온라인을 통한 제품개발 및 생산이 이루어지면서 과거에 기업 내부에서 중점적으로 이루어지던 혁신이 기업간 연합관계에서도 성공적으로 이루어질 수 있게 되었다. 공동투자나 버추얼 파트너 등의 경우, 관계가 느슨하고 단절적이어서 의미있는 연구개발이 이루어지기 어렵다고 주장되어왔다. 그러나 도시바, 필립스, 소니 등이 DVD에 대한 표준을 공동으로 마련하고, 제품개발을 위해 가상 네트워크를 활용하는 사례를 통해 드러나듯 디지털기술의 활용으로 네트워크를 통한 연구개발이 가능할 뿐 아니라 많은 이점을 가지는 것으로 밝혀지고 있다(Laat 1999).

다른 한편, 전자산업에서 최근 생산과정 자체가 제품설계 및 판매과정과 분리되면서 생산만을 전문으로 담당하는 생산전문기업이 등장했다. 정보통신기술을 활용한 유연한 생산체제의 등장과 기존 제조업체의 생산비 절감의 요구가 맞물리면서 제품의 변화속도가 빠른 컴퓨터, 통신기기 등의 주요 기업들이 생산공장을 분리시키고 이를 생산전문회사에게 위탁하는 경우가 증가하고 있다. 이러한 생산전문기업은 과거에도 계열, 하청기업, OEM(original equipment manufacturing), ODM(original design manufacturing) 등 다양한 형태를 띠면서 존재하여왔으나 최근 위탁제조(contract manufacturer) 혹은 EMS(electronics service manufacturing)로 불리는 새로운 형태가 부상하고 있다. EMS 기업은 주어진 기본 기능 안에서 다양한 제품을 생산할 수 있도록 프로그램화된 고도의 자동화된 생산체제를 지니고 있어 특정 제품이나 특정 기업이 요구하는 범위를 넘는 생산기능을 지니고 있는 것이 일반적이다. 계열기업이나 하청기업의 경우 특정 모기업으로부터 생산과정의 일부분만을 위탁받아 수행하는 형태가 일반적이었음에 비해 EMS는 불특정 다수 기업으로부터 제품생산과정 일체 및 관련 부품조달, 물류, 제품수리 등 관련 서비스까지도 위탁받고 있다. 전자산업에서 OEM, ODM 등이 한국 · 대만 기업을 중심으로 발전해온 반면 EMS는 PC, 통신기기 등을 위탁생산하는 기업으로 미국기업이 주도하고 있다(Sturgeon and Lee 2001).

전자산업에서는 현재 전술된 바와 같이 산업 전반에 걸쳐 전자상거래, 특히 기업간 전자상거래가 빠르게 성장하면서 기업간 협업체제가 구축되고 있으며 연구개발, 생산 및 제조과정에서 디지털기술을 활용한 시뮬레이션, 유연하고 자동화된 생산시스템, 부문들 간의 연계의 강화를 통한 e-factory가 등장하고 있다. 또 기업조직 측면에서도 각 기능의 모듈화가 초보적인 형태로 진행되고 있으며 기업조직의 내 · 외부가 유연한 네트워크 형태로 연결되어가고 있는 변화도 볼 수 있다. 이에 따라 각 기능별로 전문 혹은 특화기업들이 부상하면서 제품개발 및 브랜드 마케팅 특화, 제품 관련 서비스 특화, 제조 특화기업들을 중심으로 분업구조가 형성되고 있으며 이 안에서 기업간 경쟁과 협력이 동시에 강화되고 있다.

5. 정보혁명과 지구생산 네트워크: 컴퓨터, 신발, 항공산업 사례

생산의 지구화는 정보혁명 이전부터 진행되어왔다. 하지만 1980년대 후반 정보혁명이 본격화되면서 기업들은 가치사슬, 상품사슬, 지구생산 네트워크 등 다양하게 불리는 일련의 상호작용을 통해 기업의 각 기능들을 재조식하면서 기업활동의 범위를 시구 곳곳으로 확산시켜왔다. 지구생산 네트워크 논의는 기업활동의 공간적 범위가 확산되고 조직방식이 변화하면서 전반적인 산업 거버넌스가 어떻게 변화되어왔는지, 누가 네트워크 형성을 주도하는지 네트워크 진입의 기회와 장벽은 어떻게 설정되는지, 네트워크 내부에서 저부가가치에서 고부가가치 부문으로의 이동은 어떻게 이루어지는지, 네트워크에서 가장 핵심적이고 부가가치가 많이 창출되는 부문이 어떻게 변화하여왔으며, 이 부문을 차지하기 위한 기업 및 국가들의 노력은 어떻게 진행되는지 등을 탐구하여왔다(Borrus etc. 2000; Henderson etc. 2002; Ernst 1997; Gereffi etc. 1994 등). 이들은 특정산업의 주도부문과 주도기업을 찾아내고 이들과 타기업들이 함께 형성하고 있는 생산 네트워크의 특징을 탐구한다. 생산 네트워크에는 좁은 의미의 생산과정뿐 아니라 특정 재화나 서비스가 구상되고 구체화되어 생산, 판매 및 소비되는 전체과정을 포함시킨다. 아울러 생산 네트워크 안에서 이동하는 유·무형의 지식의 흐름에 주목한다. 기존의 생산 네트워크 연구가 원자재, 부품, 생산장비 등의 이동에 관심을 가졌던 것에 반해 최근에는 조직 및 경영방식, 특정 개인, 기업 및 국가에 내재되어 있는 암묵적 지식 등 무형의 지식이동에 초점이 맞추어져 있다. 최근 이들은 정보혁명이 지구생산 네트워크를 어떻게 바꾸고 있는지에 관해서도 관심을 두고 있다(Gereffi 2001; Ernst 2001).

지구생산 네트워크 분석은 실제로 특정 산업의 노동분업이 어떻게 진행되고 있는지, 미국 · 일본 · 한국 · 중국 기업 등이 특정 산업의 생산 네트워크에서 어떤 관계를 형성하고 있는지를 구체적으로 이해하는 데 도움을 준다. 아울러 특정 산업의 지구생산 네트워크의 형성과 발전을 고찰하면서 우리는 누가 네트워크 형성을 주도하는지, 네트워크 진입의 기회와 장벽은 어떻게 설정되는지, 네트워크 내부에서 저부가가치에서 고부가가치 부문으로의 이동은 어떻게 이루어지는지, 네트워크에서 가장 핵심적이고 부가가치가 많이 창출되는 부문이 어떻게 변화하여왔으며, 이 부문을 차지하기 위한 기업 및 국가들의 노력은 어떻게 진행되는지를 살펴볼 수 있다. 이러한 장점에도 불구하고 지구생산 네트워크에 대한 연구는 특정 기업이나 산업, 국가별 자료를 망라한 분석은 물론 기업들에 대한 사례연구를 총체적으로 종합할 때 이루어질 수 있는 방대한 작업이다. 따라서 여기서는 지구생산 네트워크의 형성과 발전에 관한 기존 연구들을 토대로 상이한 방식으로 지구생산 네트워크 거버넌스가 이루어지고 있는 세 종류의 산업을 사례로 각 산업의 지구생산 네트워크가 정보혁명이 본격화된 1990년대를 전후로 어떻게 변화하여왔는지를 고찰한다.

제레피는 특히 특정 산업의 생산 네트워크를 누가 주도(governance)하고 있는가를 축으로 생산자 중심 생산 네트워크와 디자인 업체/유통업자 중심의 생산 네트워크로 구분한다(Gereffi et als. 1994). 전자는 자동차, 항공기, 기계류 부문 등에서와 같이 실제로 재화를 생산하는 업체가 주도적으로 생산 네트워크를 형성하면서 전 세계에 흩어져 있는 원자재 공급업체, 부품조달업체, 유통 및 판매업체를 수직적으로 관리하는 방식이다. 반면 디자인 업체/유통업자 중심 생산 네트워크는 대규모 유통업체(미국의 월마트, 시어스 등) 혹은 상품 디자인 업체들이 원하는 제품의 사양을 기획하여 원자재 구입부터 생산까지 하청이나 OEM 형태로 조달하고, 이를 직접 또는 위탁 판매하는 방식이다. 의류, 신발, 장난감 등 소위 경공업 소비재 부문에서 일반화되어 있다. 디자인 업체, 생산업체, 유통업체, 판매업체 간의 관계는 계약에 따라 일시적이거나 지속적일 수 있으며 상대적으로 수평적이다. 논자는 기존의 두 분류에 표준설정자 주도 생산 네트워크를 첨가한다. 표준설정자 주도 생산 네트워크는 특정 제품군에서 표준장악능력을 가진 기업이 주도하여 전체 생산 네트워크가 짜여지는 경우를 의미한다. 특히 다양한 정보기기와 같이 상호호환적인 네트워크에 기반하여 작동되는 제품에서 특징적으로 드러나는 생산 네트워크 유형이다. 표준을 설정하는 능력은 때로 생산자가 가지는 경우도 있고, 디자인 업체 혹은 유통업체가 가지는 경우도 있어 기존의 분류로 구분하기 어려운 경우가 많다. 더욱이 표준을 설정하는 능력을 가진 기업이 생산자도 디자인 업체도 아닌 경우도 있어 별도의 카테고리가 필요하다고 생각된다.

본 연구에서는 각 유형의 대표적인 사례로 신발산업, 항공산업, 컴퓨터산업을 고찰한다. 신발산업은 디자인 업체/유통업자 중심의 생산 네트워크의 대표적인 사례로 전통적인 산업분류에 의하면 노동집약적인 경공업산업이다. 지구생산 네트워크의 변화과정을 추적하면서 1990년대를 전후로 기업 경쟁력 및 우위의 토대와 네트워크 작동방식이 어떻게 바뀌어왔는지 살펴본다. 항공산업은 생산자 중심 생산 네트워크의 대표적 사례로 전통적인 자본집약적 중공업산업이다. 이 부문에서 왜, 그리고 어떻게 기업이 우위를 유지하고 있는지 검토한다. 또한 논자는 새로운 유형의 지구생산 네트워크로 표준설정자 주도 생산 네트워크의 대표적인 사례인 컴퓨터산업에서 기업의 우위가 어떻게 형성되고 유지되고 있는지를 검토한다.

(1) 컴퓨터산업

1980년대 당시 자동차, 복사기, 카메라 등에 이어 최첨단산업으로 인식되던 반도체 부문에서 일본의 수출이 급증함에 따라 미국 내 위기감이 고조되었고 미국산업 쇠퇴론, 산업구조 개편론, 경쟁정책에 대한 논의가 본격화되었다. 이런 상황에서 미국은 발아기에 있던 개인용 컴퓨터산업 발전을 주도하면서 재도약의 기회를 마련하게 된다. 1970년대 초반 컴퓨터의 모든 기능이 집적회로에 모아진 마이크로프로세서가 발명됨으로써 개인용 컴퓨터의 출현이 가능해졌다(배영자 2002; Borrus 1994; Dedrick and Kraemer 1998 등). 메인프레임 컴퓨터의 경우 각 생산자가 자사의 독점적 컴퓨터 시스템의 제품설계, 제조, 소프트웨어 개발, 판매 및 서비스를 모두 관장하는 수직적으로 통합된 기업들에 의해 생산되었다. 그러나 개인용 컴퓨터의 경우 IBM이 1981년 자사의 개인용 컴퓨터와 관련된 모든 사양을 공개함에 따라 주요부품 및 운용 시스템의 표준화가 촉진되면서 컴퓨터 생산은 초기부터 수평적인 공급자 구조로 운영되어왔다. 수평적 개인용 컴퓨터산업 구조형성에 결정적인 역할을 한 IBM의 사양공개 전략은 애플 컴퓨터가 장악하고 있었던 당시 개인용 컴퓨터 시장에 손쉽게 진입하기 위한 것이었다. IBM은 자신이 개발한 BIOS(basic input output system)를 독점함으로써 개인용 컴퓨터 시장에 대한 통제권을 유지할 수 있다고 계산하면서 마이크로프로세서를 인텔사로부터, 시스템 소프트웨어 MS-DOS는 마이크로소프트사로부터 아웃소싱했다. 그러나 IBM PC와 호환성을 갖는 BIOS가 다른 기업들에 의해 개발되면서 IBM이 아니어도 인텔의 마이크로프로세서를 구입하여 IBM 컴퓨터를 만들 수 있게 되었고, MS-DOS에 맞추어 IBM용 응용소프트웨어를 제작할 수 있게 되었다.

이러한 개방체제로의 전환은 컴퓨터산업의 판도에도 커다란 영향을 미쳤다. 과거에는 각 컴퓨터 기업이 부품생산, 컴퓨터 제조, 소프트웨어 개발, 판매 및 유통에 이르는 모든 생산과정을 독자적으로 수행하면서 경쟁했음에 반해, 개방체제로 전환된 이후에는 컴퓨터의 각 부품마다 독자적인 시장이 형성되고 각각의 시장에서 전문기업들이 경쟁하는 체제로 바뀌었다. IBM은 개인용 컴퓨터 시장에서 그다지 높은 점유율을 획득하지 못했지만 IBM 호환용 PC는 개인용 컴퓨터 시장의 대부분을 차지하면서 실질적인 표준으로 자리잡았고, 역설적이게도 이러한 과정의 가장 큰 수혜자는 인텔과 마이크로소프트사였다. 인텔과 마이크로소프트사는 기술혁신을 가속화하여 칩과 시스템 소프트웨어의 성능을 매우 빠르게 향상시키면서 부품생산업체와 담합하여 IBM을 몰아내고 개인용 컴퓨터 표준을 설정하는 데 성공했다.

1990년대 개인용 컴퓨터가 중심적인 정보기기로 부상하면서 세계 개인용 컴퓨터 시장이 급속히 팽창하자 미국 컴퓨터 제조업체들은 각종 부품생산, 조립공정 등 생산과정의 일부를 동아시아 기업들에 이전하기 시작했다. 그러나 개인용 컴퓨터 생산 네트워크는 초기 컴퓨터 제조업체 중심의 네트워크에서 개인용 컴퓨터의 성능을 결정짓는 핵심 부문인 마이크로프로세서, 메모리칩, 디스크드라이브, 시스템 소프트웨어 제공자 중심의 네트워크로 변화되었다. 이 과정에서 특히 인텔과 마이크로소프트사는 마이크로프로세서와 시스템 소프트웨어 독점에 기반하여 기술표준 설정을 주도함으로써 개인용 컴퓨터산업 지구생산 네트워크의 공고한 중심으로서 자리잡는다. 소위 윈텔리즘(Wintelism)으로 불리는 표준설정을 핵심으로 하는 새로운 산업지배방식은 과거에 효력을 발휘했던 규모의 경제나 기술통제보다 더욱 강력한 진입장벽으로 작동한다(Borrus and Zysman 1997; 김상배 2002). 간단히 요약하면 윈텔리즘은 높은 기술혁신능력에 기반한 표준설정능력과 표준에 대한 지적 재산보호를 핵심 내용으로 하는 지배방식이었고, 이는 자본에 의한 통제보다 경쟁업체의 진입을 막는 데 훨씬 효과적이었다. 윈텔리즘이 성공적으로 작동할 수 있었던 배경에는 마이크로소프트와 인텔과 같은 주도기업들의 적절한 전략적 선택 이외에 칩과 소프트웨어의 복제를 규제했던 정부의 적극적인 지적 재산권보호정책, 그리고 윈텔리즘을 뒷받침하는 동아시아 부품생산 및 조립기지의 형성이 자리잡고 있다.

개인용 컴퓨터 부품의 표준화와 제조과정의 단순화는 많은 동아시아 기업, 특히 한국이나 대만 기업들이 기술수준이 낮은 부품, 주변기기, 개인용 컴퓨터 시스템 조립의 공급자로서 개인용 컴퓨터산업 생산 네트워크에 진입하는 것을 가능하게 했다. 1960년대 중반 이래 미국이나 일본의 전자제품 생산기업들은 동아시아 지역에 진출하여 중저급 가전제품이나 전자부품의 생산기지를 건설하여왔는데 이런 경험에 기반하여 동아시아 기업들은 1980년대 초부터 개인용 컴퓨터 생산 네트워크에 자연스럽게 포함되었다. 그러나 동아시아 기업들의 생산 네트워크에서의 역할은 시스템 표준과 핵심부품 공급 여부에 의해 제한될 수밖에 없었다. 라이선싱, OEM, 자체적인 기술개발 노력 등을 통해 동아시아 기업들의 기술수준이 향상되면서 개인용 컴퓨터산업이 소수의 미국 기업에 의해 주도되던 안정적인 과점적 구조에서 벗어나 다원적인 체제로 변화할 것이라는 예측도 등장했다. 실제로 시스템 공급자로서 대만의 에이서나 메모리칩의 주요 생산기업인 한국의 삼성이 주목을 받아왔고, 세계 메이저 개인용 컴퓨터기업의 시장점유율은 지속적으로 하락하여왔다.[1)]

그러나 이렇게 완제품 개인용 컴퓨터의 시장점유율만을 가지고 개인용 컴퓨터산업의 과점적 구조가 변화되어왔다고 이해하는 것은 명백한 한계를 지닌다. 개인용 컴퓨터의 가격과 성능은 마이크로프로세서, 메모

1) 세계 4대 개인용 컴퓨터 기업의 시장점유율은 1980년대 후반 전체 시장의 47%에서 1999년 30.6%, 2004년 25%로 하락했다. IDC(International Data Corporation) 자료.

리칩, 디스크드라이브, 지원 소프트웨어 등 몇몇 핵심부문에 의해 결정되어왔고, 이들이 전체 개인용 컴퓨터 가격에서 차지하는 비중은 증가되어왔다. 이 부문에서 소수 선진기업에 의한 집중화 현상이 두드러지고 있다.[2] 전체 개인용 컴퓨터산업을 고찰해볼 때, 몇몇 부문에서 진입장벽이 낮아졌고 개도국 기업들의 참여가 크게 증대되었음에도 불구하고 개인용 컴퓨터산업에서 경쟁력의 핵심이면서 가장 고부가가치 부문인 표준설정 및 핵심부품 공급이나 브랜드 부문에서의 진입장벽은 오히려 높아졌고, 실제로 이 부문은 미국 기업에 의해 주도되고 있어 동아시아 기업의 참여나 성공은 아직까지도 매우 제한적이다. 개인용 컴퓨터산업에 위계적 · 과점적 구조를 형성하고 있는 주도기업들과 틈새시장에 진입한 소규모의 다양한 후발기업들이 공존한다는 의미에서 이를 이중적 산업구조라 지칭하기도 한다(Enrst 1997). 즉 주도기업 중심의 기존의 과점적 구조에 대한 근본적인 도전 없이 몇몇 분야에서 새로운 진입가능성이 끊임없이 마련되어, 기존의 주요 기업과 새로운 진입자들이 상호보완적으로 전체 개인용 컴퓨터 산업구조를 형성하고 있다.

(2) 신발산업

대표적인 노동집약적 성숙산업인 신발산업 생산 네트워크가 1990년대를 전후로 어떻게 변화했는지 고찰해보자(김석관 2000; Lim and Bae 2001; Hsu and Cheng 2002). 신발산업은 소재개발과 제품 디자인을 위해 화학 · 의학 · 생체역학의 도움을 받기도 하지만, 대체적으로 저기술산업이다. 장비에 체화된 기술보다는 인력의 숙련도에 더 의존하며, 기술적 진

---

2) 현재까지 마이크로프로세서 시장의 80%를 장악하고 있는 인텔의 경우가 대표적인 예라 할 수 있다. 하드디스크드라이브(HDD)의 경우 시게이트(Seagate/Conner), 퀀텀(Quantum), 웨스턴디지털(Western Digital), IBM 등 4대 생산자가 전체 시장의 80%를 공급하고 있다.

입장벽도 높지 않다. 자본집약도와 기술집약도가 낮으면서 노동집약도가 높은 성숙산업이라는 신발산업의 특징으로 일찍부터 지구신발 생산 네트워크가 형성되었다. 신발산업은 생산라인을 갖추고 공장을 설립하는 데 많은 자본이 투입되지 않고 고숙련 노동력이 필요하지 않기 때문에 생산비용이 낮은 곳이면 어디든지 쉽게 생산시설을 갖출 수 있다. 생산비용을 낮추려는 나이키(Nike), 리복(Reebok) 등 주요 신발 생산업체들의 이해와, 자본과 기술은 부족하고 값싼 노동력이 풍부한 저개발국의 이해가 쉽게 맞아떨어져 일찍부터 생산시설의 해외이전이 이루어져왔다. 1970년대 값싸고 풍부한 노동력, 잘 갖추어진 원자재 및 부품 공급망 등 하청 생산기지로서의 최적의 조건을 갖추고 있는 한국, 대만 등이 주요 생산기지로 부상했다. 이들은 신발 생산업체가 디자인한 제품을 하청이나 OEM 형태로 납품하는 형태로 신발 생산 네트워크에 진입했다. 신발의 디자인은 메이저 브랜드 신발업체가, 생산은 한국과 대만 기업들이, 그리고 유통과 판매는 다시 메이저 신발업체들이 담당하는 형태로 생산 네트워크가 구축되었다.

나이키를 비롯한 미국의 메이저 신발업체는 신발의 신소재개발, 새로운 디자인, 유통 및 판매 채널의 장악을 통해 전체 신발 생산 네트워크를 주도했다. 몇몇 한국과 대만 신발 생산업체는 신발 생산기술을 축적하여 세계시장에 수출할 수 있는 생산능력을 확보했지만, 이들의 세계시장 진입은 표준적인 저가 제품에 국한될 수밖에 없었다. 1980년대 중반부터 한국과 대만의 인건비가 상승하여 생산기지로서의 이점을 상실하기 시작하면서 인도네시아, 베트남, 중국 등지에 새로운 신발생산기지들이 설립된다.

1980년대 후반 진행된 생산기지의 이동은 지구신발 생산 네트워크를 보다 복잡한 구조로 변화시켰다. 중국, 인도네시아 등 새로운 생산기지에 세워진 공장들은 대부분 한국과 대만의 기업들이 지사나 합작투자의 형식으로 세운 것이다. 나이키 등 메이저 신발업체들은 인도네시아나 중국에 직접 새로운 생산시설을 구축하기보다 한국과 대만의 하청기업들로 하여금 공장을 이전하도록 독려했다. 그 결과 디자인과 마케팅은 미국의 메이저 업체에서 담당하는 것은 변함이 없으나, 시제품개발과 양산이 분리되는 다소 복잡한 생산구조, 소위 삼각생산체제(triangle manufacturing)로 진화하게 된다. 주어진 디자인에 대한 시제품개발은 한국과 대만에서 이루어지고, 양산은 인도네시아 · 베트남 · 중국 등에 진출해 있는 한국과 대만 기업의 현지공장에서 이루어지게 된다. 디자인, 생산, 판매에서 디자인, 시제품개발, 양산, 판매로 바뀌었다. 예컨대 나이키의 운동화는 미국 나이키 본사에서 디자인되고, 한국과 대만에 있는 협력업체 개발실에서 시제품이 제작된다. 시제품 제작과정을 통해 한국과 대만의 기술진들은 주어진 디자인의 양산가능성을 기술적으로 검토한다. 이 과정에서 나이키와의 협의를 통해 양산에 적합한 소재와 디자인이 결정된다. 개발실에서 처음 만들어내는 것은 시험용 시제품이다. 시험용 시제품은 나이키 본사에 보내져 실험실 시험과 착화시험을 받고, 몇 번의 피드백 과정을 거쳐 최종적으로 영업용 시제품이 만들어진다. 영업용 시제품은 세계 각국의 대리점으로 보내지는데, 각 대리점들은 이 시제품을 보고 필요한 만큼 주문을 하고 본사는 각 대리점의 주문을 모아서 다시 한국과 대만의 기업들에게 양산주문을 하게 된다. 마지막으로 한국, 인도네시아, 베트남, 중국 등지에 있는 공장들에서 양산이 이루어진다.

1980년대 후반 이후 진행된 지구신발 생산 네트워크의 변화에서 두 가지가 주목할 만하다. 첫째, 신발산업의 변화를 이끄는 것은 공정혁신보다는 소재와 디자인을 통한 제품혁신이었는데, 이 부분은 전형적인 연구개발투자가 요구되는 부분이며 지속적으로 미국의 메이저 신발업체들이 주도하고 있다는 사실이다. 아울러 신발시장의 점유율을 높이기 위한 막대한 브랜드 마케팅 비용 또한 진입장벽으로 작용하여 미국의 메이저 신발업체들이 주도하고 있다. 2000년 현재 세계 3대 운동화 생산업체 나이키, 아디다스, 리복은 모두 미국 기업이며 이들의 시장점유율은 각각 39.2%, 15.1%. 10.9%로 전체시장의 65%를 차지하고 있다.[3)] 둘째, 한국과 대만 기업들의 위상변화가 시사하는 점이다. 지구신발 생산 네트워크가 2자간 관계에서 3자간 관계로 분화된 것은 새로운 생산기지로 등장한 국가들이 기술진과 부품공급망에 있어서 아직 한국과 대만에 뒤처져 있기 때문이다. 한국과 대만에는 우수한 기술진과 원자재 및 부품 공급망이 완전하게 갖추어져 있기 때문에 어떤 형태의 새로운 신발 시제품이라도 만들 수 있는 여건이 되지만, 인도네시아 · 중국 등 새로운 생산국들은 이에 미치지 못하고 있다. 양산에 들어가는 부품도 대부분 한국과 대만으로부터 수입되고 있다. 그 결과 한국과 대만의 신발 완제품 생산과 수출은 줄어드는 반면, 부품수출은 늘어나는 추세를 보이고 있다. 한국과 대만 기업의 입장에서 보면 여기까지는 나쁘지 않다. 그러나 앞으로 중국과 인도네시아 신발생산업체들이 기술능력을 축적하게 되면 한국과 대만 기업들은 어떻게 되는 것일까? 결국 한국과 대만 기업들이 현재 메이저 업체들과 같은 위치에 서는 것 이외에 생각할 수 있는 대안은 많지 않다. 제품기획, 디자인, 브랜드 마케팅 부분에 대한 진입장벽은 매우 높다. 이 부분의 핵심적 요소는 결국 자본과 지식이다. 제품기획 및 디자인 능력향상을 위해서는 막대한 자본의 투자가 요구된다. 그러나 자본의 투자가 반드시 투자한 만큼의 결과로 되돌아오지 않는다는 점에서 투자에 많은 위험부담이 따른다. 따라서 궁극적으로 적절한 전략, 디자인, 브랜드 등 지식이 경쟁력의 관건이다. 1980년대 이후 의류, 장난감, 가전 등 소위 경공업 소비재 산업부문에서 신발산업과 비슷한 유형의 지구생산

3) 신발피혁연구소 홈페이지.

네트워크가 형성되어 있으며 네트워크 내의 분업구조도 유사하게 이루어지고 있다(Bair 1998). 노동집약적인 소비재 산업에서 선진국 기업이 퇴출되었거나 제한적인 역할을 한다는 통념은 잘못된 것이다. 선진국 기업들은 제품기획, 디자인, 브랜드 마케팅 등 생산보다 부가가치가 높은 부문을 주도하면서 전체 생산 네트워크의 중심이 되어왔고 현재까지 지식, 특히 표준화되기 어려운 지식의 우위를 기반으로 공고한 경제적 지배력을 행사하고 있다.

(3) 항공산업

항공산업은 소재 · 정밀전자산업은 물론 유통 · 운수산업에 이르기까지 연관산업에 광범위한 파급효과를 유발하는 종합산업적 성격을 가지며, 또 대규모 투자를 소요한다는 점에서 장치산업의 성격도 가진다(Lorell etc. 2002; Bilstein 2001; 조황희 2000). 항공기는 1만여 종 이상의 부품으로 구성되어 있고 이들 간의 긴밀한 기능적 결합을 요구하는 복잡한 시스템 제품이다. 다품종소량 생산체제 하에서 수백 수천의 협력업체가 개별 항공기 생산업체를 정점으로 수직적 생산 네트워크에 의해 통합된 전형적인 생산자 중심의 산업구조를 가지고 있다. 항공산업은 전 산업분야 중 연구개발 비중이 가장 높은 산업이다. 항공우주산업은 초기에 대규모 연구개발 투자가 필요하고 투자자본에 대한 회수기간이 타 산업에 비하여 길기 때문에 민간에 의한 신규 참여가 매우 힘들어 타 산업에 비해 정부의 육성지원이 필수적이다. 아울러 항공우주산업의 발달은 전적으로 군사적 이용이 선도적 역할을 해왔다. 매출액 전체에서 군수(軍需)가 차지하는 비중이 높아, 민간수요가 왕성한 미국에서조차도 현재까지 약 30% 이상을 차지하고 있다(Lorell etc 2002).

세계 항공산업은 1, 2차세계대전을 거치면서 미국 · 영국 · 프랑스 · 독일 등을 중심으로 각 국가 내에서 개별적으로 발전하기 시작한다. 1970년대 이후 민간항공에 대한 수요가 증대하면서 각국은 항공산업을 민영화, 자유화하기 시작했다. 이는 결과적으로 항공기 개발에 소요되는 막대한 비용과 위험을 분산시키기 위해 메이저 항공기 생산업체 간의 합병, 전략적 제휴, 공동연구개발을 활성화시킨 반면, 생산원가의 절감을 위해 부품이나 생산과정 일부를 타국에 하청하는 형태의 지구항공기 생산 네트워크를 출현시켰다. 현재 생산 네트워크 안에서 이루어지는 국제분업방식을 크게 구분하면, 비용절감을 위한 국제하청, 개발위험 공유를 위한 위험분담 하청, 대등한 입장의 참여를 통해 개발위험의 분산과 시장확보를 추구하는 공동개발 생산방식 등이 있다. 미국업체들은 대규모 자금력과 안정된 시장을 보유하고 있기 때문에 개발 단계에서 공동작업을 진행하기보다는 비용절감을 위한 국내외 업체를 통한 하청을 선호했다. 반면 유럽 업체들은 복수국가의 기업이 참여 지분에 준하여 개발에서부터 판매까지의 역할을 분담하고 수익을 분배하는 방식을 발전시켜왔다. 민간항공기 분야에서 1962년 영국과 프랑스가 콩코드기의 국제공동개발을 시작한 것을 필두로 유럽에서 중 · 대형 민간수송기의 개발은 정도의 차이는 있지만 국제공동개발이 일반화되었다. 1970년 영국 · 서독 · 프랑스 · 스페인이 공동으로 에어버스사를 설립하여 에어버스 A300을 개발한 이래 에어버스사는 유럽을 대표하는 항공업체로 성장했다.

1990년 이후 메이저 항공업체들은 기체가 대형화되고 개발비용이 상승하면서 자국의 항공기 제작업체 간 합병을 진행하여 1994년 노드롭 그라만사, 1995년 록히드 마틴사가 탄생했으며 1997년 보잉사는 맥도널 더글러스사와 합병하여 세계 최대의 항공우주 제작업체가 되었다. 이외에 일본 · 중국 · 인도 · 구소련은 항공기 생산부품이나 생산과정 일부를 하청형식으로 담당하면서 지구항공기 생산 네트워크에 편입되었다. 현재까지 민수 및 군수를 포함한 전체 항공산업은 미국에 의해 주도되어왔다. 항공산업 매출액 기준으로 미국은 세계시장의 약 60%를 차지하고 있다. 매출액 2위국인 영국은 미국의 16%, 프랑스가 15%, 일본은 미국의 약 7%의 규모에 머물고 있다. 그러나 보잉사와 에어버스사에 의한 과점적 산업구조를 가진 민간항공기 생산분야에서 범유럽 기업인 에어버스사가 2003년 수주 대수와, 수주액 모두 처음으로 보잉을 앞지르게 된다. 민간부문에서 시장요구의 다양화와 지속적인 개발 및 생산비용의 상승으로 단일기업 또는 단일국가만으로 항공기 개발을 추진하는 것은 점점 어려워지고 있다.

지구항공기 생산 네트워크는 앞서 소개된 컴퓨터산업이나 신발산업 생산 네트워크와 비교하면 국가간 분업체계가 촘촘하게 엮여 있지 않다. 이는 많은 부분 산업의 전략적 성격, 전략물자 수출통제레짐에 의한 국제규제 등으로 미국의 메이저 항공업체들이 해외 아웃소싱에 대해 상대적으로 소극적이었던 데서 기인한다. 자본 및 기술상의 진입장벽이 높은 항공산업에서 미국의 독주를 견제하기 위해 유럽 기업들이 전략적 제휴나 공동개발 형태로 협력하여 민간항공기 부분에서 일정부분 성과를 내고 있음을 보았다. 이에 대해 미국이 향후 어떻게 대응해갈지에 주목할 필요가 있다. 미국은 여전히 세계 1위의 자동차 생산국가이지만 자동차 생산기술의 표준화와 일본 및 한국 기업의 적극적인 시장확대 공세에 밀려 GM, 포드 등 미국 자동차 생산업체들이 심각한 위기를 겪고 있다. 항공기 생산기술도 표준화과정을 거치면서 수십 년 후에 비슷한 도전을 겪게 될 것인지, 아니면 미국이 축적된 항공기생산 경험과 노하우의 우위에 기반하여 새로운 지식의 우위를 창출하면서 항공산업을 지속적으로 주도할 것인지 지켜보아야 한다.

이상에서 살펴본 컴퓨터, 신발, 항공기산업의 사례는 1990년대 이후 지구생산 네트워크 발전과정을 어떤 기업이 주도하고 있는지 보여준다. 컴퓨터산업의 경우 산업표준을 설정하는 기업에 의해 산업 거버넌스가 이루어지는 표준설정자 중심 지구생산 네트워크를 대표한다. 이 사례는 정보혁명기 산업지배방식의 특징적 형태인 산업표준 설정능력과 지적재산권 보호가 결합된 우위 확보를 핵심적인 내용으로 한다. 신발산업의 경우 제품기획이나 디자인, 브랜드 부문을 장악한 기업에 의해 산업 거버넌스가 이루어지는 전형적인 디자인/유통업자 중심 지구생산 네트워크로 발전되어왔다. 특히 미국의 메이저 신발업체들은 신발산업에서 퇴출되는 대신, 광대하고 다양한 수요를 지닌 미국시장을 바탕으로 축적해온 높은 브랜드 인지도나 제품혁신 및 디자인 능력에 기반하여 생산 네트워크에 대한 지배를 공고히 하고 있다. 항공산업은 최종 항공기 생산업체가 독립적으로 각종 부품이나 생산과정을 수직적으로 통합하여 관리하는 생산자 중심 지구생산 네트워크의 사례이다. 여기서도 선진국 기업들은 막대한 연구개발투자와 첨단기술력의 우위에 기반하여 항공산업 발전을 주도하고 있다.

정보혁명의 진행과 함께 지식의 우위를 공고히 하면서 이에 기반하여 산업의 핵심 고부가가치 부문을 장악하고 전체 생산 네트워크를 주도하는 것을 가장 직접적으로 보여주는 사례는 개인용 컴퓨터산업이다. 정보혁명에 기반한 미국의 반등을 가능하게 한 일등공신이다. 신발산업의 경우 정보혁명으로 지구생산 네트워크를 통한 아웃소싱이 보다 용이해지면서 상대적으로 아웃소싱이 어려운 디자인이나 브랜드의 가치가 부상하게 되었고, 미국 기업들은 보다 핵심적인 기능에 집중하면서 복잡해지는 네트워크를 관리할 수 있게 되었다. 항공산업의 경우 정보혁명 전후의 차이보다는 기술표준화의 속도가 미국의 지식우위 유지 여부의 핵심 요소로 부각된다. 산업에 따라 정보혁명과 연관되는 방식에 다소 차이가 있지만 정보혁명은 모방하기 어려운 지식을 창출하고 이를 지켜갈 수 있는 능력을 각 산업에서 부가가치의 핵심적 토대로 부상시켜왔다.

선진기업들의 필요에 따라 부품이나 생산을 해외 아웃소싱하는 과정에서 생산 네트워크가 구체적으로 발전하게 되었으며 이 안에서 선진기업들은 점차 가장 핵심적인 부문에만 집중해온 것으로 볼 수 있다. 특히 미국은 말 그대로 지식우위에 기반하여 필요한 자원을 국내외에서 활용하는 방식으로 생산 네트워크를 짜왔다고 볼 수 있다. 전체 지구생산 네트워크는 개별 국가가 짠 네트워크의 총체로 구성되는 것이지만 많은 국가들이 적극적으로 네트워크를 짜기보다는 수동적으로 주도기업들이 짜놓은 네트워크에 편입되었다고 볼 수 있다. 비유적으로 말하면 선진기업들은 생산 네트워크의 머리 역할을 하고 있다.[4] 각 유형들을 대표하는 경쟁력의 구체적인 내용인 기술표준 설정, 디자인, 브랜드, 연구개발투자에 기반한 첨단기술 능력 등은 각 산업의 지구생산 네트워크에서 가장 높은 부가가치가 창출되는 부문으로써 진입장벽이 높고 쉽게 모방할 수 없는 고급지식의 다른 형태를 대표한다.

6. 정보혁명, 지구생산 네트워크, 세계정치경제질서

정보기술의 발전으로 해외직접투자의 거래비용이 줄고 해외직접투자가 보다 용이해지면서 해외직접투자가 지속적으로 증대하여왔다. 구체적으로 정보기술의 발전과 함께 기업간 전자상거래가 빠르게 성장하면서 기업간 협업체제가 구축되고 있으며 연구개발, 생산 및 제조과정에서 디지털기술을 활용한 시뮬레이션, 유연하고 자동화된 생산시스템이 활용되고 있다. 또 기업조직 측면에서도 각 기능의 모듈화가 진행되면서 기업조직의 내·외부가 유연한 네트워크 형태로 연결되고 있고 기능별 특화 기업들을 중심으로 분업구조가 형성되고 있으며 이 안에서 기업간

4) 이러한 주도기업의 역할을 에른스트는 함대를 이끄는 'Flagship'으로 표현하고 있다.

경쟁과 협력이 동시에 강화되고 있다. 이와 함께 각 산업의 지구생산 네트워크에서 다양한 형태의 모방하기 어려운 지식을 창출하고 이를 지켜갈 수 있는 능력-표준설정 능력, 브랜드, 마케팅 능력, 연구개발 능력 등이 각 산업에서 부가가치의 핵심적 토대로 부상되어왔다.

현재 진행되는 이러한 변화들로 인해 결과적으로 누가 이득을 보며 누가 손해를 볼 것인가, 초국적 기업의 해외직접투자 활동에 인터넷 등 정보기술이 적극 활용되는 것이 개도국에 유리한가 아니면 불리한가, 많은 연구자들은 정보기술의 발전으로 기존 주도기업의 입지가 더욱 강화될 것으로 예측한다. 예컨대 아웃소싱이 대세인 생산과정에서 주도기업은 정보기술에 기반하여 형성된 공개 가상시장에서 더 싸게, 더 빠르게 부품을 공급할 수 있는 협력업체를 구할 수 있게 됨으로써 불필요한 비용을 낮추고 핵심부분에 전념할 수 있기 때문이다. 다른 한편 정보기술의 활용으로 기업간 국경을 넘는 지식의 이전이 보다 활발하게 이루어지면서 기본적인 전문성과 정보기술 활용기반을 갖춘 개도국의 기업이 네트워크에 진입하거나 기술력을 축적할 수 있는 기회가 많아져 유리할 것이라는 주장도 제기되고 있다. 정보혁명 이후 몇몇 학자들은 지구생산 네트워크 안에서 이동하는 유형, 무형의 지식의 흐름에 주목한다. 기존의 생산 네트워크 연구가 원자재, 부품, 생산장비 등의 이동에 관심을 가졌던 것에 반해 최근에는 조직 및 경영방식, 특정 개인, 기업 및 국가에 내재되어 있는 암묵적 지식 등 무형의 지식 이동에 초점을 맞추면서 개도국들은 자국의 혁신능력 강화를 위해 지구지식 네트워크를 전략적으로 적절히 활용할 것을 권고하고 있다(Gereffi 2001; Ernst 2001). 즉 정보기술의 발전은 주도기업의 역할을 강화시킴과 동시에 정보기술을 기회의 창으로 활용하는 신생기업 및 개도국 기업에 대해 진입장벽을 낮추고 기술력 향상을 위한 장을 마련한다고 볼 수 있다. 이는 각 산업에서 위계적 · 과점적 구조를 형성하고 있는 주도기업들과 틈새시장에 진입한 소규모의 다양한 후발기업들이 공존하는 이중적 산업구조가 강화되는 양상으로 나타난다고 볼 수 있다. 지구생산체제에서 지구지식 네트워크의 형성과 중요성의 부상, 이것이 세계정치 경제질서의 전개에 미치는 배분적 함의에 대한 지속적인 연구가 필요하다.

정보혁명 이후 진행되고 있는 지구생산 네트워크 내의 변화가 궁극적으로 초국적 기업의 위상을 강화시킬지 혹은 약화시킬지에 대해서도 보다 심도있는 연구가 필요하다. 일반적으로 세계정치 경제질서에서 초국적 기업의 정치적 권력이 증대되어왔다고 인식된다(Fuchs 2006). 초국적 기업의 규모와 활동범위가 확장되고 더 많은 자원을 통제하면서 자신들이 원하는 바를 성취하기 위해 동원할 수 있는 도구적 권력자원을 더 많이 확보할 수 있게 되었다. 아울러 증대된 권력자원에 기반하여 특정국가의 경제정책이나 국제기구의 어젠다나 규범을 자신들에게 유리하게 설정하기 위해 노력하고 있다. 예컨대 1990년대 중반 OECD를 중심으로 진행된 해외투자 자유화를 위한 다자간 투자협정(Multilateral Agreement on Investment: MAI) 체결을 위한 노력이 언급될 수 있다. MAI가 투자문제를 언급한 최초의 국제규범은 아니다. 현재 양자간 투자협정을 비롯해서 이미 1,000여 개의 크고 작은 투자협정이 존재하고 있고 NAFTA, APEC 등 지역별 경제협력협정에도 투자 관련 규정이 있으며, WTO에서도 투자문제를 다루고 있다. MAI는 모든 형태의 자산을 투자의 정의에 포함시키면서 규율의 정도 및 강제력을 극대화하려는 노력이었다는 점에서 주목받고 있다. 마지막 협상단계에서 합의가 결렬되어 협정체결이 무산되기는 했지만 MAI의 주요 주장과 어젠다는 도하개발협상(DDA)의 주요 의제로 포함되면서 해외직접투자 자유화를 위한 초국적 기업들의 노력은 지속되고 있다. 아울러 초국적 기업들은 효율성 추구, 경쟁, 성장 등 기업의 존재 이유와 기반이 되는 친기업적 가치들이 사회적으로 정당하고 바람직한 것으로 인식되도록 세계경제포럼(WEF) 개최, 미디어를 통한 홍보, 시민단체와의 연계 등 다양한 방법을 통해 소위 정체성의 정치를 전개하고 있다. 초국적 기업이 다양한 차원의 권력을 행사하고 증대시키는 과정에서 정보기술이 중요한 역할을 하고 있음을 부인하기는 어렵다. 그러나 정보화와 정치에 관한 일반적 논의에서 제기되듯 현재까지 정보기술은 권력의 집중효과와 동시에 분산효과도 함께 가져오는 것으로 이해되고 있다. 즉 초국적 기업의 위상강화를 위한 이념적 · 제도적 · 도구적 노력이 강화됨과 동시에 이를 견제하는 세력의 초국적 연대, 반세계화 운동, 세계사회포럼(WSF) 등을 통한 초국적 기업 규제 노력도 보다 효율적이고 강력하게 진행되고 있다. 양자의 복합적인 상호작용이 어떻게 진행되며, 어떤 결과를 가져올지 주목할 만하다.

| 참고문헌 |

김기현, 2001, 「셰어드 서비스 도입의 성공 포인트」, 『LG 주간경제』.

김상배, 2002, 「세계표준의 정치경제」, 『국가전략』 8권 2호.

김석관, 2000, 『신발산업의 기술혁신 패턴과 전개방향』, 과학기술정책연구원.

김주훈, 2004, 『동아시아의 지구생산 네트워크와 한국의 혁신정책 방향 - IT산업을 중심으로』, KDI 보고서.

김학상, 2001,「가전산업」, 『한국산업의 경쟁력-현황과 과제』, 삼성경제연구원 외.

배영자, 2001, 『e-비즈니스의 확산과 산업혁신과정의 변화』, 과학기술정책연구원.

———, 2002, 「정보산업의 세계화와 한국과 대만의 개인용 컴퓨터 산업발전: 초국적 생산 네트워크와 기업구조의 상호작용을 중심으로」, 『한국정치학회보』.

신원무 · 이주인 · 허진, 2000, 『디지털 시대의 조직 운영』, LG 경제연구원.

신일순 · 정부연, 2000, 『전자상거래로 인한 산업구조 전환과 대응방안 연구』, 정보통신정책연구원 연구보고서.

윤영관, 1998, 「다국적 기업의 정치경제」, 이종찬 등, 『현대국제정치경제』, 법문사.

조황희, 2000, 『항공기산업의 기술혁신패턴과 전개방향』, 과학기술정책연구원.

Bilstein, Roger E., 2001, *The Enterprise of Flight: The American Aviation and Aerospace Industry*, Smithsonian Institution Press.

Bair, J. and G. Gereffi, 1998, "Inter-firm networks and regional divisions of labor: employment and upgrading in the apparel commodity chain," Paper presented to the Conference on Global Production and Local Jobs, International Labour Office, Geneva(March).

Borrus, Michael, 1994, "Left for Dead: Asian Production Networks and the Revival of US Electronics," in Eileen Doherty, eds., *Japanese Investment in Asia: International Production Strategies in a Rapidly Changing World*, San Francisco, CA: The Asia Foundation and the University of California' s BRIE.

Borrus, Michael and John Zysman, 1997, "Globalization with Borders: The Rise of Wintelism as the Future of Global Competition," *Industry and Innovation* 4(2).

Borrus, Michael, Dieter Ernst and Stephen Haggard, 2000, *International Production Networks in Asia: Rivalry or Riches*, Routledge.

D' Adderio, Luciana, 2000, "Crafting the Virtual Prototype: How Firms Integrate Knowledge and Capabilities Across Organization Boundaries," UK: Science and Technology Policy Research, Electronic Working Papers Series Paper No. 50, December.

Davenport, Thomas H. and Susan Cantrell, and Jeffrey D. Brooks, 2001, *The Dynamics of e-Commerce Networks*, Accenture Institute for Strategic Change, Deloitte Consulting, Massachusetts, January.

Dedrick, Jason and Kenneth L. Kraemer, 1998, *Asia' s Computer Challenge: Threat or Opportunity for the United States & the World?* New York: Oxford University Press.

Dicken, Peter, 2003, *Global Shift: Reshaping the Global Economic Map in the 21st Century*, Sage Publications(4th edition).

———, 2003, "Global Production Networks in Europe and East Asia: The automobile components industries," University of Manchester, Working Paper No. 7.

Dicken. P., P.F. Kelly, K. Olds and H. W-C. Yeung, 2001, "Chains and networks, territories and scales: towards a relational framework for analysing the global economy," *Global Networks* 1(2).

Ernst, D., 1997, "The Evolution of Asian Production Networks of Japanese Electronics Firms," in Susan Strange, eds., *Globalization and Capitalist Diversity: Experiences on the Asian Mainland*, European University Institute Press.

———, 2001, "The internet' s effects on global production networks: challenges and opportunities for managing in developing Asia," mimeo.

———, 2003, "Global Production Networks and Industrial Upgrading-A Knowledge-Centered Approach," G. Gereffi, eds., *Who Gets Ahead in the Global Economy? Industrial Upgrading, Theory and Practice*, Johns Hopkins University Press.

Ernst, D. and L. Kim, 2001, "Global production networks, knowledge diffusion, and local capability formation: a conceptual framework," Paper presented at the Nelson & Winter Conference, Aalborg, June 12-15.

Fuchs, Doris, 2005, "Commanding Heights? The Strength and Fragility of Business Power in Global Politics," *Millenium* 33.

Gereffi, G., 1999, "A commodity chains framework for analysing global industries," mimeo, Department of Sociology, Duke University.

———, 2001, "Shifting Governance Structures in Global Commodity Chains, with Special Reference to the Internet," *American Behavioral Scientist* 44, 10 (June).

———, eds., 2003, *Who Gets Ahead in the Global Economy? Industrial Upgrading, Theory and Practice*, Johns Hopkins University Press.

Gereffi, G. and Korzeniewicz, eds., 1994, *Commodity Chains and Global Capitalism*, Westport, CT: Praeger.

Gereffi, G. and Raphael Kaplinsky, eds., 2001, "The Value of Value Chains: Spreading the Gains from Globalisation," Special issue of the *IDS Bulletin*, Vol. 32, No. 3, July. Brighton, UK: Institute of Development Studies at the University of Sussex.

Gilpin, Robert, 1987, *The Political Economy of International Relations*, Princeton: Princeton University Press.

———, 2001, *Global Political Economy: Understanding the International Economic Order*, Princeton: Princeton University Press.

Henderson, Jeffrey, Peter Dicken, Martin Hess, Neil Coe and Henry Wai-Chung Yeung, 2002, "Global Production Networks and the Analysis of Economic Development," *Review of International Political Economy* vol. 9(3).

Hsu, J.Y. and Lulin Cheng, 2002, "Revisiting Economic Development in Post-War Taiwan: The Dynamic Process of Geographical Industrialization," *Regional Studies* 36.

Laat, Paul B. De., 1999, "Systemic Innovation and the Virtues of Going Virtual: The Case of the Digital Video Disc," *Technology Analysis & Strategic Management*. vol. 11, No. 2.

Lim S.J. and Youngja Bae, 2001, "Political Economy of Industrial Transformation: The LCD and Footwear Industries in South Korea and Taiwan," *Issues & Studies* Vol. 37, No. 5.

Lorell, Mark A., Julia Lowell, Richard M. Moore, Victoria Greenfield, Katia Vlachos, 2002, *Going Global? U.S. Government Policy and the Defense Aerospace Industry*, Rand.

Powell, Walter W., 1990, "Neither Market Nor Hierarchy: Network Forms of Organization," *Research in Organizational Behavior*, Vol. 12.

Spero, Joan E. and Jeffrey A. Hart, 2003, *The Politics of International Economic Relations*, Wadsworth(6th Edition).

Sturgeon, T. J., 2001, "How do we define value chains and production networks?" IDS *Bulletin*

32(3).

Sturgeon, T. J. and Ji-Ren Lee, 2001, "Industry Co-Evolution and the Rise of a Shared Supply-base for Electronics Manufacturing," Presented at the Nelson and Winter Conference, Draft, May.

Strange, Susan, 1998, *States and Markets*, Continuum(2nd edition).

Yoon, Young-Kwan, 1990, "The Political Economy of Transition: Japanese Foreign Direct Investment in the 1980s," *World Politics* (October).

Wilkins, Mira, 1970, *American Business Abroad from the Colonial Era to 1914*, Harvard University Press.

———, 1974, *The Maturing of Multinational Enterprise: American Business Abroad from 1914 to 1970*, Harvard University Press.

———, 2004, *The History of Foreign Investment in the United States, 1914~1945*, Harvard University Press.

Williamson, Oliver, 1991, "Comparative Economic Organization: The Analysis of Discrete Structural Alternatives," *Administrative Science Quarterly*, 36.

World Investment Report 2005.

제4부

네트워크 지식국가의 부상

11

근대 지식국가이론

최정운_서울대학교

1. 지식국가의 사상: 과학적 지식과 사회 통제

서유럽에서 근대는 자본주의의 발달과 절대주의를 통한 근대국가의 성립, 그리고 과학적 지식의 생산에서 비롯되었다. 17세기 초반 프랑스의 철학자 데카르트(René Descartes)는 어떻게 해야 자신이 앞에 보고 있는 물체를 확실히 인식할 수 있는가 하는 인식의 근본적인 문제를 가지고 고민에 빠졌다. 자신이 의식이 몽롱하거나 심지어 미쳤거나, 어떤 악귀가 자신에게 주술을 걸더라도 어떻게 사물을 똑바로 인식할 수 있는가를 고민했다. 그가 고민 끝에 도달한 결론은 사물에 대한 불완전한 감각을 신(神)이 주신 이성(理性)의 틀이라 할 수 있는 대수학(代數學)과 기하학(幾何學)의 논리로 검증하고 재포장함으로써만 확실한 지식으로 만들 수 있다는 것이었다. 이러한 철학방법론은 개인적 인식 주체의 특이성에서 야기되는 오류와 특수성을 제거하고 보편적 감각확실성의 원리

(principle of universal sense certainty)에 따라 '과학적 지식'을 만들어 나갔다.

르네상스의 혼란스러운 지식체계를 극복한 근대의 과학적 지식은 결국 인간의 인식능력의 발달로 정교화되어 이루어진 것이 아니라 오히려 감각적 인식을 억압하고 인간의 최소한의 공통적·합리적 인식능력과 이성을 기반으로 얻어진 것이었다. 사실 데카르트적 지식은 대상체를 더 잘 알기 위한 것이라기보다는 타인들과의 완벽한 교신을 위해서 고안된 지식의 형태였다. 데카르트에 의해서 고안된 근대적 지식은 형식화된 '코드화'된 지식 또는 '데이터(data)' 또는 '정보(information)'라는 새롭게 형식화된 지식이었다. 데이터의 디지털화는 데카르트의 철학에 의해 이미 예정된 셈이었다. 이로써 지식은 개인의 영역에서 자유로워진 '객관적 지식' 나아가 여러 연구자들이 공유하여 각종 조직에서 잘 쓰일 수 있는 인식의 기본 단위가 되었다. 서구의 과학과 기술은 이러한 지식형태를 기반으로 신속하게 발전했고, 이러한 '과학적 지식'은 새로운 문명의 총아로 등장했다.

더 나아가 17세기에는 또 다른 새로운 형태의 사회적 지식제도가 등장했다. 유럽의 상인들을 대상으로 하여 주식값을 포함한 각종 상업 정보들을 유료로 배포하는 상품화된 지식으로서의 대중매체의 초기 형태가 나타났다. 말하자면 경제·사회·정치 등에 대한 지식이 상품화되기 시작했고 이로써 근대의 '정보' 개념이 확립되었다. 이러한 초기 언론의 형태는 18세기를 통해 공공재로 발전했고 18세기 말에 이르면 이른바 정치언론이 등장했다. 이는 '여론'의 틀을 이루어 새로운 근대의 이성의 위치를 차지했다. 언론을 매체로 하는 여론이란 이성적인 지식과는 편차가 있다고 해도 결코 사적인 이해에 의해 부패하지 않는 역사철학적 이성으로 발전할 것이라는 이념적 기대를 모으게 되었다(Habermas 1989). 말하자면 18세기 말 서유럽에서는 과학적 지식과 언론을 매개로 하는 사회·

정치적 지식이 사회적 권위를 획득하고 문명의 총아로 등장했다.

한편 16세기 후반부터 서유럽에서 발달한 근대국가는 그 규모에 있어서 중세적인 국가형태인 왕권이나 신분적 의회로는 통제하기 어려운 상황이었다. 더구나 대규모 군대와 행정조직을 뒷받침할 수 있는 재정을 확충하기 위해서는 큰 규모의 경제가 뒷받침되어야 했고, 이는 중상주의를 통한 자본주의의 발달로 이어지게 되었다. 따라서 사회와 경제는 더욱 복잡해지고 전문화된 국가권력은 관료주의 발달의 조건이었다. 막스 베버가 지적했듯이, 관료주의는 전문적 지식을 기반으로 효율성을 발휘하는 국가권력 조직이었고, 따라서 지식은 근대국가를 통제하고 유지하는 수단으로 그 중요성이 부각되었다(Weber 1978: 956-1005). 더구나 18세기를 통해 국가는 민족주의적 자본주의적 성격을 띠게 됨에 따라 사회는 점차 복잡해지고 지식, 특히 전문지식은 더욱 중요한 수단이 되었다. 이러한 상황에서 서유럽 각국에서는 국가권력과 사회통제를 위한 지식체계가 발달되었다. 독일에서는 지방관리들의 통제와 중앙에 대한 보고형식으로써 통계술이 발달했고 영국에서는 윌리엄 페티(William Petty) 등을 중심으로 근대적 수리통계가 개발되었다. 그러나 이러한 초기의 국가 지식체계는 꾸준히 발전하지 못한 채 프랑스 대혁명을 맞이하게 되었다.

18세기 말부터 서유럽의 여러 나라들은 사회적 동요를 겪었고 특히 프랑스 혁명, 나폴레옹 전쟁 이후 19세기 초에는 노동운동, 소요, 과격한 사상의 확산 등으로 합리적 사회통제 또는 사회평화(social pacification)는 급박한 문제로 부상했다. 이러한 상황에서 기존의 절대주의 국가의 사회통계를 위한 지식체계는 효율성을 유지할 수 없었다. 특히 당시 국가비밀로 유지되던 지방관리들의 보고를 통한 사회·경제지식은 검증이 불가능한 관계로 타당성을 확보할 수 없었다. 문제의 발단은 프랑스 혁명 이후 사회적 동요의 정치적 상황에서 증가하는 상충된 지식들은 복잡한 정치적 상황을 야기했다는 점이다. 말하자면 현실적으로 지식의 과다

(過多) 문제가 지식의 부족(不足)보다 더욱 심각한 문제를 야기했다. 각국은 나름대로 신뢰할 수 있는 검증 가능한 공공지식(official knowledge)을 만들어나가지 않으면 안 되었다. 한편으로는 지식 또는 정보를 독점적으로 수집하는 전문적 국가기관들이 만들어지기도 하고, 다른 한편에서는 지방관리들의 보고서들은 형식화되고 객관성을 확보하기 위한 장치들이 고안되었다. 이러한 흐름에서 일정한 방법론에 근거하여 만들어지는 지식의 과학적 형태로서의 통계(statistics)는 시대의 총아로 부각되었다(Porter 1986).

프랑스의 경우 나폴레옹은 내무부 장관이던 자신의 동생을 통해 전국의 사회 · 경제 상황을 체계적으로 일별할 수 있는 통계체계를 구축했다. 이를 통해 프랑스는 전국의 인구 · 사회 · 경제 · 범죄 등의 상황을 파악하기 위한 대규모의 통계를 만들어나갔다. 그러나 이른바 '나폴레옹 통계'는 정태적인 지식으로 변화를 일정기간을 통해 추적하는 통계가 아니라 정해진 시점의 상황을 총체적으로 파악하는 지식이었다. 한차례 대규모의 통계작업이 이루어지면 같은 항목에 언제 다시 조사가 이루어질지 전혀 계획을 갖고 있지 않았고, 따라서 변화를 추적하기 위한 지식체계는 아니었다. 그런 의미에서 '나폴레옹 통계'는 근대적 수리통계 지식과는 많이 달랐다.

한편 19세기 초 1830년대 영국에서는 새로운 흐름이 나타났다. 영국 산업의 핵심 지역인 맨체스터를 중심으로 이른바 '통계운동(statistical movement)'이 기업가와 지식인 등의 부르주아를 중심으로 일어났다. 이들은 정기적인 모임과 회의를 갖고 당시 산업주의의 핵심이던 지역의 합리적 사회통제를 발전시킬 것을 추진했다. 유럽 전체로 보자면 이 시기는 근대 학문으로서의 '통계학'이 성립되던 시기였다. 벨기에의 천문학자 아돌프 케틀레(Adolphe Quételet)는 '평균(平均, average)' 개념을 발명하는 등 통계학을 실제 사회통제에 유용한 수단으로 발전시켰고, 또한 최초로 국제적 학술회의를 창시하여 장기적인 통계학 등의 학문발전을 꾀했다. 그가 창시한 국제적 학술회의는 대학제도와 더불어 근대의 학문 국제주의의 전범이 되었다. 또한 19세기 초반에 영국에는 통상청(The Board of Trade)이 해외무역에 대한 통계를 수집하는 것을 주요 임무로 설립되었고, 프랑스에는 프랑스일반통계청(Statistique Générale de la France)이 통계전문기구로 창립되어 본격적인 통계수집을 시작했다. 통계협회 회원들이나, 케틀레 같은 초기 사회과학자들의 목적은 피를 흘리지 않고 사회를 개혁하고, 혁명을 통하지 않고 사회가 발전하도록 하는 것이었다. 이러한 목표를 이루는 데 있어 통계는 불가피한 수단이라는 것이었다.

2. 20세기 전반의 지식국가 형성: 합리적 계급정치

전문적 지식을 통해 사회가 통제되는 지식국가가 현실적으로 성립된 것은 서유럽에서 주로 19세기 말이었다. 이는 17세기 절대주의 시대에 발아하여 19세기부터, 본격적으로 등장한 합리적 사회통제의 사상이 발현된 것이며 이는 또한 당시 유럽의 사회 · 정치적 상황에 따른 것이기도 했다. 당시 유럽 제국들은 식민지 지역에서 벌어지는 제국주의의 갈등에서 사회의 각종 비효율성과 모순이 드러나기 시작했고 나아가 19세기 후반에 이르면 노동운동과 사회주의운동은 과격한 혁명주의로 치달으며 사회적 위기감이 고조되고 있었다. 이러한 상황에서 합리적 사회통제사상은 현실화되지 않을 수 없었다. 통계발전을 통한 합리적 사회통제는 정파간의 갈등을 초월한 장기적 해결책이기도 했다.[1)]

1) 20세기 전반까지의 지식국가의 형성에 대해서는 최정운 1992에 주로 의존하고 있음을 밝힌다.

당시에 관심의 초점은 이른바 '노동통계(labour statistics)' 였다. 말하자면 당시 문제시되던 노동자 계급의 경제적 상황에 대한 지식이었다. 그들이 합리적 사회통제의 주요 대상이 된 것은, 그들이 한편 산업경제의 결정적 요소인 '노동'을 공급하는 집단인 반면 자본주의 질서를 위협하는 집단이었기 때문이었다. 즉 그들은 이중적인 상충되는 의미를 갖는 집단으로서 합리적 통제라는 제한된 행위의 대상으로 지목되었다. 노동통계의 주요 내용은 임금(wage), 실업(unemployment), 파업(strikes), 산업재해(industrial accident) 등 네 항목이었고, 이는 19세기 말이 되면 당시에 급속히 발달하던 경제학(economics)이 사회 전체의 물질적 조건을 결정하는 요인으로 지목하던 분야로서 이러한 통계가 수집되기 시작했던 것이다. 또한 국가의 정책결정수단으로 등장했다는 것은 경제학이 그간에 추구해온 본질적인 이념적 태도가 사회적 기본 인식으로 제도화되었음을 의미했다. 말하자면 사회의 급격한 변혁 없이 자본주의 경제의 효율성을 높여감으로써 점진적 개혁을 추구한다는 개혁주의 또는 개량주의적 자유주의가 합리적 지식체계 자체에 제도화되었다는 것이다. 노동통계는 19세기 말 유럽 사회에서 만들어진 공공지식(official knowledge)의 핵심이었다.

19세기 말부터 영국과 프랑스에는 노동통계를 체계적으로 수집하는 전문기구가 산업 및 통상 분야를 전담하는 부서 안에 설치되었다. 이 부서들은 새로운 전문성을 요구하는 분야로서 특채제도를 통해 대학과 학계의 전문가들로 구성되었고, 기존의 관료조직과는 별도로 취급되었다. 그들간의 갈등도 서서히 나타나기 시작했다. 이들은 나름대로 객관성을 담지할 수 있는 전국적인 통계를 개발하기 위해서 학계 등과의 연계를 활용해가며 활동하여 20세기 초반에는 각계의 지지를 받는 통계체제를 구축하는 데 기여했다.

노동통계는 여러 가지 의미를 갖고 있었지만 무엇보다도 노동자 계급의 객관적 조건과 실상을 알 수 있다는 것이 무엇보다 중요했고, 이는 우선 현실에 대한 논쟁의 해결책이었다. 당시 사회주의자들은 노동자 계급의 실상이 보편적으로 합의될 수 있는 지식을 통해 드러난다면 사회주의 혁명은 자동적으로 쉽게 이루어질 것이라고 보았다. 그러나 이러한 지식의 합리적 성격의 또 하나의 측면은 미래에 대한 예측(prediction)을 가능하게 함으로써 전략적 합리성을 확보할 수 있다는 것이었다. 나아가 이러한 통계는 전국적인 노동자 계급의 상황 외에도 지역적으로 또는 산업 부문들의 상황을 분석적으로 알게 함으로써 전체적이고 세부적인 모니터링(monitoring)을 가능하게 함으로써 감시탑에서 전체를 굽어보는 시각을 제공하여 세밀한 통제를 위한 전략과 전술의 고안을 가능하게 하는 판옵티콘(panopticon)의 시선이었다(Foucault 1977). 말하자면 통계지식은 보편성으로서의 합리성을 확보하기도 하지만 다른 한편 전략적 · 전술적 합리성을 확보하는 것이었다.

19세기 말부터 20세기 초에 이르러 통계가 생산되기 시작하자 곧 광범위하게 이용되었다. 국가관리들뿐만 아니라 노동계나 사회주의 정당에 의해서도 널리 사용되었다. 우선은 각자의 정책안에 대한 주장을 정당화하는 근거로 통계가 널리 사용되었고 둘째는 노동자 계급의 상황을 객관적으로 파악할 수 있는 모니터로서 사용되었다. 후자의 경우는 정부나 사용자 측에서 노동자 계급의 현황을 알아낼 뿐만 아니라 노조조직의 경우도 그들의 이해(利害)를 창출해 나가는 수단이었다. 모든 방면의 사회 · 정치적 단위에 의한 광범위한 사용이 반복됨에 따라 통계의 지위는 확립되었고 점차 모두가 수긍할 수 있는 객관성도 확보되어나갔다.

물론 통계는 우선은 자신들의 행위를 위한 수단으로 이용되었지만 그 결과는 심층적인 변화를 야기했다. 통계를 통해서 노동자 계급의 실상을 접한 사람들 가운데 많은 이들은 점차 보수적 입장에서 탈피하여 개혁적 자유주의의 입장으로 또는 개혁적 사회주의적 입장으로 선회한 경우도 많았다. 그러나 무엇보다도 큰 변화는 노동계 지도자들과 사회주의자들의 변화였다. 이들은 자유주의적 경제학의 틀에서 만든 지식을 일상적으로 접함에 따라서 서서히 경제학과 자유주의적 이념을 받아들이게 되고 노동자들의 이해는 경제 전체의 논리에 맞추어 상충되지 않는 범위 안에서 추구되어야 한다는 입장을 견지하게 되었다. 통계지식을 이용하기 위해서는 전문적인 지식이 필요했고, 특히 이들을 해독하기 위해서는 이 지식의 기본틀을 구성하고 있는 경제학에 대한 이해가 필수적이었다. 따라서 반복적인 통계지식의 활용은 이념적인 전환을 야기하는 경향을 피할 수 없게 되었다. 특히 1890년대 이후로 점진적인 노동자 계급의 상황에 대한 개혁이 이루어지게 되자 사회주의자들과 노동계 지도자들은 통계지식을 신뢰하게 되고 이를 통한 자유주의적 헤게모니를 서서히 받아들이게 되었다. 나아가 이들은 의회주의적 정치에 참여하게 되고 민주주의 제도, 말하자면 선거를 통해 혁명이 가능하다는 입장을 견지하게 되었다.

이러한 과정을 통해 당시 서유럽 제국의 가장 첨예한 과제인 경제와 사회의 갈등을 해소하는 데 있어 통계지식은 국가에 의한 사회통제의 핵심적인 제도로 확립되었고, 따라서 이른바 '지식국가(Knowledge State)'가 성립되었다고 말할 수 있을 것이다. 우선 지식국가에서의 인식적 차원의 변화는 일상적인 경제생활의 현실은 아무도 전문가에 의한 통계지식과 그 해석을 통하지 않고는 알 수 없게 되었다는 것이었다. 말하자면 엄격한 의미에서 모든 시민과 노동자는 자신의 경제현실에 대해서 전문가의 조력 없이는 알 수 없게 되었다. 결과적으로 모든 시민은 현실에 대한 객관적 인식을 지식국가에 의해서 박탈당한 셈이었다. 나아가 경제적 · 물질적 조건 외에 다른 측면의 현실은 별로 의미 없는 주관적이고 부차적인 의견에 불과한 것이 되었다. 그동안 서유럽에서 사회적 갈등을 대변하던 '가난', '복지', '계급' 등의 개념은 화폐소득 액수를 기준으로 재편성되어갔다. 말하자면 지식국가 안에서는 중심적 지식체계로 나타나지 않는 부분은 '현실' 밖으로 밀려났고 결국 '물질주의'는 사회의 정론(orthodoxy)으로 확립되었다. 이러한 이념적 상황에서 서유럽에서는 부르주아뿐만 아니라 노동자들도 자신들을 경제적 이해의 주체로 재정립했으며, 이 과정에는 노조 등의 집단의 전문가들의 조언(advice)은 결정적인 역할을 했다. 이른바 '부르주아화(embourgeoisement)'는 시대의 큰 흐름이었다.

나아가 '경제'라는 것이 실체로 나타나게 되었다. 18세기 말부터 고전주의 경제학자들에 의해서 사회구성원들의 의지와는 다른 독자적인 이론적인 구성체로 제시되어온 '경제'는 체계적·정기적으로 생산되는 통계를 통해서 살아 움직이는 독자적인 생명력을 가진 가시적 실체로 등장했다. 이 생명체는 한편으로는 사람들을 잡아먹는 괴물로, 다른 한편으로는 사람들의 생명을 유지시켜주는 고마운 존재였다. 다시 말하면 카를 마르크스에 의해서 독자적인 생명체의 모습으로 그려진 이념적 도식(diagram)이었던 '경제'는 지식국가에서는 하루하루 꿈틀대며 움직이는 생물체로 나타나게 되었다.

이러한 지식국가체제에서는 사회·정치적 행위자들이 재구성되었다. 공공지식으로서의 통계지식의 공식적 대상체의 이해(利害)는 제한된 의미에서 사회 전체의 이해의 일부로 정당화되었다. 말하자면 노동자 계급에게는 정당성이 부여되었고, 노동자 계급은 피지배자 집단으로서 사회에 정당한 구성원의 지위가 부여되었다. 구체적으로는 통계지식을 통해 노사간의 관계와 협상이 제도화되어 노동조합은 안정화되고 제도화되었고, 그들의 조직은 다시 노동통계를 통해 관리됨으로써 조직은 관료적 형태로 사회에서의 위치를 더욱 공고히 했다. 나아가 경제 전반에 대한 지식을 통해 조직을 산업별로 전국화하고 고용주들에 대한 협상력을 증진시킴에 따라 전국적인 입지를 확보했다. 영국의 TUC는 노동당을 보수당에 대항하는 주요 정당으로의 지위를 확립시켰고, 프랑스의 CGT 등의 노동조직들은 사회당이 지위를 확립하는 데 기여하게 되었다. 나아가 이러한 다양한 노동조직 사회주의 정당조직들은 전문가 집단을 확보해나갔다. 통계지식을 활용하고, 그들의 이해관계를 창출하고, 조직을 관리해 나가기 위해서는 노동현장에서 뛰는 노동자 출신의 활동가뿐만 아니라 고등교육을 받은 전문 · 연구 조직을 필요로 했고 이러한 유형의 조직은 노동자 계급을 정통한 사회 · 정치적 행위자로 확립시키게 되었다. 이제 노동자 계급은 서서히 관료주의적 조직형태를 띤 '이익집난(interest group)' 으로 바뀌게 되었다.

나아가 노동자 계급의 이념도 변화를 겪게 되었다. 단적으로 혁명을 주장하던 세력은 힘을 잃었고 개혁을 주장하는 세력들이 확산되었다. 그 이유는 여러 가지가 있겠지만 우선은 점진적 개혁이 성공적으로 추진됨에 따라 노동자 계급의 조건들이 향상되는 것을 목도하게 되자 많은 변화가 나타났다. 물질적 이념과 자유주의적 이념이 같이 움직이자 이른바 '헤게모니' 는 노동자 계급의 동의(consent)를 확보하게 되었다. 또한 이러한 조건의 변화는 단기적 · 정기적으로 출판되는 통계자료로 검증되고, 정기적 선거를 통해 추진됨에 따라 사회변화를 추적하는 시간지평(time horizon)은 짧아지고 정기화(定期化) 되고 장기적인 사회의 근본적 변화를 추구하는 혁명(Revolution)은 점차 설득력을 잃어가게 되었다. 또한 사회적 분배와 불평등의 문제는 지식국가에서는 숫자로 표현됨에 따라 추상화되고 서서히 현실성을 잃어가게 되었다. 사회의 부조리에 대한 도덕적 분노(moral outrage)는 서서히 가라앉게 되었고, 또한 혁명주의의 현실적 기반이 되던 극빈층이 사라지게 되자 혁명주의는 그 이념적 · 물적 기반을 잃게 되었다. 20세기 초반의 베른슈타인(Bernstein)을 필두로 한 수정주의(revisionism)는 당시의 통계수치 또는 공공지식을 기반으로 한 것이었다. 나아가 그의 저서와 그를 둘러싼 논쟁은 모든 사회 · 경제적 논쟁의 언어를 지루한 통계수치로 바꾸어 나갔고, 20세기에 들어 그러한 논쟁은 날이 갈수록 전문화되고 난해해지고, 좌파들의 언어는 특유의 혁명적 열정을 잃어갔다.

나아가 이러한 노동자 계급의 등장에 대응하여 사용자 계급 또한 서서히 조직화되었다. 당연히 노사협상에서 우위를 점하기 위해서는 전문적 지식을 확보해야 했고 공공의 정치적 갈등에 대응하기 위해서도 사용자 계급은 조직화되고 전문가 집단의 도움을 필요로 했다. 사용자 계급은 전국적으로 조직되는 경우는 별로 없었지만 산업별로 노동자 계급 조직에 대응하는 형태로 전국적으로 조직되어 적극적인 활동을 벌여나갔다.

지식국가에서는 국가의 형태 또한 서서히 변하기 시작했다. 국가관리들은 종전의 관료주의적 조직에서 전문가들의 지위가 서서히 높아지기 시작했고, 전문가들과 법 교육을 배경으로 한 전통적 관료들과의 갈등은 서서히 표면화되었다. 이러한 새로운 세대의 전문가들은 국가기관뿐만 아니라 노동조직과 사용자조직 등에 모두 침투하게 되었고, 그들은 서로 네트워크를 이루어 합리적 사회통제와 개혁의 주역으로 등장했다. 이들 전문가들은 19세기 말부터 서유럽에서는 새로운 유형의 중산층 지식인 계급을 이루어 20세기 초반에 이르면 사회적 변화와 진보의 전위대(vanguard)의 지위를 주장했다. 이들은 또한 지성계의 변화를 추진하는 세력으로 교육과 학계의 주도세력이 되었다. 말하자면 지식국가에서 베버가 지적한 국가의 일원적 관료주의는 서서히 와해되는 과정을 겪게 되었다.

지식국가에서는 국가의 종래의 역할과 지위도 서서히 변화했다. 자본주의 국가는 경제를 주도해 나가고 각종 사회정책의 주도자의 역할로부터 자유로워졌고 정치적인 부담을 덜게 되었다. 국가는 현실을 지식을 통해 재구성해 나가고 각종 정책과 개혁 시도의 기반을 재생산하는 역할에 치중하게 되었다. 이제 정책을 입안하는 임무는 통계지식을 사용하고 해석하는 노동자 조직, 사회주의 정당, 보수주의 정당, 사용자 조직들이 맡게 됨에 따라 국가기관은 '정치' 가시적 무대 뒤로 사라지고 '정치' 라는 지식국가 특유의 장(場) 또는 무대를 연출하고 재생산하는 역할로 귀착되어 서서히 비가시화되었다. 동시에 위에서 지적했듯이 지식국가 내부의 이념적 변화는 '경제' 의 현실적 실체화였다. 국가는 지식국가 내에서 비가시화된 반면 '경제' 는 더욱 가시화되어 지식국가 내에서 모든 행위자들의 행동의 대상체로 등상했다. 이로써 지식국가에서는 고전적 마르크스적 계급투쟁은 그 적(敵)의 모습을 놓치고 말았다.

지식국가에서의 정치적 갈등은 독특한 형태를 띠게 되었다. 공공지식에 의해서 인식되어 자격이 부여된 계급집단들은 자신과 상대를 공공지식을 통해서 파악해가며 공공지식을 무기로 상대와 싸우는 투쟁이 되었다. 이로써 종래의 자본주의 사회에서의 계급투쟁은 지식국가 안에서는 공공정책을 둘러싼 전문가들의 논쟁으로 포섭되었다. 나아가 이 투쟁의 또 하나의 차원은 각 행위자들에 의한 새로운 공공지식의 개발이었다. 그들은 각자 국가기관에 새로운 형태의 통계생산을 요구하기도 하고, 스스로 생산하는 능력을 개발하기도 했다. 나아가 그들은 통계의 틀로서의 새로운 경제학이론과 사회이론을 개발하기도 했다. 20세기에 들어서면 서유럽의 학술발전의 대부분은 지식국가 내부에서의 투쟁에서 연유된 경우가 많았고 또한 새로 개발된 경제 · 사회이론들은 지식국가 내부에서의 갈등에 큰 의미를 갖는 경우가 대부분이었다. 예를 들어 20세기 초에 등장한 영국의 런던정경대학(London School of Economics)은 노동계를 위한 전문지식을 개발하기 위해 설립된 대학이었고, 존 메이너드 케인스(John Maynard Keynes)의 거시경제학이론은 지식국가에서만 가능한 것이었고, 또한 지식국가에서의 갈등의 교착상태를 해소하기 위한 것이었다.

19세기 말에 서유럽에 등장한 지식국가는 사회 · 정치적 갈등을 합리적으로 해소한 것이 아니라 새로운 형태의 갈등을 구성하고 있었다. 법과 법적 폭력 그리고 대중 동원의 불안과 위기의 정치에서 탈피하여 전문적 지식이 갈등의 장을 형성하고 전문적 지식들이 갈등의 수단으로 제한되고, 새로운 갈등의 개발 또한 규정되는 새로운 사회 · 정치적 갈등의 룰을 성립시키게 되었다.

지식국가의 일차적인 특징은 국가가 지식의 주요 생산자가 됨과 동시에 주요한 소비자로 등장하게 되었다는 것이다. 그러나 지식국가 안에서는 국가의 권력 또는 사회통제 능력이 일방적으로 증가했다는 식으로 이해할 수는 없다. 우선은 전과는 다른 새로운 힘, 권력의 주체가 등장했다. 특히 노동자 계급은 주체인 동시에 합리적 사회통제의 일차적 대상이었다. 그뿐만 아니라 사용자 계급 외의 모든 계급들은 나름대로의 조직을 만들어 정당한 사회 · 정치행위자의 위치를 확보하고 투쟁했다. 한편 국가는 그의 사회통제능력은 확대되었다고 말할 수 있지만 오히려 국가는 이전보다 훨씬 수동적인 신중한 자세를 취하게 되었고 사회 · 경제에 개입하는 문제에 대하여 소극적인 자세를 취하게 되었다. 말하자면 지식국가에서 누구의 권력이 증가하고 누구의 권력이 감소했다는 것은 말할 수 없는 상황이라 할 것이다. 오히려 어떤 행위자의 소유로서의 권력은 그 의의가 감소한 반면 공공적(公共的) 차원에서 사회를 통제하는 능력이나 힘은 증가했다고 말할 수 있을지 모른다. 또는 어느 누구의 권력(power)이 증대했나기보다는 구조직 차원의 힘(force)이 증가했다고 말할 수 있을지 모른다.

지식국가에 이르면 부르주아의 헤게모니는 이전과는 다른 형태로 성립됨을 알 수 있다. 이전에 노동자 계급은 복속된 사람들로서 자신들의 위치를 수긍할 수밖에 없는 상황에서 헤게모니 체계에 동의한 것이었다면 지식국가의 노동자 계급은 피지배자로서의 위치, 그러나 동시에 투쟁, 갈등의 주체로서의 이중적인 지위에 대한 동의로 이해할 수 있다. 그리고 그 갈등은 일정한 룰, 즉 합리적 계급정치의 규칙을 의미하는 것이었다. 동시에 노동자 계급의 동의에서 이데올로기와 물질적 이해관계의 양분은 지식국가 안에서는 극복되었다. 현실은 이데올로기를 담은 지식세계로 재현되며 물질적 이해는 정교하게 정기적으로 재현되어 그들의 모든 물질적 이해와 상황은 이념적 의미를 떠날 수 없었다. 지식국가에서의 노동자 계급의 동의는 복합적인 조건에 대한 것이었다. 피지배자로서, 갈등의 주체로서, 그리고 참여하고 있는 갈등의 룰과 게임의 독자적 현실에 대한 동의를 복합적으로 포함하고 있는 것이었다.

3. 제2차세계대전 이후 지식국가의 세계화

제1차세계대전 이후 지식국가가 발전적 측면에서 소강상태를 이루었다면, 제2차세계대전 이후 지식국가는 새로운 세계질서의 핵심으로 떠올랐다. 물론 가시적인 차원에서는 초강대국에 의한 군사적 지배, 국제연합을 통한 안보를 위한 기구의 설립 등이 전면에 나타났지만 지식국가의 문제는 흡사 모든 문제를 해결하는 기본상식으로서 논쟁의 여지없는 합리성의 기초였다.

우선 지식국가를 세계적인 차원으로 확장시키는 문제는 전쟁 발발 직후부터 시작된 전후 구상에서부터 나타나기 시작했다. 무엇보다도 전후 평화질서를 관리할 일련의 정치적 · 비정치적 · 경제적 · 문화적 국제기구의 구성에서 국제기구의 당연한 첫 번째 임무로 정보를 체계적으로 수집하고 정리하고 배포하는 일을 폭넓게 규정하게 되었다. 특히 전후의 세계질서의 가장 중요한 핵심은 자유무역(free trade)이었다. IMF, IBRD, GATT 등은 자유무역을 전 세계에 제도화시키기 위한 제도이자 주체로 설정했고, 여기에서 정보의 공유는 기본 전제조건이었다.

전후에 정착된 자유무역제도는 여러 가지 측면에서 특이한 것이었다. 우선 자유스러운 무역을 한다는 것을 넘어 제도적으로 감시되고, 힘에 의해서 관리되고 강요되는 제도였다. 이를 위해서는 각국의 무역행위는 지식국가의 제도를 통해 감시되어야 했고, 이 지식은 공유되어 여러 나라들은 공통적으로 제도의 주체가 되어야 했다. 더구나 1960년대 이후에는 GATT를 중심으로 자유무역이 정기적인 회전(回戰, Round)을 통해 확대되어가는 독특한 제도로 바뀌었다.

종전 직후 유럽 제국은 케인스주의(Keynesianism)를 받아들였고, 이를 새로운 정책기조로 확립시키기 위해서 대규모의 '경제기획원', '경제연구소' 등을 설립했다. 이들은 상당수 지식국가를 겨냥한 제도로서 지식체계의 완성과 발달을 위한 것이었고, 이로써 지식의 생산과 기획에 관여하는 인력은 수백 배로 증가하는 상황에 이르게 되었다. 또한 서유럽 제국들이 복지국가, 사회민주주의라는 말로 상징되는 새로운 질서를 지식국가 위에 설립하는 것을 목표로 삼는 한편 국제적으로는 자유무역을 추구한 이상 구체적인 현실에 근거한 세밀한 통제는 경제정책과 사회통제의 핵심이 되었다.

제2차세계대전 이후의 지식국가 확립의 결정적인 계기는 1950년대 초반에 등장한 국민소득, 국민총생산(GNP) 등의 개념 설정과 구체적인 계산방법의 확립이었다. 이는 한 국가 또는 한 사회의 전체적인 경제수행능력과 복지의 수준을 체계적으로 계산하여 비교 가능한 상태로 만듦으로써 국가의 경제발전의 정도를 측정하고 다른 나라들과의 전체 경제활동의 수준을 비교할 수 있게 함으로써 세계경제와 이를 이루는 나라들의 상황을 판단할 수 있게 해주는 획기적인 지식체계였다. 당연히 국제기구에 의한 지식 수집 그리고 각국이 상호에 대한 사회적 이해는 대부분 이러한 GNP 등의 지수를 통해 이루어졌고 국제적인 위기관리 또한 이 지수들을 이용할 수밖에 없었다. 이제 세계는 여러 국가들 특히 전쟁과 평화의 주체들로 이루어졌을 뿐만 아니라 복지수준을 서로 비교할 수 있는 지수들로 표현되는 경제단위로 이루어진 것이었다. 그리고 전자의 단위가 서로 지배와 피지배의 삶을 놓고 무력갈등을 벌이고 있다면 후자는 서로 잘 살고, 또 잘 살고 있다는 것을 증명하기 위한 경쟁을 벌이는 존재들이었다. GNP 등의 개념이 확립되고 현실적으로 지수들이 생산되자 경제와 그에 대한 지식은 정치화되었다(politicized).

이러한 세계적 경쟁은 제2치세계대전 후에 급속도로 발달한 진 세계적 커뮤니케이션 체계 안에서 더욱 확대되었다. 이러한 커뮤니케이션은 통신의 발달, 언론기관의 발달 외에도 세계대전 상황에서 급격히 발달한 심리전(psychological wafare)의 기법 발달로 인해 전 세계에 체계적으로 파급된 라디오 방송의 독점적 대중매체의 등장으로 더욱 가속화되었다. 나아가 제2차세계대전 이후 각국들은 이른바 문화외교(cultural diplomacy), 즉 민족문화의 이미지를 개선해야 한다는 문제는 전에는 존재하지 않던 독특한 전 세계적 문화담론의 장을 이루었다. 단적으로 전후에는 여러 과정을 통해서 삶의 현실 자체가 국제적인 비교행위의 대상이 되고 그 비교들은 정치적인 의미를 띠게 되었다.

전 세계적 규모로 지식국가를 확대시켜나가게 된 계기는 물론 경제·사회적 질서를 유지해가기 위함이었다. 한편으로는 자본주의 체제를 붕괴시키겠다는 혁명주의 세력으로부터 방어하는 것이었고, 이는 종전의 국내적 지식국가의 연장이었다. 다른 한편으로는 자본주의 체제를 내부적 몰락으로부터 보호하려는 것이었다. 말하자면 자본주의 경제가 내부의 모순으로 붕괴되어 파시즘이나 나치즘이 나타나는 상황으로 가지 않도록 하는 것이었다. 다시 말하면 국민들의 복지를 일전 수준으로 유지시켜주기 위한 것이었다. 물론 이러한 두 개의 전선(戰線)에서 성공적으로 방어하기 위해서는 전 세계적으로 경제는 성장해야 했고, 이를 위해서 자유무역은 확대되어야 했다. 물론 전후에 이러한 정책의 첫 단계는 미국에 의해 유럽, 특히 패전국 독일의 부흥을 위한 마셜 플랜(Marshall Plan)이었다. 이러한 전후 처리는 인류역사상 최초로 나타난 패전국을 부흥시키는 정책이었고, 이는 물론 박애정신뿐만 아니라 정교한 전략적 구상에 의해서 결정된 것이었다.

이러한 시각에서 보면 전후의 세계경제제도와 이를 밑에서 받치는 세계적인 지식국가는 군사동맹, 핵무기 체제 등과 함께 전후 세계질서의 중추적인 기둥이었다고 보아야 한다. 제2차세계대전 이후의 국제경제, 국제무역, 국제금융 등은 물론 경제발전의 자연스러운 결과로 볼 수도 있지만 오히려 이러한 현상은 세계평화질서 구상의 결과로서 나타난 현상으로 보아야 할 것이다. 나아가 국제경제학(international economics)과 국제정치경제(international political economy) 등은 경제적 차원에서 세계질서를 유지하고 변화시켜나가는 기술의 체계로서 1970년대에 들어 '달러 위기', '오일 위기'를 극복하기 위한 방법을 구상하기 위해 만들어진 학문영역이었다.

이러한 국제정치학의 새로운 흐름은 국제정치를 이제는 전쟁과 평화를 둘러싼 갈등이 아니라 경제적 재화와 시장장악력 등을 둘러싸고 벌이는 국제정치의 핵심적인 갈등임을 보여주었다. 나아가 이들 학문은 자신의 서식처인 지식국가의 제도를 이용하여 모든 국가를 새로운 국가이익(National Interest)의 개념으로 재정의했다. '안보' 또한 군사적인 문제일 뿐만 아니라 경제적으로 재정의하여 국가의 정의(定義) 자체를 바꾸어나갔고, 세계는 여러 나라들이 이루는 계급과 계층구조로 나타나게 되었다. 모든 나라들은 1970년대부터 경제발전, 근대화로 자신의 존재 의미를 확립하고 국제적으로 만들어지는 일인당 국민소득의 수치로 자신의 세계에서의 위치를 이해하게 되었다. 이제 세계의 여러 나라들은 스스로는 '제3세계', '후진국', '신흥공업국' 등의 계급적 분류로 이해하게 되었다. 1970년대에 등장한 '남북문제'라는 말은 여러 나라들이 자신들의 경제적

부의 수준으로 이해하여 전개될 수 있는 국제적 분쟁을 가상하는 말이었다. 이러한 전 세계적 흐름에 적응하지 못한 소수의 나라들은 이제 나름의 길로 대세에 의도적으로 역행하게 되었다. 예를 들어 이슬람 근본주의자들과 북한 등은 노골적으로 세계의 대세에 반대하는 입장을 밝히고, 전 세계는 이들 나라들을 시대착오적 야만족으로 취급하고 있다.

4. 맺음말: 현대 지식국가와 지구적 헤게모니

제2차세계대전 이후의 세계, 특히 1970년대 이후의 세계는 미국을 중심으로 미국이 서유럽 제국들의 지원을 받는 헤게모니 체제가 나름대로 높은 수준의 완성도에 도달한 상태라고 이해할 수 있을지 모른다. 이러한 상황은 물론 이른바 '지구화(globalization)'라는 변화의 흐름과 상당부분 중복되고 있을 가능성이 많다. 나아가 제2차세계대전 이후라고 시대를 제한했지만 사실은 이전부터 시작된 흐름이 전개된 상황일 수밖에 없을 것이다. 이 흐름은 19세기 말부터 서유럽 제국에서의 지식국가의 형성을 언급하지 않을 수 없고, 이는 다시 지식국가의 아이디어가 나타난 19세기 초반부터의 흐름, 그리고 더 올라가면 과학적 지식의 원리가 나타난 17세기부터의 흐름 전체에 주목하지 않으면 안 된다. 그러나 제2차세계대전 이후의 시대에는 나름대로의 독창성이 있으며, 이 또한 감안하지 않으면 안 될 것이다.

이 시대 미국의 헤게모니로 이해될 수 있는 시기에는 경제적 번영이 있었고 풍요로운 사회에의 유혹은 패권이 유지되는 조건이었다. 물질주의와 경제적 번영은 부정할 수 없는 보편적 가치로서 현대세계의 보편적 가치기반이 되었고 패권국과 선진국들의 소프트 파워(soft power)의 장을 형성하고 있다. 이 세계에는 현재 최소한의 군사력만으로 유지되고 있다는 인식이 자리잡고 있으며 전쟁은 늘 정교한 외과수술 같은 공격(surgical strike)으로 진행되고 있다고 믿는다. 물론 이런 믿음은 때에 따라 변화하고 있다. 그리고 현대사회에 벌어지고 있는 주된 국제정치적 사건과 이슈는 국가들 간의 또는 여러 행위자들 간의 갈등이라기보다는 경쟁이다. 경제적 · 문화적 경쟁 중에 점점 시간이 갈수록 '비정치적' 경쟁들, 이를테면 FIFA 월드컵은 소란스러운 세계대전을 방불케 하는 카니발의 세계를 만들고 있다. 물론 스포츠 외의 수많은 문화의 영역에서는 끝없는 경쟁이 벌어지고 있다. 과연 이러한 경쟁들이 평화로운 세계를 만들어내는가는 간단한 문제가 아니지만 일단 경쟁을 통해 세계의 여러 부분들, 여러 민족들, 문화들은 닮아가고 있는 것으로 보인다. 세계의 여러 민족들은 이제 점점 더욱 유사한 문화행위를 수행하는 집단들로 더욱더 비교 가능한 단위들로 나타나고 있다.

단적으로 제2차세계대전 이후에 전지구로 확대된 지식국가는 급속히 확산된 수많은 민족국가들을 통제하기 위한 제도로 확립되었다. 이러한 체제 안에서 새로운 민족국가들은 경제개발과 근대화를 위해 그들의 이해(interest)를 새롭게 개발해나갔다는 의미에서 그 체제는 미국 그리고 서구제국들의 제국주의, 그리고 헤게모니 또는 다르게 표현하면 소프트 파워를 표현하는 것이었다. 이에 저항하여 독자적인 길을 가게 된 소수의 국가들은 오히려 서구 및 미국의 헤게모니 체제를 증언하는 역할을 맡게 되었다.

제2차세계대전 이후의 전 세계를 통한 지식국가는 미국을 비롯한 자유주의 국가들이 냉전에 소련을 붕괴시키고 승리하게 된 결정적인 계기였다. 물질적 생활조건에서 정치적 민주주의에서 그리고 모든 이념에서 사회주의는 자유주의와 도저히 경쟁할 수 없었다. 고전적 자유주의자들은 세계는 역사가 흘러갈수록 어떤 정지된 회색빛 세계로 근접할 것이라고 했다. 문명이 발달할수록 인간은 비참한 수준으로 다가가고 풍요로운 세계가 되어가는 듯싶지만 생계비의 수준에서 살아나가고 더 이상 인구는 증가할 수 없는 음침한 균형점을 상정하고 있었다. 그러나 지식국가의 미래에 대해서는 그러한 선험적 한계를 설정할 수는 없을 것이다. 지식국가에서 지식의 발전 가능성은 결코 사전에 한계를 지을 수 없는 문제이기 때문이다. 1960년대 이후 지식국가 내에서는 이전에는 생각지도 못했던 변화들이 나타나기 시작했다. 서유럽 사람들은 지식국가 내에서 새로운 삶의 단위를 구상했다. 기존의 국가와 민족국가를 넘어, 더욱 효율적인 시장 규모로서의 사회단위가 곧 유럽, 유럽연합(European Union)이었고, 이 규모에 따라 정치 또한 확대되어야 한다는 것이었다. 전혀 새로운 생각이기도 했고, '콜럼버스의 달걀' 같은 간단한 아이디어이기도 했다. 다만 심오한 사상일 것은 없었다. 그러나 지식국가 밖에서는 도저히 생각할 수 없고 구체적으로 이루어질 수 없는 생각이었다. 특히 새로운 유럽이라는 단위는 사람들 간의 문화적 일체감으로 만들어진 존재가 아니라 지금으로서는 지식국가에 나타나는 이해관계의 조건들의 결합으로 하루하루 재생산되어야 하는 이념적 정체성 없는 아슬아슬한 단위일 뿐이다. 나아가 현재 세계 도처에서 벌어지고 있는 FTA 협상들은 장기적으로 국제정치의 행위자들의 구성과 형태를 다양한 모습으로 바꾸어버릴 가능성을 배제할 수 없다.

지식국가는 현실에 대한 기계적으로 만들어지는 지식으로 현실이 재생산되는 사회이지만 동시에 인간의 지적인 활동이 내장되고 제도화된 사회·경제체제인 것이다. 21세기에 들어 세계가 어떻게 변화할 것인가의 문제는 우리의 현재가 기존의 이미 지식국가 체제 내부라는 점을 감안한다면 결코 간단치 않으리라는 점만은 확인할 수 있을 것이다.

| 참고문헌 |

최정운, 1992, 『지식국가론』, 서울: 삼성출판사.

Foucault, Michel, 1977, *Discipline and Punish*, Tr. Alan Sheridan, N.T.: Pantheon Books.

Habermas, Jürgen, 1989, *The Structural Transformation of the Public Sphere*, Tr. Thomas Burger, Cambridge: MIT Press.

Porter, Theodore M., 1986, *The Rise of Statistical Thinking*, Princeton: Princeton University Press.

Weber, Max, 1978, *Economy and Society*, Ed. Guenther Roth & Claus Wittich, Vol. 2, Berkeley: University of California Press.

12

생명공학과 네트워크 지식국가

조현석_서울산업대학교

1. 머리말

생명공학(Biotechnology)은 경제적 잠재력 못지않게 정치적 · 사회문화적 · 윤리적 함의를 강하게 내포하고 있는 기술로서 이러한 복합적인 사회적 성격과 영향 때문에 흔히 원자력 기술에 비견되기도 한다. 생명공학은 짧은 역사에도 불구하고 특히 정보기술과 결합되고 또 인터넷과 같은 정보네트워크를 바탕으로 기술발전이 가속화되고 있으며 또한 산업응용의 영역 확대와 함께 기술발전의 지구화가 빠르게 진행되는 모습을 보이고 있다. 이러한 기술발전의 가속화와 지구화는 생명공학의 사회적인 성격과 함께 결합되어 다양한 행위자 간 그리고 다양한 수준에서 이해관계와 제도의 조정, 윤리적 합의형성의 과제를 제기한다. 이러한 점들은 직접적으로나 간접적으로나 생명공학에 있어서 글로벌 거버넌스의 과제와 연결된다고 할 수 있을 것이다.

이 글은 생명공학을 사례로 하여 첨단기술의 글로벌 거버넌스의 형성과 구조에 대해 분석한다. 체이스 던에 따르면 생명공학은 정보기술과 함께 21세기 기술발전을 선도할 첨단기술로 간주된다(Chase-Dunn and Reifer 2002). 그러나 생명공학의 경우 이전의 다른 기술과는 달리 기술발전이 지구화와 정보화의 환경 속에서 이루어지고 있다는 점을 인식하는 것이 중요하다. 생명공학은 육성전략이나 제도적 조정 등의 측면에서 외관상 국가단위로 발전하고 있는 것처럼 보인다. 그러나 정부기관, 기업, 과학자 단체, 대학, 공공연구소, 국제기구, 글로벌 NGO 등 다양한 행위자, 조직, 제도들이 상호간 복합적으로 얽혀 있는 지구적 차원의 상호의존성과 연관성을 보지 못하면 생명공학 발전의 복합적인 양상을 이해하기 어렵다고 할 수 있다.

글로벌 생명공학 거버넌스에 대한 분석은 여러 가지 관점에서 이루어질 수 있다. 이 글은 기업과 시장에 의해 주도되고 있다고 인식되는 생명공학의 발전과 글로벌 거버넌스의 형성에서 국가가 중요한 역할을 하고 있다는 입장을 취한다. 그러나 국가 또한 지구화와 정보화의 환경 속에서 변화를 요구받고 있다는 점을 인식할 필요가 있다. 이런 점에서 지구화 및 정보화와 밀접한 연관 속에서 이루어지고 있는 생명공학의 발전과 제도적 조정을 이해하기 위해서는 변화하고 있는 국가의 구조와 기능을 이해할 필요가 있을 것이다. 또한 변화하는 국가의 역할을 이해하기 위해서는 정보화시대에서 중요하게 부상하고 있는 지식과 네트워크에 대한 새로운 개념화가 요구된다. 이 글은 지식과 네트워크의 개념화를 바탕으로 글로벌 생명공학 거버넌스에 대한 사례분석을 통해 국가의 변환을 이론적으로 포착해보는 것을 주된 연구 목적으로 한다.

지식 및 기술발전과 관련하여 국가역할의 논의는 보통 발전국가 대 조절국가(regulatory state)나 집권국가 대 분권국가의 이론적 구도를 띠고 있다. 국가경제단위를 전제하는 이러한 논의는 지구화의 심화와 함께 또는 동시에 그것을 배경으로 이루어지는 기술발전의 지구화와 네트워크화의 영향을 간과하고 있다. 따라서 이 글은 이러한 이론적 구도를 넘어서 지구화와 함께 정보화의 맥락 및 그 영향을 함께 고려하는 국가의 새로운 개념화가 필요하다고 본다. 이 글은 이러한 문제의식에서 정보화와 네트워크 사회담론의 맥락에서 제시된 '네트워크 국가(network state)'의 개념을 보다 확장하여 정식화된 '네트워크 지식국가'의 개념을 활용하고자 한다(Braman 1995; Carnoy and Castells 2001). 네트워크 지식국가의 개념은 기본적으로 두 가지 차원에서 구체화된다. 첫째, 국가구조의 기본적인 형태가 네트워크적인 특성을 가지게 되며 국가의 활동이 지구적 수준에서 짜여져 있는 네트워크 위에서 이루어진다는 것이다. 둘째, 국가의 권력자원 중에서 지식이 매우 중요하다. 국가는 다양한 사회세력과 경쟁 혹은 협력하면서 국가목표를 달성하려고 노력하는데 지구화와 정보화는 무엇보다도 지식을 새로운 권력자원으로 부상시키고 있다. 지식은 경제력과 군사력과 같은 전통적인 권력자원의 형태와 행사방법에도 영향을 미칠 뿐만 아니라 더 중요하게는 그 자체가 권력 자원이 되었다고 이해될 수 있다.[1)]

이 글은 구체적으로 미국의 국가를 중심으로 생명공학의 발전과 글로벌 거버넌스의 형성을 분석할 것이다. 미국은 전 세계 생명공학을 주도할 뿐만 아니라 그러한 주도적 입장으로 인해 글로벌 생명공학 거버넌스에 보다 적극적으로 관여하고 있다고 여겨지기 때문이다. 또한 생명공학의 발전의 주요 환경적 맥락인 지구화와 정보화에서도 미국이 적극적이고 주도적인 역할을 해왔다는 점도 경시할 수 없다. 이런 점에서 미국은 글로벌 생명공학 거버넌스의 통합적 부분을 구성할 뿐만 아니라 일종의 중심성을 제공하는 역할을 한다. 이러한 맥락에서 지구적 수준에서 전개

1) 네트워크 지식국가에 대한 이론적인 논의는 김상배가 쓴 이 책의 결론 부분을 참조했다.

되고 있는 생명공학의 발전과 글로벌 생명공학 거버넌스의 작동에서 관찰되는 국가의 형태나 역할의 변화를 네트워크 지식국가의 개념으로 정식화할 수 있는지를 탐색하는 것이 중요한 과제라고 할 수 있다.

이러한 연구주제를 구체화하고 설명하기 위해 제2절에서는 지식과 네트워크 개념의 조직화를 토대로 만든 네트워크 지식국가의 관점에서 기술발전에 있어 국가역할에 관한 기존의 논의의 한계를 검토한다. 제3절에서는 생명공학의 발전을 지구화와 정보화의 관점에서 검토하고, 제4절에서는 글로벌 생명공학 거버넌스의 구조 · 작동 · 성격을 구체적으로 검토한다. 여기에서는 글로벌 생명공학 거버넌스의 형성 및 작동과 관련하여 미국이 복합적인 성격의 지식권력을 어떻게 조직하고 활용하는지를 세 가지 차원, 즉 도구적 지식/물질적 능력, 메타 지식/제도적 차원, 메타 지식/이념의 차원으로 나누어 검토할 것이다. 마지막으로 맺음말에서는 전체 논의를 요약하고 이러한 논의가 글로벌 생명공학 거버넌스에 대해 어떠한 함의를 갖는지에 대해 논의할 것이다.

2. 분석틀: 생명공학 거버넌스와 네트워크 지식국가

생명공학의 복합적인 사회적인 성격으로 인해 생명공학의 발전방향을 규정하는 글로벌 생명공학 거버넌스는 다양한 요소에 의해 지배된다고 보아야 할 것이다. 이러한 생명공학 거버넌스의 복합적인 측면을 이해하는 데에는 콕스(Cox 1981)의 이론이 유용하다. 따라서 이 글에서는 글로벌 생명공학 거버넌스가 콕스의 이론을 토대로 물질적 능력, 제도, 이념의 층위에 의해서 구성된다고 이해한다. 생명공학의 예를 들면 물질적 능력은 기술적 지식의 발전과 그러한 발전을 둘러싼 기업간, 국가간 기술경쟁과 관련되며, 제도는 그러한 경쟁이 이루어지는 게임의 규칙을 의미한다고 볼 수 있다. 예를 들어 특허제도나 규제제도는 생명공학의 발전방향에 중요한 영향을 미치며 행위자간 권력관계와 분배적 관계에 영향을 미친다. 이념적 요소는 특히 생명공학의 경우 기술발전의 효율성 논리와 길항관계를 맺으면서 생명공학의 발전에 큰 영향을 미치고 있다. 이 글에서 콕스의 이론을 원용하는 것은 생명공학의 발전에 함축되어 있는 이러한 복합적 · 사회적 성격, 즉 경제적 함의뿐만 아니라 사회문화적이며 윤리적인 함의를 담아내기 위해서는 기술발전의 효율성의 논리에 초점을 맞추고 있는 기술혁신 체계론이나 산업 패러다임과 같은 경제적인 관점의 기술 거버넌스 개념을 넘어설 필요가 있다고 여겨지기 때문이다.

이러한 생명공학 거버넌스의 복합성에 대한 이해와 함께 중요한 것은 거버넌스의 통합적인 구성요소인 국가의 역할에 관한 새로운 이해가 필요하다는 점이다. 생명공학은 새로운 첨단기술로서 세계정치경제에서 지구화와 정보화가 심화되기 시작한 1980년대에 본격적으로 발전하기 시작했다. 따라서 생명공학 거버넌스의 형성과 생명공학의 발전에 있어 국가의 역할(의 변화)에 관한 이해를 위해서는 지구화와 정보화의 맥락을 보다 적극적으로 고려하지 않으면 안 된다. 이러한 관점에서 정보화 시대에서 새로운 의미를 부여받고 있으며 국가변환에 관한 논의에 매우 중요한 개념으로 인식되고 있는 지식과 네트워크 개념의 적극적인 활용과 재조직화가 필요할 것이다.

먼저 지식개념을 검토해보자. 우선 여기서는 지식을 도구적 지식과 메타 지식으로 구분하는 입장을 취한다. 이런 구분에서 보면 생명공학 거버넌스의 세 가지 층위가 이러한 지식의 범주적 구분과 대응한다고 볼 수 있다. 물질적 능력은 도구적 지식과 관련되고 제도와 이념의 층위는 메타 지식과 관련된다고 볼 수 있다. 지식창출과 기술혁신에 관한 논의에서 강조되는 지식과 기술의 중요성은 도구적 지식을 의미하는 경우가 일반적이다. 과학적 지식, 공학적 지식, 숙련과 같은 도구적 지식을 누가 창출하고 분배하며 그것의 효율적인 메커니즘이 무엇인가 하는 논의가 중심이 된다는 것이다. 그러나 도구적 지식은 지식의 한 차원에 불과하다. 스트레인지(Strange 1994)가 제시한 지식구조의 보다 심층적 차원에서는 제도와 문화에 영향을 미치는 메타 지식이 작동하고 있다. 메타 지식은 말하자면 지식주체들의 지식활동을 규율하고 의미를 부여하며 또한 정당화하는 구조적 · 구성적 차원의 지식을 의미한다. 이러한 메타 지식은 도구적 지식의 창출과 적용이 이루어지는 제도적 · 문화적 틀이라고 할 수 있다. 예를 들면 지적 재산권 제도는 어떤 지식이 가치 있는 지식이냐 하는 것을 분별하게 해주며, 또 지식의 창출 · 분배 · 활용을 규율하는 게임규칙을 제공한다고 볼 수 있다. 또한 구성적 차원의 메타 지식은 지식생산과 활용에 대해 정당성을 부여하는 기능을 한다고 볼 수 있다.

이렇게 지식을 이해할 때 지식은 또한 권력 함의를 가지게 된다. 특히 정보화시대에서 지식의 권력 함의는 새로운 의미를 부여받고 있다. 정보화는 도구적 지식의 생산 효율성을 획기적으로 증진시킬 뿐만 아니라 구조적 · 구성적 차원에서 메타 지식의 작동에도 큰 영향을 미치고 있기 때문이다. 이런 관점에서 도구적 지식은 도구적 권력자원이며 메타 지식은 구조적 · 구성적 권력 자원으로 이해될 수 있다(Krimsky 1998; 김상배 2003).

정보화와 네트워크 시대에서 지식창출과 기술발전은 대부분 네트워크 환경에서 이루어진다. 이러한 네트워크 환경에서 지식창출과 기술발전은 기업과 같은 개별적인 지식 주체 안에서 이루어지는 것이 아니라 기업을 포함한 다양한 지식 및 혁신주체들이 맺고 있는 관계 속에서 이루어진다. 생명공학의 경우 다른 기술보다 기업간 전략적 제휴, 공공연구소와 기업간 공 · 사 제휴, 대학과 기업간의 산학협력 등 네트워크 형성이 더욱 두드러지게 나타나고 있다. 이러한 네트워크의 발전은 인터넷과 같은 정보통신 네트워크의 지구화가 바탕이 되고 있다는 점은 새삼 지적할 필요가 없다. 물론 정보화가 본격화되기 이전에도 지식활동에서 네트워크가 매우 중요했다. 그러나 이전에는 네트워크의 범위가 제한되었다. 인터넷의 예에서 볼 수 있는 바와 같이 정보기술의 발전으로 시간적 · 공간적 차원의 제약이 거의 없어짐으로써 자기조직화의 거버넌스로서 네트워크의 중요성이 새롭게 인식되고 있는 것이다.

생명공학 분야에서 네트워크는 정보기술의 경우와 유사하게 분석수준에 따라 지방, 국가, 지역, 글로벌 수준 등으로 구분될 수 있다.[2)] 그러나 이러한 수준들은 다양한 방식으로 얽혀 있어서 가히 복합 네트워크라고 할 만하다. 예를 들어 가장 대표적인 지역 생명공학 클러스터인 미국의 샌프란시스코 연안의 생명공학 네트워크는 미국연방정부의 연구소, 지역 대학, 지역 기업 등과는 물론 유럽의 공공연구소 및 기업들과도 밀접한 제휴관계를 맺고 있으며, 인도와 중국의 의약품 제조시설과도 연결되어 있다. 또 다른 예로 1980년대 말 미국에서 시작된 인간게놈프로젝트(Human Genome Project: HGP)가 1990년 후반 이후 국제게놈연구컨소시엄(IHGSC)으로 발전한 것을 들 수 있다. IHGSC는 미국에 의해 주도되었지만 많은 국가들의 정부연구소와 대학이 참여했고, 연구조직들은 분산되어 있고 네트워크로 연결되는 형태를 띠었다. 참여국가들의 연구소와 대학이 보유한 컴퓨터망과 데이터베이스가 개방적인 방식으로 인터넷으로 연결됨으로써 글로벌 협력연구 네트워크가 형성되었다고 볼 수 있다.

이러한 지식과 네트워크에 관한 논의를 국가에 관한 논의로 연결시켜 보자. 국가에 관한 논의는 국가의 구조적 형태와 기능이라는 두 가지 차원을 기본적으로 고려할 필요가 있다. 전자가 국가를 구성하는 제도나 조직적 구조의 특성에 관련된 것이라면 후자는 기업이나 시민사회와 같

2) 미국 실리콘 밸리의 정보기술 클러스터의 지역 내 · 외적 네트워킹에 관한 분석으로는 Gordon and Kimball 1998을 참조할 것.

은 사회세력과의 관계에서 공공이익을 어떻게 형성하고 추구하느냐 하는 측면을 말한다.

먼저 지식 및 기술혁신과 관련하여 국가역할에 대한 기존의 논의를 검토할 필요가 있다. 국가의 기능에 관련해서는 우선 발전국가 대 조절국가의 논의구조에서 출발할 수 있다. 발전국가는 사회세력과는 다소 독립적으로 국가목표를 설정할 수 있는 국가자율성과 국가능력의 맥락에서 이해될 수 있다. 반면 조절국가는 시장의 주도성을 인정하면서 반독점정책과 같이 시장 실패의 경우 일정 역할을 담당하는 소극적인 국가를 의미한다. 그러나 지구화의 맥락(글로벌 정보통신 네트워크의 형성, 글로벌 경제의 형성, WTO 체제의 성립 등)에서 볼 때 발전국가 대 조절국가의 논의구조는 설득력이 약하다. 이러한 이론 구도는 기본적으로 국가 경제 단위를 상정하고 있기 때문이다(Wong 2005).

다른 한편, 국가구조에 대한 논의는 우선 집권 대 분권의 이론적 구도에서 출발할 수 있다. 사실 발전국가는 국가구조의 측면에서 보면 집권적 구조를 전제하고 있다고 해도 무리가 아니다. 이런 관점에서는 중앙집권적 (발전)국가에 대비될 수 있는 것은 조절국가가 아니고 분권국가이다. 이러한 맥락에서 드렌저의 논의가 큰 도움이 된다. 그는 정보기술산업에서 1970년대와 1980년대에 전개된 일본과 미국의 기술패권경쟁을 분석하면서 상대적으로 분권적 국가구조를 가진 미국이 기술패권을 획보하는 데 훨씬 성공적이었다고 분석한다(Drezner 2001).

분권국가가 국제기술경쟁에서 유리하다는 점에 대해서는 두 가지 차원에서 논의가 가능하다. 하나는 수평적인 차원에서 정부기관 간 역할분담이고 다른 하나는 수직적인 차원에서 중앙과 지방 간 권력분산이다. 미국을 예로 들면 수평적인 차원은 연방정부 내 과학기술과 기술혁신 관련조직들의 상호관계에 관련된 것인데 에르가스(Ergas 1987)의 분석이 유용하다. 미국의 경우 연구개발 예산지원기관들이 다양하고 매우 분권적인 구조를 보인다. 또한 집행과정에서는 국가연구기관과 대학은 물론 민간연구기관들도 포함되고 기업들도 참여하므로 상당히 분권화된 양상을 보인다. 이런 점으로 인해 연구 참여집단들 사이에 기술지식의 확산이 매우 효과적으로 이루어진다고 분석된다. 외형상 국가 주도의 임무지향 연구가 중심이 되는 것처럼 보이지만 이러한 분권적인 구조로 인해 지식의 확산이 활발히 이루어진다는 것이다.

수식적 차원에서 중앙과 지방간의 권력분산의 경우 분권적 국가구조하에서는 지역 자율성으로 인해 소위 '프로그램의 포트폴리오'를 다양하게 하는 효과가 생긴다. 또한 산업과 기업의 유치와 발전전략에서 지역간 경쟁이 걸리게 되므로 지역 내에서 특정이익에 의한 정책의 포획현상이 최소화될 여지가 높다. 사적 행위자들이 제도와 여건이 불리하다고 생각하는 지역에서 유리한 지역으로 이동할 수 있는 가능성이 높기 때문이다. 이러한 점으로 인해 국가 전체로 볼 때 분권적 국가구조는 열등한 기술발전궤도를 추구하는 것을 방지하는 데 집권적 구조보다 더 유리하다고 볼 수 있다는 것이다(Drenzer 2001).

그러나 '발전국가 대 조절국가'나 '집권국가 대 분권국가'의 논의구조는 기본적으로 국가경제를 분석단위로 하고 있다는 점에서 큰 한계를 보인다. 특히 생명공학의 경우 지식주체들의 활동공간이 국가를 넘어 지역과 지구적 범위에 걸쳐 있는 네트워크 환경에서 이루어지고 있다는 점을 이 논의구조로는 포착하기 어렵다고 할 수 있다. 이 말은 생명공학 거버넌스에서의 국가역할에 관한 논의를 발전시키기 위해서는 논의의 맥락을 재설정하지 않으면 안 된다는 것을 의미한다. 여기에서 우선 출발점은 지구화와 정보화의 맥락을 명시적이고 구체적으로 분석에 끌어들이는 것이라고 할 수 있다. 우선 지구화의 경우 앞에서 지적했지만 생명공학 거버넌스는 지방 · 국가 · 지역 · 글로벌이라는 다양한 수준이 중첩되어 구성되어 있다. 또한 행위주체의 측면에서 보면 생명공학 거버넌스는 또한 매우 다양하게 구성되어 있다. 중앙정부, 지방정부, 생산, 지식 서비스, 공급 등 다양한 세부시장을 차지하고 있는 기업들, 산업협회, 공공연구소, 대학, 환경 NGO, WTO나 TRIPs(Trade-Related Intellectual Property Rights)와 같은 국제제도, 이러한 행위자들이 맺고 있는 네트워크 등이 있다. 이런 점에서 보면 생명공학 거버넌스는 적어도 구조적으로 다층 거버넌스(Multi-Level Governance)의 성격을 보인다.[3)]

이러한 점에서 국가의 새로운 개념화를 모색할 수 있는 이론적 단서가 생긴다. 다층 거버넌스는 위계, 시장, 거버넌스(혹은 Heterachy)와 같은 다양한 범주의 조정 기제에 의해서 움직인다. 제솝(Jessop 2002 · 2004)에 따르면 이러한 복합 거버넌스에는 전략적 · 관계적 역할을 담당하는 일종의 메타 조정기제가 필요하다. 왜냐하면 위계, 시장, 거버넌스는 목표, 구성 및 작동 원리, 정당화의 논리 등에서 서로 상충되고 심지어 모순되는 부분을 포함하고 있다고 볼 수 있기 때문이다. 제솝은 이러한 메타 조정기제를 메타 거버넌스(Meta-Governance)로 개념화했다(Jessop 2002 · 2004).

제솝(Jessop 2002)에 따르면, 메타 거버넌스는 시장 · 정부 · 거버넌스의 실패를 방지하고 조정하기 위한 필요에서 나온 개념이다. 그런데 중요한 것은 시장, 비시장제도, 특정 거버넌스 등이 복합화되어 있는 구조에서는 국가가 가진 전략적 · 관계적 위상을 능가하는 조정단위를 찾는 것이 어렵다. 이런 의미에서 국가가 메타 거버넌스의 기능을 수행하는 것이 자연스러운 일이라고 할 수 있다. 그러면 국가가 수행하는 것으로 기대되는 메타 거버넌스의 기능이란 구체적으로 무엇인가?

제솝(Jessop 2004)에 따르면 국가는 메타 거버넌스의 관점에서 중요한 역할을 하며 그 역할이 증대되고 있다. 우선 거버넌스의 기본 규칙을 제

3) 다층 거버넌스에 대해서는 Bache and Flinders 2004; Jessop 2004를 참조할 것.

공하며, 거버넌스 파트너들이 자신들의 목표를 추구할 수 있도록 규제질서를 형성한다. 또한 상이한 거버넌스 메커니즘이 상호작용할 수 있도록 호환성과 응집력을 공고히 하는 역할을 담당한다. 구성요소들의 정체성, 전략적 능력, 이해에 대한 인식에 대해 영향력을 행사하며 더 나아가 거버넌스의 실패에 대해 책임을 진다. 물론 국가가 중심의 위상을 가지는 것은 아니며 높은 수준의 통제를 행사하지 않는다. 오히려 국가의 힘의 행사는 덜 위계적이고 덜 집권적이며 덜 지도적이다. 또한 경제적 자원과 정당한 물리력 못지않게 정보의 원천이자 매개자로서의 역할을 담당한다. 말하자면 국가는 경성권력 못지않게 지식과 정보와 같은 연성권력에도 크게 의지한다.

그러면 이러한 메타 거버넌스의 기능은 어떻게 수행되는가? 이것을 지식과 정보의 중심적 위상과 관련하여 논의할 수 있다. 지식과 정보는 근대성의 핵심적인 구성요소 중의 하나였지만 정보화는 경제적 차원이나 사회문화적 차원에서 지식과 정보의 위상과 역할을 새로운 차원으로 전환시키고 있다. 정보화는 도구적 지식의 생산과 활용을 혁신시키는 데 기여하고 있을 뿐만 아니라 보다 중요하게는, 이른바 메타 지식의 가치를 질적으로 향상시키고 있다. 정보화의 맥락에서 메타 지식은 구조적 차원의 권력뿐만 아니라 구성적 차원의 권력의 작용과 밀접하게 연관되어 있다. 말하자면 앞서 논의한 메타 거버넌스의 맥락에서 보면 메타 지식은 핵심적인 메타 조정기제의 기반으로 작용한다.

앞에서 지구적 범위에서 전개되고 있는 생명공학 거버넌스는 구조적으로는 다층 거버넌스의 특성을 띠고 조정기제의 측면에서는 메타 거버넌스의 특성을 내포하고 있다고 지적했다. 정보화의 맥락에서 새로운 의미를 부여받은 지식과 네트워크의 개념이 바로 여기에서 국가와 만나는 계기를 가지게 된다. 이러한 구조적 · 제도적 특성을 가진 생명공학 거버넌스에서 국가의 역할은 메타 거버넌스의 기능이라고 할 수 있다. 이 글에서는 이러한 국가를 네트워크 지식국가로 설정하고자 하는 것이다.

그러면 이러한 네트워크 지식국가는 어떻게 작동하는가? 위에서 논의했지만 지식개념의 도입을 통해서 부분적으로 이러한 질문에 대답할 수 있다. 위에서 지식을 과학적 지식과 기술과 같은 도구적 지식과 메타 지식으로 구분했다. 흔히 지식창출과 기술혁신을 도구적 지식의 효율적 생산과 활용으로 환원하는 경우가 허다하다. 그러나 특히 생명공학과 같은 첨단기술 부문의 경우 지식창출과 기술혁신은 제도적 차원과 구성원 차원의 지식이 매우 중요하다. 이런 관점에서 보면 국가는 지식의 생산자, 담지자의 기능에서 사회적 행위자들의 지식 활동을 위한 제도적 · 이념적 환경을 조성하고 사회부문의 이해갈등을 조정하는 방향으로 그 역할을 전환해가고 있다. 국가가 안보나 규제의 필요 때문에 지식을 직접 생산하기도 하지만 그러나 전반적으로는 제도적 차원과 구성적 차원의 지식을 통해서 기술 거버넌스를 관리, 조정하는 역할을 수행하는 데 더 큰 노력을 기울인다고 할 수 있다. 다음에는 이러한 점들을 구체적으로 드러내 보일 것이다.

3. 생명공학의 글로벌 전개

(1) 생명공학의 기술적 특징

현대 생명공학은 1953년 DNA 이중나선구조이론에 토대를 두고 발전한 DNA 재조합기술과 세포융합기술의 발달로 기반이 확립되었으며 재조합 단백질의 등장과 함께 본격적으로 발달하기 시작했다고 볼 수 있다. 이러한 생명공학의 발전을 바탕으로 1970~80년대를 지나면서 인슐린이나 성장호르몬 등 새로운 생물의약품들이 개발되기 시작했다. 1990

년 시작된 인간게놈프로젝트와 뒤이은 국제게놈연구컨소시엄으로의 발전으로 생명공학은 지구적 범위로 전개되고 있으며, 정보기술과의 융합이 점차 심화되고 있다.

생명공학은 정보기술의 발전과 정보네트워크를 바탕으로 가속적으로 발전하고 있지만 아직도 발전의 궤도나 영향을 예측하기 어렵고 잠재력이 매우 심대한 성장기의 기술이라고 할 수 있다. 이런 점에서 생명공학 거버넌스를 이해하기 위해서는 다른 기술, 즉 원자력기술이나 정보기술 등을 비교 검토하여 생명공학의 일반적 특징을 탐색해보는 것이 필요할 것이다.

우선 거버넌스의 관점에서 원자력기술은 중앙집중적 통제와 관리에 의해 발전하여왔다. 국가 주도의 임무지향 기술발전과 거대과학의 전형으로 간주되는 맨해튼 프로젝트가 이런 점을 단적으로 보여준다. 핵무기를 탄생시킨 맨해튼 프로젝트는 국가가 주도하여 전문인력과 자원을 집중하여 추진되었으며 또한 핵무기나 원자력 발전의 관리 또한 집중적인 위계구조에 의해서 이루어지는 것이 보통이다. 이러한 원자력기술과 비교하면 생명공학연구는 소규모 연구단위에 의해서도 이루어질 수 있으며 또한 많은 다양한 연구조직과 기관들이 생명공학의 연구에 참여하고 있는 실정이다. 종합병원이 아닌 작은 산부인과 전문병원에서도 줄기세포 연구가 이루어질 수 있으며 작은 개인실험실에서도 연구활동이 이루어질 수 있는 것이다. 말하자면 기술발전의 거버넌스가 집중적인 구조를 띠는 원자력기술과는 달리 생명공학의 경우는 현저하게 분산적인 구조를 보인다는 것이다(Kitschelt 1991). 1990년부터 미국정부가 주도하여 10년간 30억 달러를 투자한 인간게놈프로젝트가 생명공학의 거대과학이라고 일컬어지기도 한다. 그러나 초기에는 미국 내 흩어진 여러 대학과 연구소들이 참여하는 등 연구기관들이 지리적으로 분산되어 있었으며 나중에는 국제적으로 연구활동이 확산되었고 특히 셀러라(Celara

Genomics)라는 민간기업이 별도로 인간게놈연구를 추진하여 정부 프로젝트와 경쟁을 했다. 이러한 점을 감안하면 인간게놈프로젝트가 원자력 기술연구와 같은 집중적인 구조를 띠었다고 보기는 어려울 것이다.

생명공학은 또한 분산적인 구조를 띨 뿐만 아니라 다양한 연구조직과 주체들이 네트워크로 상호연결되어 있다는 특징을 보인다. 이러한 연구조직과 주체들의 면모 또한 공공연구기관, 대학, 비영리 병원이나 재단, NGO, 협회, 클러스터, 기업 등 매우 다양하다. 생명공학 연구의 네트워크적 측면은 우선 생명공학 거버넌스가 분산적 구조를 보인다는 점과 밀접히 관련되어 있다. 그러나 이런 점에 못지않게 중요한 것으로는 생명공학의 발전이 정보기술과 밀접한 연관 속에서 이루어지고 있다는 것을 들 수 있다. 즉 유전정보의 해석, 저장, 유통, 검색, 활용에 고성능 컴퓨터가 필수불가결한 인프라가 될 뿐만 아니라 유전자은행과 같이 컴퓨터화된 데이터베이스들이 인터넷과 같은 정보네트워크에 의해 서로 연결되어 있어서 이러한 네트워크를 통하지 않으면 사실상의 연구가 불가능하다고 볼 수 있는 것이다. 또한 이러한 생명공학 네트워크는 미국이 중심이 되어 있고 몇몇 공공연구기관과 대학들이 이끌어가는 양상도 보이지만 많은 국가들의 연구기관과 기업들이 네트워크를 형성하는 등 글로벌한 범위로 전개되어간다고 할 수 있다. 인간게놈프로젝트가 1990년대 후반에 와서 국제게놈연구컨소시엄으로 발전한 것이 이런 점을 잘 보여준다. 생명공학은 태생적으로 글로벌 지식과 기술체계의 성격을 지니고 있다고 할 수 있다(Thacker 2005).

연구활동이 분산적이며 글로벌 범위의 네트워크에 기반하여 기술발전이 이루어지고 있다는 측면에서 생명공학은 정보기술과 유사하다고 볼 수 있다. 그러나 정보기술과 비교하여 생명공학은 또 다른 성격을 가지고 있다는 것을 이해하는 것이 중요하다. 정보기술도 다른 기술과 비교하여 다양한 차원의 사회적 함의를 띠고 있는 기술이지만 생명공학은 인간 존재의 본질인 생명에 관련된 지식을 다룬다는 점에서 특히 윤리적인 차원에서 사회적 함의가 매우 복합적이다. 생명공학의 발전은 포스트 휴먼(post-human)이나 트랜스 휴먼(trans-human)의 담론이 제기되는 것과 같이 인간의 존재 양태에 근본적인 영향을 줄 수 있다는 점에서 윤리적인 함의가 강한 사회적 기술이라고 할 수 있다(Thacker 2005). 줄기세포 연구를 둘러싼 논쟁이나 농산물과 같은 유전자조작생물체(GMO)를 둘러싼 논쟁에서 이런 점들을 확인할 수 있다.

(2) 생명공학의 글로벌 지식구조

앞에서 살펴본 바와 같이 생명공학은 지구적 범위에서 전개되고 있는 네트워크 지식체계의 특성을 보인다(Thacker 2005). 또한 생명공학은 정보기술을 기반으로 발전하고 있으며, 또 이 두 부문간의 상호작용과 융합 현상이 갈수록 뚜렷해지고 있다. 이것은 미래의 생명공학의 잠재력과 발전궤도를 규정하는 중요한 요인이 되고 있다. 여기에서는 조금 더 구체적으로 양적인 측면에서 생명공학의 글로벌 전개를 살펴보고 이어 질적인 측면에서 생명공학의 글로벌 네트워크에 대해서 논의하기로 하자.

생명공학의 글로벌 전개는 무엇보다 생명공학의 과학적 기반과 깊은 관계가 있다. 우선 생명공학을 가능케 한 지식은 상업적인 연구개발에서 나온 것이 아니라 기초과학 분야에서 나왔으며, 이러한 지식생산에 획기적인 기여를 한 과학자들도 대학 등 과학계에서 활동한 학자들이었다. 예를 들어 DNA 재조합기술을 발전시킨 두 사람은 각각 스탠퍼드대학과 캘리포니아대학 교수들이다. 과학분야는 일종의 학문공동체가 분야별로 세계적 수준으로 형성되어 있다. 이러한 학문공동체는 다양한 방식으로 연결되어 있는데 학자들간 공동저작, 출판체제, 국제공동연구, 인적 교류 등이 중요한 메커니즘이다. 국제적인 공동저작은 해마다 크게 증가하고 있으며, 출판체제는 예를 들면 『사이언스(*Science*)』와 『네이처(*Nature*)』 등과 같은 저명한 저널을 중심으로 글로벌 범위에서 형성되어 있다.

생명공학은 글로벌 지식체계이지만 미국에 의해서 주도되고 있다. 물론 생명공학을 가능하게 한 과학적 발견들이 대부분 미국에서 이루어진 것은 아니다. 1953년 DNA 구조의 발견 및 생명공학을 성립하도록 만든 2대 기술 중의 하나인 세포융합기술을 비롯해서 1970년대와 1980년대에 걸쳐 나타난 많은 지식과 기술들은 영국에서 발견된 것이 오히려 많다. 그러나 생명공학은 제2차세계대전 중 백신연구나 제2차세계대전 이후 암연구를 비롯한 의료 및 보건분야에 대한 미국의 대규모 기초과학 투자에 의해서 비롯되었다.

구체적으로 특허의 경우를 보자. 1994~2000년 누계로 미국에서 허가된 특허의 국가별 비중은 미국이 거의 70% 이상을 차지하며 2위인 일본(7.5%)을 큰 격차로 앞서고 있다. 이어서 독일(4.7%), 영국(3.1%), 네덜란드(2.7%), 프랑스(2.6%) 정도에 불과하다. 유럽 특허 중에서도 미국이 차지하는 비율이 가장 높다. 기술수준을 미국 특허를 토대로 특허건수, 특허영향지수, 기술력의 세 가지로 구분할 때 미국은 세 가지 기준에서 모두 2위 국가와 큰 격차로 선두를 차지하고 있다. 특허건수는 2000~2004년간 미국 2만 3959건, 일본 2,283건, 특허영향지수는 같은 기간 미국 1.18, 캐나다 0.91, 마지막으로 기술력은 같은 기간 미국 2만 8272, 일본 1,210이다(과학기술부 2005: 140). IT분야에서 미국 특허 중 일본 특허의 비중이 거의 50% 이상에 이른다는 점을 감안하면 생명공학 분야에서 미국의 글로벌 지배가 얼마나 압도적인가를 알 수 있다(과학기술부 2005: 147).

생명공학 지식체계의 질적인 측면에 대해서는 생명공학 분야의 네트워크적인 성격을 중심으로 파악할 수 있다. 생명공학은 정보기술과 같이 대표적인 네트워크 과학(Network Science)이다(Leydesdorff 1997). 여기서 네트워크 과학이란 기번스 등(Gibbons et al. 1994)이 말하는 제2모드 지식생산과 관련된 지식을 말한다. 제2모드지식이란, 과학적 지식에 한정한다면, 전통적인 과학적 지식과는 달리 몇 가지 특징을 보인다. 우선 특정 학문분야(Discipline)를 중심으로 발달해온 전통적 지식체계와는 달리 학문 및 전문분야의 경계가 약화된 초학제성을 보인다. 또한 여기에서는 과학과 기술의 관계가 단선적인 관계를 보이지 않고 매우 복합적인 관계를 보인다. 과학과 기술은 상호의존되어 있고 밀접하게 상호작용하고 있다. 또한 제2모드지식체계에서는 전문화의 개념이 다르다. 전통적인 전문화가 분야의 전문성을 전제로 한 분업을 의미한다면, 제2모드지식체계에서 전문화란 문제해결을 지향하는 능력을 의미한다. 따라서 여러 분야가 참여하는 초학제적 · 초분야적 활동이 필요하게 된다. 따라서 지식생산활동은 다양한 참여자에 의해서 경쟁은 물론 협력의 형태를 띠고 이루어지며 사회적으로 분산된 방식으로 이루어진다(Gibbons et al. 1994).

이러한 지식생산방식에서 중요한 것은 다양한 연구자, 연구조직 간의 관계를 밀접하게 하고 소통을 원활하게 하는 것이다. 다른 말로 하면 기초과학 연구자, 기술혁신 담당자나 조직(예를 들면 기업), 규제자, 벤처자본가 등 지식생산, 활용주체들 간에 소통이 원활히 이루어지는 것이 매우 중요하다. 국가와 같은 과학기술 거버넌스의 관리자의 관점에서 본다면 경계의 투과성(Permeability of Boundaries)을 유지하는 것이 중요하다는 것이다. 국가는 지식의 생산자나 활용자보다는 브로커와 같은 역할을 담당하게 된다(Gibbons et al. 1994).

생명공학 지식체계의 네트워크적 특징은 생명공학분야에 특히 특유한 기업-대학-정부 및 정부연구소의 상호관계 패턴인 '삼중나선형구조(Triple Helix)'에 잘 나타나고 있다. 이러한 삼중나선형구조는 자기성찰적인 자기조직화의 구조를 띠고 있다(Leydesdorf 1997). 또한 이것은 다른 측면에서 보면 연구대학을 중심으로 생명공학 클러스터가 형성되고 있는 것과 밀접한 관련이 있다. 앞에서 본 것처럼 이러한 클러스터도 지역 수준은 물론 국내적 수준에서도 닫혀 있는 시스템이 아니다. 지구적 범위로 열려 있는 개방 시스템의 성격을 보인다.

좀 더 단순한 예를 하나 들어보자. 영국 최초의 생명공학기업인 셀테크(Celltech)는 영국국립보건원에서 새로 발견한 항암제를 제품화하기 위한 목적으로 1980년 설립되었다. 20년 후인 2000년에 미국 FDA에 의해 항암신약의 승인을 받았다. 20년 사이 셀테크는 인수 합병을 거듭하면서 민간기업이 되었지만 신약인 마일로타그(Mylotarg)의 승인을 최종적으로 확보하게 되었다. 〈표 12-1〉은 이러한 과정에서 셀테크가 맺은 다양한 협력관계를 보여 준다.

〈표 12-1〉을 보면 셀테크가 델, 시스코, 노키아와 같은 전형적인 대규모 글로벌 네트워크 기업은 아니지만 네트워크 기업의 면모를 보여준다. 네트워크 기업이란 공급사슬의 각종 층위에 있는 경쟁 및 협력기업, 연구소, 대학, 심지어 정부 등과도 자본, 기술, 자원 공유 및 교환 등 다양한 방식의 네트워크 관계를 맺고 그 네트워크에서 자신들의 경쟁력을 향상

〈표 12-1〉 생명공학산업의 글로벌 제품사슬(마일로타그의 예)

생산과정	소재 및 기업
기초연구	뉴욕의 제약기업(Cal.) 워싱턴주 공공연구소(Mur.)
개발	버크셔(영국)의 생명공학기업 A(인간적용 항체기술) 캘리포니아의 생명공학기업 B, 뉴욕의 제약기업(Cal.) 및 생명공학기업 A(인간적용 단일클론항체)
임상시험(1, 2차)	미국과 유럽
승인	미국 FDA
제조	뉴욕의 제약기업(Cal.), 버크셔의 생명공학기업 A(기술면허), 버크셔의 생명공학기업 C
패키징	푸에르토리코의 제약기업

시키는 기업을 말한다(Barney 2004: 83-90).

미국의 생명공학기업들과 제약기업들도 물론 광범위한 글로벌 네트워크를 형성하고 있다. 일종의 글로벌 생산네트워크를 구축하고 있다(Henderson, et al. 2002). 의약생명공학은 일반 제조업 분야와는 달리 글로벌 생산네트워크를 형성하는데 몇 가지 제약요소가 있다. 연구개발, 임상시험, 제조 등의 단계에서 엄격한 규제가 적용되므로 이러한 능력을 가진 국가들과 지역에 한해서 네트워크가 형성된다.[4] 또한 생명공학 전문기업들 사이에는 수평적 네트워크가 일반적이다. 핵심능력을 제외한 나머지는 전문기업에 외주를 주는 방식으로 네트워킹이 형성되고 있으며, 이것 또한 지역이나 국가의 경계를 넘어 지구적 범위에서 이루어지고 있다(Ernst and Young 2006: 19).

이러한 네트워크 현상은 자원과 핵심적 능력을 교환하는 전략적 제휴가 주요 요인이 되고 있지만 또한 생명공학이 많은 연구분야가 서로 관련되어 있는 분야라는 점과도 밀접한 관계가 있다. 여기에는 유전학, 생화학, 세포분자학, 일반 의학, 컴퓨터과학, 심지어 물리학, 광학까지 포함된다. 이런 점에서 생명공학은 단순히 하나의 산업이나 학문분야가 아니라 광범위한 학문분야와 산업에 걸쳐 있는 기술의 집합체로 여겨지기도 한다(Powell 1998: 232).

마지막으로 생명공학과 정보기술의 통합 내지 융합 현상에 대해서 논의하는 것이 필요하다. 이것을 세 가지로 구분하여 보면 우선, 인터넷과 같은 정보기술 인프라가 생명공학 연구에 영향을 미치는 경우, 또한 두 부문의 지식과 기술이 결합되어 기술혁신이 이루어지는 경우, 마지막으로 생물정보학(Bioinformatics)과 같이 양 부문이 결합되어 잠재력이 매

4) 예를 들어 각 지역들은 파일럿 제조시설, GMP(Good Manufacturing Practice) 능력, 규제제도 등을 갖추어야 한다.

우 큰 새로운 분야가 생겨나는 경우 등이 있다. 이 세 가지 경우는 실제로 중복되어 있는 부분이 있는데, 여기서는 두 번째를 제외한 나머지를 간략하게 검토한다.

첫째, 인터넷이나 슈퍼컴퓨터와 같은 정보 인프라가 생명공학에 미치는 영향의 경우 국제게놈연구컨소시엄이나 각 국가들의 공 · 사 부문이 참여하여 구축하고 있는 유전자은행 등이 대표적인 예이다. 향상된 컴퓨터 능력이 없으면 인간게놈의 해명도 빠른 시간 내에 이루어지기 어렵다.[5] 실리콘 밸리뿐만 아니라 생명공학 클러스터의 입지로 유명한 캘리포니아주에서는 캘리포니아대학과 사기업들이 합작으로 생명공학 연구를 위해 컴퓨터 인프라인 CIQBR(California Institute for Quantitative Biomedical Research)를 구축하고 있다. 이 시설은 생물학 연구에 수학 · 물리학 · 화학 · 공학을 적용하려는 목적을 띠고 있다(Ernst and Young 2006: 17). 개별기업의 경우 IBM과 같은 정보기술기업들도 고성능 컴퓨터 처리능력과 지식관리 및 데이터 처리능력을 바탕으로 생명공학 네트워크(IBM Bionetwork)를 구축하고 있으며 생명공학 전문기업, 대학, 연구소 등과 전략적 제휴 네트워크도 결성하고 이러한 움직임에는 GE, 오라클, 도시바와 같은 정보기술기업들도 동참하고 있다(Simon and Kotler 2003: 70-71). 이와 같이 정보기술과 생명공학은 서로 떨어질 수 없는 밀접한 관계를 맺고 있다. 어떤 면에서 양 부문은 융합 현상을 넘어서고 있다. "게놈학과 같은 분야는 그 자체가 정보과학이 되었다"(*The Economist*, July 1, 2000). 이러한 변화 추세는 생명공학 종사 전문인력의 구성

5) 정보 인프라 능력은 흔히 인터넷 접속자의 수, 컴퓨터 처리속도, 데이터 전송비용, 메모리 단위당 비용 등의 관점에서 파악된다. 이러한 것을 생명공학 정보처리에 적용하면 1982년 유전자 염기서열 해명이 606개인 반면 2000년에는 1100만여 개에 달한다. 또 생물정보단위인 Base Pairs의 해독의 경우 1982년 6만 8000단위에서 2000년 111억여 단위에 이르렀다. 정보기술의 발전과 생명공학의 발전이 같이 가고 있는 것이다(UNDP 2001: 34).

에도 반영되고 있다. 생명공학분야 전문기술인력 중에서 컴퓨터 관련 전문인력의 비중이 상당하고 또 증가율이 가장 높다(US DOS 2003).

이러한 맥락에서 생물정보학과 같은 새로운 분야가 출현한 것이라고 할 수 있다. 츠바이거(2001)에 의하면 "생물학은 정보과학으로 다시 태어났다. 정보시대의 계승자가 된 것이다. 분자는 정보를 운반한다. 생물학은 유전 데이터와 전자적 데이터베이스의 축적(recoding)과 체계화(compilation)를 통해 급진적이고 영구적으로 변환되었다." 이러한 발전을 보여주는 사례가 미국정부가 추진하고 있는 BIRN(Biomedical Information Research Network) 프로젝트이다. 이것은 일종의 '사이버 연구 인프라'로서 협력연구를 한 차원 격상시킬 수 있는 토대가 되고 있다고 여겨지며 이러한 인프라를 통해 '제3의 새로운 방식의 과학연구'가 생겨날 것이라고 주장되고 있다(Ellisman 2005).

이와 같이 생물학, 전자공학과 정보학이 수렴되고 있으며 상호작용하면서 적용의 범위를 넓혀 가고 있다. 생물학적 데이터는 전대미문의 빠른 속도로 부호화(coding)되고 있으며 인간게놈지도의 작성, 사람을 포함한 생물체들의 신진대사에 관한 정보 축적, 유전자와 단백질의 기능에 관한 정보의 코딩과 축적 등이 이루어지고 있다. 또 광범위한 학술문헌 라이브러리와 세계적인 범위에서 특허 데이터베이스가 구축되고 있으며 임상시험, 독성검사와 같은 임상자료가 데이터베이스화되고 있어서 새로운 의약품이나 치료제의 임상시험의 비용과 시간이 크게 감소되고 있다.

4. 생명공학과 글로벌 거버넌스의 형성

생명공학의 발전과 글로벌 거버넌스 형성에는 핵심적으로 미국이 큰 역할을 차지하고 있다. 위의 논의를 바탕으로 제4절에서는 글로벌 생명공학 거버넌스의 형성과 작동에 대해 분석하고자 한다. 기본적인 문제의식은 생명공학의 지식체계가 세 가지 차원(도구적 · 구조적 · 구성적)에서 권력함의를 가지고 있다는 점에 착안하고 있다(Krimsky 1998: 157). 이러한 지식권력에 대한 논의를 바탕으로 네트워크 지식국가의 위상과 기능을 구체적으로 이해할 수 있을 것이다.[6]

(1) 물질적 능력과 도구적 차원의 지식/권력: 기초과학 투자와 제도 형성

생명공학 거버넌스의 형성과 작동에서 미국은 우선 도구적 지식의 생산체제를 구축하는 데 핵심적인 역할을 담당해왔다. 이것을 기초과학 투자와 기술혁신과 상업화를 촉진하기 위한 제도형성으로 나누어 검토한다. 이것은 도구적 지식의 생산과 활용에 관련된 것으로 물질적 능력의 차원에서 미국이 주도하는 글로벌 생명공학 거버넌스의 집중적 구조를 보여주는 부분이다.

우선 미국은 연방정부를 중심으로 대규모 기초과학 투자를 위해 노력해왔다. 정보기술의 발전이 1950~60년대 국방성의 기초과학 투자를 바탕으로 하고 있다는 것은 주지의 사실이다. 마찬가지로 미국정부는 보건

6) 여기에서 글로벌 거버넌스는 반드시 탈집중 거버넌스의 의미로 쓰지 않는다. 오히려 거버넌스는 탈집중과 집중구조의 연속선상에서 파악될 수 있다고 생각한다. 구조적 위상은 개별 거버넌스에 따라 다르게 나타날 수 있는 것이다. 글로벌 거버넌스를 탈집중 구조라는 특정한 의미로 쓰고 있는 용례는 김상배 2005 참조.

증진의 명분에서 국립보건원(NIH)을 중심으로 생명공학분야에 연구개발예산을 집중적으로 투자해왔다. 1970년대 닉슨 행정부 시기에 본격적으로 시작된 암연구나 HIV/AIDS 연구 등이 대표적인 예이다. 생명공학분야에서 국립보건원은 정보기술분야에서 국방성의 고등국방연구청(DARPA)에 비견될 수 있다. 국립보건원은 분자생물학, 생물학, 유전체학, 생물정보학 등 기초생명공학분야를 비롯해서 의학분야에 이르기까지 막대한 연구개발예산을 투자해왔다.

특히 연방정부의 연구개발예산 중에서 생명공학분야의 예산 규모는 국립보건원의 연구개발예산을 중심으로 지속적으로 증가해왔다. 특히 1997~2002년간 클린턴 행정부가 '국립보건원 연구개발예산 배증 5개년계획'을 시행하면서 규모가 대폭 커졌다. 이 결과 국립보건원의 연구개발예산은 연방정부의 비국방 연구개발예산에서 기관으로나 기능별로도 가장 큰 부분이 되었다. 국방부문을 포함한 연방정부 전체 연구개발예산 중에서 국립보건원의 점유비가 1980년대 말까지 10% 조금 넘는 수준에서 2000년대에 들어 20%를 넘어섰다. 또 비국방 연구개발예산 중 점유비는 1990년대 초반 30%를 조금 넘는 수준이었으나 2000년 이후 50%를 넘어섰다.[7] 2005년 연방정부 전체 연구개발예산이 1065억 달러인데, 보건부(즉 국립보건원)의 경우 289억 달러로 전체의 27%를 차지했다. 비국방 연구개발예산 중 점유비는 거의 55% 수준에 달한다(NSB 2006: 4-21).

또한 중요한 것은 국립보건원의 예산이 대부분 넓은 의미의 생명공학부문의 예산이며, 그중에서 기초과학연구에 대한 투자가 거의 70% 정도에 달한다는 점이다. 이러한 기초연구는 대부분 대학에서 이루어진다. 2005년 연방정부 연구개발예산 중 대학에서 사용하는 예산이 216억 달

7) 이러한 추세에 대해서는 Collins 2004: 86-87 및 NSB 2006을 참조할 것.

러인데 이중에서 국립보건원 예산에서 나온 것이 143억 달러로 전체 66%를 차지한다. 생명공학분야 기초과학연구에 대한 이러한 대규모 집중 투자는 어떤 다른 국가들도 따라가기 어려운 일이다. 생명공학분야에서 미국의 글로벌 지식패권은 우선 국가의 이러한 기초과학 투자에 의해 뒷받침되고 있다.

과학기반기술인 생명공학의 경우 기초과학의 수준이 중요하기는 하지만 바로 이것이 경쟁력을 결정하는 것은 아니다. 궁극적으로 제품과 서비스를 생산하는 기업이 효율적으로 활동할 수 있는 시장환경과 제도적 환경이 마련되어야 한다.[8] 이러한 맥락에서도 다른 산업에 비해 생명공학에서 국가의 역할이 더욱 중요하다. 우선 이러한 점을 논의하기 위해 기술이전, 특허, 규제, 안전성과 생명윤리 관련 제도의 형성에 관련하여 국가가 어떠한 역할을 했는지를 검토한다. 한마디로 생명공학, 산업, 제도가 국가와 기업을 중심으로 상호작용하면서 공진화했다고 볼 수 있다.

기술이전은 생명공학의 기초지식과 산업이 연결되는 기본적인 메커니즘 중의 하나이다. 기업에 의한 기술혁신과 상업화가 이루어지기 위해서는 기술이전이 효율적으로 이루어져야 하는 것이다. 미국은 기술이전의 장려를 위해 제도적 환경을 조성하는 데 정책적인 노력을 기울여왔다. 생명공학의 핵심은 대학과 공공연구소에 의해서 이루어진 기초과학 지식을 상업화하는 데 있다. 따라서 대학, 공공연구소, 기업간의 지속적이고 호혜적인 협력관계의 구축이 매우 중요하다. 미국의 경우 생명공학의 초창기인 1970년대 말과 1980년대 초에 이러한 협력을 촉진시키는 제도가 거의 형성되었다.

이러한 제도 중에서 중요한 것은 1980년에 제정된 '스티븐슨-와이들

---

8) 예를 들면 생명공학을 이용한 신약개발의 경우도 개발, 승인, 판매의 기간은 보통 10~20년 정도가 된다.

러 기술혁신법(Stevenson-Wydler Technology Innovation Act)' 과 '베이-돌 대학 및 소기업특허법(Bayh-Dole University and Small Business Patent Act)' 이다. 전자는 연방정부연구소가 보유한 기술을 주, 지방정부, 사기업에 대해 이전하는 것을 촉진하기 위한 법률이다. 후자는 연방정부의 재정지원을 받은 연구와 계약에 대해 연구자와 계약자들이 그것에 대한 권리를 보유하도록 하고 그러한 연구를 수행한 대학들로 하여금 기술면허방식으로 기업들에게 기술과 지식의 이전을 촉진하기 위한 목적으로 제정되었다. 간단히 말해 대학과 기업간 산학협력을 촉진하기 위해 연구자 개인은 물론 해당 연구기관과 대학에 인센티브를 제공하도록 한 법률이다. 연방정부가 지원하거나 연방정부 연구기관에서 수행한 연구결과의 특허권을 연구자 개인이나 대학에 귀속시킴으로써 대학과 기업간 기술이전을 촉진하기 위한 목적을 띠고 있는 것이다. 이러한 제도가 만들어진 후에 소위 산학협력이 더욱 활발해졌으며, 생명과학 부문에서는 그러한 현상이 더욱 두드러지게 나타났다. 이러한 법률들은 제2의 대학혁명을 일으켰으며 대학-연방정부 (및 연구소)-기업간 삼중나선형 협력모델을 창출하는 데 기여했다(Kenney 1986).

이어서 스티븐슨-와이들러 기술혁신법의 일부를 토대로 1986년 연방기술이전법이 제정되었고, 또한 1989년 이 가운데 일부 조항이 개정되어 국가경쟁력기술이전법이 제정되었다. 이러한 개정은 연방정부의 중소기업에 대한 기술이전 프로그램인 공동연구개발협정 프로그램을 활성화하기 위한 목적으로 이루어졌다. 또한 2000년에 스티븐슨-와이들러 기술혁신법과 베이-돌대학 및 소기업특허법을 통합하여 기술이전상업화법이 제정되었다.

이외에도 소기업의 창업과 연구개발을 촉진하기 위해 1982년 소기업혁신개발법이 제정되었으며, 이를 바탕으로 소기업혁신연구프로그램(SBIR)이 시작되었다. 이것은 연방정부의 연구프로그램의 경우 연구비의

3~5%에 해당하는 금액은 반드시 소기업을 위한 연구개발에 사용하도록 지정한 제도이다. 이 법에 의해 수여된 소기업 연구개발의 수와 규모가 1980년대 이후 꾸준히 증가하여 2003년에는 수여 6,000여 건, 전체 규모는 18억 달러에 이른다. 이 제도는 정보기술과 생명공학 등 첨단기술 부문의 기업 창업과 하이테크 소기업의 상업화 잠재력을 개발하는 데 크게 기여했다고 평가된다. 이어서 1984년 사기업 사이의 연구개발협력을 촉진하기 위한 목적으로 반독점 금지규정의 일부 조항을 완화하는 내용의 국가공동연구법(National Cooperative Research Act)이 제정되었다. 이 법은 1993년 생산분야의 협력도 가능하도록 하는 내용으로 개정되었다(NSB 2006: 4-38).

이러한 일련의 제도의 발달은 이른바 산-학-관 삼중나선형 협력을 강화하기 위한 목적을 위해 이루어졌다고 해도 무리가 아니다. 연방정부의 기초연구는 그 방식이나 내용에서 공공지식을 창출하기 위한 목적에서 이루어진다. 공공지식으로서 과학의 모델이 적용된다고 여겨지는 것이다. 그러나 이러한 제도의 발달과정을 보면 이러한 인식은 사실과는 크게 다르다고 볼 수 있다. 이러한 제도들에 의해 대학에서 이루어진 기초과학연구가 점차 상업화의 논리에 지배되어온 것이다. 생명공학이 이러한 추세를 주도해왔다. 이런 점에서 공공성의 과학이 '사적 이익을 추구하는 과학(Private Science)'으로 변질되어왔다는 비판이 제기되고 있다(Thackray 1998). 기초과학지식에 대한 의존이 아주 높은 생명공학의 경우 이러한 현상은 아주 미묘하고 중요한 이슈를 제기한다. 이런 점은 다음에 논의할 주제와 밀접한 관련이 있다.

(2) 제도와 구조적 차원의 지식/권력: 글로벌 지적 재산권 제도의 발전

생명공학에서 미국의 주도는 또한 지적 재산권 제도의 발전 및 지구화에 의해 크게 뒷받침되고 있다. 과학적 지식의 직접적인 상업화에 기반하고 있는 생명공학산업에서는 특허제도가 매우 중요하다. 생명공학을 응용한 새로운 의약품을 예로 들면 개발기간이 매우 길고 또한 개발비용이 매우 높은 반면 경쟁기업들에 의한 새로운 제품이나 공정에 포함된 지식의 '해독과 모방' 비용은 매우 낮기 때문이다. 이러한 맥락에서 제품생산에 이용된 핵심지식을 특허권을 통해 장기간 보호하는 지적 재산권제도가 미국 국내시장은 물론 세계시장에서 미국기업들의 경쟁우위를 확보하는 데 중요한 역할을 담당하고 있다. 따라서 1994년 WTO와 함께 출범한 TRIPs와 같이 글로벌 지적 재산권 제도는 단순한 시장경쟁제도의 위상을 넘어서 미국기업들의 산업경쟁력을 뒷받침하는 국제제도적 요인으로 작용한다. 이와 같은 지적 재산권의 강화와 확대는 생명공학분야에서 소위 미국의 '지식패권'을 뒷받침하는 구조적 권력으로 작용한다 (Chase-Dunn and Reifer 2002; Mytelka 2000).

생명공학의 지적 재산권의 강화와 확대란 생명공학의 지적 재산권의 주된 형태인 특허제도의 전통적인 논리(기술혁신에 대한 인센티브로 부여되는 잠정적 독점의 인정, 특허정보의 공개, 특허제도의 비용과 혜택의 균형 유지 등)가 크게 변화된 것을 의미한다. 지적 재산권은 전통적으로 기술혁신을 장려하기 위한 인센티브로서 기술의 일시적 독점의 허용과 지식의 공개 간의 균형을 유지하는 것에 의해 정당화되어왔다. 1980년대에 들어 지적 재산권의 새로운 논리(대기업에 의한 특허의 독점, 20년으로 특허기간의 연장, 유전정보와 같은 추상적인 정보와 지식의 특허권화, 공정 및 제품의 특허 인정 등)에 의해 이러한 균형이 깨지고 있다. 1994년 TRIPs의 형성은 이러한 새로운 논리가 국제제도에 반영되고 세계적으로 적용된다는 것을 의미한다. 아래에서는 이러한 과정을 보다 자세히 논의한다.

미국의 글로벌 지식패권의 중요한 축을 구성하는 정보기술과 생명공학의 경우 1970년대 후반 이후 우선 미국 국내에서 지적 재산권의 강화와 확대가 이루어지기 시작했다(Ryan 1998; Sell 2003; Collins 2004). 정보기술에서 소프트웨어는 1970년대 후반 마이크로소프트사에 의해 재산권화가 본격적으로 시작되었으며 반도체칩 설계도안의 경우 인텔사에 의해 재산권화가 이루어지기 시작했다. 생명공학에서는 1980년 유전자조작에 의한 생물물질에 대한 미국 대법원의 특허 인정이 큰 분수령이 되었다. 또한 미국 기업들은 생산의 세계화에 본격적으로 나서기 시작하면서 특허, 저작권 등에 대한 국제적인 보호를 모색하기 시작했다. 말하자면 다국적 기업에 의한 지식의 사유화와 지적 재산권의 강화가 상호간 밀접한 연계 아래 동시적으로 이루어진 것이다(UNDP 1999).

미국 주도에 의한 국제 지적 재산권 제도의 강화와 확대는 세 단계로 이루어졌다. 지적 재산권 강화의 전환기라고 할 수 있는 1994년 WTO의 TRIPs의 형성을 중심으로 이전 시기, TRIPs 협상과정, TRIPs 이후 시기로 구분해볼 수 있다(Drahos 1995; Ryan 1998; Sell 2003; May 2004; Dutfield 2005).[9]

첫째, TRIPs 이전 시기 미국의 지적 재산권의 강화 움직임은 국내 차원과 국제 차원으로 나누어 진행되었다. 국내적으로는 미국에서 생명공학산업이 형성되면서 특히 유전정보의 특허문제가 중요한 의제가 되었으며 1980년 유전자조작 생물물질에 대한 특허권이 확립되었다. 국제적으로는 1980년대 초반 이후 미국의 레이건 행정부가 주도한 신자유주의(경제 자유화와 사유화) 아래 이루어진 시장개방전략의 추진과정에서 특히 개도국에서 지적 재산권 위반에 대한 단속과 제재가 주요 의제가 되었다. 우리나라에서도 큰 논란이 일었지만 미국은 미국무역통상법 301조 조항을 근거로 일방주의와 양자주의 전략을 동원하여 특허 기술 수요

9) TRIPs의 형성과정과 관련하여 미국이 주도했다는 주장에 대해서 비판적인 시각이 있다. 유럽도 상당한 역할을 했다는 분석이 있다. 그러나 미국 주도설이 다수설이라고 볼 수 있다. Dutfield 2005 참조.

가 많아진 신흥산업국에 대해 지적 재산권의 국내 법규화를 요구했다. 미국정부는 대기업과 긴밀한 협력 아래 미국표준의 지적 재산권 제도의 지구화를 추진하기 시작한 것이다. 이러한 요구를 관철하기 위해 미국은 외국의 미국시장 진출 제한 등의 무역제재와 같은 강제수단과 함께 일반 특혜관세의 적용 등의 보상수단도 조직적으로 동원했다. 엄격한 지적 재산권 제도의 지구화는 이 시기부터 신자유주의적 세계화의 주요한 축이 되었다(Drohs 1995; Ryan 1998).

둘째, 그러나 이 시기 미국의 지적 재산권 제도의 강화와 확대는 면밀한 계획 아래 추진된 것은 아니었다. 미국의 전략적 계획은 1980년대 중반에 이르러 구체적인 모습을 보이기 시작했다(Ryan 1998). 이 과정에서 IBM, 화이자 등 미국 대기업들로 구성된 '무역정책협상자문위원회(Advisory Committee on Trade Policy and Negotiations)'가 큰 역할을 했다. 특히 ATPCN 회장을 맡은 미국 최대 제약기업인 화이자사(Pfizer Inc.) 회장은 지적 재산권과 무역 이슈의 연계를 주장했고 이러한 아이디어가 이른바 '무역기반 지적 재산권의 제도화' 전략으로 구체화되었다. 이러한 전략 아래 미국정부와 대기업들은 새로운 무역협상 라운드에 지적 재산권 이슈가 포함될 수 있도록 조직적인 노력을 기울였다. 이러한 결과 우루과이 라운드를 출범시킨 1986년 9월 푼타 델 에스테(Punta del Este)의 GATT 각료회담선언에 지적 재산권 이슈가 무역협상에 최종적으로 포함되었다. 그 이후 오랜 협상의 결과 1994년 GATT TRIPs가 성립되었다. 논란이 있기는 하지만 TRIPs는 미국 주도로 그것도 상당한 정도로 강압적인 방식으로 이루어졌다고 해도 과언이 아니다. TRIPs의 성립은 우루과이 라운드에서 미국의 우선적인 의제 중의 하나였던 것이다. 당시 개도국들이 TRIPs가 국제경제 및 자국경제에 어떠한 의미가 있는지 잘 파악하고 있지 못하고 있었다는 평가가 있을 정도로 어떤 면에서 미국의 주도에 의해 갑작스럽게 제도화되었다고 볼 수 있다(UNDP 1999).

또한 우루과이 협상과정에서는 IBM, 화이자, 듀퐁, 몬산토, GE, GM, 머크(Merck) 등 정보 및 생명공학분야 기업 12개로 구성된 IPC(Intellectual Property Committee)가 큰 영향을 미쳤다. IPC는 지적 재산권 이슈에 관한 구체적인 초안을 만들어 미국정부에 제출했고 당시 지적 재산권에 관한 전문성이 부족했던 미국의 무역대표부 관료들에게 전문성과 정보를 제공하는 자문역할을 적극적으로 담당하는 등 협상내용과 과정에 큰 영향력을 행사했다(Drahos 1995; Ryan 1998; Sell 2003).

WTO TRIPs는 세계의 대부분의 국가들이 포함된 GATT 회원 국가들을 대상으로 하고 있는 글로벌 범위의 국제제도이며 또한 애초 미국기업들의 기대와 요구보다 훨씬 더 큰 효과를 내고 있다고 평가되고 있다(Drahos 1995). 바로 이러한 점이 TRIPs와 같은 국제 지적 재산권 제도가 미국의 지식패권의 형성과 밀접한 관계가 있다는 점을 보여주는 부분이라고 할 수 있다. 국제 재산권 제도로 전통적인 세계지적재산권기구(WIPO)가 있다. 미국은 이 기구의 경우 의사결정구조가 '일국 일표제'로 되어 있어서 이것을 우회할 수 있는 TRIPs를 따로 추진했던 것이다.

셋째, TRIPs의 성립 이후에는 지적 재산권을 둘러싼 글로벌 각축이 보다 복잡한 양상을 띠게 되었다. 1990년대 중반까지 그 과정이 미국에 의해 거의 일방적으로 주도되었다면 미국과 유럽 간의 갈등 등 개발국가 그룹 내에 갈등이 표면화되기 시작했고, 생물다양성 및 문화다양성 이슈를 중심으로 개도국의 목소리가 커지기 시작하고 있다. 예를 들면 미국 유럽 간 유전자조작생물체(GMO)의 무역갈등이 대표적인 예이다. TRIPs 협정에 대한 영향으로 나타나고 있지 않지만 체이스-던 등(Chase-Dunn and Reifer 2002)의 주장에 따르면 생명공학분야에서 미국의 '지식패권'에 대한 정치적 · 문화적 저항이 조직화되고 있는 것을 목격할 수 있는 것이다.

또한 사기업들에 의해 지적 재산권의 강화와 지리적 확산이 주도됨으로써 지적 재산권 제도 자체가 점차 모순을 나타내기 시작했다. 특허제도의 경제적 이득이 소수 국가의 기업집단에 집중되는 반면 특허 제도의 사회적 비용은 개도국 및 사회적인 약자 계층에게 전가되는 것을 피할 수 없게 된 것이다. 이와 같은 모순은 미국 중심의 패권적 질서에 대한 저항의 씨앗이 되고 있다. 예를 들면 글로벌 NGO들과 연구자 네트워크들에 의해 추진되고 있는 생명공학의 '오픈 소스(Open Source Biotechnology)' 운동과 같은 흐름이 미국의 세계 생명공학의 지식패권을 약화시키는 요인이 될 수 있을 것이다(Hope 2004; UNDP 1999; *The Economist*, June 12, 2004). 또한 CGIAR(Consultative Group on International Agricultural Research)과 같이 개도국과 지역농민의 요구에 부응하여 바이오 농업분야의 연구를 수행하는 NGO 그룹의 작업도 이러한 흐름 중의 하나이다.

(3) 이념과 구성적 차원의 지식/권력: GMO의 이슈

생명공학은 다른 어떤 과학기술보다도 사회적 성격이 복합적이다. 생명공학은 정치경제적 차원과 사회문화적 차원에서는 물론 윤리적이고 환경적인 차원에서도 매우 민감한 정치적 · 도덕적 이슈들을 제기한다(Krimsky 1998). 이 부분에서는 미국과 유럽 간 GMO 무역분쟁의 사례를 통해서 생명공학이 이념 · 지식 · 권력과의 관계에 어떠한 의미를 함축하고 있는지를 검토한다.

생명공학의 적용은 주로 넓은 의미의 의학분야를 중심으로 이루어지고 있지만 농업에 대한 적용도 점점 중요해지고 있다. 이른바 농업생명공학은 대부분 농작물과 식품분야를 중심으로 발전하고 있다. 우선 농업생명공학이 가장 발달한 미국은 거대 글로벌 농업기업을 중심으로 농업분야에 대한 생명공학의 적용에 매우 적극적인 자세를 보여왔다. 특히

DNA 재조합기술에 바탕을 두고 있는 유전자 조작기술의 적용을 통해서 종자의 개량을 비롯해서 가뭄과 같은 특정 환경에 적응력이 강한 농작물이나 살충제에 내성을 가진 농작물을 개발하고 재배지역을 늘려왔다. 특히 대규모 목축에 필요한 동물사료나 콩과 같은 환금작물의 경우 GMO 농산물의 재배면적이 점차로 늘어가고 있다. GMO 무역분쟁이란 이러한 농산물의 국제거래를 두고 미국 등 농산물 수출국들과 특히 유럽 등 수입국들 간의 전개되고 있는 국제적 분쟁을 말한다.

무역갈등은 대부분 경제적 이익을 둘러싸고 일어난다고 해도 무리가 아니다. 그러나 미국과 유럽 간의 GMO 무역갈등은 물질적 이해뿐만 아니라 사회문화적 · 윤리적 차원의 쟁점을 내포하고 있다는 점에서 생명공학의 시대에 나타나고 있는 새로운 유형의 무역분쟁이라고 할 수 있다. 이러한 점으로 인해 대내외에 걸쳐 무역갈등의 정치적 과정에 참여하는 행위자들도 매우 다양하다. 농업기업과 같은 경제적인 이해당사자들뿐만 아니라 국내 및 국제적으로 활동하는 소비자 및 환경단체들도 적극적으로 참여하며 다른 국가나 WTO와 같은 국제기구들도 간접적이지만 무역갈등의 전개과정에 주요 행위자가 된다. 여기에 국내나 국제적으로 여론의 방향에 영향을 미치는 미디어를 포함하면 GMO 무역갈등은 매우 복잡한 과정을 보여준다.

미국과 유럽 간 GMO 무역갈등은 GMO 농산물의 생산 및 소비에서 사전예방원칙과 강제적 라벨제도와 같은 엄격한 규제제도를 채택하고 있는 유럽이 상대적으로 매우 이완된 규제제도(자발적 라벨제도)를 시행하고 있는 미국의 GMO 농산물 수출에 대해 제약을 가함으로써 촉발되었다. 경제 강대국인 미국과 유럽 간의 GMO 무역갈등은 두 당사자를 넘어 세계농업 무역체제에도 큰 영향을 주고 있다. 일차적으로 미국과 유럽의 GMO 규제제도의 차이 혹은 양극화가 무역갈등의 직접적인 요인이 되고 있지만 표면적인 규제제도의 차이 이면에는 매우 다양한 요인들이 작용하고 있다고 할 수 있다. 이중에서 미국과 유럽 간 이익집단 정치과정의 차이, 규제체제의 구조적 상이성, 그리고 GMO 농산물의 안전성과 윤리적 함의에 대한 인식의 차이가 중요한 요인으로 지적되고 있다(Bernauer 2003; Bauer and Gaskell 2002). 예를 들어 미국의 소비자와 대중은 GMO 농산물에 대해서는 매우 수용적인 태도를 보이며 유럽의 대중은 부정적인 태도가 매우 강하다는 것이다. 한 연구는 유럽에서의 부정적인 인식이 도덕적인 우려, 안전성 우려, 낮은 소비자 이득 등에 기인한다고 분석하고 있다(Bauer and Gaskell 2002). 특히 이러한 분석에서 주목해야 할 부분은 특히 생명공학에 대한 부정적인 도덕적 우려가 일종의 비토 요인으로 작용한다는 점이다. 즉 생명공학에 관련된 윤리적 논란이야말로 GMO 농산물을 둘러싼 미국과 유럽 간 무역갈등의 근본적인 요인이자 독특한 성격이라고 할 수 있다.

GMO 무역갈등의 복잡한 성격을 이해하기 위해서 우선 중요한 것은 GMO 농산물에 대해서 두 사회가 윤리적 · 사회적 차원에서 왜 서로 다른 인식을 보이는지를 해명하는 것이다. 미국의 경우 GMO 농산물의 안전성, 환경에 대한 대중의 수용적 태도는 EPA, FDA, 농업부 등의 연방기관 및 규제과정에 상당한 역할을 하는 과학자 및 과학자 단체에 대한 대중의 높은 신뢰가 주요 요인이라고 볼 수 있다. 그러나 무엇보다도 중요한 것은 연방정부-거대농업기업 간의 연합을 통해서 의도적으로나 구조적인 차원에서 수용적 사회적 인식의 형성에 큰 영향을 미친다는 점이다. 미국의 거대농업기업 관련 협회들은 소비자 광고, 워싱턴에서의 로비, 소비자 교육을 위해 매년 수억 달러를 지출하고 있다. 중요 미디어에 의해 매개되는 대중의 인식이 이러한 과정과 전략에 의해 큰 영향을 받는다고 보아야 할 것이다. 또한 연방정부 차원에서는 환경청을 중심으로 GMO 농산물의 생산과 소비에 대해 규제완화정책을 지속적으로 추진하고 있다. 또한 미국의 사법부도 이러한 연방정부의 규제완화와 보조를 같이 하고 있다. 상당수의 주에서 GMO 농산물에 대한 엄격한 규제시도가 이루어지고 있지만 연방정부와 사법부의 규제완화 기조의 견지로 인해 좌절되는 경우가 대부분이라고 분석된다(Bernauer 2003).

이와 같이 거대 농업기업들의 뒷받침 속에서 GMO 농산물에 대한 정부의 진흥논리가 GMO 농산물에 대한 사회적 논란의 방향에 큰 영향을 미친다고 볼 수 있는 것이다. '문화전쟁'을 함축하고 있다고 여겨질 수 있는 GMO 논쟁을 경제적 이슈로 재구성하고자 하는 노력이 미국에서 체계적으로 이루어지고 있다고 볼 수 있는 것이다(Gilland 2005). 그러나 유럽과 미국 간 무역갈등은 미국의 규제제도표준이 세계적인 표준으로 채택되는데 많은 문제가 있다는 것을 잘 보여준다. 무역갈등이 양 사회 간 물질적 이익의 충돌과 제도적 상이성뿐만 아니라 GMO에 대한 근본적인 가치인식의 차이에 의해 일어나고 있기 때문이다. 이러한 가치인식의 차이는 단순히 두 사회 간의 문제에 그치는 것이 아니다. GMO 무역갈등이 공식적으로 유럽과 미국 두 당사자 간의 무역분쟁으로 보이지만 실제로 그 영향은 지구적 범위에 걸쳐 나타나고 있다. 두 당사자가 세계 경제대국이라는 점에서 GMO 농산물을 둘러싼 이익갈등 및 가치갈등은 세계적인 범위에 걸쳐 나타나고 있는 것이다. 여기에는 개발국가들뿐만 아니라 개도국들도 포함되어 있으며 WTO와 같은 무역기구뿐만 아니라 생물다양성협정이나 생물안전성협정과 같은 국제적인 제도도 포함되어 있다. GMO 농산물에 대한 미국의 수용적 자세는 상당한 저항에 부딪혀 있으며 이러한 저항이 쉽게 약화되기 어려울 것으로 보인다.[10)]

10) 미국이 GMO 이슈에 대해서는 경쟁력 논리를 우선하고 있지만 줄기세포 연구 레짐에서는 개발국가 중 가장 엄격한 규제제도를 운용하고 있다. 생명공학 거버넌스의 복잡한 성격을 보여주는 부분이다. Banchoff 2005 참조.

5. 맺음말

이 글은 지구화와 정보화의 맥락 속에서 전개되고 있는 생명공학의 발전과 글로벌 거버넌스에서 국가가 여전히 핵심적인 조정기제로 작용한다고 보고 이러한 과정에서 나타나는 국가의 역할과 그 변화를 이론적으로 포착하고자 노력했다. 이러한 이론적 시도에서 이 글은 기존의 지식 및 기술혁신에 관한 국가역할에 관한 논의의 한계를 지적하고 이러한 한계를 넘어서기 위해 새로운 국가개념의 필요성을 제시했다. 이러한 새로운 국가의 개념화를 위해 정보화 맥락에서 새로운 의미를 부여받고 있는 지식과 네트워크의 개념을 재구성하고 이를 바탕으로 지구적 수준에서 전개되고 있는 생명공학의 발전과 생명공학 거버넌스의 작동을 이해하기 위해 새로운 국가개념을 도입했다. 바로 네트워크 지식국가의 개념이다.

이러한 네트워크 지식국가의 관점에서 볼 때 미국은 세 가지 차원의 지식을 동원하여 생명공학 거버넌스를 주도하는 모습을 보였다고 분석된다. 도구적 차원에서는 국가재정을 투자하여 기초과학의 생산을 촉진하는 역할을 담당했으며, 또 기업과 지역 등 사회부문에 기술확산을 촉진하는 제도를 형성하고 발전시키는 기능을 담당했다. 구조적 차원에서는 국내적으로는 다양한 제도형성을 통해서 기술혁신과 상업화의 촉진을 위한 게임규칙을 만들고 적용했다. 여기에는 지적 재산권, 보건, 환경, 의약품 승인에 관련된 규제와 제도가 포함된다. 이 글에서는 지적 재산권 제도를 대표적인 예로 분석했다. 글로벌 수준에서는 글로벌 지적 재산권 레짐을 미국표준에 맞추어 구축하고 확산시키는 노력을 기울여 왔다(Ryan 1998; Sell 2003). 또한 구성적 차원에서는 생명공학의 연구에서 안전성과 윤리성의 가치보다 경쟁력 가치를 우선하는 담론을 정책담론과 제도에 반영함으로써 특정 이해를 우선하는 정책을 지지하는 노력을 보였다.

이와 같이 생명공학의 발전과 함께 형성되고 있는 글로벌 생명공학 거버넌스는 도구적 차원, 구조적 차원, 구성적 차원의 지식과 권력의 집중과 분산을 바탕으로 그 성격이 규정되어가고 있는 것으로 보인다. 이런 점에서 보면 한편으로는 집중의 논리가 작용하면서 다른 한편으로는 탈집중의 논리도 경시할 수 없는 힘으로 작용한다는 점을 알 수 있다. 물질적 능력의 측면에서는 기초과학에 대한 막대한 투자로 미국의 주도권이 확립되어나가는 등 집중적인 논리가 강하게 관철되는 양상을 보이며, 구조적 및 구성적 차원에서도 어느 정도 집중적인 논리가 나타나고 있다고 볼 수 있다. 그러나 미국 국제 지적 재산권 제도의 관철을 저지할 수도 있는 생명공학의 오픈 소스 운동이 제기되고 있는 구조적 차원과 미국-유럽 간의 갈등, 국내 및 글로벌 시민사회의 반발 등 GMO 이슈에 관련된 구성적 차원에서는 탈집중의 힘이 상당히 작용한다고 볼 수 있다.

따라서 미국 주도의 글로벌 생명공학 거버넌스가 유지되어가면서도 이것에 대한 저항도 유럽을 중심으로 한 국가들과 유럽 및 글로벌 시민사회 쪽에서 만만찮게 제기될 것으로 보인다. 결국 생명공학에 관한 한 글로벌 거버넌스는 안정된 모습을 보이기보다는 미국의 주도와 이에 대한 저항으로 인해 집중과 탈집중이 혼재된 불안한 균형의 모습을 보일 것이라고 분석된다.

이 글의 논의와 관련하여 네트워크 지식국가의 개념이 주는 함의는 상당하다. 우선 이론적으로 국가의 '쇠퇴와 유지' 논쟁을 넘어 국가의 존재양태와 기능의 변화의 구체적인 모습을 보여줄 수 있다. 국가는 지역, 국가, 국제적, 글로벌 수준의 네트워크를 형성하고 넘나들면서 지식과 같은 권력자원을 동원하고 조직하는 역할을 담당한다. 이때의 국가행위는 다양한 지식주체들의 활동을 네트워킹하며 그것을 조종 · 조정하는 데 초점이 맞추어진다. 말하자면 위계, 시장, 거버넌스 등이 혼재되어 있는 복합 네트워크에서 메타 거버넌스의 역할을 국가가 담당한다고 분석할 수 있다.

실천적인 함의 또한 크다. 물론 이러한 분석을 우리나라에 바로 적용하는 것은 큰 무리가 될 것이다. 그러나 이러한 분석은 적어도 정치 · 경제적 차원에서 발전국가의 해체를 겪고 있는 우리 사회가 어떤 방향으로 국가변환을 탐색해야 하느냐는 문제에 대해 상당한 통찰력을 제공한다고 볼 수 있다. 결국 이러한 네트워크 지식국가의 아이디어는 좀 더 과감하고 미래지향적인 방식으로 국가변환의 설계를 모색하도록 자극한다고 볼 수 있다.

| 참고문헌 |

과학기술부, 2005, 『생명공학 백서』, 서울: 과학기술부.

김상배, 2003, 「정보기술과 국제정치이론: 구성적 기술론과 정보세계 정치론의 모색」, 『국제정치논총』, 43(4).

——, 2005, 「정보화시대의 제국」, 『세계정치』 제26집 1호.

Bache, Ian and Matthew Flinders, 2004, "Themes and Issues in Multi-level Governance," in Ian Bache and Matthew Flinders, eds., *Multi-Level Governance*, Oxford: Oxford University Press.

Banchoff, Thomas, 2005, "Path Dependence and Value-Driven Issues: the Comparative Politics of Stem Cell Research," *World Politics*, 57(2), January.

Barney, Darin, 2004, *The Network Society*, Cambridge, UK: Polity.

Bauer, Martin and George Gaskell, eds., 2002, *Biotechnology: The Making of a Global Controversy*, Cambridge: Cambridge University Press.

Bernauer, Thomas, 2003, *Genes, Trade, and Regulation: The Seeds of Conflict in Food Biotechnology*, Princeton: Princeton University Press.

Braman, Samdra, 1995, "Horizons of the State: Information Policy and Power," *Journal of Communication*, 45(4), Autumn.

——, 2004, "The Meta-Technologies of Information," in Sandra Braman, eds., 2004, *Biotechnology and Communication: The Meta-Technologies of Information*, Mahwah, NJ: Lawrence Erlbaum.

Carnoy, Martin and Manuel Castells, 2001, "Globalization, the Knowledge Society, and Network

State: Poulanzas at the Millennium," *Global Networks*, 1(1).
Chase-Dunn, Christopher and Thomas A. Reifer, 2002, "US Hegemony and Biotechnology: The Geopolitics of New Lead Technology," University of California-Riverside, IROWS Working Paper 9(http://repositories.cdlib.org/irows /irows, 검색일 2006년 5월 14일).
Collins, Steven W., 2004, *The Race to Commercialize Biotechnology: Molecules, Markets, and the State in the United States and Japan*, New York: Rouledge Curzon.
Cox, Robert W., 1981, "Social Forces, States, and World Order: Beyond International Relations Theory," *Millennium*, 10(2), Summer.
Drezner, Daniel, 2001, "State Structure, Technological Leadership and the Maintenance of Hegemony," *Review of International Studies*, 27(1).
Drahos, Peter, 1995, "Global Property Rights in Information: The Story of TRIPs at the GATT," *Prometheus* 13(1).
Dutfield, Graham, 2005, "Turning Knowledge into Power: Intellectual Property and the World trade System," *Australian Journal of International Affairs*, 59(4), December.
Ellisman, Mark H., 2005, "Cyberinfrastructure and the Future of Collaborative Work," *Issues in Science and Technology*, 22(1), Fall.
Ergas, Henry, 1987, "Does *Technology Policy Matter?" in Bruce R. Guile and Harvey Brooks, eds., Technology and Global Industry: Companies and Nations in the World Economy*, Washington DC: National Economic Press.
Ernst and Young, 2006, *Beyond Borders: The Global Biotechnology Report 2006*.
Gibbon, Michael, et al., 1994, *The New Production of Knowledge: the Dynamic of Science and Research in Contemporary Societies*, London: Sage.
Gilland, Tony, 2005, "Trade War or Culture War? GM Debate in Europe," in Jon Entine, ed., *Let Them Eat Precaution: How Politics is Undermining the Genetic Revolution in Agriculture*, Washington DC: AEI Press.
Gordon, Richard and Linda Kimball, 1998, "Globalization, Innovation, and Regional Development," *Competition and Change*, vol.3.
Henderson, J. et al., 2002, "Global Production Networks and the Analysis of Economic Development," *Review of International Political Economy*, 9(3).
Hope, J. Elizabeth, 2004, "Open Source Biotechnology," Ph.D. Dissertation, Research School of Social Sciences and the Faculty of Law, The Australian National University, December 2004(http://opensource.mit.edu/papers/hope.pdf, 검색일: 2005년 5월 15일).
Jessop, Bob, 2002, *The Future of the Capitalist State*, Cambridge, UK: Polity.
——, 2004, "Multi-level Governance and Multi-level Metagovernance," in Ian Bache and Matthew Flinders, eds., *Multi-Level Governance*, Oxford: Oxford University Press.
Kenney, Martin, 1986, *Biotechnology: The University-Industrial Complex*, New Haven: Yale University Press.

Kitschelt, Herbert, 1991, "Industrial Governance Structure, Innovation Strategies and the Case of Japan: Sectoral or Cross-National Comparative Analysis," *International Organization*, 45(4).

Krimsky, Sheldon, 1998, "The Cultural and Symbolic Dimension of Agricultural Biotechnology," in Arnold Thackray, eds., 1998, *Private Science: Biotechnology and the Rise of the Molecular Sciences*, Philadelphia: University of Pennsylvania Press.

Leydesdorff, Loet, 1997, "The New Communication Regime of University- Industry-Government Relations," in Loet Leydesdorff and Henry Etzkowitz, eds., *Universities and Global Knowledge Economy: A Triple Helix of University- Industry-Government Relations*, London: Caswell.

May, Christopher, 2004, "Justifying Enclosure? Intellectual Property and Meta-Technologies," in S. Braman, ed., 2004, *Biotechnology and Communication: The Meta-Technologies of Information*, Mahwah, NJ: Lawrence Erlbaum.

Mytelka, Lynn K., 2000, "Knowledge and Structural Power in the International Political Economy," in Thomas C. Lawton et al. eds., *Strange Power: Shaping the Parameters of International Relations and International Political Economy*, Aldeshot, UK: Ashgate.

National Science Board(NSB), 2006, *Science and Engineering Indicators 2006*, vol.1. Arlington, VA: National Science Foundation.

Powell, W.W., 1998, "Learning from Collaboration: Knowledge and Network in the Biotechnology and Pharmaceutical Industries," *California Management Review*, 40(3).

Ryan, Michael P., 1998, *Knowledge Diplomacy: Global Competition and the Politics of Intellectual Property*, Washington DC: Brookings Institute.

Sell, Susan K., 2003, *Private Power, Public Law: The Globalization of Intellectual Property Rights*, Cambridge: Cambridge University Press.

Simon, Françoise and Philip Kotler, 2003, *Building Global Biobrands: Taking Biotechnology to Market*, New York: Free Press.

Strange, Susan, 1994, *States and Markets*, Second Edition, London: Pinter.

Thacker, Eugene, 2005, *The Global Genome: Biotechnology, Politics, and Culture*, Cambridge, MA: The MIT Press.

Thackray, Arnold, eds., 1998, *Private Science: Biotechnology and the Rise of the Molecular Sciences*, Philadelphia: University of Pennsylvania Press.

UNDP, 1999, *Human Development Report 1999*, New York: United Nations.

———, 2001, *Human Development Report 2001*, New York: United Nations.

U.S. Deparment of Commerce(DOS), 2003, *A Survey of the Use of Biotechnology in the U.S. Industry*, October.

Wong, Joseph, 2005, "Remaking the Developmental State in Taiwan: The Challenge of Biotechnology," *International Political Science Review*, 26(2).

Zweiger, G., 2001, *Transducing the Genome: Information, Anarchy and Revolution in the Biomedical Science*, New York: McGraw-Hill.

13
문화제국과 네트워크 지식국가

김상배_서울대학교

1. 머리말

최근 들어 한국의 대중음악과 TV드라마가 아시아 각국으로 활발하게 진출하면서 소위 한류(韓流)열풍이 불고 있다. 한국영화의 괄목할 만한 성장도 대내외적으로 자랑거리가 되었다. 게다가 온라인 게임이나 인터넷 커뮤니티의 성공은 디지털 문화산업에 대한 밝은 전망을 갖게 한다. 지난 식민지의 경험은 우리로 하여금 문화라고 하면 으레 방어적 이미지를 떠올리게 했다. 최근 문화개방에 대한 우리의 대응양식도 다분히 19세기적인 저항민족주의의 양상을 띠었던 것이 사실이다. 스크린쿼터를 둘러싼 최근의 논란도 이러한 저항적 태도의 대표적 사례이다. 그러나 겉으로는 요란한 시위를 벌이면서도 결국에는 구조적으로 밀려오는 기세에 눌려 부지불식간에 무너져버리곤 했던 일이 다반사였다. 이러한 맥락에서 볼 때 최근 한류의 성공은 일단 지난 세월 동안 한국문화가 보여준 수세적인 외양을 넘어서 적극적으로 그 기개를 펼치려는 시도라는 점에서 각별히 주목할 필요가 있다. 그렇다면 스크린쿼터 수호의 거리시위를 넘어서는 차원의 세련된 문화전략을 펼치기 위해서 앞으로 우리는 어떻게 해야 하는가?[1]

무엇보다도 21세기 문화전략의 대계를 고민하는 첫걸음은 빠른 속도로 변화하는 글로벌 문화산업 분야의 판세 읽기에서부터 시작해야 한다. 20세기 문화세계정치의 구조를 장악해온 세력은 지난 수십 년 동안 자신들의 문화권력을 확대재생산하는 정교한 시도를 계속하고 있기 때문이다. 이렇게 등장하고 있는 21세기 글로벌 문화권력은 기존의 문화권력과는 그 존재양식이나 작동방식의 측면에서 매우 다르다. 이 글이 최근 국제정치학계에서 한창 논의되고 있는 '제국'의 개념을 원용하여 21세기 문화세계정치를 이해하려는 것은 바로 이러한 이유 때문이다.[2] 21세기 문화권력은 근대국민국가의 경쟁과 대외적 팽창의 연속선상에서 본 소위 '문화제국주의(cultural imperialism)'[3]와는 달리 새로운 형태의 권력과 정치질서의 구성에 기반을 둔 '문화제국(cultural empire)'으로 이해할 수 있다. 마이클 하트(Michael Hardt)와 안토니오 네그리(Antonio Negri)가 말하는 '탈영토적'이고 '탈중심적'이며 '외부의 경계를 갖지 않는' 21세기 제국이 문화영역에서 등장하고 있는 것이다(Hardt and Negri 2000 · 2004).

이 글은 21세기 문화제국 등장의 핵심적인 요소로서 IT변수의 역할에

1) 한류열풍에 대해서는 최근 많은 연구들이 이루어지고 있다. 한류연구의 길잡이로는 조한혜정 외 2003; 장수현 외 2004; 유상철 외 2005 등을 참조. 한류를 포함한 한국의 미래전략에 대한 연구로는 평화포럼21 편 2005 참조.

2) 이 글에서 사용하는 제국개념에서 대해서는 최근 구미학계를 중심으로 활발한 논쟁이 진행되어왔다. 한국적 맥락에서 제국개념의 수용에 대한 논의는 박지향 외 2005 참조. 특히 정보화의 맥락에서 제국의 개념을 이해하는 분석틀로는 김상배 2005 참조.

3) '문화제국주의'에 대한 다양한 이론적 시각과 사례에 대한 소개를 겸한 연구서로는 Tomlinson 1991 참조. 커뮤니케이션과 문화제국주의에 대한 연구로는 Schiller 1969 참조.

주목한다. 실제로 최근 미국이 문화영역에서 제국으로 등장할 수 있었던 것은, 제2차세계대전 이래 첨단기술을 생산 · 활용 · 전파하는 '기술제국'의 토대를 구축할 수 있었기 때문이다(김상배 2005). 이러한 맥락에서 볼 때 IT변수가 어떠한 과정을 거쳐서 문화제국의 개념과 구체적으로 연결되느냐가 관건이 된다. 이 글이 주안점을 두는 부분도 바로 정보화시대의 기술변화가 문화의 생산 · 전파 · 공유의 메커니즘을 어떻게 변화시키고, 더 나아가 정체성이나 가치관 및 신념 등과 관련된 문화세계정치에 어떠한 영향을 미쳤는가의 문제이다. 또한 이 글의 목적 중의 하나는 이러한 문화세계정치의 변형과정에 관통하여 작동하고 있는 새로운 권력정치의 메커니즘을 분석적으로 밝히고, 이에 대응하는 '매력(魅力, soft power)'의 미래전략을 탐구하는 데 있다(평화포럼21 편 2005).

이 글은 21세기 문화제국의 부상을 미국 할리우드(Hollywood) 영화산업의 구조변동 사례를 통해서 파악하고자 한다. 할리우드는 19세기 말과 20세기에 걸쳐서 미국 문화패권의 상징으로 군림해왔으며, 20세기 후반에는 문화지구화의 추세와 더불어 미국의 '매력'을 전파하는 첨병으로서 자리매김하고 있다. 이러한 할리우드가 정보화시대를 맞이하여 구조변동의 소용돌이 속에서 실리우드(Siliwood)로 탈바꿈하고 있다. 실리우드는 지난 한 세기 동안 세계영화산업의 종주로 군림해왔던 할리우드의 스튜디오들이 최고의 기술을 자랑하는 실리콘 밸리의 IT기업들과 제휴하는 현상을 지칭한다. 그러나 실리우드는 IT산업과 단순한 기술적 결합의 수준을 넘어서는 좀 더 복합적인 정치 · 경제적 의미를 갖는다. 실리우드는 정보화시대의 새로운 영화산업 패러다임의 부상을 지칭하는 동시에 할리우드와 군산복합체의 결합과정에서 드러난 미국의 기술혁신모델을 엿보게 한다. 또한 실리우드는 정보화시대를 맞이하여 확대재생산되고 있는 미국 세계패권의 문화적 측면을 반영하며, 더 나아가 새로운 문화권력 개념을 바탕으로 부상하는 21세기 문화제국의 정치질서를 극명하게 대변한다(Hozic 1999 · 2001).

할리우드에 대한 기존 연구는 상당수가 진행되었다.[4] 그러나 이들 연구는 정보화시대의 도래를 주요 변수로 설정하지 않고 이루어진 것이 대부분이다. 또한 국제정치학적 시각에서 21세기 문화제국으로서 할리우드가 지니는 세계정치적 의미를 탐구한 연구도 매우 드물다. 특히 기존 연구들이 결여하고 있는 것은 입체적인 관점에서 이루어진 이론적 분석이다. 따라서 기존에는 단순 네트워크 형태로 이루어지던 문화의 생산 · 전파 · 소비과정에 IT변수가 개입하면서 변환의 과정을 겪고 있는 21세기 문화제국의 복합 네트워크를 제대로 포착할 수 없다. 이러한 맥락에서 이 글은 좀 더 가시적인 논의의 전개를 위해서 최근 물리학과 사회학 분야에서 발전하고 있는 네트워크 이론의 유추를 초보적인 형태로나마 도입했다.[5] 이러한 시각에서 파악된 실리우드는 대내적으로는 소위 포스트 포디즘(post-Fordism)을 넘어서는 집중과 탈집중의 복합 네트워크로, 그리고 대외적으로는 탈집중의 외양을 뒤집어쓴 집중의 네트워크, 즉 21세기 문화제국의 복합적 모습으로 나타난다.

이 글은 정보화시대 문화제국의 동학을 구체적으로 살펴보기 위해서 다음과 같이 구성되었다. 제2절과 제3절에서는 할리우드가 실리우드로 전환되는 산업구조의 변동과정과 그 과정에서 작동한 국가의 역할에 대해서 검토했다. 새로운 '산업모델' 또는 '산업패러다임'의 등장을 조장

4) 할리우드에 대한 연구서를 소개하면 다음과 같다. 할리우드의 영화산업사에 대해서는 Segrave 1997; Prince 2000; Schroeder 2002 등이 있으며, 할리우드의 산업구조변동에 대해서는 Gomery 1986; Wasko 1994를 참조할 수 있다. 특히 디즈니의 영화전략에 대해서는 Wasko 2001, 할리우드 영화산업을 정치표상이라는 차원에서 접근한 연구로는 Prince 1992, 할리우드와 전쟁과의 관계에 대해서는 Garofolo 2000; Der Derian 2001, 문화지구화의 맥락에서 본 할리우드 연구로는 Norris 2001; Miller et al. 2001; Barber 1995; Cowen 2002, 실리우드의 관점에서 본 할리우드 연구로는 Hozic 2001 등을 참조할 수 있다.

5) 네트워크 이론에 대한 개괄적 이해로는 Barabási 2002와 Urry 2003을 참조할 수 있으며, 또한 네트워크 이론의 국내 국제정치학계에 대한 소개로는 민병원 2004를 참조할 수 있다.

한 미국 영화산업 내의 동인과 IT변수에 주목했으며, 이러한 과정에서 작동한 소위 '미국형 네트워크 지식국가'의 역할을 살펴보았다. 제4절과 제5절에서는 이렇게 등장한 실리우드의 세계정치적 동학을 이익(interests), 제도(institutions), 관념(ideas)의 세 가지 측면에서 분석했다. 특히 할리우드의 세계영화시장에 대한 지배현황을 데이터를 통해서 이해하고, 할리우드의 문화패권을 강화하기 위해서 할리우드와 미국정부가 활용하는 제도적·관념적 메커니즘의 내용을 탐구했다. 제6절에서는 21세기 문화제국의 시각에서 실리우드의 문화권력을 해석하고 그 작동 메커니즘을 파악했다. 맺음말에서는 이 글의 논지를 종합·요약하고 21세기 문화세계정치를 헤쳐나가는 미래전략의 방향을 지식과 네트워크의 관점에서 간략히 제시했다.

2. 정보화시대 실리우드의 부상

정보화시대를 맞이하여 발생하고 있는 실리콘 밸리와 할리우드의 연합, 즉 실리우드의 부상을 제대로 이해하기 위해서는 할리우드 영화산업의 구조변동이라는 역사적 맥락에서부터 이야기를 풀어나갈 필요가 있다. 에이다 호직(Aida A. Hozic)에 의하면, 할리우드 영화산업의 역사는 ① 1920년대 중반에서 1950년대까지의 스튜디오 시기, ② 1960년대부터 1980년대까지의 현지촬영 시기, ③ 1990년대 이후의 실리우드 시기 등으로 구분된다(Hozic 2001). 이러한 시기 구분에서 기준이 되는 것은 할리우드의 양대 세력인 제작자와 배급업자 간의 역관계 변화와 산업구조의 변화인데, 이는 할리우드에서 '산업모델' 또는 '산업패러다임'의 변화를 의미한다(Kim and Hart 2001).

1920년대 중반부터 1950년대까지는 대량생산(mass production)과 수직적 통합(vertical integration)으로 대변되는 스튜디오 시기이다. 1910년대에 할리우드 제작자들은 이후 50여 년 동안 영화산업의 3대 축인 제작 · 배급 · 상영을 지배한 산업패러다임을 수립했다. 이는 '스튜디오 시스템'이라고 알려져 있는데, 자동차산업에서 유래한 포디즘(Fordism)을 영화의 생산과 판매에 적용한 것이었다. 스튜디오 시스템은 조립공정방식을 통한 영화의 대량생산과 산업구조의 수직적 통합을 바탕으로 8대 메이저 스튜디오가 시장을 지배하던 시기이다. 이들 8대 메이저 중에서 5개 스튜디오가 전체 박스 오피스 수입의 75% 이상을 통제했으며, 교묘한 배급망의 수립을 통해서 세계영화시장도 지배했다. 당시 메이저 스튜디오들은 소위 '스타 시스템'의 채택을 통해서 많은 관객들에게 어필할 수 있는 주연배우를 기용하여 흥행을 확실하게 보장하려는 전략을 택했다. 또한 일반적인 영화주제와 대중적 이야기 유형을 지향하는 '장르 시스템'을 고안하기도 했다. 요컨대, 이 시기는 스튜디오라는 지정된 공간 내에서 고도로 집중화된 생산을 통해 '규모의 경제'를 지향하는 시기로 요약된다(Hozic 2001; 신강호 1991).

1960년대부터 1980년대까지는 스튜디오를 벗어나서 현지촬영을 통해서 영화를 제작하던 분산생산(dispersed production)과 수평적 통합(horizontal integration)의 시기이다. 스튜디오 시기의 포디즘 모델이 해체되고 포스트 포디즘(post-Fordism)의 길을 걷게 되는 시기이다. 이전에는 모든 부문을 자체 생산하던 스튜디오들이 편집, 조명, 음향, 특수효과 등을 담당하는 독립 제작자들로 분리되면서, 영화산업은 수평적 통합의 형태를 띠게 된다. 또한 할리우드의 영화제작자들은 제2차세계대전이 끝날 무렵의 고용 불안과 불안정한 시장에 대한 대응책의 일환으로 현지촬영을 통한 '해외제작(runway production)'의 방식을 택하게 된다. 이러한 생산구조의 변형 및 공간적 확장은 제작자의 권력을 잠식했으며 배급업자(또는 배급업자와 투자자 및 에이전트의 연합)가 세력을 얻게 되는 계기를 마련했다. 할리우드가 생산자 주도에서 구매자 주도의 상품사슬(commodity chain)로 이행한 것이었다. 한편, 글로벌 차원에서는 배급업자들이 지적 재산권, 마케팅, 배급, 상영 등에 대한 통제를 활용하여 집중적 배급(centralized distribution)을 실현함으로써 소위 NICL(New International Division of Labour)모델이 구축되었다(Miller 2001; Hozic 2001; Wayne 2003; Lampel and Shamsie 2003; 신강호 1995).

1990년대 이후부터 현재까지는 IT를 활용한 특수효과의 도입으로 점차 복합적인 제작 · 배급방식이 출현하는 시기이다. IT도입에 따른 산업패러다임의 변화는 할리우드의 제작자와 배급업자 간의 오래된 갈등의 연속선상에서 이루어졌다(Hozic 1999: 293-294). 갈등의 근원은 1970~80년대에 배급업자들이 득세하면서 로열티와 라이선싱을 주요 수입원으로 하는 프랜차이즈 스타일의 거대 미디어 기업이 등장하면서 스타와 감독 및 작가들을 묶어서 영화를 제작하는 관행이 비롯되었다. 결과적으로 이러한 관행의 확산은 영화를 제작하는 비용을 크게 상승시켰다. 특히 이러한 상황은 독립 제작자들이 공정한 경쟁에서 제외되는 결과를 낳았는데, 독립 제작자들의 작품에 유명배우를 출연시키는 것은 구조적으로나 비용면으로나 거의 불가능하게 되었다. 따라서 독립 제작자들은 저렴한 촬영장소를 물색하고 노동조합을 회피하며 가능한 한 예산을 절감하는 데 지대한 관심을 갖게 되었다. 이러한 맥락에서 할리우드 제작자들은 특수효과에 다시 눈을 돌리게 되었던 것이다(Hozic 2001: 135).

할리우드 제작자들에게 있어서 특수효과와 디지털 기술은 여러 가지 면에서 매력적인 대안이었다. 특수효과는 변하기 쉬운 인물 캐릭터에 대한 의존이나 실감나는 제작을 저해하는 현실공간의 제약, 그리고 제작기간이나 촬영장소에서 발생하는 비용 등과 같은 고질적인 문제를 해결하면서 원하는 영화를 만들 수 있는 가능성을 의미했다. IT를 활용한 영화제작은 당시 다른 산업부문에서 그랬던 것처럼, 자동화된 공장

(automated factory)의 신화와 같은 것이었다. 1970년대부터 할리우드에서는 일군의 젊은 '이단자' 감독과 제작자들이, 그 당시에는 메이저 스튜디오들은 상대적으로 등한시하고 있던 특수효과기법을 활용하여 적은 예산으로 공상과학영화를 제작했다. 이러한 움직임은 특수효과를 활용한 영화의 효시로 인식되는 〈스타워즈〉와 〈ET〉를 제작한 조지 루카스(George Lucas)와 스티븐 스필버그(Steven Spielberg)에 의해서 주도되었다. 루카스와 스필버그가 취한 전략의 주요 요소는 스타를 기술과 특수효과로 대체함으로써 생산비용을 절감하고 배급과 라이선싱에 대한 권리를 배급업자들로부터 되찾아오는 데 두어졌다(김경욱 2002).

이렇게 해서 도입된 특수효과기법은 이후 실리우드의 부상으로 요약되는 산업구조 변동의 촉발제가 된다. 구체적으로 실리우드의 현상은 영화제작에 컴퓨터 그래픽스와 같은 특수효과가 도입되는 것으로 나타난다. 다시 말해, 영화제작과정에 컴퓨터에 의한 영상과 음향처리를 도입하는 디지털 영화가 출현한 것이다. 실제로 이러한 실리우드의 영향력은 세계적으로 대단한 것이어서 1980년대까지만 해도 IT특수효과는 일부의 영화에서 사용되었지만 이제는 국내외에서 흥행에 성공한 영화 중에서 이러한 특수효과를 사용하지 않는 영화가 없을 정도였다. 이러한 실리우드의 등장은 영화제작이나 보급양식을 바꾸어 놓고 있다. 특히 실리우드의 등장은 스토리 구상과 영화제작의 관계를 역전시켜 놓았다. 종전에는 특수효과를 만들 수 있을지를 따져보고 영화의 스토리를 구상했다. 그러나 지금은 IT의 도입으로 인해 어떤 효과이든 기술적으로 가능하게 되면서 영화제작자들의 구상은 날개를 얻었다. 물리적 또는 재정적 문제로 인하여 실제 촬영할 수 없는 장면이라도 컴퓨터 그래픽스를 활용하면 실현가능할 뿐만 아니라 현지 촬영에 못지않은 생생한 장면을 관객들에게 제공할 수 있게 된 것이다.

그런데 실리우드의 부상은 영화제작자들에게만 유리한 환경을 제공한 것이 아니었다. 디지털 기술은 영상정보 전송의 시공간적 제약을 허물었을 뿐만 아니라 다양한 미디어의 형태로 무제한 복제하는 것을 가능케 했다. 이러한 디지털 기술을 바탕으로 지난 시절 아날로그 배급망을 통제해왔던 할리우드의 배급업자들이 디지털 배급망을 구축하고 있는 것이다.[6] 예를 들어 IT의 도입은 극장에서만 즐기던 영상 콘텐츠의 통로를 다양화시키고 있다. 즉 영화가 개봉되면 동시에 TV와 비디오는 물론이고 CD롬 타이틀, 테마파크, 가상현실게임, 뮤지컬, 캐릭터 등이 홍수처럼 쏟아져 나온다. 원작을 다양하게 변형시켜서 시장을 공략하는 소위 '원 소스 멀티 유스(one-source multi-use)'의 전략이 보편화되고 있다. 요컨대 실리우드의 부상은 할리우드의 제작자와 배급업자의 역관계나 이를 반영하는 산업구조의 측면에서 이전의 시기들과는 상이한 복합적인 제작 · 배급방식의 출현을 촉발하고 있다.

3. 실리우드와 미국형 네트워크 지식국가

실리우드의 부상과정에서 흥미로운 것은 미국이 담당한 독특한 역할이다. 1990년대 실리우드의 형성을 보면, 특수효과 분야의 기술개발과 관련하여 할리우드와 군산복합체의 제휴가 발견된다. 이러한 할리우드와 군산복합체의 만남은 다소 예외적인데, 역사상 엔터테인먼트 산업이 군산복합체의 대리인이 되어 기술혁신에 나선 예가 없기 때문이다. 제2차세계대전 무렵부터 미 군부는 기초과학이나 IT분야에 막대한 방위예

6) 이에 대한 제작자들의 반격도 만만치 않다. 예를 들어 루카스가 최근 그의 스타워즈 시리즈인 〈스타워즈: 에피소드 II〉를 극장 상영관으로의 직접 전송이 가능한 디지털 카메라로 촬영한 것은 배급업자들의 디지털 배급망을 바이패스하려는 제작자들의 의도를 내보인 것이라고 한다(Hozic 2001: 138).

산을 투입하여 기술개발을 지원하고, 이렇게 생산된 기술을 재구매하는 등의 중요한 역할을 했다. 반도체 · 컴퓨터 · 소프트웨어 · 인터넷 등이 바로 이러한 초기 단계의 방위예산투자를 통해서 개발되었다. 이렇게 군용으로 개발된 IT분야의 기술이 민간으로 전용(spin-off)되는 과정에서 상용화되었다. 그렇지만 1980년대까지만 해도 할리우드는 R&D나 디지털 기술의 투자대상이 될 가능성이 없어 보였다. 그러던 것이 1990년대에 와서 미 군산복합체가 할리우드의 영화산업에 제휴의 손길을 내밀었던 것이다(Flamm 1987 · 1988).

그렇다고 1980년대 이전에 할리우드가 따로 기술혁신을 수행한 것도 아니었다. 실제로 영화산업과 기술의 관계는 가까우면서도 먼 사이였다. 영화산업이 안팎으로 위기가 닥칠 때마다 제작자들은 항상 기술혁신에 의존했지만, 기술혁신은 항상 스타나 흥미로운 시나리오의 값싼 대용품과도 같은 취급을 받아왔다. 마찬가지로 배급업자들도 기술을 그들이 통제할 수 없는 대상으로 인식했으며, 따라서 기본적으로 불신의 태도를 가지고 있었다. 간혹 흥행을 위해 컬러영화나 3차원 입체영화기술을 활용하는 정도였다. 제작자나 배급업자 모두 R&D에 투자하는 데에는 인색해서 1920년대 후반 유성영화가 도입된 이래 1980~90년대에 디지털 기술이 도입될 때까지 이렇다 할 기술발전은 없었다(Hozic 2001: 291-292).

그러한 와중에 영화 〈스타워즈〉의 신선한 시도가 할리우드와 군산복합체 간의 협력을 향한 길을 닦았다. 〈스타워즈〉의 판타지 기술이 보여준 속도와 전투기술 및 사이보그 등은 머릿속으로만 상상하던 정보전쟁(information warfare)의 진면목으로 보여주기에 충분했다. 미 국방성이 일부러 나서서 홍보하는 것보다 더욱 실감나게 걸프전이나 코소보전의 전투양상을 그려냈던 것이다. 특수효과기술을 매개로 하여 미국의 방위산업과 할리우드 영화산업 간의 이해관계가 맞아떨어지는 순간이었다. 실제로 할리우드 특수효과를 위해 사용된 컴퓨터 디자인과 상호 엔터테인먼트 분야의 기술은 기본적으로 군사목적을 위해서 개발되는 시뮬레이션 기술과 유사했다. 이러한 기술적 유사성은 실제 전투세계와 단순한 오락세계의 구분을 허물어버리는 효과를 가져왔다. 예를 들어, 오존 데이터를 모니터하는 시스템은 특수효과의 디지털 이미징에 사용되었고, 비행체험 시뮬레이터는 테마파크의 오락기구에 응용되었다. 또한 잠수함 소음 탐지기술은 음악 레코딩에 사용되었고, 미사일 발사연습에 사용되던 이미지 창출기술은 컴퓨터 게임 소프트웨어의 일부로 변형되었다 (Herz 2002).

1990년대 들어 이러한 기술의 연계는 미국정부에 의해서 적극적으로 지원되었다. 방위예산삭감 등으로 인해 시뮬레이션 기술개발이 난항을 겪게 되자 미국정부는 군사기술을 민간기술로 전환하기 위한 일련의 인센티브 장치를 마련했다. 그중에서도 가장 대표적인 것으로는 클린턴 행정부가 TRP(Technology Reinvestment Project)를 통해 민군겸용기술(dual-use technologies)을 개발한 사례와 미 상무성이 ATP(Advanced Technology Program)를 통해 정부와 산업 간의 파트너십을 강화한 사례를 들 수 있다. 1990년대 이전의 엔터테인먼트 산업에 대한 정부정책들이 시장질서를 유지하고 내용 규제를 강화하는 성격이었다. 그렇지만 이러한 프로젝트들은 할리우드에 대한 정부의 규제를 완화하는 차원을 넘어서 군사기술개발의 함의를 지닌 민간산업에 대한 지원을 강화하는 성격의 것이었다. 이는 할리우드의 전략적 가치에 대한 인식의 변화를 보여주는 것이기도 했지만, 당시 일본과의 기술경쟁에서 클린턴 행정부가 보여주었던 '산업정책'의 발상과도 관련이 크다(Hart et al. 2000).

그런데 여기서 유의할 점은 영화산업에 대한 미국정부의 정책에는, 다소 역설적으로 보이는 상이한 측면이 존재한다는 사실이다. 컴퓨터나 문화산업 분야에서 보여준 미국은, 국제경쟁력 강화를 위한 지원책을 펼치는 모습이 아니라, 시장경쟁의 유지를 위해서 독점기업을 규제하는 조절국가(regulatory state)이다(Kim and Hart 2001). 영화산업 분야에서도 미국정부는 할리우드의 포디즘적 구조를 해체하는 반독점정책을 펼친 바 있다. 1940년대 말까지만 해도 할리우드의 메이저 스튜디오들은 영화제작과 함께 광범위한 배급망을 보유하고 있었으며, 자신들이 제작한 영화의 상영을 위한 극장 체인도 소유하고 있었다. 그러던 것이 1948년의 파라마운트사에 대한 반독점판결에서 연방대법원은 영화산업의 독과점화를 막기 위해 스튜디오들이 제작과 흥행업을 동시에 할 수 없다는 판결을 내렸다. 그 후 메이저 스튜디오들은 극장 체인들을 매각해야 했고, 그 결과 미국 영화산업에서 상영부문은 독립하게 되었으며, 편집 · 조명 · 음향 · 특수효과 등을 담당하는 독립제작자들도 부상했다(Wayne 2003: 92-93; Scott 2004: 35). 요컨대, 미국정부의 반독점정책은 독립제작자들이 성장하는 토양을 제공함으로써, 원래 의도했던 바와는 상관없이 미국 영화산업의 발전을 촉진한 일종의 '산업정책' 효과를 창출했던 것이다.

이상의 할리우드와 실리콘 밸리 및 미국정부가 구성하는 미국 영화산업의 독특한 기술혁신 네트워크를 제임스 데어 데리안(James Der Derian)은 'MIME(military-industrial-media-entertainment) 네트워크'라고 개념화하고 있다. 그런데 이러한 MIME 네트워크의 작동을 이해하는 데 있어서 빼놓을 수 없는 것은 대학연구기관이 담당했던 역할이다. 이러한 맥락에서 데어 데리안은 미국 서던캘리포니아대학교의 ICT(Institute for Creative Technologies)의 사례를 들고 있다. ICT는 미육군, 실리콘그래픽스사, 파라마운트사 등이 참여하는 MIME 네트워크에서 전문가 · 기금 · 장비들을 결집하여 첨단 시뮬레이션 기술을 생산하기 위한 연구의 기능을 수행했다(Der Derian 2001: 161-162). 한편 에이다 호직은 이러한 기술혁신 네트워크의 존재를 소위 '디지털 연합(digital coalition)'에서 찾고 있는데, 이는 학술기관, IT부문, 연예인, 투자자, 정치인, 심지어는 히피 경력이 있는 대학 중퇴생까지도 포함되는 미국사회의 정치경제적 연합을 의미한다. 디지털 연합의 사례로서 호직이 들고 있는 것은 MIT(Massachusetts Institute of technology)의 미디어랩이다. MIT 미디어랩은 디지털 기술을 무미건조한 군사적 · 산업적 존재로부터 생활에 필수불가결한 오락적 존재로 탈바꿈하는 연구를 진행했다(Hozic 2001: 302).

요컨대, 실리우드의 부상을 뒷받침한 산업모델은 집중과 탈집중의 복합 네트워크이다. 실리우드의 모델을 가시적으로 표현해보면, 〈그림 13-1〉에서 보는 바와 같이, 멀티 허브형 네트워크(multi-hub network)와 모노 허브형 네트워크(mono-hub network)의 복합모델로 유추해볼 수 있다. 미국 영화산업의 기저에는 독립제작자들과 대학 및 연구소 등으로 구성된 수평적 멀티 허브형 네트워크가 존재한다. 이들 수평적 네트워크는 자유롭고 혁신적인 방식으로 기술과 문화를 생산하고 전파한다. 그러나 이러한 수평적 네트워크가 제대로 작동하기 위해서는, 집중의 네트워크 역할을 담당하는 '조정자'가 필요하다. 이러한 맥락에서 할리우드의 배급업자들이 IT를 매개로 하여 만들어내고 있는 디지털 배급망은 국내외적으로 이러한 모노 허브형의 조정자 역할을 담당했다. 또한 미국정부

〈그림 13-1〉 네트워크의 세 가지 유형

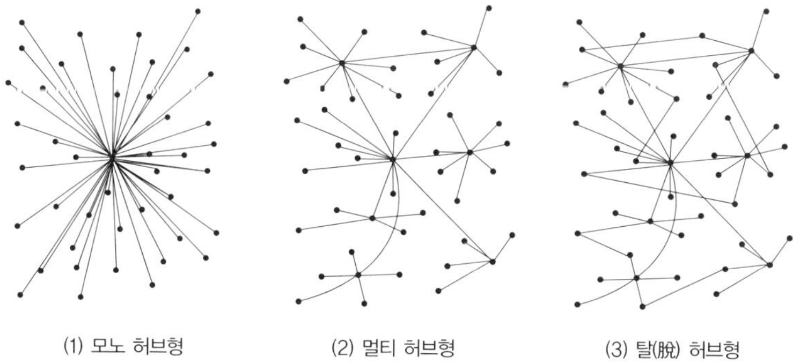

출처: Baran(1964)에서 응용하여 재구성.

도 첨단기술개발에 따른 리스크를 감당하는 '지원자'의 역할과 동시에 영화산업에 게임의 룰을 부과하는 조정자(또는 규제자)로서의 이중적 역할을 담당했다. 이러한 과정에서 할리우드를 둘러싸고 미국의 국내체제에서 발견되는 것은 '지식'을 매개로 하여 다양한 행위자들을 독특한 네트워크로 엮어내는 '미국형 네트워크 지식국가'의 모습이다.

4. 실리우드의 글로벌 문화패권

제2차세계대전 이후 유럽과 일본영화에 밀려서 뒷전으로 밀려났던 할리우드가 1990년대에 이르러 실리우드의 등장에 힘입어 화려하게 부활하고 있다. 1995년 이래 할리우드는 미국 캘리포니아 남부에서 항공·방위산업을 누르고 가장 많은 고용을 창출하는 산업으로 부상했으며, 세계경제를 선도하는 부문으로 탈바꿈했다. 이제 할리우드는 영화와 TV 시리즈로부터 테마파크, 특수효과, 미용상품, 장남감 등에 이르기까지 모든 제품을 생산하는 글로벌 멀티미디어 산업의 엔진으로서 재등장한 것이다. 이러한 할리우드의 위력은 1990년대와 2000년대 초에 걸쳐서 나타난 할리우드의 세계영화시장 점유율에서 잘 드러난다. 세계 주요 10개국의 영화산업 규모를 보면, 〈표 13-1〉에서 보는 바와 같이, 미국은 1999년부터 2003년까지의 5년간 평균 시장규모가 약 290억 달러에 달하는데, 이는 10개국 중에서 58.8%의 점유율이며, 세계시장 전체로 보아서는 46.9%의 점유율에 달한다. 2위를 차지하고 있는 일본의 세계시장 점유율이 10.2%임을 감안하면 미국은 세계영화산업에서 압도적인 지위를 차지하고 있다고 평가할 수 있다.

할리우드는 영화산업의 초창기부터 해외시장을 공략해왔는데, 제2차세계대전 이후 그 수출액이 크게 증대되었다. 특히 할리우드의 매출액에서 해외시장이 차지하는 비중은 지난 10여 년 동안 급속히 증대되어 오늘날 약 50%의 매출액이 수출을 통해서 발생하고 있다. 비슷한 기간 동안 미국 내 영화시장에서 주요 영화사들이 기본 생산비용도 충당하지 못하고 있는 현실과 크게 대비된다(Scott 2004: 37). 〈표 13-2〉에서 보는 바와 같이, 1986년 미국영화의 해외매출액은 16억 2800만 달러로서 59억 7000만 달러의 국내매출액에 크게 못미쳤다. 1998에는 미국영화의 해외매출액은 68억 2100만 달러에 달해서 68억 7700만 달러를 기록한 국내매출액과 거의 맞먹었다. 2001년에 이르면 미국영화의 해외매출액은 93억 400만 달러로서 84억 1300만 달러의 국내매출액을 능가하게 된다.

〈표 13-1〉 주요국의 영화산업 규모 비교(단위: 백만 달러, %)

국가	시장규모 평균 (1999~2003년)	10개국 중 점유율	세계시장 점유율
미국	29,073	58.8	46.9
일본	6,313	12.8	10.2
영국	4,269	8.6	6.9
프랑스	3,927	5.6	4.4
독일	2,053	4.2	3.3
이탈리아	1,100	2.2	1.8
스페인	1,099	2.2	1.8
한국	1,068	2.2	1.7
호주	988	2.0	1.7
인도	708	1.4	1.1

출처: 유상철 외 2005: 192.

〈표 13-2〉 할리우드 영화의 국내외 매출액(단위: 백만 달러)

구분	1986	1991	1996	1998	2001
해외매출액	1,628	2,400	5,290	6,821	9,304
국내매출액	5,970	–	–	6,877	8,413

출처: US Bureau of Economic Analysis, *Survey of Current Business*; Scott(2004) pp. 53–54와 Miller(2001) p. 4에서 응용하여 재작성.

PWC(Price Waterhouse Coopers)에 의하면, 2004년까지 할리우드는 약 140억 달러의 해외매출액을 올릴 것으로 예측되었다(Miller et al, 2001: 5). 한편, 증가율 측면에서도 국내매출액은 1986년의 59억 7000만 달러에서 2001년의 84억 1300만 달러로 0.7배 증가한 데 비해, 해외매출액은 1986년의 16억 2800만 달러에서 2001년의 93억 400만 달러로 5.71배나 증가했다(Scott 2004: 53).

이러한 할리우드의 영화매출 현황에서 흥미로운 것은 수출의 대부분이 유럽 국가로 이루어지고 있다는 점이다. 〈표 13-3〉에서 보는 바와 같이, 1986년과 2001년 사이의 세계 주요 대륙별 할리우드 영화수출 현황을 보면, 전체 영화의 60%가 넘는 부분이 유럽으로 수출되었다. 그중에서도 영국 · 독일 · 네덜란드가 36.7%의 할리우드 영화를 수입함으로서 큰 비중을 차지하고 있다. 유럽의 비중이 이렇게 높은 것은 언어적 · 문화적 유사성에서 기인하는 바가 크다. 한편, 아시아 · 태평양 지역에서 할리우드 영화에 대한 수입이 1990년대에 걸쳐서 소강상태를 보이거나 다소 줄어들고 있는 것도 흥미로운 부분이다.

〈표 13-4〉에서 보는 바와 같이, 미국은 해외 각국의 국내시장에서 과반수 이상의 점유율을 보이고 있으며 몇몇 나라에서는 3분의 2가량의 점유율을 보이는 경우도 있다. 이러한 통계는 할리우드가 다른 나라들과는

〈표 13-3〉 할리우드 영화의 대륙별 수출현황(단위: %)

수출국	1986	1991	1996	2001
유럽	60.3	66.5	64.9	62.8
아시아 · 태평양	22.1	18.3	19.3	17.1
북남미(미국 제외)	17.9	12.5	13.0	16.9
아프리카	–	1.0	1.2	1.0
중동	–	0.5	0.8	1.1

출처: US Bureau of Economic Analysis, *Survey of Current Business*; Scott(2004)p. 54에서 응용하여 재작성.

〈표 13-4〉 각국의 국내 영화시장의 현황(2000)

국가	영화 생산편수	총관객수 (백만 명)	총수입액 (백만 달러)	자국영화 점유율(%)	미국영화 점유율(%)
미국	460	1420.1	7661.0	96.1	-
일본	282	135.4	1585.3	31.8	64.8
영국	90	142.5	941.2	19.6	75.3
프랑스	204	165.5	821.3	28.9	58.3
독일	75	152.5	463.5	9.4	81.9
이탈리아	103	103.4	258.1	17.5	69.5
스페인	98	135.3	297.1	10.1	82.7
호주	31	82.2	401.0	8.0	87.5

출처: *CNC Info*, 283(Paris: Centre National de la Cinematographie, 2002), Scott(2004) p. 55에서 재인용.

비교가 되지 않을 정도의 막대한 예산을 들여 영화를 제작하고 있지만, 동시에 상이한 문화를 배경으로 한 관객들의 구미에 강력히 어필하는 콘텐츠를 제공하는 능력도 지니고 있음을 보여준다. 물론 미국의 다국적 기업들이 보유하고 있는 전 세계 영화 배급망도 이러한 결과를 낳는 데 기여했다.

이러한 할리우드의 양적 · 질적 우위와 지구적 배급망의 존재 등을 고려할 때 가까운 시일 내에 할리우드의 세계영화시장에 대한 지배력이 줄어들 조짐은 보이지 않는다. 오히려 〈표 13-5〉에서 보는 바와 같이, 전 세계의 거의 모든 국가들이 지난 25년 동안 할리우드 영화에 대한 수입률을 계속해서 늘려오고 있다. 예를 들어 자국 영화산업의 보호에 남다른 관심을 보이고 있는 프랑스조차도 1980년의 32.2%에서 1995년에는 57.0%로 수입률 증가를 보이고 있다. 따라서 할리우드가 예술적 · 상업적으로 매력적인 영화를 제작하여 공급하는 한 당분간 미국이 세계영화시장에 대한 최대 수출국으로서의 지위를 지킬 가능성이 매우 크다고 전망된다(Wayne 2003: 90). 이러한 글로벌 문화산업에서 할리우드의 지위는 앞서 제시한 〈그림 13-1〉의 모노 허브형 네트워크에서 허브의 역할에

〈표 13-5〉 할리우드로부터 수입한 세계 각국의 영화수입률(괄호 안은 연도/연차)

국가	1990년대 이전 수입률(%)	1990년대 중반 수입률(%)	해당기간 내 증가율(%)
그리스	31.8(1970)	75.7(1993)	138.0(23년)
독일	60.5(1990)	68.5(1995)	13.0(5년)
멕시코	40.1(1970)	59.3(1995)	47.0(25년)
베네수엘라	40.4(1975)	80.1(1993)	98.0(18년)
불가리아	6.8(1985)	88.7(1995)	1204.0(10년)
오스트리아	29.3(1970)	58.9(1995)	101.0(25년)
이스라엘	35.7(1970)	80.3(1993)	124.0(23년)
이탈리아	51.7(1970)	57.7(1994)	11.0(24년)
키프로스	27.9(1970)	88.8(1995)	218.0(25년)
포르투갈	27.7(1971)	63.1(1993)	127.0(22년)
프랑스	32.2(1980)	57.0(1995)	77.0(15년)
홍콩	32.8(1980)	65.5(1995)	99.0(15년)

출처: Wayne 2003: 91.

해당된다고 할 것이다.

그렇다고 할리우드의 문화패권에 대한 도전이 아예 없는 것은 아니다. 문화지구화의 추세가 확산되면서 유럽이나 일본을 배경으로 한 대규모 미디어 다국적 기업들의 부상과 함께 세계문화산업의 지평은 상당히 복잡해지고 있다. 이들 다국적 기업 중의 일부는 미국 내의 영화, TV, 음악, 출판, 기타 문화산업 분야에서 상당한 지분을 획득하고 있다. 따라서 당분간 할리우드의 영화산업은 양적 · 질적 측면에서 대적할 적수를 찾기 어려울 것이지만, 그렇다고 할리우드의 리더십이 자동적으로 마냥 계속되리라고 보장할 수도 없다. 실제로 할리우드의 자국 영화시장 침투에 대한 반발로 반대운동을 펼치는 나라도 있고, 여기에 정부가 가세하여 스크린쿼터 제도를 운영하는 나라들도 있다. 아마도 할리우드에 대한 가장 큰 위협은 영화에 대한 세계 관객들의 선호구조가 바뀌는 상황일지도 모른다(Dowmunt 1998).

5. 할리우드의 세계정치적 동학

이러한 상황에서 할리우드의 시장지배를 방어하기 위한 정치적 · 제도적 메커니즘이 국제적 차원에서 작동하고 있음에 주목할 필요가 있다. 지구화가 가속화됨에 따라 미국정부는 전 세계에 대해서 상품과 서비스의 자유무역을 증진하기 위해서 공세적으로 대응하고 있는데, 이는 직접적 · 간접적으로 할리우드에 이득을 안겨준다. 실제로 할리우드 영화의 자유무역을 보장하는 국제 레짐의 수립을 위해 미국정부는 할리우드를 전폭적으로 지원해왔으며, 외국 정부에 대해 문호개방의 압력을 넣어왔다. 앨런 스콧(Allen J. Scott)에 의하면, "제2차세계대전 이래로 할리우드의 이해관계와 워싱턴의 목적은 이데올로기 전선에서는 마찰이 있었을지라도 적어도 경제전선에서는 지속적으로 일치해왔다"고 한다(Scott 2004: 55). 이러한 점에서 볼 때, 현재와 같은 영화산업의 글로벌 분업질서, 즉 NICL 하에서 할리우드의 시장지배를 강화하는 최대의 제도적 메커니즘은 GATT(General Agreement on Tariffs and Trade)와 그 뒤를 이은 WTO(World Trade Organization)라고 할 수 있다(Drake 1992).

이러한 서비스 분야 자유무역 레짐의 형성과정에서 할리우드 영화산업의 이해관계가 미국정부를 경유하여 반영되었다. 특히 할리우드의 대변인이자 로비스트 역할을 한 MPAA(Motion Picture Association of America)의 역할에 주목할 필요가 있다. MPAA는 할리우드 영화의 수출을 촉진하는 임무를 기본으로 하여 지적 재산권을 보호하고 해외시장에서 할리우드의 일반적 이익을 향상시키는 일들을 수행했다. MPAA는 자유무역의 독트린을 공세적으로 설파해왔는데, 1993년 GATT 협상과정에서 음향 및 영상 서비스 무역과 관련하여 미국과 유럽(특히 프랑스)의 국가들이 대립했을 때 활발한 장외활동을 펼치기도 했다. 당시 미국은 우루과이라운드에서 영상 · 음향 서비스 부문의 완전자유무역을 관철시키려고 했다. 그러나 문화적 예외(cultural exception)를 주장하고 각국의 선호에 따라 무역에 대한 제한을 허용하자는 유럽의 반대에 부딪혔다. 결국 이 문제는 차후 국가간 협상문제로 남게 되었다(Scott 2004: 56).

이렇게 GATT 협상과정에서 스크린쿼터를 포함한 문화산업 보호장치의 철폐를 완벽하게 관철시키지 못한 미국은 개별국가와의 양자투자협정(BIT)을 통해 이의 철폐를 요구하는 경로를 밟는다. 문화논리에 입각한 일부 국가들의 방어적 태도가 잠재적으로 최대 걸림돌로 인식되면서 미국정부는 일부 국가의 소위 스크린쿼터를 무력화시키는 것이 순조로운 전략 수행을 위한 급선무라고 인식했던 것이다. 실제로 BIT의 미국측 표준문안 제6조에서는 "체약국들이 협정 적용대상 투자의 조건으로서 일정 수준 또는 비율 이상의 국내 부품 사용, 국내산 재화 또는 용역의 구매, 사용 또는 선호를 부여할 수 없도록" 규정하고 있다(김미현 외 2003). 이를 근거로 미국정부는 한국과 같은 국가들과의 양자투자협정을 체결하는 과정에서 자국 문화상품 보호장치를 인정하지 않는 전략을 사용했던 것이다.

이러한 갈등은 일견 단순한 정치 · 경제적 충돌로 볼 수도 있지만, 그 본질적인 내용은 문화 · 정치적 충돌의 성격이 강하다. 문화상품의 자유무역을 반대하는 측은, 곡물이나 석탄과는 달리 문화상품은 자아나 정체성 및 의식 등의 문제와 밀접하게 관련되어 있기 때문에 단순히 경제적으로 접근해서는 안 된다고 한다. 따라서 각 사회의 조건에 맞는 대응방식이 필요하며 이는 그 사회의 문화주권적 관할사항이라고 주장한다(Scott 2004: 56-57). 이에 비해 미국정부와 MPAA가 전파하려는 관념은 문화상품의 국제무역은 가능한 한 개방되고 자유로운 방식으로 이루어져야 하며 어떠한 제약도 두지 말아야 한다는 것이다(Miller 2001: 36). 이러한 입장에 의하면, 소위 문화주권을 주장하는 목적은 비효율적이고 경쟁력이 없는 문화산업을 보호하려는 데 있을 뿐이며, 이러한 논리에 의해서 양질의 '글로벌 문화'를 소비할 수 있는 소비자들의 권리만이 피해를 본다는 것이다. 요컨대, 문화상품의 자유무역이라는 논리를 앞세운 신자유주의적 가치관을 부과하려는 문화세계정치의 과정이 아닐 수 없다(Volkmer 1997).

실제로 이러한 문화상품의 수출에 항상 따라다니는 것은 미국적 가치관이다. 지구적으로 확산되는 실리우드의 생산물에 담기는 내용을 살펴보면, 이는 진정한 의미의 '글로벌 문화'라기보다는 코카콜라, 맥도널드, 디즈니, 스타벅스 등으로 상징되는 미국의 대중문화를 근간으로 하고 있다. 다시 말해, 글로벌 미디어의 지구화에 힘입어 등장한 소위 '맥월드(McWorld)'에서 유통되는 지배적인 논리는 미국적 가치와 문화규범에 맞추어 세계 각 지역의 문화를 재구성하려는, '글로벌 스탠더드'의 확산 메커니즘이다(Barber 1995). 그런데 문제는 이러한 문화세계정치 분야 글로벌 스탠더드의 실체가 '아메리칸 스탠더드'라는 데 있다. 다시 말해 문화세계정치의 영역에서 스탠더드를 설정하고 전파하는 메커니즘을 통해서 문화수입국에 사는 사람들의 가치관과 정체성이 문화수출국의 의도에 맞추어 변형되는 세계정치의 현상이 실리우드의 전파에서 발생한다는 것이다. 정보화시대를 맞아 기술 · 정보 · 지식이 가지는 다층적 권력으로서의 함의를 실감케 하는 대목이다(라모네 2002).

그렇다면 실리우드가 겉으로 드러내지 않으면서도 집요하게 설파하려는 미국적 가치의 내용은 무엇인가? 할리우드 영화가 옹호하는 지배적 가치는 개인주의(자아 신뢰와 정부에 대한 불신), 자본주의적 가치(자유경쟁과 적자생존), 가부장적 제도(남성의 지배적 역할과 여성의 부차적 지위) 등으로 대별해볼 수 있다(김지석 1991 ; 김성곤 2003). 1970년대 후반부터 등장한 영웅은 인디애나 존스나 루크 스카이워커와 같은 철저한 개인주의자의 특성을 지니고 있다. 이러한 영웅들은 대체로 자유주의적 기업가, 전사, 가부장적인 모습을 보인다. 즉 기업가는 보다 많은 부의 축적을 위해 세금감축과 자유로운 시장경제를 요구하고 아울러 군국주의를 부추겨 이익을 보는 전사가 되는 것이다. 이런 점에서 보면, 스타워즈 시리즈는 신보수주의의 이념, 즉 개인주의, 엘리트에 의한 통솔, 정부통제로부터의 자유 등이 가장 뚜렷하게 드러나는 작품이다. 이러한 흐름은 1980년대 '강력한 미국'의 재건을 부르짖는 레이건 행정부의 신냉전 이데올로기와도 맞아떨어진다(김지석 1991: 67).

이런 흐름은 1990년대에 들어 형태를 날리하며 재생산된다. 1970년대 말과 1980년대 초에 등장한 루카스의 〈스타워즈〉 3부작이 냉전이라고 하는 국제정치적 상황에서 '악의 제국'과 대결하는 '선의 제국'의 이미지를 영상으로 표출했다면, 실리우드의 현상을 바탕으로 1999년에 제작·개봉된 〈스타워즈: 에피소드 I〉은 탈냉전시대의 무역전쟁에서 미국의 상업적 이익을 위협하는 일본과 중국의 보호무역주의, 침략과 인권침해의 만행 앞에서도 무기력한 UN, 민주주의에 내재하고 있는 취약성 등을 겨냥하고 있다는 점이 다를 뿐이다. 결과적으로 엄청난 자본과 기술을 바탕으로 IT 특수효과로 포장된 실리우드의 생산물들은 한때 쇠퇴하는 것으로 보이던 미국의 세계패권을 더욱더 교묘한 형태로 재생산하는 이데올로기적 장치로서의 일익을 담당한 것으로 평가된다. 그런데 더욱 교묘한 것은, 다음 절에서 살펴보는 바와 같이, 이러한 패권의 이데올로기를 관객이 거부감 없이 받아들이도록 하기 위한 기법으로서 관객을 수동적으로 만드는 환상주의라는 이데올로기가 복합된다는 점이다.

요컨대, 실리우드의 등장은 기술의 우위가 문화의 지배로 전환되는 정보화시대 문화세계정치의 단면을 극명하게 보여준다. 다시 말해 실리콘밸리의 지원을 받은 할리우드는 종래에 행사해온 '매력'의 메커니즘을 정교화시키면서 미국의 글로벌 문화패권을 재생산하고 있다. 물론 할리우드 영화를 통해서 미국의 정치군사적 패권을 정당화하고 미국의 다국적 기업들의 자본축적과정을 효율적으로 뒷받침하는 이데올로기가 전파된다는 주장은 그리 새삼스러운 것은 아니다. 그렇다고 미국의 영화산업이 미국정부의 무역정책상의 지원을 받는 것은 사실이지만 할리우드가 정부의 지시를 받고 움직이는 것도 아니다. 그러나 할리우드가 영화를 통해 전파하는 가치들이 이기심, 탐욕, 폭력 등 미국패권주의와 자본주의적 팽창주의가 추구하는 가치들과 상충되지 않으며 때로는 동조적인 것이 사실이다. 그야말로 스트레인지(Susan Strange)가 말하는 '초국가적 제국(transnational empire)'의 '구조적 권력(structural power)'을 연상케 하는 대목이다(김상배 2004). 아울러 〈그림 13-1〉에서 논한, 모노 허브형 네트워크가 탈 허브형 네트워크의 외양을 뒤집어쓰고 행세하는 모습을 유추해보게 하는 대목이기도 하다.

6. 21세기 문화제국의 정치질서

실리우드의 부상은 미국영화산업의 구조변동을 야기하고 세계영화시장에서 할리우드의 위상을 강화시켰을 뿐만 아니라 세계정치에서 미국의 패권이 확대재생산되는 과정에까지 연결된다. 일차적으로 실리우드의 등장은 '실력(實力, hard power)'을 중심으로 한 미국의 군사적·경제적 지배에 대한 논의를 '매력'을 기반으로 하는 문화와 엔터테인먼트의 문제로 옮겨놓았다(Nye 2004). 21세기 미국의 '매력'을 전파하는 천병으로서의 실리우드는 미국의 패권을 재활성화하고 재투사하는 데 성공적으로 기여했다. 그렇다면 실리우드는 어떠한 방식으로 미국의 패권을 부활시키고 재구조화했는가? 만약에 전통주의자들이 말하는 차원의 문화권력으로서만 실리우드가 부상했다면, 머리말에서 언급한 대로, '21세기 제국'을 거창하게 거론할 필요가 없을 것이다. 실리우드가 던지는 세계정치적 의미는 할리우드의 안과 밖에서 맞물리면서 선보이고 있는 새로운 권력현상의 연속선상에서 파악되어야 한다. 이러한 관점에서 볼 때, 실리우드의 부상은 할리우드의 세력구도와 경쟁력을 변화시키는 데에서 더 나아가 근대적 정치질서의 내용을 변화시키고 있는 것으로 판단된다.

실리우드의 권력현상을 논하는 데 있어서 미국의 패권이 재구성된다는 논의는 단순히 '사적 권력'과 경계가 구분되는 '공적 권력'으로서의 '국가 권력'의 확장을 의미하는 것이 아니다. 실리우드의 권력에 대한 논의에서 오히려 중요한 것은 실리우드 현상과 병행하여 '정치'의 개념과 '정치적 권위'의 성격이 변화하고 있다는 점이다. 다시 말해, 실리우드의 등장은 우리가 정치적 문제라고 생각하는 것과 그렇지 않다고 생각하는 것에 대한 정의를 바꾸고 있다. 전통적으로 패권의 생산이 경제로부터 정치의, 그리고 사적 이익으로부터 공공이익의 추상화와 객관화의 계속적인 과정을 통해서 이루어졌다면, 실리우드의 부상으로 인해 등장하는 새로운 '미디어 공간'은 정치에 대한 우리의 관념을 사유화(privatize)시키고 있다. 이러한 점에서 판타지의 생산이 지니는 권력적인 의미가 중요하다.

실제로 세계정치에서 미국과 실리우드의 권력은 새로운 사고공간의 구성과 판타지를 조직하는 능력에 크게 의존해왔다. 실리우드가 정치적이고 권력적이라는 의미는 실리우드가 국가, 대통령, 군부와 친하다거나 이들을 위한 일류급의 선전을 담당한다는 뜻이 아니다. 실리우드의 권력적 의미는 실리우드가 현실과 판타지의 경계에서 대안적인 공간과 역사를 창출할 수 있기 때문이다. 다시 말해, 실리우드가 조직화된 '공공 판타지(public fantasy)' 그 자체인 것이다(Hozic 1999: 304-305; 김지석 1991: 63). 이렇게 판타지를 구성하는 권력의 요체는 쟁점이 되는 문제로부터 주위를 다른 곳으로 분산시키고, 토론해야 할 문제를 감추는 능력에 달려 있다. 이러한 판타지주의는 미국의 지배 이데올로기를 포장한다. 실리우드의 영화 속에 등장하는 영웅과 폭력에 대한 심취는 판타지 형식을 빌려 미국의 지배 이데올로기를 교묘히 은닉한다. 실리우드 영화의 지배 이데올로기는 직접 이야기되지 않는다. 흔히 말하길, 할리우드의 영화가 '현실의 반영' 이라지만 더욱 조심해야 할 것은 실리우드 영화가 만들어 내는 '반영의 현실' 이다. 다시 말해 실리우드가 창출하는 것은 또 하나의 '초현실(hyperreality)' 이다(Baudrillard 1988).

실리우드의 판타지 권력은 담론적으로나 공간적으로 부르주아적 패권의 전제조건으로서 인식되어온, 공공문제와 사적 문제, 정치와 경제, 일과 오락의 구분을 희미하게 하면서 작동한다(Hozic 1999: 289). 실리우드의 권력은 기존 권력의 경계선을 허무는 능력에 의존한다. 이러한 경계 허물기는 궁극적으로 '권위의 사유화(privatization of authority)' 로 귀결된다. 예를 들어 할리우드는 미국이 패권을 다시 활성화시키는 과정에서 공공문제에 대한 사적 해법을 제공하는 가장 강력한 국가기구로 인식되었다. 또한 사유화된 공적 공간의 등장과 함께 발생하는 것은 명확하게 구분되어지던 사적 공간의 상실이다. 호직은 이렇게 등장하는 새로운 공간을 피터 테일러(Peter Taylor)의 은유를 원용하여 '위안지대(comfort zone)' 라고 부르고 있다(Hozic 2001). 결국 패권을 유지하는 데 있어서 중요한 것은 평범한 소비자들을 위한 위안지대의 창출을 염두에 두고 공적 공간과 사적 공간을 독특하게 분리하고 동시에 통합해내는 것이다.

정보화시대에 이러한 위안지대의 사례로서 사이버공간은 매우 중요한 의미를 지닌다. 사이버공간은 '시공간의 압축(time-space compression)' 을 바탕으로 집단적으로 상상해낸 매트릭스 공간이다(Harvey 1990; Gibson 1984). 할리우드는 이러한 사이버공간을 창출함으로써 글로벌 신경제에서 미국의 패권을 재창출하는 데 기여했다. 공(公)과 사(私)의 경계가 허물어진 사이버공간에서 실리우드는 정치의 본질을 변화시키고, 아직 경험해본 적이 없는 형태의 사회정치적 갈등의 영역으로 세계를 인도한다. 이러한 과정에서 재건되는 미국의 패권은 홈쇼핑과 주문형 비디오의 형태로 안방의 TV로 침투하고 인터넷상의 전자상거래와 동영상의 형태로 밀려온다. 이러한 과정에서 노동과 비즈니스의 공적 영역은 엔터테인먼트와 오락 및 편의성의 이름으로 위장하여 '사적 생활의 공간(the sphere of private life)'으로 은밀히 침투하고 있는 것이다(Hozic 2001: 300; Barber 1995: 88-99).

이러한 새로운 정치공간의 출현과정에서 재구조화된 미국의 패권은 어디에 존재하는가? 실리우드에 대한 논의에서 미국이라는 절대적 중심은 어딘가에 사라져버린 것이 아니라 그 자체가 지구적 제국의 형태로 스며드는 형태로 작동한다. 예를 들어, 재구조화된 미국의 패권은 인터넷상의 전자상거래와 전자금융 또는 사이버 정보교류 등과 같이 태생적으로 초국적인 메커니즘을 지니는 부문에서 신자유주의의 얼굴로 자신을 발현한다. 미국문화의 지배 아래 지구적 대중문화가 만들어지고 있다고 하면서도 미국의 패권은 전 세계의 문화적 차이를 파괴하지 않고 오히려 의존하려 든다. 다시 말해 실리우드의 문화권력은 문화적 차이의 인식을 전제로 하여 미국의 세계관에 따라 형성되고 있는 모든 것을 덮는 듯 큰 틀 안에서 그것들을 흡수한다. 바로 이러한 점이 실리우드를 무경계의 문화제국이라는 개념을 통해서 이해하려는 시도의 핵심이다(이와부치 고이치 2004: 54).

그렇지만 실리우드의 정치질서에서 아무리 물리적 경계가 허물어진다고 해도 관념적 · 논리적 경계는 존재한다. 지배하려는 측의 물리적 중심은 보이지 않지만, 그러한 지배 메커니즘에 의해 지배당하는 측이 있는 한 실리우드라는 문화제국의 '논리적 중심'은 엄연히 존재한다. 실리우드의 생산품이 아무리 그럴듯한 '매력'으로 포장되어 무소부재(無所不在)의 네트워크를 타고 확산되더라도, 그 출발은 문화의 생산자와 소비자의 위계적 관계를 전제로 한 '실력'의 메커니즘이다. 〈그림 13-1〉에서 예시한 네트워크 유추로 돌아가면, 탈 허브형 네트워크의 이면에서 모노 허브형 네트워크가 교묘하게 몸을 숨기고 작동하고 있는 모델을 연상하게 된다. 다시 말해 실리우드가 보여주는 네트워크는 기술과 문화의 생산을 담당하는 '비대칭적 중심'이 있는 모델이다. 이러한 실리우드의 현상에 국제정치학자들이 관심을 기울여야 하는 이유는 다름 아니라 실리우드를 통한 문화의 생산과 전파가 우리의 생활에서 발휘하고 있는 막대한 위력 때문이다.

7. 맺음말

이 글은 실리우드의 부상으로 대변되는 정보화시대 문화제국과 네트워크 지식국가의 세계정치를 검토했다. 실리우드는 세계영화산업을 지배하고 있는 할리우드와 IT의 메카인 실리콘 밸리의 합성어로서 최근 영화산업에서 발견되는 특수효과의 기법을 의미한다. 그러나 실리우드는 영화산업과 IT산업의 단순한 기술적 결합을 넘어서는 좀 더 복합적인 정치 · 경제적 의미를 갖는다. 이러한 시각에서 볼 때, 우선 실리우드는 포스트 포디즘적 산업구조를 넘어서는 새로운 영화산업모델의 등장을 의미한다. IT를 활용한 특수효과의 도입을 통하여 영화산업의 양대 세력인 제작자와 배급업자의 역관계가 변화하고 이러한 과정에서 영화의 제작 · 배급 양식이 변형되고 있다. 아울러 실리우드는 할리우드와 군산복합체의 결합과정에서 드러난 미국의 기술혁신모델을 엿보게 한다. 특수효과 관련 IT분야 기술을 개발하기 위해서 지원한 국가의 독특한 역할을 엿보게 하는 대목이다.

또한 실리우드는 정보화시대를 맞이하여 증대되고 있는 할리우드의 세계영화시장에 대한 지배력의 비결이며 동시에 새롭게 재생산되고 있는 미국 세계패권의 문화적 측면을 반영한다. 제2차세계대전 이후 경쟁력 하락의 우려를 불식하고 1990년대 들어 할리우드는 부활하여 세계영화시장에 대한 점유율을 계속 증대시키고 있다. 현재의 추세를 보건대 가까운 미래에 양적 · 질적인 차원에서 세계 최대의 영화수출국으로서의 미국의 지위는 고수될 것으로 보인다. 할리우드의 문화패권에 대한 도전이 없는 것은 아니지만 그 시장지배를 방어하기 위한 정치적 · 제도적 메커니즘이 작동하고 있으며, 미국적 가치관과 지배 이데올로기의 지속적인 유포는 문화패권의 재생산을 위한 '매력'의 세계정치를 발산하고 있다.

더 나아가 실리우드는 새로운 문화권력 개념을 바탕으로 부상하는 21세기 문화제국의 정치질서를 극명하게 대변한다. 특히 실리우드가 던지는 세계정치적 의미는 할리우드의 안과 밖에서 동시에 진행되고 있는 새로운 권력현상의 맥락에서 이해되어야 한다. 실리우드의 새로운 권력은 정치와 정치권력에 대한 새로운 정의를 바탕으로 등장한다. 이러한 점에서 실리우드의 권력은 공적 공간과 사적 공간의 경계를 허무는 판타지를 생성해내는 권력이며, 이러한 과정은 궁극적으로 '권위의 사유화'로 귀결된다. 실리우드는 이렇게 사유화된 정치권위의 상징이며 사이버공간은 실리우드가 소위 '위안지대'를 제공함으로써 지배의 메커니즘을 교묘하게 만드는 새로운 장이다. 요컨대, 실리우드의 권력은 탈정치화되고 탈중심화된 형태로 작동하면서 우리의 '사적 생활의 공간'에 침투하는 무경계의 문화제국이라고 할 수 있다.

21세기 문화지구화에 대한 대항운동의 진영이 이의를 제기하는 것은 바로 이러한 맥락이다. 유럽영화제의 반(反)할리우드적인 수상작 선정의 관행이나 한국에서의 스크린쿼터 수호운동 등의 사례는 거대한 자본과 세련된 문화의 힘을 등에 업고 기세를 올리고 있는 실리우드에 대한 저항의 양식이다. 그러나 실제의 현실을 돌아보면, 이러한 지하드(Jihad)적인 대응이 그리 쉽게 돌파구를 마련하지 못하고 있음을 발견하게 된다.

예를 들어, 스크린쿼터는 한국영화산업의 숨을 돌리기 위한 임시방편의 방패막이 노릇은 할지언정 급속히 부상하는 새로운 문화생산과 전파의 양식으로서의 실리우드에 대한 근본적인 처방일 수는 없다. 현재 우리에게 필요한 것은 수용이냐 아니면 저항이냐는 식의 이분법적인 발상을 넘어서는 좀 더 세련된 문화전략의 모색이다. 문화제국주의에 대항하는 19세기 저항민족주의 발상으로 21세기의 문화제국에 대처할 수는 없기 때문이다. 그렇다면 이상의 실리우드의 문화제국에 대한 논의를 바탕으로 할 때, 문화제국에 대응하는 우리의 미래전략은 어떠한 방향으로 펼쳐져야 하는가?

일차적으로는 디지털 시대에 걸맞은 '실리우드' 따라잡기 전략이 필요하다. 21세기 문화전략의 출발은 역시 IT를 기반으로 한 문화역량의 강화에서 구해져야 할 것이다. 이러한 맥락에서 '한국판 실리우드'를 모색하는 것도 의미가 크다. 그런데 한국판 실리우드의 추진을 위해서는 미국의 실리우드에서 발견되는 복합적인 제도 네트워크의 마련이 필요하다. 최근 정부가 나서서 아날로그 시대에 제조업을 육성하는 방식으로 문화강국을 달성하려는 '발전국가(developmental state)'의 발상은 디지털 시대에는 통하지 않을 것이다. 아울러 최근 국내에서 일고 있는 저항적 문화수호운동을 넘어서 글로벌 코드와 호환되는 안과 밖의 네트워크 전략도 필요하다. 실리우드가 주도하여 전 세계적으로 짜고 있는 문화산업의 글로벌 네트워크에서 우리의 역량에 걸맞은 역할을 찾는 것이 중요하다. 이러한 점에서 최근 인천 송도지역, 상암동 DMC(Digital Media City), 부산 센텀시티 등에 고려되고 있는 '디지털 미디어 집적화 단지'에 대한 구상은 네트워크를 확충하는 차원에서 적절한 방향 설정이라고 볼 수 있다. 다만 안으로 웅크리는 '집적 단지(cluster)'가 아닌, 밖으로 열린 네트워크의 '노드(node)'를 지향하는 발상이 필요할 것이다.

그러나 실리우드 따라잡기 전략은 실리우드의 문화제국에 대한 근본적인 대항전략이 되지는 못한다. 이러한 맥락에서 문화제국에 대항하는 또 다른 문화 네트워크의 맹아가 사이버공간을 중심으로 출현하고 있음에 주목해야 한다. 사이버공간은 실리우드의 권력재생산의 공간을 창출하는 동시에 대항진영에도 새로운 희망의 기회를 제기한다. 특히 최근 한국에서 신세대들을 중심으로 등장하는 인터넷 커뮤니티의 문화생산과 소비의 행태는 기존의 전통적인 모델보다도 〈그림 13-1〉에서 보는 바와 같은 탈 허브형 네트워크 모델을 창출한다. 그러나 아직은 담론 차원에서 제기되고 있는 이러한 사이버공간의 대항모델을 현실화시키기 위해서는 오프라인에서의 성공을 거울삼고 실패를 극복하는 냉철한 전략을 마련해야 한다. 그나마 소박한 기대를 갖게 되는 것은, 최근 유행하는 소위 '싸이월드'나 온라인 게임 등에서 보는 바와 같이, 최근 우리가 사이버공간을 둘러싸고 발생하고 있는 대항적 문화생산 · 소비의 양식에 결코 뒤져 있지 않다는 사실이다. 이는 향후 한국의 글로벌 문화전략 연구가 각별한 관심을 기울여야 할 연구주제라고 생각된다.

요컨대, 21세기 문화세계정치에서 '코리언 스탠더드'가 '동아시아 스탠더드'를 넘어서 '글로벌 스탠더드'와 경쟁하기 위해서는 변화하는 바깥세상의 코드를 정확히 읽고 대응해야 한다. 21세기 제국의 틀 안에서의 실리우드의 세계표준을 따라가고 호환성을 유지하는 생존전략을 추구하는 동시에 제국 자체에 대한 대항담론의 개발에 주의를 기울일 필요도 있다. 이러한 점에서 국가의 역할도 대외적인 문화의 흐름에 대해서도 개방과 규제의 복합적 발상과 함께 근대적 발전국가 구상과 탈근대적 조절국가 구상의 긴장관계 속에서 설정되어야 한다. 다시 한 번 강조하건대, 21세기 문화세계정치에서 성공의 요체는 문화분야 '네트워크 지식국가(network knowledge state)'의 모색에 있다.

| 참고문헌 |

김경욱, 2002, 「할리우드 블록버스터의 전개과정과 이데올로기: 〈스타워즈〉 시리즈를 중심으로」, 『영화연구』 20.

김미현 외, 2003, 『한미투자협정과 스크린쿼터제』, 서울: 영화진흥위원회.

김상배, 2004, 「정보화시대의 지식구조: 수전 스트레인지의 개념화를 넘어서」, 『한국정치학회보』 38(3).

———, 2005, 「정보화시대의 제국: 지식/네트워크 세계정치론의 시각」, 『세계정치』 26(1).

김성곤, 2003, 『영화로 보는 미국: 할리우드 영화의 문화적 의미』, 서울: 살림.

김지석, 1991, 「할리우드 영화의 두 얼굴: 지배 이데올로기와 환상주의」, 『영화연구』 8.

라모네, 이냐시오, 2002, 『소리 없는 프로파간다: 우리 정신의 미국화』, 서울: 상형문자.

민병원, 2004, 「네트워크의 국제정치: 새로운 이론틀의 모색」, 한국정치학회 추계학술회의 발표논문.

박지향 외, 2005, 「기획특집: 세계정치와 제국」, 『세계정치』 26(1).

신강호, 1991, 「할리우드 스튜디오 시대의 황금기」, 『영화연구』 8.

———, 1995, 「뉴 헐리우드」, 『영화연구』, 10.

유상철 외, 2005, 『한류 DNA의 비밀: 소프트 파워, 소프트 코리아의 현장을 찾아서』, 서울: 생각의 나무.

이와부치 고이치, 2004, 『아시아를 잇는 대중문화』, 서울: 또하나의문화.

장수현 외, 2004, 『중국은 왜 한류를 수용하나』, 서울: 학고방.

조한혜정 외, 2003, 『한류와 아시아의 대중문화』, 서울: 연세대학교출판부.

평화포럼 21편, 2005, 『매력국가 만들기: 소프트 파워의 미래전략』, 서울: 21세기평화재단 · 평화연구소.

Barabási, Albert-László, 2002, *Linked: The New Science of Networks*, Cambridge, MA: Perseus Publishing.

Baran, Paul, 1964, "On Distributed Communications: Introduction to Distributed Communications Network," *RAND Memorandum*, RM-3420-PR(http://www.rand.org/publications/RM/RM3420/, 검색일: 2004년 12월 4일).

Barber, Benjamin R., 1995, *Jihad vs. McWorld*, New York: Times Books.

Baudrillard, Jean, 1988, "Simulacra and Simulations," in Mark Poster, ed., *Jean Baudrillard: Selected Writings*, Stanford, CA: Stanford University Press.

Cowen, Tyler, 2002, *Creative Destruction: How Globalization is Changing the World's Culture*, Princeton: Princeton University Press.

Der Derian, James, 2001, *Virtuous War: Mapping the Military-Industrial-Media- Entertainment in Network*, Boulder, CO: Westview Press.

Dowmunt, Tony, 1998, "An Alternative Globalization: Youthful Resistance to Electronic Empires," in Daya K. Thussu, ed., *Electronic Empires: Global Media and Local Resistance*, London and New York: Arnold.

Drake, William J. and Kalypso Nicolaidis, 1992, "Ideas, Interests, and Institutionalization: 'Trade in Services' and the Uruguay Round," *International Organization*, 46(1).

Flamm, Kenneth, 1987, *Targeting the Computer: Government Support and International Competition*, Washington DC: The Brookings Institute.

———, 1988, *Creating the Computer: Government, Industry and High Technology*, Washington DC: The Brookings Institute.

Garofolo, John, 2000, *Telling War Stories: How The U.S. Military and Hollywood Produce a Warrior Culture*, Ph.D. Dissertation, University of Southern California.

Gibson, William, 1984, *Neuromancer*, New York: Ace Books.

Gomery, Douglas, *The Hollywood Studio System*, New York: St Martin' s Press.

Hardt, Michael and Antonio Negri, 2000, *Empire*, Cambridge MA: Harvard University Press.

———, 2004, *Multitude: War and Democracy in the Age of Empire*, New York: Penguin Press.

Hart, Jeffrey A., Stefanie A. Lenway and Thomas P. Murtha, 2000, "Technonationalism and Cooperation in a Globalizing Industry: The Case of Flat-Panel Displays," in Aseem Prakash and Jeffrey A. Hart, eds., *Coping with Globalization*, London and New York: Routledge.

Harvey, David, 1990, *The Condition of Postmodernity*, Cambridge, MA: Blackwell.

Herz, J.C. and Michael R. Macedonia, 2002, "Computer Games and the Military: Two Views," *Defense Horizons*, 11(2002), (http://www.ndu.edu/inss/DefHor/Dh11/ Dh11.htm, 검색일: 2005년 8월 8일).

Hozic, Aida A., 1999, "Uncle Sam goes to Siliwood: of Landscapes, Spielberg and Hegemony," *Review of International Political Economy*, 6(3).

———, 2001, *Hollyworld: Space, Power and Fantasy in the American Economy*, Ithaca, NY: Cornell University Press.

Kim, Sangbae and Jeffrey A. Hart, 2001, "Technological Capacity as Fitness: An Evolutionary Model of Change in the International Political Economy," in William R. Thompson, ed, *Evolutionary Interpretations of World Politics*, New York: Routledge.

Lampel, Joseph and Jamal Shamsie, 2003, "Capabilities in Motion: New Organizational Forms and the Reshaping of the Hollywood Movie Industry," *Journal of Management Studies*, 40(8).

Miller, Toby, Nitin Govil, John McMurria, and Richard Maxwell, 2001, *Global Hollywood*, London: British Film Institute.

Norris, Vivian, 2001, *Globalization and Anarchy in Cinema: Who Wins and Who Loses in the Entertainment War*, Ph.D. Dissertation, University of Washington.

Nye, Jr., Joseph S., 2004, *Soft Power: The Means to Success in World Politics*, New York: Public

Affairs.

Prince, Stephen, 1992, *Visions of Empire: Political Imagery in Contemporary American Film*, New York: Praeger.

———, 2000, *A New Pot of Gold: Hollywood under the Electronic Rainbow*, 1980-1989, New York: Charles Scribner' s Sons.

Schiller, Herbert I., 1969, *Mass Communications and American Empire*, New York: Augustus M. Kelley.

Schroeder, Andrew, 2002, *Strategies of Cinema: Cultural Politics in the New Hollywood, 1967-1981*, Ph.D. Dissertation, New York University.

Scott, Allen J., 2004, "Hollywood and the World: The Geography of Motion-picture Distribution and Market," *Review of International Political Economy*, 11(1).

Segrave, Kerry, 1997, *American Films Abroad; Hollywood' s Domination of the World' s Movie Screens*, Jefferson, NC: McFarland.

Tomlinson, John, 1991, *Cultural Imperialism: A Critical Introduction*, Baltimore, Maryland: The Johns Hopkins University Press.

Urry, John, 2003, *Global Complexity*, Cambridge: Polity.

Volkmer, Ingrid, 1997, "Universalism and Particularism: The Problem of Cultural Sovereignty and Global Information Flow," in Brian Kahin and Charles Nesson, eds, *Borders in Cyberspace: Information Policy and the Global Information Infrastructure*, Cambridge, MA: MIT Press.

Wasko, Janet, 1994, *Hollywood in the Information Age: Beyond the Silver Screen*, Austin: University of Texas Press.

———, 2001, *Understanding Disney: The Manufacture of Fantasy*, Cambridge: Polity.

Wayne, Mike, 2003, "Post-Fordism, Monopoly Capitalism, and Hollywood' s Media Industrial Complex," *International Journal of Cultural Studies*, 6(1).

14

네트워크시대의 문화세계정치

민병원_서울산업대학교

1. 머리말

탈냉전시대의 가장 큰 화두 중의 하나는 '문화' 또는 '문명'이었다. 그동안 냉전시대의 정치적 · 군사적 · 경제적 전략관념에 밀려 주목받지 못했던 문화적 변수들이 국제관계의 전면에 다시금 등장한 것이다. 1993년에 발간된 새뮤얼 헌팅턴(Samuel P. Huntington)의 논문과 1996년에 발간된 저술 『문명의 충돌(*The Clash of Civilizations: Remaking of World Order*)』은 이러한 문화담론의 활성화에 촉매가 되었고, 아직까지도 많은 학자들이 이 주제를 둘러싸고 격렬한 논쟁을 벌이고 있다. 문화적 변수가 국제관계의 모든 측면에서 중요성을 더하고 있다는 진단은 틀림없지만, 이러한 담론의 구조를 좀 더 자세하게 들여다보면 여러 가지 문제점들이 발견된다. 그중에서도 가장 심각한 문제는 '문화'의 관념에 대한 편차가 여전히 극복되지 못하고 있다는 점인데, 대표적인 것이 바로 서구

중심주의이다. 본 글에서는 서구중심주의를 직접 다루고 있지는 않지만, 이러한 편향성으로 인한 문화관념의 왜곡과 그것을 바로잡기 위한 새로운 대안을 제시하고자 한다.

서구중심주의에 오염된 문화담론은 냉전시대의 대표적인 다문화주의의 선구자였던 루스 베네딕트(Ruth Benedict)로부터 연유하며, 탈냉전시대의 문명론을 이끌어왔던 헌팅턴도 이러한 오염으로부터 자유롭지 못했다. 문화에 대한 이들 학자들의 연구는, 비록 그것이 다양한 문화의 중요성을 부각시켰다 할지라도, 여전히 문화의 반대편에 위치한 정치적 속성을 다분히 내포하고 있었다. 다시 말해 문화는 정치적 틀 속에서 정치적 목적과 이데올로기적 제도화라는 프로젝트의 도구라는 속성을 벗어나지 못하고 있었다. 문화담론을 주도했던 많은 학자들은 여전히 문화나 문명의 이면에 자리잡고 있는 정치적 상황으로부터 자유롭지 못했던 것이다. 이와 동시에 문화는 국제관계를 변화시키는 잠재적 영향력을 보여왔다. 오늘날 문화적 변수는 국가의 변환을 초래하고, 나아가 국제관계의 전반적인 모습까지도 바꾸고 있다. 이 글에서는 국제관계에서의 문화를 분석하는 데 있어 이러한 상호관계가 어느 정도로 형성되어왔는가를 살펴보고, 그러한 제약으로부터 벗어나기 위해서 어떠한 대안이 가능한가를 논의할 예정이다.

오늘날의 시대는 '정보화(informatization)', '세계화(globalization)', 그리고 '네트워크 사회(network society)'라는 키워드로 대변된다. 이러한 현상들은 서로 밀접하게 연관되어, 국제관계의 모습을 변화시키는 주요 동인으로 간주되고 있다. 그중에서도 '네트워크' 현상은 구조적 관점에서 오랫동안 큰 관심을 받지 못했던 주제로서 빠르게 변화하는 21세기 국제관계의 모습을 담아내는 데 매우 유용한 하나의 도구가 될 수 있다는 것이 이 글의 입장이다. 특히 장소와 시간, 즉 공간적이고 동적인 변화의 메커니즘을 읽어낼 수 있도록 해주는 것이 바로 네트워크 관념이며, 그동안 근대국가를 중심으로 하는 단위체 중심의 시각이 국제관계 연구에 있어 주종을 이루어왔다는 점을 감안할 때 이러한 새로운 관념은 주목할 만한 가치가 있을 것이다. 특히 정치와 밀접한 연관을 맺을 수밖에 없는 문화는 필연적으로 '개체'가 아닌 '관계'의 측면에서 바라볼 필요가 있다. 본 연구는 이러한 점에서 국제관계의 문화를 '네트워크'로서 이해한다.

이러한 문제의식을 바탕으로 하여 본 논문에서는 문화변수가 국제관계의 논의 속에서 지금까지 어떻게 다루어져왔는지를 살펴보고, 문화를 바라보는 새로운 네트워크적 관점을 제시한다. 제2절에서는 이를 위해 제2차세계대전 이후의 냉전시기와 1990년대 이후의 문화담론을 통해 활성화된 다문화주의를 분석하고, 이것이 문화적 상대주의를 표방하는 '기어츠 효과(Geertz effect)'의 그늘 아래에서 정치적인 프로젝트로서 추진되어왔다는 점을 부각시키고자 한다. 문화의 상대성을 외치면서도 여전히 서구중심의 세계관으로부터 벗어나지 못하고 있는 한계를 인식하고 또 문화 자체도 정치적 구조와 제도를 변화시키는 상호 영향의 관계가 있음을 보여줄 것이다. 제3절에서는 세계화시대에 새롭게 드러나는 문화의 모습을 '흐름'과 '섞임'이라는 핵심개념으로 정리하고자 한다. 또한 '네트워크'의 개념이 세계화시대의 문화현상을 이해하는 데 어떻게 적용될 수 있는지를 논의한 후에 국가 수준에서 이와 같은 논의들이 어떻게 정책적으로 활용될 수 있는가에 대해 살펴볼 것이다.

2. 문화, 국제관계, 정치

헌팅턴은 1990년대 초 『문명의 충돌』에서 문화 또는 문명이라는 변수가 탈냉전시대의 세계정치에 미치게 될 영향력에 대해 광범위하게 논의한 바 있다. 그의 문명론에 따르면, 향후의 국제분쟁에 있어 문화적 변수가 가장 중요한 요인으로 떠오름으로써 국제관계의 모습을 크게 바꾸게 될 것이라고 한다(Huntington 1997: 246-298). 이러한 입장은 그동안 정치적 · 군사적 · 경제적 변수에 밀려 상대적으로 등한시되어왔던 문화적 변수의 중요성을 일깨우는 계기가 되었다는 점에서 국제관계의 연구에 큰 반향을 불러일으켰다. 냉전시대의 국제관계가 압도적으로 핵무기와 초강대국의 지배에 의한 양극화에 의해 규정되어왔던 반면, 20세기 후반의 세계는 보다 소프트한 요소들의 부상과 다원적인 구조의 등장으로 인하여 새로운 패러다임을 요구해왔다. 헌팅턴의 문명론은 이러한 맥락에서 탈냉전시대의 유력한 대안의 담론으로 떠올랐던 것이다.

하지만 헌팅턴의 문명론은 여전히 서구중심의 한계를 벗어나지 못해왔다는 비판을 받고 있다. 그의 이론은 비(非)서구문명의 역할을 강조하면서도 서구와 비서구의 이분법에서 크게 벗어나지 못하고 있다. 또한 서구중심의 '보편문명(universal civilization)'이 지닌 허구성을 드러내면서도 여전히 그 안에 안주하고 있다(Huntington 1993: 48-49). 이러한 점에서 헌팅턴을 비롯하여 프랜시스 후쿠야마(Francis Fukuyama)나 앨런 블룸(Alan Bloom) 등 오늘날 보수논객들의 문명론은 전 세계적으로 빠르게 성장하고 있는 다(多)문화주의의 추세에 대한 최후의 '방어 메커니즘'으로서 이해되고 있다(Dabashi 2001: 366-367). 과거에 '문명'이라는 관념 자체가 서구 부르주아의 집단적 정체성을 제공해주기 위한 계몽주의의 산물이었던 것처럼, 20세기 후반의 새로운 문명론도 쇠퇴하는 서구의 마지막 몸부림처럼 비쳐지고 있는 것이다. 국가경제와 민족문화가 붕괴되고 새로운 자본과 노동의 융합이 등장하는 탈근대의 추세에 강하게 반발하는 서구의 모습이 바로 이러한 문명론 속에 담겨 있다고 할 수 있다.

문화적 변수가 국제관계에서 갖는 중요성은 이처럼 탈냉전기의 분위기를 바탕으로 새롭게 조명되고 있기는 하지만, 문화인류학의 영역에서는 이미 제2차세계대전을 전후한 시기부터 이러한 논의가 계속되어왔다. 당시 문화인류학을 중심으로 한 이러한 관심을 기어츠 효과라고 했는데, 이는 문화를 '상호구성적인 의미(constructed meaning)'로 받아들인다는 것이었다. 20세기 초반까지의 문화개념은, 계몽주의와 합리주의로 대변되는 근대를 거쳐 제국주의와 식민주의라는 왜곡된 역사적 배경을 바탕으로 생성된 것이었다. 적어도 서구라는 공간적 영역을 벗어나면서부터 '문화'의 개념은 이러한 힘의 관계를 반영하는 정치적인 요소가 가미되기 시작했다. 제2차세계대전이 끝날 무렵 미국정부의 의뢰로 이루어진 루스 베네딕트의 고전적인 일본문화 연구서인 『국화와 칼』은 이러한 점에서 '타자(他者)'를 동등한 수준에 놓고 바라볼 수 있도록 해준 선구적인 업적으로 평가되고 있다.

20세기 후반 헌팅턴을 비롯한 문명론자들의 외침이 기울어져가는 서구의 변환을 촉구하는 정치적 외침이라고 본다면, 20세기 중반에 문화인류학에서 시작된 기어츠 효과도 마찬가지 맥락에서 새로운 시대의 새로운 관리 패러다임을 만들어내기 위한 정치적 의도를 안고 있었다. 즉 베네딕트의 문화 프로젝트는 소련 공산주의와의 이데올로기적 대결을 염두에 둔 자유민주주의자들의 시각을 반영한 것이었다(Benedict 2004). 자유민주주의자들은 다원주의와 문화적 관용을 강조함으로써 전체주의의 억압과 폐쇄성을 고발하고자 했는데, 이러한 성향은 당시의 상당수 지식인들에게서 공통적으로 나타나고 있었다.[1] 베네딕트는 그럼으로써 '문화적 차이로부터 안전한 세계'를 만들기 위한 프로젝트에 동참한 것이었으며, 이를 위해서 무엇보다도 미국의 가치를 우선적으로 강조할 필요가 있었던 것이다. 헌팅턴이든 베네딕트이든 문화와 문명에 대한 패러다임

1) 예를 들어 해나 아렌트, 이사야 벌린, 칼 포퍼, 그리고 프리드리히 하이에크 등을 꼽을 수 있다(Scott 2003: 109).

의 전환은 이처럼 정치적인 목적과 이데올로기적인 배경을 제외한 채 이해하기는 어렵다.

20세기 초반 이전에는 서구를 중심으로 하여 발전된 '문화' 관념이 다분히 역사적 진보, 역사적 선후관계를 전제로 하는 것이었다. 서구에서는 오래전부터 '타자'의 발견이 곧 '차이(difference)'에 대한 인식, 즉 다양한 문화에 대한 앎과 깨우침으로 연결되었지만, 이는 다분히 자신들의 문화권을 중심으로 한 주관적 인식일 따름이었다. 르네상스 시기에는 기독교 문명이, 계몽주의 시대에는 합리적 지식과 이성의 관념이, 그리고 19세기에는 진화론과 인종적 편견이 이러한 기준이 되어 문화적 '타자'를 규정했다(Scott 2003: 103-104). 앞서가는 서구와 뒤따르는 비(非)서구의 구분이 분명했으며, 서구는 진화와 진보의 모델로서 여겨졌다. 20세기에 들어와서는 서구중심의 편향된 문화 관념이 양차 세계대전과 대공황 등으로 한계에 봉착하면서 문화적 다양성과 동시성에 대한 관심이 높아지게 되었는데, 베네딕트의 프로젝트는 이러한 '수평적' 문화관념을 바탕으로 한 것이었다. 결국 우리는 다양한 문화적 담론의 이면에 자리잡고 있는 정치적 관계사를 무시할 수 없으며, 20세기 후반에 이르기까지 반세기에 걸쳐 세계정치를 결정지어온 냉전체제의 붕괴가 문화적 요소를 부각시키는 계기가 되었다는 점에 대해서 어렵지 않게 공감할 수 있을 것이다.

냉전시기에는 상위정치(high politics)의 지배적인 영향으로 인하여 문화적 변수에 대한 관심이 상대적으로 저조할 수밖에 없었다. 그런데도 이 시기의 문화담론을 이끌어왔던 기어츠 효과, 즉 문화적 다양성에 대한 표면상의 인정이 오랫동안 국제관계의 이면에 자리잡고 있었는데, 이것이 정치적 · 이데올로기적 갈등요인과 어색한 조합을 형성하면서 결국 근본적인 한계에 봉착하게 된다. 우선 '문화'의 실질적인 내용보다는 그것을 이용하여 원하는 목적을 달성하기 위한 도구적 측면에 대한 관심이

켰는데, 이러한 정치적 속성으로 인하여 문화적 다원주의의 성격이 크게 변질되어온 것이 사실이다. 서구중심의 이러한 문화 관념은 다른 문화권을 '있는 그대로' 가 아니라 오로지 근대화 프로젝트 속으로 포용해야 할 대상으로만 여기는 우를 범하게 되었던 것이다. 베네딕트의 『국화와 칼』은 바로 이와 같은 지구적 어젠다를 달성하기 위해 '선택' 과 '통제' 라는 정치적 논리 위에 일본에 대한 군사적 점령정책을 정당화시키는 역할을 수행했던 것이다(Shannon 1995: 679). 또한 20세기 후반까지도 문화인류학에서 확립된 다문화주의(multiculturalism)의 전통은 대부분 겉으로는 기어츠 효과를 부각시키면서도 안으로는 여전히 서구문화를 중심으로 하는 배타적 속성을 내포함으로써 궁극적인 한계를 지니고 있었다(Tempelman 1999).

헌팅턴의 문명론도 역시 동일한 이유로 비판받고 있다. 그의 문명담론 속에는 문화 또는 문명이라는 변수가 중요하게 다루어지며, 특히 7~8개로 구분되는 문명권 사이의 뚜렷한 대립관계가 두드러진다. 각각의 문명권들은 독자적이고 독립적인 것으로 간주되며, 중심 국가들을 축으로 하여 동심원을 그리면서 외연을 형성한다. 1990년대 초반의 세계정치에서는 초강대국 주도의 양극화 체제가 무너지고 이데올로기의 영향이 급속하게 쇠퇴하고 있던 까닭에 이러한 헌팅턴의 문명담론은 상대주의적인 관점에서 새로운 국제관계의 단위체를 상정하는 것이었다. 특히 근대화 프로젝트에 익숙해져 있던 서구인들에게 베네딕트와 마찬가지로 문화적 변수의 '수평적' 속성을 가르쳤다는 점에서 헌팅턴의 메시지는 큰 비중을 차지하고 있었다. 하지만 그의 이론 역시 문화를 '주어진(given)' 또는 '고정된(fixed)' 것으로 간주함으로써 한계를 지니고 있었다. 이러한 한계는 문화나 문명의 변이현상, 즉 시대적 환경에 따라 동적으로 변화하는 속성을 등한시하는 오류로 연결되었다.

헌팅턴은 그의 문명론을 전개하는 데 있어서 '문화' 와 '문명' 을 구분하지 않은 채 거의 동일한 의미로 사용했다. 그는 과거 유럽의 상류층 사이에서 통용되던 '이상향으로서의 문명관'을 포기하고 '복수적인 의미의 문명' 개념을 강조했다. 다수의 문명이 동시에 존재할 수 있다는 새로운 관점을 강조한 것이다. 이렇게 보면 문명은 그저 사람들의 '총체적인 생활양식'을 의미하며, 사실상 '문화'의 개념과 별 차이가 없다. 헌팅턴 자신도 '문명'이 단지 '문화의 확대판'이라고 규정하면서 특별한 의미의 구분 없이 두 개념을 혼용하고 있다(Huntington 1997: 41).[2] 이러한 성향은 사실상 오늘날 사회과학계에서도 널리 일반화되어 있어서 두 용어를 굳이 학문적으로 분리하려는 노력은 거의 없는 실정이다. 본 논문에서도 이러한 점을 감안하여 문명과 문화의 두 개념을 구분하지 않고 있지만, 문화적 변수가 세계정치에서 차지하는 중요성을 논하는 데 있어서 이들 개념의 역사적 배경에 대해 간략하게 논의해야 할 필요는 있다.

유럽 역사에서는 고대 로마시대 이후 '문명'이라는 표현이 일반적으로 사용되고 있었다. 중세를 거쳐 르네상스기에 들어와 이러한 문명의 개념이 본격적으로 부활하면서 '세련된 도회풍의 귀족문화'라는 의미로 통용되기 시작했다. 특히 프랑스의 귀족적인 분위기를 일컫는데, 이 '문명'이라는 개념이 사용되었다. 그러나 18세기 중반 이후 독일 지방을 중심으로 하여 이러한 상류층 문화, 즉 문명에 대한 반감과 저항이 일기 시작했는데, 이때 등장한 개념이 바로 '문화(Kultur)'였다. 따라서 독일 지방에서는 도시의 상류문화를 나타내는 정치적 개념인 '문명(Zivilisation)'과, 유기체적 관점에서 인간의 '개화(cultivation)'를 지향한다는 의미를 담고 있는 '문화'가 서로 대치되는 의미로 사용되기 시작했다. 이러한 저항의 관념은 나폴레옹 전쟁 이후 전 유럽으로 퍼져나가게 되었다.

2) 헌팅턴은 브로델, 월러스틴, 도슨, 뒤르켐 등의 견해를 동원하여 문명과 문화의 개념을 규정하고 있다.

결국 '문화'의 개념은 역사적으로 볼 때 구체제에 대한 비판적 시각을 담은 진보적인 용어로서 등장했던 것이다(Schäfer 2001: 305-307). 오늘날 세계정치를 논하는 데 있어서 우리가 '문화'라는 변수의 중요성을 인식하는 데에도 바로 이러한 역사적 배경, 즉 사회적 갈등을 바탕으로 하여 상류층의 지배에 저항하려 했던 '아래로부터의 정치적 움직임'이 중요한 의미를 차지하고 있는 것이다. 결국 베네딕트나 헌팅턴은 '문화'라는 개념이 역사적으로 내포해왔던 정치적 속성을 등한시한 채 문화를 '드러나는 대로만' 바라보고자 했다. 그럼으로써 20세기 후반의 냉전 및 탈냉전 체제가 막을 내리고 21세기에 들어와 새로운 국제관계의 이슈가 등장하면서 이러한 문화관념들은 한계에 부딪히게 되었다.

문화의 개념은 계몽시대 이후 유럽의 보편주의 성향에 대한 반발을 배경으로 한다. 따라서 문화는 다분히 '특수한 것'을 지향한다고 여겨져왔다. 특수한 것과 그 의미에 대한 강조는 과학적 합리성의 물질주의적이고 기계론적인 관념에 대한 비판과 공격으로 이어지면서 근대적인 것에 대한 총체적인 성찰로 귀결되었다(Walker 1984: 199-200). '국제관계'가 국가를 중심으로 하는 근대의 산물이라는 점을 감안할 때 우리는 '문화'의 속성이 원래 국제관계와 모순적인 모습을 지니고 있다는 사실을 파악하게 된다. 지금까지 수세기에 걸쳐 확립되어온 국제관계는 서구식 근대국가 모델이 확산되면서 가능했기 때문인데, 이러한 보편성(universality)에 반대하여 차이와 분화를 강조하는 문화의 기본정신은 분명 존재론적으로 국제관계와는 대칭적인 위치를 차지한다고 볼 수 있다. 다만 이러한 문화적 보편성과 특수성의 긴장관계는 근대 국제관계의 틀 안에서 정치적·경제적·기술적 수단을 통해 완화되면서 수면 아래로 잠수하게 되었다(Walker 1990: 5-11). 그러나 국제관계의 이러한 근대성이 20세기 후반 와해되기 시작하면서 잠수해 있던 문화적 긴장관계가 다시 수면 위로 떠오르게 된 것이다.

탈근대시기에도 이러한 문화적 요소의 저항적 속성은 지속되어왔다. 헌팅턴처럼 문화와 문명을 동일하게 보는 것 자체가 큰 문제라고 볼 수는 없지만, 이 두 관념은 동전의 양면과도 같은 속성을 지니고 있어서 일견 하나인 것처럼 보이면서도 서로 상반된 성향을 내포하고 있다. 비록 '문명'이란 것이 무엇인가에 대한 분명한 합의는 존재하지 않지만, 헌팅턴의 문명론에 함축되어 있는 서구 우위의 관념 또는 서구 대(對) 비서구의 양분법적 논리는 분명 '문명'의 개념이 '문화'의 개념보다 한 수 위에 존재한다는 점을 잘 나타내준다. 헌팅턴 자신은 문화와 문명의 개념을 굳이 구분하지 않았지만, 서구문명은 하나의 '이상형(ideal type)'으로서, 그리고 여타의 문명은 그러한 이상향을 추종해야만 하는 하위의 문화개념으로서 간주해왔다.[3] 하지만 9 · 11테러와 같은 새로운 유형의 저항은 이러한 서구중심의 사고방식에 대한 하위문화의 도전을 상징한다. 21세기의 국제관계에 있어서도 과거와 마찬가지로 문화적 저항을 통한 정치적 정체성의 확립은 필수불가결한 요소로 자리잡고 있는 것이다.[4]

이렇게 본다면 우리는 '문화'의 관념이 오늘날 세계화시대에 어떤 의미를 갖는가를 살펴보기 위해 그것이 만들어지고 사용된 역사적 · 정치적 배경을 신중하게 고려할 필요가 있다. 19세기 제국주의의 위계질서적인 문화관념과 20세기 중반 냉전기의 도구적인 문화관념들은 모두 국제관계의 정치적 모습들을 담아낸 시대의 산물이었다. 따라서 '정치적 관계'에 대한 고려 없이 문화를 논하는 것은 무의미한 작업이 되고 마는 것이다. 베네딕트와 헌팅턴의 문화담론을 진정한 '수평적 문화'의 등장으

3) 이와 같이 '문화'와 '문명'이 역사적으로 축적해온 속성을 구분해서 바라보는 입장을 셰퍼는 '쌍안경적 관점(binocular view)'이라고 부른다(Schäfer 2001: 311).

4) 오래전부터 문화와 국제관계의 연계성에 대해 연구해왔던 리처드 포크는 근대적 모습에 가려져 있던 문화의 근본적 속성들이 탈근대시대에 들어와 본격적으로 서구문명에 도전하고 있다는 점을 강조했다. 그가 보기에 환경운동, 여성운동, 토착문화의 강조, 초국가적 민중주의 등은 모두 이러한 탈근대적 문화운동의 사례들이었다(Falk 1990: 276-278).

로 받아들이기 곤란하다는 판단은 바로 이러한 기준에 근거한다. 최근에 들어와 자주 언급되고 있는 '세계문명'의 개념 역시 이러한 정치적 스펙트럼에 투사할 경우 국제정치의 이면에 깔려 있는 불균등한 힘의 지배관계를 선명하게 노출시킬 수 있다.[5] 1990년대에 들어와 빠른 속도로 전개되고 있는 세계화의 추세 역시 문화의 확산에 커다란 동인이 되고 있다. 세계인들의 의식과 신념, 행동과 사고변화는 상당부분 전통적인 근대국가의 영토적 경계를 넘나들면서 가속화되고 있다. 근대국가의 표상이었던 영토는 이제 '해체'의 위기에 놓여 있는 것이다(Tomlinson 2004: 40-52). 이와 같은 세계화의 추세는 일견 통합을 지향하는 방향성을 내포하고 있기도 하지만, 여전히 서구중심의 영향력 전달 메커니즘에 지나치게 의존하고 있어서 비판의 대상이 되고 있다. 이러한 맥락에서 우리는 문화이건 문명이건 간에 그것이 정치적으로 왜 전면에 등장하게 되었고 또 어떻게 도구화되었는가를 고찰해야만 진정한 문화담론에 접근할 수 있을 것이다.

문화가 정치에 의해 영향을 받는다는 점과는 별도로 문화적 변수 자체가 직접 국제관계의 모습을 바꾼다는 점에서 문화와 정치의 관계는 밀접하고도 복합적인 모습을 발견할 수 있다. 문화는 헌팅턴이 강조했던 것보다 훨씬 더 강하게 국제관계를 압박하고 있다. 헌팅턴은 문화적 요인이 갈등 또는 분쟁의 원인이 된다는 점만을 부각시켰지만, 그 이외에도 문화는 이제 초국가적 상호의존의 네트워크 속에서 빠르고 광범위한 영

5) 이러한 문제는 국제정치이론의 논쟁에서도 그대로 재연된 바 있다. 현실주의를 기반으로 하여 제도적 협력의 가능성을 다루고 있는 코헤인이나 마틴 등의 제도이론에 대해 전통적인 현실주의 학자들은 "누가 제도를 만드는가?"라는 질문으로 제도이론가들을 궁지에 몰아넣었다. 국제제도라는 것도 강대국의 필요성과 힘의 관계로부터 만들어진 것이라는 주장에 대해 제도이론가들은 쉽사리 부인할 수 없었으며, 현실주의이론의 강력한 힘을 인정할 수밖에 없었다(Keohane and Martin 2003: 97-99). 문화의 경우에도 상황은 다소 다르지만 적어도 그것이 상당부분 정치적인 힘의 관계를 반영할 수밖에 없다는 점은 분명하다.

향을 미치면서 전통적인 국가의 틀을 붕괴시키고 있다. 그동안 국제관계의 논의에서 가장 핵심적인 개념으로 자리잡아온 '국제체제' 또는 '국가'의 관념은 20세기 중반 이후 그 고유의 의미를 크게 잃어버리기 시작했는데, '문화적 속성'이 정치적인 관계에 영향을 미치면서 이러한 추세는 더욱 가속화되고 있다. 제2차세계대전이 종결되고 서구식 근대국가체제가 세계의 변방으로 빠르게 확산되면서 곳곳에서 문화적 충돌과 접합현상이 일어나기도 했다. 국가의 모습 자체도 크게 변모해나가고 있는데, 냉전시기의 초강대국이었던 소련이나 중국처럼 기존의 서구근대국가 모델로는 제대로 파악할 수 없는 새로운 유형의 정치체제들이 대거 등장했다(Bozeman 1984: 404-406). 탈냉전시기에는 비국가 단위체들의 활동이 두드러지게 나타남으로써 국가는 다양한 행위자들 중의 하나로 전락하게 되었다. 종교와 인종문제, 그리고 다양한 문화적 요인들은 국가의 대내외적 자기 변환을 초래했으며, 전통적인 근대국가의 이상향으로부터 점점 멀어지게끔 만들고 있다.

결국 문화적 요소가 사회 및 국제관계의 영역에서 갖는 의미는 그것이 지닌 '정치적' 영향력으로부터 기인한다. 냉전시기에는 이러한 변수가 크게 중요시되지 않았는데, 이는 초강대국을 중심으로 하는 양극화체제와 핵무기라는 구조적 상황으로부터 연유했다. 양극화 구조 속에서는 모든 논의들이 생존 및 번영과 관련된 전략적 이슈에 집중되어 있었기 때문에 군사력 또는 경제적 요인들이 훨씬 더 큰 비중을 차지할 수밖에 없었다. 냉전시대의 문화적 담론은 어디까지나 정치적 관계의 그늘 아래에서 전개되었고, 이데올로기적인 한계를 궁극적으로 벗어나지 못했던 것이다. 탈냉전시대에 들어와 이러한 경성(硬性) 요인들의 비중이 상대적으로 경감되면서 문화변수의 수평적인 속성들이 강조되기 시작했는데, 이는 초국가적 교류가 증가하면서 문화적 속성을 교환 및 공유하는 기회가 늘어나고 그럼으로써 서로에게 영향을 미치게 될 여지가 아울러 증가했기 때문이었다(Axelrod 1997: 151). 비록 헌팅턴이나 후쿠야마와 같은 서구중심적인 다원주의의 목소리가 여전히 지배적이기는 하지만, 21세기 국제관계 속에서 이루어지는 문화담론은 분명 과거에 비해 더욱 활발하게 이루어지고 있다. 연성(軟性) 변수로서의 문화는 이제 정치나 군사, 경제 등의 경성 요인들과 함께 국제관계를 움직이는 중요한 역할을 담당하게 된 것이다.

3. 세계화시대의 문화: 흐름과 섞임의 역학

(1) 흐름으로서의 문화

프랜시스 갤튼(Francis Galton)은 '문화적 접촉'으로 인하여 특정한 문화권의 고유한 모습을 있는 그대로 밝혀낸다는 것이 대단히 어렵다는 점을 간파한 바 있다. 소위 '갤튼의 문제(Galton's problem)'라고 불리는 이러한 문화의 상호작용효과는 문화인류학자들에게 매우 해결하기 어려운 골칫거리였다. 문화적 특성을 설명하는 데 있어서 내부의 기능적인 변수들 이외에 인접 국가나 문화권과의 상호교류를 통해 유입되는 외부적 '확산효과'의 영향을 무시할 수 없다는 '갤튼의 문제'는 문화라는 것이 과연 무엇인가에 대한 근본적인 질문이기도 했다. 문화를 고정되고 뚜렷하며 불변의 것이라고 간주해왔던 많은 학자들에게 있어서 갤튼이 제기한 문제는 쉽사리 해답을 찾기 어려운 것이었다. 즉 '문화란 무엇인가?'에 대한 개념 규정이나 모델의 수립을 곤란하게 만들었던 것이다. 문화라는 것이 태초부터 존재해오는 '고정된(given)' 것이라고 보는 입장을 취할 경우 갤튼의 문제는 영원히 해결할 수 없는 수수께끼로 남아 있을 것이다. 학자들은 갤튼의 문제가 던진 화두, 즉 '확산효과'를 그저 무시함으로써 문제를 해결하고자 했다(Ross and Homer 1976: 1-5). 즉 문화를 이론화하는 데 있어서 문화권 또는 문명권 사이의 상호작용은 중요 변수군에서 제외되었던 것이다.

그러나 개별국가나 문명권에 대한 외부로부터의 영향이 더욱 커지고 있는 세계화시대에 이러한 해법은 결코 현실의 문화를 설명하는 데 적합하지 않다. 오히려 상당한 영역에 있어서는 갤튼이 제기했던 변수, 즉 문화적 확산효과가 문화권 내부의 요소들에 비해 훨씬 더 강한 영향을 미치고 있다는 점을 고려할 때 문화의 확산, 또는 전파과정의 메커니즘을 올바로 이해하는 일이야말로 무엇보다 시급하다고 할 수 있다. 인류학자인 울프 해너즈(Ulf Hannerz)의 표현대로 갤튼의 문제를 전통적인 접근방식으로 해결하기가 더욱 어려워지고 있는 것이다.[6] 국제관계이론에서는 지금까지 국가들 사이의 상호작용을 논하는 데 있어서 정치적 · 군사적 · 경제적 관계에만 초점을 둔 까닭에 외부로부터의 문화적 영향으로 인한 내부의 변화라는 보다 심오한 문제를 제대로 다루지 못해왔다. 전쟁과 무역, 그리고 외교와 동맹관계는 국가 대(對) 국가 사이의 정형화된 교류만을 나타내기 때문에 외부로부터의 영향이 내부로 전이되는 모습을 충분하게 파악해낼 수 없었다.[7] 문화의 경우에는 상황이 다른데, 예를 들어 맥도널드나 렉서스, 할리우드 영화의 유입은 이제 전 세계의 다양한 인종이나 민족, 그리고 국가적 정체성에 지대한 영향을 미치면서 사람들의 일상생활을 바꾸어가고 있다(Barber 1992: 53-65).[8] 외부로부터

6) 인류학자로서 해너즈가 나이지리아에서 경험했던 현상들은 갤튼의 문제를 잘 말해준다. 그는 원래 자신이 연구하고자 했던 토속적인 나이지리아의 모습이 서구인들의 이미지에 불과할 따름이었다는 한계를 깨달았다. 오히려 서구의 영향을 받아 계속 변화하고 있는 나이지리아의 혼합문화가 현실을 더욱 잘 대변한다고 보게 되었다(Hannerz 1987: 547).

7) 유일한 예외는 '제2의 역전된 이미지(the second image reversed)' 메타포인데, 이것은 국내정치가 국제적 전쟁의 원인이라는 월츠의 '제2의 이미지'와 달리 국제정치가 국내정치에 미치는 역의 인과관계를 말한다(Gourevitch 1978: 882-884).

의 영향이 내부를 변화시키는 모습은 그 어떤 분야보다도 문화의 영역에서 가장 강하게 나타나고 있는 것이다.

결국 문화는 고착된 특성이라기보다 지속적으로 변화하는 '흐름(flows)'이라고 볼 필요가 있다. 문화는 주어진 것도 아니고 또 영원한 것도 아니다. 문화는 끊임없이 바뀌면서 사람들의 삶에 영향을 주고 또 그로부터 영향을 받는 동적 과정이다. 문화는 시대와 상황에 따라 '구성되는' 것이며, 이러한 점에서 세계화시대의 문화는 과거와 다른 접근방식을 통해 이해해야만 한다. 과거 제국주의를 배경으로 한 서구의 역사적 팽창은 그저 '앞선' 문화권에 의한 '뒤처진' 문화권으로의 침탈이라고 볼 수 있다. 즉 하나의 '주어진' 문화가 열등한 문화를 덮어쓰는 형태라고 이해하던 것이 과거의 문화적 인식이었다. 세계화시대에는 이러한 시각이 더 이상 통용되지 않는다. 왜냐하면 '보편주의'라는 서구중심의 포장은 이미 헌팅턴에 의해 벗겨졌지만, 그 대안으로서 등장해야 할 진정한 세계문화라는 것도 아직은 요원하기 때문이다. 결국 오늘날의 시점에서 우리에게 남아 있는 문화적 현실은 다원적이면서 복합적인 공존으로서, 직렬방식이 아니라 병렬방식으로 상호작용하는 여러 문화권의 모습들만이 우리의 눈앞에 펼쳐지고 있다.

이렇게 볼 때 문화는 서로 섞고 섞이면서 스스로를 바꾸어나가는 복수의 연체동물과도 같다고 볼 수 있다. 기어츠도 이러한 점에서 문화를 '낙지'에 비유하고 있다. 그에 따르면 문화는 구조적으로 촘촘하게 얽혀 있는 거미줄도 아니지만 그렇다고 해서 알알이 흩어져 있는 모래더미도 아니라고 보았다. 문화의 요소들은 따로 분리되어 있으면서도 어느 정도 수준에서 불완전하게나마 연결되어 있다는 것이 그의 견해였다. 낙지의 발은 항상 따로따로 움직이지만 적어도 머리 부위에서는 한데 뭉쳐 있다

8) 세계화의 충격에 대한 또 다른 안내서로는 Friedman 2003을 참조할 것.

는 점에서 문화가 지닌 속성을 표현하는 데 알맞은 비유인 것이다. 형태는 어색하지만, 이러한 낙지다리와도 같은 모습으로 인하여 문화는 그 동적 속성과 생명력을 지탱해나갈 수 있다는 것이 기어츠의 주장이다(Geertz 1998: 477). 이러한 비유는 수십 년이 지난 오늘날의 세계화시대에도 매우 적절하게 원용될 수 있다. 세계화의 통합 추세 속에서 '렉서스'와 같은 공통의 분모에 대한 열정들이 전 세계를 하나로 묶고 있지만, '올리브 나무'로 상징되는 지역적 · 토착적 문화들은 여전히 수그러들지 않고 있다. 모순된 것처럼 보이는 상반된 성향들의 불안한 공존을 통해 문화는 그 동적 메커니즘을 유지해나가고 있다. 민주주의나 인권, 자본주의 등과 같은 제도적 문화상품들이 세계의 구석구석을 휩쓸고 있지만, 또 다른 곳에서는 여전히 종교와 인종, 역사와 생활양식의 차이로 인한 문화적 너울이 끝없이 출렁이고 있다.

국제관계이론에서도 이러한 문화적 흐름에 대한 연구들이 서서히 주목을 받아왔는데, 과거 제국주의와 식민주의를 기반으로 한 서구문화의 일방적인 전파에 대한 헤들리 불(Hedley Bull)과 제임스 왓슨(James Watson)의 경험적 논의는 그 출발점이었다(Bull and Watson 1984). 이후 국제관계이론에서 문화적 확산 또는 전파현상에 대한 일반모델을 구축하려는 시도가 액설로드의 시뮬레이션을 중심으로 이루어졌는데, 이러한 노력은 비단 국제관계뿐 아니라 사회과학 전반에 걸쳐 하나의 어젠다로 자리잡고 있기도 하다(Axelrod 1997: 203-226).[9] 문화의 전파, 즉 흐름에 대한 일반화가 체계적으로 이루어지면서 그동안 모호하게 규정되어 온 문화의 동역학적 메커니즘이 서서히 드러나고 있다. 액설로드의 문화전파모델에서도 볼 수 있듯이, 문화적 전파는 중앙집중적인 지시나 통제

9) 문화적 전파과정을 설명하기 위한 사회과학에서의 범용 시뮬레이션 도구로는 엡스타인과 액스텔의 '설탕나라(SugarScape)' 모델을 꼽을 수 있다(Epstein and Axtell 1996: 71-82).

없이도 지역적 수렴화의 현상만 가능하다면 얼마든지 전 세계의 공간으로 확산될 수 있다. 다시 말해 가까운 이웃과의 교류만으로도 문화는 전 세계로 퍼져나갈 수 있는 동력을 얻게 되는 것이다. 또한 액설로드의 실험에 의하면 문화적 전파과정에서 대규모의 범위에 걸쳐 있는 문화권이 그렇지 못한 문화권을 잠식할 가능성이 큰 것으로 나타나고 있다.[10)]이러한 이론화를 통하여 문화의 '흐름' 현상을 보다 체계적으로 설명할 수 있을 것으로 기대된다.

(2) 섞임으로서의 문화

문화는 '개별적'이면서 '집단적' 속성을 동시에 지닌다. 문화가 '개별적'이라 함은 인간 개인과 같은 단위체를 일컫기보다 그것이 시스템 전체에 걸쳐 하나의 공동체로서 발현할 수 없다는 속성을 의미한다. 예를 들어 하나의 '사회' 속에서도 각각의 개인들이 가진 문화적 속성이 다르며, '국가' 내에도 수많은 문화적 속성들이 공존하면서 갈등을 빚기도 한다. 하물며 '국제사회'와 같은 거대한 공간 속에서 문화적 속성을 한데 아우르는 거시적인 패턴을 만들어내기는 더욱 쉽지 않다. 이런 점에서 문화는 '개별적'이다. 분석수준을 거시적으로 높일 때마다 문화의 고유한 모습은 점점 희석되는 것이다. 사실상 국제관계에서 '문화'라는 개념이 사용되는 것도 바로 이러한 개별성에 대한 전제를 깔고 있다. 헌팅턴이 말한 '문명의 충돌' 관념 역시 문화의 개별성을 전제로 깔고 있으며, 많은 학자들은 이것이 국제사회의 통합보다는 분열에 더 기여한다고 여

10) 이러한 결과는 직관적으로도 추정하기 어렵지 않지만, 컴퓨터 시뮬레이션 모델을 통해 문화적 변화가 일어나는 메커니즘을 설명하고 있다는 점에서 큰 의미가 있다. 액설로드는 특히 이러한 연구결과가 소수문화의 보호와 같은 실천적인 프로젝트에 대해 함축하고 있는 의미를 강조하고 있다(Axelrod 1997: 163-164).

기고 있다.

하지만 문화는 그 자체로서 '집단적' 인 속성도 동시에 지닌다. 이는 한 개인의 수준에서는 '문화' 라는 현상을 올바로 관찰할 수 없음을 의미한다. 문화를 규정하는 데 가장 핵심적인 요소인 '공통의 속성' 은 바로 다수의 단위체 또는 행위자들을 전제로 하기 때문이다. 웬트(Wendt)가 강조하는 '상호주관적(intersubjective)' 의미는 바로 이러한 문화적 속성의 전형적인 모습이다.[11] 예를 들어 자본주의, 베스트팔렌체제, 아파르트헤이트, 자유무역레짐, 근대국가 등의 거시적 패턴들은 모두 상호주관적으로 구축된 지구적 문화의 산물이며, 결코 어느 개인이나 국가의 수준으로 귀착될 수 없는 집단적 결과이다. 문명과 문화는 어느 개별 단위체의 차원에서 정해지는 것이 아니라 항상 '복수의' 단위체가 존재해야만 만들어질 수 있는 것이다. 문화는 동적 · 변증법적 과정을 통해 국제관계에 영향을 미친다. 웬트는 이러한 속성을 일컬어 문화의 '자기암시적 예언(self-fulfilling prophecy)' 이라고 부르고 있는데, 이는 행위주체들이 항상 '타자' 의 행위를 고려함으로써, 즉 구조의 영향을 받음으로써 행위주체-구조 사이의 상호구성적 작용이 일어난다는 점을 말해준다. 과거의 단선적인 사고방식에서는 타자에 대한 고려가 불충분했던 까닭에 문화적 속성에 대한 관심이 부족했지만, 국제관계를 동적 상호작용의 과정으로 이해할 경우에는 어떠한 행위자도 동일한 시스템 속에 존재하면서 자신에게 영향을 미치는 다른 행위자들의 사고나 행동을 의식하지 않을 수 없다는 점이 중요해진다(Wendt 1999: 186-187).[12] 이러한 '상대방에 대한

11) 웬트는 문화를 단순하게 '공유된(shared)' 신념으로 규정하기보다 다양한 단위체들 사이에 서로 복잡하게 '얽혀 있는(interlocking)' 신념이라고 본다. 문화현상이 만들어지기 위해서는 어떠한 형태로든 '집단적' 대표성이 전제되어야 한다는 것이다(Wendt 1999: 161-162).

12) 웬트는 이와 같은 문화의 자기암시적 속성이 국제체제의 안정지향적(homeostatic) 경향을 가능케 해주며, 나아가 문화적 패턴들이 끊임없이 변화하면서 재생산될 수 있는 기반이 된다고 보았다. 본 논문에서는 문화를 기본적으로 불안정한 변화의 대상으로 인식한다는 점에

이해'가 바로 문화의 가장 핵심적인 요소이며, 이러한 전제로부터 행위주체-구조의 상호 변증법적 메커니즘이 작동하게 되는 것이다.

결국 문화는 그 속성상 개별적이지만 공동체 속에서 생성된다. 사회학자와 인류학자들은 오랫동안 이러한 문제를 두고 고민해왔는데, 아쉽게도 그들은 '문화'의 속성을 정태적(static) 수준에서만 규정함으로써 개념적 모호함을 완전하게 극복하지 못했다. 즉 문화가 합의된 '의미(meaning)'라는 데 대해 공감하기는 했지만, 그러한 의미가 어떻게 생성되는가에 대한 설명이 부족했던 것이다. 만약 문화가 끊임없이 변화하는 동적 산물이라면 사회를 표현하는 '의미'로서의 문화는 어떤 의미를 지니는 것인가? 특정한 사회가 고정불변의 것이라는 전제 아래 그것을 대변하는 상징으로서의 문화개념이 가능한 것이라면, 그것은 도대체 어떻게 변화하는 것인가? 이러한 문제에 답하기 위해서 우리는 적어도 '문화'라는 개념이 고정된 사회 속에서의 '자기정체적(self-identical)' 의미가 아닌 '타자정체적(other-identical)' 의미를 지닌다는 점을 먼저 받아들여야 한다(Baecker 1997: 39-40). 즉 문화는 '다른 것'과의 끊임없는 대면을 통해 '의미있는 것(meaningful)'을 재구성하면서 변화해나간다. 이렇게 문화를 하나의 의미체계로서 이해할 경우 우리는 그것이 사회적으로 구성되는 과정이 상호교류의 흐름과 경험 및 이해관계의 분화에 따라 다르게 나타날 수 있음을 알게 된다. 적어도 국제관계에서 문화 또는 문명을 이야기할 때 우리는 '타자'의 존재와 시각을 인정하게 되며, 그로부터 한 단계 높은 차원에서 복잡한 거시문화를 만들어가게 된다.[13)]

이렇게 본다면 문화현상을 갈등의 원천으로만 보는 헌팅턴의 입장은

서 그의 입장과는 다소 차이를 보이지만, 적어도 문화가 '상호작용적'이라는 그의 기본 전제에는 동의하고 있다.

13) 이러한 점에서 사회적으로 구성된 문화는 하나의 '시각 네트워크(network of perspectives)'라고 할 수 있다(Hannerz 1987: 550).

지나치게 좁은 것이라고 할 수 있다. 교류와 상호작용을 통해 스스로의 존재를 확인하는 것이 문화의 핵심적 속성 중의 하나라면, 적어도 '문명의 충돌' 뿐 아니라 '문명의 공존' 또는 '문명의 협력' 이라는 관념 역시 중요하다. 이러한 맥락에서 로버트 콕스(Robert W. Cox)를 비롯한 여러 학자들은 문명권들이 서로 뚜렷하게 구분되어 경쟁하는 모습보다는 공간적으로 서로 중첩되고 복잡한 상호작용을 하는 모습이 현실에 더 가깝다고 주장한다. 문명권이 고정되어 있으며 다른 문명권과 갈등을 빚는 주체라고만 인식한다면 이것은 잘못된 접근방법이라는 것이다. 따라서 콕스는 문명권 사이의 '충돌(clashes)' 대신에 상호인식을 바탕으로 하는 '만남(encounter)' 의 공간을 인식하고, 이를 통한 문명권들의 '변환(transformations)' 과정을 강조했다(Cox 2002: 155-156). 우리가 '타자' 를 끊임없이 객관화시키기만 한다면 다양한 문화 또는 문명권 사이에는 오로지 갈등만이 존재하게 된다. 여기에 보다 긍정적인 요소를 지닌 '만남' 의 공간은 무시되고 마는 것이다(Walker 1984: 17). 문화는 서구모델을 염두에 둔 '수렴' 과 '동질화' 라는 개념 대신에 끊임없는 교류와 변환을 바탕으로 하는 동적 섞임의 과정으로서 자리매김해야만 하는 것이다.

이러한 관념은 세계화시대에 우후죽순 등장하는 혼성(hybrid)문화의 현상을 설명하는 데 절대적으로 중요하다. 문화의 전파 메커니즘에 있어서 우리가 흔히 간과하게 되는 현상 중의 하나가 섞임, 즉 문화의 혼합현상이었다. 기존의 문화적 다원주의에서는 서구중심의 지배문화가 일방적으로 확산됨으로써 주변부의 문화를 대체하는 가시적 효과에 대해서만 관심을 집중해왔기 때문이다. 하지만 지배문화와 피지배문화의 상호작용을 통해 새로운 문화, 즉 제3의 혼성문화가 등장하는 현상은 세계화와 네트워크화 시대의 새로운 특징으로 떠오르고 있다. 세계화와 지역화는 단순히 물리적으로 병행하는 추세가 아니라 화학적으로 섞여서 나타나는 현상인 것이다. '맥도널드' 와 '지하드' 가 섞이고, '렉서스' 와 '올리브나무'가 함께 어우러지는 모습이 바로 세계화시대의 문화모습이다. 앞에서도 논의했듯이 문화는 끊임없이 상호작용하면서 스스로를 변화시키는 동적 주체인 것이다. 오늘날 국제관계의 가장 큰 특징은 처음부터 존재하지 않았던 것이 갑자기 나타나기보다는 기존의 것들이 중첩되고 섞이면서 제3의 모습들을 재구성해낸다는 점에서 '새롭다'는 의미를 지닌다고 하겠다.

냉전시대의 문화는 경계와 특성이 뚜렷한 것이었다. 이러한 전제는 오늘날 그 타당성을 상당부분 상실하고 말았는데, 탈냉전시대에 들어와 문화적 섞임의 현상이 기하급수적으로 증가하고 있기 때문이다. 문화는 예나 지금이나 뚜렷한 모습으로 그려지지 않았다. 헌팅턴이 분류했던 7개 또는 8개의 문화권은 단지 인간의 머릿속에서 그려진 편의주의의 산물일 따름이다. 모든 문화는 서로 연결되고 교류하면서 외부의 요소들을 받아들여 내부적으로 그것을 토착화시키는 '크레올화(creolization)'를 그 특징으로 한다(Hannerz 1987: 551). 제국주의 시대의 식민지문화는 이러한 '섞임'의 전형적인 증상이었다. 오늘날에도 세계를 휩쓰는 세계화의 통합추세와 더불어 토착문화들이 동시에 발흥하면서 지역적인 혼합문화를 만들어가고 있다. 외부로부터 지배적인 문화가 유입되어 전통적인 문화에 압박을 가하는 '피진(pidgin)' 문화가 형성되면 곧 이어서 이를 적극적으로 수용하여 토착화시키려는 크레올화의 추세가 어느 곳에서든지 나타난다. 이러한 점에서 우리가 겪고 있는 세계화시대는 필연적으로 '문화적 섞임(cultural blending)'의 과정을 동반하고 있는 것이다(Uimonen 2003: 280-281).[14]

이러한 복합적 섞임 현상을 이해하기 위해서 문화인류학자들은 단순

---

14) 이러한 '문화적 섞임'의 과정 속에서 지구적인 요소와 지역적인 요소들이 복잡하게 얽힘으로써 세계화시대의 독특한 혼성 패턴들, 즉 세방화(glocalization) 또는 크레올화의 현상들이 나타나게 된다.

한 다원주의 또는 다(多)문화주의 대신에 신학에서 연유한 '에쿠메네(ecumene)'라는 개념을 사용해왔다. 본래 그리스어로 '거주(meni)'와 '공간(oikos)'이라는 뜻이 합성된 이 개념은 과거와 현재, 그리고 미래에 걸쳐 지구상의 모든 존재들이 살아가는 거주공간을 뜻한다. 이러한 개념을 사용하게 된 이유는 다문화주의만으로는 포착해낼 수 없는 복합적 현상들, 특히 시간과 공간을 통해 혼합형의 문화들이 새롭게 만들어지고 소멸되는 동적인 과정이 발생하는 공간이라는 의미를 강조하기 위해서였다(Foster 1991: 251). 지구촌은 헌팅턴이 그린 지도처럼 선명하게 구획되는 것이 아니라 역사적으로 영고성쇠를 거치면서 경로의존적(path-dependent)으로 만들어져 나가는 중첩된 에쿠메네인 것이다. 이러한 에쿠메네의 공간 속에서는 역사 속으로 사라져버린 문명도, 앞으로 새롭게 등장할 문명도 현재의 문명, 현재의 인류와 함께 공존한다. 섞임은 바로 이러한 중첩된 공간 속에서 일어나며, 문화는 바로 그러한 섞임의 산물로서 국제관계의 전면에 등장하고 있다.

4. 문화의 네트워크적 이해

세계화의 추세는 필연적으로 네트워크 구조를 바탕으로 한다. 세계화에 대한 지금까지의 인식은 주로 그것이 야기하는 통합(integration) 또는 보편성의 추세에 초점을 맞추어왔는데, 무역이나 금융 등과 같은 자본주의 경제체제의 제 분야에 있어서는 이러한 진단이 타당하다. 그럼에도 불구하고 세계화의 추세가 동반하고 있는 개체 수준의 지속성에 대해서는 상대적으로 관심이 덜했는데, 근대국가뿐 아니라 NGO, 초국적 기업, 나아가 개인에 이르기까지 다양한 세계정치의 행위자들이 이러한 통합의 추세에도 불구하고 여전히 독자적인 활동영역을 지키고 있다는 점에 대해서는 설득력 있는 이론들이 제시되지 못하고 있는 실정이다. 즉 '거시적 통합'의 추세와 '미시적 개체성의 지속'이라는 두 가지 상반된 현상은 이론적으로 대단히 흥미로운 문제로 떠오르게 되었다. 이러한 문제를 해결하기 위해서는 무엇보다도 세계화의 과정을 '연결(connections)'이라는 관점에서 바라볼 필요가 있다는 것이 본 논문의 주장이다. 세계화의 과정을 단위체들 사이의 '연결'이라는 맥락에서 바라보면 구조적으로 이러한 과정이 '네트워크' 형태를 띠고 있다는 점을 발견하게 된다.

세계화는 물질적 하부구조의 바탕 위에서 이루어지는 새로운 변환이다. 사회의 네트워크 구조는 오래전부터 있어왔지만, 정보통신기술의 발달로 네트워크화의 속도가 빨라지면서 오늘날의 사회는 바야흐로 '네트워크 사회'로 탈바꿈하게 되었다. 20세기가 자본주의와 국가주의라는 특징을 보여준 시대였다면, 20세기 후반부터 시작된 세계화시대는 구조적 측면에서 네트워크의 모습을 지닌 사회로 변모하고 있다(Castells 2000: 15-17). 이러한 네트워크 사회 속에서는 행위자들 또는 단위체들 사이에 끊임없는 갈등과 교류를 통한 변화가 지속적으로 일어난다. 하지만 이러한 변화는 어느 누구에 의해 계획된 것도 아니며 예측하기도 쉽지 않다. 네트워크 구조는 너무나 동적이기 때문에 작은 변화에도 쉽게 흔들리는 속성을 지니고 있기 때문이다. 하지만 네트워크 구조는 나름대로의 질서를 만들어낸다. 비록 어느 누군가에 의해 계획된 것도 아니고 지시된 것도 아니지만, 구성원들 사이의 상호작용을 통해 꾸준히 거시적인 패턴들이 생겨난다. 이러한 상향식(bottom-up)의 구성은 문화영역에서도 예외 없이 관찰된다.

세계화의 네트워크 구조 속에서 일어나는 문화의 상향식 구성 중에서 가장 두드러진 현상이 바로 세계인들의 정체성 변화이다. 개인주의적 정체성을 중시하던 서구에서나 집단주의적인 문화가 우세하던 동양에서나 세계화로 인한 문화적 섞임은 개개 문화권 내에서의 '자아'에 대한 인식에 일대 혼란을 가져왔는데, 마누엘 카스텔스(Manuel Castells)의 표현에 따르면 이제는 '회복이 불가능한' 정도에 처해 있다. 하지만 이러한 추세와 동시에 사람들은 공유되고 재구성된 정체성을 이루어내기 위한 새로운 '연결'을 탐색하게 된다는 것이 카스텔스의 설명이다(Castells 2003: 46-48). 세계화시대의 문화적 정체성은 이제 과거와 같이 하나의 독립된 영역 내에서, 즉 확정된 경계선 안에서 만들어지는 것이 아니라 끊임없이 변화하는 단위체들 사이의 연계성 속에서 수시로 변화를 거듭한다. 이제 사람들은 한 국가의 국민이면서 세계도시의 시민이기도 하고, 동시에 국경을 넘나드는 초국적 기업의 노동자가 될 수도 있다. 인종과 계급과 시민권 이외에도 사람들의 정체성을 규정짓는 기준은 더욱 증가하고 있으며, 그러한 증가 속도 또한 빨라지고 있다. 네트워크화의 추세는 이제 정치나 경제의 영역을 넘어서서 개인과 집단의 정체성을 규정짓는 문화의 영역으로까지 침투하고 있는 것이다.

따라서 오늘날 세계화의 시대에 네트워크화된 '문화공동체'의 존재에 대해 이야기하는 것은 결코 이르지 않다. 카스텔스에 의하면 산업화시대의 시민사회와 국가를 떠받치던 '정당화 정체성'이 와해되면서 외부로부터의 적대적인 위협에 대처하기 위한 '방어적 정체성'이 지금까지의 여러 문화공동체에서 나타나는 특징이었다. 하지만 이러한 방어적 정체성은 기존의 시민사회나 국가로부터 벗어나 네트워크 사회에 적응하기 위한 새로운 변환을 시도하는데, 카스텔스는 이를 '프로젝트 정체성'이라 부르고 있다(Castells 1997: 65-67). 프로젝트 정체성은 기존의 문화적 중심과 외부로부터 밀려들어오는 변화의 압박이 혼합되어 나타나는 '크레올' 문화의 하나로 볼 수 있다. 말하자면 네트워크 사회 속에서 개개의 문화는 세계화시대의 '만남'과 '변환'을 통해 새로운 대안의 문화를 변증법적으로 창출해내고 있는 것이다.

문화의 세계화를 '네트워크'의 관념으로 이해해야만 하는 또 다른 이유로서 '방랑형(nomadic)' 문화의 등장을 들 수 있다. 오늘날 국경을 넘나드는 수많은 인적 교류들은 특정 집단에 집착하기보다 다원적 · 수평적인 정체성을 동시에 포함하는 이동형 개인주의를 특징으로 한다. 이는 곧 과거와 같이 전통에 기반을 둔 공통의 신념체계나 규범이 더 이상 완전한 권위를 가지기 어려워졌음을 의미한다. 이제 사람들은 지구 반대편에 존재하는 어느 누구와도 접촉할 수 있게 되었으며, 큰 비용을 수반하지 않고도 복수(複數)의 소속감을 확보하기 위해 자신들의 연결망을 진세계적으로 확산시킬 수 있다. 세계화시대의 '네트워크 사회성'을 바탕으로 하는 이러한 문화적 변화는 과거와 같은 당구공 국가모델로는 결코 설명할 수 없는 것이다(Wittel 2001: 65). 네트워크는 오늘날 사회와 문화를 분석하는 데 있어서 가장 필수적인 사회물리학(social physics)의 도구가 되고 있다(Urry 2004: 111-112).[15]

이처럼 세계화시대의 문화적 연계성을 설명하는 데 있어서 가장 효율적이면서 필수적인 도구 중의 하나는 바로 네트워크 그물망의 관념이다. 네트워크의 특이한 속성과 그것을 구성하고 있는 다양한 단위체들은 경계가 분명하게 획정되어 있던 과거의 문화적 틀을 벗어나 상호연결되고 중첩된 형태의 동적 정체성을 지닌다. 이러한 모습은 신체조직의 세포들 사이에서 자주 관찰되는 '세망(細網: reticulum)'에 비유될 수 있으며, 들뢰즈(Deleuze)와 가타리(Guattari)가 제안했던 '리좀(rhizome)' 모델과도 유사하다(Kearney 1995: 558-559).[16] 세계화시대에 국경을 넘나드는 복잡

15) 최근의 네트워크 과학에 대한 전반적인 소개와 사회현상에 대한 적용가능성에 대해서는 Barabási 2002 참조.

16) 들뢰즈와 가타리의 리좀모델은 연결 접속, 다질성(多質性), 다양체, 단절, 탈영토화 및 재(再)영토화, 탈중심 등의 특성에 있어서 네트워크의 개념과 매우 흡사하다. 그들에게 있어 "땅밑 줄기를 통해 서로 연결, 접목되어 리좀을 형성하고 확장해나가는 모든 다양체"인 '고원'은 바로 네트워크 구조에서 자주 관찰되는 '울퉁불퉁한 지평(rugged landscape)'과 동일한 개념이다(Deleuze and Guattari 2001: 11-55).

한 관계들이 과거와 같은 위계질서형의 모습이 아니라 단위체와 단위체 사이에 다층적으로 얽혀 있는 까닭에 단위체의 정체성을 분명하게 가려내기 어렵게 되었다. 교통과 통신, 지구적 상호작용이 확대되면서 이동형 개인과 집단들이 점차 증가함으로써 한 개인이나 집단을 단일한 정치적 · 문화적 단위체로 귀속시키기란 대단히 어려운 일이 되고 말았다. 독자적인 특성을 가진 문화나 문명의 관념은 이제 과거의 환상으로 전락했으며, 보다 중첩적이면서 불확실하고 또 대단히 가변적인 모습의 문화관념이 지배하고 있다. 세계화시대의 문화는 결국 '네트워크화된 문화' 로서 이해되며, 여기에서 '네트워크화된 세계성' 이라는 표현이 가능하게 된다(Axford 2004: 260-261). 세계화 속의 문화는 단지 하나의 목표를 지향하는 통합도 아니고 개별적인 이질화도 아닌 복합적인 모습으로 재창출되고 있으며, 이렇게 만들어지는 세계성은 바로 단위체와 그들 사이의 연계성을 바탕으로 만들어진, 즉 '네트워크화된 세계성' 인 것이다.

앞에서 논의한 바와 같이 문화를 '흐름' 과 '섞임' 의 과정으로서, 그리고 에쿠메네를 기반으로 하는 상호교류의 현상으로서 이해한다면 우리는 지구촌의 문화공간이 하나의 네트워크라고 간주할 수 있다. 네트워크 구조 속에서는 각각의 단위체들이 뭉쳐서 문화권 또는 문명권을 형성하거나 해체하는 역사적 이합집산의 경로를 걷게 된다. 개별 단위체들은 개인이건 국내사회건 아니면 국가이건 간에 다양한 주변의 단위체들과 연대를 형성하면서 문화적 정체성을 형성한다. 이러한 '뭉침' 과 '흩이짐' 의 과정들이 반복적으로 이루어지면서 거대한 문명권에서부터 소규모의 토속문화에 이르기까지 다양한 형태의 문화적 연대가 형성되며 또 변화하거나 소멸된다. 민족과 국가, 지역 공동체, 나아가 전지구적 문화권의 창출은 아마도 이러한 동적 과정을 통해 이루어지는 것으로 여겨진다.[17] '네트워크' 의 관념은 바로 이러한 메커니즘을 이해할 수 있도록 해주는 중요한 도구이다. '당구공 모델' 로 불렸던 과거의 단위체 중심 시각으로는 파악하기 어려운 문화적 동역학의 다양한 모습을 한꺼번에 보여주기 때문이다.

문화적 확산 또는 전파의 과정은 사회진화론의 관점에서도 중요한 주제로 여겨진다. 생물학으로부터 시작하여 역사 및 사회현상에도 활발하게 원용되고 있는 진화론의 패러다임은 세계화시대의 문화적 변환을 설명하는 데에도 큰 도움을 주고 있다. 하지만 문화전파의 과정에서 나타나는 다양한 패턴을 이론화하기 위해서는 과거와 같은 단위체 중심의 진화관념을 넘어서 네트워크를 통해 나타나는 진화현상에 대한 모델이 필요하다. 예를 들어 다 대 일(多對一) 전파과정에서는 진화가 더디게 일어나고, 일 대 다(一對多) 전파과정에서는 빠르게 일어나는 현상을 이론적으로 설명하기 위해서는 전파의 '주체'와 '연결고리'에 대한 개념화가 동시에 수립되어야 한다(Cavalli-Sforza 외 1982: 20). 단위체 중심의 이론틀에서는 연결고리, 즉 링크(link)에 대한 관념이 모호한 까닭에 이러한 다양한 모습들을 제대로 그려내는 데 한계가 있다. 네트워크의 이론틀은 바로 이러한 점에서 큰 강점을 지닌다.

지금까지 세계화를 바라보는 시각은 다양하게 존재해왔다. 후쿠야마나 프리드먼과 같은 '세계화 과대포장론자'들은 전지구적으로 나타나는 통합의 측면만을 강조하고 있는 반면, 국가가 여전히 건재하다고 보는 '세계화 회의론자'들도 상당수 있다(Held 외 2002: 17-28). 하지만 문화인류학자들은 '변환론자(transformationists)'의 관점에서 세계화를 이해한다. 그들은 기존의 사회문화적 형태에서 나타나는 연속성과 변화를 중시하며, 상호교류와 상황의존성으로부터 생성되는 새로운 현상에 대해 관

17) 라스 에릭 시더맨(Lars-Erik Cederman)은 국제관계 속에서 이러한 문화적 상호작용의 결과, 민족이나 국가와 같은 공동체들이 생성되는 과정을 시뮬레이션으로 구현한 바 있다. 그의 모델 속에서는 단위체와 공동체 사이에 구성주의적 상호작용이 이루어지면서 복합적인 전체의 모습을 형성하고 있다(Cederman 1997).

심을 보이고 있다(Hannerz 2003: 178). 국제관계에서도 사실상 이러한 인식론이 절실하게 요구된다. 왜냐하면 국제관계의 많은 현상들이 사실상 '문화적 세계화'로서 이미 오래전부터 생겨난 것이기 때문이다. 문화적 세계화는 이미 근대로 거슬러올라가 세속적인 이념과 담론들, 즉 자유주의, 마르크스주의, 과학이라는 계몽주의적 산물에 그 뿌리를 두고 있다. 특히 나폴레옹 전쟁 이후 발흥하기 시작한 민족주의의 힘이 이러한 문화적 세계화에 커다란 추진력이 되었다(Held 외 2002: 541). 세계화시대에 강조되는 문화적 변수는 이러한 점에서 국제관계를 바꾸는 '변환'의 주체가 된다고 볼 수 있다. 세계화의 과정 자체도 일시적인 것이기보다 꾸준히 변모해나가는 네트워크화의 동반현상이기 때문이다.

결론적으로 네트워크적 시각으로 이해하는 문화의 세계화 현상은 과거의 고착적이고도 분절적이며 단일성을 지향하던 문화의 관념으로부터 새로운 복합적 문화의 창출을 예고하고 있다. 이러한 복합성 속에서는 '세계문화'에 대한 지나친 기대도, 전통적인 독자적 문화에 대한 집착도 큰 의미를 갖지 못한다. 세계화 속에서 진행되는 통합의 추세와 분열의 추세는 로즈노(Rosenau)가 '분합(fragmegration)'이라고 표현했듯이, 항상 동전의 양면처럼 동시에 이루어진다(Rosenau 1997: 99-117; Rosenau 2003: 50-78). 액설로드의 문화전파실험에서도 밝혀졌듯이, 상호작용이 증가함으로써 문화적 수렴(convergence)현상이 가속화되더라도 개별 집단 사이의 차이는 여전히 잔존하는 경향이 있다. 특히 지역적 차원에서의 수렴현상은 글로벌 차원에서의 분화현상을 낳기도 한다. 이러한 문화적 전파의 속성은 오로지 그것의 네트워크적 구조에 대한 이해를 통해서만 발견할 수 있다. 결국 탈냉전시대의 국제관계 담론을 주도했던 헌팅턴의 문명론은 문명과 문화의 깊은 간극만을 강조한 까닭에 넓은 맥락에서 그들 사이에, 그리고 그들 내부에서 형성되는 복잡한 연계성, 즉 상호관계의 동적인 모습을 간과하는 오류를 범했다고 볼 수 있다. 이러한 상호관계의 요소는 문화적 요소가 항상 갈등의 원인이 되는 것이 아니며, 경우에 따라 협력과 문제해결의 중요한 실마리가 되기도 한다는 점을 잘 말해준다. 이러한 점에서 네트워크 시각은 기존의 문화담론이 지닌 한계를 적절하게 보완해줄 수 있는 것이다(Hannerz 2003: 180).

지금까지 서구의 문화담론에서 언급되었던 '보편성'의 개념은 철저하게 자유주의 이데올로기의 이상을 반영한 것이었다.[18] 다(多)문화의 현실이 기정사실화되고 있는 오늘날 이러한 이상은 단지 하나의 가상적이고 모호한 목표에 불과하다. 보편문화라는 것이 공통의 경험, 공유된 의미를 반영하는 것이라면, 이러한 문화는 분명 세계화시대의 현실을 말해주지 않는다(Fuchs 2000: 18-19). 단지 규범적 맥락에서 이러한 목표, 즉 보편문화를 지향하는 세계인들의 바람은 결코 무시되어서는 안 될 것이다. 세계화의 한편에서는 세계인들의 생존과 삶의 질을 위협하는 근본주의(fundamentalisms)의 망령이 강화되고 있지만, 또 다른 쪽에서는 끊임없는 상호교류와 접촉을 통해서 서로의 차이를 인정하고 개방적으로 받아들이기 위해 노력하는 모습을 여전히 찾아볼 수 있다. 적어도 전자의 부작용을 최소화하면서 후자의 영역에서 보편적 세계문화에 대한 다양한 논의와 담론들이 규범적으로나 현실적으로 진행되어야 하는 당위성이 존재하는 것이다. 네트워크의 세계문화담론은 이러한 맥락에서 큰 의미를 지닌다.

18) 헌팅턴도 이미 이러한 서구중심의 '보편문화'가 지닌 허구성에 대해 신랄하게 비판한 바 있다(Huntington 1997: 56-78).

5. 문화정책과 문화유전자

이상과 같이 오늘날의 국제관계를 '문화'의 관점에서 바라보면 그 네트워크적 구조에 대해 관심을 기울이지 않을 수 없다. 국제관계의 구조가 네트워크 형태로 바뀌어가고 있다는 것은 곧 전통적인 행위자인 국민국가의 사고방식으로 해결할 수 없는 문제들이 많아진다는 것을 의미한다. 특히 군사력이나 경제력만으로는 해결하기 힘든 상황에 있어 소프트파워 또는 문화적 영향력 등을 활용해야 한다는 목소리가 높아지기 시작했다(Nye 1990 · 2004; Dutta-Bergman 2006). 국제관계가 이처럼 문화적 변수의 영향이 점차 커지면서 더욱 복잡한 네트워크 구조를 형성하고 있다면 국가 차원에서의 바람직한 문화정책은 어떻게 구현되어야 할 것인가? 정치와 외교 · 군사 · 경제 등 전통적으로 국가들 사이의 관계를 결정지어온 주요 요인들을 넘어 보다 영속적이면서 강력한 영향력을 행사하는 문화적 자원을 확보하기 위해서는 어떤 정책을 수립해야 할까?

그동안 한국의 문화상품들이 동북 아시아 지역을 중심으로 하여 단기간 동안에 확산됨으로써 받아들이는 쪽이나 제공하는 쪽 모두 놀라울 정도의 문화적 흐름을 만들어온 것이 사실이다. '한류'라고 불리고 있는 이러한 추세는 안타깝게도 앞에서 논의한 흐름과 섞임의 역학에 대한 이해로부터 출발했다기보다 다양한 시행착오 끝에 만들어진 매우 드문 성공작으로 이해해야 할 필요가 있다. 이는 곧 광범위하고도 체계적인 국가적 수준의 문화정책을 바탕으로 하여 만들어진 작품이 아니라 개별산업 차원에서 산발적으로 이루어진 각개 전략의 결과로서, 이러한 성공작들을 반복적으로 재생산하기 위해서는 한층 더 체계적이고도 심도 있는 문화연구 및 정책이 동반되어야 한다는 것을 의미한다. 주변국가들과의 문화적 갈등에 있어서도 동일한 논리가 적용된다. 지난 몇 년 사이에 불거진 일본의 교과서 왜곡문제라든가 중국의 동북공정과 같은 사태 이면에는 동북아 국가들의 편협한 역사 및 문화인식이 바탕에 깔려 있다.

본 논문에서는 이러한 갈등구조를 극복하기 위한 최초의, 그리고 최선의 출발점이 바로 문화를 네트워크적 관점에서 이해하는 일이라고 본다. 어떤 나라든지 자국 중심의 시각만으로는 결코 문화적 갈등, 나아가 생존여부를 결정짓는 무력갈등의 문제를 쉽사리 해결할 수 없기 때문이다. 그렇다면 문화적 갈등을 보다 효율적으로 해결하면서 동시에 국가의 문화적 매력을 더욱 발신시킬 수 있도록 하는 문화정책은 어떤 방향으로 이루어져야 할 것인가? 가장 중요한 원칙은 아마도 문화의 '흐름'과 '섞임'의 원칙에 충실한 형태로 정책이 이루어져야 한다는 점이다. 어떤 문화적 관계와 교역도 완전하게 분절된 독자적인 모습으로 이루어지지는 않는다. '흐름'의 속성을 파악함으로써 한 나라의 문화정책은 시류에 맞추어 수시로 변화해야 하며, '섞임'의 속성을 이해함으로써 문화정책 결정자들이나 문화산업가들은 보다 매력적인 문화정책과 문화상품을 만들어낼 수 있게 된다. 네트워크 시대에는 완전한 보편성도, 완전한 특수성도 결코 상대방을 끌어당길 수 없다.

본 논문에서는 이러한 문화정책을 보다 체계적으로 구현하기 위한 방안의 하나로서 '문화유전자(memes)'의 개념을 활용할 것을 제안한다. 이 개념은 이미 오래전에 생물학자인 리처드 도킨스(Richard Dawkins)에 의해 만들어졌는데, 인간의 유전형질을 결정하는 '생체유전자(genes)'에 대비되는 개념으로서, 인간사회의 문화적 속성을 결정짓는 세부 요소를 가리킨다(Dawkins 1976). 비록 눈으로 측정하기는 쉽지 않지만 적어도 인간들 사이의 관계에서 서로 공통되는 요소와 그렇지 않은 요소가 공존하고 있다는 점을 우리는 경험으로 알고 있다. 본 논문에서는 인간의 문화유전자를 공통되는 유사성과 그렇지 않은 차이로 구분하여 이를 적절하게 배합하는 접근법을 사용해야 한다고 제안한다. 이처럼 '모듈화(modularized)' 접근법은 매우 빠른 속도로 요동치는 네트워크 세계문화의 변화에 능동적이면서 유연하게 대처할 수 있는 하나의 효율적인 방법이 된다.

문제는 유사성과 차이의 배합을 어느 정도에서 맞추는가 하는 점이다. 이에 대한 해답은 결국 상황에 따라 다르게 결정될 수밖에 없을 것이다. 하지만 모듈화된 문화접근법은 분명 국가의 문화정책에 대단히 중요한 이점을 가져다준다. 우선 헌팅턴의 논의에서 다루어졌지만, 오늘날 세계에서는 결코 특수한 속성만으로는 '타자'를 끌어들일 수 없다. 친근함, 인권, 박애주의, 민주주의, 협력의 이념 등 오랜 역사를 거쳐 인류문명 속에서 수렴되어가고 있는 중요한 가치들을 존중하는 모습이 문화정책에 담겨 있어야만 한다. 물론 이러한 보편성의 모습만 가지고는 결코 상대방에게 매력을 발산할 수 없다. 우리의 고유한 문화적 속성이 적절한 방식으로 풍겨나야만 문화적 교류나 문화상품에 대한 관심을 끌어당길 수 있기 때문이다(Barber 1992; Friedman 2003). 결국 중요한 점은 국가별로, 영역별로, 사안별로 필요에 따라 호환되는 문화유전자를 적절하게 해독하고 그것을 상품으로 재조합해내야 한다는 것이다.[19] 이러한 과정이야말로 '혼성문화'를 만들어내기 위한 체계적인 방법이다. 지금까지 문화란 역사적으로 주어진 것이고 또 영원히 변하지 않을 것처럼 다루어져왔지만, 이제는 그 요소들을 잘게 쪼개어 적절한 모습을 재구성하면서 변화하는 시대의 조류에 맞추는 것이 바로 문화정책의 중요한 과제가 되고 있는 것이다

문화정책이나 산업과 관련된 이슈에서 중시되는 또 다른 점은 문화적 교류와 문화상품이 움직이는 공간이 바로 네트워크 형태를 띠고 있다는

19) 도킨스는 생체유전자나 문화유전자처럼 자신을 드러내지 않는 미시적 단위체를 '유전형(genotype)'으로, 이러한 유전형의 조합에 의해 만들어져 외부로 드러나는 거시적 산물을 '표현형(phenotype)'으로 정의했다. 문화정책의 영역에서 우리는 보다 효율적이고 재생산이 가능한 표현형으로서의 문화상품과 정책을 만들어내기 위해 성공한 사례들의 문화유전자를 해독하고 그 요소들을 재조립할 필요가 있다.

점과 관련된다. 경제적인 측면에서도 나타나는 현상이지만, 네트워크 구조 속에서는 승자독식현상이 자주 일어난다. 이러한 구조적 특성을 이해한다면 적어도 시장을 선점한다는 것이 얼마나 중요한지를 모르는 정책결정자나 CEO는 거의 없을 것이다(Schelling 1978; Gladwell 2002). 이러한 네트워크 구조 속에서는 기본적으로 '허브'를 찾아 집중공략하는 것이 대단히 효과적인 정책이자 전략이 될 수 있다. 문화적 갈등이 일어나는 경우에도 마찬가지인데, 상대방의 내부에서 전파능력이 가장 뛰어난 집단이나 개인을 주된 대상으로 한 홍보전략이나 공격적 마케팅이 기하급수적인 상승작용을 가져오는 경우가 종종 있다. 이러한 전략은 모두 문화가 만들어지고 이동하는 공간을 하나의 네트워크로 이해하고, 또 그러한 바탕 위에서 문화유전자적 사고방식을 공유하는 경우에만 가능할 것이다.

6. 맺음말

문화 또는 문명이라는 탈냉전시대의 새로운 화두는 반세기 이상 국제관계의 담론을 지배해왔던 이론적 틀의 질곡에서 벗어나 새로운 세계관을 제시하는 것이었다. 헌팅턴과 여러 문명론자들의 공헌은 이런 맥락에서 매우 중요하다. 하지만 21세기에 들어와 더욱 격변적인 모습의 세계를 바라보면서 우리는 문화적 변수가 지닌 잠재력을 다시금 평가하게 되었고, 특히 문화적 다원주의의 이면에 숨겨져왔던 정치적·이데올로기적 배경에 대해서도 주목하게 되었다. 냉전 초기의 세계지배전략의 일환으로서 추진되었던 문화적 상대주의와 다문화주의의 프로젝트들은 여전히 탈근대의 문화담론 속에서도 지속되면서 오늘날 서구중심의 무조건적인 보편지향성을 떠받치고 있다. 아울러 문화적 변수가 국가와 세계정치의 제 모습을 바꾸어가는 현상도 자주 목격할 수 있다. 그만큼 문화는 정치와 밀접한 연관을 맺으면서 국제관계 속에 자리잡아왔다.

하지만 1990년대 이후 가속화되고 있는 세계화의 추세는 정치나 경제적 영역뿐 아니라 문화적 삶 속으로도 깊숙하게 파고들면서 어느 누구도 예상하지 못했던 방식으로 우리의 정체성을 변화시키고 있다. 이러한 변화는 소규모의 공동체뿐 아니라 지역사회와 국가, 나아가 세계정치의 모습도 바꾸어가고 있으며, 단일한 공동체에 고착화되어 있던 과거의 개인이나 집단과 달리 중첩된 방랑형의 정체성을 확대재생산하고 있다. 한편 국제관계의 다양한 측면 중에서도 문화분야에서 일어나는 움직임의 이중성, 즉 단일한 세계사회(a world society)를 향한 움직임과 국가들의 사회(a society of states)를 향한 움직임이 동시에 일어나고 있다는 점은 주목할 만한 현상이다. 하지만 이러한 대칭적인 움직임들은 결코 모순적인 것이 아니라 상호보완적인 것으로 볼 필요가 있다(Dore 1984: 418).

네트워크 구조 속에서는 상황에 따라 이러한 통합과 분화의 현상들이 수시로 반복되고 있으며 이러한 복합적 현상은 단위체들의 속성보다는 그들 사이의 관계, 즉 연계성의 특징으로부터 연유한다. 문화의 전파나 섞임의 현상들 역시 이러한 연계성 위에서 나타나는 세계화시대의 산물이다. 다양한 단위체들 사이의 연계성을 바탕으로 영고성쇠를 거듭하는 문화와 문명은 '보편성'과 '특수성'을 동시에 지니고 있으며, 또 그것을 용인하는 방향으로 이해되어야 한다. 그렇지 않을 경우 어떤 불행이 일어나는가에 관한 뼈저린 교훈을 우리는 9 · 11테러와 같이 21세기의 초입에 벌어지고 있는 충격적인 사건을 통해 얻을 수 있었다. 인류학자들은 이미 세계화가 진행되던 1990년대에 '세계문화(world culture)'의 존재를 인정하고 있었다. 세계문화는 다양성을 인정하면서 동시에 의미의 흐름(flows)과 사회적 관계의 네트워크를 형성한다. 이러한 토대 위에서 세계주의자들이나 지역주의자들 모두 문화적 다양성을 받아들이고 보존하기 위해 노력해야 한다는 공감대를 지니고 있다(Hannerz 1990: 249-250).

결국 현상적으로나 규범적으로나 문화의 세계정치적 영향은 무시할 수 없는 수준에 이르러 있다. 냉전식 사고방식의 덫에 빠지지 않기 위한 하나의 방편으로 등장한 것이 문화적 변수에 대한 고찰이었다면, 이제 우리는 그것을 '어떻게' 체계화시킬 수 있는가를 고민해야 한다. 네트워크적 이론틀은 이러한 고민에 대한 하나의 대답이다. 문화를 이해하기 위해 다양한 변수들의 '관계'를 발견해야 한다는 기어츠의 권고는 오늘날에도 유효하다. 심지어 그러한 관계를 발견하는 '방법'을 발견해야 한다는 요구는 아직도 문화의 본질적인 속성이 무엇인지, 그리고 그것이 국제관계에 미치는 영향이 무엇인지를 명확하게 가려내지 못하고 있는 우리들에게 중요한 메시지를 전달해준다. 기어츠는 이러한 요구를 수행하는 데 있어서 가장 큰 난관이 바로 '상호연관성'과 '독립성'의 이중적 속성이라는 점을 지적한 바 있다(Geertz 1998: 477). 이러한 이중적 속성을 파악해내는 '방법'의 하나로서 본 논문에서는 국제관계에서의 '네트워크'적 문화개념을 강조했고, 나아가 문화유전자의 개념을 바탕으로 한 새로운 문화정책 구상의 필요성을 제안했다.

| 참고문헌 |

Axelrod, Robert A., 1997a, *The Complexity of Cooperation: Agent-Based Models of Competition and Collaboration*, Princeton: Princeton University Press.

———, 1997b, "The Dissemination of Culture: A Model with Local Convergence and Global Polarization," *Journal of Conflict Resolution* 41, No. 2.

Axford, Barrie, 2004, "Global Civil Society or 'Networked Globality': Beyond the Territorialist and

Societalist Paradigm," *Globalizations* 1, No. 2.
Baecker, Dirk, 1997, "The Meaning of Culture," *Thesis Eleven* 51.
Barabási, Albert-László, 2002, *Linked: The New Science of Networks*, 강병남 · 김기훈 역, 『링크: 21세기를 지배하는 네트워크 과학』, 서울: 동아시아.
Barber, Benjamin R., 1992, "Jihad vs. McWorld," *The Atlantic Monthly* 269, No. 3.
Benedict, Ruth, 2004, *The Chrysanthemum and the Sword: Patterns of Japanese Culture*, 김윤식 · 오인석 역, 『국화와 칼』, 서울: 을유문화사.
Bozeman, Adda, 1984, "The International Order in a Multicultural World," in Hedley Bull and Adam Watson, eds., *The Expansion of International Society*, Oxford: Clarendon Press.
Bull, Hedley and Adam Watson, eds., 1984, *The Expansion of International Society*, Oxford: Clarendon Press.
Castells, Manuel, 1997, *The Power of Identity: The Information Age: Economy, Society and Culture*, Volume II, Oxford: Blackwell.
———, 2000, "Materials for an Exploratory Theory of the Network Society," *British Journal of Sociology* 51, No. 1.
———, 2003, *The Rise of the Network Society*, 김묵한 · 박행웅 · 오은주 역, 『네트워크 사회의 도래: 정보시대 경제, 사회, 문화 1』, 서울: 한울 아카데미.
Cavalli-Sforza, L. L., M. W. Feldman, K. H. Chen and S. M. Dornbusch, 1982, "Theory and Observation in Cultural Transmission," *Science* 218, No. 4567.
Cederman, Lars-Erik, 1997, *Emergent Actors in World Politics: How States and Nations Develop and Dissolve*, Princeton: Princeton University Press.
Cox, Robert W., 2002, *The Political Economy of a Plural World: Critical Reflections on Power, Morals and Civilizations*, London: Routledge.
Dabashi, Hamid, 2001, "For the Last Time: Civilizations," *International Sociology* 16, No. 3.
Dawkins, Richard, 1976, *The Selfish Gene*, Oxford: Oxford University Press.
Deleuze, Gilles and Félix Guattari, 2001, *Mille Plateaux: Capitalisme et Schizophrénie* 2, 김재인 역, 『천개의 고원』, 서울: 새물결.
Dore, Ronald, 1984, "Unity and Diversity in World Culture," in Hedley Bull and Adam Watson, eds., *The Expansion of International Society*, Oxford: Clarendon Press.
Dutta-Bergman, Mohan J., 2006, "U.S. Public Diplomacy in the Middle East: A Critical Cultural Approach," *Journal of Communication Inquiry* 20, No. 2.
Epstein, Joshua M. and Robert Axtell, 1996, *Growing Artificial Societies: Social Science from the Bottom Up*, Washington DC: The Brookings Institution Press.
Falk, Richard A., 1990, "Culture, Modernism, Postmodernism: A Challenge to International Relations," in Jongsuk Chay, ed., *Culture and International Relations*, New York: Praeger.
Foster, Robert J., 1991, "Making National Cultures in the Global Ecumene," *Annual Review of*

Anthropology 20.

Friedman, Thomas L., 2003, *The Lexus and the Olive Tree*, 신동욱 역, 『렉서스와 올리브나무』, 서울: 창해.

Fuchs, Martin, 2000, "The Universality of Culture: Reflection, Interaction and the Logic of Identity," *Thesis Eleven* 60.

Geertz, Clifford, 1998, *The Interpretation of Cultures*, 문옥표 역, 『문화의 해석』, 서울: 까치.

Gladwell, Malcolm, 2002, *The Tipping Point: How Little Things Can Make a Big Difference*, Boston: Little, Brown & Co.

Gourevitch, Peter, 1978, "The Second Image Reversed: The International Sources of Domestic Politics," *International Organization* 32, No. 4.

Hannerz, Ulf, 1987, "The World in Creolisation," *Africa* 57, No. 4.

———, 1990, "Cosmopolitans and Locals in World Culture," *Theory, Culture and Society* 7.

———, 2003, "Macro-Scenarios, Anthropology and the Debate over Contemporary and Future Worlds," *Social Anthropology* 11, No. 2.

Held, David, Anthony McGrew, David Goldblatt and Jonathan Perraton, 2002, *Global Transformations*, 조효제 역, 『전지구적 변환』, 서울: 창작과비평사.

Huntington, Samuel P., 1993, "The Clash of Civilizations?" *Foreign Affairs* 72, No. 3.

———, 1996, *The Clash of Civilizations and the Remaking of World Order*, New York: Touchstone.

Kearney, Michael, 1995, "The Local and the Global: The Anthropology of Globalization and Transnationalism," *Annual Review of Anthropology* 24.

Keohane, Robert O. and Lisa L. Martin, 2003, "Institutional Theory as a Research Program," in Colin Elman and Miriam Fendius Elman, eds., *Progress in International Relations Theory: Appraising the Field*, Cambridge: MIT Press.

Nye, Joseph S., 1990, "Soft Power," *Foreign Policy* 80.

———, 2004, *Soft Power: The Means to Success in World Politics*, 홍수원 역, 『소프트파워』, 서울: 세종연구원.

Rosenau, James N., 1997, *Along the Domestic-Foreign Frontier: Exploring Governance in a Turbulent World*, Cambridge: Cambridge University Press.

———, 2003, *Distant Proximities: Dynamics Beyond Globalization*, Princeton: Princeton University Press.

Ross, Marc Howard and Elizabeth Homer, 1976, "Galton' s Problem in Cross-National Research," *World Politics* 29, No. 1.

Ruggie, John G., 1975, "International Responses to Technology: Concepts and Trends," *International Organization* 29, No. 3.

Schäfer, Wolf, 2001, "Global Civilization and Local Cultures: A Crude Look at the Whole,"

International Sociology 16, No. 3.
Schelling, Thomas C., 1978, *Micromotives and Macrobehavior*, New York: W. W. Norton.
Scott, David, 2003, "Culture in Political Theory," *Political Theory* 31, No. 1.
Shannon, Christopher, 1995, "A World Made Safe for Differences: Ruth Benedict' s The Chrysanthemum and the Sword," *American Quarterly* 47, No. 4.
Tempelman, Sasja, 1999, "Constructions of Cultural Identity: Multiculturalism and Exclusion," *Political Studies* 47.
Tomlinson, John, 2004, *Globalization and Culture*, 김승현 · 정영희 역, 『세계화와 문화』, 서울: 나남출판.
Uimonen, Paula, 2003, "Networks of Global Interaction," *Cambridge Review of International Affairs* 16, No. 2.
Urry, John, 2004, "Small Worlds and the New 'Social Physics'," *Global Networks* 4, No. 2.
Walker, R. B. J., ed., 1984, *Culture, Ideology, and World Order*, Boulder: Westview Press.
———, 1990, "The Concept of Culture in the Theory of International Relations," in Jongsuk Chay, ed., *Culture and International Relations*, New York: Praeger.
Wendt, Alexander, 1999, *Social Theory of International Politics*, Cambridge: Cambridge University Press.
Wittel, Andreas, 2001, "Toward a Network Sociality," *Theory, Culture & Society* 18, No. 6.

15

세계화시대의 네트워크 국가

민병원_서울산업대학교

1. 머리말

국경을 넘나드는 전지구적 교류와 상호작용은 지난 수십 년간에 걸쳐 우리의 일상생활뿐 아니라 국가기구, 나아가 세계정치의 모습을 크게 변화시켜왔다. '세계화(globalization)' 라고 불리는 이러한 거시적인 추세는 근대국민국가로 대표되어온 전통적 거버넌스의 플랫폼을 서서히 위협해 왔으며, 국제관계의 작동 메커니즘을 점점 더 복잡한 형태로 만들어왔다. 전통적인 국제관계의 행위자로 군림해온 국민국가는 이러한 추세 속에서 그 기능과 권력을 상당부분 상실하게 되었다. 대신에 초국가기구와 국가 하부단위체들의 영향력이 증가하게 되었고, 이들 사이의 상호작용은 다방면에서 급속도로 증폭되면서 국가의 관할권을 대폭 축소시켰다. 이러한 추세 속에서 새로운 국제관계이론과 국가개념의 재정립에 대한 요구가 점차 커져왔는데, '네트워크 국가' 는 이에 대한 하나의 응답이라고 할 수 있다.

네트워크 국가의 개념은 국제관계를 이해하는 새로운 도구이면서 동시에 전통적인 국민국가의 요소를 잃지 않고 있다. 세계화의 추세 속에서 근대국민국가는 그 영향력을 많이 상실했음에도 불구하고 여전히 명맥을 유지하고 있기 때문이다. 국가는 단지 생존을 이어가기만 하는 것이 아니라 스스로의 구조와 기능을 변환시킴으로써 새로운 시대에 적응해가는 하나의 유기체적인 모습을 보이고 있다. 나아가 국가기구들은 그 기능에 따라 스스로를 분화시키고 대외적인 네트워크를 창출하면서 자신들의 존재가치를 되살리고 있다. 이러한 현상은 국가가 단지 세계화의 도전에 직면하여 쇠락해가는 수동적인 대상이 아니라 21세기의 새로운 국제관계를 전개하는 데 있어 적극적인 행위주체가 될 것이라는 점을 암시한다.

네트워크 국가라는 새로운 이론적 개념은 이러한 문제의식을 바탕으로 정립되었다. 하지만 이러한 개념이 단지 추상적인 것에 그친다고 단정해서는 곤란하다. 오늘날 국제관계의 복잡한 변화를 읽어내고 그것을 정제하여 압축했을 때 마지막으로 남는 핵심 어휘 중의 하나가 바로 네트워크 국가이기 때문이다. 예를 들어 유럽연합의 경우 지난 수십 년간의 노력을 통해 자신들만의 독특한 거버넌스 방식을 개발해가고 있는데, 네트워크 국가의 모습을 이보다 더 잘 보여주는 경험적 사례도 없을 것이다. 본 논문에서는 우선 네트워크 국가가 등장하게 된 역사적 배경, 즉 세계화가 국민국가에 미친 영향을 살펴보고, 이어서 네트워크 국가의 대내외적 속성을 하나하나 짚어본 후에 유럽연합과의 연관성에 대해 논의하고자 한다.

2. 세계화시대의 국제관계와 국민국가

네트워크 국가에 대한 논의를 위해서는 우선 그것이 등장하게 된 역사적 배경을 살펴볼 필요가 있다. 국가는 오랫동안 국제관계의 가장 핵심적인 행위자로서 존재해왔고, 지금도 이러한 지위에는 큰 변화가 없다. 다만 국가의 권한이나 기능에 있어서는 상당한 동요가 일어나고 있는데, 그 근원은 '세계화' 라고 불리는 거시적 현상이라는 점에 학자들의 의견이 일치하고 있다. 세계화는 전지구적 차원에서 동시다발적으로 일어나고 있는 대규모의 통합추세로서, 그로 인해 국가의 존립 근거 자체가 흔들리게 되었다고 보는 견해가 나타나게 되었다. 시민들에게 안보와 복지라는 공공재화를 제공해주는 국가의 고유 기능이 크게 훼손되었다는 점에 비추어볼 때 이러한 견해에는 타당한 면이 있다. 하지만 전통적 기능의 약화에도 불구하고 국가는 스스로를 변환시키면서 여전히 존속하고 있는데, 이러한 복합적인 모습은 오늘날 국제관계 연구에서 흥미로운 퍼즐이 되고 있다.

(1) 통합과 분화의 세계화

20세기 후반에 걸쳐 비약적으로 증가해온 초국가적 교류는 사람들의 상상을 초월할 정도로 국제관계의 모습을 크게 변모시켜왔다. 상품과 자본, 노동, 정보, 그리고 여러 가지 형태의 자원들이 국경을 자유롭게 넘나드는 이러한 현상은 1970년대부터 본격적으로 시작되었고, '복잡한 상호의존(complex interdependence)' 이라는 개념으로 이론화되어왔다(Keohane and Nye 1977: 5-6). 그렇지만 20세기 말의 세계화시대에는 초국가적 교류가 훨씬 더 복잡해지면서 국가간의 경제적 '상호의존' 또는 '국제화' 의 수준을 넘어서는 새로운 관념들이 등장하게 되었다. 전통적인 국가는 더 이상 초국가적 상호작용의 유일한 주체가 아니며, 많은 경우에 이러한 상호작용을 통제하는 일이 거의 불가능하게 되었다는 점이 이러한 관념의 배경에 자리잡고 있다. 결국 국가의 통제를 벗어나 초국가적으로 이루어지고 있는 새로운 통합현상, 즉 '세계화'는 경제적 상호의존 이외에도 전통적인 국가 행위자의 기능과 권한이 상대적으로 제약되고 있다는 정치적 변화의 의미를 동시에 내포하게 되었다.

세계화 현상은 1990년대에 들어와 가속화된 정보통신혁명의 비약적인 발전에 힘입은 바 크다(Castells 1996: 46-52).[1] 통신 속도의 향상, 그리고 대량의 데이터 처리와 전송은 자본과 자원의 이동에 필요한 비용을 엄청난 수준으로 절감시켰다. 세계는 이제 이러한 발전에 힘입어 물적·인적 교류 및 정보의 소통양식에 있어 더욱 복잡한 모습을 보이게 되었는데, '네트워크'는 이러한 현상을 대변하는 세계화시대의 키워드가 되어왔다. 세계화는 여러 측면에서 사람들의 생활방식과 통치양태를 바꾸어 놓았는데, 특히 많은 나라에서 국내 시민사회가 성장하여 적극적으로 정치과정에 참여하는 새로운 거버넌스 메커니즘이 발전했다(Cox 1999: 13). 이러한 국내 변화와 아울러 대외적으로도 국민국가의 경계선이 허물어지면서 전통적인 관할권의 개념들이 모호해지기 시작했으며, 국가는 안과 밖을 넘나드는 생산요소와 상품, 화폐, 정보 등의 흐름을 효율적으로 통제하지 못한 채 세계화의 물결에 내몰리게 되었다. 바야흐로 세계는 하나의 글로벌 단위체처럼 움직이는 것처럼 보였는데, 이러한 '통합'의 모습은 세계화의 대표적 현상이었다. 세계화시대의 통합을 가능하게 만든 가장 큰 요인은 '정보(information)'라는 새로운 재화의 확산인데, '공유'와 '통합'의 속성을 특징으로 하는 새로운 재화의 등장에 대해 전통적인

1) 마누엘 카스텔스(Manuel Castells)는 세계화와 정보화의 기원에 대해 다양한 기술이 서로 상승효과를 일으킴으로써 특정한 임계치를 넘어서게 된 1970년대라고 보고 있다.

국가는 효율적으로 대응하지 못해왔다. 그로 인해 비국가 행위자들을 포함하는 새로운 거버넌스 양식을 창출해야 할 필요성이 점점 커졌다(Boyer 1990: 51). '국가의 쇠퇴' 라는 담론은 바로 이러한 시대적 변화를 배경으로 한다.

세계화의 통합추세에 따른 정치단위체의 변화와 함께 주목을 받고 있는 또 다른 현상은 바로 '분화(fragmentation)' 의 세계화이다. 세계화의 추세는 '통합' 을 지향하는 이면에서 동시에 단위체들이 분열되고 대립하는 분화현상을 낳음으로써 통합 대(對) 분화라는 이율배반적 갈등관계를 조성해왔다. 세계가 여러 지역 그룹 또는 비국가 단위체로 분할되어 온 것은 이미 오래된 현상이지만, 최근에 들어와 이러한 추세는 더욱 복합적으로 전개되고 있다. 국민국가조차도 지리적 · 인종적 · 문화적 · 경제적 요인 등으로 인한 내부의 분리주의 움직임에 시달리고 있다. 국제경제의 영역에만 한정해 보더라도 유럽연합(EU), 북미자유무역지대(NAFTA), 남미 5개국 경제협력기구(Mercosur) 등 지역 기반의 호혜적인 단위체들이 만들어지고 있으며, 그 외에도 군사동맹 등과 같은 배타적 집단화의 노력들은 그 수를 셀 수 없을 정도이다.

세계화의 통합과 지역주의적 분화의 긴장관계는 '지하드(Jihad) 대 맥월드(McWorld)' 라는 벤저민 바버(Benjamin R. Barber)의 은유에 잘 표현되어 있다. 바버에 따르면 국민국가는 문화적 · 인종적 · 부족적 갈등요인으로 인해 지속적으로 분열되어온 반면, 바깥의 세계는 경제적 · 생태적 요인에 의해 하나로 통합되어가고 있다는 것이다. 개개의 국민국가는 이제 어쩔 수 없이 지하드로 대변되는 구심력과 맥월드로 상징되는 원심력의 두 힘에 의해 동시에 압력을 받게 된 것이다(Barber 1992: 53). 토머스 프리드먼(Thomas L. Friedman) 역시 '렉서스(Lexus) 대 올리브나무' 라는 비유로 이러한 두 세력 사이의 갈등관계를 잘 묘사한 바 있는데, 전자는 부와 근대화, 그리고 기술적 우위에 대한 인간의 보편적인 열망을 상징하는 반면 후자는 문화적 정체성과 전통적인 뿌리를 나타낸다(Friedman 1999). 이러한 메타포는 오늘날 전개되고 있는 세계화의 추세가 초국가적인 것임에도 불구하고 지역주의 및 국민국가와의 다층적 관계 속에서 복잡하게 얽혀 일어난다는 점을 잘 부각시키고 있다. 전통적 국민국가는 이와 같은 모순적인 힘의 관계 속에서 안으로 분열되고 밖으로 통합되는 이중의 압박을 받아왔다.

국제사회의 전통적인 행위자로서 지난 수백 년간 굳건하게 자리잡아 온 국민국가의 위상은 두 가지 상반된 세력 사이에서 대내적 · 대외적으로 그 통제력과 권한을 상실해가고 있다. 국경을 넘나드는 자원의 흐름이 더욱 커지고 빨라지면서 국민국가는 세계정치의 전면으로부터 '퇴각(retreat)' 하게 되었으며, '주권' 으로 대표되던 권력과 권한은 비국가단위체나 초국가기구로 분산, 공유되어 왔다(Strange 1996). '전자투자가 집단(electronic herds)' 이라 불리는 무자비한 국제금융세력들은 초국가적 자본과 첨단기법을 동원하여 무차별적으로 투기행위를 일삼고 있다. 이러한 추세로 말미암아 주권의 아성 속에서 굳건하게 지탱되어온 국민국가의 기능과 역할은 크게 제약되어왔다. 많은 나라들은 초국가적 자본의 공격으로 인하여 '황금구속복(golden straitjacket)', 즉 국제금융기금(IMF)과 신자유주의 세력들이 부과하는 냉혹한 제약들을 받아들여야만 했다. 근대국민국가들은 스스로를 지탱해온 주권원칙을 더 이상 안정적으로 유지할 능력을 잃어버렸고, 세계화의 무자비한 추세 앞에서 처참한 위기로 내몰리게 된 것이다.

주권의 쇠퇴가 감지되는 또 다른 징표 중의 하나로서 국민국가의 영토적 경계가 계속 희미해져가고 있다는 점을 들 수 있다. 러기(John G. Ruggie)는 국가주권의 쇠퇴를 설명하면서 '영토성(territoriality)' 의 개념을 원용하고 있는데, 그는 근대국가의 영토적 기반이야말로 단절적이고 고정적이면서 배타적인 속성을 만든 근원으로서 세계화시대의 변화를 이해하는 데 가장 필수적인 요소라고 주장한다. 이러한 입장에서는 세계화의 추세를 '영토성의 해체' 라고 규정하는데, 다층적 정치체제로 발전하고 있는 유럽연합, 그리고 영토적 요소를 넘어서는 경제 및 생태계의 세계화 등이 대표적 사례로 꼽히고 있다(Ruggie 1993: 172-174). 초국가적 개인의 등장 역시 근대국가의 영토적 기반을 붕괴시키는 세계화와 지역화의 변증법적 표상이다(Rosenau 1997). 근대국가의 영토 내에서 굳건하게 확립되어온 개인의 정체성은 이제 세계화의 물결 속에서 점차 중첩 또는 약화되어가고 있으며, '우리' 와 '그들' 을 구분하는 기준조차 희미해지고 있다(Ferguson and Mansbach 1999). 그렇다면 우리는 세계화시대에 국민국가 주권의 존재 근거가 완전하게 소멸되었다고 볼 수 있는가? 적어도 수전 스트레인지(Susan Strange)에게는 이것이 분명한 사실이다. 그녀는 근대 국제관계의 시발점인 1648년의 베스트팔렌체제가 사망했다고 선고한다. 지난 350여 년 이상 세계를 지탱해온 베스트팔렌체제는 전지구적 차원의 생태계, 금융, 사회질서를 제대로 유지하는 데 총체적으로 실패해왔기 때문이다. 세계화의 진행과 더불어 아래로부터의 상향식 거버넌스가 요구되는 상황에서 이제 국가중심적인 체제로는 다양한 문제들을 더 이상 해결할 수 없다는 것이다. 이러한 맥락에서 스트레인지는 과거의 체제를 '실패한 베스트팔렌체제(Westfailure)' 라고 했다 (Strange 1999).

(2) 국민국가의 소멸인가?

세계화론자들의 주장대로 국민국가의 역할과 정당성은 과연 쇠퇴했는가? 지난 수백 년간 세계정치를 이끌어왔던 근대국가체제는 이제 종료된 것인가? 세계화의 추세로 인하여 국민국가의 역할과 권한이 상당한 수준으로 약화되었지만, 국가를 연구하는 많은 학자들은 이러한 결론을 내리는 데 신중한 태도를 취하고 있다. 국민국가가 소멸했다는 주장을 쉽게 받아들이기 힘든 이유 중의 하나는 근대국가체제 자체가 원래부터 내부적으로 다양한 변화의 가능성을 내포하고 있었다는 사실이다. 베스트팔렌체제는 일반적으로 인식되어오던 것처럼 주권의 원칙을 확실하게 유지해왔다고 보기 어려우며, 오히려 신성로마제국과 같이 다양한 비(非)근대적 정치체제들이 공존할 수 있는 여지를 제공해왔다는 주장도 제기되었다(Osiander 2001: 269-273). 베스트팔렌체제 내에 이와 같이 변형된 형태의 여러 정치단위체들이 공존했다는 사실은 기존의 국가중심적 시각으로 쉽사리 설명되지 않는다.[2] 학자들은 베스트팔렌체제 내부의 허술한 시스템 관리기능을 또 다른 증거로 제시하기도 하는데, 예를 들어 스티븐 크래스너(Stephen Krasner)는 이 체제 내부에서조차 다양한 협의와 계약, 위협, 강압 등의 방법을 통해, 주권 원칙이 수없이 위반되어왔다고 주장하고 있다(Krasner 1995: 124-140).

이러한 역사적 사실을 기반으로 할 때 베스트팔렌체제는 대단히 취약한 상태로 지속되어왔다고 할 수 있는데, 이것이 오랫동안 유지된 가장 큰 이유는 강대국 사이의 협상과 이해관계였다. 베스트팔렌 주권모형은 상황에 따라 강대국들 사이에서 '타협을 통해 유지되는(compromised)' 방식으로 지난 수백 년간 운영되어온 것이다(Krasner 1994: 17).[3] 이러한 경험적 관찰을 바탕으로 할 때 최근에 논의되고 있는 국민국가의 쇠퇴에

2) 오시안더(Andreas Osiander)는 많은 역사학자들이 주장하는 것처럼 근대세계체제의 발전과정에서 주권의 관념이 하나의 분수령을 이루는 것은 결코 아니라고 주장한다. 오히려 주권관념은 19세기에 들어와 프랑스혁명과 산업화를 거치면서 서서히 점진적으로 발전되어왔다는 것이 그의 주장이다(Osiander 2001: 281-282).

3) 크래스너는 '주권'의 관념이 국가간 권력 및 규범의 차이, 그리고 세계정치에 있어서 국가간의 문제를 해결할 수 있는 정당한 규범과 권위적 메커니즘이 존재하지 않는다는 점을 무시한 채 모든 국가에 동일하게 적용된다는 잘못된 인식을 낳았다고 비판한다. 이런 점에서 그는 주권의 관념이 '인식론적 각본(cognitive script)' 또는 '조작된 허구(organized hypocrasy)'에 불과할 따름이라고 본다(Krasner 2001: 42).

관한 주장들을 액면 그대로 받아들이는 데에는 무리가 있다. 즉 세계화로 말미암아 국민국가가 소멸하거나 쇠퇴했다고 단정짓는 대신, 국가가 시대적 상황에 맞추어 스스로를 항상 변화시킨다고 보는 것이 타당하다고 볼 수 있다. 오늘날 관찰되고 있는 국가의 변모 역시 느슨한 베스트팔렌체제 내에서 수시로 이루어지는 변화와 적응의 모습인 것이다.[4)] 이렇게 본다면 세계화시대에 국가 단위체의 기능과 권력이 약화되었음에도 불구하고 여전히 잔존하고 있는 현상을 쉽게 설명할 수 있다. 이제 국민국가는 반드시 국내 및 대외적인 영역의 전부를 통제할 필요도 없게 되었으며, 단지 선택적으로 가능한 분야에서 융통성 있게 대응하고 있다. 어떤 분야에서는 국가의 권력이 현저하게 쇠퇴했지만, 또 다른 분야에서는 국가의 권위가 더욱 강화되기도 한다. 베스트팔렌체제 속에서 지난 수백 년간 그래왔던 것처럼 국가는 새로운 세계화의 도전 속에서 스스로 생존하기 위한 변환의 몸부림을 계속하고 있는 것이다.

이러한 시각을 받아들인다면, 세계화의 결과로 인하여 전통적인 국민국가의 기능과 역할이 단지 '위축(shrunken)' 되었다고만 보기는 어렵다. 비록 국가 하부단위체 및 초국가기구 등에 의해 그 권력과 권한이 분산되기는 했지만, 국가는 완전히 '뒤로 밀려난(rolled back)' 것이 결코 아니다(Sbragia 2000: 249). 국가는 여전히 국내사회를 통제하고 시장을 건설하면서 인간생활의 제반 영역을 활발하게 규제하고 있다. 대부분의 정부들은 여전히 경제활동에 세금을 부과하고, 시장의 왜곡현상을 바로잡으며, 기업의 비즈니스 활동에 커다란 영향을 미친다. 정부는 또한 경제·사회활동의 혁신과 투자에 있어서 지도적인 역할을 담당한다. 초국가적 교류가 대폭 확산된 오늘날에도 국민들의 정체성은 여전히 국가 단

---

4) 베스트팔렌의 주권원칙이 위반 또는 변질된 사례로는 19세기의 식민지주의, 소국가들에 관련된 여러 조약, 유럽연합, 그리고 인권이라는 대의명분 하에 자행된 국가들 사이의 상호 내정간섭 등을 들 수 있다(Philpott 1999: 578).

위체에 그 기반을 두고 있다(Keller and Pauly 1997: 370-373). 세계화의 추세로 인하여 국가의 권한이 상당히 줄어들기는 했지만, 대외적으로 국가가 '소멸' 되었다는 징후는 아직 충분하게 찾아보기 어렵다. 이러한 이유로 많은 사람들은 세계화가 반드시 민족국가와 주권의 원리를 초월한다고 결론을 내리기는 어렵다고 본다(Cohen 2001: 93). 국가는 소멸된 것이 아니라 단지 변화하고 있을 따름이기 때문이다.

이렇게 보면 국제관계가 여전히 '국가간(inter-national)' 영역에 머물러 있다는 케네스 월츠(Kenneth N. Waltz)의 주장에 대해 반박하기 어렵다. 그의 표현대로, 글로벌 정치 또는 세계정치는 아직 국가중심의 정치를 대체하지 못하고 있다.[5] 오히려 우리는 국가가 세계경제의 변화, 즉 세계화의 추세 속에서 어떻게 생존해왔는가를 이해하기 위해 그 '변환(transformation)능력' 을 주의 깊게 살펴볼 필요가 있다. 세계화라는 경쟁적 시스템 속에서 국가는 생존할 수도 있고 그렇지 못할 수도 있다. 한 가지 분명한 점은 국가가 스스로의 적응과 변환능력을 갖출 때에만 생존이 가능하다는 점이며, 이는 철저하게 정치적인 요인에 의해 결정된다는 것이 월츠의 견해이다. 국민국가는 지난 수십 년간 세계화라는 외부로부터의 통합압력과 분리독립이라는 내부로부터의 사회적 요구에 대해 스스로를 적응시키면서 끊임없는 변화를 거듭해왔다(Wilson 2000: 239). 전통적으로 불변이라고 여겨져온 '주권' 의 원리 역시 폐쇄적인 베스트팔렌 모델을 탈피하여 세계화시대에 맞춘 새로운 개방형 원리로 거듭나고 있다. 개방형 주권체제는 정치적 단위체들 사이의 상호의존과 느슨한 경계선, 그리고 국가간 경계를 손쉽게 넘나들면서 영향을 미치는 초국가기구들로 구성된다. 이처럼 국민국가는 다양한 요구에 적응하

5) 월츠는 세계화시대의 국제관계를 변화시킨 동인이 경제적 상호의존이 아니라 정치적 불균형이라고 주장하고 있다(Waltz 1999: 696).

고 스스로를 끊임없이 변환시키면서 국내 및 대외적 환경의 변화에 적절하게 대응해왔다.

국민국가의 경계선이 붕괴되면서도 그 역할이 여전히 지속되는 모순적 현상을 이해하기 위해서는 국가 단위체의 성격을 과거와 같이 '닫힌 시스템'이 아니라 외부환경과 끊임없이 상호작용하는 '열린 시스템'으로 간주할 필요가 있다. 닫힌 시스템에서는 경계선이 확실하게 설정되어 있고 그 내부에서 국가의 통제력이 완전하게 작동하지만, 이것을 열린 시스템으로 볼 경우 국가 경계선상에 '외부와의 통로가 숭숭 뚫린(porous)' 불명확하고 불완전한 모습이 나타나게 된다.[6] 이처럼 허술한 경계선을 넘어 자원과 권력, 소유권이 넘나들게 됨으로써 전통적인 주권과 관할권의 범위가 대단히 모호해지고 말았다. 특히 국가의 경계선을 넘나드는 비국가 행위자들이 등장하여 지식과 이념을 포함하는 다양한 교류를 촉진시키는 역할을 맡게 되었는데, 이들을 일컬어 '경계연결자(boundary spanner)'라고 부르기도 한다. 경계연결자들은 국제기구나 초국가기업과 같은 글로벌 단위체로부터 인지공동체나 비정부기구, 그리고 초국가적 개인에 이르기까지 다양한 모습을 띤다.[7] 경계연결자들은 전통적으로 국가 행위자에 집중되어 있던 정당성의 원천을 분산시키고 국민들의 정체성에 혼란을 유발하기도 하지만, 동시에 새로운 시대적 도전에 직면하여 국가가 제공하지 못하는 또 다른 선택의 기회를 만들어준다.

---

6) 열린 체제의 시각에서는 유기체의 메타포를 사용하는데, 이것은 조직을 단위체나 전체 시스템으로 환원시킬 수 없음을 의미한다. 여기에서 주권은 국제관계의 다양한 원리 중의 하나에 불과하며, '국가 대(對) 시장'의 이분법을 넘어서 폴라니(Polanyi)가 제시한 국가-시장의 상호 '내재성(embeddedness)'이라는 맥락에서 세계화를 이해하려 한다(Ansell and Weber 1999: 75-76).

7) 민간분야에서도 '경계연결자'의 역할이 두드러지게 나타나고 있는데, 대표적인 것이 경영관리 컨설턴트와 국제 회계기업들이다. 이들은 초국가적 표준을 전파하는 전위대로서 새로운 정당성의 원천이 되기도 한다(Ansell and Weber 1999: 81-82).

결국 세계화의 추세와 국민국가의 변화는 각각 별개의 과정이 아니라 상호연관된 중첩현상으로서 이해해야 할 필요가 있다. 카(E. H. Carr)가 예측했듯이 '통합'과 '분리'라는 모순적인 힘의 대치관계 속에서 전통적인 주권의 원리는 모호해지고 국민국가는 변화를 거듭해왔다. 이러한 과정 속에서 세계화가 국가의 변환에 영향을 미친 것만큼이나 국가 역시 세계화의 추세를 결정짓는 데 큰 역할을 담당해왔다. 이렇듯 국민국가는 과거와 마찬가지로 오늘날에도 글로벌 네트워크 속에 스스로 '내재된' 형태로 존속하고 있다(Held and McGrew 1999: 242; Ansell and Weber 1999: 89).[8] 또한 국가와 글로벌 시스템은 네트워크 속에서 상호의존하면서 서로를 변화시키고 재구성한다. 국가 하부단위체 및 초국가기구와 같은 새로운 거버넌스 단위체의 등장은 이러한 관점에서 새롭게 해석할 필요가 있다. 국민국가는 다양한 거버넌스 단위체들과의 수평적인 관계를 지속적으로 재설정해왔으며, 국내 및 국제적 영역을 넘나들면서 이들 사이의 '중재자'의 역할도 마다하지 않기 때문이다(Clark 1998: 497). 그리하여 국민국가는 지난 수백 년간의 역사만큼이나 끈질긴 생명력을 가지고 존재할 뿐 아니라, 다른 행위자들에 못지않게 미래의 국제관계에서 중요한 역할을 담당할 것으로 보인다.

3. 네트워크 국가의 등장

이와 같이 세계화의 추세 속에서 통합과 분열의 압박을 받으면서 스스로를 변화시켜가고 있는 국민국가의 모습은 과연 어떤 것일까? 본 논문

8) '내재성'의 개념에 대해서는 Granovetter 1985 참조. 제2차세계대전 이후 국제 자유주의체제의 등장을 '내재성'의 개념으로 설명한 논문으로는 Ruggie 1982 참조.

에서는 변화하는 국민국가를 '네트워크 국가(network state)'로 규정하고 네트워크 국가가 국제관계 속에서 갖는 의미를 논의하고자 한다.[9] 네트워크 국가는 역사적 배경으로 보아 세계화시대의 도전에 대한 근대국민국가의 자기변환이라고 할 수 있다. 즉 국민국가는 스스로의 역할과 기능, 구조를 변환시키면서 새로운 시대적 도전에 대응하고 있으며, 그 결과로서 등장한 것이 바로 네트워크 국가라는 것이 본 논문의 핵심 요지이다. 그동안 세계화에 따른 국가의 정치적 변화에 대한 논의는 많이 있었지만 앞에서 언급한 바와 같이 대부분 '국가의 소멸'과 관련된 것이 주류를 이루고 있었다. 이러한 점에서 국가단위체의 새로운 변환을 '네트워크'의 관점에서 해석하는 것은 국제관계를 이해하는 데 있어 중요한 의미를 지닌다. 전통적인 국제관계의 '당구공 모델'로부터 벗어나 국가 행위자를 하나의 네트워크 단위체로 바라보는 새로운 패러다임을 제시하기 때문이다. 여기에서는 이러한 시각적 변화가 무엇을 의미하는지, 그리고 그것을 통해 강조하고자 하는 네트워크 국가의 기본적인 속성이 무엇인지 구체적으로 논의하고자 한다.

(1) 다층질서와 메타 거버넌스

20세기 후반 세계화의 도전에 직면한 국민국가는 여러 가지 위기에 봉착하게 되었는데, 이는 노동과정의 변화, 복지국가의 약화, 지식경제의 부상, 정당성의 위기, 그리고 정체성과 문화에 대한 요구 등 복합적인 것이었다. 이러한 다차원적 도전에 직면하여 국가는 단순하게 물러서기보다 적극적으로 대응하기 시작했다. 국가의 대응은 크게 두 가지 축으로

9) 네트워크 국가는 공유된 주권과 책임의식, 거버넌스 절차의 유연성, 그리고 정부와 시민사회의 다양한 관계를 특징으로 한다(Castells 2005: 11).

전개되었는데, 첫째는 초국가적 또는 협력적 제도의 구축이었다. 유럽연합이나 G-8, NATO와 같은 집단적 대응양식은 이러한 노력의 대표적인 사례이다. 국가적 대응의 두 번째 축은 정당성을 회복하고 사회적 다양성을 대표하기 위한 노력으로서, 이것은 대부분 국가의 권력과 자원을 하부단위체로 분산 및 이전시키는 과정을 포함한다. 이러한 국내사회적 노력은 '국가의 시민사회로의 확장'이라고 볼 수 있다(Carnoy and Castells 2001: 13-14). 이러한 대응을 통하여 국가는 도전 속에서 생존해 왔으며, 스스로의 역사적 연속성을 유지하면서 동시에 과거의 국민국가적 틀을 벗어나고자 노력하고 있다. 국민대표성을 기반으로 한 정당성과 영토 기반의 주권개념 대신 오늘날의 새로운 국가는 중첩되면서도 '공유된' 정당성과 주권개념을 선보이고 있다. 네트워크 국가는 바로 이러한 특성을 반영한 새로운 이론적 개념이라고 할 수 있다.

세계화시대에 새롭게 등장하고 있는 네트워크 국가는 국내제도와 정책결정의 공유된 '연결망'을 특징으로 한다. 정치적 과정이 이루어지는 사슬 모양의 연결망은 근대국가의 전통적인 위계질서가 아니라 복잡하게 얽혀 있는 네트워크의 모양을 띤다. 네트워크 구조 속에서 정치적 행위자들은 수직적 위계질서로 연결되는 대신 수평적 · 복합적으로 얽히게 된다. 이러한 거버넌스 양식의 변화는 세계화로 인한 몇 가지 변화에 기인하는데, 가장 중요한 것이 '노동의 개인화'이다. 좌파정치이론을 대변하는 마틴 카노이(Martin Carnoy)와 카스텔스는 세계화시대의 노동양식이 분산형 관리, 분화, 맞춤형 생산으로 인하여 업무 및 노동자의 차별화를 더욱 증폭시켜왔다는 점을 강조한다. 이러한 추세로 비정규직 노동과 특수업무가 늘어나게 되었고 비표준형 고용방식과 이직률이 가파르게 상승했다. 또한 노동자의 개인화가 가속화되면서 전통적인 네트워크로부터 이탈하기 시작했고, 계급정체성도 약화되면서 헤게모니에 대한 저항능력도 상대적으로 약화되었다. 국가권력의 원천이던 지식의 독점도 세계화 현상으로 인하여 더 이상 가능하지 않게 되었다.[10] 세계화시대의 지식과 권력은 국민국가의 통제권 밖으로 벗어났는데, 이는 자본주의적 가치가 글로벌화되고 지식의 생산과 전파가 국가 관할권 밖에서 이루어지기 때문이었다. 국가는 고유의 기능이라고 할 수 있는 복지분야에서 과거와 같은 수준의 서비스를 제공하지 못함으로써 정당성의 기반조차 상실하고 말았다.

좌파의 국가이론이 모두 타당한 논리를 갖는다고 보기는 어렵지만, 적어도 국가의 변환이 세계화에 대한 대응으로서 추진되고 있다는 그들의 진단은 옳다. 특히 기술 패러다임의 변화뿐 아니라 1970대 중반 이후에 밀어닥친 복합적 위기를 타개하려는 자본주의 국가들의 '재구조화(restructuring)' 노력이 오늘날 네트워크 국가의 선구적인 모형이었다는 그들의 지적은 경청할 만한 가치가 있다. 사실상 20세기 후반의 국가는 탈규제, 자유화, 민영화를 통하여 세계화의 추세에 적극 동참해왔는데, 1980년대 초반 레이건 행정부와 대처 정부가 이러한 노력의 견인차 역할을 했다면 1990년대는 그것이 범세계적으로 확산되는 계기가 되었다. 다시 말해 세계화의 추세 속에서 국민국가는 안팎의 도전에 시달리는 수동적인 모습뿐 아니라 '재구조화'를 통해 적극적으로 대응하는 모습도 아울러 보여주었다. 이후 국가는 더욱 가속화된 세계화의 추세에 압도당하는 지경에 이르렀지만, 그럼에도 불구하고 국가는 아직 사라지지 않았을 뿐더러 스스로를 변화시키면서 바깥으로부터의 도전에 부지런히 적응해 나가고 있는 것이다.

이와 같이 네트워크 국가가 세계화의 도전과 위기에 대응하기 위한

10) 풀란차스(Nicos Poulantzas)가 관찰했던 국가는 자본주의 시대의 지식과 담론을 독점적으로 통제하는 '과학국가(scientist state)' 였다. 이러한 근대국가에서 지식은 특정한 이데올로기(부르주아의 가치와 규범)를 정당화시키는 도구의 역할을 담당했다(Carnoy and Castells 2001: 9-11).

국민국가의 변환이라는 점에 대해서는 많은 학자들이 공감하고 있다. 그러나 네트워크 국가의 기본 속성에 대해서는 견해를 달리하고 있는데, 이러한 차이는 배타적이라기보다 상호보완적인 맥락에서 이해할 필요가 있다. 우선 카스텔스의 경우에는 네트워크 국가의 핵심적 속성을 주권의 '공유'에서 찾고 있다. 즉 합법적 폭력을 독점할 수 있는 권한이 다양한 단위체들 사이에 분산되어 있다는 점이 강조된다(Castells 2003: 445).[11] 또한 내부의 통제양식과 권한의 분포가 과거의 '중앙집중형'으로부터 벗어나 '분산형' 구조를 띠게 되었다는 점도 부각되고 있다. 이러한 변화는 외부로부터의 도전에 대해 내부의 정당성을 확보하고 사회적 다양성을 대변하기 위한 국가의 노력으로 볼 수 있다. 따라서 분산형 거버넌스에서는 대부분 지방정부의 역할이 이전에 비해 훨씬 더 강조된다. 이러한 논의를 바탕으로 할 때 네트워크 국가는 경계의 느슨함, 주권의 공유, 그리고 분산형 거버넌스 구조라는 특징을 지니고 있음을 알 수 있다. 전통적 국민국가의 핵심요소들이 대부분 느슨한 형태로 (그렇지만 소멸되지는 않은 채) 작동하고 있는 구조가 바로 네트워크 국가인 것이다.

한편 사회학자들의 관점에서는 네트워크 국가의 '조직적' 특성이 더욱 강조되고 있다. 사회학과 조직이론에서는 오랫동안 조직의 형태에 대한 유형화가 이루어져왔는데, '위계질서(hierarchy)'와 '시장(market)'은 중앙집중형 조직과 분산형 조직을 나타내는 상징적인 메타포로 자리잡아왔다. 사회학자들은 '네트워크 정치단위체(networked polity)'에 관한 추상적 이론을 발전시켜왔는데, 여기에서는 조직의 노드들이 어떻게 연계되어 있는가에 따라 조직 시스템이 위계질서 또는 시장으로 분류된

11) 카스텔스의 이와 같은 견해는 중세의 분산형 거버넌스 체제라는 유럽의 역사적 경험을 전제로 하고 있다.

다. 네트워크 개념은 이러한 양 극단의 유형을 포괄하는 상위개념으로서, 위계질서는 '중앙집중형 수직 네트워크'로서, 그리고 '시장'은 '분산형 수평 네트워크'로서 규정될 수 있다. 따라서 네트워크 조직이 전통적인 위계질서와 시장 사이에서 단순하게 '중간적' 또는 '혼합적' 성격을 띠는 것으로 치부할 경우 혼란이 야기될 수 있다(Podolny and Page 1998: 61). 이는 개념의 수준이 다르기 때문이다. 다만 일반적으로 '네트워크형 조직'이라고 할 때 우리는 이들 양 극단의 중간에 위치한 조직을 통틀어 일컫는 것이 관행이므로 이와 같은 혼란이 일어날 수 있다는 점에 유의하면서 이 용어가 수직적 · 수평적 '복합 연결망'을 가리키는 것으로 이해하고자 한다.[12] 사회학자들은 네트워크형 조직이 그 자체로서 중간적 · 혼합적 성격을 넘어서 나름대로 독특한 속성을 지니고 있는 것으로 간주하며, 다수의 행위자들 사이에 일어나는 지속적인 교환관계와 갈등해결을 위한 합법적 권위의 부족을 특징으로 꼽고 있다(Podolny and Page 1998: 59).

네트워크 국가는 비정부조직, 공공기관, 국가의 다양한 수준을 동시에 지칭할 수 있지만, '국가'라는 전통적 개념에 '네트워크'라는 수식어가 붙게 됨으로써 조직 사이의 기능적 분화뿐 아니라 공식적인 기관들 사이의 경계를 넘어 '통합'을 지향하는 사회적 공동체라는 의미를 강조한다. 사회학적으로 '네트워크 정치단위체'는 기계적인 시스템이 아니라 하나의 유기체로서 인식된다. 구조의 특성을 기준으로 본다면 전통적 중앙집중형 조직들이 수직적 연계로 이루어진 일 대 다(一對多)의 위계질서인 반면, 네트워크형 조직들은 수평적 · 수직적 연계가 복합적으로 중첩된 다 대 다(多對多)의 '다층질서(heterarchy)'를 만들어낸다. 한편 시장형

12) 본 논문에서는 '네트워크 국가'라는 표현이 위계질서와 시장형태의 중간 영역에 위치한, 그러면서도 그 자체로서 독특한 속성을 지닌 제3의 거버넌스 형태로서 이해하고자 한다.

조직이 탈인간적 이산형(discrete) 상호작용을 특징으로 하는 반면, 네트워크 조직은 사회적 확산형 상호작용을 특징으로 한다(Ansell 2000: 305-308). 이러한 관점에서 오늘날의 네트워크 국가 역시 새로운 유형의 네트워크 조직으로서 중복된 관할권을 지닌 다양한 하부단위체들 사이에 협력적 상호작용이 일어나는 복합체로 규정할 수 있다.[13)]

네트워크 국가의 구조 속에 잔존해 있는 전통적인 국가의 기능과 역할은 과거의 독점적 지위에서 벗어나 새로운 양태를 띠게 된다. 전통적인 국가기구들이 일상적 업무를 중심으로 구성된 프로그램 형태의 구조였다면, 네트워크 국가의 행위자들은 상황에 따라 적절한 방식으로 조직적 관계가 재편되는 프로젝트 형태의 구조를 지닌다. 거버넌스를 필요로 하는 문제가 발생할 때마다 네트워크 국가 내부의 행위자들이 적절한 방식으로 태스크포스를 구성하는 것이다. 이러한 태스크포스에서 전통적인 국가의 역할은 여전히 중요하다.

거버넌스의 양식은 복합적인 형태를 띠고 있지만, 그러한 거버넌스를 관리하는 기능은 여전히 국가의 수중에 남아 있기 때문이다. 국가는 과거의 권한을 많이 상실했지만, 아직까지 사회의 어젠다를 설정하고 거버넌스의 운영을 주도하는 '동료집단 중의 제1인자(primus inter pares)'의 지위를 유지하고 있다. 또한 국가는 세계화시대의 거버넌스를 지향하는 단순한 '문지기'의 역할을 넘어 다양한 행위자들 사이에서 '연결고리(liaison)' 역할을 수행한다. 네트워크 국가는 수많은 사회 네트워크와 비국가기구들 사이에서 촉진자(facilitator) 또는 중재자의 기능을 담당함으로써 세계화시대에도 여전히 자신의 존재를 과시한다.[14)] 국가기구가 지

13) 크리스토퍼 앤셀(Christopher Ansell)과 마누엘 카스텔스를 제외하고는 아직까지 '네트워크 국가'를 명확하게 개념화하려는 시도는 거의 없었는데, 본 논문에서는 무리하게 추가적인 개념을 규정하기보다는 네트워크 국가가 지닌 속성을 구체적으로 논의하는 데 초점을 맞추고자 한다.

방과 대외적인 연계를 통해 적극적으로 발전전략을 추구하는 '발전 네트워크 국가(developmental network state)'의 개념 역시 네트워크 국가의 한 유형에 해당한다.[15)]

국가는 또한 분석수준의 차원에서 자신의 기능과 권한을 적절하게 다른 행위자들에게 분산시키고 있다. 예를 들어 자본축적과 사회적 이익에 대한 관리는 국가들 사이의 수평적 공조 시스템이나 초국가기구에, 국내적 정당성 확보와 노동력 재생산은 지방정부 및 NGO에, 인권이나 환경, 보건 등의 영역에서 정당성을 확보하고 재생산하는 일은 국제제도에, 복지 및 교육은 초국가기구에 그 권한을 대폭 이양하고 있다(Carnoy and Castells 2001: 14-15). 이와 같이 네트워크 국가는 국내 및 지역사회의 압력과 요구에 대응하면서 글로벌 네트워크에 통합되어왔다는 점에서 산업화시대에서 정보화시대로 이전하는 과정에서 일어나는 사회적 투쟁과 지정학적 전략의 산물이라고도 볼 수 있다. 네트워크 국가는 내부적으로 수평적 · 수직적 통합 네트워크의 모습을 보이면서 초국가 및 하부단위체들과 긴밀한 연계를 형성한다. 이러한 연계는 기능과 권한의 공유뿐 아니라 사안별로 유연하게 이루어지는 전략적 접근을 동시에 포함한다.

이렇게 보면 밥 제솝(Bob Jessop)이 제시하는 '메타 거버넌스(meta-governance)'의 개념이 네트워크 국가의 작동원리와 관련하여 매우 중요한 의미를 갖는다. 메타 거버넌스는 거버넌스의 한 유형이 아니라 모

14) 이러한 특징을 고려하여 앤셀은 '네트워크 정치단위체'를 '국가와 사회조직이 수직적 · 수평적으로 분산되어 있으면서 협력적 상호작용을 통해 서로 연계된 거버넌스 구조'라고 규정하고 있다(Ansell 2000: 309-311).

15) '켈트 호랑이(Celtic Tiger)'라는 별명을 지닌 아일랜드의 발전사례를 분석한 오리에인(Ó Riain)은 불확실성으로 대변되는 세계화시대에 어떻게 국가기구가 발전전략과 해외투자 유치에 있어서 적극적인 역할을 수행하는가를 '네트워크 국가'의 관념으로 설명하고 있다(Ó Riain 2004: 3-12).

든 거버넌스를 포괄하는 상위개념으로서 제시되었다. 제솝은 국가라는 정치단위체가 단지 몇 가지의 기능을 수행하는 데 그치는 것이 아니라 다양한 거버넌스 양식을 통합·관리하면서 사안에 따라 적절한 대응책을 마련한다는 점을 강조한다. 이와 같은 관념은 서구의 다양한 경험으로부터 도출된 '정부의 실패', '시장의 실패', 그리고 그에 대한 제3의 대안으로 등장한 '거버넌스'라는 개념 위에서 비롯되었다. 제솝은 거버넌스조차도 문제해결에 실패할 수밖에 없는 운명에 처해 있다고 보고, 이를 '거버넌스의 실패'로 부르고 있다(Jessop 1998: 38-41). 위계질서적인 정부이건, 분산형 시장이건, 복합적인 거버넌스이건 완벽한 대안이 결코 존재할 수 없다는 인식론이 바탕에 깔려 있다. 따라서 다양한 거버넌스 양식들을 하나의 바구니(pool)에 담아놓고 필요에 따라 적절한 제도를 적용하려는 새로운 관리방식, 즉 '거버넌스의 거버넌스'가 오히려 바람직한데, 이것이 바로 메타 거버넌스의 개념으로 제시되고 있는 것이다.[16)]

메타 거버넌스는 경제학에서 전제로 하는 '실질적 합리성' 대신 과정을 중시하는 '절차적 합리성'의 개념을 중시한다. 정치적 메커니즘은 언제나 인간의 제한된 합리성, 기회주의, 그리고 자산 특정성으로 인해 완벽한 해답을 찾기 어렵기 때문이다(Simon 1985). 위에서 언급한 '다층질서'라는 표현은 이러한 맥락에서 중요한 의미를 갖는다. 빠르게 변화하는 시대의 복잡한 문제를 해결하기 위해서는 선동적인 위계질서뿐 아니라 수평적인 시장이나 네트워크의 통치방식까지 포함하는 복합적 문제해결 메커니즘에 대한 수요를 반영하는 것이 바로 다층질서이기 때문이

16) 제솝은 메타 거버넌스보다는 '공진(collibration)'이라는 개념을 선호하고 있다. 흥미롭게도 그는 메타 거버넌스조차 실패의 가능성을 항상 안고 있다는 점을 강조하고 있으며, 다만 성찰적 정향과 복잡성 및 다양성을 용인하는 시스템을 구축할 수 있다면 그 생명력은 훨씬 오래 지속될 수 있다고 본다(Jessop 2002: 240-243).

다. 이러한 점에서 제솝은 메타 거버넌스를 '자기조직화(self-organization)의 조직'이라고 부른다. 이 개념은 다양한 영역에서 만들어진 제도들이 스스로를 자기조직화하면서 수많은 목표 사이에 조정이 이루어지도록 정돈된 상태를 일컫는다. 따라서 메타 거버넌스는 제도적 · 전략적 측면을 동시에 지닌다. 제도적 측면에서는 집단적 진화 메커니즘을 제공하고, 전략적 측면에서는 공통의 비전을 생성해내는 기능을 수행한다. 이 과정에서 전통적인 국가의 역할은 여전히 중요하며, 시장과 위계질서, 다층질서들의 공존 속에서 적절한 타협과 조정을 통한 정책결정의 중요성이 부각된다.[17)]

결국 메타 거버넌스는 단일한 유형의 거버넌스가 아니라 복잡하고 다양한 형태의 중첩된 모델로서 의미를 갖는다. 또한 네트워크 국가의 내부작동이 어떻게 이루어지는가에 대한 훌륭한 개념도구라고 할 수 있는데, 앞으로 이에 대한 지속적인 연구가 절실하다. 메타 거버넌스와 다층질서의 개념은 유럽연합이 오늘날 왜 그처럼 복잡한 모습으로 변모해가고 있는가에 대해 매우 설득력 있는 설명을 제공해주고 있다. 어떤 사안에서는 초국가기구가, 다른 사안에서는 국가 하부조직체나 NGO가 개별적으로 또는 협조관계를 통해 활동하는 복잡한 합종연횡의 모습은 바로 바구니 속에 다양한 거버넌스 양식이 혼재하는 메타 거버넌스의 그림으로 그려낼 수 있기 때문이다. 아울러 이러한 복합적 관계를 조정하고 관리하는 전통적 국가기구의 역할도 여전히 그 안에서 중요한 의미를 지니고 있다. 결국 통치방식의 변화라는 관점에서 보면 네트워크 국가의 핵심적인 변화 중의 하나는 바로 다양한 거버넌스 제도의 혼합 및 선별적인 사용을 특징으로 하는 메타 거버넌스라고 할 수

17) 메타 거버넌스 모델은 네트워크화, 협상, 조정 등과 같이 다양한 거버넌스 사이에서 전통적인 국가기구의 역할이 여전히 중요하다는 점을 강조한다(Jessop 1998: 42-43).

있는 것이다.

(2) 정부간 네트워크와 협력

네트워크 국가의 대내적 구조가 다층질서의 형태를 띠고 또 작동방식도 메타 거버넌스라는 복합적인 모습으로 나타난다면, 대외적으로는 다변화된 연결망의 구축이 새로운 관심을 끌고 있다. 국가간의 다변화된 연결망은 과거와 같은 정부 대(對)정부의 공식외교관계를 넘어서 국가기구의 기능적 분화와 유사 조직들 간의 유기적인 네트워크를 특징으로 한다. 이러한 변화의 배경에는 제2차세계대전 이후 국제정치를 지배해온 자유주의적 국제주의의 궤적이 깔려 있다. 전후 세계질서는 자본주의 원리와 그것을 떠받치는 자유주의 제도에 의해 구축되어왔는데, 국제연합을 위시한 다양한 국제기구들은 이와 같은 자유주의적 국제주의의 대표적 상징이었다. 하지만 반세기가 지난 20세기 후반에 들어와 세계화의 추세가 점차 확산되었고, 세계질서는 더 이상 자유주의 원리만으로는 유지하기 어렵게 되었다. 가장 큰 문제는 국가간의 현안들이 점점 복잡해지고 있다는 점으로, 여기에서 기존 방식보다 더 세련된 형태의 거버넌스에 대한 요구가 커지게 되었다. 하지만 '무정부상태'를 근간으로 하는 국제관계는 이를 위해 별도의 강력한 '세계정부(world government)'를 허용하지 않는다. 문제는 복잡해지는데 이를 해결하기 위한 거버넌스 방식은 제자리 걸음을 할 수밖에 없는 이러한 상황을 일컬어 '거버넌스 딜레마'라고 부른다(Slaughter 2004: 8-10).[18] 네트워크 국가의 대외적 연결망 강화는 이와 같은 시대적 요구, 즉 '거버넌스 딜레마'를 해결하기 위

18) 한편 피치오토(Sol Picciotto)는 19세기 이후 세계질서의 주축을 이루어왔던 신자유주의가 결국 '국가'와 '정치'의 근원적 한계를 벗어나지 못한 채 딜레마에 빠지고 말았다고 진단한다(Picciotto 1996-1997: 1055).

한 국가간 시스템의 변환이라 할 수 있다.

제2차세계대전 직후에 수립된 국제연합 중심의 세계질서는 위계질서형 조직과 제도로 이루어진 중앙집중형 권위주의체제에 불과했다. 이러한 구조는 대부분 제대로 작동하지도 않을 뿐더러 최악의 경우, 갈등을 악화시키는 문제점을 안고 있었다. 이는 위계질서상에 분포한 모든 국가들이 스스로 주권을 가지고 있다고 간주하여 상위의 초국가적 권위를 인정하지 않았기 때문이다(Slaughter 1998: 186). 슬로터(Anne-Marie Slaughter)의 '정부간 네트워크(government networks)' 관념은 이와 같은 자유주의적 국제주의의 한계를 바탕으로 새롭게 등장하고 있는 대외적 거버넌스이다.[19] 정부간 네트워크는 오늘날의 국제관계가 더 이상 '단일 국가들의 체제'라고 규정짓기에는 너무나 복잡해졌다고 본다. 국가기구 자체가 다양한 기능에 따라 분화되고, 이렇게 분화된 기구 사이에 국경을 넘나드는 상호교류가 직접 이루어지기 때문이다. 국가는 하나의 통합된 단위체로서 상호작용을 하는 것이 아니라, 다양한 하부조직 사이에 필요에 따라 직접 교류하는 '분산형 국가'인 것이다. 분산형 국가의 초국가적 연계활동은 행정부 · 사법부 · 입법부 등 각각의 영역에서 독자적으로 활발하게 이루어지고 있다.

행정부 차원에서는 오늘날 국제관계의 현안들을 직접 논의하는 G-8과 같은 모임들이 정부간 네트워크의 대표적 사례라고 할 수 있는데, 이는 19세기 유럽 강대국들 사이의 협조체제(Concert of Europe)와도 유사하다. 이러한 모임은 국제기구로 발전하기도 하는데, 예를 들어 은행, 증권, 보험 분야에서의 전문기구를 꼽을 수 있다. 정부간 네트워크는 과거 외교관들이 담당하던 활동범위를 훨씬 넘어선다. 이러한 연결망은 국제

19) 슬로터는 1998년 논문에서 자신의 이론적 입장을 '초정부 네트워크(transgovernmental networks)'의 개념으로 집약시켰는데, 2004년 저술에서는 '정부간 네트워크(government networks)'라는 표현으로 대체하고 있다.

기구의 내부 엘리트 사이에서, 행정적 합의의 틀 안에서, 그리고 자발적인 정부간 합의체를 통해서 만들어지며, 필요에 따라 다양한 네트워크를 다시 묶어 상위의 네트워크 협의체를 구성하기도 한다.[20] 이렇게 모인 정부간 네트워크에서는 대화채널을 통해 정보를 교환하고 특정 사안에 대한 정책을 집행하며, 국가적 표준을 조정하는 기능을 담당한다. 한편 사법분야에서는 국제사법재판소(ICJ)와 같은 공식법원이 존재하지만, 현실의 모습은 이보다 훨씬 더 불명확하고 복잡하다. 국내법원과 국제사법기관들이 수평적 · 수직적으로 혼재하기 때문이다. 그럼에도 불구하고 사법부 간의 네트워크에서도 법률 정보의 공유, 초국가법원의 설립, 사법협력과 국제소송 등과 같은 다국간 상호교류가 활발하게 이루어지고 있다. 이에 비해 입법 네트워크의 경우는 상대적으로 미미한 상황인데, 이것은 입법활동 자체가 지역 현안을 중심으로 이루어지는 데다 입법가들의 전문성이 타 분야에 비해 뒤떨어지기 때문이다. 하지만 국제기구 내에서의 입법 네트워크 및 자발적인 교류모임 등이 서서히 활성화되면서 지역통합의 촉매제 역할을 담당하고 있기도 하다(Slaughter 2004).

이와 같이 내부적으로 다양한 조직으로 이루어진 복합체인 분산형 국가는 필요에 따라 국가 외부의 파트너들, 즉 다른 나라 정부 내에서 유사한 기능을 수행하는 기구들과 사안별로 연계를 형성함으로써 초정부주의 네트워크를 구성한다.[21] 결국 네트워크 국가는 국가기구들을 '분해(unbundling)' 하여 국경 바깥의 유사한 기관들과 연계시키며, 이러한 국

20) 이와 같은 '네트워크의 네트워크(networks of networks)' 로서 아시아태평양경제협력체(APEC), 중앙아시아신뢰구축회의(CICA), 유럽안보협력회의(OSCE), 유럽연합 등을 들 수 있다.

21) 초정부 네트워크가 활성화되어 있는 세 가지 분야는 증권, 경쟁, 환경 관련 규제 거버넌스이다. 환경분야에서는 INECE, 증권관련 분야에서는 IOSCO, 반트러스트 분야에서는 국제경쟁네트워크(International Competition Network)가 정부간 규제 네트워크를 형성하고 있다(Raustiala 2002: 26-49).

제적 연계과정을 통해 국가는 지속적으로 생존하면서 국제관계의 제 분야에서 중요한 영향력을 행사한다(Raustiala 2002: 10-11). 초정부적 네트워크는 지난 수십 년간 진행되어온 기술혁신, 규제국가의 등장, 그리고 세계화로 인한 내재된 자유주의를 배경으로 하여 빠른 속도로 확산되어 왔다. 이러한 맥락에서 세계화론자들의 주장처럼 베스트팔렌체제가 끝났다고 보기에는 아직 이르며, 많은 초정부주의자들은 국가가 그 모습을 바꾸어가면서 여전히 활발하게 움직이고 있다고 평가한다. 다만 분산형 네트워크로서 바깥의 다른 국가들과 밀접한 연계를 맺으면서 사안별로 더욱 유연하게 대응하고 있다고 보는 것이다.

오늘날 정부간 네트워크는 평화와 번영, 일상생활의 제문제, 그리고 인간으로서의 품위를 유지할 수 있도록 협력과 갈등해소를 제도화하는 글로벌 거버넌스의 대안으로 떠오르고 있다. 정부간 네트워크는 대외적 연결망을 구축하여 규제제도가 국제적으로 전파되는 통로가 되기도 하는데, 이를 통하여 정치적 · 경제적 · 제도적 · 문화적 수렴현상이 가능해진다. 또한 국제법규를 준수할 수 있는 동기를 제공함과 동시에 협력이 확대될 수 있도록 네트워크 규범을 발전시킨다. 이러한 점에서 정부간 네트워크는 국가들 사이의 사회화 과정을 담당하는 메커니즘이기도 하다. 네트워크 국가는 이와 같이 기능별 · 분야별로 연계된 정부간 네트워크를 통해 복잡한 문제들을 합리적으로 해결해나간다(Slaughter 2004). 물론 정부간 네트워크는(메타 거버넌스의 경우와 마찬가지로) 완벽한 대안일 수도 없고 또 그럴 필요도 없다. 지금까지 드러난 정부간 네트워크의 사례에서도 몇 가지 문제점들이 발견되고 있는데, 예를 들어 테크노크라트들의 지배, 대표성의 제한, 불균등 권력관계 등과 같은 이슈들은 앞으로 정부간 네트워크의 활성화를 위해 반드시 해결해야 할 과제로 부상하고 있다.

그럼에도 불구하고 정부간 네트워크는 글로벌 거버넌스의 딜레마라는 핵심적인 문제에 대한 효과적인 대안으로 평가받고 있다. 각 국가의 관료들은 자국 내의 거버넌스를 유지하면서 동시에 지구적인 문제를 해결하기 위해 타국의 정부기구와 협력한다. 그들은 권력의 일부를 초국가적 관료들에게 이양하지만 공동의 목표를 달성하기 위해 긴밀하게 협조하기도 하며, 초국가 행위자들과 공조함으로써 보다 책임 있는 정책 네트워크를 형성해가고 있다. 유럽연합은 이러한 정부간 네트워크 구축에 있어 선두를 달리고 있는데, 지금도 계속되고 있는 실험적인 네트워크 거버넌스는 많은 나라들의 지원 하에 큰 성과를 거두고 있다. 미국도 글로벌 차원에서의 정부간 협조체제를 수립하는 데 적극적인 노력을 기울이고 있다. 이처럼 과거와 같은 국민국가의 배타적 주권관념으로부터 벗어나 효율적인 거버넌스 메커니즘을 구축하기 위한 유연한 주권관념을 일컬어 '신주권(new sovereignty)' 이라고 한다(Chayes and Chayes 1995). '신주권' 관념은 이제 영토적 한계를 벗어나 다양한 종류의 국제제도에 참여할 수 있는 능력을 의미하며, 제도 속에서 국제체제를 운영하기 위한 공동의 노력을 통해 글로벌 문제와 지역적 문제를 해결하는 국가들의 주권이야말로 오늘날 요구되는 새로운 주권이라는 의미를 담고 있다. 분리에서 연결로, 고립에서 상호작용으로, 자유방임에서 공유된 제도로 바뀌어가는 오늘날 '자주권으로서의 주권(sovereignty-as-autonomy)' 이라는 과거의 관념은 더 이상 큰 의미를 갖지 못하게 되었다(Slaughter 2004: 267).

이와 같은 정부간 네트워크, 즉 '초정부주의(transgovernmentalism)' 는 전후의 자유주의적 국제주의 추세와 맞물려 국제관계에 중요한 의미를 던져준다. 20세기 후반에 걸쳐 수많은 국제기구와 국가간 조약이 체결되면서 자유주의적 국제주의가 확산되었지만, 이제 세계화의 추세 속에서 정부기구의 부활과 반격으로 활성화되고 있는 초정부주의는 국제질서의 모습을 크게 바꾸어놓고 있다. 하지만 이것이 과거의 질서를 완전하게 대체한다고 보기는 어렵다. 오히려 이들 두 가지 자유주의 조류는 서로 힘을 실어주면서 새로운 국제질서를 만들어나가는 중심축이 되고 있다. 한편 네트워크 국가가 주도하는 새로운 세계질서 속에서는 전통적인 하드파워의 중요성이 감소하고 소프트파워의 역할이 더욱 커지게 될 것으로 전망된다. 네트워크는 신축성과 적응력을 갖추고 있기 때문에 다양한 제도를 실험하고 혁신을 모색하는 데 유리한 점을 지니고 있다. 특히 활발한 협력이 이루어지고 있는 규제 네트워크 분야에서 설득과 매력이라는 '소프트파워'를 통한 자발적인 규제가 가능하다(Raustiala 2002: 24).[22] 또 정부간 네트워크에 참여하는 국가들 사이에 정책 수렴이 활발하게 이루어지면서 갈등이 완화되고 협력이 가속화되는 결과를 낳곤 하는데, 이는 네트워크라는 구조적 특징과 소프트파워라는 새로운 도구에 의해 가능한 것이다.[23] 결국 20세기 후반 국제기구와 다자간 조약을 바탕으로 출발했던 자유주의적 국제주의의 조류는 오늘날 '정부간 네트워크'를 강조하는 초정부주의와 결합하면서 새로운 국제관계의 모습을 만들어가고 있다.

4. 유럽연합에서의 실험과 네트워크 국가

이상에서 논의한 네트워크 국가의 대내적 · 대외적 특성은 세계화시대에 일어나고 있는 국민국가의 변환모습을 하나의 이상적 모형(ideal type)으로 구현한 것이다. 이는 앞에서 언급한 특성을 모두 갖춘 경험적

22) 소프트파워의 개념에 대해서는 Nye 2004 참조.

23) 라우스티알라(Raustiala)는 두 가지 자유주의에서 나타나는 차이점, 즉 "정부는 죽었는가?" 그리고 "네트워크가 국가간 협력에 어느 정도 영향을 미치고 있는가?"라는 질문에 대해 절충적인 입장에서 초정부주의 네트워크 이론을 제시한다(Raustiala 2002: 52-53 & 91).

사례를 현실세계에서 그대로 찾아보기는 어렵다는 것을 의미한다. 하지만 네트워크 국가의 이상적 모형에 가장 가까운 사례를 굳이 찾는다면 유럽연합을 꼽을 수 있는데, 지금까지 여러 학자들이 제시한 네트워크 국가론의 출발점도 대부분 유럽연합에서 이루어지고 있는 정치적 실험이었다. 물론 네트워크 조직에 대한 논의는 오래전부터 있어왔지만 이것이 유럽연합과 같은 국가 시스템을 이해하는데 직접 원용된 것은 비교적 최근에 와서이다. 유럽연합의 통합과정은 지금도 계속 진행되고 있지만, 지난 수십 년간 유럽연합의 통합적 움직임은 전형적인 '네트워크 국가'를 그 지향점으로 삼아왔다.

유럽연합은 1950년대 이후 미 · 소간의 갈등 속에서 끊임없이 제기되는 군사적 위협에 대처하기 위한 전략적 · 방어적 목적에서 추진되었다. 원래의 목표는 '전쟁의 방지' 라는 정치적인 것이었지만, 그것을 달성하기 위해서는 주로 경제적인 수단을 활용할 필요가 있다는 기능주의 사고방식이 저변에 깔려 있었다. 이후 상당한 기간 동안 큰 진전을 이루지 못했던 유럽통합의 움직임은 1990년대 초 마스트리히트조약 이후 가속화되기 시작하면서 점차 세계화의 추세에 대한 대응체제로서의 속성을 띠게 된다. 이러한 전환의 이면에는 다양한 자본시장 및 통화체제의 구축, 그리고 정보혁명의 달성이라는 복합적인 목표가 자리잡고 있었으며, 장기적인 관점에서 유럽연합의 영역을 확대하고 통합된 유럽의 정체성을 확립하는 일이 과제로 자리잡았다. 흥미로운 점은 유럽연합이 역내 국가들의 통합을 추구하면서도 기존의 국가기구들을 완전하게 대체하지는 않고 있다는 점이다. 오히려 역내의 국가들이 세계화의 도전 속에서 생존해나갈 수 있는 기본 여건을 조성하는 데 주안점을 두고 있다. 이러한 목적을 위해 유럽연합 내에서는 '주권의 공유' 가 빠르게 이루어지고 있지만, 그에 대한 보상으로서 유럽연합 공동체의 대외적인 위상은 점차 강력해지고 있다.

유럽연합 회원국들은 자신들의 내부 문제에 대해 스스로 중요한 결정을 내리고 있지만, 동시에 유럽연합 집행위원회의 전문 관료들이 초국가적 공동 비즈니스를 수행하고 유럽의회나 유럽법원을 통해 다양한 입법과 평가가 이루어지는 복잡하면서도 유연성 있는 단위체이다. 유럽연합의 이러한 복잡성은 근래에 들어와 단일통화체제의 수립 및 회원국의 확대로 더욱 심화되고 있지만, 국가들 사이의 정책조정 노력도 더욱 활발하게 전개되고 있다. 예를 들어 '개방형 정책조정(Open Method of Coordination)'은 2000년 이후 역내 국가들 사이에 분야별로 서로 다른 정책목표와 실행방식에 있어서 공동의 보조를 달성하고 정책조정의 효과를 극대화하기 위해 제안된 혁신적 메커니즘이다(Mosher 2000; Hodson and Maher 2001). 이러한 메커니즘은 네트워크 국가의 소프트웨어로서 손색없는 조정 장치로서 지금도 분야별로 대규모의 실험이 이루어지고 있다.

2000년 포르투갈에서 열린 유럽연합이사회에서 공식적으로 채택된 개방형 정책조정방식은 경제나 금융과 같이 회원국 사이에 상당한 수준의 정책적 수렴이 필요한 경우에 '포괄적 가이드라인(broad guideline)'을 마련하여 개별국가들의 정책수행에 대한 다자적 감시와 보고, 조언 등을 기본 목표로 한다. 이와 같은 접근방식은 개별국가의 정책실패가 유럽연합 전체로 파급되는 것을 사전에 방지함으로써 정책목표 달성을 수월하게 해야 한다는 회원국 전체의 공동 관심사로부터 비롯되었다. 이를 위해 정책실행의 권한은 여전히 개별 회원국에서 주도적으로 행사하되 그로 인해 발생할 수 있는 여러 부작용을 최소화하기 위한 감시 및 조정장치는 연합 차원에서 공동으로 마련한다. 다자간 조정에 따르지 않는 회원국에 대해서는 설득과 압력을 통해서, 그리고 필요할 경우 벌금이나 벌칙을 부과함으로써 공동의 조정과정이 목표달성에 실효성을 거둘 수 있도록 하고 있다(Kraemer 외 2004).

개방형 정책조정방식은 어디까지나 회원국 사이의 협조를 전제로 하는 전략적 접근방식이다. 따라서 제재나 벌칙보다는 지도와 조정이 강조된다. 지금까지 유럽연합 내에서 이러한 개방형 정책조정방식이 활발하게 운용되고 있는 분야로는 경제 및 통화, 고용, 빈곤구제 및 사회적 통합, 환경 등이 있다. 각각의 분야에서는 유럽연합 전체의 목표가 먼저 제시되고, 이 목표를 달성하는 데 있어서 가장 우수한 국가들의 사례를 벤치마킹함으로써 학습효과를 높이는 방법도 사용되고 있다(Regent 2003: 205). 개방형 조정방식은 관련 당사자들이 직접 정책결정과정에 참여하여 해결책을 공동으로 조율하는데, 이러한 전략은 유럽연합의 초국가기구, 회원국 정부, 그리고 하부 국가 행위자 사이에 수직 · 수평의 정책 네트워크가 사안에 따라 복잡하게 작동할 수 있게끔 해준다. 그럼으로써 과거의 중앙집중형 규제 메커니즘을 탈피하여 협상과 숙의, 그리고 경쟁과 조정을 통한 분산형 메커니즘, 즉 '좋은 거버넌스(good governance)'를 구축하는 것을 최우선의 목표로 삼고 있다(Overdevest 2002).

유럽연합이 그동안 정책능력을 보유하면서 정치적 정당성을 확보할 수 있었던 가장 큰 이유는 국가하부 단위체 차원과의 연계성이 제도적으로 마련되었기 때문이었다. 모든 권한은 국가의 하부단위체에 부여하되, 여기에서 수행하기 어려운 경우에만 상위기관으로 그 권한을 이양한다는 '보완성(subsidiarity)의 원리'는 이미 유럽연합의 핵심규범으로 자리잡고 있는데, 이것으로부터 네트워크형 정책조정의 필요성이 부각되기 시작했다. 유럽연합에서 유난히 지방정부와 국가 하부단위체들의 활동이 왕성한 것은 전통적 국가기구뿐 아니라 초국가기구와 지방정부 및 하부단위체들을 모두 포괄하는 유럽만의 독특한 경험을 배경으로 한다. 국가 하부단위체들은 경제발전, 문화, 사회적 권리 등의 분야에서 서로간에 수평적으로 연계되어 있을 뿐 아니라, 위로는 유럽 차원의 프로그램 및 국민국가 정부와도 밀접하게 연계되어 있어서 유럽연합은 명실상부한 네트워크 국가의 면모를 갖추고 있다. 아울러 유럽연합 집행위원회를 비롯한 초국가기구들도 여전히 개별 회원국들과 하부단위체들의 대표성을 인정하고 그들이 적극적으로 연합 차원에서의 정책형성과정에 참여하도록 유도하고 있다.

또한 연방주의(federalism)와 국가연합주의(confederacy)의 논리가 동시에 작동하고 있다는 점도 유럽연합이 네트워크 국가라고 규정할 수 있는 또 다른 근거가 된다. 유럽연합은 국방, 경찰, 공공지출 분야에서는 국가연합주의의 모습을, 통화정책, 무역, 주거, 그리고 자본과 상품, 인력의 이동에서는 연방주의의 모습을, 그리고 외교정책, 환경, 세금, 이민 등의 분야에서는 중간적인 모습을 보임으로써 일종의 메타 거버넌스와도 같은 속성을 띠고 있다(Castells 2003). 유럽연합은 하나의 '열린 체제'로서 네트워크 모양의 조직을 갖추고 있으면서도 개별 회원국들의 유연성을 확보할 수 있도록 다양한 거버넌스 방식을 허용하고 있다. 새로운 네트워크 국가를 실험하고 있는 유럽연합은 코헤인(Robert O. Keohane)과 호프만(Stanley Hoffman)이 언급했던 '주권 공유(pooled sovereignty)'의 관념을 넘어서 '분산된 주권(distributed sovereignty)'이라는 새로운 관념을 가능케 한다. 네트워크 국가는 과거의 영토 기반 국가체제를 벗어나 개개 회원국들이 준(準)독립적으로 행동하면서 보다 넓은 차원에서의 프로젝트를 공동으로 수행하기 위해 밀접하게 협력하기 때문이다. 이러한 유럽연합의 모습은 그동안 '다층적 거버넌스(multilevel governance)' 또는 '신중세주의(new medievalism)'의 이론틀 내에서도 체계적으로 논의되어왔다.[24)]

---

24) '다층적 거버넌스'에 대해서는 Hooghe and Marks 2001; Hooghe and Marks 2003 참조. 신중세주의에 대해서는 Deibert 1997; Friedrichs 2001; Bull 1977 참조.

유럽연합은 반세기 전부터 통합을 지향하는 혁신적 정치실험으로 많은 사회과학자들의 관심을 끌어왔다. 그중에서도 유럽연합은 새로운 정치단위체로서 국제정치 또는 비교정치분야에서 항상 주요한 이슈로 등장했는데, 이러한 맥락에서 통합의 과정뿐 아니라 그 형태, 즉 정치체제로서의 모습에 대한 고찰도 중요한 과제가 되어왔다. 이러한 문제의식의 연장선상에서 본 논문은 유럽연합이 네트워크 국가의 한 사례로서 정치체제에 관한 연구에서 중요한 위치를 차지한다는 점을 부각시키고자 했다. 새롭게 실험되고 있는 정치체제로서의 유럽연합은 행정, 입법, 사법분야에서의 밀도 있는 수평적 연결망뿐 아니라 다양한 수준에서의 행위자들 사이에 수직적 네트워크를 동시에 갖춘 복합적 행위자이다. 이러한 점에서 유럽연합은 정부, 정치, 정책결정의 일반이론에서 중요한 연구주제가 되고 있다(Hix 1999: 2). 다층질서와 대외적 연결망을 겸비한 정치체제의 측면 이외에도 유럽연합은 개방형 정책조정방식과 같은 협상 메커니즘과 협력적 거버넌스로 인하여 주목을 받고 있다. 이와 같은 요소로 인하여 유럽연합은 국제정치에서 현존하는 대표적인 네트워크 국가로 간주될 수 있다 하겠다.

5. 맺음말

미래의 국제관계에서는 네트워크 국가가 중요한 정치적 행위자로 자리잡게 될 것이다. 이러한 네트워크 국가는 20세기 후반부터 가속화되고 있는 국민국가의 경계선 약화와 권력의 분산이라는 추세에 대응하는 국가의 자기변환 노력의 결과이기도 하다. 보다 효율적이고 지속적인 거버넌스 방식을 요구하는 새로운 시대적 과제는 정치단위체들의 모습을 더욱 복잡하면서도 분산적인 형태로 바꾸어가고 있는데, 유럽연합에서 실험되고 있는 네트워크 국가의 선구적인 모습들은 이런 점에서 국제관계의 미래를 점치는 데 가장 중요한 이슈가 되고 있다. 본 논문에서는 이러한 문제의식을 바탕으로 하여 네트워크 국가의 등장배경을 살펴보고, 그것의 대내외적 속성과 함께 유럽연합에서 이루어지고 있는 실제의 변화들을 짚어보았다.

정보화와 세계화의 추세는 네트워크 국가와 같은 정치적 단위체뿐 아니라 그들 사이의 연결망 자체도 네트워크 형태로 변모시키면서 국제관계의 거시적 패턴을 크게 바꾸고 있다. 열린 시스템으로서의 네트워크 국가는 살아 움직이는 진화의 주체로서 변화하는 외부환경에 적극적으로 대응하게 될 것이다. 지난 수백 년간 온갖 도전에 맞서 굳건하게 생존해온 전통적 국민국가의 기반 위에 어떻게 새로운 요소를 첨가한 네트워크 국가로 변환하는가가 미래의 국제관계에서 승자를 가늠하는 중요한 기준이 될 것으로 전망된다. 이러한 과정 속에서 정책결정의 수준을 다변화하고 권력을 분산시키며, 소프트파워를 이용하여 협력적인 거버넌스의 구조를 확립하는 국가야말로 미래의 국제관계를 이끌어가게 될 것이다. 전통적인 국가기구는 세계화의 추세 속에서 상당히 약화되기는 했지만, 국제관계의 무대에서 완전하게 사라지기보다는 자신의 형태와 기능을 변환시키면서 새로운 네트워크 국가 속에서 중요한 기능을 수행하게 될 것이다. 메타 거버넌스의 추세는 이와 같은 국가의 기능이 앞으로 어떤 모습으로 자리매김될 것인지를 보여주는 대표적 사례이다.

미래의 국제관계 네트워크에서는 양면게임과 같은 국내 · 국제의 구분이 더 이상 의미가 없다. 왜냐하면 국내 · 국제의 경계를 따라 이루어지는 정치적 행위자들 사이의 이합집산과 연결망이 중요해지기 때문이다. 경제적 교류나 환경문제 같은 이슈들이 대표적인 사례이다. 과거에는 국가나 국제기구 등 '단위체'를 중심으로 하여 국제관계를 설명했지만, 이제는 특정한 단위체가 아니라 수많은 단위체들이 서로 연결되어 있는 모양새를 통해서 전체적인 그림을 파악할 수 있다. 이러한 '연결망'은 과거의 단위체들을 대체하는 새로운 단위체가 아니라 그것들을 보다 효율적이고 유연한 방식으로 재편성하고 사안에 따라 조정함으로써 정책결정과 정치적 과정의 투입 · 산출효과를 극대화시킨다. 네트워크 국가론은 이러한 메커니즘을 이론적으로 정립하고 새로운 미래의 모습을 진단할 수 있도록 해주는 현대의 국가론이다.

이러한 가능성을 인정하면서도 우리는 네트워크적 시각이 지닌 한계를 명확하게 이해하고 있어야만 한다. 지금까지 네트워크 패러다임이 사회과학에 접목되어 정치단위체와 경제적 교류, 조직, 사회현상들을 설명하는 데 큰 기여를 해온 것은 사실이지만, 아직까지도 '네트워크'에 대한 이론적 개념화가 대단히 취약한 상황이다. 나아가 학제적으로 발전해온 네트워크 이론이 사회과학이라는 좁은 분야에서 얼마나 인식론적인 기여를 할 것인지에 대해서도 아직 확신을 내리기 어렵다. 체계적인 이론화에 이어 많은 경험적 발견들이 이루어져야만 이러한 확신이 가능하기 때문이다. 결국 네트워크로 세상 모든 것을 이해할 수 있다는 맹신적 사고방식은 금물이다. 너무나 일반화된 시각은 모든 것을 설명할 수 있지만, 이것은 사실상 그 어떤 것도 설명할 수 없기 때문이다. 이러한 위험은 사회과학분야에서 더욱 심각하게 나타날 수 있다. 모든 사회적 단위체의 기본구조가 네트워크라고 난성시음으로써 그것을 '물신화'할 수 있기 때문이다. 이러한 맥락에서 네트워크 시각의 적용범위가 신중하게 제한되어야 한다는 일각의 경고는 귀담아들을 필요가 있다.

이와 같은 취약점과 한계에 대해 제대로 인식하기만 한다면 네트워크 국가의 개념은 앞으로 국제관계를 이해하고 미래의 국가전략을 수립하는 데 적지않은 도움이 될 것이다. 아직까지는 이러한 이론틀이 계속 발전되고 있는 과정 중에 있고, 또 유럽연합에서의 실험도 현재진행형이기 때문에 섣부른 결론을 내리기 어렵지만, 미래의 국제관계 모습을 진단하고 그에 대한 대응책을 강구하는 일은 결코 뒤로 미룰 수 없다. 국제관계의 당구공 패러다임이 반세기에 걸친 냉전시대에 중추적인 인식론을 형성해왔다면, 세계화와 21세기의 탈냉전시대에는 네트워크 국가론을 포함하는 복합적이고 세련된 형태의 인식론과 이론, 그리고 정책적 고민들이 절실하게 요구되고 있다. 이러한 요구는 비단 이론적이고 학술적인 분야에서만 제기되는 추상적인 것에 그치지 않으며, 변화하는 국제관계의 급류를 헤쳐나가기 위한 현실정치의 절박한 목소리를 그대로 반영하는 것이기도 하다.

| 참고문헌 |

Ansell, Christopher K. and Steven Weber, 1999, "Organizing International Politics: Sovereignty and Open Systems," *International Political Science Review* 20, 1.

Ansell, Christopher K., 2000, "The Networked Polity: Regional Development in Western Europe," *Governance* 13, 3.

Barber, Benjamin R., 1992, "Jihad vs. McWorld," *The Atlantic Monthly* 269, 3.

Boyer, William W., 1990, "Political Science and the 21st Century: From Government to Governance," *PS: Political Science and Politics* 23, 1.

Bull, Hedley, 1977, *The Anarchical Society: A Study of Order in World Politics*, Oxford: Clarendon Press.

Carnoy, Martin and Manuel Castells, 2001, "Globalization, the Knowledge Society, and the Network State: Poulantzas at the Millennium," *Global Networks* 1, 1.

Castells, Manuel, 1996, *The Rise of the Network Society, The Information Age: Economy, Society and Culture*, Oxford: Blackwell.

———, 2003, *End of Millennium, The Information Age: Economy, Society and Culture*, 박행웅 · 이종삼 역, 『밀레니엄의 종언』, 서울: 한울아카데미.

———, 2005, "Global Governance and Global Politics," *PS Online*.

Chayes, Abram and Antonia H. Chayes, 1995, *The New Sovereignty: Compliance with*

International Regulatory Agreements, Cambridge: Harvard University Press.
Clark, Ian, 1998, "Beyond the Great Divide: Globalization and the Theory of International Relations," *Review of International Studies* 24.
Cohen, Edward S., 2001, "Globalization and the Boundaries of the State: A Framework for Analyzing the Changing Practice of Sovereignty," *Governance* 14, 1.
Cox, Robert W., 1999, "Civil Society at the Turn of the Millenium: Prospects for an Alternative World Order," *Review of International Studies* 25.
Deibert, Ronald J., 1997, " 'Exorcismus Theoriae' : Pragmatism, Metaphors, and the Return of the Medieval in IR Theory," *European Journal of International Relations* 3, 2.
Ferguson, Yale H. and Richard W. Mansbach, 1999, "Global Politics at the Turn of the Millennium: Changing Bases of 'Us' and 'Them' ," *International Studies Review* 1, 2.
Friedman, Thomas L., 1999, *The Lexus and the Olive Tree*, New York: Anchor Books.
Friedrichs, Jörg, 2001, "The Meaning of New Medievalism," *European Journal of International Relations* 7, 4.
Granovetter, Mark, 1985, "Economic Action and Social Structure: The Problem of Embeddedness," *American Journal of Sociology* 91, 3.
Held, David and Anthony McGrew, 1998, "The End of the Old Order? Globalization and the Prospects for World Order," *Review of International Studies* 24.
Hix, Simon, 1999, *The Political System of the European Union*, London: Palgrave.
Hodson, Dermot and Imelda Maher, 2001, "The Open Method as a New Mode of Governance: The Case of Soft Economic Policy Co-ordination," *Journal of Common Market Studies* 39, 4.
Hooghe, Lisbet and Gary Marks, 2001, *Multi-Level Governance and European Integration*, Lanham: Rowman and Littlefield.
———, 2003, "Unravelling the Central State: But How? Types of Multi-Level Governance," *American Political Science Review* 97, 2.
Jessop, Bob, 1998, "The Rise of Governance and the Risks of Failure: The Case of Economic Development," *International Social Science Journal* 50, 155.
———, 2002, *The Future of the Capitalist State*, Cambridge: Polity Press.
Keller, William W. and Louis W. Pauly, 1997, "Globalization at Bay," *Current History* 96.
Keohane, Robert O. and Joseph S. Nye, 1977, *Power and Interdependence: World Politics in Transition*, Boston: Little Brown.
Kraemer, R. Andreas, Anneke Klasing and Ingmar von Homeyer, 2004, "The EU Open Method of Co-ordination in the Draft Constitution for Europe," Paper presented at the Convention, the IGC.
Krasner, Stephen D., 1995, "Compromising Westphalia," *International Security* 20, 3.
———, 2001, "Rethinking the Sovereign State Model," *Review of International Studies* 27.

Mosher, James, 2000, "Open Method of Coordination: Functional and Political Origins," *ECSA Review* 13, 3.

Nye, Joseph S., 2004, *Soft Power: The Means to Success in World Politics*, 홍수원 역, 『소프트파워』, 서울: 세종연구원.

Ó Riain, Seán, 2004, *The Politics of High-Tech Growth: Developmental Network States in the Global Economy*, Cambridge: Cambridge University Press.

Osiander, Andreas, 2001, "Sovereignty, International Relations, and the Westphalian Myth," *International Organization* 55, 2.

Overdevest, Christine, 2002, "The Open Method of Coordination, New Governance, and Learning: Toward a Research Agenda," *The New Governance Project Working Paper*, University of Wisconsin-Madison.

Philpott, Daniel, 1999, "Westphalia, Authority, and International Society," *Political Studies* 47.

Picciotto, Sol, 1996-1997, "Networks in International Economic Integration: Fragmented States and the Dilemmas of Neo-Liberalism," *Northwestern Journal of International Law and Business*, 17, 2/3.

Podolny, Joel M. and Karen L. Page, 1998, "Network Forms of Organization," *Annual Review of Sociology* 24.

Raustiala, Kal, 2002, "The Architecture of International Cooperation: Transgovernmental Networks and the Future of International Law," *Virginia Journal of International Law* 43, 1.

Regent, Sabrina, 2003, "The Open Method of Coordination: A New Supranational Form of Governance?" *European Law Journal* 9, 2.

Rosenau, James N., 1997, "The Complexities and Contradictions of Globalization," *Current History* 96, 613.

Ruggie, John G., 1982, "International Regimes, Transactions and Change: Embedded Liberalism in the Postwar Economic Order," *International Organization* 36, 2.

———, 1993, "Territoriality and Beyond: Problematizing Modernity in International Relations," *International Organization* 47, 1.

Sbragia, Alberta M., 2000, "Governance, the State, and the Market: What Is Going On?" *Governance* 13, 2.

Simon, Herbert A., 1985, "Human Nature in Politics: The Dialogue of Psychology with Political Science," *American Political Science Review* 79, 2.

Slaughter, Anne-Marie, 1998, "The Real New World Order," *Foreign Affairs* 76, 5.

———, 2004, *A New World Order*, Princeton: Princeton University Press.

Strange, Susan, 1996, *The Retreat of the State*, Cambridge: Cambridge University Press.

———, 1999, "The Westfailure System," *Review of International Studies* 25.

Waltz, Kenneth N., 1999, "Globalization and Governance," *PS: Political Science and Politics* 32, 4.
Wilson, Graham, 2000, "In a State?" *Governance* 13, 2.

16

결론: 네트워크 지식국가론의 모색

김상배_서울대학교

1. 머리말

최근 단순한 국민국가(nation-state)의 쇠퇴론을 넘어서 국가의 변환에 대한 논의가 활성화되고 있다. 실제로 21세기를 맞이하는 국가는 쇠퇴하는 것이 아니라 그 역할과 위상의 재조정을 통해서 새로운 형태로 변환되고 있다. 그러나 작금의 변환론이 지닌 한계는 정작 어떠한 모습으로 현재의 변환이 귀결될 것이냐에 대한 분석적 논의가 부족하다는 점이다. 그도 그럴 것이 변환의 와중에 있다 보니까 변환이라는 '과정'은 직감할 수 있어도 그 '결과'를 미리 짚어내는 것은 쉽지 않을 것이다. 그럼에도 불구하고 변환의 뒤꽁무니만 좇아갈 것이 아니라 변환의 미래를 미리 읽고 그 길목을 지켜야 하는 이론적 과제가 면제되지는 않는다. 이러한 맥락에서 이 글은 국제정치이론의 시각에서 21세기 국가의 변환의 미래에 대한 개념화 작업을 벌이고자 한다.

이 글은 21세기 국가변환의 동인(動因)으로서 기술 · 정보 · 지식(이하 통칭하여 지식) 변수의 역할에서부터 논의를 시작한다. 실제로 지식을 생산하고 활용하는 국가의 업무는 고대부터 있어왔지만, 근대국민국가까지만 해도 지식변수는 부강(富强)과 관련된 여타 변수에 비해서 부차적이었던 것이 사실이다. 그러나 정보화시대에 이르러 국가업무를 효과적으로 수행하기 위해서는 지식변수에 대한 의존이 필수불가결하게 되었다. 이제 지식은 군사력과 경제력의 핵심이며, 더 나아가 그 자체가 독립적인 권력 자원으로 부상했다. 이렇게 지식자원의 중요성이 부상하면서 국가목표에 대한 국가 행위자의 인식이 변화하고, 그 결과 국가의 기능적 성격도 변화하고 있다. 그야말로 근대적인 의미의 부강국가를 넘어서는 '지식국가(knowledge state)'의 부상이 관찰된다.[1)]

지식국가의 부상은 국가와 여타 행위자들과의 관계뿐만 아니라 국가 자체의 존재 형태도 변화시킨다. 엄밀한 의미에서 21세기 지식국가는 종전의 국민국가가 아니다. 오히려 지식국가는 여타 행위자들을 아우르는 네트워킹에 능숙하고, 그 자체의 조직형태뿐만 아니라 작동방식도 네트워크의 형태로 변환되는 새로운 형태의 국가일 가능성이 크다. 이러한 점에서 21세기 국가변환은 영토를 기반으로 하여 형성되었던 국민국가의 양대 축인 국민/민족(nation)[2)]과 국가(state)의 결합이 이완되는 현상으로 나타난다. 다시 말해, 국민국가의 영토적 경계를 안과 밖으로 넘나드는 활동이 증대되면서 국민/민족이라는 정치/문화공동체와 국가의 관계가 네트워크의 형태로 재설정되는 '네트워크 국가(network state)'의 부상이 관찰된다.[3)]

---

1) 명시적으로 지식국가라는 용어를 사용한 기존 연구에는 최정운 1992; 野中郁次郎 外編 2003; 하영선 편 2004 참조.

2) 국민국가에서 국가와 결합된 국민/민족에는 두 가지 의미가 있다. 하나는 '정치 공동체로서의 네이션'이며, 이는 국민(國民)이라고 번역된다. 또 하나는 '문화 공동체로서의 네이션'이며, 이는 민족(民族)이라고 번역된다. 이용희 1994: 120.

21세기 국가가 네트워크화된다고 해서, 이것이 국가라고 하는 존재의 소멸이나 탈정치화를 의미하는 것은 결코 아니다. 오히려 국민/민족으로부터 이완된 국가가 네트워크와 만나는 과정에서 국가의 권력 메커니즘은 새로운 형태로 변형되고 재생산된다. 이러한 과정에서 주목할 것은 지식변수의 역할이다. 특히 IT(information technology)는 네트워크 국가의 구성과 작동을 이해하는 데 있어서 결코 빼놓을 수 없는 존재이다. 마치 소프트웨어가 컴퓨터 시스템을 구동시키고 그 과정에서 '보이지 않는 권력'을 행사하듯이, 국가는 IT를 매개로 하여 다양한 행위자들의 네트워크를 엮어내고 그 과정에서 새로운 형태의 지식권력을 행사한다. 이러한 점에서 21세기 국가변환은 지식국가와 네트워크 국가가 교묘하게 얽히면서 드러나는 '네트워크 지식국가(network knowledge state)'의 부상이라고 부르는 것이 마땅하다.[4)]

네트워크 지식국가의 부상은 일반이론의 차원에서 제기된 개념이지, 21세기 세계정치에서 획일적으로 나타나는 경험적 현실이 아님은 물론이다. 더구나 지구상의 모든 국가가 정보화시대를 맞이하여 국민부강국가로부터 네트워크 지식국가로 이행하는 식의 무차별적 변환이 발생하는 것도 아니다. 실제 세계 정치현실에서는 특정 지역의 국가들이 다른 지역의 국가들보다 앞장서서 변환의 과정을 겪고 있으며, 군사·경제·문화 등과 같은 영역별로도 국가변환의 정도는 상당한 편차를 보인다. 이러한 상황을 고려하면, 아무리 시대가 변하더라도 일정기간 동안 국민

---

3) 명시적으로 네트워크 국가 또는 네트워크 정치체(network polity)라는 용어를 사용한 기존 연구에는 Braman 1995; Castells 1998; Ansell 2000; Stewart 2000; Carnoy and Castells 2001; Ó Riain 2004; 하영선 편 2006 참조.

4) 네트워크 지식국가라는 용어를 명시적으로 쓰고 있는 기존 연구는 거의 없지만, 네트워크와 지식의 양 측면을 모두 고려한 국가변환의 논의로는 평화포럼21 편 2005 참조. 한편 비슷한 맥락에서 버추얼 국가(virtual state)의 개념도 주목할 필요가 있다. 본문에서 설명했듯이, 버추얼 국가는 논자에 따라서 각기 다른 의미로 쓰고 있다. Frissen 1997; Rosecrance 1999; Everard 2000; Fountain 2001 참조.

부강국가와 네트워크 지식국가가 병존하는 현상이 나타날 것을 예견할 수 있다. 그럼에도 불구하고 이 글이 네트워크 지식국가에 대한 개념화 작업을 벌이는 이유는, 네트워크 지식국가의 부상이 21세기 국가변환의 메가 트렌드를 제시하는 일종의 '문명표준(standards of civilization)'의 의미를 지니기 때문이다.

네트워크 지식국가론의 본격적 탐구를 위해서는 먼저 기존 연구의 인식론을 뛰어넘는 시각적 전환이 필요하다. 네트워크 지식국가의 개념은, 폐쇄체계(closed system)의 시각에서 국가를 보는 전통적 국제정치이론과는 달리, 개방체계(open system)로서 국가를 설정한다. 개방체계의 시각에서 본 국가는 국경(border)으로 구획된 고립된 노드(node)라기보다는, 네트워크상에서 부단히 경계들(boundaries)을 재구성해가는 '자기생성국가(autopoietic state)' 또는 '자기조직국가(self-organizing state)'이다. 이러한 점에서 네트워크 지식국가론은 고립된 행위자로서의 '국민/민족들 간의 관계(inter-nations)'를 파악하는 기존의 국제정치학(國際政治學: international politics)을 넘어서, 개방체계의 형태를 띠는 행위자들 간의 관계, 즉 링크(link) 및 이들 노드와 링크가 만드는 네트워크 전체의 아키텍처와 작동방식에 주목하는 망제정치학(網際政治學: internetwork politics) 또는 네트워크 세계정치학의 시각을 채택한다.[5)]

지식과 네트워크의 관점에서 21세기의 국가변환을 분석적으로 다룬 국제정치학계의 기존 연구는 매우 부실한 실정이다. 특히 사회학이나 경제학 및 경영학 등에서 지식과 네트워크를 화두로 하여 진행되는 연구의 양과 질에 비교해볼 때 더욱 그러함을 알 수 있다. 이러한 와중에도 근대적인 맥락에서 지식국가를 다룬 연구들이 예외적으로 눈에 띄지만, 이들

---

5) 이 글의 시각에 영향을 준 개방체계와 자기조직화, 그리고 네트워크와 복잡계에 대한 주요 논의로는 Braman 1994 · 1995; Ansell and Weber 1999; Arquilla and Ronfeldt 2001; Barabási 2002; Urry 2003; 김상배 2005a; 민병원 2006 참조.

연구는 전반적으로 국가변환에 대한 국제정치학적 탐구가 부족하다(최정운 1992; Poulantzas 1978; Strange 1994; Burke 2000; Jessop 2003). 한편 국제정치학의 시각에서 21세기 제국(empire), 글로벌 거버넌스(global governance), 지구정치체(global polity), 지구국가(global state), 세계국가(world state), 신세계질서(new world order) 등의 개념을 통해서 탈근대 단위체에 대한 고민을 하는 연구들도 최근 늘어나고 있다(Hardt and Negri 2000; Rosenau 2003; Ougaard and Higgott eds. 2002; Shaw 2000; Wendt 2003; Slaughter 2004). 그러나 이들 연구의 한계는 21세기 국가변환의 동인으로서의 지식변수의 역할에 대한 입체적 관심이 부족하다는 점이다.[6] 이러한 맥락에서 볼 때, 이 글에서 제기하는 네트워크 지식국가론은 국내외 학계의 논의를 명실상부하게 한 단계 업그레이드한 시도라고 할 수 있다.

이 글은 21세기 국가변환을 네트워크 지식국가의 개념을 통해서 파악하고, 이를 바탕으로 정보화시대의 세계정치를 이해하는 분석틀을 마련하고자 했다. 제2절에서는 정보화의 맥락에서 지식과 네트워크 및 국가의 개념적 변환을 검토하고, 그 연속선상에서 네트워크 지식국가의 분석틀을 마련했다. 제3절에서는 지식자원의 부상에 따른 국가변환이라는 관점에서 지식국가의 부상과 변환을 검토했다. 제4절에서는 네트워크의 부상에 따른 국가변환이라는 관점에서 네트워크 국가의 형태와 기능에 대해서 살펴보았다. 제5절에서는 지식국가와 네트워크 국가의 변환이 만나는 영역에서 관찰되는 네트워크 지식국가의 권력 메커니즘을 검토했다. 맺음말에서는 이 글의 주장을 종합·요약하고, 네트워크 지식국가에 대한 논의가 앞으로 염두에 두어야 할 경험적·이론적 과제들을 지적했다.

6) 지식변수에 대한 기존 국제정치이론의 무관심에 대한 비판적 논의로는 김상배 2003 참조.

2. 정보화시대 국가변환의 분석틀

국가는 시대와 장소에 따라서 그 형태와 기능을 달리해왔다. 예를 들어, 세계사에 등장했던 국가들은 도시국가로부터 고대국가와 중세국가 및 국민국가 등에 이르기까지 다양하다. 이렇게 보면 국민국가도 보편적인 국가는 아니고 서구의 근대라는 특정 시기에 출현한 국가 형태의 하나일 뿐이다. 실제로 국민국가는 영토적 경계를 바탕으로 하여 형성된 국민/민족이라고 하는 정치·문화공동체를 활동배경으로 하면서 부강(富强)의 목표를 추구하던 국가의 근대적 형태로서 이해된다.[7] 그런데 이러한 국민국가도 20세기 중후반 이래 그 형태와 기능의 변환을 경험하고 있다. 비물질적 자원의 중요성이 부각되고, 초국적 커뮤니케이션을 통해 영토적 경계를 넘나드는 활동이 증대되고, 이에 대응하여 국민/민족 차원의 정체성을 기반으로 하여 형성되었던 국가의 형태와 기능도 변환된다. 그렇다고 국가 자체가 아예 사라지는 것은 결코 아니며, 다만 국민/민족을 넘어서 네트워크라는 좀 더 확장된 사회적 공간 속으로 스며들면서 재조정되고 있을 뿐이다. 이러한 국가변환을 좀 더 체계적으로 이해하기 위해서는 정보화로 인해 발생하고 있는 지식과 네트워크의 변환을 살펴보는 것이 매우 유용하다.[8]

먼저 정보화에 의한 지식과 권력의 변환을 이해할 필요가 있다. 좁은

---

7) 이 글이 시도하는 개념화 작업을 염두에 둘 때, 형태와 기능적 측면에서 국가(state)에 대한 최소한의 개념정의를 내려보는 것이 유용하다. 형태 측면에서 국가는 일정한 물리적 공간의 경계 내에서 배타적 권력을 행사하는 특정한 기구(agency)나 조직, 또는 제도의 존재를 의미한다. 한편, 기능적 측면에서 국가는 사적 행위자들의 이해관계를 넘어서는 공공성을 추구하는 존재이며, 이러한 과정에서 사회구성원들로부터 정당성을 부여받고 공권력을 행사할 근거를 얻는다. 근대국가를 '어느 사회 내에서 조직된 폭력의 정당한 사용을 독점하는 조직'으로 보는 막스 베버적 개념 정의도 이러한 맥락에서 이해할 수 있다. 국제정치학의 시각에서 본 근대국민국가의 성격에 대한 논의로는 이용희 1962 참조.

8) 정보화의 개념에 대한 요약으로는 Castells 2004; 김상배 2005b 참조.

의미에서 본 정보화는 기술 · 정보 · 과학 등과 같이 그 자체가 세계정치의 목표를 달성하는 데 중요한 수단이 되는 '도구적 지식'의 생산이 양적으로 증대되는 과정을 의미한다. 국제정치학의 시각에서 이러한 과정이 지니는 전략적 의미는 지식과 같은 비물질적 자원이 기존의 부강을 추구하는 물질권력 자원을 넘어서, 새로운 지식권력 자원으로서 부상하고 있다는 점이다. 그러나 정보화는 지식을 생산하는 과정뿐만 아니라 이미 생산된 지식을 활용하는 과정도 질적으로 변화시킨다. 특히 정보화는 지식의 효율적 활용을 가능케 하는 '메타 지식(meta-knowledge)'이나 인간의 정체성에 영향을 미치는 '구성적 지식'을 부각시키고 있다. 이러한 구성적 메타 지식이 지니는 국제정치학적 의미는 행위자 차원에 기반을 둔 물질적 권력을 넘어서 구조/체계 차원에서 작동하는 새로운 지식권력, 즉 '매력(soft power)'[9]을 부상시키고 있다는 점이다.

지식과 권력의 복합적 변환으로서의 정보화는 크게 두 가지 측면에서 국가변환에 영향을 미친다. 한편으로 정보화는 지식생산의 차원에서 지식 인프라를 구축하거나 인적 자원을 양성하고 기술혁신을 촉진하며, 더 나아가 기초 및 응용과학을 진흥하는 지식국가를 부상시킨다. 국가목표의 달성을 위해 지식자원을 도구적 용도로 사용한다는 점에서, 이는 '도구적 지식국가'라고 부를 수 있다. 다른 한편으로 정보화는 지식활용의 차원에서 정보를 효율적으로 수집 · 저장 · 활용하게 하고, 그러한 과정에서 지식의 재생산에 관여하는 지식국가의 부상을 가능케 한다. 이는 지식의 의미를 규정하고 표준을 설정할 뿐만 아니라 지식의 담론까지도 재구성한다는 점에서 '구성적 지식국가'라고 할 수 있다. 그런데 이러한 과정에서 주목할 것은, 정보화가 궁극적으로 국민부강국가의 연속선상에서 이해된 도구적 지식국가로부터 새로운 지식권력을 행사하는 구성

9) 소프트파워 또는 매력의 개념에 대해서는 평화포럼21 편 2005; Nye 2004 참조.

적 지식국가로 변환되는 과정에 영향을 미친다는 점이다.

한편 넓은 의미에서 본 정보화의 진전은 단순 네트워크를 넘어서는 복합 네트워크의 부상에 영향을 미치고 있다. 예를 들어, 정보화의 대표적 산물인 인터넷은 세계 도처에 산재해 있는 수많은 컴퓨터들이 상호접속을 통해 만들어내는 다물체(多物體)로 구성된 탈집중 네트워크이다. 그러나 인터넷의 또 다른 특성은 네트워크상의 다물체를 하나의 시스템으로서 작동케 하는 집중 네트워크에 있다. 요컨대, 인터넷은 '하드웨어적 구성'은 분산되어 있지만, '소프트웨어적 기능'은 집중되어 있는 복합 시스템이다. 이러한 물리적 네트워크의 특성은 정보화시대의 사회적 네트워크에도 투영된다. 이러한 맥락에서 본 정보화는 전통적인 피라미드형의 단순 네트워크인 '위계질서(hierarchy)'를 넘어서 복합 네트워크가 등장하는 과정이다. 여기서 복합 네트워크란 집중과 탈집중의 네트워크가 둘 이상 중첩되는 '다층질서(heterarchy)' 형태의 네트워크를 의미한다. 이러한 과정에서 주목할 점은 복합 네트워크상의 집중과 탈집중이라는 모순적인 두 가지 메커니즘이 하나의 시스템 안에서 동시에 작동하는 과정에서 디지털 메타 지식으로서의 IT가 중요한 역할을 담당한다는 점이다(Arquilla and Ronfeldt 2001: 316-317; 김상배 2005a: 100-101).

복합 네트워크의 등장으로서의 정보화는 크게 두 가지 측면에서 국가 변환에 영향을 미친다. 한편으로 집중 네트워크의 성격을 지니는 정보화는 국가기구의 수직적 메커니즘을 유연한 형태로 재생산함으로써 국가의 통제력을 강화시키는 방향으로 작용한다. 이는 폐쇄형의 조직형태를 유지하면서 작동방식의 효율성만을 제고하는 '위계질서형 네트워크 국가'라고 부를 수 있다. 다른 한편으로, 탈집중 네트워크의 성격을 갖는 정보화는 국가 이외의 비국가 행위자가 부상하는 수평적 메커니즘을 활성화시킴으로써 국가의 통제력을 약화시키는 방향으로 작용한다. 이는 개방형의 조직형태를 지닌 국가가 비국가 행위자들과의 관계를 형성하며 작동하는 '다층질서형 네트워크 국가' 라고 부를 수 있다. 그런데 이러한 과정에서 주목할 것은, 정보화가 궁극적으로 폐쇄형 단순 네트워크로 대변되는 국민국가로부터 개방형 복합 네트워크로 대변되는 네트워크 국가로 변환되는 과정에 영향을 미친다는 점이다.

이상의 논의를 바탕으로 하여, 〈표 16-1〉에서 보는 바와 같이, 정보화시대를 맞이하는 국가변환의 분석틀을 마련해볼 수 있다. 가로축은 좁은 의미의 정보화에서 발견되는 권력의 변환이며, 세로축은 넓은 의미의 정보화에서 발견되는 네트워크의 변환이다. 논리적 차원에서 볼 때, 이러한 권력과 네트워크의 변환은 각각 두 차원의 국가변환, 즉 지식국가와 네트워크 국가의 변환을 야기한다. 그렇지만 세계 정치현실에서 두 차원의 국가변환은 서로 밀접한 관계를 맺으면서 궁극적으로 네트워크 지식국가의 부상으로 귀결된다. 이러한 과정을 구체적으로 살펴보면, 〈표 16-1〉의 화살표에서 보는 바와 같이, 21세기 국가변환은 두 가지의 논리적 경로를 거쳐서 발생한다. 그런데 여기서 유의할 점은 각 경로마다 변환의 동인이 되는 지식의 역할도 다를 뿐만 아니라 이러한 과정에서 발생하는 지식과 네트워크 및 국가의 조합비율도 다르다는 점이다.

〈표 16-1〉 국가변환의 분석틀

	물질권력	지식권력
위계질서	〈1〉국민부강 국가	〈2〉지식국가
다층질서	〈3〉네트워크 국가	〈4〉네트워크 지식국가

첫 번째 경로는 ⟨1⟩ 영역의 국민부강국가가 ⟨2⟩영역의 지식국가를 거쳐서 ⟨4⟩ 영역의 네트워크 지식국가로 변환되는 과정이다. 이는 도구적 지식으로서 지식자원을 추구하는 과정에서 부상한 지식국가가 지식과 국가와의 관계에서 발생하는 모순적 성격으로 인해서 네트워크 국가와 결합되는 과정이다. 두 번째 경로는 ⟨1⟩ 영역의 국민부강국가가 ⟨3⟩ 영역의 네트워크 국가를 거쳐서 ⟨4⟩ 영역의 네트워크 지식국가로 변환되는 과정이다. 이는 국민/민족과 국가의 결합이 이완되는 과정에서 출현한 네트워크 국가의 조직 및 작동 메커니즘에 구성적 메타 지식변수가 관여하는 과정이다. 반복하건대, 이러한 두 가지 경로는 논리적으로 구분해본 것이며, 지식국가와 네트워크 국가가 만나서 네트워크 지식국가로 변환되는 복합 메커니즘을 분석적으로 밝혀보기 위해서 고안했다. 다음에서는 이러한 21세기 국가변환의 메커니즘을 좀 더 구체적으로 살펴보고자 한다.

3. 지식국가의 부상과 네트워크 변수

네트워크 지식국가에 이르는 첫 번째 경로는 지식자원을 새로운 국가 목표로서 추구하는 지식국가의 부상과 그 변환의 과정에서 발생한다. 지식자원의 부상에 따른 국가변환의 논의는 정보화로 인해서 부각되었지만, 그 역사적 기원은 근대 초기에까지 거슬러올라간다. 지식생산의 주체라고 할 때 지식국가 이외에도 지식도시, 지식제국, 지식교회 등을 생각해볼 수 있다(Innis 1950). 그러나 지식을 생산하는 과정에서 국가가 다른 행위자들에 비해서 지배적인 위상을 차지하게 된 것은 근대 이후의 현상이다. 근대 초기에 이르러 계몽주의, 르네상스, 종교개혁의 과정을 통해서 중세교회가 독점하고 있던 지식구조가 붕괴되고, 1648년의 베스트팔렌조약을 전후하여 국민국가 중심의 새로운 지식구조가 등장한다. 예를 들어, 17세기경에 이르면 유럽의 선진국들은 부국강병의 달성이라는 목적 아래 과학적 지식을 탐구하는 국가적 사업을 벌인다. 근대지식국가는 종전에는 교회가 관장했던 교육분야에서도 권위를 획득하게 되고 특허나 저작권과 같은 지적 재산권 제도의 도입 등을 통해서 지식생산활동의 목적을 규정하고 정당성을 부여하는 주체로서 등장했다. 이제 모든 지식생산은 국가의 이익과 권력을 증진시킨다는 전제 아래 명분을 얻게 된 것이다(Strange 1994: 125-127).

근대국민국가의 전개과정에서 관찰되는 지식국가의 측면은 주로 기든스(Anthony Giddens)가 국민국가의 제도적 측면 중의 하나로 개념화한 '산업주의(industrialism)'에 해당된다(Giddens 1985 · 1990). 산업주의는 상품생산의 동력원으로 무생물적 자원을 이용함으로써 생산과정에서 기계가 중심적 역할을 담당하는 것을 의미한다. 다시 말해, 산업주의는 인간과 자연 사이를 매개하는 근대적 의미의 기술을 의미한다. 따라서 산업주의는 군사력(전쟁의 산업화 맥락에서 본 폭력수단의 통제), 자본주의(경쟁적 노동과 상품시장의 맥락에서 본 자본축적), 감시(정보의 통제와 사회적 감독) 등과 같이, 기든스가 제시한 근대국가의 여타 제도적 차원과 연결되어 군사기술, 산업기술, 정보기술의 발달을 통해서 발현된다. 이러한 기술들은 서구에서 국민국가의 형성과 전개과정에서 핵심적인 역할을 담당했으며, 19세기 후반에 이르러서는 서구국민국가의 대외적 팽창과정에서 부국강병을 지향하는 전략적 자원으로서의 역할을 톡톡히 담당했다(Pearton 1982; Headrick 1991).

이러한 근대지식국가의 모습은 20세기 들어서도 지속되는데, 제2차세계대전 이후 냉전기 군비경쟁의 와중에 이루어진 군사기술의 혁신을 보면, 기술생산의 초기 단계에서부터 국가가 핵심적인 역할을 담당했음을 알 수 있다. 예를 들어, 반도체 · 컴퓨터 · 소프트웨어 등과 같은 IT개발에서 미국의 국가, 특히 국방성이 중요한 역할을 했으며, 인터넷과 같은 IT인프라의 구축에 있어서도 국가의 역할은 필수불가결했다(土屋大洋 2001). 이러한 과정에서 미국의 국가는 맨해튼 프로젝트(Manhattan Project)와 같은 거대한 프로젝트를 수행함으로써 전 사회와 경제에서 필요로 하는 지식의 생산을 지원하는 지식국가의 역할을 담당했다. 그 후 이러한 군용기술들은 스핀 오프(spin-off)의 과정을 거쳐서 상용기술로 전용되기에 이른다(Alic et. al. 1992; Sandholtz, et al. 1992). 또한 20세기 후반에 이르러서는 IT의 발달에 따른 정보전쟁(information warfare)의 가능성이 부상하면서, 미국은 '군사분야혁명(Revolution in Military Affairs: RMA)'을 통해서 산업화시대의 군사력을 정보화시대에 걸맞은 형태로 변환시킬 지적 토대를 모색한다(Arquilla and Ronfeldt 2001).

경제분야를 보면 근대 이래 지속된 지식국가의 모습이 좀 더 극명하게 드러난다. 특히 1980년대 이래 선진국들은 첨단기술개발과 인적 자원 양성을 위한 노력을 경주하고 있는데, 이는 제솝(Bob Jessop)이 말하는 '슘페터적 경쟁국가(Schumpeterian competition state)'의 형태를 띤 지식국가, 특히 기술국가(technology state)의 모습이다(Jessop 2003; Cerny 1990). 이는 포터(Michael Porter)류의 국가경쟁력에 대한 논의와도 일맥상통한다(Porter 1990). 또한 이러한 국가는 20세기 후반 동아시아 발전국가(developmental state)의 기술정책을 연상시키는데, 이러한 점에서 발전국가와 지식국가가 결합된 형태의 '발전지식국가(developmental knowledge state)'라고도 부를 수 있다. 제2차세계대전 이후 발전지식국가의 사례를 보면, 국가의 경계 내에서 자본의 경쟁력을 증진하려는 목적으로 기술혁신이나 기술이전과 관련하여 국가는 핵심적인 역할을 담당했다. 이외에도 지식의 생산과 확산을 증진하는 국가의 역할로서 지적 재산권과 관련된 법과 제도의 정비나 핵심기술 분야의 표준화, 그리고 기타 지적 공공재의 제공을 위한 대학과 연구기관의 지원 등을 들 수 있다.

발전지식국가의 등장은 로즈크랜스(Richard Rosecrance)가 말하는, 영토국가와 무역국가를 넘어서는 '버추얼 국가(virtual state)'의 부상과 맥을 같이한다. 버추얼 국가의 개념은 전통적인 토지변수를 넘어서는 노동 · 자본 · 정보 등의 비물질적 자원에 대한 관심을 반영하는데, 이러한 점에서 버추얼 국가란 토지, 즉 영토 기반의 생산능력을 최소화한 정치단위를 의미한다. 다시 말해, 버추얼 국가는 물질적 생산은 해외로 내보내고 연구개발과 제품 디자인에 중점을 두며, 고부가가치의 무형의 상품생산이나 고도의 서비스에 전문화하는 국가모델이다. 산업화시대의 제조업을 담당하는 '육체국가'에 대비되는 정보화시대의 '두뇌국가'를 지향하는 모델이라고 할 수 있다. 로즈크랜스는 이러한 버추얼 국가의 사례로서, 적합한 사례인가에 대한 논란의 여지는 있지만, 홍콩 · 싱가포르 · 대만 · 한국 · 스위스 · 벨기에 · 네덜란드 등과 같은 소위 강소국(强小國)을 든다(Rosecrance 1999).

기본적으로 로즈크랜스의 버추얼 국가는 국민국가로서의 지식국가를 논하지만, 내용적으로는 비물질적 변수의 흐름을 따라서 작동하는 네트워크 국가에 대한 논의를 간접적으로 담고 있다. 다시 말해, 버추얼 국가는 도구적 관점에서 지식자원을 추구하는 과정이 국가가 영토적 경계로부터 자유로워질 가능성을 보여주는 사례라고 할 수 있다. 비슷한 맥락에서 20세기 후반 들어 지구화와 정보화의 신선은 지식생산이 국민국가의 경계를 넘어서 발생하는 현상을 부추긴다. 커뮤니케이션과 기술의 발달에 따라 정보에 대한 접근성이 확대되고 혁신이 지구화되며 지식생산에 대한 담론이 국민국가의 경계 밖에서 주어지는 경우가 늘어나고 있다. 이렇게 지식생산이 국민국가의 통제로부터 이탈되는 현상은 국가의 조직형태나 기능적 역할이 변환되는 환경을 조성한다.

최근 군사분야에서 RMA의 추구는 자연스럽게 군사전략과 군사조직 및 군사 패러다임의 변환, 즉 군사변환(military transformation)의 적극적인 추진으로 연결될 수밖에 없다. 소위 탈탈냉전(post-post cold war)기 미국의 사례를 보면, 특히 9 · 11 이후 테러와 WMD(weapon of mass destruction)의 확산과 같은 새로운 위협요인에 대처하여 군사조직을 개혁하고 해외 주둔 미군의 군사태세를 유동군의 형태로 바꿈으로써 네트워크의 요소를 도입하고 있다. 그런데 이러한 군사변환과 함께 주목할 것은 국민국가 차원에서 추진되는 군사목적의 기술혁신이 국가통제 밖에서 발생하는 민간분야의 기술혁신에 점점 더 의존하게 된다는 점이다. 그 대표적인 사례가 바로 1990년대부터 논란거리가 되고 있는 스핀 온(spin-on) 현상, 즉 민간부분의 기술혁신이 군사부문으로 역유입되는 현상이다(Sandholtz, et al. 1992). 이밖에도 민간 군사지식 전문서비스업체인 PMC(private military service)가 전쟁의 수행과정에서 국가 행위자에 못지않은 중요한 역할을 수행하는 것도 동일한 맥락에서 이해할 수 있는 사례이다(Leander 2005).

한편 경제분야에서 기술경쟁의 가속화는 민간부문의 역할이 증대되고 영토적 경계를 넘어서는 다양한 경제 네트워크의 부상을 부추긴다. 예를 들어, 첨단산업의 생산기지가 국내공간으로부터 지구공간으로 이동하면서 초국적 생산 네트워크(cross-national production networks: CPNs)가 구축되고 있으며, 무역이나 금융분야에서도 IT네트워크가 확산됨에 따라 상품과 화폐의 시구적 흐름에 대한 국민국가 차원의 통제가 약화되고 있다. 한편 지식생산 자체와 관련해서도 산업정책 또는 기술정책 차원에서 발전국가가 주도하던 R&D 컨소시엄 모델이 실패로 판명났으며, 국가가 나서는 법률상(*de jure*)의 표준화 메커니즘을 대체하여 기업들 간의 사실상(*de facto*) 표준경쟁이 부상하고 있다. 요컨대, IT분야의 지식생산에서 국민국가가 담당했던 주도적 역할은 민간 행위자들의 부상과 함께 좀 더 네트워크적인 형태로 불가피한 변환을 겪고 있다.

1990년대 후반 동아시아에서 영미형 조절국가(regulatory state) 모델의 도입을 통한 제도조정에 대한 논의도 동일한 맥락에서 이해할 수 있다. 이러한 과정에서 기존의 발전지식국가의 모습은 좀 더 네트워크적인 형태로 변환되는데, 새로이 관찰되는 지식국가는 여전히 지식자원을 도구적 용도로 추구하지만, 그 과정에서 국가의 형태변환이 이루어지는 유형이다. 이렇게 부상하는 지식국가는 발전국가에 대비되는 조절국가를 연상시킨다는 점에서 '조절지식국가(regulatory knowledge state)' 라고 부를 수 있을 것이다. 오리에인(Seán Ó Riain)이 '발전관료국가(developmental bureaucratic state: DBS)' 를 넘어서는 '발전 네트워크 국가(developmental network state: DNS)' 라고 개념화한 모델도 이러한 유형에 속한다(Ó Riain 2004). 이러한 유형의 대표적인 사례는 최근 정보화 분야에서 새로운 모델 창출의 가능성을 엿보이고 있는 동아시아 국가, 특히 한국의 정보화 모델을 들 수 있다.

요컨대, 조절지식국가의 출현과 연이은 변환에서 보는 것은 지식자원이 중요해진 것만큼 지식의 생산과정은 국민국가의 통제로부터 이탈하는 현상이 발생한다는 것이다. 글로벌 환경에서 생산된 지식이 초국적으로 유통되면서 해당분야에서 경쟁력을 유지하려면 국가의 구성원들은 영토의 경계를 넘어서 활동할 수밖에 없으며, 경우에 따라서는 국민국가 단위를 넘어서는 정체성도 출현하게 된다. 이러한 상황에서 국가가 정당성을 유지하고 국내적 존재기반을 유지하는 길은 글로벌 환경을 염두에 두고 지식의 생산과 유통을 조직하는 장(場)을 제공하는 것뿐이다. 이러한 와중에 불가피하게 기존에 국민/민족을 기반으로 형성되었던 국가형태의 변환이 발생하는 것이다. 요컨대 새롭게 등장하는 지식국가는 종래와 같이 영토를 바탕으로 한 국민/민족의 경계 안에 갇힌 국민국가의 모습은 아니며 좀 더 네트워크화된 새로운 형태의 국가일 가능성이 매우 크다.

4. 네트워크 국가의 부상과 지식변수

네트워크 지식국가에 이르는 두 번째 경로는 국민국가의 경계를 넘어서는 네트워크 국가의 부상과 그 변환의 과정에서 발견된다. 네트워크 국가의 부상은 기존 국민국가의 안과 밖이 연결되는 패턴을 변화시킬 뿐만 아니라 국민/민족 구성원들의 정체성도 변화시킨다. 다시 말해, 네트워크 국가는 국가활동에 있어서 영토적 공간의 적실성이 상실되는 현상과 국민/민족이라는 정치/문화공동체가 재조정되는 현상을 수반한다. 이러한 네트워크 국가의 현상은 크게 두 가지 차원에서 이루어진다. 한편으로, 국가는 개별국가 차원에 주어지는 도전에 효과적으로 대처하기 위해서 영토적 경계를 넘어서 국제적이고 지역적이며, 경우에 따라서는 초국적 차원의 제도적 연결망을 구축한다. 이러한 과정에서 영토를 기반으로 하는 국민국가의 주권이 여타 행위자들과 공유되는 현상이 나타난다. 다른 한편으로, 국가는 자신의 기능과 권한을 적절하게 국내의 하위 단위체에게 분산 · 이전시킴으로써 그 구성원들로부터 정당성을 확보하려 시도하고 있다. 이는 주로 지방자치정부나 비정부기구들이 활성화되는 과정으로 나타나며, 국민/민족의 정체성으로부터 분화된 시민사회, 이익집단, 지방사회, 개인 등이 형성하는 탈국민/민족 네트워크의 출현으로 나타난다.[10)]

카노이(Martin Carnoy)와 카스텔스(Manuel Castells)의 '네트워크 국가'는 이러한 과정에서 새롭게 부상하는 국가를 개념화하려는 시도이다.

---

10) 국가의 안과 밖에서 발생하는 네트워크 현상은 현실 세계정치에서 좀 더 복합적인 형태로 나타날 수 있음을 명심해야 한다. 예를 들어, 국가의 탈영토화 와중에도 네트워크 국가의 국민/민족 기반이 상당부분 유지되거나, 국가의 구성단위가 여전히 국민/민족으로 남아 있는 상황에서도 네트워크의 성격이 가미될 수도 있다. 또한 해외동포 네트워크의 사례에서 보는 바와 같이 국민/민족의 정체성이 국가를 가로질러 좀 더 큰 네트워크로 묶일 가능성도 배제할 수 없다(McCormick 2002).

그들에 의하면, “새로운 국가는 네트워크로서 기능하는데, 이러한 네트워크에서 모든 노드들은 상호작용하면서 국가의 기능을 수행하기 위해서 작동한다. 네트워크 국가는 축적과 지배의 글로벌 네트워크로서 통합되는데, 국가정책으로서 채택되는 공세적인 측면과 시민들로부터 정당성을 획득해야 하는 수세적인 측면이 맞물리면서 등장한다. 이러한 네트워크 국가는 산업화시대로부터 정보화시대로의 전환기에 이루어지는 사회적 투쟁과 지정학적 전략의 산물로서 생겨난다(Carnoy and Castells 2001: 14).” 앤셀(Christopher K. Ansell)도 “기능적으로 영토적으로는 해체되지만, 그럼에도 불구하고 조직간 그리고 정부간의 관계망을 통해서 국가영역도 상호 연계되고 국가영역과 사회영역도 상호 연계된 독자적인 현대적 정체(政體)”로서 네트워크 정체, 즉 네트워크 국가의 개념을 제시한다(Ansell 2000: 303).

이렇게 통합과 분화의 동학을 동시에 보여주는 네트워크 국가는 어떠한 방식으로 조직되어 구성요소들의 관계를 설정하고 있는가? 먼저 주목할 점은 네트워크 국가는 그 개념적 외연이 개방체계의 형태를 띠는 국가라는 사실이다. 이는 안과 밖이 명확히 구분되고 일차원적이고 경직된 경계를 가진 폐쇄체계로 개념화되는 근대국민국가의 형태와 대비된다. 네트워크 국가는 안과 밖이 상호침투하고 다차원적이고 유동적인 경계를 가진 시스템이다. 개방체계인 네트워크 국가의 내부는 외부환경과 확연히 구분되는 것이 아니라 외부환경의 연속선상에 있는데, 다만 구성요소들 간의 상호작용이 발생하는 밀도를 준거로 하여 외부환경과의 경계가 생긴다. 다시 말해, 조직 내부의 상호작용은 그 외부의 환경과의 상호작용보다 밀도가 더 높은데, 이러한 관점에서 보면 상호작용 자체가 핵심적인 분석단위가 되는 셈이다. 이렇게 설정된 경계는 상호작용의 밀도변화에 유동적으로 반응하기 때문에 용이하게 재설정될 수 있다. 이러한 점에서 네트워크 국가는 안과 밖에서 제기되는 도전에 대하여 부단히 변환해가는 '자기조직국가'의 형태를 띤다고 할 수 있다(Ansell and Weber 1999: 75-77; Braman 1994: 366).

네트워크 국가의 조직형태를 이해하는 데 있어서는, 행위자 차원에서 조직의 성격을 탐구하는 개방체계의 시각을 넘어서, 구조/체계 차원에서 접근하는 네트워크 이론의 시각이 필요하다. 네트워크 이론에서는 노드 자체보다는 노드 간의 관계가 더욱 중요한 분석의 초점인데, 이러한 관계는 네트워크에 참여하는 노드를 역으로 구성하기도 한다. 다시 말해 네트워크 이론은 노드의 상호작용에 대한 분석에 머물지 않으며, 오히려 네트워크상에서 형성되는 관계 자체에 대한 분석에 초점을 둔다. 이러한 관계들은 노드 간의 상호작용을 포함하지만, 그것을 넘어서 눈에 보이지 않는 구조적 요소들을 포함한다. 네트워크의 속성은 노드나 그들 간의 상호작용으로 환원되지 않으며, 따라서 노드의 조직형태는 네트워크 자체에 담겨진 관계의 결과물로서 이해해야 한다(Ansell and Weber 1999: 78). 이러한 시각에서 보았을 때 네트워크 국가라는 조직은 개별국가들과 다른 국가들, 또는 개별국가들과 비국가 행위자들이 만들어내는 관계의 맥락에서 이해되어야 한다(Ansell 2000: 308-309).

이상의 시각을 바탕으로 하여 네트워크 국가들이 만들어내는 다층적 관계를 살펴보면, 다음과 같은 세 가지 수준에서 개념화할 수 있다. 첫째, 네트워크 국가는 국민국가 간 네트워크, 좀 더 엄밀하게 말하면, 정부간 네트워크의 형태를 띤다. G8이나 OECD와 같이 국가군별로 관심사에 따라서 형성되는 공식외교 관계를 생각해볼 수 있다. 이외에도 국가기구의 기능적 분화를 바탕으로 하여 유사조직들이 형성하는 '초정부주의 네트워크'도 있는데, 이는 슬로터(Anne-Marie Slaughter)의 '해산된 국가(disaggregated state)'의 개념과 맥을 같이한다(Slaughter 2004). 둘째, 네트워크 국가는 국민국가 단위를 넘어서 지역 차원에서 형성되는 네트워크, 즉 지역통합체의 형태를 띤다. 지역 차원에서 초국적 조직이 형성되며, 이와 병행하여 국내 차원에서 지방정부나 비국가 행위자들이 참여하는 국가하부 네트워크도 형성된다. 가장 대표적인 사례는 유럽연합인데, 앞서 언급한 카노이와 카스텔스, 그리고 앤셀의 네트워크 국가에 대한 논의는 이를 경험적 사례로 염두에 두고 진행되었다. 끝으로, 네트워크 국가는 국가 행위자뿐만 아니라 비국가 행위자들까지 참여하여 형성하는 복합 네트워크의 형태를 띤다. 이는 국가, 국제기구, 비국가 행위자 등이 다양한 형태로 만들어내는 사실상(*de facto*)의 네트워크를 의미한다. 최근 지구화와 정보화의 맥락에서 제기되는 글로벌 거버넌스에 대한 논의는 이러한 네트워크 국가 모델의 사례라고 할 수 있다.

이러한 네트워크 국가 모델에서 네트워크상의 다양한 행위자들의 관계를 유지하기 위해서 국가에 요구되는 역할은 '네트워크 중심성(network centrality)'의 제공에 있다(Ansell 2000: 309). 이러한 네트워크 국가의 역할은 '집중화(centralization)'와 구분되는 의미에서 본 '중심성'을 제공하는 역할이라고 할 수 있다. 이는 다양한 행위자들의 이해관계를 조정하고 협력을 이끌어내는 일종의 조정자 역할을 의미한다. 클라크(Ian Clark)가 지구화시대의 국가를 '브로커 국가(broker state)'로 개념화한 것도 바로 이러한 맥락이다(Clark 1999: 54). 기능적인 차원에서 이러한 네트워크 지식국가의 조정자 역할은 행정조직들의 관할권의 경계를 넘어서 또는 공적 영역과 사적 영역의 구분을 넘어서 이루어진다. 또한 조직적인 차원에서 이러한 역할은 정규 행정조직 내에서 파생될 수도 있지만, 혹은 특정 프로젝트를 관리할 목적으로 새로이 고안된, 일종의 버추얼 조직에 의해서 수행되기도 한다.

이러한 네트워크 국가의 조정자 역할은 제솝이 주장하는 메타 거버넌스(meta governance)의 개념과 맥을 같이한다. 메타 거버넌스는 다양한 거버넌스 메커니즘 간의 상대적 균형을 모색함으로써 그들 간의 우선순위를 조정하는 것을 의미한다. 제솝에 의하면, 시장의 무정부상태

(anarchy), 국가통제의 위계질서(hierarchy), 거버넌스의 다층질서(heterarchy) 중 어느 하나의 메커니즘만으로는 권력관계의 완전한 균형과 이익의 형평을 달성하는 데 한계가 있다. 다시 말해, 사회체계의 복잡성, 구조적 모순, 전략적 딜레마, 양면적인 목표의 존재 등으로 인해서 시장 메커니즘이나 국가통제 또는 거버넌스의 자기조직화 모두 실패할 가능성이 존재한다. 따라서 이들의 실패를 보정하기 위한 '메타 구조(meta-structure)'의 역할이 요구되며, 이러한 맥락에서 일종의 '거버넌스의 거버넌스(the governance of governance)'로서 메타 거버넌스의 필요성이 제기된다.[11)]

그런데 여기서 주목할 것은 네트워크 국가가 네트워크상의 관계를 유지하고 조정자 역할을 수행하는 데 있어서 노드 간의 관계망이 형성되는 데 활용되는 IT의 역할이 매우 중요하다는 사실이다. 이러한 맥락에서 전자정부(e-government)의 추진에 따른 정부의 버추얼화에 대한 논의에 주목할 필요가 있다. 예를 들어, 파운틴(Jane Fountain)은 버추얼 국가의 개념을 통해서 IT의 도입에 따른 정부조직의 네트워크화를 논한다. 파운틴의 버추얼 국가는 점차로 그 구조와 능력이 인터넷과 컴퓨터에 의존하는 버추얼 정부를 의미하는데, 이러한 과정에서 서류 기반의 업무를 하는 관료제 조직이 웹 기반의 탈관료제적 네트워크 조직으로 변환된다. 또한 이러한 버추얼 국가의 등장은 정부조직 자체의 효율적 재편을 넘어서 정부와 시민의 관계를 단순하면서도 더욱 밀접하게 상호작용하는 형태로 변환시키고 있으며, 더 나아가 사회 행위자들 간의 새로운 역관계

11) 제솝 2003: 242-243에 의하면, 국가는 다양한 행위자들이 활동하는 장을 마련하고, 상이한 거버넌스 메커니즘의 호환성과 일관성을 유지하며, 정책 공동체 내에서 대화와 담론 형성의 조직자 역할을 담당하고, 정보와 첩보를 상대적으로 독점하며, 거버넌스 관련 분쟁을 호소하는 장을 제공하고, 시스템 통합과 사회적 응집을 목적으로 권력 격차의 심화를 조정하고, 개인과 집단 행위자의 정체성, 전략적 능력, 이해관계를 조정하고, 거버넌스가 실패하는 경우 정치적 책임을 지는 등의 메타 거버넌스 역할을 담당한다.

를 반영하는 제도적 배열의 등장을 부추기기도 한다. 이러한 정부의 버추얼화 또는 네트워크화를 가능케 한 것은 다름 아닌 디지털 메타 지식으로서의 IT의 존재이다(Fountain 2001).

한편, 디지털 메타 지식으로서의 IT의 발달은 네트워크 국가의 대외적 네트워크 형성에도 중대한 영향을 미친다. 특히 영토적 경계의 안과 밖에서 짜이는 분합(分合: fragmegration)과정에서 네트워크 국가의 다층적 상호의존은 IT의 존재에 크게 의존할 수밖에 없다(Rosenau 2003). 강대국의 제국적 네트워크나 각국의 정부간 네트워크, 또는 지역통합의 네트워크, 아니면 다국적 기업이나 시민사회가 형성하는 글로벌 네트워크 등 이들 네트워크는 모두 효율적인 운영을 위해서는 인터넷이나 이동통신과 같은 IT 네트워크의 존재를 전제로 할 수밖에 없다. 더 나아가 네트워크 국가가 발휘하는 조정자의 역할도 조직지(組織知) 형태의 메타 지식이나 구성원들의 정체성에 영향을 미치는 구성적 지식의 생산을 전제로 하지 않고서는 제대로 작동할 수 없다. 요컨대 네트워크 국가의 부상과 앞서 언급한 지식자원과는 다른 형태의 지식, 즉 구성적 메타 지식의 존재에 크게 의존할 수밖에 없다. 이러한 점에서 21세기 네트워크 국가가 제대로 작동하기 위해서는 지식국가와의 결합을 통해서 네트워크 지식국가로 변환될 수밖에 없는 것이다.

5. 네트워크 지식국가의 매력정치

이상의 논의를 바탕으로 볼 때, 21세기 국가변환은 도구적 지식의 생산과 구성적 지식의 활용과정에서 국가의 형태와 기능이 네트워크화되는, 지식국가와 네트워크 국가의 복합모델, 즉 네트워크 지식국가로 개념화된다. 이러한 네트워크 지식국가의 개념에서 핵심적인 것은 지식,

네트워크, 국가의 세 변수가 만들어내는 교묘한 조합을 이해하는 데 있다. 예를 들어, 제솝이 제시한 '슘페터적 근로복지 탈국가 레짐(Schumpeterian workfare postnational regimes)'[12]이라는 용어는 이러한 세 변수의 밀접한 관계를 잘 보여주는 사례이다. 제솝은 '슘페터적'이라는 용어를 통해 국가변환의 동인으로서 지식변수의 중요성에 주목할 뿐만 아니라, '탈국가'라는 용어를 통해 국가의 기능을 하는 새로운 단위가 국민/민족을 넘어서 등장하고 있음을 보여주고 있으며, 국민국가를 연상시키는 '국가'보다는 '레짐'이라는 용어를 사용함으로써 '정치'의 기능이 사라지지 않는다는 점을 강조하고 있다. 그런데 이러한 네트워크 지식국가의 개념화 작업에서 궁극적으로 중요한 것은 지식, 네트워크, 국가의 세 변수가 만나서 교묘한 형태로 행사되고 있는 21세기 지식권력의 메커니즘을 탐구하는 데 있다.

지식권력의 메커니즘에 대한 논의는 디지털 메타 지식으로서의 IT가 정보화시대에 부각되었지만, 그 역사적 기원은 근대 초기에까지 거슬러 올라간다. 근대 초기에 이르러 규칙적이고 체계화된 정보의 수집 · 저장과 이를 통한 지식의 창출 · 활용은 서구국가에서 발견되는 관료제의 발달과 연결된다. 이러한 관료제는 전문지식을 기반으로 효율성을 발휘하는 일종의 메타 지식 기구였다. 한편, 18~19세기를 거치면서 근대국가를 통제하고 유지하는 수단으로 지식의 중요성이 부각되었는데, 특히 서구 각국에서는 국가권력과 사회통제를 위한 지식체계가 크게 발달했다. 그중에서도 지식의 과학적 형태로서 발달한 통계는 합리적인 정책 수립과 함께 사회 각 부문에 대한 감시(surveillance)를 가능케 했으며, 궁극적으로 지배계급의 사회적 통합을 정당화하는 '지식국가'의 기능을 가능케

---

12) 제솝 2003: 247-276 은 복지(welfare)를 넘어서는 근로복지(workfare)를 21세기 자본주의국가의 한 측면으로 파악하고 있지만, 이 글에서는 이러한 측면을 명시적으로 다루지는 않았다.

했다(최정운 1992). 이러한 지식권력은 네오마르크스주의 국가론의 연장선에서 자본주의국가의 이데올로기적 장치로서 지식국가를 탐구한 풀란차스(Nicos Poulantzas)의 '과학국가(scientist state)'와도 맥을 같이한다.[13)]

대외적인 차원에서도 국가에 의한 정보의 수집 · 저장 · 활용은 근대지식국가의 감시권력의 사례를 보여준다. 기든스에 의하면, 정보의 통제를 바탕으로 한 집단행동의 감독을 의미하는 감시는 근대국가의 형성과정과 관련된 권위적 자원의 확장에서 중요한 역할을 한다. 다시 말해, 정보의 규칙적인 수집 · 저장 · 활용은 행정적 효율성과 군사력 및 경제력의 유지에 필수적인 메커니즘이라는 것이다. 이러한 감시적 정보국가로서의 지식국가의 특성은 근대국가의 대외정책과 관련하여 근대외교나 염탐(espionage) 등의 형태로 나타나는데, 공식적인 국가기구뿐만 아니라 동인도회사와 같은 기관도 정보의 수집 · 저장 · 활용의 기능을 담당했다. 한편, 서구제국주의 국가들이 식민지에 대한 정보수집과 지식획득을 위한 인프라로서 구축한 전신 네트워크는 근대국가의 대외적 팽창과정에서 중요한 역할을 했다(Giddens 1985; Headrick 1991; 土屋大洋 2001).

IT의 확산으로 인한 감시적 정보국가의 권력 강화는 정보화시대를 맞이하여 변환되고 있는 국가의 모습을 극명하게 보여준다. 예를 들어, 로빈스(Kevin Robins)와 웹스터(Frank Webster)가 말하는 '신경망 국가'(cybernetic state)의 부상은 IT의 발달이 감시국가의 행정과 통제를 섬섬더 통합시키는 대표적 사례이다(Robins and Webster 1999). 신경망 국가의 통제 속에서 IT가 확산됨에 따라, 소위 '공론장(public sphere)의 과학적 관리(scientific management)'로 알려진 바대로, 온라인상의 토론이 점

13) 최정운과 풀란차스의 지식국가는 과학적 지식 또는 일종의 '아날로그 메타 지식'을 활용하는 과정에서 지식권력을 행사하는 모델로서 근대국민국가의 관료제 모델을 연상시킨다는 점에서 '관료지식국가(bureaucratic knowledge state)'라고 부를 수 있을 것 같다.

점 더 도구적이고 효율성 위주가 된다. 사실 이러한 과정은 20세기 초 테일러주의(Taylorism)의 부상에 그 기원을 두고 있는데, 최근 유비쿼터스 기술에 기반을 둔 디지털 메타 지식의 확산에 따라서 공론장의 논리를 넘어서 기술자와 관료들에 의한 사회의 과학적 관리가 비대화되고 있는 것이다. 전자감시의 확산으로 인해 정치적 삶의 규제와 여론의 엔지니어링 가능성이 증대되고, 개인정보의 정치적 유용 및 상업화에 대한 우려가 증대된다.

이러한 과정에서 관찰되는 국가의 권력은 마치 컴퓨터 시스템과 네트워크에서 소프트웨어 또는 네트웨어(netware)가 발휘하는 영향력을 연상시킨다. 즉 국가구성원이라는 하드웨어를 구동시키고, 업무 코드를 프로그래밍하며, 조직간의 커뮤니케이션을 매개하는 '소프트웨어국가(software state)'의 모습을 상정해볼 수 있다. 이러한 소프트웨어 국가가 행사하는 권력은 특정 자원에 기반을 둔 물질적 권력이라기보다는 시스템을 프로그래밍하고 네트워크를 스위칭하는 과정에서 발생하는 '네트워크 권력(network power)' 또는 '변환적 권력(transformational power)'이다(Grewal 2003; Braman 1995). 마치 컴퓨터 운영체계나 웹브라우저, 또는 인터넷 검색엔진의 보이지 않는 영향력을 연상케 한다. 마찬가지로 소프트웨어 국가로서의 네트워크 지식국가도 지식의 생산과정 자체에 직접 관여하기보다는 지식생산의 표준을 설정하고 지식담론을 통제하는 '매력정치(soft power politics)'의 메커니즘에 의거하여 권력을 발휘한다(평화포럼21 편 2005).

한편, 활동의 장을 달리해서 나타나는 21세기 국가권력의 모습은 네트워크 국가라는 개방체계의 정체성을 형성 · 유지하기 위해서 구성적 지식을 활용하는 과정에서도 발견된다. 사실 국가가 구성원에게 정체성을 제공하는 '경계짓기'의 역할은 자기조직의 과정을 밟아가는 국가의 중요한 측면이다. 특히 국민/민족이 네트워크로 깨져나가는 마당에 국가는,

종전과 같이 영토를 기반으로 한 국민정체성의 형성을 시도하기보다는, 의미나 상징을 근거로 경계짓기를 시도함으로써 사회적 통합과 정당성의 확보를 추구하고자 한다. 예를 들어, 에버라드(Jerry Everard)에 의하면, 교육이나 매스미디어 등을 통해서 노동자들을 지구화된 공동체 또는 정체성에 재통합시키는 능력에 따라 국가의 정당성 확보 여부가 있게 되는데, 그 결과 국내적 계급경쟁보다는 대외적인 지식경쟁과 정체성 정치로 국가의 주요 기능이 옮겨간다(Everard 2000: 7).

그러나 변형의 모습을 보여주는 지식권력의 영역에서조차도 국가의 권력은 계속적인 도전을 받는다. 왜냐하면, 정보화시대의 지식은 국가의 합리적 통제력을 강화시키는 동시에 국가의 통제력을 약화시키는 수단으로도 작용하기 때문이다. 다시 말해, 정보화가 진전됨에 따라 디지털 메타 지식의 생산과 활용에서조차 국가가 주도권을 발휘하는 데에는 한계가 있다. 예를 들어, 인터넷 시대에는 다국적 기업이나 글로벌 시민사회의 전문가 네트워크 등과 같은 비국가 행위자의 정보처리능력이 오히려 국가보다 앞선 경우가 허다하다. 특히 하이퍼텍스트 환경에서 초국적 네트워크의 형성을 통해서 이루어지는 부단한 정보의 소통과 이를 바탕으로 한 지식의 재생산은 지식패권에 대한 대항 네트워크의 형성을 용이하게 한다. 이러한 과정에서 등장하는 정체성은 불가피하게 국민국가 단위의 국민정체성(nationality)을 잠식하는 '네트워크 정체성(network identity)' 일 가능성이 크다. 요컨대, 지식과 네트워크를 매개로 하여 기성의 지식권력에 대한 대항적 지식권력이 발생할 가능성이 상존한다(Deibert 1997).

이러한 맥락에서 보면, 네트워크 지식국가의 등장은 궁극적으로 지식민주주의의 부상과 연계된 형태의 '시민적 지식국가(civic knowledge state)' 에 대한 요구와 맞부딪힐 수밖에 없다. 이러한 시민적 지식국가의 요구는 최근 국내 인터넷 커뮤니티를 중심으로 벌어진 네티즌들의 정책

논쟁에서 극명하게 드러나고 있다. 이러한 과정에서 인터넷을 통한 네티즌들의 집단적 지성은 일견 탈국가적으로 보이는 변환적 권력을 행사하기도 했다. 사실 네트워크상에서 중심성을 제공하는 리더십이 반드시 기존의 국가영역으로부터만 나오라는 법은 없다. 국가의 역할에 비견되는 사실상의 리더십이 사회 영역의 비정부 행위자들로부터 시작될 수도 있다. 그러나 궁극적으로 중요한 것은 이러한 과정에서 비국가 행위자들의 네트워킹을 통해서 만들어지는 버추얼 조직이 그 구성원들만의 사적 이해관계를 추구하는 차원을 넘어서 사회구성원 전체의 공익을 대변하는 역할을 담당할 수 있느냐의 여부일 것이다(Ansell 2000: 309).

6. 맺음말

이 글은 네트워크 세계정치학의 시각에서 정보화시대의 국가변환을 개념화하는 작업을 시도했다. 이 글이 21세기 국가변환의 동인으로서 주목한 것은 정보화의 역할이다. 한편으로, 정보화는 지식의 권력적 함의를 부각시킴으로써 국가의 수단과 목표 및 기능적 성격이 변환되는 지식국가의 부상을 야기한다. 다른 한편으로 정보화는 물리적 · 사회적 차원에서 복합 네트워크를 등장시킴으로써 국가의 조직형태와 작동방식이 변환되는 네트워크 국가의 부상을 야기한다. 요컨대, 21세기 국가변환은 정보화를 배경으로 하여 부상하는 지식국가와 네트워크 국가의 복합적 변환으로 볼 수 있는데, 이 글은 이러한 복합적 변환을 네트워크 지식국가의 개념으로 파악했다.

네트워크 지식국가의 개념은 세 가지 키워드를 중심으로 요약된다. 첫 번째 키워드는 '지식'이다. 네트워크 지식국가는 그 수단과 목표로서 지식자원에 크게 의존하고, 그 조직과 작동에 있어서도 지식변수가 핵심적인 역할을 담당하는 국가이다. 두 번째 키워드는 '네트워크'이다. 네트워크 지식국가는 국민국가의 양대 축인 국민/민족과 국가의 이완을 배경으로 하여 영토적 경계의 안과 밖에서 출현하는 개방형 복합 네트워크의 형태로 부상하는 국가이다. 마지막 키워드는 '국가'이다. 네트워크 지식국가는 변화하는 세계정치 환경에 대응하여 그 기능적 성격과 존재적 형태 및 권력 메커니즘을 교묘히 변형시키고 있는 국가이다. 요컨대, 네트워크 지식국가는 지식과 네트워크의 복합적 부상에 대응하여 자기조직의 과정을 추구하고 있는 21세기 국가의 미래적 모습이라고 할 수 있다.

이 글에서 개념적 차원에서 제기한 네트워크 지식국가론을 좀 더 발전시키기 위해서는 앞으로 경험적 · 이론적 차원에서 보완해야 할 문제들이 많이 있다. 먼저, 네트워크 지식국가의 사례에 대한 경험적 연구가 뒷받침되어야 할 것이다. 정보화시대를 맞이하여 부상하고 있는 네트워크 지식국가는 실제 세계 정치현실에서 어떤 모습으로 출현하여 작동하는가? 머리말에서 지적했듯이, 보편이론의 차원에서 제기된 네트워크 지식국가는 현실에서 획일적으로 그대로 나타나는 것이 아니며 지역별 · 분야별로 다른 유형으로 나타날 수 있다. 예를 들어, 현재 거론되고 있는 네트워크 지식국가의 선행지표는 유럽의 사례이지만, 북미나 동아시아에서도 개념적으로 다른 유형의 네트워크 지식국가의 유형을 상정해볼 수 있다. 경우에 따라서는 탈영토적 성격을 띠는 네트워크 지식국가가 출현할 수도 있다. 한편, 세계정치의 분야별로 네트워크 지식국가의 모습이 편차를 보일 수도 있다. 예를 들어, 군사 · 경제 · 문화 등의 분야에서 각 분야의 성격에 따라 지식과 네트워크 및 국가의 조합이 다른 형태로 발현될 수 있다. 요컨대, 네트워크 지식국가의 개념을 발전시키기 위해서는 이러한 경험적 연구를 병행하는 것이 필수적이다.

한편, 네트워크 지식국가론은 '행위자 수준의 개념화'를 넘어서, '구조/체계 수준의 개념화'를 보완해야 할 이론적 과제를 안고 있다. 네트워크 지식국가에 대한 논의를 펼치다 보면, 이를 굳이 국가라는 행위자 수준에서 접근해야 하는가라는 의문이 생긴다. 이미 앞에서 네트워크 이론의 시각에서 문제제기를 했듯이, 행위자 수준의 분석이 자동적으로 구조/체계 수준의 분석을 포괄하는 것은 아니다. 이러한 점에서 분석의 초점은 행위자의 속성에 대한 분석을 넘어서 정치적 단위를 구성하는 조직원리나 행위자들의 관행을 구조화하는 구조의 특성에 두어져야 한다. 다시 말해, 21세기 세계정치변환의 연구는 궁극적으로 세계질서 수준에서 조직화되고 있는 '정치적 권위의 아키텍처'[14]를 연구하는 것이 되어야 한다. 이러한 맥락에서 볼 때 네트워크 지식국가론의 핵심 과제는 다소 역설적으로 들리겠지만, 행위자 수준에서 시작된 네트워크 지식국가론 그 자체가 행위자와 구조 수준을 모두 포괄하는 개념으로서 '네트워크'의 아키텍처와 작동방식을 탐구하는 망제정치론 또는 네트워크 세계정치론으로 변환되는 데 있다.

이러한 한계에도 불구하고 이 글에서 제기한 네트워크 지식국가론은 21세기를 맞이하여 변환의 과정에 접어든 세계정치의 핵심을 드러내는 길잡이 개념으로서의 유용성을 충분히 지니고 있다. 특히 네트워크 지식국가론은 변환의 뒤를 좇아가는 관행을 넘어서 변화를 미리 읽어내려는 이론적 노력의 결실이다. 게다가 한국적 국제정치이론의 개발이라는 차원에서도 네트워크 지식국가론은 21세기 세계정치의 변화를 '남의 렌즈'가 아닌 '우리의 렌즈'로 읽어내려는 이론적 노력의 중간보고서이기도 하다. 요컨대, 네트워크 지식국가의 연구를 통해서 21세기 국제정치학계의 세계표준을 만들어가는 '또 하나의 세계정치'가 벌어지고 있는지도 모르겠다.

---

14) Deibert 1997: 10.

| 참고문헌 |

김상배, 2003, 「정보기술과 국제정치이론: 구성적 기술론과 정보세계정치론의 모색」,『국제정치논총』 43(4).

———, 2005a, 「정보화시대의 제국: 지식/네트워크 세계정치론의 시각」,『세계정치』 26(1).

———, 2005b, 「기술과 지식, 그리고 기식(技識): 정보혁명의 국제정치학적 탐구를 위한 개념적 기초」,『국제정치논총』 45(1).

민병원, 2006, 「불확실성 속의 질서: 복잡계이론과 국제정치학」, 『한국정치학회보』 40(1).

이용희, 1962, 『일반국제정치학(상)』, 서울: 박영사.

———, 1994, 『미래의 세계정치: 국가연합론 강의』, 서울: 민음사.

최정운, 1992, 『지식국가론: 영국, 프랑스, 미국에서의 노동통계발달의 정치적 의미』, 서울: 삼성출판사.

평화포럼21 편, 2005, 『매력국가 만들기: 소프트파워의 미래전략』, 서울: 21세기평화재단 · 평화연구소.

하영선, 2004, 『21세기 한반도 백년대계: 부강국가를 넘어서 지식국가로』, 서울: 풀빛.

———, 2006, 『21세기 한국외교 대전략: 그물망국가 건설』, 서울: 동아시아연구원.

野中郁次郎 外編, 2003, 『知識國家論序說: 新たな政策過程のパラダイム』, 東京: 東洋經濟新報社.

土屋大洋, 2001, 『情報とグロ?バル・ガバナンス: インタ?ネットから見た國家』, 東京: 慶應義塾大學出版會.

Alic, John A. et. al., 1992, *Beyond Spinoff: Military and Commercial Technologies in a Changing World*, Boston, MA: Harvard Business School Press.

Ansell, Christopher K., and Steven Weber, 1999, "Organizing International Politics: Sovereignty and Open Systems," *International Political Science Review*, 20(1).

Ansell, Christopher K., 2000, "The Networked Polity: Regional Development in Western Europe," *Governance*, 13(3).

Arquilla, John, and David Ronfeldt, eds., 2001, *Networks and Netwars: The Future of Terror, Crime, and Militancy*, Santa Monica, CA: RAND.

Barabási, Albert-László, 2002, *Linked: The New Science of Networks*, Cambridge, MA: Perseus Publishing.

Braman, Sandra, 1994, "The Autopoietic State: Communication and Democratic Potential in the Net," *Journal of the American Society for Information Science*, 45(6).

———, 1995, "Horizons of the State: Information Policy and Power," *Journal of Communication*, 45(4).

Burke, Peter, 2000, A Social History of Knowledge: From Gutenberg to Diderot, Cambridge:

Polity.

Carnoy, Martin, and Manuel Castells, 2001, "Globalization, the Knowledge Society, and the Network State: Poulantzas at the Millennium," *Global Networks*, 1(1).

Castells, Manuel, 1998, *End of Millennium*, Malden, MA: Blackwell.

———, 2004, "Informationalism, Networks, and the Network Society: A Theoretical Blueprint," Manuel Castells, ed., *The Network Society: A Cross-cultural Perspective*, Cheltenham, UK: Edward Elgar.

Cerny, Philip G., 1990, *The Changing Architecture of Politics: Structure, Agency, and the Future of the State*, London: Sage.

Clark, Ian, 1999, *Globalization and International Relations Theory*, Oxford: Oxford University Press.

Deibert, Ronald J., 1997, *Parchment, Printing, and Hypermedia: Communication in World Order Transformation*, New York: Columbia University Press.

Everard, Jerry, 2000, *Virtual States: The Internet and the Boundaries of the Nation-State*, London and New York: Routledge.

Fountain, Jane E., 2001, *Building the Virtual State: Information Technology and Institutional Change*, Washington DC: Brookings Institution Press.

Frissen, Paul, 1997, "The Virtual State: Postmodernisation, Informatisation and Public Administration," Brian D. Loader, ed., *The Governance of Cyberspace: Politics, Technology, and Global Restructuring*, London and New York: Routledge.

Giddens, Anthony, 1985, *The Nation State and Violence*, Berkeley: University of California Press.

———, 1990, *The Consequences of Modernity*, Stanford, CA: Stanford University Press.

Grewal, David S., 2003, "Network Power and Globalization," *Ethics & International Affairs*, 17(2).

Hardt, Michael and Antonio Negri, 2000, *Empire*, Cambridge MA: Harvard University Press.

Headrick, Daniel R., 1991, *The Invisible Weapon: Telecommunications and International Politics*, 1851-1945, Oxford University Press.

Innis, Harold A., 1950, *Empire and Communications*, Oxford University Press.

Jessop, Bob, 2003, *The Future of the Capitalist State*, Cambridge: Polity Press.

Leander, Anna, 2005, "The Power to Construct International Security: On the Significance of Private Military Companies," *Millennium*, 33(3).

McCormick, Glenn, 2002, "Stateless Nations: 'I Pledge Allegiance To?'" Michael J. Mazarr, ed, *Information Technology and World Politics*, New York: Palgrave.

Nye, Jr., Joseph S., 2004, *Soft Power: The Means to Success in World Politics*, New York: Public Affairs.

Ó Riain, Seán, 2004, *The Politics of High-Tech Growth: Developmental Network States in the Global Economy*, Cambridge: Cambridge University Press.

Ougaard, Morten, and Richard Higgott, eds., 2002, *Towards a Global Polity*, London and New York; Routledge.

Pearton, Maurice, 1982, *The Knowledgeable State: Diplomacy, War and Technology since 1830*, London: Burnett Books.

Porter, Michael E., 1990, *The Competitive Advantage of Nations*, New York: Free Press.

Poulantzas, Nicos, 1978, *State, Power, Socialism*, London and New York: Verso.

Robins, Kevin, and Frank Webster, 1999, *Times of Technoculture*, London and New York: Routledge.

Rosecrance, Richard, 1999, *The Rise of the Virtual State: Wealth and Power in the Coming Century*, New York: Basic Books.

Rosenau, James N., 2003, *Distant Proximities: Dynamics beyond Globalization*, Princeton, NJ: Princeton University Press.

Sandholtz, Wayne, et al., 1992, *The Highest Stakes: The Economic Foundations of the Next Security System*, New York: Oxford University Press.

Shaw, Martin, 2000, *Theory of the Global State: Globality as an Unfinished Revolution* Cambridge: Cambridge University Press.

Slaughter, Anne-Marie, 2004, *A New World Order*, Princeton and Oxford: Princeton University Press.

Stewart, Julianne, 2000, "Is The Network State Reflected in Australian e-Health Project Evaluation?" Paper submitted to Communications Research Forum 2000(http://www.crf.-dcita.gov.au/papers2000/stewart.pdf, 검색일: 2006년 2월 14일).

Strange, Susan, 1994, *States and Markets*, Second Edition, London and New York: Pinter.

Urry, John, 2003, *Global Complexity*, Cambridge: Polity.

Wendt, Alexander, 2003, "Why a World State is Inevitable," *European Journal of International Relations*, 9(4).

| 필자 소개 |(가나다 순)

강상규(姜相圭)
도쿄대학교 정치학박사(2005), 서울대학교 국제문제연구소 선임연구원
논문: 「조선의 유교적 정치지형과 문명사적 전환기의 위기」(일본어), 「명성왕후와 대원군의 정치적 관계연구」, 「중국의 만국공법 수용에 관한 연구」, 「고종의 대내외 정세인식과 대한제국 외교의 배경」, 「조선왕권의 공간과 유교적 정치지형의 탄생」 외
관심분야: 동아시아 정치사상사, 한국 정치외교사

김상배(金湘培)
Indiana University 국제정치학박사(2000), 서울대학교 외교학과 교수
논문: 「세계표준의 정치경제: 미 · 일 컴퓨터 산업경쟁의 이론적 이해」, 「정보화시대의 외교: 개념화의 모색」, 「정보기술과 국제정치이론: 구성적 기술론과 정보세계정치론의 모색」 외
관심분야: 정보세계정치론, 탈근대세계정치론

김현철(金顯哲)
서울대학교 정치학박사(1999), 동북아역사재단 책임연구원
논문: 「개화파와 내셔널리즘」, 「러일전쟁기 黃海海戰과 일본 해군의 전략, 전술」, 「청일전쟁과 1890년대 조선의 자주독립외교의 전개와 제약」 외
관심분야: 한국외교사, 근대한일관계

민병원(閔丙元)
Ohio State University 정치학박사(2002), 서울산업대학교 IT정책대학원 교수
저서: 『복잡계로 풀어내는 국제정치』, 『복잡계 워크샵』
논문: 「세계화 시대의 국가 변환」, 「문화의 국제관계」, 「불확실성 속의 질서」 외
관심분야: 국제정치이론, 정치학방법론

배영자(裵英子)
University of North Carolina(Chapel-Hill) 정치학박사(1998), 건국대학교 정치외교학과 교수
논문: 「과학기술의 국제정치학을 위한 시론」, 「생명공학기술과 국제규제」 외
관심분야: 국제정치경제, 과학기술의 국제정치

손열(孫洌)

University of Chicago 정치학박사(1995), 연세대학교 국제학대학원 교수

저서: 『Japanese Industrial Governance』, 『일본: 성장과 위기의 정치경제학』, 『동아시아와 지역주의』(공저) 외

관심분야: 일본연구, 국제정치경제

신성호(辛星昊)

Fletcher School, Tufts University 국제정치학박사(2001), 서울대학교 국제대학원 교수

논문: 「Preempting Proliferation of WMD: PSI and Its Challenges」, 「동북아 패권경쟁하의 새로운 평화표준: 복지평화론의 가능성」 외

관심분야: 국제안보, 미국외교정책

이상현(李相賢)

University of Illinois at Urbana-Champaign 정치학박사(1999), 세종연구소 안보연구실장

저서: 『한국의 국가전략 2020: 외교 · 안보』(공저)

논문: 「북한 대량살상무기 문제 해결을 위한 협력적 위협감소 전략」, 「한미동맹과 한반도 평화체제」 외

관심분야: 국제정치, 안보 및 군사전략

이왕휘(李王徽)

London School of Economics 정치학박사(2005), 아주대학교 정치외교학과 교수

논문: 「기업지배구조의 정치경제학」 외

관심분야: 국제정치경제(동아시아), 기업지배구조

전재성(全在晟)

Northwestern University 정치학박사(1997), 서울대학교 외교학과 교수

논문: 「1960년대와 1970년대 세계적 데땅뜨의 내부구조」 외

관심분야: 국제정치이론, 국제관계사

조현석(趙顯錫)

서울대학교 정치학박사(1994), 서울산업대학교 행정학과 교수

저서: 『세계화와 한국』(공저)

논문: 「클린턴 행정부의 신기술정책」, 「국제 과학기술협력과 다자주의」 외

관심분야: 과학기술의 국제정치경제, 정보세계정치

조화순(曺和淳)

Northwestern University 정치학박사(2003), 연세대학교 정치외교학과 교수

저서: 『Building e-Governance: Challenges, Opportunities for Democracy』(공저)

논문: 「사이버공간의 글로벌 거버넌스: 개인정보 국외이전과 관련한 미국-EU의 갈등」 외

관심분야: IT 정치, 국제정치경제

최정운(崔丁云)

University of Chicago 정치학박사(1989), 서울대학교 외교학과 교수

저서: 『지식국가론』, 『오월의 사회과학』

논문: 「폭력과 사랑의 변증법: 5 · 18 민중항쟁과 절대공동체의 등장」, 「한국 정치사회 개혁의 이념적 기초: 정치사회개혁의 기반으로서의 미셸 푸코의 철학」외

관심분야: 국제정치사상

하영선(河英善)

University of Washington 국제정치학박사(1979), 서울대학교 외교학과 교수

저서: 『한반도의 핵무기와 세계질서』, 『현대국제정치학』(공편), 『국제화와 세계화: 한국, 중국, 일본』(편저), 『21세기 평화학』(편저), 『21세기 한반도 백년대계』(편저), 『한국외교사와 국제정치학』(공편), 『21세기 한국외교 대전략: 그물망국가 건설』(공편) 외